纪连海品三国

纪连海·著

蜀汉卷

 中国出版集团有限公司
China Publishing Group Co., Ltd.

  现代出版社

图书在版编目（CIP）数据

纪连海品三国. 蜀汉卷 / 纪连海著. — 北京 ： 现
代出版社，2025. 3. — ISBN 978-7-5231-0745-4

Ⅰ. K236.07

中国国家版本馆CIP数据核字第2025T5P213号

纪连海品三国. 蜀汉卷
JILIANHAI PINSANGUO. SHUHAN JUAN

著　　者	纪连海
选题策划	梁　惠
责任编辑	袁子茵
责任印制	贾子珍
出版发行	现代出版社
地　　址	北京市安定门外安华里504号
邮政编码	100011
电　　话	(010) 64267325
传　　真	(010) 64245264
网　　址	www.1980xd.com
印　　刷	三河市宏盛印务有限公司
开　　本	710mm×1000mm　1/16
印　　张	34
字　　数	453千字
版　　次	2025年3月第1版　2025年3月第1次印刷
书　　号	ISBN 978-7-5231-0745-4
定　　价	298.00元（全四卷）

目录

第一章

三国真心英雄之刘备

东汉末年，东汉政权早已是千疮百孔，天下大乱，动荡不安。中央是外戚宦官交替专权，党争不断；地方的诸侯则纷纷割据自立，相互混战。从中央到地方，争权的争权，谋利的谋利，至于黎民百姓的死活，统统地都忘在了脑后。其结果，自然是富者田连阡陌，贫者无立锥之地。走投无路的黎民百姓，只得斩木为兵，揭竿为旗，谋求推翻这个已经烂掉的东汉王朝。

天下大乱之际，众多英雄豪杰，不断激烈厮杀。几十年后，当硝烟逐渐散去，我们发现，大浪淘沙，留下来的成功人士，实在是百不及一。其中闻名古今者，便是奠定了三国曹魏政权基业的曹操（155—220）、建立了三国蜀汉政权的刘备（161—223）、割据江东建立三国东吴政权的孙权（182—252）。仅此三人而已。

一、谁是三国真英雄

关于汉末三国的这段往事，南宋著名豪放派词人辛弃疾（1140—1207）在他的《南乡子·登京口北固亭有怀》中，用了一句后世流传千古的名言"天下英雄谁敌手？曹刘。生子当如孙仲谋"加以高度概括。而元末明初的著名小说家罗贯中（约1330—约1400）则以西晋著名史学家陈寿（233—297）的《三国志》、东晋史学家习凿齿（317—384）的《汉晋春秋》、东晋南朝著名史学家裴松之（372—451）的《三国志注》为依据，辅之以长期流传在民间的三国故事传说，经过艺术加工，创作出了我国第一部长篇章回体小说，同时也是历史演义小说的开山之作和最高成就的代表——《三国演义》。

这里，尤其要注意东晋史学家习凿齿的《汉晋春秋》对罗贯中的影响。

众所周知，西晋陈寿撰写的《三国志》，是尊曹魏西晋为正统的。晋室南渡后，习凿齿作《汉晋春秋》，则改尊蜀汉为正统。到了北宋，司马光（1019—1086）撰《资治通鉴》，又尊曹魏为正统。南宋朱熹（1130—1200）复尊蜀汉为正统。此后，蜀汉为正统的史学观才逐渐成为社会的主流思潮绵延数百年，并在罗贯中的《三国演义》里达到了一个巅峰。所以，蜀汉君臣同祀，共享千秋香火。实在应该感谢东晋史学家习凿齿。

习凿齿对《三国演义》的贡献，可谓相当重要。罗贯中首先采取了习凿齿的蜀汉正统的历史观，然后吸收采纳了《汉晋春秋》大多资料，并在此基础上进行创作，使得蜀汉成为《三国演义》的主要故事线索。

习凿齿还有一个最大的贡献，那就是高度赞扬蜀相诸葛亮（181—234）。他在《汉晋春秋》中收录了很多诸葛亮中兴汉室，追求统一大业的功绩，比如详细记载了诸葛亮"兵出祁山"，司马懿（179—251）"畏蜀如虎"，以及"死诸葛走生仲达""七擒孟获"等《三国志》并未收录的历史资料，还收录了《后出师表》，为后世考据真伪提供了有力佐证。习凿齿对诸葛亮深怀敬仰之情，曾专程去襄阳城西的隆中凭吊过孔明故宅，并撰写了《诸葛武侯宅铭》，记载了孔明旧居的情景，颂扬诸葛亮公正无私、执法严明，鞠躬尽瘁，死而后已的思想精神。而这些全被罗贯中一并采纳，随着《三国演义》风靡天下，广为传颂，使得诸葛亮的高风亮节传诸后世，千古名相的形象在人们心中根深蒂固，习凿齿功不可没。可以说，习凿齿的确是诸葛亮的"异代相知"。

回到"谁是三国真心英雄"这一话题。辛弃疾也好，罗贯中也罢，在他们眼里，为什么只有曹操、刘备和孙权三人能被称为大英雄呢？

正如《三国演义》开篇所说，"话说天下大势，分久必合，合久必分"。在不断地分分合合中，统一才是中华民族五千多年历史的主流。任谁只要他为中华民族的统一——哪怕是局部统一——做出了贡献，他就是我们心目中的大英雄，他就值得我们去歌颂。

东汉末年，天下大乱，生灵涂炭。在乱世中，曹操统一北方，奠定了曹魏政权的基础；刘备进占益州、汉中和荆州一部，建立了蜀汉政权；孙权割据江东，建立了东吴政权。他们虽然都没能完成中国的统一，但都为中国的局部统一做出了重大贡献。他们三人，就是我们心目中的大英雄，值得我们去歌颂。

当然，还需要提及的是，这三位英雄豪杰，既不是南宋著名豪放派词人辛弃疾首次提出的观点，更不是元末明初著名小说家罗贯中首次讲述的故事，而恰恰就是上述三个大英雄中的一个——统一了北方，奠定了曹魏政权基础的曹操最先下的结论。

其中"天下英雄谁敌手？曹刘"一语，原本出自陈寿《三国志·先主传》："是时，曹公从容谓先主曰：'今天下英雄，唯使君与操耳。本初之徒，不足数也。'"小说《三国演义》中，将这段掌故放在了第二十一回"青梅煮酒论英雄"："操以手指玄德，后自指，曰：'今天下英雄，惟使君与操耳！'"。而"生子当如孙仲谋"一语原本出自裴松之《三国志注》所引的《吴历》："公见舟船，器仗，军伍整肃，喟然叹曰：'生子当如孙仲谋！刘景升儿子，若豚犬耳！'"。小说《三国演义》中，将这段掌故放在了第六十一回："操放心不下，自领兵前进，就濡须口排开军阵。操领百馀人上山坡，遥望战船，各分队伍，依次摆列，旗分五色，兵器鲜明。当中大船上青罗伞下，坐着孙权，左右文武，侍立两边。操以鞭指曰：'生子当如孙仲谋！'"

后来的历史证明，曹操所言不虚。客观地说，在汉末三国那个乱世，真正的大英雄，也真的就是最先由曹操提出，再经南宋著名豪放派词人辛弃疾的《南乡子·登京口北固亭有怀》加以弘扬，最终因元末明初著名小说家罗贯中的小说《三国演义》走进千家万户的曹操、刘备和孙权，仅此三人而已。

当然，曹操、刘备和孙权不仅仅是小说《三国演义》中的三个男主角，他们同样也是汉末三国那个乱世真正的三个男主角。说到这里，我相信，一定会有朋友非常较真儿地问：曹操、刘备和孙权这三个大英雄中，您最喜欢哪位呢？

这是一个仁者见仁、智者见智的问题，不可一概而论。

正所谓屁股决定脑袋，话糙理不糙，文明一点儿的话，那就是"位置决定想法"。一个人坐什么位置，往往决定了他思考的角度和范围。或者说，有什么样的立场，就会得出什么样的观点。而不同的位置，往往是由他所处的不同的时代背景、不同的出身（先天的家庭背景）、所接受的不同的教育（后天的个人努力）、不同的外界环境等多方面的因素决定的。比如，同样是大学本科刚毕业即将步入社会，久居深山老林从来不知外面的世界的父母，一定会叮嘱自己的孩子：一定要干一行爱一行；而作为知识分子大学教授的父母，就会建议自己的孩子：千万别委屈了自己，选择自己喜欢的职业和工作环境，高兴就好；但如果，父母自己的公司是世界《财富》500强，那父母对自己的孩子的要求很可能就是"先确立一个小目标，赚它一个亿"而已。当然，这仅仅是就不同的出身一个角度而言。而实际上，决定着我的想法与你的想法完全不同的，其实还有很多方面的因素。

那回答一下前面假设的那个问题：曹操、刘备和孙权三个大英雄中，我最喜欢哪位呢？答案很简单：当然是小说《三国演义》中的男一号——刘备。

先讲出生于公元155年的曹操。曹操是什么人啊？曹操的爷爷，别管是亲的，还是干的，曹操的爷爷曹腾，虽然是个宦官，但他先后服侍过四位皇帝，就连一直专权、残暴凶妄的跋扈将军梁冀，都要在害死汉质帝刘缵（138—146年在世，145—146年在位）后，跟曹操的爷爷曹腾商量下一位皇帝的人选问题，随后才有了汉桓帝刘志（132—168年在世，146—168年在位）的即位。而曹操的父亲曹嵩，历任司隶校尉、鸿胪卿、大司农，位列九卿，位高权重。到了公元187年，曹嵩更是靠着贿赂中官，出任太尉一职，位列三公。曹操可以说是出自一个非常有权有钱且有势力的家庭。之所以曹操能够成功，是因为他的家庭背景，他所受到的教育，他的周边环境，在这三个人中都是最棒的。曹操能够成功，并不意外。

当然，与上述先天因素强过他人相比，曹操的后天努力更加重要。汉末三国的历史中，为什么曹操占据的地盘最大？那是因为曹操的措施最得人心。曹操的哪些措施最得人心呢？有很多，比如吸引人才的"唯才是举令"，读书识字的人就能得到推举和任用。又比如让黎民百姓欢迎的"军屯""民屯"政策——有了这个政策，曹操的军队就不用跟黎民百姓抢粮食，百姓们能不欢迎这样的军队，这样的领导吗？

再看出生于公元182年的孙权。孙权的父亲孙坚（155—192）的出身，与曹操相比，可就差多了。但至少也是世代在吴地做官，孙坚本人也是十七岁就为县吏。换句话说，孙坚至少也是地方干部出身，家庭衣食无忧，本人也经过风雨、见过世面，至少要比刘备强上许多。公元200年孙权"出道"的时候，江东六郡都已经由他的哥哥孙策（175—200）率领张昭（156—236）、周瑜（175—210）等人平定得差不多了。

跟中央干部家庭出身、世代居住在首都的曹操和地方干部出身、强龙压不过地头蛇的土豪孙权相比，161年出生在涿郡的刘备有什么啊？父亲刘弘早亡的他，自幼就只能与母亲以织席贩屦为业，生活艰苦。唯一的娱乐活动便是时常在他们家院子东南角的那棵五丈多高的桑树下玩乐。当他在这棵树下吹牛说他将来会当皇帝的时候，你会相信他的话一定能够实现吗？别说你我不相信，就连他的叔父刘子敬也不相信。他的叔父刘子敬不但不相信，还反过来堵住他的嘴，劝他："千万不要乱说话，乱说话是会让我们全家遭受灭门之祸的。"如果你生活在东汉末年那个乱世，如果你生长在这样的贫困家庭，如果你是一事无成任谁都看不起的二十四岁的青年刘备，你还会对未来有所期许，你还会对未来有所憧憬吗？我相信，一定会有很大一部分人放弃了未来。即使没有放弃未来，我相信，你对未来的期许和憧憬也不会像刘备那样好高骛远。因为我们自幼接受的教育便是：人，一定要一步一个脚印脚踏实地，可千万别好高骛远。

但问题在于：偏偏刘备这个"看似一无所有"的人，居然就成功了，三分天下，备有其一。如此神奇，"看似一无所有"的刘备，怎么就扭转乾坤了呢？

二、为何总打靖王旗

刘备是"看似一无所有"，但真的是"一无所有"吗？当然不是。分析这个问题之前，先简单了解一下青少年时期的刘备。

1.吾必当乘此羽葆盖车

据《三国志》记载，刘备的祖父刘雄是济川侯刘惠之子，被举为孝廉，官至东郡范县县令。刘备的父亲刘弘虽在州郡当差但很早就死了，所以刘备少时孤苦，靠与母亲织席贩屦为生。

虽然靠与母亲织席贩屦为生，但刘备少怀大志。在他家东南角的篱笆外有一棵五丈有余的桑树，枝叶繁茂，远远望去好像车辇的盖子一样，来来往往的人都说这不是一棵普通的树，涿州人李云更是预言刘备家中会有贵人出现。刘备小时候经常和小伙伴在这棵树下玩耍，突然有一天他对着众人说将来要乘坐像树冠一样繁盛的车辇出行。古代对不同身份的人能乘坐的车辇规格有严格的规定，刘备的叔叔刘子敬听到刘备说这话后，连忙阻止了刘备，担心刘备如此乱讲话早晚会给刘家带来灭门之祸。

《三国演义》中，刘备出场时已经28岁了，还在以编织草鞋、凉席为业，其实按照《三国志·先主传》的记载，刘备15岁时就已经摆脱了这项职业，并在母亲和同宗的叔父刘元起的支持下，与刘元起的儿子刘德然一起拜同郡已经辞官的大儒卢植为师。

刘元起还经常在家设宴款待刘备，并把他和刘德然一般看待。刘元起的妻子说："我们也不是一家人，哪能总这样款待他。"刘元起说："我族中有这么个孩子，不是一般的人啊。"

关于刘备拜师大儒卢植一事，后面还会专门谈到。

2. 中山靖王刘胜的传奇

在汉末三国那个风起云涌、英雄辈出的时代，成名者大都具有一定的家庭背景，比如中央高干子弟的曹操，又比如地方中层干部子弟的孙权。出身贫寒、本就一无所有的刘备，不但非要立下个远大宏伟的近乎无法完成的志向，还每每对人提及"在下刘备，乃中山靖王之后"。就这一句"中山靖王之后"，从《三国演义》第一回"桃园三结义"一直提到第四十三回"诸葛亮舌战群儒"。所以刘备并不是真的一无所有，至少还有个"中山靖王之后"的身份认证。

可两汉那么多皇帝，刘备为何非自称中山靖王之后呢？

刘备口中的这个中山靖王刘胜，是汉景帝刘启（前188—前141年在世，前157—前141年在位）的儿子，汉武帝刘彻（前156—前87年在世，前141—前87年在位）同父异母的哥哥。前154年被父亲封为中山王。西汉前期，诸侯王权力很大，汉景帝刘启时更是发生了"七国之乱"。汉武帝刘彻即位后，为防止诸侯王叛乱的现象再次发生，便派人严密监视各个诸侯王的行踪。

公元前138年，刘胜与代王刘登、长沙王刘发、济川王刘明一起到长安朝见汉武帝刘彻。汉武帝刘彻设宴款待他们，刘胜听见奏乐就哭了出来。汉武帝问他缘故，刘胜回答说："臣听说悲伤的人听不得抽噎的声音，忧愁的人听不得叹息的声音。所以高渐离击筑在易水之上，荆轲因此低头而不食；雍门子微吟，孟尝君为之悒悒不乐。现在臣心中积压许多忧伤，每当听到幽妙精微的音乐，不知不觉地就会涕泪横流……臣虽轻微，但有幸得到皇上的亲近重用；地位虽卑下，但能作为东方的藩臣，从亲属关系来说，还是皇上的哥哥。现在朝廷群臣与皇上之间没有血缘亲情，没有承担国家的任何重任，却结成朋党发出偏私的议论，相互勾结，使宗室皇族受到打击和排斥，骨肉亲情冰雪般融化，臣私下很为此悲伤。这就是伯奇之所以流离失所，比干之所以身首分离的原因。《诗经·小雅·小弁》上说'我心忧伤，惄焉如捣、假寐永叹，维忧用老、心之忧矣，疢如疾首'，这便是在说臣下。"

刘胜把官吏侵夺欺凌诸侯王的事，全部向汉武帝刘彻奏报。于是，汉武帝刘彻就增加对诸侯的礼遇，废止有关官吏检举诸侯王不法行为的文书，对诸侯王施行优待亲属的恩惠。再后来，汉武帝刘彻采用大臣主父偃的计谋，使诸侯以私恩自己分地给子弟，而朝廷为他们制定制度和封号，就另为朝廷属郡。朝廷有厚恩，而诸侯之地就渐渐分散削弱变小。一时之间，刘胜被誉为"汉之英藩"。

此后的刘胜，把全部精力转移到了酒色上面，儿子就生了120多个。好在，当了42年中山王的刘胜并没有酒色过度，直到公元前113年才死去。

中山靖王墓，又称满城汉墓，是中山靖王刘胜及其妻窦绾的合葬墓，位于保定市满城区西南1.5公里陵山主峰东坡，于1968年被发现，同年由中国科学院考古研究所和河北省文物工作队联合发掘。1988年，中华人民共和国国务院公布其为全国重点文物保护单位。中山靖王墓规模巨大，保存完整，年代明确，随葬品丰富，并首次出土了完整的"金缕玉衣"，不仅为研究汉代诸侯王贵族的丧葬制度有着重要价值，而且为研究汉代的冶炼、铸造、制玉、漆器、纺织等手工业和工艺美术发展情况提供了重要资料。

到了东汉末年，中山靖王的后裔已经多得数不过来了。刘备便是东汉末年数不过来的中山靖王的后裔中的一个。

3.中山靖王之后的背后

中山靖王的儿子刘贞（前139—？）的封地陆城亭国就在今河北涿州，也就是刘备的出生地。刘贞在汉武帝刘彻时因酎金（汉时诸侯于宗庙祭祀时随同酎酒所献的黄金）斤两不足而被剥夺侯位，此后子孙定居涿州，所以说刘备是刘贞的后人还是有可能的，但是这对他创业并没有帮助。

所谓皇叔，自然是《三国演义》作者的杜撰。《三国志·先主传》更是压根儿没提汉献帝和刘备相认这件事。所以，跟中央干部家庭出身、世代住在首都的曹操和地方干部出身、强龙压不过地头蛇的土豪孙权相比，刘备有什么可供他吹牛的资本呢？只有三百多年前的老祖宗中山靖王刘胜了。

那刘备为何不说自己是汉景帝刘启之后，又或是汉高祖刘邦（前256/247—前195年在世，前202—前195年在位）之后呢？这不是刘备不想说，而是不能说，也不敢说。当时的刘备如果动不动就跟别人说自己是汉景帝刘启的后代或是更进一步说自己是汉高祖刘邦的后代，那可是犯了杀头的死罪。至于原因，就要从中国古代的礼制说起了。

按照中国古代礼制的规定，正统的皇帝只有一系，只有皇帝才能追认先皇为自己的祖先。因此，不是刘备不想说他是汉高祖刘邦和汉景帝刘启之后，而是刘备作为皇室分支根本没资格认祖到汉景帝刘启和汉高祖刘邦。而中山靖王是汉景帝刘启的儿子，也就是刘备所能追认的最遥远的那一代祖先了。同时，刘备说自己是中山靖王刘胜之后，既不违反礼制，又很容易让人清楚他的分支。刘备自称是中山靖王的后裔，无疑是一个上佳的选择。

当然，虽然嘴上不能说也不敢说自己是汉高祖刘邦之后，但这并不意味着他的内心不想说自己是汉高祖刘邦之后。而事实是，除了年纪相差了大约四百岁之外，两个人的人生经历也有很多相同或相似的地方。比如，两个人的出身都不太好：刘备的出身就不用说了；汉高祖刘邦的父母连个名字都没有，就连刘邦这个名字都是自己功成名就之后由丞相萧何给重新起的。又比如，两个人都在极力给自己编造一个不错的家世：刘邦斩白蛇起义，自称赤帝子，而后建立的汉朝更是抛出了"汉家尧后"的理论，和上古圣贤尧帝攀亲戚；刘备逢人就说"中山靖王之后"。再比如，两人开始起事时势力很弱，但最终都成就了一番事业。刘邦打败了项羽（前232—前202），奠定了四百年的大汉基业；刘备虽没能一统天下，但也成功做到了三分天下，备有其一。每当刘备嘴上说自己乃是"中山靖王之后"之时，他满脑子想的其实都是应该怎样借鉴汉高祖刘邦的经验教训，凭赤手空拳，打下一片江山。

当没有任何可以拿得出手的东西可供自己吹嘘的时候，自己所能吹嘘的，恐怕也只能是自己的祖先了。所以，对于刘备来讲，选择祖上作为自己吹牛的资本，这也没问题。但选择祖上作为自己的靠山，还要合情合理合法，绝对不能僭越。

不过，还要思考一下在每每说出"在下乃中山靖王之后"时，刘备的内心到底在想什么。对于当时功未成、名未就的刘备和日后不断摸爬滚打屡战屡败的刘备集团来说，"中山靖王刘胜"乃至"高祖刘邦"曾经的过往，正是他们毕生的追求。正所谓，"中山靖王"乃至"高祖刘邦"，既是旗帜，更是追求：自己出身再不堪，内心也要强大起来。对于任何人来说，处在任何情况下，远大的理想总是要有的，万一实现了呢？

虽然说"中山靖王之后"这个名号比不上"汉高祖之后"来得响亮，但好歹是给了刘备一个正当的"身份"。也正是凭着这个"身份"，刘备才得以快速结交各方豪杰英才，积累起自己称霸一方的资本，最终得以"成霸业，兴汉室"。

随着刘备的事业越做越大，终于创立了三分天下有其一的蜀汉江山，此后刘备成为蜀汉的开国之君，后世称之为汉昭烈帝。按礼法，刘备称帝后，就具有了追认汉高祖刘邦为祖先的资格，追认刘邦为祖先，才能显示出刘备皇位的正统性。因此，小说《三国演义》在刘备称帝后，几乎没有安排他做过中山靖王刘胜之后的自我介绍。

然而，或许是刘备之前的介绍太过深入人心，让他和中山靖王刘胜的标签牢牢地绑在了一起，以至于他名扬四海后，人们提起刘备都不忘提一句名声远没有刘备响亮的中山靖王刘胜。本来的目的是想蹭中山靖王刘胜流量的刘备，反倒成了中山靖王刘胜最好的"宣传员"，直到中山靖王刘胜在满城汉墓出土的金缕玉衣上了中学历史课本。世事的出人意料之处，往往就是这样。

4.装不出来的仁厚典范

在东汉末年那个乱世，居然有人认可刘备打着的这个"中山靖王之后"的旗号，这很了不起。这既证明了普通百姓对存在了四百年的两汉政权的感情，同时也证明了刘备这个人的演讲能力和口才水平。至少，在那个乱世，还是有那么一部分人，不但愿意相信他，而且愿意追随他。这就值得我们学习。

学习刘备的什么呢？明明三百年前的祖先跟自己已经没有多大关系了。但刘备还是相信自己的血脉中流淌着祖先的血液，自己的骨子里传承着汉高祖刘邦，在强如秦始皇嬴政、横如楚霸王项羽面前的那种霸气。

那么，人们为什么愿意相信作为"中山靖王之后"的刘备而不是别的什么人呢？一方面，追随刘备的那些人绝大多数自己也是普通人，他们根本就没有任何机会与曹操和孙权这样的官宦子弟接触；另一方面，也是因为一直以来刘备的那种"仁"者的形象。

当然，关于刘备的"仁"者形象，这既是出身低微的刘备推己及人的思维方式所造成的，也是生在东汉末年的那个乱世的成功者所必须具备的前提——无论如何，自孔子（前551—前479）创立到刘备那个时代已经传承了七百年的儒家思想已经深入人心，正所谓得人心者得天下，仁者无敌。在东汉末年那个乱世，刘备的成功，确与他的那种"仁厚之典范"的形象分不开。当然，关于刘备的那些"仁厚之典范"的举动，我们还会在后面的叙述中加以介绍。这里，单论一个刘备的"仁厚之典范"的形象的真假问题。

有人说，刘备的那种"仁厚之典范"的形象，是他"装"出来的。这话，我不赞同。人可以"装"一时，不可以"装"一世。如果人可以"装"一世，那我宁愿相信，作为一种成功的教化，他已经迷失了"本我"，而被"仁厚"的"非我"取代。

在汉末三国的那个乱世，与曹操和孙权相比，刘备的成功最为不易：生逢乱世、家庭贫寒但不堕其志，胸怀宽广、宅心仁厚致追随者众。刘备的成功，不但是当世草民百姓的成功，更是后世草民百姓的榜样。刘备的成功，更让今天的我们对未来有了希望。惟其如此，这个世界才显得更加可爱。

刘备的成功告诉我们，任何情况下，都要有梦想；宅心仁厚，不忘初心；脚踏实地，方得始终。这就是刘备的生存之道和处世智慧。

当然，老祖宗虽然可以作为吹牛的资本，但若想成就大事，单靠吹嘘祖先有多牛，那是远远不够的。至少，还得拿出别的真本事来。

三、第一贵人是卢植

刘备起家时的一个身份——"中山靖王之后"。当然，祖先虽然可以作为吹牛的资本，但若想成就大事，单靠吹嘘祖先有多牛，那是远远不够的。至少，您还得拿出别的真本事来。而要说到"别的真本事"这一点，我们就要说到刘备十五岁时，在母亲和同宗叔叔刘元起的支持下，与刘元起的儿子刘德然一起所拜的同郡已经辞官的当代大儒卢植为师这一话题了。

刘备拜师卢植，无论对于刘备来说，还是对于卢植来说，都是一件非常重要的大事。首先，中国古代，尤其是东汉末年的那个乱世，读书绝对是少数有钱有权人家孩子的福利，并不是谁家的孩子都读得起书的，就更不用说靠与母亲织席贩屦为生的刘备了。可这个靠与母亲织席贩屦为生的刘备，不但读了书，而且还居然拜了当代大儒卢植为师，这就有了说辞了。

可以说，卢植是刘备创业路上的第一个贵人。因为，对于当时的刘备来说，"当代大儒卢植的门生"，这可是实实在在的刘备起家时的另外一个身份了。而且，"当代大儒卢植的门生"这个显赫的身份，其实要比"中山靖王之后"这个似是而非的身份重要得多。卢植是担得起"刘备创业路上的第一个贵人"这一荣誉称号的。

当然，"刘备创业路上的贵人"有很多，由于种种原因——有的是因积劳成疾而离世，有的因太过默默无闻而被历史学家忽略（如刘备的同宗叔叔刘元起），有的是被刘备的对手所杀（如公孙瓒），有的没有看到刘备人生中的高光时刻——称帝建国。刘备创业路上的第一个贵人卢植，便没有看到刘备人生中的高光时刻——称帝建国。

看似一无所有的刘备拜师当代大儒卢植，便引出了以下三个问题：一是刘备为什么要拜当代大儒卢植为师；二是当代大儒卢植为什么要收刘备为徒；三是刘备的恩师卢植的最终结局如何。

1. 刘备为何要拜当代大儒卢植为师

先来看看小说《三国演义》第一回关于卢植出场的描写：

黄巾起义爆发后，"四方百姓，裹黄巾从张角反者四五十万。贼势浩大，官军望风而靡。何进奏帝火速降诏，令各处备御，讨贼立功。一面遣中郎将卢植、皇甫嵩、朱儁，各引精兵、分三路讨之……玄德曰：'近闻中郎将卢植与贼首张角战于广宗，备昔曾师事卢植，欲往助之。'于是邹靖引军自回，玄德与关、张引本部五百人投广宗来。至卢植军中，入帐施礼，具道来意。卢植大喜，留在帐前听调"。

如果不仔细研读，《三国演义》的这个桥段并无深意。但若仔细研读，就会发现卢植为什么会收刘备作为自己的门生了。让我们把目光转向刘备刚刚拜师卢植的那些年。

靠与母亲织席贩屦为生的刘备，人穷志不短。心怀大志的刘备，如果想在东汉末年的乱世干出一番事业，就需要有深厚的学识功底。而跟着不同的老师学习，便能增长不同的才干。跟着优秀的老师学习，自己的见识不但会更加深刻，也更容易适应未来动荡的社会，更容易走向成功。所以，在母亲的支持下，刘备便拜了同郡已经辞官的大儒卢植为师。

刘备的母亲为什么非要让刘备拜卢植为师呢？很简单，因为卢植很厉害。卢植的厉害，表现在以下几个方面。

第一，卢植的老师、同学都很厉害。中国历史上有一个大家族范阳卢氏，起源于春秋战国时期的齐国，是姜子牙的后代。春秋时期，齐襄公被杀，高傒（前728—前673）和国懿仲（前728—前673）等用计诛除乱党，并拥立公子小白为国君，即齐桓公（前685—前643年在位）。高傒是姜姓，高氏，也是姜子牙的后代，高傒因功封地在卢（山东省济南市长清区西南），于是高傒的后代中又有以卢作为氏的后代——卢氏。秦汉时期，卢氏迁居到涿县，曹魏时期涿县属于范阳郡，因此也被称为范阳卢氏。范阳卢氏到了东汉时期开始崛起，首先诞生的便是大儒卢植。

卢植，字子幹，涿郡涿县（今河北省涿州市）人。

卢植身长八尺二寸，声如洪钟。性格刚毅，有高尚品德，常有匡扶社稷，救济世人的志向，不苟合取容，言论切直，不喜欢作辞赋。

历史记载的卢植的老师有两位，马融（79—166）和陈球（118—179）。

作为东汉名将马援的从孙，马融学识渊博，是当世的通儒，门徒有上千人之多。经卢植引荐给马融的学生郑玄（127—200）更是经学的集大成者，著述百余万言，时称"郑学"。马融、郑玄和卢植三人，在唐宋两朝都得以配享孔庙，而大名鼎鼎的孟子（前372—前289）在唐朝时也没有资格配享孔庙。由此可以看出，马融、郑玄和卢植三人在儒学中的地位之高，确为读书人的至高荣耀。

陈球既是儒学大家，又是能臣廉吏。陈球不但自己很有名，他所教的弟子也很有名。比如小说《三国演义》中涉及的管宁（158—241）和华歆（157—232）都是陈球的学生。虽然管宁一向看不上华歆，还为我们留下了"割席分坐"这个成语典故，但出仕后的华歆还是向魏文帝曹丕（187—226年在世，220—226年在位）推荐了老同学管宁担任比自己更高的官职。管宁更是被曹魏满朝文武大臣视为"圣人"。陈球去世后，管宁和华歆二人又一起为陈球安葬、立碑。能够把性格、志向完全不同的两个人都教成人才，陈球的厉害可见一斑。

第二，卢植本人也很厉害。卢植为官期间，曾经两平蛮乱：公元175年，扬州九江郡蛮族叛乱，朝廷认为卢植文武兼备，于是拜他为九江郡太守。卢植到任后，很快便平定叛乱。后来，庐江郡发生蛮族叛乱，朝廷因为卢植在九江郡担任太守时，对当地人有恩威信义，于是拜其为庐江郡太守。卢植深知为政之道，在庐江为政清简，只是按照大原则办事而已。

还是公元175年，由蔡邕（133—192）、张驯等人发起的校勘儒学经典书籍的建议得到朝廷批准，并将其刻成石碑立在太学门口，史称"熹平石经"或"太学石经"。卢植上书自荐，参与编修。

一年多后，卢植又被朝廷任为议郎，与马日磾、蔡邕、杨彪（142—225）、韩说等人一起在东观校勘儒学经典书籍，并参与续写《东观汉记》的工作。卢植的学术水准可见一斑。

公元178年，卢植又上书汉灵帝刘宏（157—189年在世，168—189年在位），谏言陈说八事：一是用良，让州郡核举贤良，随才任用；二是原禁，对党锢之人多加赦宥；三是御疠，安葬无罪被害的宋皇后的亲属；四是备寇，优待侯王之家，以防变乱；五是修体，征召如郑玄之类的有才德之人；六是尊尧，按时对郡守刺史进行考绩；七是御下，杜绝设宴请托之类的恶习，责成有关部门办好荐贤之事；八是散利，建议汉灵帝刘宏不再蓄积私财。但汉灵帝刘宏并未采纳卢植的建议，最终引发黄巾起义。

公元184年，黄巾起义爆发后，汉灵帝刘宏便拜卢植为北中郎将，命护乌桓中郎将宗员任其副手，率领北军五校（即屯骑、越骑、步兵、长水、射声五营）的将士，前往冀州平定黄巾军。

卢植连战连胜，迫使张角率军退守广宗县，据城死守。卢植率军包围广宗县城，并挖掘壕沟，制造攻城器械，准备攻城。而这时，刘宏派小黄门左丰到卢植军中检查工作，有人劝卢植向左丰行贿，卢植拒绝。左丰没讨到半点好处，于是怀恨在心。同年夏，左丰返回洛阳后，向汉灵帝刘宏进谗言说："臣看广宗县城很容易攻破，卢植却按兵不动，难道他是想等老天来诛杀张角吗？"汉灵帝刘宏大怒，下诏免除卢植的职务，并用囚车押送回洛阳，判减死罪一等（相当于现在的无期徒刑）。朝廷拜董卓为东中郎将，接替卢植在冀州平定黄巾军，但董卓战败获罪。

同年秋，由左中郎将皇甫嵩统率的另一支政府军已平定兖州东郡黄巾军，朝廷则改派皇甫嵩前往冀州平定黄巾军。皇甫嵩不负众望，最终凯旋。皇甫嵩返回雒阳后，上书给汉灵帝刘宏，将平定冀州黄巾军的功劳推给卢植，于是卢植官复原职，仍任尚书。

最让卢植扬名立万的事件，便是他敢公然在暗无天日的董卓统治下，为了反对董卓随意废立皇帝的恶行而高声痛骂不止。

公元189年，汉灵帝刘宏驾崩，汉少帝刘辩即位，大将军何进掌控朝政，何进听信袁绍等人的建议，意图铲除宦官，甚至征召并州牧董卓进京，卢植知道董卓必为后患，坚持劝阻道："诛杀中官，用不着征外地部队。而且董卓凶悍，手里又有精兵，必定不能控制。"可何进不听。同年秋，何进被杀，袁术等人攻烧宫门，张让、段珪等人带着太后、刘辩及陈留王刘协出逃，又劫持省内宫属，走到北宫。卢植持戈站在阁道窗下，抬起头指责段珪。段珪等人感到害怕，放开了何太后。不久后，袁绍攻杀宦官，张让、段珪等人带着刘辩、刘协等几十人步行出谷门，奔往小平津。当时公卿一同从平乐观出来，没有人跟随刘辩，只有卢植连夜骑马追到河上，王允（137—192）又派河南中部掾闵贡跟在卢植后面。卢植、闵贡追上后，责备张让等人，并斩杀其中几人，张让等人都哭泣谢罪，随即投河而死。

董卓进京后，掌控朝政。董卓意欲废黜刘辩，拥立刘协为帝，便召文武百官大会商讨，自称效仿伊尹、霍光之事。当时无人敢言，只有卢植独自一人站出来辩驳："案《尚书》，太甲昏庸，伊尹才把他放到桐宫。昌邑王即位过了二十七日，就犯下一千多条罪状，霍光才把他废黜。如今圣上富于春秋，做事从没有过失，并不能把这两件事拿来对比。"

董卓虽然被气得七窍生烟，但也奈何不得卢植。正如议郎彭伯所说："夫善人者，天下之纪。卢尚书是海内大儒，天下之望！如今若杀他，恐怕天下人都会震惊失望。"要知道，在董卓擅权的日子里，死于董卓屠刀之下的文人武将成百上千，但卢植却得以全活——由此可见，董卓再厉害，也不敢动当代大儒卢植的一根毫毛。

既然卢植的老师、同学和卢植自己都很厉害，刘备投身于卢植门下的目的很明显：让当世大儒给自己加持，为自己未来的创业镀金。

如果说，在卢植这里读书之前的刘备，只有一句"汉室宗亲、中山靖王之后"可供自己吹嘘。但是，单凭这一句话，涿郡土豪张飞就能被刘备成功忽悠而心甘情愿地卖房子卖地一生跟着刘备打天下？单凭这一句话，来自异乡的杀人犯关羽就能被刘备成功忽悠而心甘情愿地一生跟着刘备打天下？我看，绝无这种可能性。涿郡土豪张飞和来自异乡的杀人犯关羽也是走南闯北、见多识广之人，他们不是那么容易被别人忽悠的。想要忽悠别人心甘情愿地卖房子卖地、心甘情愿地一生跟着他打天下，他还真的要比别人有见识。而刘备的见识从哪里来呢？一方面是读万卷书，另一方面就是行万里路。行万里路，你得是个有钱人；读万卷书，你得是个有心人。

如果能在卢植这里读书，此后的刘备，就有了两句可供自己吹嘘的话语了，除了"汉室宗亲，中山靖王之后"这句话之外，还可以再加上一句"当代大儒卢植的门生"的名号。当然，在这两句话中间，在当时那个乱世，"当代大儒卢植的门生"的名号，绝对比所谓"汉室宗亲，中山靖王之后"的名号，还要有噱头——因为，"汉室宗亲，中山靖王之后"，那遍地都是；而"当代大儒卢植的门生"，则少得可怜。既是"汉室宗亲，中山靖王之后"，又为"当代大儒卢植的门生"，那就更是少之又少了。

那么，新的问题就来了：作为已然在这个乱世有了很大名气的当代大儒卢植，为什么要收刘备这个普通得不能再普通的既不认识张飞又不认识关羽的人作为自己的门生呢？是单纯为了成就刘备这个所谓"中山靖王之后"，还是主要为了成就自己而把刘备当作是自己走向更大成功的铺路石呢？难道他真的看中了刘备身上有一些别人所不具备的长处不成？

2.当代大儒卢植为何要收刘备为徒

其实，作为老师的卢植，也是有着自己的小心思的。作为当代大儒的卢植，不会不知道东汉末年的种种乱象：外戚宦官交替专权于中央，地方豪强欺压百姓与地方，一场大规模的疾风暴雨式的农民起义即将爆发，军阀割据混战即将开始。到那时，谁来捍卫专制皇权？谁来捍卫国家统一？作为当代大儒的卢植不能不思考这个问题。一旦国家需要当代大儒拿起刀枪而不是笔杆子作为武器捍卫国家统一的时候，作为肩不能担手不能提篮的文人雅士，作为当代大儒的卢植能承担得起如此重担吗？

卢植思考的结果，自然而然会改变自己的招生与教学方向，从重视虚幻的"义"变为重视实际的"利"。此时的我们再读刘备儿时的那些诸如爬到自家屋舍东南的那棵五丈多高的桑树上，跟小伙伴们说"我将来一定会乘坐这样的羽葆盖车"之类的故事，会不会马上就觉得刘备自小就有远大的理想和抱负？也就是说，此时的卢植知道，此后的他，太需要像刘备这样有理想有抱负但没有什么文化水准的热血青年了，只要能将这些有理想有抱负但没有什么文化水准的热血青年稍加点拨，便可以让他们成为自己忠实的铁杆粉丝，最终让他们为国家的统一而不断奋斗。

对于刘备而言，那是为了实现自己的创业梦想——至于这个梦想到底是为了自己升官发财还是上升到国家民族的高度，相信刘备也在不断探索实践之中——需要大儒卢植这块金字招牌；对于卢植而言，已经做到"读万卷书，行万里路"，需要为国家的未来筹谋、提前布局的他，也需要刘备这样有理想有抱负的人成为为捍卫国家统一而不断奋斗的热血青年。于是乎，刘备成了卢植的学生，卢植成了刘备的老师。

刘备在卢植这里只待了两年，因为后来扬州庐江郡（今安徽省庐江县）发生叛乱，朝廷征召卢植去那里当太守，平叛去了。对于刘备来说，所谓知识改变命运，的确不假。来卢植这里读书，是刘备命运得以改变的开始。刘备成为卢植的弟子，尽管未必是最优秀的弟子，但也与卢植建立了师生情谊，至少是在卢植这里镀了金。

作为刘备恩师的卢植，的确没有看错刘备。日后的刘备，虽然没有成为大儒，但也为实现儒家的政治理想不断努力，其从卢植处学到的"仁厚"思想一直贯穿于他一生。而正是这一点，才最终让"看似一无所有"的刘备走向成功。从这个角度说，刘备的恩师卢植是成功的，因为他没有看错刘备；从这个角度说，卢植的学生刘备也是成功的，因为他毕生都在践行着恩师卢植的理想。

3.刘备的恩师卢植的最终结局如何

董卓将卢植免职后，卢植以年老身体不适为由，请求返回家乡涿县。等董卓批准后，卢植便走小路离开雒阳，董卓果然派人追杀而不及。卢植便隐居在幽州上谷郡（今河北省怀来县）军都山（今北京市昌平区），不问世事。

公元191年，袁绍取得冀州，拜卢植为军师。公元192年，卢植逝世。临终前，他让儿子挖土穴薄葬，不用棺木，仅留贴身单衣而已。公元207年，曹操率军北伐乌桓，途经涿郡，派人告知太守："故北中郎将卢植，名著海内，学为儒宗，士之楷模，国之桢干也。昔武王入殷，封商容之闾；郑丧子产，仲尼陨涕。孤到此州，嘉其余风。《春秋》之义，贤者之后，宜有殊礼。亟遣丞掾除其坟墓，存其子孙，并致薄酹，以彰厥德。"曹操不但专门下了通告称赞卢植的生平功绩，而且还派专人为其扫墓。

纵观卢植的一生，功勋卓著、一身正气，而且有着极高的学术贡献，既是能征善战的将才，也是天下闻名的大儒。

卢植虽然死了，但他的家族却长盛不衰。卢植的儿子卢毓（183—257），侍奉从曹操到曹髦五位君主，官拜司空。在魏晋南北朝时期，北方政权更迭频繁，卢植的家族却一直屹立不倒，也就是历史上著名的"范阳卢氏"。

到了北魏孝文帝时跻身"卢崔郑王"四姓高门，有"北州冠族"之称。北魏分裂后，卢靖的三个儿子卢辩、卢景裕、卢光分别担任西魏、北齐、北周三国帝师，唐朝时位列七姓十家，除了"初唐四杰"之一的卢照邻外，还出了宰相八人，与博陵崔氏、清河崔氏并称"崔卢"，就连宋太宗赵炅（939—997年在世，976—997年在位）时期的宰相卢多逊（934—985）也是卢氏的后代。

透过刘备的发家史，可以看到，老师也是很重要的一层人脉关系，正是因为有老乡卢植当自己的老师，刘备才没有被埋没。刘备有了卢植的扶持，才有了结交英雄好汉的人脉朋友圈，才有了自己成就大业的强大团队。

四、第二贵人公孙瓒

刘备创业路上的第二个贵人，是比他大好多岁的同学公孙瓒。

只要理解了刘备的恩师当代大儒卢植，就很容易理解同样深受当代大儒卢植影响的卢植的得意门生、刘备的学长公孙瓒。如果我们说恩师当代大儒卢植是刘备创业路上的第一个贵人，这个"贵"字最主要表现在思想、气节、思维方式和刘备最初起家的名望的话，那么，作为刘备创业路上的第二个贵人——比刘备大好多岁的同学公孙瓒，便给了刘备以最初起家的地盘。

公孙瓒为什么能给刘备以最初起家的地盘呢？公孙瓒又是如何赢得这些地盘的呢？这就要说到公孙瓒与刘备的四个时间段的交往了。

1.公孙瓒与刘备最初的交往

公孙瓒与刘备最初的交往，发生在刘备拜师当代大儒卢植的那两年。

公孙瓒，字伯圭（一作伯珪），出生在幽州辽西郡令支县（今河北省迁安市）。

《后汉书》中记载，说他"家世二千石"。即月俸120斛（1斛=1石），汉朝的一石等于120斤（汉朝的1斤≈248克）。

两汉时，中央的九卿和地方的郡太守，都是"二千石"的官职。从史料记载来看，公孙瓒的父亲应为幽州下辖某郡的郡太守。

公孙瓒虽然是贵族子弟，但因母亲出身低微，只能任书佐（相当于我们今天所说的秘书，又称门下书佐）一类的工作。

据《魏略》记载，公孙瓒做事情很讲究策略，每次向太守汇报工作时，都不一点一点说，而是经常把多件事一起汇报，从没有忘误之事。公孙瓒相貌俊美，声音洪亮、机智善辩，得到涿郡太守的赏识，太守将女儿许配给他。为了更好地培养他，涿郡太守还把公孙瓒送到卢植那里深造。正是在卢植这里，公孙瓒不但遇到了刘备，而且与刘备很投脾气。

跟当代大儒卢植肯收刘备作为自己的学生一样，公孙瓒在卢植这里读书时所处的大环境是一样的。在东汉末年那个动荡的年代，作为老师的当代大儒卢植，心心念念的自然是国家民族大义；有野心的公孙瓒，心心念念的可能只是如何能让年轻的刘备成为可供自己驱使的"马仔"。

《三国志·先主传》上记载，"不甚乐读书"的刘备"喜狗马、音乐、美衣服"。对刘备的家世稍加了解，我们便会知道，狗马、音乐和美衣服这些爱好，根本不是成为公孙瓒的同学之前的刘备所能享受的。别说享受了，那是靠与母亲织席贩屦为生的刘备连想都不敢想的。但是成为公孙瓒的同学之后，对于狗马、音乐和美衣服，刘备不但想了，而且还享受了。当然，狗马、音乐和美衣服，公孙瓒不但都白白送给了刘备，还教会刘备如何欣赏鉴别狗马、音乐和美衣服。公孙瓒此举的目的，其实很简单，就是要让懂得感恩的年轻的刘备将来能够成为可供自己驱使的"马仔"。

狗与马连在一起，指的是骑马狩猎。骑马射猎，在西周以来直至东汉末年的中国，既是一种享受，也是一种锻炼，同属于贵族子弟的"六艺"之一。而"音乐、美衣服"，则纯属贵族子弟的一种享受，并非必须。当然，有了"音乐、美衣服"，也就有了所谓身份与尊严。引人注意的是，在中国的语境中，"声色犬马"应该是连在一起的，为什么公孙瓒教会刘备欣赏鉴别的，单单缺少了"色"呢？当然不是真的缺少，而是史学家的"春秋笔法"——为尊者讳，为亲者讳，为贤者讳——使然。

看来，为了教会刘备如何追求尊严，为了让刘备找回对生活的自信，为了把刘备培养成为一个优秀的"马仔"，公孙瓒真的是作出了不懈的努力。很快，公孙瓒便成功了——刘备真的成为公孙瓒的"马仔"。不过，这事发生在公孙瓒担任涿县县令之后。

2.公孙瓒与刘备的二度交往

朝廷征召卢植去庐江郡平叛之后，公孙瓒与刘备第一次分道扬镳。

公孙瓒先是回到郡中做事，被举为上计吏。

战国、秦汉时称地方官年终向国家汇报情况为上计。东汉时县令（长）可派县丞、郡（国）可派较高级掾史、刺史可派属吏代行。郡国汇报本应归司徒考核，其实均归尚书。入京上计者称"上计吏"，简称"计吏"。

此时，恰逢太守刘其（一作刘基）因事被押到洛阳，交付给廷尉治罪。按照法律，官员犯法，属下官吏不得亲近。公孙瓒便改换衣服，假称自己是伺候的吏卒，随身护送，跟随槛车走到洛阳。最终，刘其被发配到交州日南（今越南广治省东河市），公孙瓒又准备肉食、醇酒，在北芒（位于河南省洛阳市北，又名邙山、芒山、郏山等，海拔300米左右，是历代帝王贵胄、显赫人物都趋之若鹜的葬地）上祭奠先人，先把酒洒向地面，祝祷："昔为人子，今为人臣，当诣日南。日南多瘴气，恐或不还，便当长辞坟茔。"慷慨悲泣一番，再拜离去，旁观者莫不叹息。发配途中，刘其得到朝廷赦免，于是返还。

在都城洛阳的公孙瓒又拜了与卢植同样学识渊博的"通儒"、汉灵帝刘宏的恩师、太尉刘宽（120—185）为师，继续读书。再后来，公孙瓒被举孝廉，任辽东属国（西汉后期为安置、管理内附汉廷的乌桓人设置的地方机构，辖境相当于今辽宁省西部大凌河中下游一带，今辽宁省义县）长史。

同一时期的刘备，虽然依然在家乡涿郡生活，但毫无疑问的是，一方面是因为有了"当代大儒卢植的门生"的加持，另一方面则是因为有了学长公孙瓒在狗马、音乐和美衣服等诸多方面的培训，此时的刘备已经深深地打上了学长公孙瓒的烙印：呼朋引类、快意恩仇，成为刘备的生活新常态。刘备自然成为当时当地的"流量明星"，天南海北的众多豪杰，争相拜访。来自中山的大商人张世平、苏双等携千金，贩马来到涿郡，一见到刘备，顿觉

"开了天眼"，马上倾其所有，相助刘备。涿郡本土的豪侠，也生怕被抛弃一般，争着依附于刘备。毫无疑问，此时的刘备已经是家乡的翘楚了。

对于刘备来说，来自中山的大商人张世平、苏双，才是我们今天意义上的"天使投资人"。只不过，史料对于张世平、苏双的记载，实在是少得可怜。我估计，十之八九，张世平、苏双没有活到刘备称帝的那一天。

正如《三国演义》开篇所说，"话说天下大势，分久必合，合久必分"。"分久必合，合久必分"这句话，不但适用于整部三国的历史，也同样适用于公孙瓒与刘备的关系。

在担任辽东属国长史期间，有一次，公孙瓒跟随数十名骑兵外出巡逻关塞，看到数百名鲜卑骑兵，公孙瓒马上退到空亭对随行队伍说："如今不主动进攻，我们都要死于此地。"随后，公孙瓒手执长矛策马带队冲入鲜卑队伍，一举杀伤数十人。此后的鲜卑人便再不敢轻易越进关塞。公孙瓒随后升任为刘备所在的家乡涿县的县令。此后，二度与公孙瓒交往的刘备，便真的成为公孙瓒的"马仔"。

3.公孙瓒与刘备的三度交往

黄巾起义爆发后，刘备与新结识不久的关羽、张飞等人一道，跟随公孙瓒的同事、破虏校尉邹靖前往讨伐黄巾。与此同时，地处西北边陲凉州的边章、韩遂叛乱，朝廷授予公孙瓒都督行事的符节，派他率领三千骑兵前去平定叛乱。至此，公孙瓒与刘备第二次分道扬镳。不过这一次的分道扬镳，并没有持续太长时间。

公元187年，趁着三千骑兵远赴西北边陲、幽州兵力空虚之机，渔阳（今北京市密云区南）人张纯伙同同郡人张举引诱辽西郡（今辽宁省朝阳市）乌桓首领丘力居等叛乱，张举自称天子，张纯自称弥天将军安定王，声称自己将取代汉朝。张举、张纯、丘力居等人一举攻占右北平郡（今河北省唐山市丰润区）、辽西郡等地。张纯又使乌桓峭王苏仆延等步骑五万，进入青、冀二州，攻破清河、平原，杀害吏民。

此时，朝中认为刘虞有德义，曾经当过幽州刺史，对当地士民有恩信，又为外族所附，如果让刘虞去镇抚，幽州可以不劳众而定。公元188年，朝廷正式任命刘虞为幽州牧，又遣中郎将孟益率公孙瓒讨伐张纯等。同年冬，公孙瓒与张纯等战于辽东属国石门（今辽宁省朝阳县），张纯等大败，敌军抛弃妻小逃走，公孙瓒军夺回了之前被俘虏的男女。公孙瓒继续追击，由于太深入，反被丘力居围困于辽西管子城（今辽宁省锦州市）二百余日，公孙瓒军粮食殆尽，于是杀战马吃。战马吃完后，又将弩、盾煮熟充饥。公孙瓒军力战不敌，于是与士卒们诀别，各自分散回家。当时天降雨雪，不少人在饥寒中死亡；丘力居军也饱受饥困，远走柳城。

此时，在镇压黄巾起义的战斗中立下战功的刘备得知学长公孙瓒追讨张纯等叛贼的消息后，立即率包括关羽、张飞在内的所部，协助公孙瓒平叛。此后，三度与公孙瓒交往的刘备，便第二次成为公孙瓒的"马仔"。

刘虞到任后，罢省屯兵，广施恩信，派遣使臣到游牧民族中晓以利害，告诉乌桓峭王苏仆延等朝廷圣德仁厚，允许叛军投降，给予出路。刘虞又悬购张举、张纯的人头。丘力居等听说刘虞到了，纷纷派遣使者前来沟通归附之事。张纯舍弃妻小，与张举逃出塞外，其他余众或降或散。公孙瓒担心刘虞立功，暗中派人在途中暗杀这些使者。游牧民族明白此事后，便绕道到刘虞处。刘虞上报朝廷撤掉驻防军队，只留下公孙瓒统万余步兵、骑兵屯驻右北平。

公元189年春，逃入鲜卑的张纯被门客王政杀死，王政把张纯的首级送给刘虞，因功被封为列侯。刘虞也因安抚游牧民族有功而被授予太尉之职，封为容丘侯。董卓入洛阳，又遣使拜刘虞为大司马，封襄贲侯。朝廷诏拜公孙瓒为降虏校尉，封都亭侯，又兼领属国长史。刘备也因军功被封为冀州中山郡安喜县（今河北省定州市）县尉（与县丞同为县令佐官，掌治安捕盗之事，相当于县公安局局长）。至此，公孙瓒与刘备第三次分道扬镳。

当然，这一次的分道扬镳，依然没有持续太长时间。

4.公孙瓒与刘备的四度交往

此后的五六年间，公孙瓒与北方游牧民族争战不断。每次一听到敌人来袭，公孙瓒马上声疾色厉，作战时像是打自己的仇人似的，甚至一直打到夜深。从此，乌桓都害怕公孙瓒的勇猛，不敢再来进犯。公孙瓒常与身边数十个善于骑射的人都骑白马，相互间为左右翼，自号"白马义从"。

讨伐乌丸时，公孙瓒受刘虞节度。但公孙瓒自持兵力强大，便放纵自己的部队，多次掠夺百姓，而刘虞则对百姓十分仁爱。因此两人关系逐渐恶化。

公元191年，刘虞遣田畴（169/170—214/216）等人去长安拜见汉献帝刘协，汉献帝刘协想东归旧京，趁机派刘虞之子刘和逃出长安，偷偷出武关（今陕西省丹凤县）去找刘虞，让刘虞率兵前来相迎。刘和途经袁术的驻地南阳（今河南省南阳市），将此事告知了袁术。袁术扣留了刘和，让刘和给刘虞写信，答应等刘虞率兵前来为袁术后援，一起赴长安。公孙瓒知道袁术会叛变而制止刘虞，刘虞不听，派数千骑兵去南阳，结果袁术并未派他们出征。公孙瓒担心自己与袁术结怨，就派从弟公孙越率千余骑兵到袁术处相结好，而暗地又让袁术扣留刘和并夺占刘和兵马。因此，公孙瓒与刘虞的矛盾越来越深。后来刘和逃出南阳北上，又被袁绍扣留。

袁绍为夺取冀州，密请公孙瓒攻击冀州牧韩馥。公孙瓒于是攻打安平（今河北省冀州市），击破韩馥，之后引兵入冀州，打着讨伐董卓的旗号袭击韩馥，韩馥心不自安。袁绍趁机派荀谌等人劝说韩馥把冀州让给自己。

此前，在冀州中山郡安喜县怒鞭督邮之后，刘备弃官逃亡。恰遇大将军何进募兵，刘备再次投军。在下邳（今江苏省睢宁县古邳镇）与盗贼力战立功之后，刘备先被任命为下密（今山东省昌邑市）县丞，后来又任高唐（今山东省禹城市）尉、高唐令等职。高唐被青州黄巾攻破之后，刘备再次投奔此时已经是中郎将的公孙瓒，被公孙瓒表为别部司马。此后，四度与公孙瓒交往的刘备，便第三次成为公孙瓒的"马仔"。

正是在这一时期，刘备结识了同为公孙瓒"马仔"的赵云。赵云曾和刘备一起出征，刘备很是赏识赵云，后来赵云因为兄长去世便向公孙瓒请求回家。虽然，刘备很是舍不得赵云这个小兄弟，但赵云还是离开了他们。直到七年后（那时公孙瓒已死），被曹操打败的刘备依附于袁绍时，赵云才来到邺城（今河北省临漳县），从此毕生追随刘备。

此时，恰逢青州黄巾军攻打渤海（今河北省南皮县），聚众三十万，欲与黑山军会合，公孙瓒率步骑两万人在东光南大破青州黄巾，斩首三万余。青州黄巾军弃辎重，奔走渡河。公孙瓒等他们过到一半时出击，再次大败黄巾军，死者数万，俘虏七万余人，车甲财物无数，于是公孙瓒威名大震。战后，公孙瓒被拜为奋武将军，封蓟侯。

当时，孙坚奉袁术之命屯阳城（今河南省登封市），袁绍派周昂攻打阳城，袁术遣公孙越助孙坚攻周昂，结果公孙越被流矢射中而死。公孙瓒得知后非常愤怒，出兵驻扎在盘河（今山东省乐陵市、阳信县一带）。

时隔不久，公孙瓒举兵攻击冀州，屯兵广宗。袁绍非常惊恐，把渤海郡太守印交给了公孙瓒的堂弟公孙范，派他到郡里，打算以此与公孙瓒结援。公孙范背叛袁绍，以渤海兵力协助公孙瓒。公孙瓒自破青、徐黄巾军后，兵势日益强盛，进驻界桥（在今河北省威县境内）。任命严纲为冀州刺史，田楷为青州刺史，单经为兖州（今山东省金乡县）刺史，并设置郡守、县令，冀州长吏皆望风响应。

此时的公孙瓒，还公然命青州刺史田楷和刘备一起抵抗袁绍。因为刘备在战斗中屡屡建功，而先升为试守平原县（今山东省平原县）县令，再任平原国相。刘备外御贼寇，内则乐善好施，即使不是身为士人的普通百姓，都可与他同席而坐，同簋而食，不会有所拣择。刘备任平原相时深得人心，郡民刘平不服从刘备的治理，唆使刺客前去暗杀。刘备毫不知情，还对刺客十分礼遇，刺客深受感动，不忍心杀害刘备，便袒露实情离去。

公元191年，袁绍屯军广川县（今河北省枣强县），与公孙瓒战于界桥南二十里处。公孙瓒以两万步兵，排列成方阵，左、右两翼各自配备骑兵五千多人。袁绍命其将麹义领精兵八百在前，布强弩千张于两翼。公孙瓒轻视袁绍兵少，纵骑兵出战。麹义命士兵伏于楯下不动，等公孙瓒军到十步前，一时同发，公孙瓒大败。袁绍军阵斩严纲。麹义追公孙瓒到界桥，公孙瓒率兵还击，再次被打败。

袁绍派部将崔巨业率兵攻打公孙瓒的故安县（今河北省易县），不下，在引军南归时，在巨马水（今拒马河）被公孙瓒大军追上，大败，七八千人阵亡。公孙瓒乘胜攻克郡县，到达平原，派自己所设的青州刺史田楷占据齐国。田楷与袁绍在青州交战长达两年，双方粮食耗尽，士卒疲困，于是交替抄掠百姓，野外连青草都没有了。

公元192年，公孙瓒又派兵到龙凑（今山东省德州市）挑战，结果又被袁绍击败，公孙瓒退回幽州，不再出兵。

当初，公孙瓒、袁绍皆与兖州刺史刘岱关系友好，袁绍让妻小居住在刘岱的居所，公孙瓒也派从事范方率骑兵帮助刘岱；公孙瓒击破袁绍时，曾派人去见刘岱，请他与袁绍断绝，并把袁绍的妻小送过来，还告诉范方："若岱不遣绍家，将骑还。吾定绍，将加兵于岱。"刘岱听从程昱（141—220）的建议，拒绝公孙瓒的要求，范方便带着骑兵回去，还未到达，公孙瓒已被袁绍击败。

公元193年，太仆赵岐来到关东，劝说公孙瓒、袁绍罢兵，公孙瓒写信给袁绍说："赵太仆以周、邵之德，衔命来征，宣扬朝恩，示以和睦，旷若开云见日，何喜如之！昔贾复、寇恂争相危害，遇世祖（指光武帝刘秀）解纷，遂同舆并出。衅难既释，时人美之。自惟边鄙，得与将军共同斯好，此诚将军之眷，而瓒之愿也。"袁绍于是引军南还。

此时，恰逢黄巾余党管亥率众军攻打北海，北海相孔融（153—208）向刘备求救。刘备立即派三千精兵去北海救援。黄巾军闻知援军至，都四散而逃，孔融得以解围。再后来，袁术与袁绍开战，袁术向公孙瓒求援，公孙瓒令刘备屯高唐，单经屯平原，同时联合徐州牧陶谦（132/133—194/195），用来威逼袁绍，袁绍与曹操合击，大破袁术、公孙瓒以及陶谦的联军。

公孙瓒与从弟公孙范退还蓟县（今北京市西城区），在县城东南另筑小城自守，与幽州刺史刘虞的矛盾逐渐激化。

公元193年冬，刘虞率兵十万攻打公孙瓒。当时，公孙瓒的部曲放散在外，公孙瓒仓促欲从东城逃走，刘虞的士兵不习战，又下军令不准骚扰百姓，不许损害民居，导致久攻不下。公孙瓒便招募精兵数百人，顺着风势放火，刘虞的军队全部去救火，公孙瓒军趁势杀入刘虞兵营，刘虞大败。刘虞与他的部下往北逃到居庸县（今北京市延庆区），又打算召乌桓、鲜卑来救援自己。公孙瓒引兵围困居庸县城，三天就攻破了城池，活捉刘虞及其妻子儿女回到蓟县，仍然让他领州文书。当时董卓已死，朝廷派使者段训给刘虞增加封地，令其督统六州；升迁公孙瓒为前将军，封易侯，假节督幽、并、青、冀四州。公孙瓒趁机诬陷刘虞与袁绍谋取称帝，胁迫段训斩杀刘虞及其妻子儿女。公孙瓒随后将刘虞的首级送到京师，被刘虞的旧部下尾敦在路上劫走并安葬。公孙瓒又上表段训为幽州刺史。

公元194年，曹操攻打徐州，徐州牧陶谦向青州刺史田楷求救。田楷与刘备一起前往救援。至此，公孙瓒与刘备第三次分道扬镳。此后的公孙瓒与南下徐州的刘备渐行渐远，再无交集。

乱世中的刘备，一直没有放弃远大的理想，也没有放弃对美好未来的追求。为了实现远大的理想和对美好未来的追求，刘备一步一个脚印脚踏实地地跟恩师卢植和学长公孙瓒，不断地学习进步；而刘备的恩师卢植和学长公孙瓒，恰恰看中了乱世中的刘备仍然有一颗热血的心，从而可以让他们借刘备之手，实现自己的理想。

但是，无情的现实击碎了卢植和公孙瓒的美梦：卢植于公元192年因病去世不久，公孙瓒也迎来了自己人生中的至暗时刻。

5.公孙瓒败亡，刘关张继续闯荡

公孙瓒杀了刘虞后，得到了整个幽州，日益骄矜，不恤百姓，记过忘善，睚眦必报。公孙瓒对待幽州有才能的名门子弟，必将其打压在穷苦之地。有人问原因，公孙瓒说："如今这些衣冠子弟、善士富贵了，他们都会认为是自己应得的，而不会记得别人的好处。"公孙瓒宠幸骄纵的大多是庸才，如算卦的刘纬台、布贩子李移子、商人乐何当三人，公孙瓒和他们结为兄弟，自己做老大，称他们三个为老二、老三、老四。他们因公孙瓒的缘故，富皆巨亿，有时公孙瓒还让自己的儿子娶他们的女儿，还常把他们比作曲周侯郦商、颍阴侯灌婴之类。

刘虞的从事渔阳鲜于辅、齐周、骑都尉鲜于银等率幽州兵马想为刘虞报仇，因燕国（今北京市）人阎柔素有恩义，他们便推举阎柔为乌丸司马。阎柔招集鲜卑、乌丸等兵马，共得汉兵、胡兵数万人，与公孙瓒所置渔阳太守邹丹战于潞河（今潮白河）之北，大败公孙瓒军，斩杀邹丹。乌桓峭王苏仆延率其部落的人及鲜卑骑兵七千余骑，随鲜于辅迎接刘虞之子刘和与袁绍将麹义，合兵共十万攻打公孙瓒。

公元195年，诸军大破公孙瓒于鲍丘（今天津市蓟州区），斩首二万余。公孙瓒屡战屡败，于是逃回易县（今河北省雄县）坚守，开置屯田。两军相持一年有余，麹义军粮尽，士卒饥困，余众数千人退走。公孙瓒乘势出击，击败麹义，尽得其车重。

当时大旱，蝗灾泛滥，粮谷昂贵，人相食。公孙瓒自恃才力，不恤百姓，欺压人民，民怨更加沸腾。于是代郡、广阳、上谷、右北平纷纷杀死公孙瓒任命的长官，他们和鲜于辅联合起来，与公孙瓒为敌。

此前有童谣"燕南垂，赵北际，中央不合大如砺，惟有此中可避世"，公孙瓒认为这说的是易县，于是他修筑易京固守。公孙瓒先挖了十层围堑，然后在围堑中筑京，都有五六丈高，又在上面盖起高楼。公孙瓒在堑的正中特别盖了一座十丈高的京，供自己居住，并在里面囤积了三百万斛谷。公孙瓒的部下也家家都盖高楼，高楼上千。公孙瓒居住在高楼中，以铁为门，斥去左右，下令男人七岁以上不得进入，只与妻妾住在里面。公孙瓒又让妇人习为大声，使声音能传出数百步，用来传达命令。又疏远宾客，致使身边没有一个亲信，谋臣猛将都渐渐疏远了。从此以后，很少出来打仗。

公元198年，袁绍传书给公孙瓒，想跟他释和，公孙瓒没有答复，反而增强守备。袁绍便兴兵攻打公孙瓒。先是公孙瓒一别将被围，公孙瓒不肯相救。等到袁绍来攻时，公孙瓒的界桥别营自度不能自救，而公孙瓒又必不肯相救，众人或降或逃。袁绍直接攻到了城门前，公孙瓒派他的儿子公孙续向黑山军求救，又想亲自率兵冲出重围，占据西南山，仰仗黑山军，切断袁绍军的后路。长吏关靖劝谏他说："今将军将士，皆已土崩瓦解，其所以能相守持者，顾恋其居处老小，以将军为主耳。将军坚守旷日，袁绍要当自退；自退之后，四方之众必复可合也。若将军今舍之而去，军无镇重，易京之危，可立待也。将军失本，孤在草野，何所成邪！"公孙瓒于是决定不离开易京，等待其子搬来救兵，内外夹攻袁绍。

公元199年春，黑山军张燕与公孙续率兵十万，分三路相救公孙瓒。援兵还没到，公孙瓒梦到蓟县崩塌，认为必败，便秘密派部下文则送信给公孙续，让他率五千骑兵于北边的低湿地带，举火把为应，公孙瓒就从城内出战。袁绍劫得了文则的信，先让陈琳在上面加了一句"盖闻在昔衰周之世，僵尸流血，以为不然，岂意今日身当其冲！"，然后依照约定的信号点起火堆。公孙瓒以为救兵到了，率兵出击。袁绍设伏兵袭击公孙瓒，公孙瓒大败，又回到城内坚守。袁绍于是掘地道到城楼下，毁坏其望楼，渐渐到达中央的土丘。公孙瓒自料必败无疑，于是缢杀自己的姐妹妻小，之后引火自焚。

公孙瓒死后，关靖叹道："吾闻君子陷人于危，必同其难，岂可独生乎！"便策马奔入袁绍军而死。袁绍将关靖和公孙瓒的首级送往许都。公孙瓒部将田楷，之前被袁绍之子袁谭击败而退还，最终在与袁绍交战时身亡。公孙续后来被匈奴屠各部杀死。

可以说公孙瓒仅有勇猛而无大志才略，自恃勇武的他不恤百姓，记过忘善，睚眦必报，若是他与刘虞亲密无间，由刘虞顺化少数民族，公孙瓒攻灭不臣之人，则大业可成。可惜二人怨恨难解，公孙瓒最终杀了这位能够成就自己的宗室大臣，更扬扬自得有充足的粮草和坚固的城池可以据守，却不自知已经是冢中枯骨，于烈火中自尽了却。

透过公孙瓒的失败，可以看出：要与人为善、心胸宽广、学会看人。

公孙瓒自焚身亡，只留下了刘备协同关羽、张飞继续闯荡。

透过刘备创业前这段学习的日子，可以看出找寻有资源、懂专业的人作为自己的师长，是多么重要。在这一点上，刘备倒是和我们后面要讲到的诸葛亮的叔父诸葛玄颇为相似。只不过，诸葛玄为的是自己的侄子诸葛亮，刘备为的是自己。

五、桃园结义成领袖

作为史诗级的剧情广为流传的"桃园三结义"故事，一直令无数黑白两道的江湖豪侠顶礼膜拜。作为备受颂扬的一段掌故，关羽便是"忠义"的化身，刘备的言行是"仁厚"的象征。问题在于："桃园三结义"的故事是真是假？刘备为什么会成为三杰中的老大？真的是因为这三人中，刘备的年龄最大吗？

1. "桃园三结义"的故事是真是假？

陈寿《三国志·关羽传》中记载："先主与二人寝则同床，恩若兄弟。而稠人广坐，侍立终日，随先主周旋，不避艰险。"《三国志·费诗传》说："王与君侯，譬犹一体，同休等戚，祸福共之。"《三国志·张飞传》中提到："羽年长（张飞）数岁，飞兄事之。"《三国志·刘晔传》也说："且关羽与备，义为君臣，恩犹父子。"

上述四段史料，足以说明两个问题：第一，刘备、关羽和张飞三人的关系，是非常亲密的，"恩若兄弟""譬犹一体"则充分证明了这一点；第二，刘备、关羽和张飞三人"恩若兄弟""譬犹一体"，并非真正意义上的结拜兄弟。《三国演义》的描写也证明了这一点：关羽被东吴人杀害后，魏文帝曹丕诏问群臣："刘备是否会出兵伐吴，为关羽报仇？"侍中刘晔（179—234）回答说："关羽与备，义为君臣，恩犹父子；羽死不能为兴军报敌，于终始之分不足。"从魏国人的角度看，刘备和关羽的关系是"义为君臣，恩犹父子"，就连"恩若兄弟"都算不上。

古人有"君臣如父子"的观念，所以刘备和关羽"义为君臣，恩犹父子"这个说法并不奇怪；同时，"义为君臣，恩犹父子"这个说法也可以反证刘备和关羽的关系并不是真正意义上的结拜兄弟。

清代史学家赵翼（1727—1814）在他的《廿二史劄记》中说："人才莫盛于三国，亦惟三国之主各能用人，故得众力相扶，以成鼎足之势。而其用人者亦有各不同者，大概曹操以权术相驭，刘备以性情相契，孙氏兄弟以意气相投。后世尚可推见其心迹也。"这里的"以性情相契"，就是用真诚的情感与他人相处，君臣之间情深谊长，但"以性情相契"也不是真正意义上的结拜兄弟。

还需补充说明的，是刘关张三人的年龄问题。从清代开始到今天，一直有学者通过考据认为，关羽实际比刘备要大一岁，而张飞则比刘备小四岁。

如此算下来，刘备、关羽和张飞三人中并不是刘备最大、关羽居中、张飞最小的顺序，而应该是关羽最大、刘备居中、张飞最小。

既然"桃园三结义"的故事是假的，新的问题又来了。

2. "桃园三结义"的故事何时开始流传？

有专家考证，"桃园三结义"的故事大概在宋元时期就已经开始流传。宋末元初的郝经（1223—1275）在《重建庙记》中已经有了"初，王（关羽）及车骑将军飞与昭烈为友，约为兄弟"的说法。元代中期的讲史话本《全相平话三国志》（简称《三国志平话》）中，则首次出现了桃园结义的剧情：关、张二人见刘备生得状貌非俗，关羽遂进酒于刘备。刘备见二人状貌亦非凡，喜甚，也不推辞，接盏便饮。饮罢，张飞把盏，刘备又接饮，张飞邀刘备同坐。三杯酒罢，张飞便盛邀二人到自家宅中畅饮。刘备、关羽便随张飞到宅中。张飞邀刘备、关羽二人到宅后桃园内的小亭上欢饮。饮间，三人各序年甲，刘备最长，关羽次之，张飞最小。从此大者为兄，小者为弟，宰白马祭天，杀乌牛祭地，不求同日生，只愿同日死。三人同行同坐同眠，誓为兄弟。

随后在元代杂剧《刘关张桃园三结义》中，桃园结义的故事更是增添了一些喜剧的色彩：关羽杀了趁乱图谋立为王的州尹之后，逃到涿郡范阳。在当地开肉店的张飞，故意在店前用千斤巨石压住一把刀，并扬言如有人能搬开巨石，就分文不取，送肉给他。关羽路过张飞的肉店，搬动了张飞用以压刀的千斤巨石。张飞得知消息后，专门去关羽入住的客店拜访，并拜关羽为兄长。二人后来又遇到刘备，见他容貌堂堂，有富贵之相，又是帝王后裔，于是又共拜刘备为兄长。三人在城外桃园杀牛宰马，祭告天地，并立誓"不求同日而生，只求同日而死"。

当然，真正将"桃园三结义"故事补充完整并将这个故事彻底发扬光大的，是罗贯中的《三国演义》。罗贯中大幅增强了桃园结义誓词的文学性和感染力，并且将英雄好汉对家国的使命情义，完全融入兄弟之义中："念刘备、关羽、张飞，虽然异姓，结为兄弟，同心协力，救困扶危，上报国家，下安黎庶，不求同年同月同日生，只愿同年同月同日死。皇天后土，实鉴此心。背义忘恩，天人共戮！"

罗贯中对桃园结义故事进行的最重要修改，就是将桃园结义的兄弟之情，扩展为《三国演义》全书的重要主线之一。在罗贯中笔下，刘备起势于桃园结拜之时，可以说是英雄之梦起自桃园，而刘备最后终结于夷陵之战为关张报仇之失败，可以说是英雄之梦终于桃园，兄弟之义这条主线上缀满了三英战吕布、千里走单骑、古城英雄会、劫江夺阿斗等精彩情节。从此，《三国演义》不再仅仅停留于好汉兄弟的江湖豪迈，而是将家国天下的情怀加以融会贯通，具有了更为强大的感召力。

3.虚构的"桃园三结义"：人生需要仪式感

虽然"桃园三结义"的故事本属虚构，而并非历史的真实，但刘备、关羽与张飞三人"寝则同床，恩若兄弟"确是真实的历史存在。在历史的真实存在与小说《三国演义》的虚构故事中间，其实就差了那么一个"桃园三结义"的仪式而已。更为重要的是，以刘备为首的三人小集团不但是个真实的存在，而且他们三人居然真的打出了一片天下。

那《三国演义》的作者罗贯中为什么非要把一个纯属子虚乌有的"桃园三结义"的故事加以美化，并将其放在《三国演义》开篇的第一回《宴桃园豪杰三结义，斩黄巾英雄首立功》呢？这还需要从代表着中国古典小说的高峰的四大文学名著的书名谈起。

创作于元、明、清三朝、代表着中国古典小说巅峰的四大文学名著是《水浒传》《三国演义》《西游记》《红楼梦》。按照时间来说，《水浒传》和《三国演义》诞生于元末明初，《西游记》成型于明朝中期，《红楼梦》创作于清朝中叶。

但如果再详加斟酌，便会发现：中国古代第一部浪漫主义章回体长篇神魔小说《西游记》讲述的或者是佛道两界的神魔，或者是人间的帝王。我们如果把这些神魔和帝王的故事附会到中国传统史书上的话，那记载他们的故事的就应该是"皇帝本纪"。在这里，"本纪"的"纪"与《西游记》的"记"虽然写法不同，但在具体含义上则差别不大。《水浒传》讲述的则是北宋末年梁山好汉反抗欺压、水泊梁山壮大和受宋朝招安，以及受招安后为宋朝征战，最终消亡的故事。如果把梁山好汉的故事附会到中国传统史书上的话，那记载他们的故事的就应该是"大臣列传"。在这里，"列传"的"传"与《水浒传》的"传"则完全相同。清代长篇人情小说《红楼梦》则以贾、史、王、薛四大家族的兴衰为背景，以贾宝玉与林黛玉、薛宝钗的爱情婚姻悲剧为主线，展现了真正的人性美和悲剧美，可以说是一部从各个角度展现女性美以及中国古代社会世态百相的史诗性著作。在那个政权、神权、族权、夫权当道的封建社会末期，《红楼梦》里那些男男女女的"梦"，完全是子虚乌有且根本就实现不了的"赤条条来去无牵挂"的"黄粱梦"。

可以说，上述三大文学名著，无论是书的题目，还是书的内容，都是非常契合的，可谓名实相符。现在的问题在于：与上述名实相符的三大文学名著相比，《三国演义》一书有哪些自己的特色呢？换句话说，作为元末明初小说家罗贯中根据陈寿《三国志》和裴松之的《三国志注》以及民间三国故事传说经过艺术加工创作而成的长篇章回体历史演义小说，为什么不叫别的名字，非得叫"演义"呢？

"演义"的"演"字，有"演化""演变"之义，书名中用"演"字，还是非常精准的。"演义"的"义"字，到底是什么含义呢？当然是两千多年来儒家思想一直在提倡的"三纲五常"中的"五常"中的"仁义"的"义"。而《三国演义》的"义"与儒家"三纲五常"的"义"，从内涵上来讲，是具有惊人的一致性的；而从时间和空间两个维度来说，则是具有前后的传承性的。

从这个角度来理解，作为《三国演义》的一号男主角，刘备占据了"仁义"的"仁"字的话，那么以刘备为首的三人小集团之所以能够最终走向成功，则是因为"仁义"的"义"字，在维系着这个三人小集团一直努力前行。正如《三国演义》开篇的那句话所说的那样，"话说天下大势，分久必合，合久必分"。"分久必合，合久必分"自然是人生的常态。但这个所谓人生的常态，却完全不适用于刘备、关羽和张飞这个三人小集团。在刘备、关羽和张飞这个三人小集团这里，只有"合"，没有"分"。他们之所以只"合"不分，完全是因为"仁义"的"义"字，在维系着他们。虽然历史上并没有记载他们说过"不求同年同月同日生，只愿同年同月同日死"这句话，但他们三个人的一生，的的确确是在忠实地践行着这句话。

基于这样的理解，我们便理解了《三国演义》的作者罗贯中为什么非要把一个纯属子虚乌有的"桃园三结义"的故事加以美化，并将其放在《三国演义》开篇的第一回《宴桃园豪杰三结义，斩黄巾英雄首立功》的缘由。罗贯中虚构的"桃园三结义"，恰好是"仁义"的"义"字——家国天下的江湖大义的首次体现。

正所谓，人生需要仪式感。如果当初的他们没有这个仪式，就在后来的岁月中为他们补上。如果终他们的一生都没有这个仪式，就为他们虚构一个。这便是《三国演义》的作者罗贯中非要把一个纯属子虚乌有的"桃园三结义"的故事加以美化，并将其放在《三国演义》开篇的第一回《宴桃园豪杰三结义，斩黄巾英雄首立功》的终极目的所在。在这个结论的前提下，让我们重新回顾一下罗贯中在小说《三国演义》中虚构的"桃园三结义"的具体细节。

4."桃园三结义"的出场人物和叙事情境

故事发生在黄巾起义爆发后不久："且说张角一军，前犯幽州界分。幽州太守刘焉……随即出榜招募义兵。榜文行到涿县，引出涿县中一个英雄。那人不甚好读书，性宽和，寡言语，喜怒不形于色，素有大志，专好结交天下豪杰，生得身长七尺五寸，两耳垂肩，双手过膝，目能自顾其耳，面如冠玉，唇若涂脂，中山靖王刘胜之后，汉景帝阁下玄孙，姓刘名备，字玄德……玄德年已二十八岁矣。当日见了榜文，慨然长叹。随后一人厉声言曰：'大丈夫不与国家出力，何故长叹？'玄德回视其人，身长八尺，豹头环眼，燕颔虎须，声若巨雷，势如奔马。玄德见他形貌异常，问其姓名。其人曰：'某姓张，名飞，字翼德。世居涿郡，颇有庄田，卖酒屠猪，专好结交天下豪杰。恰才见公看榜而叹，故此相问。'玄德曰：'我本汉室宗亲，姓刘，名备。今闻黄巾倡乱，有志欲破贼安民，恨力不能，故长叹耳。'飞曰：'吾颇有资财，当招募乡勇，与公同举大事，如何？'玄德甚喜，遂与同入村店中饮酒。正饮间，见一大汉，推着一辆车子，到店门首歇了，入店坐下，便唤酒保：'快斟酒来吃，我待赶入城去投军！'玄德看其人身长九尺，髯长二尺，面如重枣，唇若涂脂，丹凤眼，卧蚕眉，相貌堂堂，威风凛凛。玄德就邀他同坐，叩其姓名。其人曰：'吾姓关，名羽，字长生，后改云长，河东解良人也。因本处势豪倚势凌人，被吾杀了，逃难江湖，五六年矣。今闻此处招军破贼，特来应募。'玄德遂以己志告之，云长大喜，同到张飞庄上共议大事。飞曰：'吾庄后有一桃园，花开正盛，明日当于园中祭告天地，我三人结为兄弟，协力同心，然后可图大事。'玄德、云长齐声应曰：'如此甚好。'次日，于桃园中，备下乌牛白马祭礼等项，三人焚香再拜而说誓曰：'念刘备、关羽、张飞，虽然异姓，既结为兄弟，则同心协力，救困扶危，上报国家，下安黎庶。不求同年同月同日生，只愿同年同月同日死。皇天后土，实鉴此心。背义忘恩，天人共戮！'誓毕，拜玄德为兄，关羽次之，张飞为弟。"

　　虚构的"桃园三结义"这一经典桥段的三个出场人物，有以下三个问题需要注意：

第一，刘备、关羽和张飞三人是在什么背景下结识的呢？

"素有大志，专好结交天下豪杰"的刘备因"有志欲破贼安民，恨力不能"而"见了榜文，慨然长叹"；"世居涿郡，颇有庄田，卖酒屠猪，专好结交天下豪杰"的张飞想"招募乡勇"，与刘备"同举大事"。这里我们要注意，此时此刻，刘备的"叹"也好，张飞的"想"也罢，都只是停留于"心动"的状态，而尚未有真正意义上的"行动"。

第二，此时此刻，尚未结识刘备和张飞的关羽在干什么呢？

"（关羽）推着一辆车子，到店门首歇了，入店坐下，便唤酒保：'快斟酒来吃，我待赶入城去投军！'"我们仔细分析这一桥段，看出了什么问题呢？真的是高下立判。正当刘备和张飞还处在"心动"（蠢蠢欲动）之时，关羽已经有所行动——"闻此处招军破贼，特来应募"。用我们现在的话说，那便是"心动"不如"行动"。

第三，此时此刻，刘备、关羽和张飞三人各自的特点是什么呢？

刘备有文化、有志气但没钱、没人、没方向，张飞有钱、有人、有志气，但没文化、没方向。所以，刘备和张飞只能是停留于"心动"的状态而不可能有真正的"行动"。关羽又是如何呢？有英雄气概——"本处势豪倚势凌人，被吾杀了"，有江湖经验——"逃难江湖，五六年矣"，有努力方向——"闻此处招军破贼，特来应募"，但同样是没钱、没人、没文化、没方向。正所谓，三人为众，众人拾柴火焰高。这便是"桃园三结义"最初的基石。

关于"桃园三结义"的具体过程，有两个问题需要注意。

第一，刘备、关羽和张飞三人中，为什么年龄最长的关羽没能成为"桃园三结义"的领袖呢？此时此刻的关羽，有如下几方面的不足：一是关羽是个无家可归的外乡人。二是关羽是个有污点（"因本处势豪倚势凌人，被吾杀了，逃难江湖"——被朝廷通缉的杀人犯）的外乡人。三是对关羽来说，文化水平不如刘备，财力物力不如张飞。因此，此时此刻的关羽真的不具备成为领袖的资格，而只能成为"桃园三结义"三人小团体的打手兼保镖。

第二，财大气粗的张飞为什么也没能成为"桃园三结义"三人小团体的领袖呢？张飞虽然有雄厚的财力物力，但他的文化水准不如刘备，江湖经验不如关羽，加之年龄确实小，也同样不具备成为领袖的资格，而只能成为"桃园三结义"三人小团体的金主兼打手。

关于"桃园三结义"的誓词，有以下几个问题需要注意。

第一，行为准则："同心协力"。"同心"与"协力"到底是什么样的关系呢？在每一个关键时刻，关羽和张飞都在"同心"的驱使下，起到了"协力"帮助刘备的作用。这方面的典型事例，便是后面还要讲到的"三英战吕布"。

第二，行为目标。一是"救困扶危"。对于"义"的内涵来说，"救困扶危"属于"义"的低级形态，也就是通常所说的"小义"和"小我"。对于刘备、关羽和张飞三人而言，"小义"和"小我"只是他们所追求的"小目标"而已。二是"上报国家，下安黎庶"。对于"义"的内涵来说，"上报国家，下安黎庶"则属于"义"的高级形态，也就是我们通常所说的"大义""大我"。对于刘备、关羽和张飞三人而言，"大义""大我"才是他们所追求的"大目标"（"终极目标"）。单就这一点来说，事实上参与了"桃园三结义"的刘备、关羽和张飞三人的内心境界和外在追求，的确要比曹操和孙权高出许多。这方面的典型事例太多，后面会有详细的介绍和分析，此处从略。

第三，附加条款："不求同年同月同日生，只愿同年同月同日死"。这句话的原型出现于元代关汉卿（约1234—约1300）的《单刀会》，原话是："俺弟兄三人在桃园中结义，宰白马祭天，宰乌牛祭地，不求同日生，但愿同日死。"但这句话真正出名而得以流传千古则是因为《三国演义》。这句话的关键在一个"愿"字。我们出生的时候，有先有后，并且互相不认识，这已经是过去的事，无法强求。但从今天起，我们为了共同的志趣理想走到了一起，结为兄弟，从此就要祸福与共，肝胆相照。刘备、关羽、张飞三人，从此开始了创业的人生。

"不求同年同月同日生，只愿同年同月同日死"，是刘备、关羽和张飞三人的人生奋斗的共同纲领和宗旨；"不求同年同月同日生，只愿同年同月同日死"，呼应着时代的命题，既有小我，更有大我；"不求同年同月同日生，只愿同年同月同日死"更是刘备、关羽、张飞三人号召天下人才的鲜明旗帜。也正是因为如此，无论赵云如何忠心耿耿，无论黄忠、马超（176—222）再怎么能征惯战，他们的排名始终不能超越关羽、张飞。关羽败走麦城为东吴所杀，刘备不顾劝阻以倾国之力发兵复仇，这便是刘备做事所恪守的规矩。这便是刘备、关羽和张飞三人忠实地践行这句话的一生。

第四，制裁措施："皇天后土，实鉴此心。背义忘恩，天人共戮！"这中间，最核心的制裁措施就是"天人共戮"。当然，由于刘备、关羽和张飞三人并没有过任何哪怕是一点点的"背义忘恩"的行为，所以也就没有发生过天戮或者人戮的事件。当然，刘备、关羽和张飞三人之间的误会还是有那么一次的，这便是关羽千里走单骑过五关斩六将快找到刘备的时候，当时的张飞在古城下对关羽产生了误会，以为关羽违背了曾经的誓言，提起丈八长矛就与关羽干起来。刘备、关羽和张飞三人在桃园所结之"义"，正是《三国演义》所演之"义"。这个"义"融合了小我——兄弟情义，又融合了大我——人间道义。也正是因为如此，"桃园三结义"才有了开篇点题的效果。

"守望相助，共同奋斗"也好，"山河不足重，重在遇知己"也罢，都是一个意思。正所谓，历史的价值，不在于知道已经发生了什么，而在于知道从哪里来，要怎样活好当下，未来要到哪里去。

罗贯中在《三国演义》中以"桃园三结义"这一虚构的故事为开端，使三国故事的剧情以"义"开始,以"义"结束。这正是《三国演义》符合千百万普罗大众的内心追求之所在。正因为如此,千百万普罗大众才不愿意考证"桃园三结义"这一虚构故事的真伪,而宁愿相信"桃园三结义"一直存在于中国人的内心深处,成为中国人永远不变的遗传基因。而这,恰恰是"桃园三结义"这一虚构故事的生命力之所在。

5.为什么英雄好汉结拜要选择桃园?

为什么非得在桃园结拜,这关涉到以下几个方面的问题。

第一,经过历史的层层积累,桃与人类普遍的求生本能与长生愿望发生反应,从一种性质温润的果实,渐渐增益出延年益寿甚至羽化登仙的神奇功效,成为生命崇拜的载体。秦汉时期,食桃成仙的传说兴起;唐代以后,食桃成仙的信仰又为佛、道两教所化用,为后来跨越不同思想传统的桃源故事提供了丰厚土壤。

第二,结义作为一种典型的过渡礼仪,需要一个特别的仪式空间。而桃花源的文学传统恰好为此提供了灵感。陶渊明(约365—427)以来的诗人、文人,其笔下的桃花源,或是政治清明的理想国度,又或是神仙所居的洞天福地,皆是与人间俗世对举的避世之地。因此,在时间、空间两方面都与世隔绝的桃园,正适合结义兄弟切断与过往世界的联系,建立新的身份认同,继而开启英雄的冒险故事。

第三,桃又有辟邪驱鬼之效,中国各地时至今日都有许多以桃枝辟邪的习俗。《淮南子·诠言》谓"羿死于桃棓",高诱训曰:"由是以来鬼畏桃也。"传说逢蒙以桃木杖杀死后羿,后羿死后被封为宗布神,亦即鬼王。桃木既可击杀鬼王,自然也为鬼所畏。如《本草纲目》称:"桃味辛气恶,故能厌邪气。"《说文通训定声》也说:"桃,所以逃凶也。"

第四,结盟仪式除歃血以外,还以桃枝制成的笤帚拂拭盛血的器具,扫除不祥。如《周礼·戎右》记载:"盟,则以玉敦辟盟,遂役之。赞牛耳桃苽。"

第五，桃花盛开于阳气生发的春日，正是明艳纤秾、极富生命力的意象，尤能摇动文人的情志，一如元明年间《三国志大全》一戏，其曲文将刘关张在桃园中结义的情景描绘得别具诗情画意。

花前月下适合恋爱，水畔江边适合送行，杏花村里饮美酒的意象，大约是在宋徽宗赵佶（1082—1135年在世，1100—1126年在位）时期开始成型的。同样，"桃园"用来结义，也是始于元代的一个文学意象。这些承载着特定文化意象的意义空间，为故事讲述提供了展开联想的常用母题。"桃园"因此得以从众多候选的故事空间中脱颖而出，进入口头传统，成为一个稳定的结义场所。

现在的问题在于：虽然"桃园三结义"的故事并非历史的真实，但以刘备为首的三人小集团不但是个真实的存在，而且还打出了一片天下，更有甚者，在他们打天下的过程中，刘备一直就是这个小集团的核心人物和中坚力量，是当之无愧的老大。

6.刘备为何会成为"桃园三结义"的老大？

在当时的大背景下，刘备手里有三张好牌，是关羽、张飞二人所不具备的。

第一，"中山靖王之后"。虽然落魄，但金字招牌还在。好歹也是中山靖王刘胜之后，汉景帝阁下玄孙，由他带头，在普通百姓对存在了四百年的两汉政权依然有感情的大背景下，打出"匡扶汉室"的旗号，无疑更有号召力。

第二，"当代大儒卢植的门生"。刘备读过书，是东汉末年著名大儒卢植的弟子。刘备起家之初，他那"当代大儒卢植的门生"的名号，比所谓"中山靖王之后"的名号，还要有噱头。刘备在卢植这里只待了两年，朝廷就征召卢植平叛去了。来卢植这里读书，是刘备改变命运的开始。刘备成为卢植的弟子，尽管未必是最优秀的弟子，但也与卢植建立了师生情谊，至少是镀了金。

第三，刘备的社会关系网比较复杂，江湖上朋友多。比如在卢植这里遇到的比他大好多岁的同学公孙瓒。公孙瓒是贵族子弟，相貌俊美，机智善辩，涿郡太守不但将女儿许配给他，还把他送到卢植这里深造。公孙瓒与刘备很投脾气。正是刘备的这种外向型性格让刘备具备了领导才能，一时间，很多年轻人都争着去依附他，连来自中山的大商人张世平、苏双之流都自愿资助他钱财，这些年轻人和钱财成为刘备日后起家的资本。

六、无心插柳的孔融

作为刘备创业路上的第一个贵人，恩师卢植不单教会了刘备思想气节和思维方式，还给了刘备以最初起家的名望。而作为刘备创业路上的第二个贵人，同学公孙瓒给了刘备以最初起家的地盘——平原：先为试守平原县县令，再任平原国相。这里就要注意一个问题：平原县与平原国不是同一个概念。

西汉高祖刘邦时期，从齐郡分置出了一个平原郡，郡治在平原县。东汉殇帝刘隆（105—106年在世并在位）即位之后，于公元106年册封因身体有痼疾不能为帝的自己的兄长刘胜为平原王，置平原国。公元121年，平原国除为郡。公元148年，复置平原国。正是在担任平原国相时，刘备创业路上的第三四个贵人——孔融和陶谦先后出场。先来介绍一下刘备创业路上的第三个贵人孔融。

为什么说孔融是刘备创业路上的第三个贵人呢？

主要是孔融的名气实在是太大了。在那个时代，孔融的名气已经大到了但凡能与他见上一面，甚至只是在他家门前站上几分钟而根本就没见到他的面就无论走到哪里都能只要跟人家说一句"我从孔家来"就可以混到好饭吃、混到好酒喝的地步。用现在的话讲，那就是只要能蹭到他孔融的流量，那就吃喝不愁了。

那刘备和孔融到底是什么关系呢？很简单，刘备曾经救过孔融的命。至于其他的人，只能蹭他孔融的流量；而小说《三国演义》的男一号刘备，却是实打实地救过孔融的命。换个角度讲，如果没有刘备，那就任谁都蹭不了孔融的流量了。这又是怎么一回事呢？我们先来了解一下孔融。

1.孔融的传奇不仅仅是让梨

关于孔融，相信很多人了解得最多的，便是蒙童读物《三字经》里的那个"融四岁，能让梨"的故事。这个故事最早见于南朝刘义庆（403—444）《世说新语》中刘峻（462/463—521/522）注引《融别传》："融四岁与兄食梨，辄引小者。人问其故。答曰：'小儿，法当取小者。'"

小说《三国演义》第五回中，孔融以北海太守的身份参与了十八路诸侯讨董卓的战争。结果其手下的部将武安国只战了十余回合，便被吕布打伤，败下阵来。到了小说《三国演义》第十一回，徐州牧陶谦为曹操所围，命糜竺赴北海求孔融起兵救援："却说北海孔融，字文举，鲁国曲阜人也，孔子二十世孙，泰山都尉孔宙之子。自小聪明，年十岁时，往谒河南尹李膺，阍人难之，融曰：'我系李相通家。'及入见，膺问曰：'汝祖与吾祖何亲？'融曰：'昔孔子曾问礼于老子，融与君岂非累世通家？'膺大奇之。少顷，太中大夫陈炜至，膺指融曰：'此奇童也。'炜曰：'小时聪明，大时未必聪明。'融即应声曰：'如君所言，幼时必聪明者。'炜等皆笑曰：'此子长成，必当代之伟器也。'自此得名。后为中郎将，累迁北海太守。极好宾客，常曰：'座上客常满，樽中酒不空，吾之愿也。'在北海六年，甚得民心。"

小说《三国演义》关于孔融的上述描写与《三国志》大同小异。

孔融，字文举，鲁国（今山东省曲阜市）人，是孔子的第二十世孙。他的七世祖孔霸是汉元帝刘奭（前74—33年在世，前48—33年在位）的老师，官至侍中。父亲孔宙（103—163），曾任泰山都尉。他少年时便有突出的才能，受到名士李膺（110—169）的赞许。孔融十三岁时，孔宙去世，孔融悲痛过度，需要人扶才能站起来，州里因而称赞他的孝行。他天性好学，博览群书，与平原人陶丘洪、陈留人边让齐名。孔融的经论虽然不如边让等人，但才能博学胜过他们。

值得一提的是，小说《三国演义》第十一回故事中的李膺是东汉名士的领军人物，位列"八俊"之首，有"天下模楷"之称。当时便有"李膺门"之说。这一方面表现了只要能进李膺的家门，其身价立马就会暴涨多倍；另一方面也体现出了李膺家的门槛，并不太好进。而年仅十岁的孔融居然巧舌如簧轻而易举便在李家见到了李膺。孔融口才之好由此可见一斑。太中大夫陈炜很不屑孔融的此番言论，脱口便说出了"小时聪明，大时未必聪明"一语，结果孔融反唇相讥，"如君所言，幼时必聪明者"。故事的结果，自然是李膺给十岁的孔融下了"高明长大，必为伟器"的评语。这个评价，自然要比许劭所评价的小孔融两岁时曹操的那句"乱世之枭雄，治世之能臣"要高大上很多。

当然，四岁能让梨也好，十岁见李膺也罢，对于名士孔融来说，这些都属小儿科的东西。未来的孔融，自然不能总吃少年时代的老本儿。而真正让名士孔融扬名立万的事件，不是"让梨"的道德模范而是"一门争死"的人生楷模了。

孔融十六岁时，孔融的哥哥孔褒的朋友、东汉名士张俭（115—198）逃难来到了孔家。张俭任山阳郡（今山东省巨野县）东部督邮时，家在山阳郡防东县（今山东省成武县）的中常侍侯览的家人因残暴百姓而被为人正直的张俭举报到朝廷。皇帝自然是没有看到张俭的举报信的，因为大权在握的侯览早已把张俭的举报信扣押了起来。侯览的同乡朱并得知张俭得罪了侯览，便上书诬告张俭与同乡二十四人共为朋党，企图危害国家。朝廷下令捉拿张俭。四处流亡途中，张俭看见人家就前往投宿，每户人家即便知道会引来杀身之祸也愿意收留他。当然，凡是张俭所经过住宿的人家，最终的结果自然是全宗族的人都被处死。

终于，张俭逃到了孔家。恰好孔褒外出，孔融出来接待了张俭。张俭见孔融年纪还小，便没有说明来意。孔融知道张俭一定是有什么为难的事，就对张俭说："兄虽在外，吾独不能为君主邪？"张俭的心这才踏实下来，便在孔融家里躲藏了好几天。

此后的张俭，最终得以安全逃往塞外。不料有人将此事告发到了官府。官府便把孔融和孔褒抓了起来。孔融率先认罪："保纳舍藏者，融也，当坐之。"孔褒赶紧说："彼来求我，非弟之过，请甘其罪。"郡吏听他兄弟两人抢着揽罪上身，一时不知如何是好，于是便传讯兄弟二人的母亲。让人没想到的是，孔母的回答是："家事任长，妾当其辜。"这便是"一门争死"的故事。无可奈何的审官只好如实上报。后来，经皇帝认定，孔褒被杀。孔融虽然没能救哥哥，但是他友爱兄长、凛然争死的事迹却流传了下来。

先有名士李膺的背书，后有"一门争死"的英雄事迹，声名鹊起的孔融多次被所在州郡征辟做官，但均被他委婉地回绝了。一征一辞，几个往复，孔融的名声日隆。直到汉灵帝刘宏的老师司徒杨赐征召，孔融才最终出山，做了杨赐的掾属。

公元184年，河南尹何进即将升任大将军，杨赐派孔融拿着名片去何进府上祝贺。孔融觉得给曾是屠户的外戚何进拜贺，有失自己孔家后人的身份，便借口何家的门卫通报不及时，夺过贺帖，扬长而去。河南尹官属认为丢了面子，想要派剑客追杀孔融，有宾客对何进说："孔文举有盛名，将军如果与他结怨，四方之士就会相随而去了。不如以礼对待他，使天下人都知道将军胸怀广大。"何进同意，于是征辟孔融为大将军掾属，又举其为高第，迁任侍御史。孔融又因为与上司御史中丞赵舍不和，托病归家。

后来，孔融被征为司空掾属，被授为北军中候。在职三天，转任虎贲中郎将。正逢权臣董卓总揽朝政，谋废汉少帝刘辩，与卢植一样，孔融也是高声痛骂不止。怀恨在心的董卓便于公元190年将孔融派到黄巾军最为猖獗的北海国（今山东省寿光市）为国相。

可北海相孔融怎么会跟刘备发生联系呢？

2.孔融为何要跟刘备发生联系？

孔融来到北海任职的时候，北海已被黄巾残破，孔融到北海后召集士民，聚兵讲武，下发檄文，又亲写书札，与各州郡通声气，共同谋划。贼寇张饶等二十万众从冀州南归，孔融逆击，被张饶击败，于是收集散卒转保朱虚县（今山东省临朐县）。

孔融慢慢集结官吏百姓为黄巾所蛊惑的男女四万多人，再设置城邑，设立学校，推举贤才，表显儒术。他举彭璆为方正，邴原为有道，王脩为孝廉。孔融深敬儒学大师郑玄，他常登门拜访，执子孙礼，并在高密县为郑玄特设一乡，名为"郑公乡"。北海人无后者，及四方游士有死亡者，孔融都为他们备棺殡葬，北海人甄子然、临孝存等品德高尚，知名早卒，孔融恨不能与其结交，便让他们配祭于县社。有人有纤毫之善，孔融无不加礼。因颇有政声，孔融被时人称为"孔北海"。

公元192年，李傕、郭汜把持朝政时，徐州刺史陶谦与孔融及沛相袁忠、泰山太守应劭、汝南太守徐璆等人上奏记于朱儁，欲图推举朱儁为太师，讨伐李傕，奉迎天子。李傕用太尉周忠、尚书贾诩（147—223）之计，征召朱儁入朝，陶谦等人的计划因此中止。孔融因黄巾侵暴而屯驻都昌县（今山东省昌邑市），为贼寇管亥所围，起初围势还不严密，东莱人太史慈（166—206）奉母命进入都昌帮助孔融，并请求派兵出击杀敌，孔融不从，欲等待外援，但一直未见救兵，而包围逐渐紧逼，情势紧急。孔融便派太史慈向平原国相刘备求救。

那孔融为什么要向刘备求救呢？从常理上分析，此事不难有答案。董卓败亡之后，失去了共同讨伐对象的十八路诸侯之间，展开了争权夺利的混战。混战之中，人人自危，个个难保。孔融为黄巾余党所围，如若找个比自己实力更加强大的诸侯比如袁绍来救自己的话，难保不会被请来的这个实力更加强大的诸侯吞并。而如若找个比自己实力弱小得多的诸侯来救自己，十有八九也解决不了现实的问题。在这中间，任你是谁，都要思考一下，一定要请一个正直、善良、比自己实力差不太多的诸侯来救自己。多方权衡之下，平原国相刘备被选中。于是乎，孔融向刘备抛出了"绣球"。

孔融之所以选中刘备，一是刘备有一定的作战能力：刘备此前曾与青州刺史田楷一起对抗冀州牧袁绍并屡有胜绩；二是刘备有一定的"仁厚"声望：刘备乐善好施，即使不是身为士人的普通百姓，也可与他同席而坐，同簋而食，不会有所拣择。

对于刘备而言，这是小集团成立来的第一个大单子，第一件大事情。这个单子，是人家主动送上门来的。而这个主动送上门来的人，居然还是个天下皆知的名士。刘备感到很荣幸，惊讶地答道："孔北海知世间有刘备耶。"刘备立即派三千精兵随太史慈去北海救援。黄巾军闻知援军至，都四散而逃，孔融遂得以解围。

孔融是当时的文坛领袖，天下名士。救完孔融之后，刘备声名鹊起。因为刘备救了天下名士孔融，便成功地蹭了名士孔融的流量。有了孔融名士为刘备背书，刘备就更容易出名了。换句话说，救名士孔融于危难之际让刘备自己成名更快。

此后的刘备，不管人生多么落魄，不管沦落到哪里，都会有人收留。说白了，这些人，都把刘备当成第二个孔融了。他们希望通过救助刘备，以获取刘备身上的那些政治资源。

当然，救了孔融的刘备并没有跟名士孔融索取些什么。因为他知道，自己救了天下名士、文坛领袖的孔融,这就足够了。救人是天经地义的事,而被救的人是否回报给救人的人,那不是自己应该关心的事。当然,北海相孔融也一定会给刘备以回报的。

那北海相孔融是如何回报救了他一命的刘备的呢?

3.孔融与刘备的良性互动

话说刘备救了孔融一命之后,自以为自己才华盖世,当时豪俊不能相比的孔融便犯了文人相轻的老毛病。此时的孔融以海岱为根基,欲图举兵耀武。但他所任用的都是轻佻不安分的人。孔融虽对君子礼遇恭敬,但并不与其论国事。他的高谈教令,很多难以实行。北海租赋上交稍迟,孔融一天便杀了五部督邮;奸民污吏扰乱朝市,孔融却无力管制。幽州兵叛乱,至徐州及北海,北海举国皆恐。孔融出城劝慰,令其暂无异志。接着孔融与别校密谋,趁夜击败幽州军,吞并其众。没过多久,幽州军再度叛逃。黄巾将至北海,孔融大饮醇酒,亲自上马御敌。黄巾军前部与孔融相持,两翼杀向北海治所,城溃,孔融不得入城,只得转至南面的县,身边人渐渐叛离。孔融被迫弃郡而去,后徙居徐州。

公元194年,曹操攻打徐州,徐州牧陶谦不能抵挡,向青州刺史田楷求救。田楷与刘备一起前往救援,刘备自有兵千余人及幽州乌丸杂胡骑,又略得饥民数千人。到徐州后,陶谦又给刘备增丹杨兵四千,刘备归属陶谦。而此时张邈、陈宫叛迎吕布,攻打曹操,曹操根据地失陷,于是回兵兖州。陶谦表刘备为豫州刺史,安排他驻军在小沛(今江苏省沛县)。同年,陶谦病重,对别驾麋竺说:"非刘备不能使徐州安定。"陶谦死后,麋竺率徐州人民迎接刘备,刘备以袁术四世五公、海内所归,提议将徐州让给他,孔融对刘备说:"袁公路岂忧国忘家者邪?冢中枯骨,何足介意。今日之事,百姓与能,天与不取,悔不可追。"

有天下名士孔融的支持,刘备便领了徐州牧一职。这之后,刘备又上表推荐孔融兼领青州刺史。此时的孔融，又有了自己的地盘。

又有了自己的地盘之后的孔融，又犯了文人好高骛远、言过其实的毛病。此时的孔融，治于青州北陲，打算内附山东，外接辽东，得戎马之利，以建立根基，孤立一隅，保持中立。

当时，袁绍、曹操、公孙瓒等人都在明争暗斗，袁、曹势力方盛。孔融战士不满数百，谷不至万斛。王子法、刘孔慈等人不过是雄辩小才，而被孔融当作心腹一样信任。左承祖、刘义逊等清俊之士，孔融只让他们坐在席上，称他们是民望，不可失去。左承祖劝孔融依附强者，结交袁绍或者曹操，孔融知道袁、曹二人终究是要篡夺汉室的，不愿联合他们，怒而将左承祖杀害，刘义逊则弃孔融而去。

公元196年，袁谭攻北海，战斗自春至夏，孔融的战士仅剩数百人，流矢像雨一样射来，城内已经短兵相接。孔融仍然凭几安坐，读书谈笑自若。至夜晚城破众亡，孔融逃奔山东（太行山以东），仅以身免，家室都为袁谭所掳。此时，恰逢"挟天子以令诸侯"的曹操迁都许县，曹操便征召孔融为将作大匠（将作监的长官，掌管宫室修建之事）。从此，走到刘备集团对立面的孔融的人生也走到了尽头。

4.孔融如何与曹操结怨？

一开始，曹操对孔融很是尊重。每次朝廷开御前会议，都是孔融做主发言人，其他卿大夫则不过挂名而已。

孔融的才气大，名气大，脾气和架子当然也不小。公元197年，袁术称帝，曹操便想公报私仇趁机杀掉与袁术有婚姻关系的太尉杨彪。孔融听说后，立即找到曹操，对曹操说，"杨公四世清德，海内所瞻。《周书》讲，父子兄弟罪不相及，况以袁氏归罪杨公。《易》称'积善余庆'，徒欺人耳。"曹操推托说："此国家之意。"孔融又说："假使成王杀召公，周公可得言不知邪？今天下缨緌搢绅所以瞻仰明公者，以公聪明仁智，辅相汉朝，举直厝枉，致之雍熙也。今横杀无辜，则海内观听，谁不解体！孔融鲁国男子，明日便当拂衣而去，不复朝矣。"曹操想想孔融说得也有道理，就没杀杨彪。但曹操心里，肯定结了个疙瘩。

　　然而，孔融却不放过曹操，一有机会就找曹操的岔子，用讽刺挖苦和故意捣乱的方式来发泄他对曹操的不满。曹操攻破邺城，曹丕把袁熙的妻子甄氏抢来做小老婆。孔融就给曹操写信，说当年武王伐纣，把妲己赐给周公了。曹操因孔融博学，以为真有这事，便问他是在哪本书上看到的。孔融回答说："以今度之，想当然耳。"

　　又比如曹操为了节约粮食，下令禁酒，说酒可以亡国，由此非禁不可。孔融写信给曹操说："天有酒旗之星，地列酒泉之郡，人有旨酒之德，故尧不饮千锺，无以成其圣。且桀纣以色亡国，今令不禁婚姻也。"又说："酒之为德久矣。古先哲王，类帝禋宗，和神定人，以济万国，非酒莫以也。故天垂酒星之耀，地列酒泉之郡，人著旨酒之德。尧不千锺，无以建太平。孔非百觚，无以堪上圣。樊哙解厄鸿门，非豕肩钟酒，无以奋其怒。赵之厮养，东迎其王，非引卮酒，无以激其气。高祖非醉斩白蛇，无以畅其灵。景帝非醉幸唐姬，无以开中兴。袁盎非醇醪之力，无以脱其命。定国不酣饮一斛，无以决其法。故郦生以高阳酒徒，著功于汉；屈原不铺糟歠醨，取困于楚。由是观之，酒何负于政哉？"还说："昨承训答，陈二代之祸，及众人之败，以酒亡者，实如来诲。虽然，徐偃王行仁义而亡，今令不绝仁义；燕哙以让失社稷，今令不禁谦退；鲁因儒而损，今令不弃文学；夏、商亦以妇人失天下，今令不断婚姻。而将酒独急者，疑但惜谷耳，非以亡王为戒也。"孔融因禁酒之事屡屡写信反对，言辞之中多为傲慢无礼。曹操轻易也奈何孔融不得，但"外虽宽容，而内不能平"。

　　如果孔融只是说些讽刺刻薄话，也许曹操忍一忍也就罢了。可惜孔融还要攻击曹操的决策，对曹操的每一个重大决策都要表示反对，这就使曹操不能容忍了。加上孔融和刘备关系非同一般，曹操又正好要用兵荆州。留着这样的人在朝中，如何放心得下？于是曹操便决定在消灭刘备之前，先消灭了孔融。

杀孔融毕竟不是杀别的什么无名鼠辈，还得讲点法律程序。因此曹操便任命郗虑去当御史大夫，查一查孔融有什么问题。郗虑原本与孔融不和，对曹操的任命自然心领神会，很快就收集到孔融的罪证，并让一个叫路粹的人写了举报材料。其中最严重的一条，是扬言"我大圣之后，而见灭于宋。有天下者，何必卯金刀"。卯金刀就是刘字。这便是谋反了，当然该杀，可杀。于是孔融很快就下狱，被处死、弃市，老婆孩子统统受到株连。

不过曹操杀孔融，用的却不是"谋反"的罪名，而是"不孝"的罪名。据路粹的揭发和后来的公布，孔融有两条罪状。

一是说："以为父母与人无亲，譬若缸器，寄盛其中。"二是说："若遭饥馑，而父不肖，宁赡活余人。"这样的言论，当然是"不孝"。所以曹操在布告上恶狠狠地说"融违天反道，败伦乱礼，虽肆市朝，犹恨其晚"，不但该杀，而且还杀晚了。

曹操用不孝的罪名杀孔融，用心是很深的，这表明曹操是极有心计的政治家，而孔融是意气用事的书生。首先，汉王朝历来主张以孝道治天下。曹操杀孔融，说明他维护孝道，而维护孝道就是维护汉室。这就光明正大，同时还洗刷了自己"谋篡"的嫌疑，政治上又"捞了一票"。其次，这样做，不但能消灭孔融的肉体，还能诋毁孔融的名誉。你想，孔子的二十世孙居然主张不孝，他的人品还靠得住吗？一个连祖宗都背叛的人，难道还不该死吗？显然，曹操不但要整死孔融，还要让他死有余辜，死了以后也翻不过身来，遗臭万年。这一招是非常狠毒也很厉害的。陈寿作《三国志》时，便不敢为孔融立传。

曹操杀孔融，确有正一正风气的目的。只不过这风气与孝不孝的没有什么关系，却与政治关系颇大。我们知道，东汉末年，许多名士都以"清流"标榜。其中自然有洁身自好的高洁之士，也不乏沽名钓誉之徒。但不论何种"清流"，共同的特点，是才气大脾气也大，或没有才气脾气却很大。他们都自命清高，不肯与所谓俗人来往，也不肯与当局合作，或装作不与当局合作。如果只是个人生活闹闹脾气，还不要紧，然而他们还要把这种风气带到政治生活中来，而且弄得影响很大，这就不能不让曹操头疼。曹操是一个在非常之时行非常之事的非常之人。他要专政，岂容别人天天说他的怪话？他要用人，岂容大家都不来合作？这就要杀一儆百，才能一正风气，而孔融正好是这样一只"大公鸡"。所以他要杀孔融，还要批判他。

中华传统，最推崇的便是"忠孝"二字，所谓"忠"，即忠于君国；所谓"孝"，即孝顺父母。曹操有篡汉之心，必须弱化"忠"的影响，所以大讲孝道，提高"孝"的地位，以求用"孝"代替"忠"，成为人们心中的最高道德评判标准。如此一来，朝野民间，对他的反对之声便会少一些。也就是说，孔融公然发表"不孝"言论，是有缘由的，他口诛笔伐的对象，表面上看是孝道，实则是推崇孝道以求私利的曹操。孔融要揭穿曹操的伪道学，为达到目的，他不惜背上不孝的骂名，做一个大逆不道之徒。毫无疑问，孔融为此付出了惨痛代价，个人殒命，全家受诛。孔融狂傲的性格在官场上政治上是他的弱点，但也正是这样的性格才铸就了他的文学地位。生在乱世当中的孔融不甘心平庸，有着一颗济世的心，但可惜没有能力改变这一切。

七、无心插柳的陶谦

"刘备救孔融"，孔融由此成为刘备创业路上的第三个贵人之后，刘备便遇到了他创业路上的第四个贵人——徐州牧陶谦。

1. 摆脱不了干系的误杀

《三国演义》第五回，初次出场的陶谦虽然以徐州刺史的身份参与了十八路诸侯讨董卓的战争，但却是个没什么存在感的打酱油的角色。到了《三国演义》第十回，徐州牧陶谦阴差阳错得罪了曹操："（曹操）乃遣泰山太守应劭，往琅琊郡取父曹嵩……（嵩）当日接了书信，便与弟曹德及一家老小四十余人，带从者百余人，车百余辆，径望兖州而来。道经徐州，太守陶谦，字恭祖，为人温厚纯笃，向欲结纳曹操，正无其由，知操父经过，遂出境迎接，再拜致敬，大设筵宴，款待两日。曹嵩要行，陶谦亲送出郭，特差都尉张闿，将部兵五百护送。曹嵩率家小行到华、费间，时夏末秋初，大雨骤至，只得投一古寺歇宿。寺僧接入。嵩安顿家眷，命张闿将军马屯于两廊。众军衣装，都被雨打湿，同声嗟怨。张闿唤手下头目于静处商议曰：'我们本是黄巾余党，勉强降顺陶谦，未有好处。如今曹家辎重车辆无数，你们欲得富贵不难，只就今夜三更，大家砍将入去，把曹嵩一家杀了，取了财物，同往山中落草。此计何如？'众皆应允。是夜风雨未息，曹嵩正坐，忽闻四壁喊声大举。曹德提剑出看，就被搠死。曹嵩忙引一妾奔入方丈后，欲越墙而走，妾肥胖不能出，嵩慌急，与妾躲于厕中，被乱军所杀……张闿杀尽曹嵩全家，取了财物，放火烧寺，与五百人逃奔淮南去了。"

关于曹操父亲曹嵩因何被杀，诸书记载不一。

裴松之《三国志注》引郭颁《魏晋世语》记载：曹操在兖州时，曹嵩和少子曹德去投奔曹操。父子一行从琅邪郡华县（今山东省费县）赶往泰山郡时，泰山郡太守应劭前去迎接但还没有赶到，徐州牧陶谦怨恨曹嵩的儿子曹操多次前来攻打徐州，就派数千轻骑去拦截曹嵩。曹嵩以为是应劭前来迎接，没有防备。于是，曹德被杀于住所门中，曹嵩惊恐，在后墙打出一个洞，让小妾先出去，小妾体肥，一时难以穿过，曹嵩就避入茅厕，结果一家全部被杀。应劭害怕被曹操追责，弃官投奔袁绍。

裴松之《三国志注》引韦曜（204—273）《吴书》记载：曹操迎接曹嵩，有辎重百余辆。陶谦派都尉张闿率领两百骑兵护送。张闿在泰山郡华县、费县（今山东省费县）之间杀害了曹嵩，抢去财物，逃亡淮南。

小说《三国演义》第十回的叙述，取材于裴松之《三国志注》引郭颁《魏晋世语》的记载。不管哪本书的记载正确，都不妨碍正是由于曹操父亲曹嵩被杀，徐州牧陶谦才阴差阳错地成了刘备创业路上的第四位贵人这一结论。

徐州牧陶谦与孔融相比，有相同点，也有不同点。两个人的相同点呢，都是那种锋芒毕露的毒舌名士。只不过，在后人看来，似乎出生于公元前132年、比荆州牧刘表大10岁、比北海相孔融大21岁、比刘备大29岁的陶谦的名气没有孔融那么大。其实不然，说起陶谦的锋芒毕露的毒舌脾气来，那是一点儿都不比孔融差。

2.锋芒毕露的毒舌名士

陶谦，字恭祖，丹杨（今安徽省马鞍山市）人。陶谦幼年时，曾担任过余姚县（今浙江省余姚市）长的父亲去世。那时的陶谦便以性格放浪闻名于家乡。十四岁时，陶谦以布作为战旗，骑着竹马与乡里小孩子一起嬉戏。他的同乡、曾任苍梧太守的甘公看到陶谦的外貌不凡，于是叫上车来与他交谈，感到非常高兴，便做主把自己的女儿嫁给了陶谦。甘公的妻子对此非常愤怒，对甘公说："陶家儿遨戏无度，于何以女许之？"甘公却说："彼有奇表，长必大成。"

还别说，此后的陶谦真的谦虚好学起来，先是考上诸生，在州郡为官。后又被举为茂才，拜尚书郎。再后来，又先后任舒县（今安徽省舒城县）令、卢氏县（今河南省卢氏县）令。其后迁幽州刺史，被征拜为议郎。在此期间，他的那种锋芒毕露的毒舌名士之风暴露无遗。

陶谦任庐江郡舒县令的时候，他父亲的好朋友张磐任庐江郡守，有意提拔陶谦，经常给陶谦一些露脸的机会，但陶谦对张磐的栽培不但不买账，反而因身为张磐下属而感到耻辱。

有一次，张磐和众人一同回城，陶谦因公事进见，结束后，张磐常私下邀请陶谦留下饮宴，而陶谦时而拒绝。

又有一次，张磐让陶谦起来跳舞，陶谦不听，张磐固请，陶谦起身跳舞，却又不转身。张磐问："怎么不转身哪？"陶谦说："不可转，转则胜人。"由此宴会不欢而散。两个人的关系越来越差。张磐便开始想方设法治陶谦的罪。但陶谦在任清白，没有给张磐等人留下把柄。最终，还是以陶谦弃官而走宣告结束。

我们千万不要以为陶谦年轻时如此，年岁大了之后就会改掉这些坏毛病。对于名士而言，年轻时是锋芒毕露的毒舌名士，到了年岁大了之后一定要加个"更"字。孔融如此，陶谦更是如此。

公元185年春，北宫伯玉等率领数万骑兵打着诛杀宦官的旗号入寇三辅（京兆、左冯翊、右扶风，辖境相当今陕西省中部地区），汉灵帝刘宏派遣左车骑将军皇甫嵩率军讨伐，皇甫嵩表请武将随行，召拜陶谦为扬武都尉一同出征，击败了作乱的羌人。同年秋，皇甫嵩因先前得罪中常侍赵忠、张让，在他们的诽谤下被贬官削爵。

朝廷另委派司空张温为车骑将军前往讨伐，张温请陶谦为参军，厚加接待陶谦，而陶谦看轻张温的行事，对他心怀不服。在大军凯旋回朝的宴会上，张温向陶谦行酒时，陶谦当众侮辱张温。张温大怒，打算把陶谦徙到边地，有人对张温说："陶恭祖本以材略见重于公，一朝以醉饮过失，不蒙容贷，远弃不毛，厚德不终，四方人士安所归望！不如释憾除恨，克复初分，于以远闻德美。"张温听从了那人的建议，追回陶谦。陶谦到后，那人又对陶谦说："足下轻辱三公，罪自己作，今蒙释宥，德莫厚矣，宜降志卑辞以谢之。"陶谦说："诺。"那人又对张温说："陶恭祖今深自罪责，思在变革。

谢天子礼毕，必诣公门。公宜见之，以慰其意。"当时张温在宫门见到陶谦，陶谦仰着说道："谦自谢朝廷，岂为公邪？"张温说："恭祖痴病尚未除邪？"尽管张温很想将陶谦发配边关，但最终还是放了陶谦一马。

对于孔融和陶谦这样锋芒毕露的毒舌名士而言，他们对他人的爱慕、喜欢和不屑、愤恨都是写在脸上的。刘备救过锋芒毕露的毒舌名士孔融一命，这是天下皆知的事；同为锋芒毕露的毒舌名士的陶谦，自然会对刘备这个所谓中山靖王的后代、大儒卢植的学生、割据幽州的公孙瓒的同学很有好感。而这恰恰是陶谦能够成为刘备人生中的第四个贵人的重要前提。徐州牧陶谦与孔融相比，两个人的不同点就是陶谦的工作能力比孔融强上许多。而这，恰恰是陶谦能够成为刘备人生中的第四个贵人的重要原因之一。

3.陶谦如何经营好徐州

公元188年冬，陶谦来到徐州担任刺史。此前的他，既有县一级的基层工作经验，也有幽州刺史等州郡高官的工作履历，更在东汉朝廷中枢担任过重要职务。朝廷此时派他来徐州，是因为徐州非他不可。因为，公元184年被镇压下去的黄巾余党，已经于此时在青、徐两州复起，一时之间，黄巾余党的势力强大。陶谦此次来徐州，便是奉朝廷之命，镇压徐州境内的黄巾余党的。

下车伊始，陶谦便启用亡命东海的泰山人臧霸及其同乡孙观等为将，一战便大破黄巾军，剩下的黄巾军也被迫逃出徐州，涌入青州、兖州作战，人数多达30余万。由于黄巾军迁徙时会带上家眷，因此男女老幼加在一起，竟有百万人之众。青州境内的黄巾余党，由曹操负责镇压下去。陶谦则上表拜臧霸、孙观为骑都尉，令其屯琅琊郡治开阳（今山东省临沂市），驻守徐州北面。

此时的徐州刺史陶谦，手上有了完全归自己调遣的军队，有了独立的军事力量，已经有了割据一方的势力。此时，经战火过后的徐州"世荒民饥"，陶谦又派人在徐州境内实行屯田。"巡土田之宜，尽凿溉之利"，在陶谦等人的努力下，徐州的农业生产得到恢复和发展，收获"粳稻丰积"，百姓富足，谷米屯满粮仓，青州、豫州等地的流民纷纷涌向徐州。陶谦隐隐然有了中原争霸的雄心壮志。

公元190年春，袁绍举起讨董义旗，天下郡县响应，大兴义兵。但陶谦并未加入关东声讨董卓的军事行动之中。

公元191年，名将朱儁屯驻在中牟县（今河南省中牟县），传信给各个州郡，召请部队讨伐董卓。陶谦得知此事后，立即派来精兵三千，其他州郡只派了一些兵来，陶谦又上表奏任朱儁代理车骑将军。

公元192年夏，王允、吕布杀董卓，后李傕、郭汜等反，攻陷长安，把持朝政。朱儁当时还在中牟，陶谦认为朱儁是名臣宿将，屡立战功，可以委以大任，于是联合前扬州刺史周干、琅琊国相阴德、东海国相刘馗、彭城国相汲廉、北海相国孔融、沛相袁忠、泰山太守应劭、汝南太守徐璆、前九江太守服虔、博士郑玄等人举朱儁为太师，移檄牧伯，同讨李傕等，奉迎天子。李傕用太尉周忠、尚书贾诩之计，征召朱儁入朝，朱儁于是辞谢陶谦，应召入朝，陶谦也只好作罢。

公元193年，治中从事王朗与别驾赵昱一同劝说陶谦："春秋之义，求助诸侯不如勤王。现在天子远在西京，应该派遣使者奉承王命。"陶谦派赵昱带着奉章去长安见汉献帝，表明对汉室的支持，汉献帝接到陶谦的奏章后表示赞赏，并升陶谦为徐州牧、安东将军，封溧阳侯。赵昱被任命为广陵太守，王朗被任命为会稽太守。

此时的陶谦，也开始犯孔融曾经犯过的毛病：背弃道义，肆意滥为。赵昱忠诚正直，反被陶谦疏远；曹宏等奸谗小人，却得到陶谦重用。于是刑罚、政事开始出现弊端，善良之人多受迫害，社会由此渐渐动乱起来。就在此时，发生了曹操父亲曹嵩被杀一事。

4.陶谦三让徐州的背后

公元194年，曹操以为父报仇为名，大举进攻徐州。徐州牧陶谦派麋芳前往北海相孔融处求救。此时，正值黄巾余党攻打北海，为大军所围的孔融，便派太史慈突围向刘备求救。随后，便发生了上一回书介绍过的"刘备救孔融"一事。

刘备救了北海相孔融之后，缓过神来的北海相孔融马上向等待在这里的徐州牧陶谦的手下麋竺推荐了刘备。也恰恰是因为孔融的推举，徐州牧陶谦更加看好刘备。

对刘备而言，这是小集团成立来的又一件大事。刘备前往救援，恰逢吕布攻打曹操，曹操回兵兖州。陶谦表刘备为豫州刺史，叫他驻军在小沛。

公元194年夏，曹操再度率领大军南攻徐州。陶谦眼见日暮途穷，打算逃回老家丹杨，正在这时，陈留太守张邈背叛曹操，与其弟原广陵太守张超迎吕布入兖州，曹操只好回师平叛。这年底（一说公元195年初），陶谦病重，对别驾麋竺说："非刘备不能使徐州安定。"

徐州战略位置十分重要，自然会引起曹操、袁绍、吕布等人的垂涎。只要陶谦去世，徐州没有一个镇得住场面的人，那战争便会来临。在陶谦看来，将徐州交给素有盛名的刘备，至少能保住徐州百姓的平安。因此，陶谦让徐州给刘备，既是真心礼让，又是无奈之举。

5.刘备辞让和接管的背后

陶谦死后，麋竺带领徐州官员从郯城到小沛，迎刘备为徐州牧。

此时，驻扎在小沛的豫州刺史刘备，手下就只有陶谦送的四千丹杨兵，一千多一直跟随的老兵和幽州乌丸杂胡骑，及几千饥民组成的新兵。刘备是看得清眼下局势的，只有徐州官员、普通士族的支持还远远不够。他不敢答应，还需要徐州更大的势力支持才行。

主管屯田业务的典农校尉陈登（163—201）对刘备说："今汉室陵迟，

海内倾覆，立功立事，在于今日。彼州殷富，户口百万，欲屈使君抚临州事。"刘备说："袁公路近在寿春，此君四世五公，海内所归，君可以州与之。"陈登说："公路骄豪，非治乱之主。今欲为使君合步骑十万，上可以匡主济民，成五霸之业，下可以割地守境，书功于竹帛。若使君不见听许，登亦未敢听使君也。"

陈登代表下邳陈氏的表态非常重要。首先"为使君合步骑十万"表示下邳陈氏将竭尽全力辅佐刘备，并不代表下邳陈氏有这个能力，也不是说刘备接管的徐州有这个兵力。有了下邳陈氏，以及麋竺等徐州士族、官员的支持，刘备在徐州说话可以管用了，接手徐州具备了内部条件。但这还不够，刘备还需要徐州之外的支持。

刘备以退为进，先不答应做州牧，让徐州官员派人请示寓居徐州的名士孔融的态度。孔融回复刘备说："袁术岂忧国忘家者耶？冢中枯骨，何足介意！今日之事，百姓与能，天与不取，悔不可追。"

此时的刘备，通过"让徐州"把徐州内部整合了起来，也得到了外部盟友的支持，条件成熟了，便答应做徐州牧。

因为陶谦原来的治所郯城（今山东省郯城县）久被曹操围攻，残缺不堪，城中资源耗尽，且周边地区破坏严重。刘备将徐州新治所设在了下邳国的下邳城（今江苏省睢宁县）。

下邳是下邳陈氏的势力范围，以便更充分地利用下邳陈氏的力量。但这依然不够。袁术和袁绍敌对，虽然以前陶谦和袁术、公孙瓒一派对抗袁绍，但现在徐州新人新气象，可以利用与袁术的共同敌对关系，改善与强大的袁绍的关系。陈登等人派出使者面见袁绍，说："天降灾沴，祸臻鄙州，州将殂殒，生民无主，恐惧奸雄一旦承隙，以贻盟主日昃之忧，辄共奉故平原相刘备府君以为宗主，永使百姓知有依归。方今寇难纵横，不遑释甲，谨遣下吏奔告于执事。"

这里要注意,使者口中的"奸雄"并不特指曹操,而指的是与袁绍为敌的袁术。使者此话表明,未来的刘备将奉袁绍为"宗主",也即明确了现在徐州站队袁绍这边,军备是为了对付袁术。使者替刘备的表态让袁绍很高兴,袁绍马上表示支持刘备为徐州牧。

到此,刘备"让徐州"全部结束。演义里的"三让徐州"很精彩,表现出了刘备的仁义。而历史上的刘备"一让徐州"同样精彩,体现出了刘备高超的政治智慧。通过这一让,以退为进,将徐州内部团结整合在一起,又让徐州的外交关系得到了质的改善,使刘备迅速在徐州站住脚,能够全力对抗即将大举入侵徐州的袁术。

作为汉朝官吏,陶谦是忠心的;作为地方领导,陶谦是爱民的;作为割据一方的诸侯,陶谦骨子里也有枭雄本色。奈何用人上的失误,加之谋略远不及曹操,最终,陶谦以自己的死成就了刘备。陶谦让徐州给刘备,刘备有了一块更大的地盘,由此真正成为割据一方的诸侯。从这个意义上说,徐州牧陶谦的确是刘备创业路上的第四个贵人。

八、创业障碍是吕布

刘备救了孔融之后,病重的陶谦把徐州让给了刘备。接下来,就该说到刘备创业路上的第一个障碍——吕布了。

1.吕布使用的武器是矛而非戟

一说到吕布,相信朋友们脑海中都会出现一个手拿方天画戟,身骑赤兔马,百战百胜的形象,也一定知道"人中吕布,马中赤兔"这句话。

不仅如此,曾率领几千人击退了曹操数万人的吕布,还是公认的汉末三国第一猛将。江湖上盛传的"一吕二赵三典韦四关五马六张飞",虽然在真实的历史上不可太当真,我们观念中很多吕布的形象和事迹也都是后世戏曲、小说杜撰和虚构的，但吕布的武力值无人能及，与吕布胯下的赤兔马一样，都是实打实的历史上的真实存在。

无论怎么说，吕布是刘备创业路上的第一个障碍，都应该是高抬刘备了。

可吕布怎么就沦为刘备创业路上的障碍了呢？解答这个问题之前，还是先来八卦一下吕布手中兵器的问题。

吕布使用的是什么兵器呢？方天画戟吗？其实，历史上的吕布并不使戟，而是使矛。《后汉书·董卓传》写吕布等人杀董卓，用戟刺董卓的是李肃，后来吕布又"持矛刺卓"。《三国志·吕布传》写过董卓掷戟刺布，但不是在凤仪亭，戟也不是吕布的，而是董卓自己的手戟。辕门射戟实有其事，但那支戟恐怕也是军营中随便拿了一样兵器，不是吕布专用的。让吕布使方天画戟，显然也是编剧者和说书者们的创造。因为在真实的历史上，张飞是使丈八蛇矛的。如果小说家们再让比张飞还厉害的吕布也使矛，那就不便于表现人物特征了。另外，让白面无须、胯下骑着赤兔马的吕布，手中再持一支与众不同的方天画戟，也更显得英俊威风。于是，历史就这样被篡改得面目全非。

先简单了解一下矛和戟的区别。

矛是古代的一种常用来刺杀敌人的进攻性武器。长柄，有刃，用以刺敌。始于周代甚至更早。矛的使用方法大多是用双手握柄，以直刺或戮为主的战斗使用方法。

戟是中国古代将矛和戈功能合为一体的格斗用冷兵器。由戟头和戟柄组成。戟头以金属材料制作，戟柄为木、竹质。戟长度可达3米多。既能直刺，扎挑，又能勾、啄，是步兵、骑兵使用的利器。早期使用的戟是青铜戟，以后随着科学技术的发展出现了铁戟。戟分为单耳和双耳，单耳一般叫作青龙戟，双耳叫作方天戟。

方天戟上以画、镂等作为装饰，又称方天画戟。历史上，方天画戟通常是一种仪设之物，较少用于实战，不过并非不能用于实战，而是对使用者的要求极高。和矛、枪等轻兵器不同，方天画戟属于重兵器，使用复杂，功能多，需要极大的力量和技巧，集轻兵器和重兵器功能于一身。一般使用方天画戟者必须力大，戟法精湛，才能发挥该兵器的优势，在熟练以后，可以和重兵器对抗，如与骨朵、锤、镗等比拼力气。也可以和轻兵器，矛、枪、刀比拼招式技巧。故该兵器的使用者身体素质很高，在战场上很拉风。

还需要注意的是，《三国演义》第八、九回中，王允、董卓的私人园林分别叫作牡丹亭、凤仪亭，这也是子虚乌有的事。

汉魏时期，皇家园林获得迅速发展，不仅规模大，数量也很多，上林苑就是特别著名的皇家园林。与此同时，私家园林也获得发展，一些贵族、官僚或富商也有自己的园林，有的是在郊外，占地面积也非常广阔，除了供人观赏、游猎之外还有其他经济功能。所以与园林有关的名词，如"园""后园""花园""荷花池""曲栏"等，在汉魏时期就已存在，把它们写入小说并没有什么不妥，但牡丹亭、凤仪亭等提法就不对了，主要是因为牡丹、亭不会以园林构成要素的面貌出现在汉末三国时代。

东汉时期的牡丹以药用植物的身份出现在医药文献中。供人观赏的牡丹起源于多个野生原种，经由人工栽培而成。关于人工栽培牡丹以及牡丹进入园林的时间主要有四种说法，分别是东晋、北齐、隋炀帝和唐代武则天时期。但普遍种植牡丹以及观赏牡丹风气的兴起则确定是在唐代武则天时期才出现的。

先秦时期，亭是一种军事防御建筑。到秦汉时期，亭的军事功能没有发生变化，但亭也有了其他的基层行政的功能。亭的数量很多，设置原则大体是"十里一亭"，有县亭、都亭、乡亭之分。亭设亭长，另有亭卒等人。某某亭往往是地名，既是亭长、亭卒的办公地点，同时也有接待官府人员、传递文书、维护当地治安的功能，所以亭在汉魏时期不可能出现在园林中。

有些亭建立在距离城市较近、环境优美的地方，逐渐吸引一些文人雅士前去聚会欢宴，慢慢变成了有名的游玩景点。会稽山的兰亭更是因《兰亭集序》而名动天下。直到南朝宋，亭才出现在园林中。隋代在园林中筑亭已经很常见了。到唐宋时，几乎到了无园不亭的地步。也是在唐代，牡丹和亭才真正一同出现在园林中。最早以牡丹命名的亭子出现在宋代。吴育（1004—1058）到蔡州（今河南省汝南县）做郡守，在旧府衙中的东园建亭，命名为牡丹亭。

继续谈前面的问题，说吕布是刘备创业路上的第一个障碍，那都应该是高抬刘备了。这里面就必然有一个吕布是如何沦落到成为刘备创业路上的障碍的问题。吕布是如何沦落的呢？

答案非常简单：吕布之所以沦落，最主要的原因就是他的脾气秉性——站着这山望着那山高，没完没了跳槽，而且越跳越糟糕。

当然，没完没了跳槽，绝不是吕布沦落的原因。与吕布同时代的贾诩，也是没完没了跳槽，但结果却是越跳越好。而吕布同时代的刘备，跳槽的次数，更是达到了登峰造极的八次之多，最终的结果，还当上了皇帝。导致吕布没完没了跳槽，而且越跳越糟糕的根本原因在于：吕布跳槽的选择判断依据是完全错误的。

他只看眼前利益。前后跳了三次槽的吕布，被骂为"三姓家奴"。当然，跳槽之前，吕布还是分析了跳槽的利与弊的，也能够根据当时的情况，找到对自己最"有利"的抉择。

2.第一次跳槽到太师董卓手下

吕布，字奉先，五原郡郡治所在地九原（今内蒙古自治区包头市）人。"布便弓马，力过人，号为飞将。"年轻时因为骁武而在并州刺史丁原手下做掌管皇帝的禁卫军的官员骑都尉，后来"（丁原）屯河内，以布为主簿，大见亲待"。

主簿，在汉代是掌管军中所有钱粮政务、公文书信来往等一应事体的纯粹的文职，而且所掌事务很琐碎。而吕布在任主簿后，被丁原"大见亲待"，应该说吕布在这个职位上是做得很不错的。由此也可以看出，当时的吕布绝对不是个卑微鲁莽、缺少文化之人，至少应当是个人见人爱、花见花开的文武双全的人。

再说汉灵帝刘宏死后，大将军何进与司隶校尉袁绍谋诛宦官，何进召董卓带兵赴京师，而丁原和吕布也带领他们在并州的军队来到洛阳。很快，何进升迁丁原的官职为"执金吾"，企图让丁原与他一起"谋诛诸黄门"，结果事不成，何进身死，董卓掌权。

董卓为了专权，便"欲杀原，并其兵众。卓以布见信于原，诱布令杀原。布斩原首诣卓，卓以布为骑都尉"。

《三国演义》上说到这一段的时候，说吕布是丁原的义子，然后又因为贪图金珠宝马杀丁原而投董卓。历史上，吕布和丁原并非义父义子的关系，只是丁原"大见亲待"吕布而已，也没有董卓用金珠宝马收买吕布的记载。另外，当时官拜前将军，封鏊乡侯兼并州牧的董卓的官位，远在身为"执金吾"的丁原之上。

理论上讲，董卓对吕布以上令下，吕布没有回旋的余地，因为吕布并不是丁原的私人武装，而是东汉的官吏，而且那时甚至连何进的私人武装也都完全服从于董卓，加之董卓有救驾大功，皇帝在他手上，正所谓"挟天子以令诸侯"，董卓的所作所为，都会打着皇帝的旗号。所以，董卓命吕布杀丁原，也由不得吕布不从。

而且进京初期的董卓，名声是相当不错的。所以此时此刻，吕布执行董卓的命令，杀掉曾经"大见亲待"自己的老上级丁原，虽然说于情大有欠妥之处，但如若抛开情分不说，将杀掉曾经"大见亲待"自己的老上级作为自己投靠官位更高的能够"挟天子以令诸侯"的董卓的"投名状"，从短期的效果来看，吕布的第一次跳槽，还算是比较成功的。当然，这只是就短期的效果而言。

但从长期的效果来看，吕布的这次跳槽，绝对是失败的典型案例了。因为，不久之后的董卓，很快便先因擅自废立皇帝后又为强迫皇帝迁都长安而火烧洛阳，最终沦落成了"破鼓乱人捶，墙倒众人推"，人人喊打的"全民公敌""过街老虎"，而偏偏吕布所投靠的就是这样一个货色。这便证明了当时的吕布是有多么短视。

这就给后人以很多遐想：如果当时的吕布没有杀掉丁原，董卓还能像历史发展的那样为所欲为吗？如果当时的吕布投靠了袁绍或者曹操，历史又将会如何发展？无论如何，都一定会比现在的结果要好上很多。可惜，对于当时的吕布来说，已经没有如果了。

3.第二次跳槽到司徒王允手下

丁原被杀后，董卓"卓以布为骑都尉，甚爱信之，誓为父子……稍迁至中郎将，封都亭侯"。

《三国演义》上说丁原与吕布是义父义子的关系，那不是史实；但《三国演义》上说董卓与吕布是义父义子的关系，这确是史实。此时的董卓非常明白：自己因树敌太多，肯定会有人暗算他，于是他便把义子吕布当作贴身侍卫。不管董卓走到哪里，吕布总是形影不离，负责保护义父董卓的生命安全。对于吕布来说，看似一切都朝着好的方向发展。偏偏此时的吕布又要因为第二次跳槽而杀掉"誓为父子"的义父董卓。这又是为什么呢？

公元190年，董卓为躲避关东联军，下令迁都长安、火烧洛阳。董卓自己留屯洛阳毕圭苑中，又指使吕布发掘帝陵及公卿已下冢墓，抢夺其中珍宝。公元191年，董卓以胡轸为大督护，吕布为骑督，与诸将校一同讨伐孙坚。胡轸性子急，说："今此行也，要当斩一青绶，乃整齐耳。"诸将感到不满。傍晚，军队到达离阳人几十里的广成（今河南省汝州市），兵马疲惫，胡轸本想在广成秣马饮食，再连夜进兵，等到天明时攻城。诸将厌恶胡轸，打算让他败给孙坚，吕布等人就扬言："阳人城中贼已走，当追寻之；不然失之矣。"于是胡轸军未作休整，连夜进军。到达阳人城（今河南省汝州市）外时，发现城中守备完善，不得掩袭。吏士饥渴，人马疲惫，又没有堑垒，于是脱下盔甲休息。吕布又扬言："城中贼出来。"士卒惊慌散乱，丢弃铠甲、鞍马逃走，走了十多里，却没发现敌军。等到天明，胡轸军回到阳人城外，拾取兵器，决定攻城，而城池守卫坚固，壕沟已深，胡轸等人不能攻而回，孙坚随后发起反击，一举击败了胡轸、吕布。孙坚攻入洛阳宣阳门（汉魏洛阳城的南垣上有四座城门，自西向东依次为津阳门、宣阳门、平昌门、开阳门）后，吕布与其交战，再次败走。最后董卓被迫逃往长安。

如果吕布只是董卓手下的一个得力干将，而没有那层义父义子的关系的话，吕布与董卓之间，反而可能还没那么快决裂。而恰恰是因为有了那层义父义子的关系，吕布与董卓之间，就只剩下"翻脸比翻书还快"的关系了。

董卓与吕布虽然"誓为父子"，但正常的摩擦偶尔还是会出现。至于摩擦的原因，董卓自知自己凶暴，为人所恶，所以时常要吕布做自己的贴身侍卫；不过，董卓性格又十分猜疑，经常在喝醉后辱骂吕布。而据《三国志》记载，"卓性刚而褊，忿不思难"。至于磕磕碰碰的经过，《后汉书》记载："尝小失卓意，卓拔手戟掷之。布拳捷得免，而改容顾谢，卓意亦解。"自从吕布怀恨董卓后，他去见了王允，述说了董卓差点杀了他的经过。王允此时正和士孙瑞等人密谋除掉董卓，因此便让吕布做内应。

那吕布到底做了什么事，让董卓如此发怒，以至于到了"拔手戟掷之"的地步呢？而吕布只要低声下气地道个歉，董卓马上就饶恕了吕布呢？《三国志》记载："卓常使布守中阁，布与卓侍婢私通，恐事觉发，心不自安。"小说《三国演义》就是利用了这些史事，捕风捉影地演绎出司徒王允设计"美人计""连环计"，以貂蝉离间董卓、吕布的关系，致使董卓、吕布二人反目成仇的传奇故事。

暂且不管董卓的这个侍婢是不是貂蝉，也不管是不是司徒王允所派遣，无论如何，此事还是被正在酝酿除掉董卓的司徒王允知晓了。

据《后汉书》记载，公元192年春，王允秘密召见吕布，把诛杀董卓的计划全部告诉吕布，并委他做内应："布曰：'如父子何？'（允）曰：'君自姓吕，本非骨肉。今忧死不暇，何谓父子？掷戟之时，岂有父子情也？'"吕布由此便把谋杀自己"誓为父子"的义父董卓的事答应了下来。

公元192年初夏，恰逢汉献帝刘协大病初愈。朝廷百官在未央宫集合，恭祝天子龙体安康。事前，吕布派同郡骑都尉李肃等人带领心腹亲兵，穿上宫廷侍卫的服装，潜伏在宫殿侧门两边。"卓将至，马惊不行，怪惧欲还。吕布劝令进，遂入门。肃以戟刺之，卓衷甲不入，伤臂墯车，顾大呼曰：'吕布何在？'布曰：'有诏讨贼臣。'卓大骂曰：'庸狗敢如是邪！'布应声持矛刺卓，趣兵斩之。"

4.第三次跳槽到袁氏兄弟手下

董卓被杀后，司徒王允以吕布为奋威将军，假节，仪同三司，封温侯。这里要注意，"温侯"爵位并非如《三国演义》所说的那样，由董卓授予吕布。

吕布以杀曾经"大见亲待"自己的老上级丁原，作为投名状的第一次跳槽，换来的是升官为"中郎将，封都亭侯"，且与新领导董卓"誓为父子"。吕布以杀与自己"誓为父子"的董卓作为投名状的第二次跳槽，换来的是升更大的官，封更大的侯，奋威将军，假节，仪同三司，封温侯。

但问题在于：第一，此时与吕布合谋刺杀董卓的司徒王允的官职，是比不上位在"三公"之上的太师董卓的。第二，虽然董卓与吕布有小的摩擦，但双方都很克制，而在摩擦已经顺利地解决了的大前提下，吕布就因为"与卓侍婢私通，恐事发觉，心不自安"这么一件小事，就背叛并且杀掉了与自己"誓为父子"的义父董卓，这是无论如何也说不过去的。第三，将杀掉与自己"誓为父子"的义父董卓作为自己投靠官位还不如曾经的义父董卓的司徒王允的"投名状"，对于吕布来讲，于情于理，都是一个双输的结局。

在这里，我们并没有看到一个为了国家民族、为了黎民百姓而大义灭亲的吕布的光辉形象，看到的只是一个为了蝇头小利，为了保全自己便任谁都可以出卖的小人的形象。

所以，从短期的效果来看，吕布的第二次跳槽，无论如何，都是不成功的。而如果从更长期的效果来看，吕布的第二次跳槽，就更加是绝对失败的典型案例了。因为，第一，无论是太师董卓也好，抑或是司徒王允也罢，其实都是个专制独裁的"挟天子以令诸侯"的"权臣"，本质上没有大的区别，只是五十步笑百步而已。第二，随后不久，也就是百十来天的工夫，司徒王允便因种种极端错误的做法而被诛弃市了。而在李傕和郭汜等董卓旧部的大举进攻之下，被迫仓皇逃离长安的吕布只得再次跳槽。

此时，谁还会接受一个因先杀曾经"大见亲待"自己的老上级丁原、后杀与自己"誓为父子"的义父董卓而臭名远扬的吕布呢？

每次跳槽，吕布不但都跟前任老板决裂，而且还杀掉了前任老板，这样的口碑，无论历史上是否有"三姓家奴"的恶名，后来的老板，谁还敢用吕布这样的恶人呢？曹操敢用吗？所以，最终曹操杀掉吕布，有人说是刘备谏言的功劳，其实不然，是吕布自己堵死了自己所有能够求生的路。

不过，吕布之所以沦为刘备创业路上的第一个障碍，完全是因为他的脾气秉性使然——因为只看眼前利益，站着这山望着那山高，所以才没完没了跳槽，最终的结果只能是越跳越糟糕。

吕布是如何沦为刘备创业路上的第一个障碍的呢？

话说吕布在李傕和郭汜等董卓旧部的大举进攻之下，寡不敌众，只能抛弃汉献帝刘协和王允等君臣，自己带着几百人逃离了长安。

　　但没兵没将没根据地的吕布，能到哪里去呢？当时的吕布决定投奔有着"四世三公"美誉的袁氏兄弟。

　　吕布为什么会想到投奔袁氏兄弟呢？因为在吕布看来，自己恰好是袁氏兄弟的恩人。至于恩人的由来呢，也很简单：董卓专权，袁氏兄弟举旗造反，董卓随后下令诛杀了在帝都的袁氏满门五十余口；吕布随后又诛杀了董卓。故而，在吕布看来，自己等于是替袁氏兄弟报了满门被董卓抄斩的仇，袁氏兄弟无论如何都应该感谢自己才对。可是袁绍、袁术兄弟二人，吕布又会选择谁呢？

　　在吕布看来，首选当然是袁家嫡子袁术。第一，袁术是"四世三公"的汝南袁氏家族的嫡子。第二，当时袁术的实力很强大，正在与公孙瓒以及陶谦结盟，与袁绍争霸中原。于是乎，吕布带着残部千里迢迢南下去投奔袁术。

　　没承想，袁术却不买吕布的账。据《三国志·吕布传》记载："布自以杀卓为术报雠，欲以德之。术恶其反复，拒而不受。"

　　汝南袁氏家族的嫡子袁术是个有野心的人，当时正在与公孙瓒以及陶谦结盟，与袁绍争霸中原。当时的袁术正在急需用人之际，对于恰好"有恩"于自己家族的吕布这种杰出将才，应该是极力挽留并加以重用才对啊，怎么却非得"拒而不受"呢？是不是袁术这个人的情商有点儿低呢？

　　其实不然。想当初的吕布，先是执行董卓的命令，杀掉曾经"大见亲待"自己的老上级丁原；后又通过杀掉与自己"誓为父子"的义父董卓，投靠官位还不如义父董卓的司徒王允。就是这么一个人，现在投奔了袁术。此时此刻，换作你是袁术，你会不会接收吕布呢？接收吕布之后的结果会是怎么样的呢？是你杀了吕布，还是吕布杀了你？与其那样，何必要接收呢？

　　对于吕布来说，这就是终生的污点，永远抹不掉的污点。未来，不会再有人信任他，而他只能是被他人利用、成为他人的棋子和弃子而已。觉得自己能够把控得住局面的，吕布就是个棋子；觉得自己把控不住局面的，吕布就是个弃子。

当时的袁术，正在与公孙瓒以及陶谦结盟，与袁绍争霸中原。鏖战之际，没时间跟吕布这样的污点人物斗智——不接收就完了。对于吕布来说，这便是弃子了。当然，此时的袁术没时间、精力跟吕布这样的污点人物斗智，并不代表与袁绍争霸中原之后——不管争霸中原的最终结果如何——有时间、精力跟吕布这样的污点人物斗智。到那个时候，袁术还会改变立场重新接收吕布的。对于吕布来说，这便是棋子了。正是后一个时期，成为袁术的棋子的吕布，才有了沦为刘备创业路上的第一个障碍的机会。

吕布被袁术侮辱后，被迫北上转投此前同为丁原手下的河内太守张杨。结果，张杨部下贪图李傕、郭汜等拘捕吕布的高额悬赏利诱，意图对吕布下手。吕布又转投袁绍。

对于吕布来说，几千里的跋涉，从西到东，从南到北，就那么几百号人，也没了想当年的雄心壮志，转投与袁术同为"四世三公"的汝南袁氏家族的袁绍，已是唯一可能的选择。

对于吕布转投自己，袁绍又是什么态度呢？

袁绍居然选择了接收吕布。原因也很简单：此时的袁绍，正处在四面受敌的艰难境地，除了北面的公孙瓒、东面的陶谦和南面的袁术之外，还有出没无常的张燕所部的黑山军。对于袁绍来说，自己正在生死存亡之际，绝对是已经到了饥不择食、寒不择衣的地步。

接收了吕布之后，袁绍命吕布与自己一道先除掉出没无常的张燕所部的黑山军。双方的主力在常山（今河北省元氏县）展开激战。黑山军有一万多精兵、几千骑兵。吕布经常骑着赤兔马，带着几十个人骑马冲击张燕的军阵，有时一天去三四次，每次都砍了黑山军的首级回来。连续作战十多天，终于打败了张燕的军队。

5.不讲道义的跳槽注定无法善终

局面稍缓之后，袁绍与吕布的关系便立时紧张了起来。吕布仗恃自己的战功，再次向袁绍要求增加军队，袁绍不答应，而吕布手下的将士也时时抢劫、掠夺，袁绍开始忌恨他。吕布感觉不安，就请求回洛阳。袁绍同意了吕布的要求，以天子名义任命吕布领司隶校尉，派甲士送吕布而暗中要除掉他。吕布怀疑袁绍打自己的主意，就派人在营帐中弹着筝，自己悄悄逃了出去。此时的吕布，再次选择了投奔河内太守张杨。途中经过陈留，陈留太守张邈派人迎接吕布，对他大加款待，临分手时两人握住对方手臂发誓结好。

听闻张邈与吕布结好的消息，袁绍无比气愤。张邈与袁绍和曹操都是好朋友。张邈曾因为正言责备袁绍而引起了袁绍的怨恨，袁绍示意曹操杀掉张邈，但遭到了曹操的拒绝。此次，张邈由于与吕布结交再一次触怒了袁绍，张邈担心与袁绍结盟的曹操终究会杀了他。

公元194年，第二次东征徐州讨伐陶谦的曹操，派心腹将领陈宫驻守东郡。但陈宫却联合了陈留太守张邈、张邈之弟张超等，引吕布入兖州，发动了反抗曹操的兖州事变。

一时之间，兖州数郡郡守皆响应起事，仅余鄄城（今山东省鄄城县）、范城（今河南省范县）、东阿（今山东省阳谷县）三座县城尚属曹操领地。曹操回军除叛，吕布突围，投奔此时刚刚占据徐州的刘备。张邈则到袁术处求救，留弟张超和家属屯扎雍丘（今河南省杞县）。曹操围张超数月，屠之，灭其三族。张邈未至寿春，为兵所害。

再说此时占据徐州并接纳了吕布的刘备，也同样面临着危机。

此前，曹操第二次东征徐州讨伐陶谦，当时已经自任扬州牧并割据淮南的袁术，本想着坐山观虎斗，等到曹操回师攻打吕布之机，一举占领徐州。没承想，陶谦死后，徐州却落到了刘备手里。恼羞成怒的袁术，马上于公元

196年兵进徐州。

在交战双方互有胜负之际，袁术劝说吕布趁此良机，夺取徐州，并许诺送上二十万斛大米，诱吕布主动袭击徐州州治所在地下邳。于是吕布指挥军队大破张飞，俘虏刘备的妻妾儿女及其部曲的家眷。

此时，刘备为袁术所败逃往广陵郡海西县（今江苏省灌南县），饥饿疲惫，被迫向吕布请降。恰在此时，袁术答应好的二十万斛大米却没有送来。吕布恼恨袁术事先许诺的好处没有兑现，就准备了车马迎接刘备，让刘备担任豫州刺史，派他驻守小沛。吕布自称徐州牧。

此时的袁术，遣部将纪灵等率步骑三万攻击刘备，刘备再次求救于吕布。吕布部下皆劝吕布趁机借刀杀人，剿灭刘备。吕布不允，他认为，只有与刘备联合，才能抗衡袁术。这才有了吕布"辕门射戟"的故事。

吕布在离小沛西南一里的地方扎下营寨，命人招刘备前来，又派卫士去请纪灵等将领，纪灵等人也请吕布一起饮酒。吕布对纪灵等人说："玄德，布弟也，为诸君所困，故来救之。布性不喜合斗，但喜解斗耳。"吕布命门候在营门中竖起一支戟，说："诸君观布射戟小支，一发中者诸君当解去，不中可留决斗。"他引弓向戟射出一箭，正好中了小支。诸将大为震惊，夸赞说："将军天威也！"第二天，吕布又与诸将欢会宴饮，然后各自回兵。

此时的刘备在小沛招纳旧部，重新纠集了万人。吕布听闻之后，亲自出兵攻打刘备，刘备大败，被迫前往许都依附于已经"挟天子以令诸侯"的曹操。曹操厚待刘备，封他为豫州牧，并送予军粮和部队，让他到小沛收拢旧部。

公元197年夏，袁术想联合吕布，让他为自己所用，于是向吕布提出让他的儿子娶吕布之女为妻，吕布同意了。袁术派韩胤为使节，向吕布正式转达他将更换年号、登基称帝的事情，同时请求接吕布的女儿与自己的儿子去完婚。

沛相陈珪担心袁术、吕布成了亲家，徐州、扬州联为一体，将会危害国家，于是前往游说吕布："曹公奉迎天子，辅赞国政，将军宜与协助同策谋，共存大计。今与袁术结姻，必受不义之名，将有累卵之危矣。"吕布心里也怨恨当初袁术不接纳自己，虽说女儿此时已经随韩胤走了，他还是把她追了回来，拒绝了这门亲事，并给使者韩胤戴上枷锁、镣铐，送往许都街市上斩首示众。

陈珪想派其子陈登到许都，说明吕布愿意与曹操合作，吕布不同意。正巧曹操的使者这时来到，传汉献帝刘协的旨意，任命吕布为左将军。吕布大喜，于是让陈登启程，还命他带着书信，向汉献帝刘协谢恩，并将一个上等绶带作为答礼送给曹操。

陈登拜谒曹操，述说了吕布有勇无谋、反复无常的缺点，希望曹操早日除掉他。曹操说："布狼子野心，诚难久养，非卿莫究其情伪。"当即把陈珪的年俸禄提到二千石，任命陈登为广陵太守。临别时，曹操拉着陈登的手说："东方之事，便以相付。"命令陈登私下分化吕布的队伍，为自己作内应。

当初，吕布想通过陈登求得徐州牧之职。等到陈登回来后，吕布见自己的愿望没能实现，大怒，拔出戟来砍着桌子说："卿父劝吾协同曹操，绝婚公路。今吾所求无获，而卿父子并显重，但为卿所卖耳。"陈登面不改色，从容地答道："登见曹公，言养将军譬如养虎，当饱其肉，不饱则将噬人。公曰：'不如卿言。譬如养鹰，饥即为用，饱则飏去。'其言如此。"吕布的怒气这才平息下来。

再说袁术听说吕布回绝了婚事，还杀了自己的使者，便派手下大将张勋、桥蕤等人同韩暹、杨奉合兵，率几万步兵骑兵，分七路进攻只有三千兵力、四百匹马的吕布。吕布采纳陈珪的计策，成功策反了韩暹、杨奉，一举打败了张勋、桥蕤等人。

后来韩暹与杨奉于吕布授意下进犯刘备，杨奉被刘备诱杀，韩暹欲出逃并州，中途为杼秋县（今安徽省萧县）屯帅张宣所杀。

公元198年春，吕布派人带着黄金到河内买马，被刘备的兵士钞掠。吕布派遣中郎将高顺和北地太守张辽（169—222）进攻刘备，曹操虽派夏侯惇援救，但被击败。公元198年秋，沛城被攻破，刘备妻小再次被掳，刘备单身逃走，随后与前来接应的曹操相遇。

曹操亲自率兵攻打吕布，到达彭城。曹操攻破彭城（今江苏省徐州市），并乘胜攻向下邳，吕布亲自率骑兵出击，被曹操大败。曹操追到城下，围困下邳，并写信给吕布，向他陈述祸福。

当时广陵太守陈登率领郡兵为曹操前驱，陈登的三个弟弟都在城中，吕布便拿三人做人质向陈登请和，陈登执意不从。城池被围后，吕布的刺奸（东汉定制，大将军及将军等属下置刺奸，主罪法）张弘害怕遭到连累，于是趁夜将三人放了。

下邳形势危急，吕布派许汜、王楷向袁术求救，又亲自率领一千多骑兵出城，兵败后退回城内，坚守不敢出。

当时张杨欲图救援吕布，但无能为力，于是出兵东市，企图吸引曹操的注意力。袁术也派兵为吕布声援。吕布担心袁术因为过去结亲失败的事不发救兵，用绵布把女儿绑在马上，趁夜亲自骑马出城将女儿送给袁术，当时曹军守兵放箭阻拦，吕布无法通过，只得回城。

曹操围攻三个月，决泗、沂之水灌城，吕布军中上下离心。当初，吕布手下骑将侯成丢失了名马，不久又再次找到，诸将合礼来祝贺侯成。侯成分酒肉款待大家，先入献给吕布。吕布怒道："布禁酒，卿酿酒，诸将共饮食作兄弟，共谋杀布邪？"侯成大惊而去，丢弃酿造的酒，送还诸将送的礼品，自此心不自安。于是，在十二月癸酉日（199年2月7日），侯成与宋宪、魏续反叛，缚了陈宫、高顺，并率众向曹操投降。

吕布在白门楼（下邳城南大门）见曹军攻急，大势已去，于是令左右将他的首级交给曹操，左右不忍，便下城投降。

吕布对曹操说："今日已往，天下定矣。"曹操问："何以言之？"吕布说："明公之所患不过于布，今已服矣。令布将骑，明公将步，天下不足定也。"曹操颇为心动，吕布对一旁的刘备说："玄德，卿为坐上客，我为降虏，绳缚我急，独不可一言邪？"曹操笑道："缚虎不得不急。"于是下令松绑。刘备劝道："不可。明公不见吕布事丁建阳、董太师乎？"曹操点头。吕布面向刘备说："大耳儿最叵信！"

最终，吕布被缢杀，然后枭首。

汉末三国之时，包括刘备、贾诩、庞统（179—214）在内的很多人，都有过跳槽的经历。刘备和贾诩的跳槽都有其成功的关键因素，刘备以仁走天下，跟所有人的关系都处得很好；料事如神的贾诩，在做对判断的前提下，能够说服所有人听信于他。而庞统和吕布都是跳槽的失败者。庞统败于急于求成；吕布败于自私自利，不顾后果，自断后路。

当今的职场也是一样，有的人频繁跳槽，越跳越好；有的人频繁跳槽，越跳越差。其中关键的差别在哪里呢？在职场中，还是少跳槽为好；但如果一定要跳槽的话，一定要把自己的口碑维护好。

在东汉末年的战争年代，以吕布为中心的并州军事集团，曾成为拥有强劲武装的割据势力，扮演过重要角色。但是，以他们本身所具有的弱点，加以一贯被人利用，又必然成为昙花一现的人物，最终为曹操所消灭。

唯利是图，自私自利，吕布职场跳槽的不高明之举，相信会给很多人以启发。

九、青梅煮酒论英雄

吕布被诛杀之后，小说《三国演义》第二十一回，讲述了一个非常精彩的桥段——"煮酒论英雄"。

1."青梅煮酒论英雄"的真与假

"一日，关、张不在，玄德正在后园浇菜，许褚、张辽引数十人入园中曰：'丞相有命，请使君便行。'……玄德只得随二人入府见操……操执玄德手，直至后园……随至小亭，已设樽俎：盘置青梅，一樽煮酒。二人对坐，开怀畅饮。酒至半酣，忽阴云漠漠，骤雨将至。从人遥指天外龙挂，操与玄德凭栏观之。操曰：'使君知龙之变化否？'玄德曰：'未知其详。'操曰：'龙能大能小，能升能隐；大则兴云吐雾，小则隐介藏形；升则飞腾于宇宙之间，隐则潜伏于波涛之内。方今春深，龙乘时变化，犹人得志而纵横四海。龙之为物，可比世之英雄。玄德久历四方，必知当世英雄。请试指言之。'玄德曰：'备肉眼安识英雄？'操曰：'休得过谦。'玄德曰：'备叨恩庇，得仕于朝。天下英雄，实有未知。'操曰：'既不识其面，亦闻其名。'玄德曰：'淮南袁术，兵粮足备，可为英雄？'操笑曰：'冢中枯骨，吾早晚必擒之！'玄德曰：'河北袁绍，四世三公，门多故吏，今虎踞冀州之地，部下能事者极多，可为英雄？'操笑曰：'袁绍色厉胆薄，好谋无断，干大事而惜身，见小利而忘命，非英雄也。'玄德曰：'有一人名称八俊，威镇九州——刘景升可为英雄？'操曰：'刘表虚名无实，非英雄也。'玄德曰：'有一人血气方刚，江东领袖——孙伯符乃英雄也？'操曰：'孙策藉父之名，非英雄也。'玄德曰：'益州刘季玉，可为英雄乎？'操曰：'刘璋虽系宗室，乃守户之犬耳，何足为英雄！'玄德曰：'如张绣、张鲁、韩遂等辈皆何如？'操鼓掌大笑曰：'此等碌碌小人，何足挂齿！'玄德曰：'舍此之外，备实不知。'操曰：'夫英雄者，胸怀大志，腹有良谋，有包藏宇宙之机，吞吐天地之志者也。'玄德曰：'谁能当之？'操以手指玄德，后自指，曰：'今天下英雄，惟使君与操耳！'玄德闻言，吃了一惊，手中所执匙箸，不觉落于地下。时正值天雨将至，雷声大作。玄德乃从容俯首拾箸曰：'一震之威，乃至于此。'

操笑曰：'丈夫亦畏雷乎？'玄德曰：'圣人迅雷风烈必变，安得不畏？'将闻言失箸缘故，轻轻掩饰过了，操遂不疑玄德。"

需要说明的是，"煮酒论英雄"这个精彩桥段，既不是子虚乌有的空穴来风，更不是小说《三国演义》作者罗贯中的杜撰，而是确有史实依据的。

据陈寿《三国志·先主传》记载："曹公自出东征，助先主围布于下邳，生擒布。先主复得妻子，从曹公还许。表先主为左将军，礼之愈重，出则同舆，坐则同席。袁术欲经徐州北就袁绍，曹公遣先主督朱灵、路招要击术。未至，术病死。先主未出时，献帝舅车骑将军董承辞受帝衣带中密诏，当诛曹公。先主未发。是时曹公从容谓先主曰：'今天下英雄，唯使君与操耳。本初之徒，不足数也。'先主方食，失匕箸，遂与承及长水校尉种辑、将军吴子兰、王子服等同谋。会见使，未发。事觉，承等皆伏诛。"

另据裴松之《三国志注》引《华阳国志》记载："于时正当雷震，备因谓操曰：'圣人云，迅雷风烈必变，良有以也。一震之威，乃可至于此也！'"

综合上述两段史料可以看出，公元198年秋，曹操诛杀吕布，刘备作为吕布的对头，又是助力曹操诛杀吕布的有功人员，被曹操以朝廷的名义任命为左将军，回到东汉政权的临时都城许县居住。

当时便有人劝曹操杀掉刘备，但被曹操拒绝。曹操之所以不杀刘备，主要基于以下两方面考虑：一是吕布已经被自己所杀，如若自己再杀掉刘备，恐有把对手全部逼到拼死对抗自己这一条绝路上的嫌疑；二是以曹操当时的实力，还不足以把所有的人都当成自己的对手，为对付当时更为强大的袁绍，他需要团结一切可以团结的力量，建立一个旨在消灭袁绍集团的"统一战线"。正是基于上述考虑，曹操才特别希望刘备集团的所有成员能够加入到自己的"统一战线"中来。为此，曹操做了很多工作，在对待刘备"礼之愈重，出则同舆，坐则同席"的同时，又指示与关羽一向交好的张辽想方设法接近关羽。当然，这一切的前提，是此前的曹操与刘备，从来没有成为战场上的对手。所以，才有了"煮酒论英雄"这个精彩的桥段。

当然，在《三国志·先主传》中，曹操和刘备在论英雄时，并没有煮酒赏梅之说。曹刘二人只是在吃饭时谈论天下英雄，并没有"青梅煮酒论英雄"。因为，"青梅煮酒"在东汉末年是不可能出现的。

古时候一般不喝冷酒，都要煮的，但煮到什么程度呢？那要看装的是什么酒。现代喝的酒是白酒，是蒸馏后的酒，蒸馏时酒头、酒尾都要去掉，只要中间一段作为基酒。有邪杂味的低沸点物质（硫化氢、甲醛等）主要在酒头里，蒸馏酒精时顺便减少了邪杂味和刺激感。而古代喝的酒是黄酒，酒精度不高，没有蒸馏工序，硫化氢等成分都在酒里面，为了喝着舒服，一般需要温酒。

煮酒也有煮沸了的喝法，但这种酒不是成品酒，而是有酒糟的酒，曹植写过一首诗叫《七启》："盛以翠樽，酌以雕觞，浮蚁鼎沸，酷烈馨香。""浮蚁"指的是发酵的米粒，也就是酒糟，煮沸后酒糟浮在酒上，闻起来特别香。所以，煮沸的酒必须有酒糟，要不然没法喝。要不信你可以把啤酒煮熟试试，好像没人喝啤酒时喝温的。

煮酒也是古代黄酒的一道杀菌工具，北宋朱肱在《北山酒经》记载了"煮酒"的方法，烧煮满盛酒的容器，然后再加蜡油密封（也有先封坛再加热的），为的是防止酒腐败。汉朝、宋朝的酒都没有蒸馏过，酒精度低，想长期保存必须得煮酒杀菌，要不然18年的女儿红早就坏了。宋末元初方回的书《续古今考》记载："今之煮酒，实则蒸，泥之季冬者佳。曰清酒，则未蒸者。"宋朝末年提到的煮酒实际上是蒸酒的操作，没煮的叫作清酒。

曹操邀刘备来聊天，酒席上青梅放在盘子里，酒放在酒樽里。当时的喝酒场景是这样的：喝一口酒，吃一口梅子，相当于现在的喝一口酒，嚼几粒花生米，三国时期没有花生，花生在明朝时才传入我国。

实际上"青梅煮酒"这种喝法出现在唐朝，流行起来是在北宋。宋朝初年，丞相晏殊（991—1055）写过一句词："青梅煮酒斗时新，天气欲残春。"稍晚一些的王安石（1021—1086）的四弟王安礼（1034—1095）在他的《潇湘忆故人慢》里也写过："青梅煮酒，幸随分、赢得高歌。"再晚一些的大文豪苏轼（1037—1101）在《赠岭上梅》中写道："不趁青梅尝煮酒，要看细雨熟黄梅。"更晚一些的谢逸（1068—1112）的诗中有"谩摘青梅尝煮酒，旋煎白雪试新茶"，意思是采摘新鲜的青梅后去喝煮酒。到了南宋，先有陆游（1125—1210）《初夏闲居》："煮酒青梅次第尝，啼莺乳燕占年光。"注意"次第"二字，意思是喝酒时先尝煮酒，再吃青梅。后有汪莘（1155—1227）《甲寅西归江行春怀十首》："牡丹未放酴醾小，并入青梅煮酒时。"另外，欧阳修（1007—1072）的诗"红泥煮酒尝青杏"，告诉我们，不一定是青梅煮酒，也可以是青杏煮酒。

青梅煮酒一般在春末夏初，也就是农历的立夏前后。

拿酸酸的青梅当下酒菜，为什么不吃熟了的梅子呢？

《周礼》认为："春发散，宜食酸以收敛。"药王孙思邈（581—682）在《摄养论》中说："四月肝脏已病，心脏渐壮。宜增酸减苦，补肾助肝，调养胃气。"孙思邈认为农历四月肝脏有病，春季养生重在养肝，而恰好"酸入肝"，所以每年四月需要吃酸的东西用来补肝，顺便补肾。酸的东西那么多，为什么非要吃青梅呢？李时珍（1518—1593）在《本草纲目》中总结为：梅，花开于冬而果实成熟于夏，得到了木之全气，所以其味最酸。所以春季吃酸东西属于"自古以来"，不吃熟了的梅子、非要吃青梅就可以理解了。

2.曹操为什么会如此看重刘备？

此前的刘备集团，刚刚新败于吕布，辛苦多年积攒下来的队伍大部已被消灭，多亏了曹操出手相救，刘备集团才得以苟延残喘，活了下来。对于曹操来讲，手底下只剩下了现代京剧《沙家浜》中胡传魁口中所说的"十几个人来七八条枪"的刘备，怎么就成了曹操口中的"今天下英雄，惟使君与操耳"了呢？刚刚新败于吕布的刘备集团，到底有什么优势？优势到底在哪里呢？换句话说，曹操到底看中了刘备集团的什么呢？为何曹操认为只有刘备和自己才配得上"英雄"这个称谓呢？

先看一个发生在"煮酒论英雄"十几年之后的例子。

公元211年，益州牧刘璋听从早已图谋投靠刘备的别驾从事张松的建议，派同样图谋投靠刘备的军议校尉法正（176—220）邀请刘备带兵入川，以便协助刘璋防备北方的张鲁政权。刘备入川后，与刘璋大会于涪城（今四川省绵阳市）。此时的张松、法正和庞统皆劝刘备趁机袭杀刘璋，但为刘备所拒绝。当时的刘备对张松、法正和庞统说："今指与吾为水火者，曹操也。操以急，吾以宽；操以暴，吾以仁；操以谲，吾以忠。每与操反，事乃可成耳。"看到了吧，当其他诸侯都在极力争夺城池、兵马和钱粮之时，只有刘备集团在努力收拢人心。其所管辖过的地方，往往都能得到百姓的爱戴。而这也恰恰是聚集在其麾下的重要人物，大多能够做到不离不弃、誓死效忠的重要原因。

这种直指人心的认知之战，便是刘备作为一个杰出的政治家的远见卓识和立身之本，这便是"英雄"刘备完全不同于同样是"英雄"的曹操的第一个方面：差异化的品牌定位。而这种差异化的品牌定位，绝不是刘备入川时才开始采取的策略，而是刘备集团长期以来一直践行的基本"国策"。曹操也正是看中了刘备集团完全不同于自己的差异化的品牌定位，才认定了刘备是个可以与自己比肩的"英雄"，才努力让刘备这样的"英雄""入吾彀中"。

而曹操看中"英雄"刘备的，绝不仅仅是完全不同于自己的差异化的品牌定位这一基本"国策"，更为重要的是，曹操还看中"英雄"刘备的那套系统化的品牌营销手段：先是救了被黄巾军残部围城的北海相孔融，接着又是增援面临着曹操威胁的徐州牧陶谦，由此不但得以顺利接收了徐州，更是得以顺利接收了让曹操都夸赞不已的精兵"丹杨兵",而正是这支精锐的"丹杨兵"成了刘备日后的家底,并在之后屡立战功。更为重要的是,刘备的所作所为,不但赢得了包括大富商糜竺在内的徐州百姓的支持并由此得以顺利升级为封疆大吏,其品牌的知名度和美誉度扬名天下,就连远在益州的张松和法正,都对刘备心向往之。这样的刘备,懂得系统化的品牌营销,虽然眼前尚不足惧,但如果现在不能为自己所用,将来一定会成为自己强大的对手。曹操也正是看中了刘备集团完全不同于自己的系统化的品牌营销手段,才认定了刘备是个可以与自己比肩的"英雄",才努力让刘备这样的"英雄""入吾彀中"。

当然,曹操看中"英雄"刘备的,还有很多方面,比如,无论是顺境还是逆境,刘备从来没有放弃过对理想的追求,尤其是在逆境中的忍辱负重、能屈能伸;无论是顺境还是逆境,刘备都能够将他人的优势发挥到最大限度,将人才的价值发挥到最大化。而上述这些,不仅仅是作为"英雄"的所必不可少的杰出素养,同样也是作为"英雄"的曹操乃至天下所有想成为"英雄"的人不可或缺的杰出素养。

由此可以看到,在一个多元化的社会里,作为一个优秀的领导者,只有发掘出每一个人身上的闪光点,才能使整个团队创造出的价值更大化。一千八百多年前的曹操如此,当今世界的我们亦是如此。

回到前面的话题:如果刘备集团当真如曹操所愿,加入了曹操的"统一战线"中来,曹操会委以刘备集团什么样的重任呢?

当时的形势是这样的:以官渡(今河南省中牟县)一线为中心战场,西至关中、东到兖州的袁、曹对决已经全面展开,坐镇官渡最前线的是曹操本人,坐镇关中(今陕西省西安市)的是以侍中身份领司隶校尉、持节督关中诸军的钟繇(151—230),坐镇兖州(今山东省巨野县)的则是以尚书身份领济阴太守、东中郎将、都督兖州事的程昱。其中,曹操拨给坐镇兖州的程昱的部队只有700人。如果实力强大、人马众多的袁绍再分出一部分兵力，从东面的青州（今山东省淄博市临淄区）同时南攻兖州，程昱是无论如何也守不住的。如若真到了那时，坐镇官渡最前线的曹操肯定会陷入两面同时作战的地步。虽然最终袁绍没有这么做，但曹操不能不防着袁绍会有这么一手。而此时的刘备，在曹操的帮助下，"至沛收散卒"，势力有所恢复，手下应该在千余人至数千人之间。

所以，如果刘备集团当真如曹操所愿，加入了曹操的"统一战线"中来，最有可能的便是，曹操会将刘备集团的千余人至数千人派往程昱坐镇的兖州一线。

换句话说，在袁、曹对决已经全面展开的大背景下，完全没有必胜把握的曹操，还是真心实意地希望并努力争取刘备集团加入曹操的"统一战线"中来，以便在袁、曹的终极对决中，促使刘备集团成为自己一方在战场上的"炮灰"。

3. "煮酒论英雄"并非"鸿门宴"

话说曹操为了留住刘备，精心准备了"煮酒论英雄"的酒局。

留住刘备集团，为自己所用，曹操是认真的。这场酒局，完全可以与四百多年前项羽为刘邦精心准备的"鸿门宴"相媲美。四百多年前的"鸿门宴"，项羽放过了刘邦，随后经过历时四年的楚汉战争，项羽兵败自杀，最终成就了刘备四百年的大汉基业。四百多年后的"煮酒论英雄"，曹操能够汲取项羽"鸿门宴"的教训，把控刘备的未来吗？

在曹操看来，汲取项羽"鸿门宴"的教训、把控刘备的未来，应该不是什么难事。至于这背后的因素，主要有以下几个方面。

第一，曹操本人的身份。无论如何，自从公元196年汉献帝落入曹操手中，曹操成功地成了由普通的地方诸侯到"挟天子以令诸侯"总揽朝政的大汉丞相。任何人要想推翻曹操，都只能打着"清君侧"的旗号。而要想打着

"清君侧"的旗号，那就只能想方设法得到汉献帝刘协的诏令。而要想背着曹操拿到汉献帝刘协的诏令，不是不可能，但的确很难。正如俗话所说的那样，"若要人不知，除非己莫为"，虽然董承从汉献帝刘协那里拿到了"衣带诏"的诏令，而且也安全地把"衣带诏"的秘密告知了刘备，但在完全不知"衣带诏"内情的曹操面前，做贼心虚的刘备还是兵不厌诈，一场"煮酒论英雄"的酒局之后，已成惊弓之鸟的刘备便仓皇地夹着尾巴逃跑了。在曹操看来，刘备如此雄心、如此抱负，将来还能干得成什么大事呢？刘备如此，其他的人还能比刘备高出多少呢？

第二，刘备集团的现状。自公元184年刘备起兵参与镇压黄巾起义以来，到"煮酒论英雄"一事发生的公元199年，虽说刘备集团从无到有、从小到大，直至担任了徐州牧之后成为雄震一方的地方诸侯，似乎已经做到了笑傲江湖、胜利在望。不承想，吕布出兵之后，三下五除二，刘备集团就成了丧家之犬，被迫投靠了曹操。无论如何，此时此刻的曹操，不单是刘备本人，而且是整个刘备集团的恩人。此时的刘备如若真的反水背叛了自己，这在一直以儒家伦理治国理政的两汉时代，无疑是恩将仇报。如若刘备真的给天下人以"恩将仇报"的形象，日后的世界，绝不会再有刘备集团的立足之地。

对于刚刚因新败于吕布而被迫投靠曹操的刘备的所作所为（《三国演义》中的"玄德也防曹操谋害，就下处后园种菜，亲自浇灌，以为韬晦之计"），曹操实在是颇为有些不理解：此时此刻的刘备，到底是真的就此心灰意冷了，还是一种韬光养晦之计呢？如若是一种韬光养晦之计的话，刘备的最终诉求又是什么呢？目前的刘备和刘备集团，自己是完全能够把握得住的，但韬光养晦之后的刘备和刘备集团，自己还能把握得住吗？对于杰出的政治家、军事家、文学家曹操来说，他不能不考虑。

也正是因为如此，才有了曹操与刘备的这场"煮酒论英雄"的酒局。当然，对于曹操为刘备精心设计的这场"煮酒论英雄"的酒局来说，除了想力争刘备和刘备集团为我所用的目的之外，曹操的目的，还在于：在展示自己强大的实力的前提下，在洞穿刘备的内心世界的同时，警告刘备不要与自己为敌。

在曹操看来，只要你刘备不主动挑事，不帮别人谋害我，即使你刘备有所保留，我曹操也是无所谓的。此时的曹操对待刘备如此，日后的曹操对待徐庶也是如此。

你刘备在我曹操这里种菜浇园，我可以忍耐、承受，甚至是欣赏、赞美，只要你不站在我的对立面对付我，我就无所谓。从这个角度来说，如果你刘备是个能为我曹操所用的"英雄"，更好；如果你刘备是个没有害我曹操之心的"看客"，也无所谓。

曹操为刘备精心设计的这场"煮酒论英雄"的酒局，也充分证明曹操的确是汲取了项羽"鸿门宴"的教训。但问题在于：曹操为刘备精心设计的这场"煮酒论英雄"的酒局，却让刘备非常不舒服。这是为什么呢？原因很简单：刘备的内心有鬼。刘备内心的这个"鬼"，便是"衣带诏"。

4."衣带诏"：刘备心中的"鬼"

据《后汉书·献帝本纪》记载："五年春正月，车骑将军董承、偏将军王服、越骑校尉种辑受密诏诛曹操。"又据《三国志·先主传》记载："献帝舅车骑将军董承辞受帝衣带中密诏，当诛曹公。先主未发。"另据《三国志·武帝纪》记载："（建安四年）十二月，公军官渡。袁术自败于陈，稍困，袁谭自青州遣迎之。术欲从下邳北过，公遣刘备、朱灵要之。会术病死。程昱、郭嘉闻公遣备，言于公曰：'刘备不可纵。'公悔，追之不及。备之未东也，阴与董承等谋反，至下邳，遂杀徐州刺史车胄，举兵屯沛。遣刘岱、王忠击之，不克。五年春正月，董承等谋泄，皆伏诛。"

董承，冀州河间人（今河北省献县），汉灵帝刘宏母亲董太后的侄子，汉献帝刘协嫔妃董贵人之父，初为董卓女婿牛辅的家将。

董卓死后，汉献帝刘协落到了李傕、郭汜的手里。后来，汉献帝刘协遣使向李傕提出东归旧京洛阳的要求，艰难得到李傕的允许。汉献帝刘协在原李傕部将杨奉、牛辅的家将董承等人护卫下，摆脱了李傕、郭汜的控制，辗转回到洛阳。时任兖州牧曹操在荀彧（163—212）的劝告下派兵迎接汉献帝刘协，不久又在董承的密召下亲自带兵去洛阳，汉献帝刘协拜曹操为司隶校尉、录尚书事，并随曹操迁都许县，升曹操为司空，行车骑将军事。

自汉献帝刘协定都许县之后，朝廷实际为曹操掌控。公元199年春，董承升任车骑将军，并得以开府后，董承声称自己领受汉献帝刘协藏在衣袋中的密诏，联合刘备诛杀曹操，但刘备并无行动。董承又拉拢偏将军王子服道："郭汜曾以几百兵力击败李傕数万人，所以就看你与我是否同心了！昔日吕不韦依靠子楚之后得以富贵，如今你我也是这个情况。"王子服连忙推辞："我惊恐而不敢当，且兵力不足。"董承回应说："若成功杀死曹操，就能得到他现成的兵力，还怕不够吗？"王子服又问："在京师有办事的人吗？"董承答道："长水校尉种辑、议郎吴硕都是我的心腹。"双方于是定下密谋。

汉献帝刘协在洛阳时期，也就是个十四五岁的少年，之后就被曹操接到许都。"衣带诏事件"密谋之时，汉献帝刘协也就是个十八九岁的青年。董承无非是希望通过女儿，巩固自己与汉献帝刘协的联系。汉献帝刘协也希望通过董贵妃，在董承那里找到一些安慰。当时的汉献帝刘协除了有汉朝皇帝这块招牌，毫无实权。在官员中其实也没什么实际影响力。董承所能招募的，全是一些被掌权的曹操所排挤的边缘人物。

当然，如若志大才疏的董承果真能够成功刺杀曹操，那天下必将大乱，汉献帝刘协也必然会更加倒霉。要知道，在曹操的掌控之下，汉献帝刘协的日子还能过得安稳一些。如果在董承的掌控之下，汉献帝刘协的日子肯定会糟糕很多，至少，东奔西跑、东躲西藏，那肯定是少不了的。无论如何，与曹操相比，董承的情商、智商，都要差上许多。

而汉献帝刘协不但真的相信了董承，还用鲜血写出诏书缝在衣带里——这就是"衣带诏"一词的由来，秘密传给了国舅董承。董承则对外宣称接受了汉献帝刘协衣带中的密诏，和种辑、吴硕、王子服、吴子兰、刘备等人谋杀曹操——这就把刘备给牵连了。好巧不巧的是，恰在此时，曹操为刘备精心设计了这场旨在敲山震虎的酒局。

此刻曹操宴请刘备，说明此时的曹操，即使尚不知道"衣带诏"的详情，也一定是听到了什么风声。而这，便是杰出的政治家与头脑简单四肢发达的赳赳武夫之间的重大区别。所以，"煮酒论英雄"是曹操为刘备精心设计的一场酒局。

正是因为刘备的内心深处，装着"衣带诏"的阴谋，所以，此时的曹操宴请刘备，无论曹操的主观意愿如何，对于刘备来讲，打草惊蛇，已经是肯定了的。这便是刘备与曹操"煮酒论英雄"的过程中，没完没了地"顾左右而言他"的原因。也就是说，"心不在焉"这个成语恰如其分地反映了刘备此时的心情。于是乎，本来应该是一场平平常常的酒局，就变得非常惊心动魄了。"煮酒论英雄"，也由此成为中国历史上最为著名的酒局之一。

也因为刘备的内心有"鬼"，所以对于刘备来说，曹操的这次宴请，酒无好酒，菜无好菜。如若刘备能为曹操所用，那么，曹操给刘备喝的，便是敬酒；如若刘备不能为曹操所用，甚至是站到了曹操的对立面，那么，曹操给刘备喝的，便是罚酒——至于惩罚的力度如何，那得看刘备的具体抉择如何：如若刘备只是想自立门户，并不敢与曹操直接对立，那么，曹操与刘备双方此前的情谊，也只是结束而已，二人将来，大路朝天，各走一边；如若刘备真想站到曹操的对立面，与曹操真刀真枪地厮杀，那么，曹操与刘备的再次相逢，便是在你死我活的战场上。

那在曹操为刘备精心设计的这场"煮酒论英雄"的酒局中，被曹操称为

"英雄"的刘备，表现得到底如何呢？

《三国演义》在设计这段情节的时候，当曹操发问，"玄德久历四方，必知当世英雄。请试指言之"之后，刘备在推辞不过的前提下，先后说到了袁术、袁绍、刘表、孙策、刘璋、张绣、张鲁和韩遂等人。这些人出现的先后顺序，则是先中原，后江东，再西川、西凉、汉中等微偏远地区。

刘备最先说到的那几个诸侯，的确都是有野心的，某种程度上说，也的确算得上一时的"英雄"；可当这些人全被曹操否定了之后，刘备便开始"矬子里拔将军"，把地处偏远的那几个诸侯，也当作"英雄"来假意称赞起来。

虽然刘备口中的这些诸侯，并不是曹操心目中的英雄——当然也并不是刘备心目中的英雄，但他们被灭亡的先后顺序，还大体上是按照刘备叙述的先后顺序的。某种程度上说，这也算是一种"提纲挈领"吧。

当然，此时最受关注的，自然应该是"煮酒论英雄"的两位主角——曹操和刘备二人的内心活动和外在表现：刘备小心翼翼、如履薄冰；曹操狡诈猜忌、藐视群雄。再仔细回味一下前一回中吕布临死之前与曹操、刘备的那段对话，便可以知道，此时此刻的曹操，不但仍然没有放弃对刘备的怀疑，反而这种怀疑的程度越来越深。刘备当然也知道这一点，曹操在酒局中的敲打，刘备当然感觉到了。

在刘备看来，曹操主动提出"今天下英雄，唯使君与操耳"，这不但是曹操对刘备能力的承认，同时刘备也自然而然地会认为，曹操或许已经知道了"衣带诏"之事并且有所防备，而曹操口中的"今天下英雄，惟使君与操耳"，便是曹操对自己的试探，也是曹操对自己防备的集中体现。当然，曹操主动提出"今天下英雄，唯使君与操耳"，也让刘备知道了曹操的终极野心之所在。

所以，"煮酒论英雄"之后，刘备找个机会择路而逃便是必然了。

5.彻底决裂："煮酒论英雄"的结局

此时恰逢众叛亲离、走投无路的袁术正要从下邳北上投靠袁绍，曹操便令刘备督朱灵、路招出征，前往下邳截击袁术。得到曹操这一指令，刘备连夜率部启程东行，程昱与郭嘉（170—217）向曹操说道："明公前日不除掉刘备，如今更向他借兵，他必定会有异心的。"曹操后悔，马上派人去追刘备，但已追不上。适逢袁术无法通过下邳，很快就病死了。

刘备到了下邳，先命朱灵等人返回，又杀死徐州刺史车胄，举兵背叛曹操。刘备又留关羽守下邳，自己则回到小沛。当时身在东海郡（郡治所在今山东省郯城县）的泰山群寇之一昌豨也起兵反曹操，徐州众多郡县也响应刘备，刘备的军队达到数万人，又派孙乾北上联合袁绍，袁绍派遣骑兵佐助刘备。曹操令刘岱、王忠率军攻击刘备，但不能取胜。刘备对刘岱等人说："让你们前来，奈何不了我，若曹公亲自来，结果尚未可知。"

公元200年2月11日（农历正月初九），"衣带诏"事发，董承、种辑、吴子兰、王子服等人皆为曹操所杀。董承的女儿董贵人当时怀孕，汉献帝刘协多次向曹操求情，仍不能保全董贵人性命。

随后，曹操亲自东征刘备，刘备战败，夏侯博、关羽被擒。刘备逃往青州，曾被刘备举荐为茂才的青州刺史袁谭率领军队迎接刘备。刘备随袁谭到平原，派人告诉袁绍，袁绍离开邺城二百里来迎接刘备，停留了一个多月，刘备被打散的士卒也慢慢地集结于此。

汝南黄巾军首领刘辟等人也选择在此时背叛曹操，响应袁绍。袁绍使刘备领兵前往汝南郡瀙强（汝南郡瀙强县，以瀙水得名。大瀙水在河南省漯河市郾城区，小瀙水在河南省漯河市临颍县西南）诸县，与刘辟寇略许都以南，诸县举众响应刘备，关羽得知后从曹操处亡归至刘备处助之。曹操派遣曹仁（168—223）攻击刘备，刘备败走，回到袁绍处。

此时的刘备打算离开袁绍，便以联结刘表为由，再次带兵到汝南。汝南贼寇龚都等人起兵响应刘备，众有数千人。曹操遣蔡阳率兵攻打龚都，蔡阳作战不利，被龚都击破，后为刘备所杀。

公元201年，曹操亲自讨伐刘备，龚都等汝南贼寇皆散去。往投荆州的刘备先遣麋竺、孙乾去拜见刘表（142—208）。刘表亲自到郊外迎接刘备，待以上宾之礼，遂屯于新野（今河南省新野县）。

纵观杰出的政治家、军事家、文学家曹操为刘备精心设计的这场"煮酒论英雄"的酒局，曹操的奸诈，刘备的隐忍，以及二者表面相似但内心极为不同的英雄气概，跃然纸上。双方一阳一阴，一刚一柔，曹操之雄如苍鹰在天，奋击万里；刘备之雄如水中磐石，坚韧不拔。正所谓，文武之道，一张一弛。人既在局中，也在局外，喝的是酒，考验的却是智慧和胆识。通过这场酒局，曹操坚定了自己的判断，决定除之而后快；刘备巧妙出局，顿感生命之无常，决意趁早溜之大吉。

十、枭雄刘表的兴亡

公元201年，曹操亲自讨伐刘备，刘备往投荆州牧刘表。荆州牧刘表亲自到郊外迎接刘备，待以上宾之礼，刘备遂屯于新野。此时的刘备，为什么会选择投奔荆州牧刘表呢？荆州牧刘表又为什么要亲自到郊外迎接刘备，并待以上宾之礼呢？

刘备投奔荆州牧刘表的原因很简单：那时的刘表，占据着富庶的荆州，人才济济，兵精粮足，不比袁氏兄弟弱，可以说是当时最有资本的军阀之一。刘表拥兵10余万，手下文有刘巴、蒯良、蒯越，武有黄忠、甘宁、魏延和文聘，蔡瑁和张允的水军更是独步天下，其境内在野人才更是数不清，司马徽、诸葛亮、庞统、徐庶、马良（187—222）、马谡（190—228）等都是一等一的人才。

这里，还需要说明的一点是，除了历史上没有记载出生年月的董卓、张角、刘焉、吕布等人，出生于公元142年的刘表，比公元155年出生的曹操和孙坚，公元161年出生的刘备都大了很多。可奇怪的是，《三国志》上关于刘表事迹的记载却是从公元189年汉灵帝刘宏去世开始的，那一年刘表47岁了。

那47岁之前的刘表在干什么呢？荆州又是怎么到了他的手里的呢？刘表有兵马、有地盘、有实力，为何没有争霸天下，而是最终成为刘备创业路上的第五个贵人呢？荆州牧刘表"以上宾之礼待之"，真的是发自真心的吗？

1.47岁之前的刘表在干什么呢？

刘表，字景升，和刘备一样是汉室宗亲。巧合的是，他们都是从汉景帝刘启这一支分出来的。刘备自称是汉景帝刘启之子中山靖王刘胜之后，因为刘胜受封的中山国在今天的河北，所以他这一支的后人，就都生活在河北了，刘备是涿郡人；刘表则是汉景帝刘启的另外一个儿子，鲁恭王刘馀之后，因为刘馀受封鲁国，所以这一支的后人，就生活在了山东，刘表是山阳郡高平县（今山东省微山县）人，诸葛亮是琅邪郡人，今也属山东省，因此诸葛亮和刘表算是同乡，所以当初诸葛亮的叔叔带着年幼的诸葛兄弟千里迢迢到荆州去投奔刘表。

刘表生于公元142年，《三国志》说他"身长八尺余，姿貌温伟"，可谓一表人才。刘表的父亲和祖父的情况，史书上没有介绍，只说他"少知名，号八俊"。关于与刘表有关的"八俊"，有以下三个版本。

张璠《汉纪》曰："表与同郡人张隐、薛郁、王访、宣靖、公褚恭（公绪恭）、刘祗、田林为'八交'，或谓之'八顾'。"

《汉末名士录》云："表与汝南陈翔字仲麟、范滂字孟博、鲁国孔昱字世元、勃海苑康字仲真、山阳檀敷字文友、张俭字元节、南阳岑晊字公孝为'八友'。"

《后汉书·党锢列传》记载："张俭、岑晊、刘表、陈翔、孔昱、苑康、檀敷、翟超为'八及'。"

不管哪个版本，刘表都是其中之一。

东汉末年，十分流行对人物的品评。一个人要成为一个人物，要出人头地，要进入上流社会，必须有著名人物给他一个评价，这样才能得到社会的承认。曹操也曾经准备隐居读书二十年，换一个"名士"的头衔出来做官。刘表很年轻的时候，就得到了一个"八俊"的评价，且为汉室宗亲，按说通过察举制度去做官不是难事。可为什么直到47岁的时候，刘表才出来做官呢？秘密就藏在这后两个版本的"八友"和"八及"里了。

公元1898年戊戌变法失败之后，谭嗣同（1865—1898）临死之前曾经口占绝命诗曰："望门投止思张俭，忍死须臾待杜根。我自横刀向天笑，去留肝胆两昆仑。"诗中的两昆仑，是指潜逃出京的康有为（1858—1927）和留在北京的浏阳侠客大刀王五（1844—1900）。诗中的杜根，指的是东汉中期一位官员。而诗中的张俭就是后两个版本里与刘表同为"八友"和"八及"之一的张俭了。

《后汉书·刘表传》记载："表身长八尺余，姿貌温伟。与同郡张俭等俱被讪议，号为八顾，诏书捕案党人，表亡走得免。党禁解，辟大将军何进掾。"这里的党禁又是什么意思呢？

前面曾介绍过，东汉中后期，因为皇帝大多是幼年登基，所以政权往往落于母后之手，而母后又多依赖于外戚，导致权力转移。当皇帝略长大，想收回权力之时，生长于深宫内院的他们往往首选依靠宦官，成功之后宦官便得势当权。所以外戚、宦官交替专权的现象在东汉时常出现。而当宦官的多是生活所迫，缺乏真才实干，所以那时，政治往往比较昏暗。

公元166年，汉桓帝刘志（132—168年在世，146—168年在位）在位。以李膺处死宦官张成的儿子为导火索，挑起了第一次大冲突。李膺先是被诬告为"养太学游士，交结诸郡生徒，更相驱驰，共为部党，诽讪朝廷，疑乱风俗"，然后被下狱。之后，宦官们借机打击自身仇恨的集团，排除其他势力，在全国范围内肆意抓捕和李膺有关的所谓"党人"，下狱二百余人，多为嫁祸。虽然皇帝最终赦免了这些"党人"，但还是将他们终生禁锢乡里，不得为官。此为第一次党锢之争。

两年之后，汉灵帝刘宏在位，爆发了第二次党锢之争。导火索是张俭看不惯宦官侯览的所作所为，上书弹劾，结果反被诬陷为"与同郡二十四人为党"。宦官、党人的矛盾再次被挑起，昏庸的汉灵帝竟重申党禁，命令抓捕一切与党人有关的人，凡是党人门生、故吏、父子兄弟和亲属，皆免官禁锢。宦官们借机打击异己，大肆报复，导致全国官员被处死、流放、关禁者达到六七百人，被陷害的太学生数以千计。

公元176年，爆发了第三次党锢之争。导火索是永昌太守曹鸾上书为"党人"鸣冤，要求解除禁锢，汉灵帝刘宏不但没有听从，反而收捕并处死曹鸾。接着，汉灵帝刘宏又下诏书，凡是党人门生、故吏、父子、兄弟中任官的，一律罢免，禁锢终身，并牵连五族。党锢的范围扩大，波及更多的无辜者。

如此数量的党人和党人家属均遭牵连而不能为官，这将是一个什么样的国家？如此数量的官员被革掉，社会又将怎么正常运行？直至公元184年的黄巾起义爆发，汉灵帝刘宏害怕这些被禁锢在乡里的党人和起义军合谋，这才宣布解除党锢。

三次党锢之争期间（165—184），刘表23—42岁，正值其人生的黄金年龄，但却因"与同郡张俭等俱被讪议"，而"诏书捕案党人，表亡走得免"。逃开牢狱之灾已不错，刘表何谈做官呢？

2.荆州是怎么到了刘表手里的呢？

公元184年，黄巾起义爆发，汉灵帝刘宏解除党锢。42岁的刘表被辟为大将军何进掾、北军中候（掌监北军五营，秩六百石。五营指屯骑、越骑、步兵、长水、射声五校尉所统宿卫兵）。之后，何进被杀，董卓专权，关东联军讨伐董卓。此时的刘表只是一个看客。直到公元190年荆州刺史王叡为孙坚所杀，刘表被董卓派去补职。

据《后汉书·郡国志》记载，荆州原本有七个郡，其中江北三郡：南阳（今河南省南阳市）、南郡（今湖北省荆州市）、江夏（今湖北省武汉市新洲区），江南四郡：武陵（今湖南省常德市，公元191年刘表徙今湖北省襄阳市）、长沙（今湖南省长沙市）、零陵（今湖南省永州市零陵区）、桂阳（今湖南省郴州市）。所谓荆州八郡是因为从南阳分出了章陵郡（今湖北省枣阳市）——东汉开国皇帝刘秀的家乡。

刘表上任荆州之时，这里很乱：江南宗贼盛，袁术屯鲁阳，尽有南阳之众。吴人苏代领长沙太守，贝羽为华容长，各阻兵作乱。刘表单枪匹马而来。而且，现在的朝廷软弱无力，对于地方的制约已经很小，一张朝廷的任命书是无法让大家臣服的。地方豪强和四野山贼，都是刘表上任后的阻力。荆州刺史刘表又能怎么办呢？

刘表拿着朝廷的委任文书，单枪匹马来到荆州宜城，请荆襄一带的豪强大族蔡家和蒯家派代表来商议。当时的刘表一人前来，手里既没有兵也没有粮，但是他有关系，他既是儒学大家的弟子，又是汉室宗亲，还有所谓名士光环。作为当地军事和经济实力都非常强大的代表性地方豪强，蔡家派出的是蔡瑁，蒯家派出的是蒯良和蒯越。

这三位都是未来刘表荆州政权的骨干。不过这个时候，这三个人也比荆州的其他人跟刘表更近乎——蔡瑁的姑父是东汉太尉张温，蔡瑁年少时跟曹操玩得很好，也就是说，蔡瑁这一家子都是比较亲近文人士大夫的。而蒯越则在大将军何进手下当过差，跟刘表曾经是同僚，而且刘表当年发表舆论斩宦官，蒯越在何进手下时也曾建议何进对十常侍斩尽杀绝，因此刘表和蒯越的政治主张也是接近的。有了这些纽带关系，刘表很快与蔡家和蒯家达成了协议，中年丧妻的刘表甚至娶了蔡瑁的妹妹。荆襄一带的豪强势力们认同了在当时有很高知名度的刘表作为荆州的共主。

然而，当时整个荆州战略形势并不好。刘表要面对的，不仅有虎视眈眈的袁术、孙坚等强兵，还有荆州中部和南部各自为政的地方小豪强和宗贼，等等，可谓外有强敌，内有祸乱。用刘表自己的话说是："宗贼甚盛，而众不附，袁术因之，祸今至矣！吾欲征兵，恐不集，其策安出？"

蒯良首先提出只要当政者能够并行仁义，百姓自然会乐于归附，征兵亦不再是问题。但蒯越不认同蒯良的说法，蒯越建言说："太平盛世的统治者都是重视仁义，乱世的统治者则会重视权谋。士兵亦是贵精不贵多的，重点在于能够得到他们的忠心及支持。袁术为人勇有余而智谋决断不足，苏代、贝羽都是一介武夫，根本不必忧虑；然而，宗贼的首领则大多贪婪残暴，其部下对他们也心存忧虑。我手下有些具备修养及能力的人，只要派遣他们到宗贼首领处加以利诱，宗贼首领们必定率众而来。然后阁下只要把握时机，诛杀那些残暴无道的家贼首领，再安抚收编他们的部众。如此一来，本州的军民和百姓，都会因为阁下的恩德而扶老携弱而至。届时阁下军民归附，如果占据南面的江陵，并且扼守北境的襄阳，那么荆州八郡只要传递檄书就可以平定了。以后，即使袁术等人再拥兵而至，亦无能为力了！"刘表听完后即大加赞赏蒯良的言论是雍季之论，蒯越的计策有如臼犯的谋略一般。

刘表这句话中，提到了两个历史人物：雍季和臼犯。此二人都是春秋时晋文公手下的谋臣。晋楚城濮之战前夕，晋文公曾向二人问计。臼犯主张用诈谋。雍季说，诈谋虽能得逞于一时，但不是取胜的长久之术。后来，晋文公用诈谋取胜，但在行赏时，却把雍季排到臼犯前面。左右不解，晋文公解释说："雍季之言，百世之利也；臼犯之言，一时之务也。焉有以一时之务先百世之利者乎？"从刘表这句话中，可以看出他用诈谋定荆州，而又用仁义治荆州的战略和政略。

刘表与蔡瑁、蒯越等人商议决定，首先清除内部祸乱。为了防止袁术、孙坚等外部势力插手干涉，刘表等人对荆州内部小规模的豪强和宗族势力采取了分而治之的政策，或者用利益来诱使这些人投降，或者依仗荆襄一流豪族出面压迫其投降，更狠的则是摆了一场"鸿门宴"，由蒯越派人诱请大小宗族五十五人赴宴，将其全部斩杀，也就收了他们的部众。荆州的那些郡守县长大小势力，听说刘表如此狠辣，或者自动投附，或者纷纷逃走。刘表随后移治所至襄阳。蒯越因功而被拜为章陵太守，封樊亭侯，蒯良被擢升为主簿。

此时，除去袁术手里的南阳，江北基本已在掌握，而江南则"传檄而定"。当时，关东州郡起兵讨董，而刘表并未加入讨董联军。刘表也上表推荐袁术为南阳太守，以求得荆州暂时稳定。不过，南阳袁术很有野心，随着势力的增大和袁绍产生分歧，变得不和。而此时的刘表，已经有了加入袁绍集团来达到消灭袁术集团进而统一整个荆州的实力，而由于刘表的大本营襄阳在袁术的根据地南阳以南，所以袁绍对刘表能够加入自己的集团特别满意，因为这样一来，袁绍就在当时他认为争夺天下的最大对手袁术的背后插入一柄利剑。

公元191年，袁术派孙坚进攻刘表，刘表派江夏太守黄祖在樊城、邓县一带迎战。孙坚击败黄祖，围困襄阳。刘表派黄祖乘夜偷偷出城，前去调集各郡的援军，黄祖率军想要返回襄阳时，孙坚迎击，黄祖败退，逃入岘山。孙坚乘胜连夜追赶，黄祖的部曲潜伏在竹林树丛之中，用暗箭将孙坚射死。

孙坚死后，刘表断了袁术的粮道，使其无法再盘踞南阳，迫使他往兖豫方向出走，间接促成了后来袁术与曹操的匡亭（今河南省长垣县）之战。此举不但彻底除去袁术觊觎荆州的野心，更借曹操的力量削弱袁术势力，使其更加远离荆州，减少了对荆州的威胁，也巩固了自己在荆州的统治权。

同年，益州牧刘焉造作乘舆车服千余乘。刘表便上言朝廷，称刘焉似乎有子夏（前507—前400）在西河议圣人论的迹象。

公元192年，董卓被杀，其余部李傕、郭汜进据长安。夺得南阳郡、真正掌握了荆州江北三郡的刘表派使者入朝奉贡，李傕派黄门侍郎钟繇拜刘表为镇南将军、荆州牧，封成武侯，允许他设置长史、司马、从事中郎，拥有开府辟召掾属的权力，礼仪如同三公；又派左中郎将祝耽授予他假节，并督交、扬、益三州军事。李傕以此来联结刘表作为自己的外援。

这一时期，刘表在荆州八郡建立了一个相对中原来说比较安全的割据集团。许多士民在当时都逃离中原，而选择前往荆州避难，其中比较著名的有诸葛亮。

公元194年，刘焉病亡，其子刘璋即位。刘表乘此时机，派别驾刘阖策反刘璋部将沈弥、娄发、甘宁，但他们都战败而入荆州。而益州方面，任命赵韪为征东中郎将，驻军巴东郡的朐忍（今重庆市云阳县），以防备刘表。

公元196年，汉献帝刘协东迁洛阳，张杨先派卫将军董承修理皇宫。太仆赵岐来荆州说服刘表帮助董承，刘表派兵前往洛阳，并运输大批军用物资。曹操迎汉献帝刘协迁都许后，刘表虽遣使奉贡，但也与袁绍相结。

3.刘表为什么要让刘备屯驻新野呢？

当时，骠骑将军张济自关中出走南阳，因粮尽而攻打南阳郡的穰城（今河南省邓州市），却中飞矢而死，其侄张绣收兵而退出穰城。荆州官员知道后皆向刘表祝贺。刘表却说："济以穷来，主人无礼，至于交锋，此非牧意，牧受吊，不受贺也。"之后，刘表又派人招诱张济的余部，张济的部众闻讯大喜，都服从刘表。在贾诩的说服下，张绣屯兵宛城与刘表联合，成为刘表在北方的藩属势力，替他抵御曹操。

公元197年，曹操南征，部队到达淯水（发源于河南省南召县，流经南召县、南阳市区、新野县、湖北省襄阳市襄州区，在襄州区与唐河交汇，称唐白河），张绣率众投降。但因曹操纳张济的遗孀，招致张绣怀恨。曹操又准备杀掉张绣，结果计划泄露，张绣袭败曹操。张绣在追击失利后退防穰城，再次与刘表联盟。南阳、章陵两郡很多县又投回张绣，曹操派曹洪应付，但曹洪交战不利，多次被张、刘联军进攻。同年底，曹操亲征，攻下南阳湖阳（今河南省唐河县）、舞阴（今河南省泌阳县）两县，生擒刘表将邓济。

刘表初到荆州没有站稳的时候，对江南几郡只是"传檄而定"。久而久之生了后患。公元198年，长沙太守张羡率零陵、桂阳三郡叛逆刘表，刘表遣兵攻围，连年不下。后张羡病死，长沙人又立其子为主，于是刘表攻下张怿，广开土地，南收零陵、桂阳，北据汉川，坐拥数千里疆域，带甲兵十余万。与此同时，曹操南征张绣，割据宛城的张绣在刘表的援助下两次大败曹操，杀了曹操的儿子、侄子和爱将典韦，到官渡之战前张绣投降曹操，他一直都是刘表的北面屏障。

官渡之战后，刘备率众投奔了坐拥数千里疆域、带甲兵十余万的荆州牧刘表。荆州牧刘表亲自到郊外迎接刘备，"以上宾之礼待之"的同时，还将刘备安置在新野，并给刘备增添了兵马。

荆州牧刘表的目的很明显，就是企图用刘备取代张绣的位置，为他抵抗曹操流尽最后一滴血。

问题在于：此时的刘备又是怎么想的呢？他会上当受骗吗？刘表又是如何以自己的败亡而成为刘备创业路上的第五个贵人的。

先简单回顾一下刘备创业路上的前四个贵人：恩师卢植给了刘备以最初起家的名望；同学公孙瓒给了刘备以最初起家的地盘——平原县；平原相任内，被刘备救下的孔融成为刘备人生中的第三个贵人；徐州牧陶谦让徐州给刘备，刘备由此真正成为割据一方的诸侯。

跟上述这四位贵人相比，荆州牧刘表对刘备的帮助表现在：不但给了到处流亡、无家可归的刘备以暂时的喘息之机，更是为刘备输送了包括诸葛亮在内的大量人才。

再简单了解一下新野的历史。两汉之间有个短暂的王朝——王莽篡汉建立的新朝。据《汉书》记载，王莽（前45—23年在世，9—23年在位）称帝前，曾在封地新野生活了三年。王莽的统治期间，赤地千里，民不聊生，由此导致天下大乱。新朝末年，爆发了绿林、赤眉起义，刘秀趁势而起。公元25年，刘秀称帝，后定都于洛阳，延续"汉"的国号，史称东汉。

这便是新野的历史，这便是新野曾经的辉煌。刘备初次踏入新野之时，一定会想到，当年沦落为布衣的刘姓宗室刘秀以新野为策源地，开启反对王莽"复高祖伟业"的漫漫征程。换句话说，四处漂泊的刘备，一定会在新野找到取之不竭的精神动力，并梦想着以刘秀为榜样，以匡扶汉室为己任，再现当年的大汉雄风。

东汉末年的新野，是刘表所掌控的荆州最北部的一个县，北边便是曹操所掌控的荆州南阳郡的郡治所在地宛城，往南则是荆州的治所襄阳。新野实际是刘表面对曹操的第一道防线。刘表之所以将刘备安置在新野，其目的就是让刘备集团作为"炮灰"，为他抵抗曹操流尽最后一滴血。这就一如想当年的陶谦，之所以让刘备驻扎在小沛，其目的也是构筑抵御西面曹操的第一道防线一样。正所谓世界上没有无缘无故的爱，也没有无缘无故的恨。那此时的刘备又是怎么想的呢？是甘当"炮灰"，成为刘表开疆拓土的牺牲品，还是以新野为根据地和大本营征战四方，以刘秀为榜样，以匡扶汉室为己任，再现当年的大汉雄风？

让人没有想到的是，在新野驻扎的八年里，刘备似乎什么也没干，势力也毫无发展。史书上对刘备在这八年里的所作所为记载得少之又少：公元201年，刘备在新野筑了周长一公里的"子城"。第二年，趁曹操北上攻击袁尚之机，刘表派刘备领军出击曹操的大后方许昌。曹操急调大将夏侯惇反击刘备，刘备在博望坡（今河南省方城县）伏击曹军得手。但因后援不足，得胜之后的刘备就退兵了。

此后，曹操忙于平定北方，荆州和平了数年，刘备也再无动静。直到公元207年，先是刘备的妻子甘夫人在子城内生下了后主刘禅（207—271）；随后在曹操北征乌桓时，刘备又向刘表建议，乘机袭击许县，不过没有被刘表采纳。那刘备怎么会心甘情愿地在一个小县城一住就是八年，而且势力毫无发展呢？难道此时的刘备集团真的就此彻底消沉下去了吗？

当然不会如此。刘备在这段时间之所以没有什么发展，关键是因为他错误地把战略目标只对准曹操，没有占实地的思维，没想明白谁才是刘备应该下手的对象。在新野的这八年时间里，刘备的思维还是比较正统的，有维护大汉天祚之意的。刘备总把自己的敌人认为是曹操（汉贼），刘表、刘璋都是汉室宗亲，是不能碰的，白白耽误了大好时光。

刘表死后，刘备撤退路过襄阳，诸葛亮劝说刘备攻打刘琮，荆州就可以拿下了。可刘备的回答是，"吾不忍也"。当时，刘备在新野，最好的选择有两条。一是发动政变，夺刘表的权；二是献计刘表，让刘表派自己带兵主动进攻益州。可惜刘备以正统自居，作茧自缚。直到诸葛亮出山，作了"隆中对"，刘备才明白，自己真正应该下手的是"软柿子"荆州和益州，而不是曹操这个"铜豌豆"。

好在，此后的刘备通过坚持不懈的努力，赤壁之战后，先后拿下荆州、益州，建立了蜀汉政权。历史总是这样的巧合，西汉刘邦始置新野县，他可能没有想到，在这个小小的县城走出了影响大汉王朝历史发展的三个人物：西汉王朝的终结者——王莽，东汉王朝的开创者——刘秀，蜀汉的开辟者——刘备。反观收留了刘备的荆州牧刘表，却从最初单枪匹马平定荆州的辉煌渐而湮没无闻，终被历史淘汰。

这一切都是怎么发生的呢？让我们回顾一下荆州牧刘表所犯过的那些错误。

4.刘表在荆州犯了哪些错误呢?

刘表并非庸庸无能之辈,前面提及的刘表在荆州立足并治理荆州的过程,就足以说明这一点。能杀死孙坚,逼走袁术,开疆拓土,治理有术的一方豪杰,怎么可能是怯懦昏庸,面对乱世,惮于用兵,不思进取之人呢?

刘表经营下的荆州,"据地数千里,带甲十余万""万里肃清,群民悦服"。相对纷乱的中原来说,是一个比较安全的所在。由于荆州的政治较为清平,所以引得一大批学者源源不断地从关西、兖州、豫州等地来投靠,光这些学者就有上千人之多。这当中就有诸葛亮,所谓"躬耕于南阳"。而刘表对他们都能加以安抚赈赡,学者们能受到资助,亦能得到保护,因此都能醉心于学术。刘表还设立学官,博求儒士,又命綦毋阊、宋忠等学者撰写《五经章句》,并称之为《后定》。这时的斯文之盛正如《荆州文学记官志》所记载的那样,"乃命五业从事宋衷新作文学,延朋徒焉……五载之间,道化大行。耆德故老綦毋阊等,背书荷器,自远而至者,三百有余人"。

公元207年,曹操远征乌桓时,刘备曾劝说刘表起兵后袭许都,但遭到刘表拒绝。及至曹操远征乌桓得胜归来,开始向南方发展,荆州成为曹操的第一个进攻目标时,刘表才对刘备说:"不用君言,故失此大会也。"刘备只得说:"今天下分裂,日寻干戈,事会之来,岂有终极乎?若能应之于后者,则此未足为恨也。"

当然,在诸侯争战中刘表始终持中立态度,同时刘表也不再向中央政府交纳税收。刘表的自守态度也使得荆州地区避免了许多战火,为当地经济和文化的发展提供了条件。虽然说刘表的上述所作所为,其实都是利国利民、功在千秋的好事,但在当时的环境下,却有些不合时宜。能够在虎狼环伺的群雄时代立得住脚才是当务之急。

公元207年,曹操在稳定了中原的局势后,开始向南方发展,荆州成为他的第一个进攻目标。

刘表在晚年时，未能妥善处理后嗣的事宜。刘表的两个儿子刘琦、刘琮都牵涉到嗣子之争的问题上。

最初，刘表因为长子刘琦与自己的相貌长得相似，而十分喜爱他。但后来刘琮娶了刘表继室蔡夫人的侄女，蔡氏就爱屋及乌，喜爱刘琮而讨厌刘琦。于是蔡氏经常在刘表面前诋毁刘琦，刘表因为宠信蔡氏，逐渐信以为真。另外，蔡氏之弟蔡瑁及刘表外甥张允亦得刘表信重，又与刘琮相善，忌惮刘琦年长，欲图诋毁他。刘琮如果做了好事，事情再小也会被传出去；刘琮如果犯了错，过错再大也会被掩盖。蔡夫人称美于内，蔡瑁、张允颂德于外，刘琮也因此受到了刘表的宠爱。刘表和蔡夫人打算将刘琮立为继承人，而蔡瑁、张允则为其党羽。刘琦遭到疏远，最终依从诸葛亮的建议，暗寻脱身之策，在江夏太守黄祖被孙权杀死后请求接替其职。之后，蔡瑁、张允仍然暗中探察刘琦的过失，随而诋毁刘琦，刘琦的表现无显而不掩，过失无微而不露。于是刘表日发愤怒，多次写信责备刘琦，而刘琮的位置也稳固了。

后来刘表病重，刘琦还归襄阳探望。由于刘琦素来慈孝，张允等人怕刘表与刘琦二人相见而亲情相感，会把身后大事托付给刘琦，于是不许刘琦入内探望，并说："主公命你镇守江夏，是个非常重任。如今你留下众兵将于江夏而擅来襄阳，主公知道后必定会加以怒责。此举有伤亲情，最终只会使他的病情恶化，这实在不是孝敬之道啊。"刘琦被拒诸门外，不能与刘表相见，只得流涕而去。

公元208年秋，曹操南征刘表。刘表背疽发作去世。蔡瑁等人废长立幼，奉刘琮为主。不久后，刘琮举州投降曹操，荆州遂失。

刘表以自己的败亡成为刘备创业路上的第五个贵人。究其背后的深层原因，是刘表犯下了致命的政治性、战略性的错误。

一方面，刘表未能理顺与汉献帝的关系。东汉末年，虽说天下大乱，各方争雄，但毕竟还有一个名义上的皇帝，那就是汉献帝刘协。奉皇帝为天下正统，虽说只具有象征意义，但士人百姓还是认可这种观念的。当曹操"挟天子以令诸侯"之时，当刘备祭出了"匡扶汉室"的大旗之时，刘表既没有自己的口号与纲领，更没有把汉献帝刘协东归当作一件大事来对待。刘表虽然在表面上向汉献帝刘协进贡称臣，但同时又和袁绍互通款曲，后来又明确表示不再向中央政府交纳税收。不仅如此，范晔《后汉书·孔融传》和裴松之《三国志注》都曾经记载，荆州牧刘表"郊祀天地，拟斥乘舆，诏书班下其事"。刘表就这样失去了自身最大的一个优势，放弃了与汉室的联系。这是一个致命的政治性的错误。

另一方面，刘表未能看清天下大势。拥兵自重的刘表，做出的任何选择，都足以影响今后历史的走向。当袁绍与曹操的矛盾一触即发之际，双方都在争取刘表。袁绍专门派出使者，请求刘表和自己一起参战，而刘表表面应允，实际上并未出兵帮助袁绍。而面对许昌方面的笼络，刘表也是无动于衷，表示自己谁都不帮。在刘表看来，坐山观虎斗才是最佳方案。但问题在于，刘表的这次抉择，是一个致命的战略性的错误。

刘表的失误在于：虽然汉献帝刘协只是个傀儡，但傀儡皇帝也是正统的皇帝，袁绍打许昌，就是逆臣，刘表作为名义上的汉臣，面对此种情况无所作为，有失人心。无论如何，曹操都是汉献帝手下的丞相。正是因为如此，当刘表作出这个决策时，其手下的谋士大多持反对态度，甚至裴潜等人还因此挂冠而去。

裴氏为河东大姓，裴潜的先祖裴遵于随光武帝刘秀平定陇、蜀，居于河东安邑（今山西省夏县），后代迁于闻喜（今山西省闻喜县）。其父裴茂在汉灵帝刘宏时历任郡守、尚书，亦被封侯。汉末，中原丧乱，而荆州却比较安宁，许多中原士人为躲避战争，游集于此，以观时变。青年时期的裴潜，也随中原士人一起避乱于荆州，经常同在那里的王粲、司马芝等人谈论学问，议论政事，很受荆州刺史刘表的器重和优待。然而，裴潜对刘表的政治才干却颇不以为然。他认为刘表虽据荆州有利之地，并常以周文王自许，准备收拾天下残局，继承汉统，但他优柔寡断，不具王霸之才。因此，他很快离开荆州，远适长沙。赤壁之战前，刘琮举荆州全境降曹，避乱此地的中原士人多被曹操录用。裴潜也归了曹营，被任命为参丞相军事，后出京历任三县县令，又回京任仓曹属。

更为重要的是，刘表此举也受到了曹操集团的强烈嘲讽。在曹操看来，"我攻吕布，表不为寇，官渡之役，不救袁绍，此自守之贼也，宜为后图"。在郭嘉看来，"表，坐谈客耳"。在贾诩看来，"表，平世三公才也；不见事变，多疑无决，无能为也"。在官渡大战之前，坐视不为的刘表，既不联曹，又不助袁，不但白白放弃了一次绝好的分享天下的时机，更为重要的是，刘表这种看似两方都不得罪的策略，实质上是得罪了双方，不管哪一方打赢，都将把刘表视为仇敌。刘表就这样使自己陷入了万劫不复的深渊。最终的结果，必然是曹操在从容地逐个击破群雄之后，立即掉转头来，南下直接面对荆州。刘表病逝后，刘琮面对南征的曹操，举州纳降，荆州就此覆灭。

可刘表为什么会犯下如此致命的政治性、战略性的错误呢？

刘表的青壮年时期基本上被党锢之祸给彻底耽误了，其事业完全可以说是从中老年时期开始的。同时期的曹操、刘备等已知生年的活跃军阀，基本上要比刘表小10—20岁，他们之间几乎相差了一代人，更别提新进接班的孙权等人了。

所以，刘表给世人留下的那种表面宽厚、重礼修学、保境安民的印象其实完全可以从年岁上入手，是其垂暮之年试图保本自守的心理所致，尤其是在刘备来附、曹操定四州的八年间，完全不见刘表有任何像其48—60岁间动作频频的表现，反而完全成为一个守境安民的敦厚"长者"，不复当年单骑平荆州，抗衡孙坚、袁术、曹操、张羡时的政治手腕。毕竟，此时的刘表，已是一个60多岁的老人，继承人问题存在颇多隐患，荆州豪强与流寓人士也未必一心，哪里还顾得上向外扩张呢？即便枭雄如曹操、刘备，在中青年便开始历练，有着二三十年的丰富阅历，也相继在其晚年走向相对保守（曹操不再大规模南进）、走向重大失误（刘备夷陵大败），何况刘表这个丧失了中青年锻炼时间、直接从中老年开始创业的人呢？

至于刘表经常被诟病的收留刘备、废长立幼之举，其实都只是枝节性的因素而已。收留刘备、废长立幼，其实都不妨碍大局，奈何刘表在大局上失去了方向，犯下了政治性、战略性的错误，无论如何也挽不回失败的命运了。可见，一个人想要成功做点事儿，看得清、看得远，有点大局眼光，不犯战略性的错误，是最重要的。

或许刘表真的是生错了时代。如果生在了太平年代，刘表就是清流名臣，可惜他偏偏生在了群雄逐鹿的东汉末年。作为东汉朝廷册封的荆州牧，刘表虽占有荆州这一战略要地和富庶之所，但其本人却立意自守而无四方之志，注定无法成为乱世枭雄。最终，刘表以自己的败亡而成为刘备创业路上的第五个贵人。

十一、决定命运的徐庶

刘备的一生可谓命运多舛，总是颠沛流离、四海飘零，没过上几天安稳日子。正当刘备对光复汉室江山无望之时，徐庶的到来使刘备集团的命运发生了彻底的改变，徐庶也由此成为刘备创业路上的第六个贵人。

《三国演义》里，讲的是曹操得知刘备驻军新野之后，派出了曹仁、李典等名将前去讨伐。刘备此前偶然遇到徐庶并且有幸得到徐庶的辅佐。曹仁、李典摆出了八门金锁阵（根据"奇门遁甲"中的八门方位、星象、地形等因素所制定用于古代战场上的战阵。八门指休门、生门、伤门、杜门、景门、死门、惊门、开门），被徐庶识破了阵法吃了败仗。曹操认为刘备身边必有高人相助，派人调查出了徐庶的底细。得知徐庶的老母尚在中原后，曹操派人挟持徐庶的母亲来到许都，又派人伪造徐母的笔迹写信给徐庶。徐庶担忧母亲的安全，于是就告别了刘备前往许都，临行前向刘备推荐了诸葛亮，并发誓终生不为曹操献一计一策。此后的徐庶始终坚守临行时向刘备许的诺言，以至于后来徐庶在后来再也没有什么精彩的表现。而得到了诸葛亮辅佐的刘备，迎来命运的大转机，没几年的工夫便崛起为可与曹操、孙权相抗衡的大势力。徐庶在《三国演义》中有很多精彩的表现，在真实的历史上比这也不遑多让。

徐庶本名徐福，字元直，豫州颍川（今河南省禹州市）人。公元189年，徐庶为人报仇，而后用土白粉涂于脸上，披散着头发逃走，被官吏抓住。官吏问徐庶叫什么名字，徐庶一句话也不说，于是官吏把徐庶绑在柱子上做出准备肢解的样子，并击鼓下令周围市场里的人出来辨认，但谁都不敢说认识这个人。后徐庶的党羽来将徐庶救走。徐庶非常感激，于是不再舞枪弄棒，一改自己平时的气节去求学。

公元191年，为了避董卓之乱，徐庶与同郡人石韬南下至荆州居住，并在荆州结识了诸葛亮，关系友好。

公元201年，刘备被曹操击败而南下依附刘表，刘表让刘备于新野驻扎以抵御曹操。徐庶因刘备是汉室皇亲，而且信义著于四海，前往投奔。当时的刘备正在刘表的要求下于新野驻扎，力抵御曹操，见到徐庶以后的刘备，仿佛看到了救星，于是就特别器重他。

作为典故"人在曹营心在汉"的主人公，罗贯中对《三国演义》中的徐庶的描写有两个主要情节与历史不符：一是走马荐诸葛，二是庶母之自杀。

《三国演义》第三十六回中"徐庶走马荐诸葛"一段的描写：

"操然其言，遂不杀徐母，送于别室养之。程昱日往问候，诈言曾与徐庶结为兄弟，待徐母如亲母，时常馈送物件，必具手启。徐母因亦作手启答之。程昱赚得徐母笔迹，乃仿其字体，诈修家书一封，差一心腹人，持书径奔新野县，寻问"单福"行幕。军士引见徐庶。庶知母有家书至，急唤入问之……徐庶览毕，泪如泉涌。持书来见玄德曰：'某本颍川徐庶，字元直……幸蒙不弃，即赐重用。争奈老母今被曹操奸计赚至许昌囚禁，将欲加害。老母手书来唤，庶不容不去。非不欲效犬马之劳，以报使君，奈慈亲被执，不得尽力。今当告归，容图后会。'玄德闻言大哭曰：'子母乃天性之亲，元直无以备为念。待与老夫人相见之后，或者再得奉教。'徐庶便拜谢欲行……玄德与徐庶并马出城，至长亭，下马相辞。玄德举杯谓徐庶曰：'备分浅缘薄，不能与先生相聚。望先生善事新主，以成功名。'庶泣曰：'某才微智浅，深荷使君重用。今不幸半途而别，实为老母故也。纵使曹操相逼，庶亦终身不设一谋。'玄德曰：'先生既去，刘备亦将远遁山林矣。'庶曰：'某所以与使君共图王霸之业者，恃此方寸耳；今以老母之故，方寸乱矣，纵使在此，无益于事。使君宜别求高贤辅佐，共图大业，何便灰心如此？'玄德曰：'天下高贤，恐无出先生右者。'庶曰：'某樗栎庸材，何敢当此重誉。'临别，又顾谓诸将曰：'愿诸公善事使君，以图名垂竹帛，功标青史，切勿效庶之无始终也。'诸将无不伤感。玄德不忍相离，送了一程，又送一程。庶辞曰：'不劳使君远送，庶就此告别。'玄德就马上执庶之手曰：'先生此去，天各一方，未知相会却在何日！'说罢，泪如雨下。庶亦涕泣而别。玄德立马于林畔，看徐庶乘马与从者匆匆而去。玄德哭曰：'元直去矣！吾将奈何？'凝泪而望，却被一树林隔断。玄德以鞭指曰：'吾欲尽伐此处树木。'众问何故。玄德曰：'因阻吾望徐元直之目也。'正望间，忽见徐庶拍马而回。玄德曰：'元直复回，莫非无去意乎？'遂欣然拍马向前迎问曰：'先生此回，必有主意。'庶勒马谓玄德曰：'某因心绪如麻，忘却一语：此间有一奇士，只在襄阳城外二十里隆中。使君何不求之？'玄德曰：'敢烦元直为备请来相见。'庶曰：'此人不可屈致，使君可亲往求之。若得此人，无异周得吕望、汉得张良也。'玄德曰：'此人比先生才德何如？'庶曰：'以某比之，譬犹驽马并麒麟、寒鸦配鸾凤耳。此人每尝自比管仲、乐毅；以吾观之，管、乐殆不及此人。此人有经天纬地之才，盖天下一人也！'玄德喜曰：'愿闻此人姓名。'庶曰：'此人乃琅琊阳都人，覆姓诸葛，名亮，字孔明……亮与弟诸葛均躬耕于南阳。尝好为《梁父吟》。所居之地有一冈名卧龙冈，因自号为"卧龙先生"。此人乃绝代奇才，使君急宜枉驾见之。若此人肯相辅佐，何愁天下不定乎！'玄德曰：'昔水镜先生曾为备言：'伏龙、凤雏，两人得一，可安天下。今所云莫非即伏龙、凤雏乎？'庶曰：'凤雏乃襄阳庞统也，伏龙正是诸葛孔明。'玄德踊跃曰：'今日方知"伏龙、凤雏"之语。何期大贤只在目前！非先生言，备有眼如盲也！'"

这里要注意，罗贯中写"徐庶走马荐诸葛"在情理上是有破绽的。据《三国志·诸葛亮传》记载，诸葛亮未出茅庐时，"每自比于管仲、乐毅，时人莫之许也。惟博陵崔州平、颍川徐庶元直与亮友善，谓为信然"。这就是说，徐庶既是诸葛亮的密友，同时也深为他的经天纬地之才折服；而且徐庶为人行侠仗义，心胸豪爽，断非妒贤嫉能之辈，怕诸葛亮来了会使自己相形见绌；再说，诸葛亮隐居之隆中与刘备所在之新野不远，请诸葛亮出山并不困难。有以上这三个因素，而徐庶却要等到投曹时再走马荐诸葛，与其说是报刘备的知遇之恩，不如说是一种不忠的表现。

他为什么不早点引荐诸葛亮呢？可见罗贯中在这上面是有疏忽的。刘备在新野之时，徐庶为军师。可是徐庶当了那么久的军师，为什么不跟刘备说这附近还有好多大人物呢？为什么不帮刘备张罗请这些人出山呢？会不会是怕诸葛亮、庞统这些人抢了自己的风头呢？而到徐庶离开时，徐庶才跟刘备说这些人，才让刘备去请诸葛亮。说了以后，徐庶又去找诸葛亮，让他出山辅佐刘备。而诸葛亮听徐庶说了老母的事情，明知道徐庶此去其母必死却不阻止他，这不是很有意思吗？

按历史的真实记载，徐庶也确实是在获取刘备信任后立即举荐诸葛亮的。而刘备的三顾茅庐正是在徐庶促成下才这么做的。《三国志·诸葛亮传》中明确写道："先主曰：'君与俱来。'庶曰：'此人可就见，不可屈致也。将军宜枉驾顾之。'"如果不是因为刘备深赏识徐庶的才能，对其言听计从，那么，即使刘备再重视礼贤下士，招纳人才，也不至有如此之耐心，在关张的埋怨下，几次三番亲自去请一个年龄二十七岁的年轻人出山辅佐。史载，诸葛亮出山在公元207年，而徐庶诣曹在208年，由此可知，诸葛亮并不是接替徐庶当了刘备的军师，而是两人曾经在刘备军中共事过一年。

至于徐庶之母，《三国演义》中的描写更与正史大相径庭。查《三国志·程昱传》，就会发现程昱与徐庶投曹毫无瓜葛。徐庶之母也并非由曹操派人从徐庶家乡颍川挟取，而是在公元208年秋，刘备兵败长坂时作为随军家属为曹军所俘获。《三国志·诸葛亮传》记载："俄而表卒，琮闻曹公来征，遣使请降。先主在樊闻之，率其众南行，亮与徐庶并从，为曹公所追破，获庶母。庶辞先主而指其心曰：'本欲与将军共图王霸之业者，以此方寸之地也。今已失老母，方寸乱矣，无益於事，请从此别。'遂诣曹公"。

再来看看小说《三国演义》第三十七回中"庶之母自杀"一段的描写："却说徐庶趱程赴许昌……急往见其母，泣拜于堂下。母大惊曰：'汝何故至此？'庶曰：'近于新野事刘豫州，因得母书，故星夜至此。'徐母勃然大怒，拍案骂曰：'辱子飘荡江湖数年，吾以为汝学业有进，何其反不如初也！汝既读书，须知忠孝不能两全。岂不识曹操欺君罔上之贼？刘玄德仁义布于四海，况又汉室之胄，汝既事之，得其主矣。今凭一纸伪书，更不详察，遂弃明投暗，自取恶名，真愚夫也！吾有何面目与汝相见！汝玷辱祖宗，空生于天地间耳！'骂得徐庶拜伏于地，不敢仰视。母自转入屏风后去了。少顷，家人出报曰：'老夫人自缢于梁间。'徐庶慌入救时，母气已绝。"

需要说明的是，《三国演义》中关于徐庶之母自杀一事，实属罗贯中杜撰。但作为文艺作品，罗贯中在塑造徐母这个正直刚烈的古代妇女形象时却并非一无所据，徐母之死的创作原型是楚汉相争时刘邦手下大将王陵之母。

公元前205年，汉将王陵守荥阳（今河南省郑州市惠济区），坚壁不出，项羽急攻不下，便派人到沛县抓住王母，想利用王陵为人至孝这一点迫其来降，最后王母不屈自杀，终使项羽的如意算盘落空。但罗贯中使用这种移花接木的方法，在情理上多少还存在一些问题：试想徐庶乃豪侠不羁之人，倘使到许都之日其母即死，徐庶恐怕是不会心甘情愿在曹营虚度一辈子的。正是因为有老母要侍奉，徐庶才只得对曹操虚与委蛇，隐忍未发，不能像关羽那样弃曹归汉，重寻故主。

裴松之《三国志注》引《魏略》记载，被迫归顺曹操的徐庶在北方过得并不开心，虽然极富才能，但一直得不到重用，最终做的官也不大，以至到了20年后的公元228年，诸葛亮第一次率军北伐时，"闻元直、广元仕财如此，叹曰：'魏殊多士邪！何彼二人不见用乎？'"。曹操绞尽脑汁得到了徐庶，为何不设法加以重用反而将其"雪藏"呢？

首先，曹操的疑心太重，对自己不择手段挖过来的徐庶不太放心。曹操本人从来就是一个生性多疑的人。这方面典型的事例有很多，除了误杀吕伯奢全家之外，神医华佗（约145—208）之死也很能说明问题。曹操本人因患疾病，召神医华佗治病。华佗说："大王头脑疼痛，因患风而起。病根在脑袋中，风涎不能出，枉服汤药，不可治疗。某有一法：先饮麻肺汤，然后用利斧砍开脑袋，取出风涎，方可除根。"曹操大怒："汝要杀孤耶！"遂不由分说命人杀掉了一代神医。就连荀文、毛介、崔琰、杨修等手下谋士也稍有怀疑便照杀无误，可见曹操的疑心病有多重。所以他虽然靠挖墙脚的手段骗来徐庶，却并不敢重用，也是有这方面原因的。

其次，曹操手下谋士的排挤。曹操自出道以来，身边不乏文臣武将，仅有名有姓的谋士就有120人之多。谋士一多，各成派系互相倾轧，钩心斗角也就不足为奇了。曹操手下的谋士众多，最为曹操信任的有荀彧、荀攸、贾诩、郭嘉、程昱、戏志才、刘晔、蒋济等人，其次才能轮到陈群、华歆、钟繇、满宠、董昭、王朗、崔琰、毛玠、贾逵、杜畿、田畴等人，至于严象、袁涣、张范、凉茂、国渊、何夔等五十几个人就已经纯属被边缘化了。本来曹操手下就有如此多谋士了，现在又来了一个徐庶，而且足智多谋，威名赫赫，他一到来，势必会加重曹操手下各派谋士的危机感，因此遭到白眼和排挤也是正常不过了。哪里还有徐庶展示的舞台呢？

最后，徐庶本人因被曹操用不正当手段挖过来而并不想为其真心效力也是一个原因。知道母亲被抓的徐庶，瞬间方寸大乱，他害怕自己的母亲真的被杀害。徐庶是个大孝子，他肯定放不下自己的母亲，所以再三思虑下，就跟刘备辞别，与自己的好友石韬一起前往曹营。

曹操绞尽脑汁得到了徐庶，为何不设法加以重用反而将其"雪藏"的原因，我们已经有所了解。那曹操为什么只是将其"雪藏"而不是索性杀掉呢？

一是曹操想树立自己的形象。一直以来，曹操都很重视有才能的人，这也是后世很多人都欣赏曹操的原因之一。曹操的阵营中，大多数是投降于他的，暂且不说是否受到了重用，单凭人家投降他这一点，他就没有理由要了人家的性命，不然以后谁还敢投降他。所以于情于理，无论徐庶后来怎么样，徐庶都是选择投降了曹操，如果他真的因为徐庶不为他献计杀了徐庶，那么必然会影响自己在外人眼中重视有才之人的形象，这样的话就得不偿失了。

二是徐庶行事低调。徐庶行事低调，对曹操根本就没有威胁，更何况曹操身边有一堆贤才。而且当时曹操的想法是，徐庶既然不为自己所用，他身边这么多有才之人，那也作罢了，只要不让他到刘备身边去就行，毕竟刘备的身边正是缺贤才的时候。不过话说回来，事实证明，低调的人一般情况下不会有什么祸事上身。

三是徐庶出身寒门，没有什么深厚的家底，而且还幼年丧父，只有母亲跟他相依为命。当时的他对于刘备而言是一个有才干的人没错，因为那时的刘备能力很弱，并且身边特别需要贤才，所以不会去计较一个人的出身，只要肯效忠于他，为他出谋划策就行。所以当时就算徐庶的出身不好，刘备也会重用他。但是魏国就不同，曹操虽然喜爱贤才，但他身边的贤才不计其数，所以徐庶对于曹操而言，其实是可有可无，更何况徐庶并不是真正地想效力于曹操。曹丕即位的时候，实行的还是九品中正制，这对于徐庶而言更加没有任何优势，因为他出身低微，而且还是半路投降于曹操，所以基本上没有什么升官的可能，就算当了官，也差不多算是有名无实的。

虽然徐庶的名气，比不上诸葛亮，也比不上被曹操放走的关羽，但是不得不承认，他的确是一个德才兼备的谋士。如果没有他，最开始的刘备又怎么会打胜仗？如果没有他的建议，后来的刘备又怎么会得到诸葛孔明这么一个神机妙算的好助手？可以说，这是徐庶给刘备送的最大的礼物了。总的来说，徐庶的人品是毋庸置疑的，不然就不可能跟诸葛亮他们成为好友，还成为"诸葛四友"之一，从他行侠仗义到后来的弃武从文，还有跟母亲相依为命，他的经历也足以证明了他是一个有情有义、有孝心之人。所以，徐庶的人品是值得后人学习的。

徐庶离开了，诸葛亮来了。还是那句古话：塞翁失马，焉知非福？

十二、风流隐士司马徽

在前面曾经分析到，恩师卢植给了刘备以最初起家的名望，同学公孙瓒给了刘备以最初起家的地盘——平原县，恩师卢植和同学公孙瓒由此成为刘备人生中的前两个贵人。平原相任内，因为出手救了名满天下、誉满天下的孔融，刘备成功地使自己迅速扬名立万，某种程度上，被刘备救的孔融成为刘备人生中的第三个贵人。这之后，因为曹操大军压境而无力改变现状的徐州牧陶谦不但盛情邀请刘备率部进驻徐州，而且主动让贤，三让徐州给刘备，刘备由此真正成为割据一方的诸侯，徐州牧陶谦也由此成为刘备人生中的第四个贵人。而荆州牧刘表，因给了在曹操与袁绍的官渡之战前后错误地站在了袁绍一方，而最终导致自己到处流亡无家可归的刘备以暂时的喘息之机，最终成为刘备人生中的第五个贵人。

当然，荆州牧刘表不但给了到处流亡、无家可归的刘备以暂时的喘息之机，更是为刘备输送了包括诸葛亮在内的大量人才。当然，这些人才之所以最终归属于刘备帐下，徐庶、"水镜先生"司马徽和庞德公起到了非常关键的作用。其中，"水镜先生"司马徽可谓刘备人生中的第七个贵人。

中国古代的文人士大夫中，一直存在一个特殊的隐士群体。他们学识渊博、满腹才华，胸怀经天纬地之才，却志趣高洁，恪守自己的"非梧不栖、非主不依"之道，宁愿隐居避世于山林田野之中，也不愿追逐富贵功名、出入庙堂之上，成为帝王将相的座上客。到了东汉末年，外戚专权，宦官乱政，朝政日益腐坏。曾经烜赫一时的东汉盛世，正在一步步走向崩塌。很多有识之士都满怀对时事朝局的不满和忧患之心，选择了洁身自好，隐居不出，从而使得这一时期出现了一个极为庞大的隐士群体。

为躲避战乱兵火，一些有识之士选择了隐居于公孙家族统治下的辽东地区。辽东地区远离战火纷飞的中原，在公孙家族的统治下，百姓生活相对安定，成为乱世中的一方乐土，也成为隐士们理想的避世之地。但辽东地区距离中原太过遥远，交通不便，所以也有很多隐士们选择了荆襄地区。荆襄地区毗邻中原，可以随时关注时局变化，加之刘表实力雄厚，"爱民养士"，在荆襄一带保境安民，招抚流亡百姓，因此也成为很多隐士们的不二之选。其中最具代表性的人物，便是"水镜先生"司马徽和庞德公。他们最先在乱世中慧眼识人，认定诸葛亮和庞统是济世之才，并向刘备推荐，成为汉末三国时期著名的伯乐之才。

先来看看小说《三国演义》第三十五回中，"水镜先生"司马徽的出场。

"却说玄德跃马过溪……正行之间，见一牧童跨于牛背上，口吹短笛而来。玄德叹曰："吾不如也！"遂立马观之。牧童亦停牛罢笛，熟视玄德，曰：'将军莫非破黄巾刘玄德否？'玄德惊问曰：'汝乃村僻小童，何以知吾姓字！'牧童曰：'我本不知，因常侍师父，有客到日，多曾说有一刘玄德，身长七尺五寸，垂手过膝，目能自顾其耳，乃当世之英雄，今观将军如此模样，想必是也。'玄德曰：'汝师何人也？'牧童曰：'吾师覆姓司马，名徽，字德操，颍川人也。道号"水镜先生"。'玄德曰：'汝师与谁为友？'小童曰：'与襄阳庞德公、庞统为友。'玄德曰：'庞德公乃庞统何人？'童子曰：'叔侄也。庞德公字山民，长俺师父十岁；庞统字士元，少俺师父五岁。一日，我师父在树上采桑，适庞统来相访，坐于树下，共相议论，终日不倦。吾师甚爱庞统，呼之为弟。'……玄德曰：'吾正是刘玄德。汝可引我去拜见你师父。'童子便引玄德，行二里余，到庄前下马。入至中门，忽闻琴声甚美，玄德教童子且休通报，侧耳听之。琴声忽住而不弹，一人笑而出曰：'琴韵清幽，音中忽起高抗之调，必有英雄窃听。'童子指谓玄德曰：'此即吾师水镜先生也。'玄德视其人，松形鹤骨，器宇不凡，慌忙进前施礼，衣襟尚湿。水镜曰：'公今日幸免大难！'玄德惊讶不已。……水镜请入草堂，分宾主坐定……因问玄德曰：'吾久闻明公大名，何故至今犹落魄不偶耶？'玄德曰：'命途多蹇，所以至此。'水镜曰：'不然。盖因将军左右不得其人耳。'玄德曰：'备虽不才，文有孙乾、糜竺、简雍之辈，武有关、张、赵云之流，竭忠辅相，颇赖其力。'水镜曰：'关、张、赵云皆万人敌，惜无善用之之人。若孙乾、糜竺辈，乃白面书生，非经纶济世之才也。'玄德曰：'备亦尝侧身以求山谷之遗贤，奈未遇其人何！'水镜曰：'岂不闻孔子云："十室之邑，必有忠信。"何谓无人？'玄德曰：'备愚昧不识，愿赐指教。'……水镜曰：

'今天下之奇才,尽在于此,公当往求之。'玄德急问曰:'奇才安在?果系何人?'水镜曰:'伏龙、凤雏,两人得一,可安天下。'玄德曰:'伏龙、凤雏何人也?'水镜抚掌大笑曰:'好!好!'玄德再问时,水镜曰:'天色已晚,将军可于此暂宿一宵,明日当言之。'即命小童具饮馔相待,马牵入后院喂养。玄德饮膳毕,即宿于草堂之侧。玄德因思水镜之言,寝不成寐。约至更深,忽听一人叩门而入,水镜曰:'元直何来?'玄德起床密听之,闻其人答曰:'久闻刘景升善善恶恶,特往谒之。及至相见,徒有虚名,盖善善而不能用,恶恶而不能去者也。故遗书别之,而来至此。'水镜曰:'公怀王佐之才,宜择人而事,奈何轻身往见景升乎?且英雄豪杰,只在眼前,公自不识耳。'其人曰:'先生之言是也。'玄德闻之大喜,暗忖此人必是伏龙、凤雏,即欲出见,又恐造次。候至天晓,玄德求见水镜,问曰:'昨夜来者是谁?'水镜曰:'此吾友也。'玄德求与相见。水镜曰:'此人欲往投明主,已到他处去了。'玄德请问其姓名。水镜笑曰:'好!好!'玄德再问:'伏龙、凤雏,果系何人?'水镜亦只笑:'好!好!'玄德拜请水镜出山相助,同扶汉室。水镜曰:'山野闲散之人,不堪世用。自有胜吾十倍者来助公,公宜访之。'"

故事虽属小说《三国演义》的作者罗贯中先生虚构,但有些情节却是真实存在的。比如"水镜先生"司马徽常说的"好!好"二字。据南朝宋文学家刘义庆《世说新语·言语》引《司马徽别传》记载:"时人有以人物问徽者,初不辩其高下,每辄言佳。其妇谏曰:'人质所疑,君宜辩论,而一皆言佳,岂人所以咨君之意乎!'徽曰:'如君所言,亦复佳。'其婉约逊遁如此。"另据《世说新语·言语》引《善诱文》记载:"后汉司马徽不谈人短,与人语美恶皆言好。"后世据此典故引申出成语"好好先生"。

"好好先生"司马徽类似的故事有很多。

曾有人丢失了一头猪,并说司马徽家的猪正是他丢失的那一头。司马徽便把那猪让给了这人。过了几天，那人又得到了先前丢失的那头猪，急忙将司马徽的猪送还，并磕头自责。司马徽不但没有责骂他，反而感谢他把猪送了回来。又有一次，有人养的蚕该结茧了，无处上簇，就来向司马徽家借簇箔。司马徽就把自己家用的簇箔借给了他。有人对他说："凡借给他人东西时，都是别人急需而自己闲置的情况；而如今他和你都迫切需要簇箔，为何给予别人呢？"司马徽回答说："别人未曾求过我，今天求我，我如果不借给他的话他将会感到很羞愧。哪里有因为财物而让人羞愧的道理呢？"

有一次，刘表的儿子刘琮去见司马徽，刘琮让随从问司马徽是否在家。司马徽正在家中耕作，并回答说："我就是。"但是从人不相信，并对他大骂："你个种地的奴仆也敢自称是司马徽。"于是，司马徽只好回到家，梳好头，戴好头巾，穿好上衣后再来见刘琮。随从看见司马徽还是原来的老翁，惊恐地告诉刘琮。刘琮起身向司马徽叩头，并向司马徽道歉。司马徽对刘琮说："您不必这样，我为此感到十分羞愧。我自己耕作，唯有您了解我。"

"好好先生"不是个什么好词汇，一般用来形容不分是非，不敢得罪他人的人。但就是这么个"好好先生"，怎么就成了刘备人生中的第七个贵人了呢？

司马徽，字德操，颍川阳翟（今河南省禹州市）人。早年苦读书史，满腹经纶，对道学、奇门、兵法、经学都深有研究，被誉为一时奇士，"关西、兖、豫学士归者盖有千数"，四方有志之士学子纷纷慕名前来投师，可谓桃李满天下。

司马徽尤其擅长品鉴各类人才。凡经他评点过的人物，都能"一夜暴红"、身价倍增。由此，司马徽的伯乐美名蜚声黄河内外、长江南北，传入两千里外南郡青年庞统耳中。庞统一路北上，历尽千辛万苦终于找到司马徽家中。司马徽正骑在树枝上采桑叶，请庞统在树下稍坐，"共语自昼至夜"。司马徽被满腹经纶的庞统折服，深感后生可畏，盛赞庞统堪称南郡读书人的领袖。

公元198年，荆州牧刘表设立学校、学官，广泛寻求天下名士。司马徽因北方战乱未休，便前往荆州担任学官。

精通经学、道学、奇门、兵法的司马徽为荆州培养出刘廙（180—221）和向朗（167—247）等众多人才。刘廙当时年仅十岁，在课堂上游戏，司马徽抚摸着他的头，语重心长训道："孺子，孺子，'黄中通理'（君子以黄色居中而兼有四方之色，指通晓事物道理），宁自知不？"刘廙幡然悔悟，从此发奋学习，终成一代名士和曹魏重臣。

司马徽还毫无保留地向益州人尹默、李仁传授古文经学。有人在刘表面前称赞他："司马德操，奇士也，但未遇耳。"司马徽早已看出刘表心胸狭窄，容不得任何人批评。因此，他不论上课还是交流，从不议论时政，以防授人以柄。他得知被人在刘表面前力荐后，算准刘表一定会登门拜访，早有心理准备。果然，刘表来拜访时，不断套话，反复试探。司马徽成竹在胸，大智若愚。刘表果然中计，回去后不以为然说："世间人为妄语，此只小书生耳，其智而能愚者皆类。"

"水镜先生"司马徽如此才华横溢与审时度势，一在其饱读经书，谙知世事，另外，也可以说是他的"高层朋友圈"提升了他的高度。朋友圈的不断来往使得源源不断的国家高层机密、时局划分充斥这位饱读"经"书的闲云野鹤之人，从而成就了其坐观天下乃至举棋若定的大格局。纵有满腹才学，"水镜先生"司马徽却无济世安民之志，唯存安贫乐道之心。既然无心出仕，就无须臧否人物。所以，面对无关紧要的人和事，"好！好！"二字自然是最恰当不过的。当然，司马徽也是讲原则的。

司马徽在襄阳时的住所，与荆州名士庞德公寓所隔水相望。庞德公看起来非常神秘，司马徽、诸葛亮、庞统这三个人的称号都是他叫出来的。《先贤传》中记载："乡里旧语，目诸葛孔明为卧龙，庞士元为凤雏，司马德操为水镜，皆德公之题也。"诸葛亮对庞德公非常尊敬，每次都是独自拜见，然后坐在床下，这才得到了庞德公的重视，庞统则是庞德公的从子。庞德公淡泊名利，屡次拒绝刘表征召，还让亲自登门的刘表无功而返，只留下了一段非常有哲理的话。

刘表来请庞德公，劝他：你既然能保全自己，为什么不出来保全天下人呢？庞德公说：天下的事物都有自己的归宿，鸟会在树上筑巢，乌龟会在深渊做洞穴，人会建造自己的房子。到了晚上，鸟回到了树上的巢穴中，乌龟回到水底的洞穴，而人也回到自己的房子里，天下一切都有自己的归宿，我又有什么能力去保全呢？刘表又从子孙后代的角度劝说庞德公：您不出来做官，只会耕田，又有什么留给子孙后代呢？庞德公笑着说：天下人追逐名利，留给后代的往往是危险，我留给后代的是安居乐业，两者是有着本质的不同。尧舜将天下分给臣子，让自己的儿子在民间生活，所以丹朱、商均均得到了保全；禹、汤虽获取了天下，他们的后代桀、纣都被人杀了，难道禹、汤比丹朱、商均愚蠢？这就是追逐名利留给后代的危险。刘表知道自己无法劝服庞德公，所以只好离开了。而庞德公的消失也更加蹊跷，他带着妻子儿女进入了鹿门山（在今湖北省襄阳市东津新区），说是去采药，就再也没有出来。

司马徽非常敬重庞德公，尊称年长十岁的庞德公为兄长。庞德公欣赏司马徽的德才，彼此间结下深情厚谊。一日，司马徽拜访庞德公家，恰巧庞德公已去祭扫先人坟墓。不把自己当外人的司马徽径自进入庞德公家，叫来庞德公的妻儿："使速作黍……有客当来就我与公谈论。"庞德公的妻儿很快布置好酒席，拜请司马徽用餐。庞德公回家后，直接入席，两人亲如兄弟，外人根本辨不出谁才是真正的主人。庞德公将诸葛亮喻为"卧龙"，将庞统比作"凤雏"，将司马徽称为"水镜"。

刘备依附刘表后，屯驻新野。他敬慕司马徽贤名，专程拜访，竭尽诚意力邀司马徽出山辅助自己。司马徽只愿以庞德公为榜样，做个超脱世事的闲云野鹤之人，再三婉拒。最终，他被刘备的诚意感动，便推荐徐庶去找刘备，刘备知徐庶乃一奇才，认其为军师，后又经徐庶推荐，刘备方知卧龙诸葛，于是才引出了"三顾茅庐"的千古佳话。

《世说新语》记载，公元207年，曹操挥师南下，刘琮率荆州降曹，司马徽也为曹操所得，曹操欣喜若狂，"欲大用"。遗憾的是，此时的司马徽身染重病，一病而亡。好在，"水镜先生"司马徽的弟子们已经深入到了曹操、刘备和孙权三个政权的高层。从这个层面来说，所谓"三国是他下的一盘棋"也不无道理。

十三、第八个贵人张松

刘备人生中的第八个贵人则是益州别驾从事张松。

所谓"别驾从事"，简称"别驾"，为州刺史的佐官。因其地位较高，出巡时不与刺史同车，别乘一车，故名"别驾"。张松担任"别驾"时，益州牧是刘璋。那么，问题来了：作为益州牧刘璋任命的别驾，张松怎么就成了刘备人生中的第八个贵人了呢？这就要从益州牧刘璋说起了。

1.赤壁大战前夕的益州

公元194年，刘焉的长子刘范和次子刘诞密谋除掉权臣李傕、郭汜未果，反被李傕、郭汜杀掉。此时，刘焉的幼子刘璋因身在益州，得以幸免。此后不久，刘焉去世，益州本土派豪强的首脑人物，如赵韪、王商等人认为，刘璋"温仁"，便于控制，便拥立了刘璋作为益州牧。刘璋任益州牧，遭到很多将领反对，都先后被刘璋镇压。

公元200年，曾经拥立刘璋为益州牧的赵韪聚众起兵，谋求以武力夺取益州牧一职。多亏了刘焉在位时收留的流亡百姓组成的东州兵誓死奋战，赵毚的叛乱才得以被镇压。

公元208年夏，基本平定北方的曹操突然挥军南下，剑指荆州。与此同时，远在千里之外的益州牧刘璋，正在紧张地关注着荆州发生的一切。非常明显，刘璋的战略视野要强于刘表很多。刘璋知道，一旦曹操拿下荆州，那么，益州就会成为曹操的下一个目标。此时的刘璋，赶忙派部将阴溥往谒曹操，表明益州的归顺之意。

对于刘璋的所作所为，曹操却是将信将疑。因为在此之前，曹操就已经以汉献帝刘协的名义，任命五官中郎将牛亹为益州刺史，并征召刘璋到朝中为卿。然而，刘璋却拒绝入朝，选择继续留在成都，这让曹操很恼火。为了确认刘璋是否真的归顺，曹操决定将计就计，使出挑拨离间的拿手好戏：在加封刘璋为振威将军的同时，曹操还加封刘璋的哥哥刘瑁为平寇将军。曹操的意图很明确，就是要通过这样的方式来逼刘璋表态：是否愿意送"质子"至邺城。如果刘璋愿意送"质子"至邺城，那么，刘璋的哥哥刘瑁的"平寇将军"一职就是可有可无的闲职；否则的话，曹操将会想方设法，让刘璋的哥哥"平寇将军"刘瑁取代刘璋的益州牧一职。

此时，恰逢此前在官渡之战以及曹操北伐乌桓时选择坐观成败、拒绝趁虚北伐许都从而错失良机的荆州牧刘表病死，其子刘琮接任荆州牧。刘璋马上就派张松的哥哥、同为别驾的张肃送去三百叟兵和数量不等的"杂御物"给了曹操。这一次，刘璋向曹操示好的意味更加明显。曹操再一次将计就计，再一次使出了挑拨离间的拿手好戏：张肃被辟为丞相府掾，拜广汉太守。此时的丞相就是曹操本人，被曹操辟为丞相府掾，看来，曹操很是看中张肃。

就在此时，认为与曹操作战没有胜算的刘琮，抢先在曹军到达襄阳前，向曹操请降。至此，还在路上的曹操，就"遥"取了荆州。得知刘琮投降的消息后，刘璋马上派别驾张松赶赴荆州，拜见曹操。我们这就说到张松了。

2.益州名士张松的致命缺陷

作为益州名士，见识通达、才能不凡的张松能把益州的地形地物、山川险要，以及兵器府库、兵力部署等所有的军事机密都标注在他亲手绘制的地图上。除此以外，小说《三国演义》第六十回还说到了张松有过目不忘的本领：

"松知修是个舌辩之士，有心难之。修亦自恃其才，小觑天下之士……修曰：'公居边隅，安知丞相大才乎？吾试令公观之。'呼左右于箧中取书一卷，以示张松。松观其题曰《孟德新书》。从头至尾，看了一遍，共一十三篇，皆用兵之要法。松看毕，问曰：'公以此为何书耶？'修曰：'此是丞相酌古准今，仿《孙子》十三篇而作。公欺丞相无才，此堪以传后世否？'松大笑曰：'此书吾蜀中三尺小童，亦能暗诵，何为'新书'？此是战国时无名氏所作，曹丞相盗窃以为己能，止好瞒足下耳！'修曰：'丞相秘藏之书，虽已成帙，未传于世。公言蜀中小儿暗诵如流，何相欺乎？'松曰：'公如不信，吾试诵之。'遂将《孟德新书》，从头至尾，朗诵一遍，并无一字差错。修大惊曰：'公过目不忘，真天下奇才也！'……修入见操曰：'适来丞相何慢张松乎？'操曰：'言语不逊，吾故慢之。'修曰：'丞相尚容一祢衡，何不纳张松？'操曰：'祢衡文章，播于当今，吾故不忍杀之。松有何能？'修曰：'且无论其口似悬河，辩才无碍。适修以丞相所撰《孟德新书》示之，彼观一遍，即能暗诵，如此博闻强记，世所罕有。松言此书乃战国时无名氏所作，蜀中小儿，皆能熟记。'操曰：'莫非古人与我暗合否？'令扯碎其书烧之。"

小说《三国演义》中的这段描写，虽属作者罗贯中虚构，却也符合史书的记载。据《益部耆旧传》记载："修以公所撰兵书示松，松宴饮之间一看便暗诵。修以此益异之。"

其实一开始，张松完全没想过要成为刘备人生中的第八个贵人。张松的内心最看好的，并不是刘备，而是曹操。至于原因，恰恰就是曹操对张肃的友好。可并没看好刘备的张松，怎么就成了刘备人生中的第八个贵人了呢？这就要说到益州名士张松的致命缺陷了。

张松，字子乔。作为益州名士，除了不拘小节、放荡不羁外，张松还有相貌上的问题。如果我们把张松的哥哥张肃比作《水浒传》中的武二郎的话，那么张松就只能被比作武二郎的哥哥武大郎。史书上记载，张松个头矮小、相貌丑陋。作为益州牧刘璋的使者，往见曹操，张松的内心是激动的。此前，他的哥哥见过曹操之后，马上被辟为丞相府掾，拜广汉太守。跟他哥哥相比，他有自己的长处啊——见识通达、才能不凡、过目不忘，见过曹操之后的结果，无论如何也不会比他哥哥差多少吧。但让张松没有想到的是，"璋遣诣曹公，曹公不甚礼；公主簿杨修深器之，白公辟松，公不纳"。

貌似曹操是因为张松的个头矮小、相貌丑陋才不喜欢张松的，但曹操自己的长相也不怎么样啊。据《世说新语》记载："魏武将见匈奴使，自以形陋，不足雄远国，使崔季圭代，帝自捉刀立床头。"很难想象，相貌同样丑陋的曹操会看不起跟他的相貌同属半斤八两的张松。

另外，曹操的手下也有不少相貌丑陋的人，比如曹操的"五子良将"之一的乐进，史书上记载"容貌短小"，说白了就是比较矮，也没见史书上有曹操不喜欢乐进等人的记载啊，怎么偏偏到了张松这里，曹操的脾气秉性就改了呢？曹操不喜欢张松，难道是张松的性格——不拘小节、放荡不羁的问题？明明曹操是"唯才是举令"的，既然是人才，多多少少都会有一些臭脾气，曹操应该能够容纳才是。

请注意这个故事发生的时间：公元208年，赤壁大战前夕。

此前的曹操，已经完全消灭了北方的割据势力，彻底统一了北方。此时，只要赤壁大战得胜，便可一举消灭孙权和刘备等割据南方的残余势力，一统天下。那样的话，自己就可以篡汉称帝建国了。到了那时，那些放荡不羁的，滚远些；那些不听话的，杀掉他。锋芒毕露的毒舌名士孔融都在这一时期被杀掉了，留你一个个头矮小、相貌丑陋，又不拘小节、放荡不羁的张松还能有什么用呢？

满心欢喜的张松被曹操如此羞辱，回到益州之后，张松一边没完没了地说曹操的坏话，一边劝刘璋结交刘备。

那此时的刘备集团到底如何呢？

3.刘备三顾茅庐与赤壁大战

公元207年，刘备三顾茅庐请诸葛亮到新野。诸葛亮为刘备分析了天下形势，提出"先取荆州为根基，再取益州成鼎足之势，继而图取中原'兴复汉室'"的战略构想，被后世称作"隆中对"。

刘表病重时，把荆州托付于刘备，并对刘备说："我儿不才，荆州诸将又相继凋零。我死之后，就由你来摄政荆州。"刘备回答道："您的诸位儿子当然是贤明的，请您安心养病。"有的人劝刘备应该听从刘表所言，备曰："刘表待我不薄，如果我取代他的儿子，人们必定会认为，我待刘表甚薄，所以，我不忍心这么做。"

公元208年，曹操亲率大军南下，而此时刘表病死，其子刘琮代立，遣使者投降曹操，却不敢告诉刘备。刘备当时屯兵于樊城，过了许久才知道刘琮投降之事，于是派亲信去问刘琮。刘琮令宋忠去告知刘备，当时曹操军已经到了宛城，刘备得知大惊，对宋忠说："卿诸人作事如此，不早相语，今祸至方告我，不亦太剧乎！"又引刀向宋忠，说："今断卿头，不足以解忿，亦耻大丈夫临别复杀卿辈！"于是释放了宋忠。

刘备引军离开，路经襄阳时，诸葛亮建议刘备攻打刘琮，可占据荆州，但刘备因和刘琮同宗，不忍相夺。刘备于城外喊刘琮，刘琮因为害怕不敢出来，刘琮的部下以及很多荆州士人投靠刘备。刘备到刘表墓前祭拜，流涕而去。到当阳时，竟有十余万众，辎重数千辆，日行十余里，刘备另派遣关羽乘船数百艘，让他和自己于江陵会合。有人劝说刘备："宜速行保江陵，今虽拥大众，被甲者少，若曹公兵至，何以拒之？"刘备回复说："夫济大事必以人为本，今人归吾，吾何忍弃去！"

曹操因江陵的器械粮食充足，担心被刘备占据，于是舍弃辎重，轻军前往襄阳。得知刘备已走，又以五千精锐骑兵急追，到当阳长坂（今湖北省当阳市）。刘备弃妻小，与诸葛亮、张飞、赵云等数十骑奔走，人众、辎重多为曹军所获。刘备之子刘禅与其母甘夫人在赵云的护卫下得以免难，刘备的两个女儿则被曹军擒获。刘备奔赴汉津，与关羽率领的船队相逢，得以渡过沔水，又与刘表的长子江夏太守刘琦率领的一万多人相遇，两军共同前往夏口（今湖北省武汉市汉口地区）。起初，刘表去世时，孙权令鲁肃前往荆州，慰问刘表二子，鲁肃在当阳与刘备相遇，表示殷勤之意，又询问刘备下一步打算，刘备以自己与苍梧太守吴巨过去有交情，打算依附他，鲁肃述说江东实力强固，劝刘备与孙权并力，刘备十分赞同。于是在到达夏口后，遣诸葛亮为使拜见孙权。

公元208年冬，刘备联合孙权，与周瑜、程普率领联军大败曹操于赤壁。刘备与吴军水陆并进，追到南郡，时又疾疫，北军多死。曹操引军北归，留下曹仁守南郡。

公元209年，刘备与周瑜在南郡共攻曹仁，追使曹仁龟缩在江陵城。因江陵城坚固，一时难克，刘备又表刘琦为荆州刺史，率众南征荆州南部四郡，武陵太守金旋、长沙太守韩玄、桂阳太守赵范、零陵太守刘度皆降。庐江郡雷绪率领私人武装数万人前来归顺。刘备表孙权行车骑将军，领徐州牧。刘琦病逝后，部属们推举刘备为荆州牧，治所设在公安县。孙权将妹妹嫁给刘备以巩固双方关系。公元210年，周瑜在巴丘病逝，东吴西征入蜀的计划中止。刘备趁机从孙权手中借得荆州江陵（南郡），于是据有荆州五郡。

4.张松之死与刘备入蜀

听闻曹操大败于赤壁，本来想交好曹操的刘璋内心有了动摇。对张松言听计从的刘璋先派法正（176—220）往见刘备，备说联盟之意。随后，刘璋再派法正和孟达给刘备送去数千兵卒以帮助刘备抵御曹军。这两次见法正，刘备都是"以恩意接纳，尽其殷勤之欢"。法正通过观察，认为刘备确有雄才大略，故而回到益州后，与张松密谋，决定暗中拥护刘备为益州新主。

当然，直到此时，张松也没见过刘备，只是觉得刘璋不是成就大事的人而已，所以才要给自己的未来铺就一条新路。此时的张松选择相信好朋友法正，二人决定拥护刘备。张松由此开始朝着成为刘备人生中的第八个贵人的方向大步迈进。

公元211年，听说曹操派司隶校尉钟繇到汉中征讨张鲁，刘璋内心恐惧不已，张松趁机问刘璋："曹公兵强无敌于天下，若因张鲁之资以取蜀土，谁能御之者乎？"刘璋说道："吾固忧之而未有计。"张松说道："刘豫州，使君之宗室而曹公之深仇也，善用兵，若使之讨鲁，鲁必破。鲁破，则益州强，曹公虽来，无能为也。"张松又说："今州中诸将庞羲、李异等皆恃功骄豪，欲有外意，不得豫州，则敌攻其外，民攻其内，必败之道也。"对张松言听计从的刘璋立刻派法正率四千兵马迎接刘备，前后赠送的物资数以亿计。益州主簿黄权劝阻刘璋："一国不容二主，此非自安之道。"从事王累将自己倒吊在益州城门上劝阻刘璋，都遭到益州牧刘璋的拒绝。

法正、庞统在此时劝刘备图取益州。刘备遂留诸葛亮、关羽等守荆州，自将数万步卒从江陵率军赶到涪城；刘璋率领步、骑兵三万多人，车驾幔帐，光耀夺目，前往与刘备相会。刘备所率将士依次前迎，大家欢聚宴饮百余日。刘璋推刘备代理大司马，领司隶校尉；刘备也推刘璋代理镇西大将军，领益州牧如故。刘璋给刘备增加兵马，让他去讨伐张鲁，又让刘备都督白水（今四川省青川县）的军队。随后，刘璋回到成都，刘备进驻葭萌（今四川省广元市昭化区）之后，只是树立恩德，收获众心，并未攻击张鲁。

公元212年，曹操南征孙权，孙权求助于刘备。刘备向刘璋请求东行，请刘璋给他一万兵马及物资，刘璋只许给四千兵，其余物资只给一半。张松写信给刘备、法正，请他们打消东行的念头，张松的兄长广汉太守张肃害怕大难临头，就把张松的图谋禀告了刘璋，刘璋将张松收捕处死，并下令所有关隘的守卫部队封锁道路。但为时已晚，此前的张松，早已借机将亲手绘制的标注了益州的地形地物、山川险要，以及兵器府库、兵力部署等所有的军事机密的地图送给了刘备。

听闻张松被杀，刘备大怒，召见刘璋部将白水军督杨怀，将他处斩，吞并其部队，南下攻打刘璋，占据涪城。益州从事郑度向刘璋献计："左将军县军袭我，兵不满万，士众未附，野谷是资，军无辎重。其计莫若尽驱巴西、梓潼民内涪水以西，其仓廪野谷，一皆烧除，高垒深沟，静以待之。彼至，请战，勿许，久无所资，不过百日，必将自走。走而击之，则必禽耳。"刘璋对群下说："吾闻拒敌以安民，未闻动民以避敌也。"于是拒绝使用此计，并将郑度罢免。

公元213年，刘璋遣刘璝、泠苞、张任、邓贤、吴懿等在涪县抵御刘备，结果战败，吴懿率军投降，其他人退守绵竹。刘备进而攻击绵竹。刘璋又遣李严、费观等人督绵竹军抵挡刘备，结果李严、费观率众投降。刘备又围攻刘璋之子刘循于雒城（今四川省广汉市）。刘循坚守雒城将近一年，其间射杀了刘备手下的军师庞统。刘备手下诸葛亮、张飞、赵云等从荆州进入蜀地。

公元214年，诸葛亮、张飞、赵云等攻破巴郡（今重庆市江北区）、江阳（今四川省泸州市）等郡县。这年夏，刘备攻克雒城，与张飞等人进兵包围成都数十日，并令马超屯驻城北，刘璋震恐不安。蜀郡太守许靖企图翻城投降，事败后刘璋也不敢对他问罪。当时城中有三万精兵，粮食够支撑一年，官吏百姓都想抵抗。刘璋说："父子在州二十余岁，无恩德以加百姓，而攻战三载，肌膏草野者，以璋故也。何心能安！"于是派张裔（165—230）为使向刘备投降，刘备许诺必定礼待刘璋、安抚百姓，又遣从事中郎简雍劝说，刘璋便打开城门，出城投降，部下没有不哭的。刘备把刘璋迁至公安，并将财物归还于他，再佩振威将军印信。

公元219年，东吴孙权趁关羽北伐之际，派遣吕蒙、陆逊袭击荆州，刘璋因此归于东吴，被孙权任命为益州牧，居于秭归（今湖北省秭归县）。后来刘备东征，发动夷陵之战，刘璋在此期间去世。

作为谋臣，主公是明主，则自当辅佐；主公暗弱，自己不能发挥才干，那就或明或暗离开，也不会遭人诟病。但在深受刘璋信任，外界又无人对其诱惑的情况下，张松却主动卖主求荣，这种举动，真是为人不齿。换句话说，张松如果当时在曹操那里得到热情款待，曹操礼贤下士，让张松感受到知遇之恩，那他自然也会背叛刘璋，成为曹操的内应。张松为了一己之私的背叛，不论在情感还是道德上，都为人不齿，最后人头落地，实在是咎由自取。作为刘备人生中的第八个贵人，张松的抉择不一定正确，他也没能看到刘备的成功，但他以自己的死为代价，给益州换来了更好的新主人，可谓死得其所。

十四、第九个贵人法正

刘备人生中还有第九个贵人：法正。

在这九个贵人当中，谁在刘备的心中占有最重要的位置呢？当然是刘备时代唯一一位有谥号的大臣法正了。甭说法正在这八个人中最重要了，就是大名鼎鼎的蜀汉丞相诸葛亮，都知道自己的地位远不如法正。

当然，这话是有证据的。想当年，刘备与陆逊大战于猇亭（今湖北省宜昌市猇亭区），被迫退守白帝城。消息传到成都，诸葛亮极为感慨地说："法孝直若在，则能制主上，令不东行；就复东行，必不倾危矣。"

诸葛亮说这话的背景是，公元221年，刚刚称帝不久的刘备便以为关羽报仇为名，大举进犯东吴。当时的情况呢，是大家都知道唇亡齿寒的道理，都知道要想千方百计来维持已经濒危的孙刘联盟。但是，无论是赵子龙，抑或是诸葛亮，那是任谁都劝不住刘备与东吴孙权开战的念头。最终，刘备兵败猇亭。在这个时候，诸葛亮想起了此前一年病故的法正。在诸葛亮看来，如果法正能多活一年，必能将刘备进犯东吴的计划扼杀于萌芽之中。

从刘璋集团投奔而来的法正，如何能得到刘备如此的信任，并且其信任程度甚至都超过了刘备三顾茅庐才请出来的诸葛亮呢？

在介绍张松的时候，作为张松的好朋友，法正也是为刘备入川取代刘璋出过力的，只不过，别驾从事张松被杀，而军议校尉法正却活了下来。

1.法正家庭溯源

法正，字孝直，扶风郿（今陕西省眉县）人。

说起来，法正也出身于名士家庭。

法正的曾祖父法雄是齐襄王田法章的后裔。秦国灭齐国之时，田氏子孙均不敢自称田姓，因此改为法姓。法雄起初以郡功曹身份出仕，受太傅张禹（38—113）所辟，再以高第官除南阳郡平氏县（今河南省桐柏县）县令。法雄善于处理政务，擅长查察奸人坏事，因此在任期间，盗贼甚少为患，县内吏民都对法雄既敬又畏。南阳太守鲍德向朝廷汇报法雄的表现，法雄于是调任宛陵（今安徽省宣城市）县令。

公元109年，海贼张伯路与平原刘文河等三百余人自称为"使者"，攻打厌次城（位于山东省德州市陵城区），杀害县长及官吏，贼军更向高唐转进，焚烧官寺，大肆释放囚犯，四方盗匪、渠帅皆称张伯路为"将军"，争相投靠他。朝廷下令派遣御史中丞王宗持节，带领幽州、冀州诸郡为数万人的士兵，又征法雄为青州刺史，与王宗一起合力讨伐张伯路。王宗、法雄二人连番征战，大破贼兵，贼军被斩首溺死者达数百人之多，余贼亦四处奔逃，官军缴获大量器械财物。即使后来皇帝发诏大赦天下，贼军仍因王宗、法雄的军队尚未解甲，而不敢归降。王宗为了迅速消灭贼众，便召集刺史、太守共同商议，大家都认为应该直接进行攻击。法雄认为，现朝廷有赦命，可暂且退兵，以诱惑他们，促其分裂，可以不战而胜。王宗亦认同其言，决定罢兵。贼众闻讯果然大喜，将侵掠所得的财物战俘通通交还。不过由于东莱郡（今山东省龙口市）的军队未肯解甲，贼众再次感到惊恐，遁走辽东，直至海岛。

公元111年春，漂泊海岛的贼众缺乏粮食，于是再次入寇东莱郡。法雄率领郡兵大破贼众，贼军向辽东逃窜，辽东人李久等协助法雄施行夹击，成功平定贼众，州界自此才得和平。

法雄为官严谨，每至军中，都会复审案件，观察囚犯的神色，经常能准确地判断案情的真伪，因此亦能查察不守法的官吏，并下令要他们解印除任。在青州任刺史四年，法雄便升迁为南郡太守，精于断案，治安靖平，户口益增。其时沔水、云梦泽一带野兽肆虐，前任太守悬赏招募人民捕猎虎狼，前往捕兽者反而屡遭其害。法雄于是向所属县令致信，说道："虎狼居于山林之间，就好像人类居于城市之中。古代的治世中，猛兽不会侵扰人类，那是因为国家恩信宽泽，仁德连禽兽都有所被及。我这太守虽然不是什么有德行的人，但也不敢忘记这种道理。当你们收到这信件后，便将捕兽的工具及机关都摧毁掉，从此不得再于山林中胡乱捕杀野兽了。"自此之后，当地虎患稍为平息，人们的生活亦得到安定。法雄担任太守数年，农民经常都有丰收。

法正的祖父法真（100—188）是东汉时期名学者，对诸子百家经典以及谶纬之学都颇有造诣，以清高而著称。法正的父亲法衍，曾任司徒掾、廷尉左监。

法正年轻时与同为郿县人的孟达交好，一起投奔了益州牧刘璋。让法正没有想到的是，刘璋并不认为法正是个多么重要的人才，过了很长一段时间，才将其任命为新都县令，后又被任命为一个没有什么实际工作的闲职——军议校尉。时隔不久，怀才不遇的法正又被他人诽谤，便经常向新认识的好朋友益州别驾张松倾诉。一来二去，两个人都有了抛弃刘璋另投明主的想法。这之后才有了我们前面说到的法正三次出使见刘备并盛邀刘备入主益州的故事。

前两次见面，刘备都是"以恩意接纳，尽其殷勤之欢"。法正通过观察，认为刘备确有雄才大略，故而回到益州后，与张松密谋，决定暗中拥护刘备为益州新主。

公元211年时，听说曹操将派兵到汉中征讨张鲁，刘璋再次派法正请刘备入川。此时的法正献策于刘备："以明将军之英才，乘刘牧之懦弱；张松，州之股肱，以响应于内；然后资益州之殷富，冯天府之险阻，以此成业，犹反掌也。"刘备听从了法正的建议，入蜀后，按照法正的建议缓攻张鲁，并在暗地里扩充势力，经过三年的准备后，终于彻底击败刘璋，吞并了整个益州。

2.法正的重要性

引人注意的是，就在刘备进攻成都之时，刘璋的谋士郑度曾向刘璋建议"其仓廪野谷，尽皆烧除，深沟高垒，静以待之"，企图以坚壁清野的计策达到拖垮刘备的目的。刘备知道后非常不安心，法正却认为依刘璋的为人处世方式，不但不可能采纳这个会损害老百姓利益的计策，而且还会罢黜郑度。果不其然，抱着"吾闻拒敌以安民，未闻动民以避敌也"态度守成都的刘璋不但罢免了郑度，还主动向刘备请降。

盛邀刘备入主益州，这是张松与法正两个人共同的密谋。怎么这之后的法正会受到刘备的重视呢？这当然不是刘备念及前功，而是此后的法正对刘备更加重要。这表现在以下几个方面。

第一，巧言举荐贤才。公元214年，刘备大军包围成都，蜀郡太守许靖要出城投降，被人发觉，因为是在危急关头，不宜诛杀自己人，于是刘璋放过了许靖。刘璋投降后，刘备居然也没有启用许靖。许靖与其弟许劭是天下闻名的名士，但没有身为人臣的才能。此时，诸葛亮谏道："靖人望，不可失也，借其名以竦宇内。"法正也劝刘备说："天下有获虚誉而无其实者，许靖是也。然今主公始创大业，天下之人不可户说，靖之浮称，播流四海，若其不礼，天下之人以是谓主公为贱贤也。宜加敬重，以眩远近，追昔燕王之待郭隗。"于是，刘备对许靖逐渐尊敬重用。

第二，主张"缓刑弛禁"。刘备又命法正与军师将军诸葛亮、昭文将军伊籍、左将军西曹掾刘巴、兴业将军李严五人一起制定《蜀科》，改变刘璋治下益州法纪松弛、德政不举、威刑不肃的局面。

然而，法正虽然擅长军事谋略，但政治谋略稍差，只知因循守旧却不会变通。《蜀科》制定后，由于严法治蜀，打击了地方豪强势力，豪强十分不满，以消极态度抵制蜀汉政权。为此，法正提出用当年汉高祖入关与民约法三章之事向诸葛亮进言，认为成都初定，宜"缓刑弛禁"，放宽约束。但诸葛亮认为不能盲目沿用汉初的法度，应当因时制宜，懂得变通，于是写了《答法正书》给法正，晓以大义，告诉其更深一层的意思。

《答法正书》："君知其一，未知其二。秦以亡道，政苛民怨，匹夫大呼，天下土崩，高祖因之，可以弘济。刘璋暗弱，自焉以来有累世之恩，文法羁縻，互相承奉，德政不举，威刑不肃。蜀土人士，专权自恣，君臣之道，渐以陵替；宠之以位，位极则贱，顺之以恩，恩竭则慢。所以致弊，实由于此。吾今威之以法，法行则知恩，限之以爵，爵加则知荣；恩荣并济，上下有节。为治之要，于斯而著矣。"

这里，诸葛亮分析了蜀汉初期的"势"，指出：秦朝因刑法过苛，百姓怨声载道，天下"土崩"；刘邦反其道而行之，仅"约法三章"，便大获全功；但刘璋却过于软弱宽大，蜀中豪族专权自恣，君臣之间连正常的纲纪都没有了，这才导致其统治的结束。蜀汉政权是在这个基础上建立起来的，基础、形势都与高祖时不同，欲与刘璋反其道而行之，要"威之以法"，从严治蜀。

诸葛亮厉行法治的主要目的是依法惩治目无法纪的土著豪族，彻底改变刘焉、刘璋统治益州时，豪族专横跋扈、为所欲为的混乱局面。诸葛亮治蜀，靠的是严明的律令科条，而绝非简单的杀戮。由于诸葛亮从严治蜀的态度坚决，土著豪族不敢以身试法，原来的行为大大地收敛了。通过诸葛亮一系列法治行为，豪强欺压百姓之事基本绝迹。

当时，法正在外掌握着益州首府蜀郡的行政大权，在内仍然经常为刘备出谋划策，是刘备的主要谋士。法正性格恩怨分明、睚眦必报，掌握大权后，曾经对他有过小恩惠的人都受到他的照顾，对与他有过小矛盾的人都加以报复，擅杀毁伤己者数人。有人向诸葛亮告发，希望他能够禀报刘备，不要让法正作威作福。而诸葛亮深知法正是深得宠信的肱股之臣，劳苦功高，因此不加过问。

第三，稳定益州民心。

无论如何，即使声望再好，对于益州百姓来说，刘备集团都是外来户。益州的百姓对于刘备集团，多多少少还是有一些戒心的。如何消除这种戒心呢？法正认为，联姻是最直接最方便的形式。谁跟谁联姻呢？法正建议刘备迎娶蜀中豪族、大将吴懿的妹妹为妻。

此时，吴懿的妹妹本是刘璋已故兄长刘瑁的妻子，刘备认为自己娶同族刘瑁的妻子为妻有违礼法。但法正认为，想当年晋公子重耳娶自己亲侄子的妻子怀嬴为妻都没遭到时人的抨击，而刘备与刘瑁之间，那更是八竿子够不着的关系了。最终，刘备娶了大将吴懿的妹妹为妻。此后，刘备赐予诸葛亮、法正、张飞及关羽四人黄金各五百斤，白银千斤，钱五千万，锦千匹，作为诸将中最高赏赐。法正同时被任命为蜀郡太守、扬武将军。

第四，谋划"汉中三策"。

作为刘备集团的远景规划，诸葛亮的"隆中对策"早已尽人皆知，"隆中对策"的主要内容无非就是率先夺取荆益二州，然后分路北伐，夺取中原，光复汉室。夺取益州之后，刘备已经占领了益州全部和荆州一部分，某种程度上讲，"隆中对策"的第一阶段的小目标已经初步完成。

此后的刘备集团是否应该分路北伐，夺取中原，光复汉室呢？诸葛亮的"隆中对策"并未给我们具体方案。

当然，诸葛亮的"隆中对策"之所以不能给出分路北伐，夺取中原，光复汉室的具体方案，完全是因为此前没有来过益州的诸葛亮对于益州的情况并不十分了解。"隆中对策"中所谓分路北伐，夺取中原，光复汉室的长远规划只是空中楼阁而已，并不具备真正的可操作性。

而本属关中人氏，因避乱被迫入蜀的法正于公元217年向刘备献计，认为曹操一举降伏张鲁，却未继续进攻益州，而留下夏侯渊、张郃驻守汉中，一定是内部动乱，而夏侯渊、张郃的才能不足以守住汉中，应该立即发兵夺取汉中。且告诉刘备夺取汉中的意义："上可以倾覆寇敌，尊奖王室；中可以蚕食雍、凉，广拓境土；下可以固守要害，为持久之计。"这便是著名的"汉中三策"了。

上策的目的是通过与荆州方面配合，从益州和荆州同时出兵，攻克长安和洛阳，恢复汉朝的旧都。这一策略需要刘备集团内部的高度协调和外部的盟友支持，以实现最大的战略效果。

中策的策略是逐步蚕食雍州和凉州（即两汉时期的河西和陇右），通过逐步扩张来增强蜀汉的国力。这一策略相对稳健，能够在保证安全的同时逐步扩大领土。

下策是扼守汉中以北的秦岭，保障巴蜀地区的安全。这一策略是刘备集团面临强大敌人时的防守策略，确保蜀汉的核心区域不受侵犯。

很快，法正提出的非常具体且有可操作性的"汉中三策"，就取代了诸葛亮玄而又玄的完全不具有可操作性的"隆中对策"。

第五，促成三国鼎立。

正当刘备积极地落实法正提出的"汉中三策"之时，关羽败亡，荆州易手，"汉中三策"中的上策已不可实行。此后终蜀汉之世，军事战略都是在中、下两策中徘徊。处于攻势时取中策，处于守势时则取下策。建立在这个基础之上，我们便可以理解为什么说法正是刘备人生中的第八个贵人；建立在这个基础之上，我们便可以理解法正为什么是刘备时代唯一一位有谥号的大臣；建立在这个基础之上，我们更可以理解诸葛亮的五次北伐之中，为什么会有至少三次（第一次、第三次、第四次）的目标都是雍凉而非关中；建立在这个基础之上，我们更可以理解蜀汉大将魏延的"子午谷奇谋"是多么幼稚可笑；建立在这个基础之上，我们更可以理解诸葛亮北伐时，为什么偏偏选择凉州本土人士姜维作为自己的衣钵传人。

公元217年，曹操在击败张鲁之后，留下夏侯渊、张郃驻守汉中。法正认为此时的曹操没能继续进攻益州，一定是发生了内乱，刘备集团应该立即发兵夺取汉中。在法正看来，此举"上可以倾覆寇敌，尊奖王室；中可以蚕食雍、凉，广拓境土；下可以固守要害，为持久之计。"于是，刘备听从了法正建议，率领诸将进攻汉中。

公元219年春，刘备南渡沔水，于定军山、兴势山山麓扎营，与率军前来的夏侯渊部对峙。当时夏侯渊驻守南线据点走马谷，张郃驻守东线据点广石。法正采取声东击西之计，让刘备将万余精兵分作十队，趁夜轮番进攻广石。张郃率亲兵搏战，虽然没有丢失据点，但也抵挡不住刘备军的轮番攻击，于是向夏侯渊要求增援。夏侯渊将精兵分拨一半去支持张郃，自己继续固守南线。随后刘备派兵偷袭走马谷，放火烧毁了曹军阵地前的防卫工事鹿角，夏侯渊亲自率四百军士出营救火、修补鹿角。此时，法正看准时机，见夏侯渊正处于劣势，提议全力进攻夏侯渊，刘备于是命黄忠居高临下从后方擂鼓突袭，夏侯渊猝不及防被黄忠斩杀，曹军溃败。刘备从此占据了汉中之战的主动权。不久，曹操亲征，听闻是法正献计取汉中，因而感慨道："吾故知玄德不办有此，必为人所教也。"

接下来的战事中，曹操虽然兵力占有优势，但是刘备敛众拒险，终不与曹操交锋，曹操积月不拔，亡者日多。同年夏，曹操不得已而引军还，刘备遂占据汉中，自立为汉中王，任命法正为（汉中王）尚书令、护军将军。

公元220年，法正去世，终年四十五岁。法正之死令刘备十分感伤，一连哭泣数日。随后追谥他为翼侯，封其子法邈为关内侯。

法正年长诸葛亮四岁，两人同为刘备股肱（《先主传》云：诸葛亮为股肱，法正为谋主），虽然性格和兴趣彼此不同，但双方始终能以公事大义为重，诸葛亮总理后方政务，足兵足食；法正则随军征讨，出谋划策。互相之间能够紧密合作，取长补短。后来刘备东征孙权为关羽报仇，群臣大多进谏，皆不听从。

公元222年，蜀、吴因关羽之死而爆发的夷陵之战，蜀军战败，退回白帝。诸葛亮感叹道："法孝直若在，则能制主上，令不东行；就复东行，必不倾危矣。"

由此看来，如果法正不死，诸葛亮的位置都岌岌可危了呢。

十五、刘备何以称汉中王

1. 刘备取益州之道

说起刘备，到底是个英雄还是个枭雄，人们争论不断。狂妄的曹操认为刘备是人杰，天下英雄惟使君与操耳；周瑜、鲁肃认为刘备乃"天下枭雄"；广陵太守陈登称刘备"雄姿杰出，有王霸之略"，连吴国太也说他是人中龙凤，越看越欢喜，把女儿嫁了他。贩卖草鞋出身的刘备在人们心目中声望如此之高，到底是什么原因呢，人们是看重他英雄的一面还是枭雄的一面呢？

先说"枭"，这个词除了有勇猛的意思外，还有一个不好的意思，用民间俗语说就是"吃谁的饭砸谁的锅，住谁的房捣谁的窝"。说文一点就是忘恩负义或者恩将仇报。

刘备被称为"枭雄"，主要出自东吴。如周瑜的"刘备以'枭雄'之姿"，鲁肃的"刘备天下枭雄"。三国时期蜀汉、曹魏将领黄权也说过"左将军有骁名"。

首先需要注意的是，在古汉语中，"骁、枭"二字通用，原本指的是恶鸟猫头鹰。许慎《说文解字·木部》："枭，不孝鸟也。故日至捕枭，磔之。"至于猫头鹰为什么是恶鸟的代名词，主要是因为古人误认为猫头鹰有食母的习惯，并因此产生了对它的敌视。《汉书·郊祀志上》："祠黄帝用一枭、破镜。"颜师古注引三国魏孟康云："枭，鸟名，食母。破镜，兽名，食父。黄帝欲绝其类，使百吏祠皆用之。"

清代徐昆《遁斋偶笔》："余尝居北阿镇小寺，寺后乔木数株有枭巢其上，凡生八九子。子大能飞，身皆与母等，求食益急。母势不能供，即避伏荆棘间，群子噪逐不已。母知必不能逃，乃仰身披翅而卧，任众子啄食至尽乃散去，就视惟毛嘴存焉。"

由此可见，古人认为猫头鹰有食母的习惯固然是一种误判，但并非空穴来风。现代科学观察表明，小猫头鹰虽然没有捕食母亲的习惯，但在食物匮乏的时候会互吃兄弟姐妹。所以，我们说猫头鹰不孝是错的，但说猫头鹰不悌倒没什么问题。食母之说应是古人在观察到他们兄弟互吃的景象后，以讹传讹所致。

故而，"枭雄"的真正含义是用来比喻惯于反噬的恶人，正如陈琳声讨曹操的檄文《为袁绍檄豫州》中所说，"操豺狼野心，潜包祸谋，乃欲摧挠栋梁，孤弱汉室，除灭忠正，专为枭雄"。

当然，政治军事斗争是不能用道德来衡量是非的，那是一个弱肉强食的社会。作为三国霸主的刘备，他凭借的资本比曹操、孙权都少得多，最后能成就霸业，他不做枭雄又能如何？不如此可能早已被那个时代淘汰了。《世说新语》把刘备比作汉高祖刘邦很是高明，他们相像的地方太多了，而刘备可能更不容易，因为他面对的不是一个勇而无谋的项羽，而是许多人杰。刘备真正了不起的地方，并不见得是用人，而是他的韧性，也就是面对失败不屈不挠的精神。凭着这一点，他就像是石缝里的种子，在那个军阀混战的年代用枭雄的作为寻找时机，当某一天"天公降雨"的时候，这颗种子就能发芽，这条蛟龙就能起飞——"蛟龙得云雨，终非池中物也。"

说刘备是枭雄，人们一下子恐怕有点难以接受，因为人们印象当中，刘备是个非常仁义的人。有这么一件事情让我印象很深。

荆州刘表病重，派人请刘备来托孤。刘表知道自己儿子没什么才能，就跟刘备说，等他过世后，就让刘备来掌管荆州。刘备坚决推辞，表示一定会尽心辅佐刘表的儿子。诸葛亮觉得这是个好机会啊，就问刘备为什么推辞，刘备回答："刘表对我有恩，我怎么能够乘人之危夺他的地方呢？"之后刘表又三番五次来请刘备掌管荆州，可是刘备就是不答应，应该说，这可以看出来刘备不是假仁义啊。

刘备取益州的事情，表现出枭雄政治家的本色。

赤壁之战后，益州牧刘璋听信张松之言，与曹操断绝关系，派法正为使者与刘备结交。法正回到益州后，对张松说刘备有雄略，于是两人共同密谋戴奉刘备为益州之主。

公元211年，刘璋听说曹操将派钟繇到汉中征讨张鲁，心中恐惧。张松问刘璋："曹公兵强无敌于天下，如果得到张鲁的物资再攻取蜀地，谁能阻挡他呢？"刘璋说："我也深以为忧，但想不到应对的方案。"张松趁机提议："刘豫州，是使君的同宗、曹公的仇敌，善于用兵，如果令他讨伐张鲁，必定能得胜。等攻破张鲁，益州实力强盛，曹公再来也无能为力了。"张松又说："现在州中将领庞羲、李异等人都居功自傲，且心怀异志，如果得不到刘豫州的帮助，益州外有强敌攻击，内遭乱民骚扰，必定走向败亡。"刘璋听从张松之言，立刻派法正率四千兵马迎接刘备，前后赠送的物资数以亿计。法正、庞统在此时劝刘备图取益州。刘备遂留诸葛亮、关羽等守荆州，自将数万步卒入蜀，与刘璋会于涪城。张松、法正、庞统皆劝刘备袭击刘璋，刘备以初来到蜀地，人心尚未信服，不宜轻举妄动为由拒绝。刘璋上表推荐刘备代理大司马，兼领司隶校尉；刘备也推刘璋行镇西大将军，领益州牧如故。刘璋配给刘备士兵，督白水军，令他攻击张鲁。刘备北至葭萌，驻军不前，厚树恩德，以收众心。

公元212年，曹操南征孙权，孙权求助于刘备。刘备向刘璋请求东行，请刘璋给他一万兵马及物资，刘璋只许给四千兵，其余物资只给一半。张松写信给刘备、法正说："如今大事即将成功，何故舍此而去啊！"张松的哥哥张肃害怕祸端到自己头上，把事情告诉了刘璋，刘璋于是将张松收捕处死，刘备得知后叹道："是君矫杀了我的内应啊。"刘璋与刘备反目，刘备依庞统提出的计谋，召白水军的杨怀到来并将其斩杀，吞并其部队。派黄忠、卓膺率军南下进攻刘璋，占领涪城。梓潼令王连坚守城池，刘备以他为守义之士，不愿强攻。

公元213年，刘璋派遣刘璝、冷苞、张任、邓贤、吴懿等在涪阻击刘备，都被刘备打败，吴懿投降。刘璋又派李严、费观统帅绵竹诸军阻击刘备，李严、费观率众投降。刘备军力益强，分军平定各县。同时调诸葛亮、张飞、赵云等率军入蜀。张任、刘循退守雒城，刘备率军进攻，张任出击，被刘备军斩杀，刘循遂坚守不出，庞统率军攻打雒城时为流矢所中，战死城下。

公元214年夏，刘备攻克雒城，乃与诸葛亮、张飞、赵云等共围成都。

刘璋令张裔拜见刘备，刘备许诺必定礼待刘璋、安抚百姓，并派简雍入城劝说刘璋。刘璋出城投降，刘备把振威将军印绶和财物还给刘璋，让他到南郡公安居住。刘备大摆筵席犒劳将士，拿出成都库中的金银赏赐给将士，把谷帛还给百姓。刘备领益州牧，诸葛亮为股肱，法正为谋主，关羽、张飞、马超为爪牙，许靖、庞羲、麋竺、简雍、伊籍为宾友。董和、黄权、李严原来都是刘璋任用的官员，吴懿、费观是刘璋的姻亲，彭羕是被刘璋排挤的人，刘巴更是刘备向来讨厌的人，但都被安排在了重要的职位上，得以各尽其才。于是有志之士，都互相勉励。

2.刘备的称王之路

公元215年，孙权认为刘备已经占据益州，想要回荆州，刘备回应说："等得了凉州，就把荆州给你。"孙权愤怒，于是派遣吕蒙袭取长沙、零陵、桂阳三郡。刘备于是率兵五万下公安，让关羽入益阳。同年，曹操定汉中，张鲁逃往巴西（今四川省阆中市），刘备听说后一方面与孙权议和，平分荆州，另一方面派遣黄权为护军去迎接张鲁，但张鲁已经投降曹操。黄权又击破了曹操所设的三巴太守杜濩、朴胡、袁约。曹操留夏侯渊、张郃等镇守汉中，多次入侵巴西（今四川省阆中市），刘备派遣张飞与张郃战于瓦口，张郃败归南郑。

公元217年，法正向刘备献计，认为曹操一举降伏张鲁，却未继续进攻益州，而留下夏侯渊、张郃驻守汉中，一定是内部动乱，而夏侯渊、张郃的才能不足以守住汉中，应该立即发兵夺取汉中。刘备赞同，于是率领诸将进攻汉中。

公元218年，刘备率兵进攻汉中，派遣吴兰、雷铜等夺取武都（今甘肃省陇南市武都区），最终二人皆为曹军所杀。刘备率军占领阳平关（今陕西省勉县），与夏侯渊、张郃相抗。

公元219年，刘备放弃阳平关，南渡沔水，于定军山扎营，夏侯渊率军前来争取定军山。刘备令黄忠进攻，大破夏侯渊军，斩杀夏侯渊及赵颙。而后曹操亲率大军来争汉中，刘备听说后说："曹操虽来，无能为也，我必有汉川矣。"曹操到汉中之后，刘备敛众拒险，黄忠、赵云又在汉水截取曹军粮草，曹军奔走逃亡的越来越多，不得已退军。刘备取得汉中之战的胜利，并派遣刘封、孟达等占领上庸。

此时，蜀汉势力达到了巅峰期，刘备志得意满。

公元219年秋，刘备手下120名大臣联名写了一封给汉献帝刘协的上表，从四个方面详细地说明了刘备为什么要称汉中王。

第一，主要上表群臣的姓名。

"平西将军都亭侯臣马超、左将军领长史领镇军将军臣许靖、营司马臣庞羲、议曹从事中郎军议中郎将臣射援、军师将军臣诸葛亮、荡寇将军汉寿亭侯臣关羽、征虏将军新亭侯臣张飞、征西将军臣黄忠、镇远将军臣赖恭、扬武将军臣法正、兴业将军臣李严等一百二十人。"

引人注意的是，在上述有名有姓的十一人当中，马超位列第一，诸葛亮位列第五。之所以诸葛亮只能排第五，主要是因为前四人的身份太特殊了！马超出身好、名望高，是刘备手下中官职最高（朝廷亲封）的人，而许靖名声早就传扬天下，他代表着名门望族的看法，庞羲和射援二人代表了益州的本土势力，将他们四人放在劝进表前，能使得劝进表更加有分量。倘若直接把诸葛亮放在第一，会使得这份劝进表欠缺效力。首先，诸葛亮的名望不够，汉献帝不认识他；其次，诸葛亮没有官职在身，在东汉朝廷说不上话；最后，诸葛亮排第一，也会让益州本土势力觉得刘备任人唯亲，影响益州内部的团结。所以说，将诸葛亮排在第五，其实效果更佳。

第二，列举天下大势。

表文列举了古代四个犯上作乱的例子，"唐尧至圣而四凶在朝，周成仁贤而四国作难，高后称制而诸吕窃命，孝昭幼冲而上官逆谋"，危急时刻，

"非大舜、周公、朱虚（西汉朱虚侯刘章）、博陆（西汉博陆侯霍光），则不能流放禽讨，安危定倾"。

紧接着，表文又写了东汉末年两个犯上作乱的例子，"董卓首难，荡覆京畿，曹操阶祸，窃执天衡；皇后太子，鸩杀见害，剥乱天下，残毁民物。久令陛下蒙尘忧厄，幽处虚邑。人神无主，遏绝王命，厌昧皇极，欲盗神器"。

第三，封刘备为汉中王的原因。

"左将军领司隶校尉豫、荆、益三州牧宜城亭侯备，受朝爵秩，念在输力，以殉国难。睹其机兆，赫然愤发，与车骑将军董承同谋诛操，将安国家，克宁旧都。会承机事不密，令操游魂得遂长恶，残泯海内……臣等以备肺腑枝叶，宗子藩翰，心存国家，念在弭乱。自操破于汉中，海内英雄望风蚁附，而爵号不显，九锡未加，非所以镇卫社稷，光昭万世也……操外吞天下，内残群寮，朝廷有萧墙之危，而御侮未建，可为寒心。臣等辄依旧典，封备汉中王，拜大司马，董齐六军，纠合同盟，扫灭凶逆。"

值得注意的是，刘备此前得到朝廷任命的最高官职是左将军，最高爵位是宜城亭侯，左将军低于九卿，更低于三公，宜城亭侯只是个亭侯，侯爵中最低的，低于乡侯和县侯，不管是从官职，还是从爵位来说，完全没有办法跟曹操比。曹操在公元208年的官职就是丞相；公元213年曹操称魏公，也就是公爵，仅次于诸侯王；公元216年曹操称魏王，从公爵到王爵仅是一步之遥。更为重要的是，曹操的官职和爵位都是来自汉朝正统皇帝汉献帝刘协的封赏。

第四，汉中王的封地。

"以汉中、巴、蜀、广汉、犍为为国，所署置依汉初诸侯王故典。夫权宜之制，苟利社稷，专之可也。然后功成事立，臣等退伏矫罪，虽死无恨。"

与此同时，刘备自己也上表给汉献帝刘协称，"今操恶直丑正，实繁有徒，包藏祸心，篡盗已显。既宗室微弱，帝族无位，斟酌古式，依假权宜：上臣大司马、汉中王……若应权通变，以宁静圣朝，虽赴水火，所不得辞：辄顺众议，拜受印玺，以崇国威。仰惟爵号，位高宠厚；俯思报效，忧深责重：惊怖惕息，如临于谷。敢不尽力输诚，奖厉六师，率齐群义，应天顺时，以宁社稷。谨拜表以闻"。

随后，刘备于汉中沔阳（今陕西省勉县旧州铺）修建了一座高高的坛场，在那里举办了一场盛大的典礼，坛下数万精兵排成整齐的方阵以壮声威，文武群臣则分列两旁。待读过群臣的上表后，刘备拜受了汉中王的印玺和绶带，加冕王冠。

之后，刘备火速命使者将两份上表送到汉献帝刘协处，之前朝廷授予的左将军、宜城亭侯印绶也一起归还，并宣布立刘禅为王太子。随后，刘备以魏延镇守汉中，自己回到成都，"以许靖为太傅，法正为尚书令，关羽为前将军，张飞为右将军，马超为左将军，黄忠为后将军，余皆进位有差"。

需要说明的是，汉中王是东汉末年继曹操之后的第二个诸侯王，曹操在公元216年被汉献帝刘协封为魏王，而刘备则在群臣的劝进中自称汉中王。

那刘备为何不采用蜀王的称号，而是选择了汉中王呢？晋位汉中王，对刘备来说，是利大，还是弊大？

3.刘备何以称汉中王？

对比曹操和孙权的王号，可以发现它们与春秋战国时期的诸侯国存在一定的联系。曹操建立魏国，其疆域与战国七雄之一的魏国相似，因此选择了魏王这一国号。孙权所在的疆域与春秋时期的吴国存在重合，因此在公元222年，孙权封号为吴王。而相对而言，刘备的地盘虽主要在巴蜀之地，但他却没有选择蜀王这一称号。

究其原因，有以下几个方面。

第一，因为此前的刘备一直标榜匡扶汉室的理念。称蜀王会给别人传递出刘备准备割据一方的信号，这与此前的匡扶汉室的理念相悖。

第二，如若刘备自封蜀王，必然会减弱他在关羽、张飞、赵云、诸葛亮等人中的领导地位。这些人都怀有复兴汉室的理念，追随刘备是为了实现匡扶汉室的目标。刘备称蜀王后，将很难再凝聚这些志士的心。

第三，某种程度上，刘备也是在效仿先祖刘邦。汉中王自然和汉中有着密不可分的关系，这里不仅是刘备一生功业的最高峰，也是400年前汉王刘邦成就帝业的开端，因此汉中对于汉朝来说，有着极为重要的意义。刘备正是希望通过称汉中王，仿效刘邦的胆略和风格，以汉中为北伐中原、恢复汉室的理想跳板。

需要注意的是，刘备称汉中王时，汉献帝刘协仍未退位，汉朝并未彻底灭亡。因此，刘备不能直接称汉王，以免让汉献帝刘协陷入尴尬境地。故而，公元219年，刘备选择了汉中王这个妥协的方案。汉中王这一封号，既是对历史传承的致敬，又是刘备雄图一统的宏图。刘备的这一决策，展现了他实现匡扶汉室、一统天下的远大志向。

按正常的流程来说，刘备想要封王，必须得到汉献帝刘协的认可，但是很显然，汉中王劝进表只是个流程而已，刘备及其手下压根没有想过要让汉献帝刘协同意，他们也不可能把这封表文送到汉献帝刘协那里去，即使送到了汉献帝刘协手中，汉献帝刘协也不会同意，要知道曹操才是傀儡汉献帝刘协背后那个"挟天子以令诸侯"的人。

因为，从流程来看，刘备自封为汉中王是非法的，不合流程的，并且没有法理依据，而且是自己封自己。

虽然刘备有皇室后裔的身份，但他也不可以自己封王。须知，东汉封王有两个基本条件：一是不封异姓王，异姓在东汉最高爵位是侯，不是王，东汉唯一的异姓王是曹操，曹操虽然没有篡位，但是他为自己儿子篡位铺平了道路，本质上还是篡位；二是封王一定是皇帝的主意，曹操"挟天子以令诸侯"，虽然是汉献帝刘协封曹操为魏王，但是正常人都会知道这是曹操逼迫汉献帝刘协做的，这种逼迫就是篡位。刘备封汉中王只属于另一种形式——自封，自己封自己为王，这本身也是非法的，虽然刘备是皇室后裔，但不是东汉皇室的嫡系后裔，根本就没有资格封王。何况刘备本人也只是打着汉室的旗号为自己建立政权埋下伏笔和铺平道路，从汉中王到称帝也只是一步之遥而已。

4.称汉中王的利弊

汉中不仅是刘备一生功业的最高峰，也是400年前汉王刘邦成就帝业的开端，因此汉中对于汉朝来说，有着极为重要的意义。当年刘邦称帝后大封宗室为王，但对汉中这块地方则没有封藩王，毕竟是他自己的龙兴之地。因此，刘备选择"汉中王"这个称号，是有着双重意义的。第一层意思是他在这里建立了功业；第二层意思就是要效法先祖刘邦，复制刘邦的成功轨迹。

从局势上来看，刘备确实和当初的刘邦非常像，都建立了以益州为根基的政权，唯一的不同是，他不可能自称汉王，这个避讳还是必须注意的，因此汉中王就是最好的选择，既能彰显功业，又能和汉高祖扯上关系。另外，东汉末年的形势和秦末有所不同，大汉朝廷虽然式微，但依旧是具有公信力的，不像当年的秦朝早就被天下人抛弃了。因此，刘备仅仅是在战略部署上学刘邦，而真正建功立业的路径，则是学刘秀，即再造大汉，只不过是刘备自己的"汉"，称王就是他的第一步。

称王对于刘备来说，还是有很多好处的，最直接的一点就是可以自立门户，彻底摆脱来自曹操方面在大义名分上的压力。之前刘备作为朝廷的左将军、宜城亭侯，与曹操对抗多少有点名不正、言不顺。现在他和曹操平起平坐了，大家都是王，自然也就不会低曹操一头了。

刘备之前的爵位只是亭侯，可他手下同样也有很多亭侯，比如马超、关羽、张飞等等。大家爵位一样，这不利于刘备对部下进行统御。现在进位为王，不仅可以和臣属拉开差距，有利于统治，另外还能以更高的身份给手下人更多封赏，可以说是皆大欢喜。这也是古代臣子热衷于劝进的原因。

当然，事情总是有两面性，称王一事对刘备来说是一把双刃剑，在带来诸多好处的同时，也有许多不利的影响。

刘备称王的目的就是针对曹操，他认为曹操就是第二个赵高、王莽，必须打倒。而现在他自己爵位太低，不足以匡扶社稷，而且皇帝被曹操控制，也不可能封他为王，无奈之下只好僭越自封。虽然说得头头是道，但很可惜这个道理是讲不通的，因为即使汉献帝是自由身，他也不可能给刘备封王，除非刘备变成下一个曹操。曹操称王固然不合法，但这并不说明刘备称王就是合法的，这两件事没有因果联系。

这也是刘备称王的第一个弊端，反了曹操一辈子，最终自己变得和曹操没什么两样。虽然此后曹操无法用朝廷的名义压制刘备了，但同时刘备也跟朝廷彻底决裂了。

其实刘备称汉中王，是弊大于利，而归根结底还是因为实力。称王是否合法是相对的，实力到了自然水到渠成，到时候即使不合法也会变得合法，但对于刘备来说，目前显然还不是时候。

十六、刘备的称帝之路

在《上汉帝表》的开头，十一位重臣的名单赫然在列，有意思的是，日后的蜀汉丞相诸葛亮，此时竟屈居在马超、许靖、庞羲、射援之后，排在第五。话虽如此，刘备外出征战之际，仍是以诸葛亮"常镇守成都，足食足兵"。这本该是长史的任务，却交由诸葛亮来做。且诸葛亮并未在益州任职，却仍能以左将军府官的身份调动益州的粮草、兵马，甚至能干预人事任命。不难看出，在刘备称汉中王前后，诸葛亮虽在名义上屈居于马超、许靖等人之后，但仍是刘备最为信赖的心腹，"豫州入蜀，荆楚人贵"亦所言非虚。刘备信任的另一位谋士法正，则担任蜀郡太守，扬武将军，"外统都畿，内为谋主"，在整个益州僚属系统内仅次于刘备这位益州牧。

这大抵是刘备的精心安排：作为其心腹的诸葛亮与法正，分别在他的军府、州府内居于要职，为其分忧；至于马超、许靖与其他新加入的东州名宿，暂把他们高高捧起，只借用其名声而不授予实权。由此可见，刘备在称汉中王的过程中，更注重构建其集团内部的认同，而忽略了"位同权均"的盟友——孙权。

刘备称王，名义上凌驾于盟友孙权，这自然不会得到后者的承认。事实上，直到夷陵之战后，吴蜀握手言和，孙权才在信中承认了刘备汉中王的身份。想当初，孙权在刘备称王后不久就"背刺"关羽，未尝没有这一方面的原因。刘备称汉中王不久，关羽孤军北伐，虽然擒于禁、斩庞德，威震华夏，围曹仁于樊城，但东吴孙权派遣吕蒙以白衣渡江袭取荆州，关羽遂败走麦城，最后被吴军擒获，遭到杀害。公元220年3月15日，曹操去世，其子曹丕袭位。公元220年12月11日，曹丕代汉称帝，建立曹魏，改元黄初。汉献帝刘协逊位为山阳公。当时蜀中有传闻称汉献帝刘协已遇害，于是刘备遂为其发丧，追谥其为"孝愍皇帝"。

公元221年5月15日，刘备于成都武担山登基称帝，国号"汉"，史称蜀汉，年号"章武"。任命诸葛亮为丞相，许靖为司徒。设置百官，立宗庙，祫祭汉高祖刘邦以下的汉朝皇帝。随后不久，立夫人吴氏为皇后，刘禅为皇太子，刘永为鲁王，刘理为梁王。

这里要注意的一点是，刘备是以汉朝正统自居，国号当然是"汉"，并非蜀。所以涉及刘氏政权的时候，可以说蜀汉，但不能说蜀国。只有站在魏国、吴国的角度，才会称刘氏为蜀国，因为如果他们称刘氏政权为汉，等于向世人承认自己篡汉。

不仅从国号上能看出刘备秉承正统的思路，年号也是如此。这要从古人信奉的五行哲学去理解。古人常说：天下有德者居之。这个德字，既指人的品性，也指上天赐予的气运。符合气运的条件之一，就是符合五行的相互克生关系：木、火、土、金、水。所以皇帝在选择年号，特别是第一个年号时，要把承接气运表达出来。曹丕是刘协禅让得到的天子之位，而非用武力解决的朝代更迭，因此曹魏的易理学家们用五行相生的关系为曹丕找年号。汉朝被当时的易理学家认为属火。火生土，土的五行色为黄色。所以曹魏的第一个年号是黄初，就是土德气运的开始，寓意国祚长久。

再看刘备的年号：章武。"章"字通假"彰"字，就是彰显武帝的意思，至于是指汉武帝还是光武帝，就不清楚了。从字义上就告诉世人，我刘备才是维护汉朝的正面人物。我虽然当了皇帝，但绝没有篡夺之意，而是要维护汉朝。"章"字在"字义五行"里属火。跟汉朝的火德相同。无论这是不是巧合，都无法否认古人对五行的依赖。比如后来称帝的孙权，他的年号跟曹丕相似：任吴王时年号黄武、称帝后的第一个年号是黄龙。

古人不仅重视五行，也很重视易学。刘备当皇帝的登基大典是在成都郊外的武担山举行的。选择武担山，是因为这座山在成都的西北方。西北方在八卦方位里是"乾"卦。乾卦是六十四卦第一卦，其性纯阳，其数在九，是九个数字中最大的数字，古人比九为天，是身为天子的皇帝才能用的数字。而"五"位于九个数字的中间，有居中统帅之意。所以古人称皇帝是"九五之尊"。但深究起来，这也是源自《易经》。六十四卦的每卦都有六行（称"爻"）卦辞，各有寓意。乾卦第五行卦辞："九五，飞龙在天，利见大人。"这是大吉大利之象，用《易经》的话说：元亨利贞。是位高权重之人才能匹配的卦象。所以"九五之尊"是皇帝的专用词。另外，郭靖的降龙十八掌也源自卦辞。

当然，刘备称帝是顶着巨大压力的。他本心未必希望这么快就称帝。但他又不得不称帝：第一，岁数不饶人，刘备已到花甲。第二，如果刘备不称帝，不但在名分上不够高大上，更重要的是级别上就无法与敌人对等，这在外交上，会吃大亏。第三，刘备称帝已经不是刘备个人的利益，而是团队的整体利益：竞争对手的干部们都升了至少一级，作为领导不让自己的手下借此升一级，确实不近人情，他们也都兢兢业业很多年了，诸葛亮劝说不肯称帝的刘备时，用了"刘秀辞让"的典故，才起到了作用。

当初光武帝刘秀也推三阻四不肯称帝，前将军耿纯劝道："天下士大夫捐亲戚，弃土壤，从大王于矢石之间者，其计固望其攀龙鳞，附凤翼，以成其所志耳。今功业即定，天人亦应，而大王留时逆众，不正号位，纯恐士大夫望绝计穷，则有去归之思，无为久自苦也。大众一散，难可复合。时不可留，众不可逆。"希望借着刘秀这条龙，得到个人的利益。那些曾经跟着你舍命开疆拓土的将士，都盼着得到锦衣玉食封妻荫子的优待呢。如果错过了这个时机，大家的心气儿散了，队伍就不好带了。再想拉着队伍跟敌人战斗，胜利是难以企及的。耿纯的话说出了很多将士的心声，也得到了刘秀的认可，不久刘秀称帝。

诸葛亮借这个典故，说明了人心，手下谁不想成为建国元勋呢？如果刘备一味因为维护个人的名声，影响了团队的进取心，人心思变在所难免。刘备最终同意称帝。当然，不排除刘备的推让有虚假的做派，但很多因素不摆明，就无法体现出刘备称帝的必要性。当然，刘备称帝还有一个绕不过的技术层面的问题要解决：上天必须有个说法。

如前所述，古人文宣的基调必须有天命收受。起年号、选登基地址相对更容易一些，按照规矩守成办就好了，但自封皇帝就非同一般了。如果仅仅是找祥瑞还是很容易的，有人甚至从汉水的河底深渊里捞出了天子玉玺，献给了刘备。这种事例不胜枚举，这儿出个麒麟，那儿飘朵祥云。这些应急用的人造祥瑞，刘备并不太在意。刘备最关注的是从东汉初年就开始流传的一句出自《春秋谶》的谶语："代汉者当涂高。"二百年来，这句话被人们不断地解释和利用。

因为"涂"字有"路途、道路"的意思。所以东汉初年有益州的公孙述，东汉末年有袁术袁公路，他们俩都把这句话解释到自己身上，因为"述"和"公路"都有道路的意思，认为自己就是代替汉朝的人，从而称帝。事实证明他们的解词不合格。

谶语中"涂"后面还有一个"高"字呢，如果袁术的字不是"公路"而是"高速公路"的话，就是真正的代汉者了。其实这句话的正解在很早就出现了，是指魏要代替汉朝。而曹丕应了此谶。

最先将"代汉者，当涂高也"解释为曹魏将代汉而立的，并不是曹操手下之人，而是远在益州的大儒周舒。《三国志·周群传》记载："时人有问：'春秋谶曰代汉者当涂高，此何谓也？'舒曰：'当涂高者，魏也。'乡党学者私传其语。"

《三国志》记载的第二个说代汉者为魏的，也是蜀人，名为杜琼。《三国志·杜琼传》记载："问曰：'昔周徵君以为当涂高者魏也，其义何也？'琼答曰：'魏，阙名也，当涂而高，圣人取类而言耳。'又问周曰：'宁复有所怪邪？'周曰：'未达也。'琼又曰：'古者名官职不言曹；始自汉已来，名官尽言曹，使言属曹，卒言侍曹，此殆天意也。'"

当然，杜琼所处时期虽然三国未定，但曹操的强势十分明显，所以很可能是先认定魏公曹操能夺天下，而后才用结果反过来验证谶语。

最后一锤定音的还是曹家的臣子。在曹丕继承魏王后不久，臣子许芝就上书劝他代汉称帝。《三国志·文帝纪》记载："许昌气见于当涂高，当涂高者当昌于许。"许芝还解释了他的这句话："当涂高者，魏也。象魏者，两观阙是也。当道而高大者魏，魏当代汉。"在去往都城的路上有两个高大的观景楼，当时人称之为"魏"，"魏"在古时候通"巍"，高大的意思。

按照这个解释,路上的"当涂"也有了,"高"也有了,魏代汉就是理所当然了。有了篡位的合理性和天命,曹丕代汉称帝,国号"魏"。

刘备称帝遇到了"舆论墙",虽然算不上被舆论绑架,但一定承受着无形的压力。刘备明白,一句"天命难违"是谁都无法推翻的。何况刘秀是个图谶癖,作为刘氏皇族的后裔,刘备当然要向世人表现其先辈的基因特质。如果没有图谶的背书,刘备是没法当皇帝的。古人对天命的依赖,是现代人很难想象的。

诸葛亮当然明白其中的缘由,他网罗了一大批在预测方面有特长的官曹,组织材料寻找依据,要从坟典中扒出刘备称帝的有力证据。三国时期,有很多从《河图》《洛书》衍生出的命相学典籍,都是关于占卜预测的教参,大约四十八种。功夫不负有心人,大家从这些典籍里找到了一些上天预测刘备当皇帝的证据。其中最有说服力的是《洛书甄曜度》:"赤三日德昌,九世会备,合为帝际。"就是说,具备火德气运的朝,要经历三次昌盛,经过数代,有一位叫"备"的人会成为皇帝。同时大家又结合了中国最早的天文星座学专著《星经》里的星象预测文字:"汉位在西""必有天子出其方"。

就这样,经过了祥瑞征兆、五行八卦、图谶星象等各方面科学考察与准备,在八百多名官员的请求下,刘备成为三国时期第二位称帝者(谥号昭烈,烈字四点底,火的意思,还是承运汉朝火德的思路)。

刘备称帝,在三国中确立了自己的地位和威望,也表明了自己继承和复兴汉室的志向和信念。他与曹魏、孙吴形成了三足鼎立的格局,也开启了三国时期的新篇章。刘备的称帝行为,在当时和后世都引起了不同的反响和评价。有些人认为刘备称帝是正义之举,是为了续承汉室正统,抗衡曹魏的篡权,实现复兴汉室的理想。也有些人认为刘备称帝是野心之举,是为了满足自己的野心和虚荣,借用汉室的名义来扩张自己的势力,与曹魏争夺天下的霸权。刘备称帝是三国时期的一个重要事件,是刘备一生的最高潮,也是他一生的最后悲剧。

刘备称帝的动机和意义，不是单一的，也不是简单的。他既有继承汉室正统的理想和情感，也有扩张自己势力的野心和欲望；他既有抗衡曹魏的正义和勇气，也有与孙吴的矛盾和仇恨；他既有为天下苍生谋福利的仁义和忠诚，也有为自己名声谋荣耀的虚荣和骄傲。他的称帝行为，既体现了他的英雄气概和政治智慧，也暴露了他的人性弱点和历史局限。

对于刘备称帝一事，诸葛亮、赵云、张飞、法正等重臣都明确表示赞成，但却有费诗、雍茂、刘巴三位臣子表示刘备应该暂缓称帝。

费诗上疏曰："殿下以曹操父子逼主篡位，故乃羁旅万里，纠合士众，将以讨贼。今大敌未克，而先自立，恐人心疑惑。昔高祖与楚约，先破秦者王。及屠咸阳，获子婴，犹怀推让，况今殿下未出门庭，便欲自立邪！愚臣诚不为殿下取也。"大概的意思就是"殿下是因为曹操曹丕父子篡汉才来到益州这个地方的，是想借着益州养精蓄锐，然后讨伐曹操父子。可是现在曹丕已经公然逼迫献帝禅位，此时殿下想的不是兴复大汉，挽救大汉，而是自立为帝，这样真的很不妥，至少应该消灭汉贼曹丕，然后再细细打算"。"巴以为如此示天下不广，且欲缓之。与主簿雍茂谏备，备以他事杀茂，由是远人不复至矣。"而刘巴、雍茂都认为"如此示天下不广，且欲缓之"，就是天下还未一统，暂不适合称帝，应缓之。对于这三位反对自己称帝的忠臣，刘备是一贬一弃一杀。费诗被贬为永昌郡从事，雍茂被借口杀害，刘巴被逼起草登基诏书后弃用。从刘备对这三位劝阻自己缓称帝的表现可以看出，刘备对帝位真的很渴望。

既然刘备称帝，大家也就格局齐升。张飞被封为车骑将军，领司隶校尉，进封西乡侯。张飞是蜀汉军队的一把手。诸葛亮是这次晋升名单里收获最大的，他被刘备委任为丞相，录尚书事，假节。首先，丞相在当时权力是非常大的，曹操就是身居丞相才一步步走到魏王的，所以曹丕登基后的第一个大动作就是撤销丞相的岗位，设立中书省，自己大权独揽，以防自己篡位汉朝的模式被"山寨"模仿。录尚书事更显出诸葛亮重权在握，这个意思是说诸葛亮有过问尚书令事务的权利。尚书令原由法正担任，可以制衡分权诸葛亮。但法正、彭羕一死，就没人能与诸葛军师鼎立了。本来尚书令可以单独向皇帝奏报，现在要考虑丞相的意思。法正之后接任尚书令的是刘巴，他有些清高狭隘，身体也不太好，诸葛亮录尚书事，也就顺理成章了。张飞被杀之后，诸葛亮接任司隶校尉。司隶校尉虽然只是校尉，但却是官员监察机构的领导。类似明朝的锦衣卫指挥使。总之，此时的诸葛亮已经位极人臣。

刘备封马超为骠骑将军，领凉州牧，进封斄乡侯。从官职地位上讲，马超在刘备手下真没受到太大的排挤，军队里是二把手，政务上是州牧级别的官位，爵禄又涨到乡侯，确实得到了国家级待遇。刘备称帝的时候，马超投蜀七年，而张飞追随刘备已经三十七年了，马超进步的速度真是不慢。而且从出任凉州牧这点上能看出刘备对马超的厚望，只要马超能带兵抢回自己原来的凉州地盘，就可以做封疆大吏了。另外，马超在蜀汉有个女儿，嫁给刘备的儿子安平王刘理，当了王妃。刘备对马超的信任还可以从委任书中的殷切之语看到，刘备说："君在北方以信义著称，而且威武并昭，镇服羌、氐，现在对君之委任，望能安抚百姓，谨慎赏罚，加深汉朝福祉，回报天下人对君之殷切。"

三个月后，公元221年秋。刘备发动了夷陵之战，要为一年半以前殉职的关羽报仇雪恨。这一战，刘备并没有带着马超去。看看刘备手里的名将：随着关羽、张飞、黄忠相继离世，马超应该算是刘备手里唯一的名将了。他没参战的原因可能有二：一是留守，因为家里不能没人，魏延就据守在了汉中；二是身体原因，此时的马超很可能已经身染重病。公元222年初，马超对刘备留下最后的遗言："臣门宗二百余口，为孟德所诛略尽，惟有从弟岱，当为微宗血食之继，深托陛下，余无复言。"曾经英姿飒爽、驰骋疆场的马超，曾经叱咤风云、勇烈过人的马超，人生充满争议也颠沛流离的马超，在病痛中离去，享年四十七岁。刘备不久也在白帝城逝世，追随关、张、马、黄而去。

十七、刘备的末路狂奔

猇亭之战，又称彝陵之战、夷陵之战，是三国历史上最为重要的一场战役，也是中国古代战争史上一次著名的积极防御的成功战例。在这场刘备发起的战役中，东吴能大获全胜，很大程度上是由于陆逊指挥得当。而刘备虽然不是全军覆没，但败得很惨烈，他为什么会输得如此狼狈呢？

1. "以怒兴师"，犯了兵家大忌

公元221年7月，在登基称帝两个月之后，刘备准备重新拿回荆州，为好兄弟关羽报仇雪恨，于是亲自率领蜀汉军队数万人，对东吴发动了大规模的战争。孙权派了使者来求和，被刘备断然拒绝。

刘备是富有谋略的政治家，他所做的决定，都是经过自己的深思熟虑的。东吴袭杀关羽，刘备当然会愤怒，但它绝不是刘备攻打东吴的根本原因。刘备不惜倾全国之力，与东吴开战，最重要的原因在于荆州。

关羽的死对于刘备来说是一个情感上的打击，人才上的损失，还可以接受，可是荆州的丢失，对蜀国和刘备来说却无异于断其臂膀，往心脏上插钉子。

荆州的重要性自不必多说，诸葛亮"隆中对"所作的谋略核心就是荆州。对于偏安一隅的蜀国人来说，荆州是他们进可攻、退可守的前哨基地。有了它，魏、吴都将受到掣肘；没了它，蜀国就会成为困在西南的猛兽，空有蛮力却无法施展。

所以，荆州一定不能丢失，即便是赌国运，刘备也要一搏。至于关羽的

死，则更多的是刘备对东吴开战的理由。

此时的刘备，完全没有考虑到自己在"天时地利人和"三个方面都不占优势：天时方面，当时天气炎热，士兵们都非常疲惫；地利方面，在东吴的地盘上作战，蜀汉军队的后勤补给肯定要比东吴方面差很多；人和方面，当时刘备只有益州，而孙权已经拿下了扬州、荆州和交州，不管是区域面积还是人口数量，刘备都处于弱势。

在这样处于弱势的情况下，刘备还执意出兵，其实已经输了一半。

当时，两国的国界已西移到巫山附近，长江三峡成为两国之间的主要通道。刘备派遣将军吴班、冯习、张南率领约三万人（后期有沙摩柯等五溪蛮加入，总兵力应达到五万）为先头部队，夺取峡口，攻入吴境，在巫地（今湖北省巴东县）击破吴军李异、刘阿部，占领秭归。为了防范曹魏乘机袭击，刘备派镇北将军黄权驻扎在长江北岸，又派侍中马良到武陵活动，争取当地部族首领沙摩柯起兵协同蜀汉大军作战。

这里面就有一个问题，刘备出征为何没有带诸葛亮？

关于这个问题的答案，《三国演义》中的描写是由于诸葛亮反对刘备撕毁盟约，攻打东吴，刘备因义弟关羽被杀悲愤不已，誓要出征报仇，所以就没有让诸葛亮随从。

事实远没有这么简单。

《三国演义》中的诸葛亮是蜀汉的灵魂人物，然而历史上的诸葛亮真正掌权却是在刘备死后。夺取西川时，刘备的军事参谋主要是庞统和法正，直到李严投降刘备，诸葛亮才终于被授权执行收尾的工作。汉中之战中，指挥整场战役的是刘备，充当前锋的是张飞和黄忠，至于诸葛亮，则坐镇大本营。可以看出，这几场对刘备至关重要的大事件中，诸葛亮的身影都比较少，有时甚至根本就没有出现。

对于刘备来说，诸葛亮主要是一位负责后勤和大本营治理的角色，而非指挥军队打仗的军事参谋。坐镇后方当然也是一个十分关键的位置，其中能体现刘备对诸葛亮的信任，但相比于庞统、法正等人，诸葛亮显然是一位"边缘人物"，至于军事领域，诸葛亮基本上插不上手。所以，当刘备决定讨伐吴国时，诸葛亮会说有法正在一定可以劝下刘备，因为此时的诸葛亮对刘备的军事行动根本就没有话语权，刘备自然也不会带上他。

2.刘备的战略部署存在巨大漏洞

孙权在面临蜀军战略进攻的情况下，奋起应战。他任命右护军、镇西将军陆逊（183—245）为大都督，统率朱然（182—249）、潘璋、韩当、徐盛、孙桓（198—223）等部共五万人开赴前线，抵御蜀军；同时又遣使向曹丕称臣修好，以避免两线作战（所谓刘备前军四万人的说法，主要就依据这时孙权向曹丕写的求救信上所说的"刘备支党四万"）。

陆逊上任后，通过对双方兵力、士气以及地形诸条件的仔细分析，指出刘备兵势强大，居高守险，锐气正盛，求胜心切，吴军应暂时避开蜀军的锋芒，再伺机破敌。陆逊在耐心说服吴军诸将放弃立即决战的想法后，果断地实施战略退却，一直后撤到夷道（今湖北省宜昌市）、猇亭（今湖北省宜昌市北古老背）一线。然后在那里停止退却，转入防御，遏制蜀军的继续进兵，并集中兵力，准备相机决战。这样，吴军完全退出了高山峻岭地带，把兵力难以展开的数百里长的山地留给了蜀军。

公元222年正月，蜀汉吴班、陈式的水军进入夷陵地区，屯兵长江两岸。二月，刘备亲率主力从秭归进抵猇亭，建立了大本营。这时，蜀军已深入吴境二三百公里，由于开始遭到吴军的遏阻抵御，其东进的势头停了下来。

在吴军扼守要地、坚不出战的情况下，蜀军不得已乃在巫峡、建平（今重庆市巫山县北）至夷陵一线数百里地上设立了几十个营寨。

曹丕听到这个消息都说刘备不懂兵法。毕竟在杂草丛生中扎营，太容易被火攻了。

为了调动陆逊出战，刘备遣前部督张南率部分兵力围攻驻守夷道的孙桓。孙桓是孙权的侄儿，所以吴军诸将纷纷要求出兵救援，但陆逊深知孙桓素得士众之心，夷道城坚粮足，坚决拒绝了分兵援助夷道的建议，避免了分散和过早地消耗兵力的行为。

从正月到六月，两军仍然相持不决。刘备为了迅速同吴军进行决战，任命将军冯习为大督，张南为前部，辅匡、赵融、廖化、傅肜等各为别督，先遣吴班带领数千人于平地立营，到阵前辱骂挑衅。但是陆逊均沉住气不予理睬。后来刘备又派遣吴班率数千人在平地立营，另外又在山谷中埋伏了八千人马，企图引诱吴军出战，伺机加以聚歼。但是此计依然未能得逞。陆逊坚守不战，破坏了刘备倚恃优势兵力企求速战速决的战略意图。蜀军将士逐渐斗志涣散松懈，失去了主动优势地位。六月正值酷暑时节，暑气逼人，蜀军将士不胜其苦。刘备无可奈何，只好将水军舍舟转移到陆地上，把军营设于深山密林里，依傍溪涧，屯兵休整，准备等待到秋后再发动进攻。由于蜀军是处于吴境二三百公里的崎岖山道上，远离后方，故后勤保障多有困难，加上刘备百里连营，兵力分散，从而为陆逊实施战略反击提供了可乘之机。

看到蜀军士气沮丧，放弃了水陆并进的作战方针，陆逊认为战略反攻的时机业已成熟。为此他上书吴王孙权说：交战之初，所顾虑的是蜀军水陆并进、夹江直下。眼下蜀军舍舟就陆，处处结营，从其部署来看，不会有什么变化。这样就有了可乘之机，击破蜀军，当无困难。孙权当即批准了陆逊这一由防御转入反攻的作战计划。

陆逊在进行大规模反攻的前夕，先派遣小部队进行了一次试探性的进攻。这次进攻虽未能奏效，却使陆逊从中寻找到了破敌之法——火攻蜀军连营的作战方法。因为当时正是炎夏季节，气候闷热，而蜀军的营寨都是由木栅所筑，其周围又全是树林、茅草，一旦起火，就会烧成一片。决战开始后，陆逊即命令吴军士卒各持茅草一把，乘夜突袭蜀军营寨，顺风放火。顿时间火势猛烈，蜀军大乱。陆逊乘势发起反攻，迫使蜀军西退。吴将朱然率军五千首先突破蜀军前锋，猛插到蜀军的后部，与韩当所部进围蜀军于涿乡（今湖北省宜昌市西），切断了蜀军的退路。潘璋所部猛攻蜀军冯习部，大破之。诸葛瑾（174—241）、骆统（193—228）、周胤诸部配合陆逊的主力在猇亭向蜀军发起攻击。守御夷道的孙桓部也主动出击，投入战斗。吴军进展顺利，很快就攻破蜀军营寨四十余座，并且用水军截断了蜀军长江两岸的联系。蜀军将领张南、冯习及土著部族首领沙摩柯等阵亡，杜路、刘宁等卸甲投降。刘备见全线崩溃，逃往夷陵西北马鞍山，命蜀军环山据险自卫。陆逊集中兵力，四面围攻，又歼灭蜀军近万之众。至此，蜀军溃不成军，大部死伤和逃散，车、船和其他军用物资丧失殆尽。

刘备乘夜突围逃遁，蜀军将领傅肜率部为之后殿，战至兵众尽死，傅肜壮气愈烈。吴人谕之，想让傅肜投降。傅肜骂曰："吴狗！安有汉将军而降者！"最终，傅肜奋战而死。但是，提前出发的吴将孙桓部却走在了刘备的前面，截断了刘备回益州的要道。当刘备行至石门山（今湖北省巴东县东北）时，差点被孙桓部擒获。刘备逾山越险，才得以摆脱追兵，逃入永安城（又叫白帝城，在今重庆市奉节县东）。

这时，蜀军镇北将军黄权所部正在江北防御魏军。刘备败退后，黄权向西的归路被吴军截断，黄权又耻于向吴军投降，不得已率众北进，向曹魏投降。马良由南方往西北撤退时被吴将步骘截击而死。只有向宠的军队完整从夷陵回到蜀地。

此战，蜀汉战死、投降数万人。

3.三国局势也决定了刘备必败

刘备之所以在夷陵之战中惨败，与三国局势也有关。如果当时曹魏趁吴蜀两军对战，在背后攻打东吴，那么刘备可能不会败给陆逊。孙权最怕的就是出现腹背受敌的局面，所以就提前向曹丕示好。

就在东吴与蜀汉在夷陵之战中相持不下的时候，刘晔劝曹丕出兵攻打东吴。一旦曹魏吞并了东吴，蜀汉就不足为惧了。曹魏只要稍加整顿就可以使蜀汉灭亡，这样就可以实现天下统一的愿望了。但是曹丕以孙权主动称臣为由拒绝了攻打东吴，实际上他也是想坐山观虎斗。所谓"鹬蚌相争，渔人得利"，谁不想不费一兵一卒就大获全胜呢？正是因为如此，东吴才能集中精力对付刘备的进攻。当时的情况，对刘备是非常不利的，他既要无所不用其极地打东吴，还要提防与东吴交好的曹魏在背后偷袭，所以失败是注定的。

虽然曹丕暂时没有攻打东吴，但孙权也丝毫不敢大意，在夷陵之战中东吴朝野上下战战兢兢、度日如年。曹丕虽然没有出兵，却让孙权把儿子送到曹魏当质子。

其实刘备在攻打东吴时带的并不是精锐部队，勇猛的魏延和马超被他派去镇守汉中，赵云留守江州，诸葛亮坐镇成都，不难看出，刘备对于后方的布局相当稳固，这样的安排有利有弊，这导致他带到前线的兵将几乎都是不怎么优秀的人。

除此外，刘备在秭归打败陆逊之后，继续向南郡方向进攻，而南郡的北边便是曹魏管辖下的襄阳和樊城。所以为了预防魏国的袭击，刘备把当时蜀军中最出色的黄权也派遣了出去。刘备率领攻打东吴的军队本来就不是精兵强将，而他还要以这样普通的队伍进行两面作战，在东吴与蜀军势均力敌的情况下，刘备赢的概率就很小了。

刘备逃到白帝城后，吴将潘璋、徐盛等人都主张乘胜追击，扩大战果。但此时刘备收拢散兵以及赵云的后军来援，永安驻军接近两万，陆逊已经失去攻克永安的机会。再加上他顾忌曹魏方面乘机浑水摸鱼、袭击后方，遂停止追击，主动撤兵。这年秋，曹魏果然攻吴，但因陆逊早有准备，魏军最终无功而返。

在夷陵之战中，陆逊善于正确分析军情，大胆后退诱敌，集中兵力，后发制人，击其疲惫，巧用火攻，终于以五万吴军一举击败气势汹汹的蜀军，创造了由防御转入反攻的成功战例，体现了高超的指挥艺术和军事才能，表明他不愧为一位杰出的军事统帅。至于刘备的失败，也不是偶然的。他"以怒兴师"，恃强冒进，犯了兵家之大忌。在具体作战指导上，他又不察地利，将军队带入难以展开的二三百公里的崎岖山道之中；同时在吴军的顽强抵御面前，又不知道及时改变作战部署，而采取了错误的无重点处处结营的办法，终于陷入被动，导致悲惨的失败结局，自食"覆军杀将"的恶果，令人不胜感慨。

夷陵之战中，"火烧连营"可以认为是重要转折，这既是刘备最大的军事失误，也是陆逊军事谋略的重要体现。当魏文帝曹丕得知刘备连营七百里，就对群臣说："备不晓兵，岂有七百里营可以拒敌者乎！'包原隰险阻而为军者为敌所禽'，此兵忌也。孙权上事今至矣。"

而对于陆逊的出色指挥，陈寿在《三国志·陆逊传》中的评语写道："刘备天下称雄，一世所惮，陆逊春秋方壮，威名未着，摧而克之，罔不如志。予既奇逊之谋略，又叹权之识才，所以济大事也。"

4.战争影响：基本稳定的三国

东吴在经历了夷陵之战后，或许已经有吞并蜀汉的实力，但它却无力应对曹魏和蜀汉的夹击，由于曹魏的施压，东吴也错失了良机，所以它只能放弃蜀汉选择自保。

战役中失利的蜀汉昭烈帝刘备向西败逃，但是到了益州东部的永安便不再西进。孙权方面虽然获胜，但是听到刘备驻扎在离边境如此之近的地方仍然感到畏惧，遣使议和。因长期征战和兵败而心力交瘁的刘备同意停战，次年四月逝世，蜀汉军政大权全部托付与丞相诸葛亮，后者立即遣使与东吴恢复同盟，共同对抗曹魏。

夷陵之败让新建的蜀汉政权受到沉重的打击，不仅损失大量士兵与物资，还有多名将领阵亡。而来年君主刘备的死亡更让这个建立在他名望之上的国家摇摇欲坠，国内叛乱四起。丞相诸葛亮花了约5年的时间才重建军队与弥平这些叛乱，并让国力提升到可以对外出兵的地步。

这场战役之后近四十年的时间内，三国互相之间的疆域基本保持不变，吴蜀重修于好的联盟再也没有发生动摇，三国局势出现稳定的对峙，夷陵之战也因此被认为是前后三国的分界点之一。

十八、白帝城刘备托孤

东汉末年，魏蜀吴终成三足鼎立之势。吕蒙白衣渡江，关羽大意失荆州，对蜀汉造成严重的打击。为了夺回荆州，刘备对东吴发起了夷陵之战，可惜惨败，蜀中精锐丧失大半。退兵的刘备并没有再回成都，而是退居永安，最终也驾崩于此。永安在哪里？刘备为何不回蜀汉国都成都呢？

1.公孙述建白帝城

永安有一个大名鼎鼎的名字，即白帝城，原在今重庆市奉节县城以东约10公里的长江北岸，但由于三峡大坝建成后，上游水位上涨，如今的白帝城已经成为江中的一个小岛。白帝城原名子阳城，为西汉末年割据蜀地的公孙述所建，并在此屯兵积粮。

公孙述出生在扶风茂陵（今陕西省兴平市），其家族三代为官，可以说是正儿八经的"官三代"，他从小聪慧，立地书橱，博学多才，因此深受家中长辈的喜爱，在二十多岁的时候就受父亲的推荐成为"郎"，古代"郎"特指六品以下的官员，后升为清水县（今甘肃省清水县）县令。西汉末年王莽篡汉，建立了新朝，一批西汉老臣纷纷改换门庭，转为新朝效力，公孙述就是其中的一员。公元14年，公孙述升至蜀郡太守，在职期间，他展现了极高的领导及管理能力，治理辖区家家夜不闭户，奸盗事件绝迹。随后不久，王莽将蜀郡改名为导江，而公孙述也升为导江郡守。王莽在位期间推出新政，史称"王莽改制"，他不仅将田地、盐、铁、酒和山林划归"国有"，还推行严酷的严刑律法，导致天下大乱，民不聊生。最终王莽建立的政权在全国上下的口诛笔伐中崩塌，公元23年，推翻王莽王朝的绿林军首领刘玄称帝，名为更始帝，复称汉。

更始帝刘玄派"虎牙将军"宗成入蜀，收编王莽旧部，没承想，当宗成进入成都后不久，一队自称更始帝刘玄派来的密使也来到了成都，还封公孙述为辅汉将军、蜀郡太守之职。这次公孙述摇身一变成了汉将，其实这一切都是公孙述自导自演的闹剧。

有了"职称"的公孙述，找了个借口就把不知所以的宗成杀了，还将宗成的军队纳入麾下。此时的公孙述已今非昔比，他不仅拥有数百公里的版图，还有数十万的精锐部队，不久后便自立为蜀王，定都成都。毕竟"王"和"帝"是有很大区别的，公孙述不满足"王"的"职称"，渐渐地想自己做皇帝了。一日，他问身边大臣："帝王有命，吾何足以当之？"大臣马上就知道公孙述的意思了，于是迎合说："天命无常，百姓与能。能者当之，王何疑焉！"公孙述听了这话，表面看起来面无表情，但心里却是美滋滋的。

或许是日有所思夜有所梦，公孙述当晚就做了一个梦，梦见有人在他耳边念道："公孙十二为期。"他醒来后，对自己的夫人说起此梦，百思不得其解，这是说他的王朝可以延续十二代还是十二年呢？如果仅仅是十二年，虽能贵为皇帝，可惜国祚太短，冒这个险值吗？公孙夫人听闻此言，鼓励丈夫说："朝闻道，夕死尚可，何况十二乎？"意思是早上当皇帝，晚上死都值，何况是十二年？

公元25年，公孙述在成都称帝，国号成家，年号龙兴，自称白帝，并在夔州修建了白帝城。整整十二年后，刘秀在扫清中原障碍后，兵分水旱两路向成都袭来，刘秀大军一路势如破竹，很快就攻到成都城下，公孙述出城迎战被刺，当晚死于成都城中。十二年前的那个梦真的实现了，只不过不是十二世，而是十二年。

公孙述并未来过白帝城，在他眼中白帝城就是一处防御堡垒，公孙述死后这里也成了兵家必争之地，一出出大戏在此登场，著名的"刘备托孤"就是在这里发生的。

2.刘备滞留白帝城

夷陵之战不但打光了蜀汉的精锐士兵，连中生代力量也几乎全军覆没。对此《三国志》和《三国演义》虽没明说，但从诸葛亮执政后，用人那么捉襟见肘就看出来了。

比如为何诸葛亮玩儿命培养马谡，结果酿出了街亭惨败；还比如，为啥魏延那么炸魇子，诸葛亮却依旧对他委以重任；还比如为何对降将王平、姜维等玩儿命培养……只因中生代力量，几乎全军覆没在夷陵之战中，蜀汉这才出现了严重的人才断档。诸葛亮不得不一个人顶八个人用，并不惜代价培养后续人才。许多人都把蜀汉人才断档归咎于诸葛亮，实在是刘备的夷陵之变导致的。但这种情况，诸葛亮能推给刘备吗？不能，只能默默扛下了，最多在《出师表》表示：先帝创业未半而中道崩殂，今天下三分，益州疲弊，此诚危急存亡之秋也……明白了刘备夷陵之战败得有多惨，再看刘备不回成都这操作，是不是立马就明白了些什么？

也正是因刘备这次驻守永安，并转身摆出"再干一架"的阵仗，不但搞得陆逊不敢追击了，孙权还开始恐惧了。至于在成都的诸葛亮，也就因此有了操作（战略欺骗）空间，能安抚住成都上下，让那些蠢蠢欲动的势力都不敢妄动。可想而知，若刘备兵败夷陵后，一下子逃至成都，蜀汉会是什么光景，提前灭亡是在所难免的。

　　夷陵之战兵败后，刘备撤到白帝城，改称为永安官，此中的寓意不言自明。刘备不回成都，而是留守永安，目的就是要亲自坐镇此处，帮蜀汉守好东大门，因为永安对蜀汉实在太重要了。

　　白帝城所在的重庆市奉节县，古称鱼复、永安、夔州、人复等，控带二川，限隔五溪，据荆楚之上游，自古为"巴蜀之喉吭""吴楚万里之襟带"，其战略位置极其重要。白帝城南边就是长江三峡的瞿塘峡口，长江三峡从此开始。

　　瞿塘峡口设有瞿塘关（亦称扞关、江关、夔门），两山对峙，中贯大江，易守难攻，素有"夔门天下雄"之称，为兵家必争之地。可以说奉节是四川的东大门，而夔门又是奉节的东大门。

　　刘璋据益州时，置巴东郡，永安为郡治，重兵把守。当初刘备入蜀，若不是刘璋主动邀请，想要攻入蜀地并不是件容易的事。刘备亲自坐镇永安，布置蜀汉重兵于此，进可攻，退可守。等国力恢复，时机成熟时，则可顺江而下，再对东吴展开进攻。再不济，也可阻东吴之兵溯江而上。

　　夷陵之战兵败后，刘备退守永安，陆逊便知事已不可为，也就退兵了。若硬要逆流而上入川，刘备扼守永安，以逸待劳，东吴很可能重蹈蜀汉覆辙，由胜转败。

　　对蜀汉来说，永安是与汉中同等级别的前沿军事重镇，汉中的任务是攻魏，永安的任务则是防吴。蜀汉守住永安，则对东吴控制的荆州有居高临下之战略优势。

　　刘备驾崩时，让李严成为托孤重臣，并让李严重兵守永安。在李严之后，镇守永安的是与赵云齐名的陈到，而且他带的是被诸葛亮称为"西方上兵"的白毦兵（部队的装束是以白色的鸟羽兽毛作为标志）。白毦兵是刘备亲自训练出来的，其忠诚度和战力都非同一般，可见蜀汉对永安的重视。由此则不难理解，当初夷陵兵败之后，为何刘备要守永安而不回成都了。

3.刘备白帝城托孤

在永安的十个月时间里，刘备过得也不是很安稳，先是兵败之后，刘备立刻调赵云带兵来到永安。调赵云来永安的原因也很简单，那就是吴军一直在对刘备集团施加军事压力，最终到了当年秋，也就是刘备兵败跑到永安的两个月后，孙权才退兵。

随后不久，曹魏大军南下，刘备在白帝城屯兵观望局势的变化。一直到公元222年冬，孙权派人来说和，孙刘两家的关系才算是真正和缓下来。此时的刘备病了，而且病得很严重，可见这次惨败对刘备的精神打击非常大，也就是在这个时候，戎马一生的刘备开始安排后事了。公元223年春，诸葛亮奉刘备的诏令来到了永安，诸葛亮到永安后的两个月后，刘备病逝。死前，刘备完成了自己对蜀汉政权的最后一次政治布局，那就是历史上著名的"白帝城托孤"。

"白帝城托孤"前刘备留下的摊子到底有多烂呢？公元219年，关羽败走麦城，荆州集团包括人马、地盘等全军覆没。公元222年，刘备在夷陵之战中几乎全军覆没，精兵老将、团队骨干几乎被一网打尽。再加上蜀汉集团这些年一直在打仗，汉中之战、襄樊之战、夷陵之战这种超大规模的战争基本没停过，背后的消耗几乎全靠益州在输血，益州的民生和经济也早已处于瘫痪的边缘了。诸葛亮后来在出师表中还写道"今天下三分，益州疲弊"呢。简而言之，蜀汉集团当时是一个"无钱、无兵、无人"的"三无状态"的无力回天的烂摊子。

"白帝城托孤"时，刘备给刘禅交代了哪些话呢？"朕初疾但下痢耳，后转杂他病，殆不自济。人五十不称夭，年已六十有余，何所复恨，不复自伤，但以卿兄弟为念。射君到，说丞相叹卿智量，甚大增修，过于所望，审能如此，吾复何忧！勉之，勉之！勿以恶小而为之，勿以善小而不为。惟贤惟德，能服于人。汝父德薄，勿效之。可读汉书、礼记，间暇历观诸子及六韬、商君书，益人意智。闻丞相为写申、韩、管子、六韬一通已毕，未送，道亡，可自更求闻达。"

刘备的这段话，首先点明自己确实是身体不行了才去世的，无关啥阴谋之类的东西。其次是给儿子打气鼓劲：你聪明有器量，可以当好一个皇帝，不要妄自菲薄，不要畏手畏脚。但要坚持学习，要在学习之中保持进步，当了皇帝就要多学帝王之术。最后，也是最重要的，直接暗示了蜀汉将来最有分量的人是诸葛亮，这是你今后在事业上真正能够依仗的人，我为啥觉得你可以，因为这些是丞相跟我说的。

"勿以恶小而为之，勿以善小而不为。惟贤惟德，能服于人。汝父德薄，勿效之。"刘备在临死之前拿自己当反面教材教育孩子，要孩子做一个品行端正、心有善念的人。事实上，刘备这个人或许是汉末最讲仁义道德的人了，他干过最亏心的事就是夺取益州。但这相对于屠城挖墓的曹操、背信弃义的孙权，其实根本算不得什么，但是他在死前这么真诚地反省了自己，并以此来教育自己的孩子，这比那些欺世盗名的英雄们强太多了。

在给儿子送出去最后一封家书之后，刘备又含泪对诸葛亮说："君才十倍曹丕，必能定国，终成大事。若嗣子可辅，辅之；如其不才，君可自取。"很多人望文生义，觉得"君可自取"就是刘备允许或者授意诸葛亮可以对刘禅取而代之的意思。也正因为如此，人民对刘备托孤的原始动机产生了巨大的怀疑，因为让诸葛亮对刘禅取而代之是违背常规的人性逻辑的，刘备毕竟不是圣人，不太可能有这样的想法和意愿的。况且，这种事于世俗礼法也是大相径庭的，是不被容许的。所以，很多人认为刘备太虚伪狡诈了，他是在考验试探诸葛亮。事实上呢，刘备后来下诏给自己的儿子，"汝与丞相从事，事之如父"。这个安排其实也很有深意。如果刘备真的是在试探诸葛亮，他就肯定不会让刘禅认诸葛亮当爹。

这或许才是刘备托孤的真实意思。但即便是这样，刘备的高风亮节在历史上也是极其罕见的。因为就算是"废立权"，皇帝也不会轻易给外人的，之前的历史大致有过两次著名的托孤：一个是周武王姬发把周成王姬诵托孤给了周公姬旦；另一个是汉武帝刘彻把汉昭帝刘弗陵（前94—前74年在世；前87—前74年在位）托孤给了霍光。但周公姬旦是周武王姬发的亲弟弟，人家是自家人。所以，真正托孤给外人的其实也就是汉武帝刘彻托孤一例。但汉武帝刘彻的托孤大臣有五位，且有相互制约的味道在里面，另外也没有直接给霍光废立之权。霍光后面因为昌邑王刘贺（前92—前59）不上道，给他废了，导致他即便有再度兴汉的天大功劳，也只能活成两千年来都是个话题人物的形象。古往今来，皇帝直接给托孤之臣废立权的，只有刘备这一孤例。记住，是唯一一例。

诸葛亮跪在刘备的病榻旁，俯首叩拜："臣敢竭股肱之力，效忠贞之节，继之以死！"诸葛亮说到做到，鞠躬尽瘁，死而后已。最后累死在工作岗位上，这才是投桃报李，才是过命的交情。

当然，在刘备的"白帝城托孤"中，还有一个重要的配角叫李严。很多人认为刘备是安排他来制衡和防范诸葛亮的，这简直就是无稽之谈，因为李严没有这个能力和分量。刘备其实更多的是通过他来安抚他及他背后的益州士族，为诸葛亮今后主持和开展工作减少一点阻力。

陈寿在《三国志》中说道："举国托孤于诸葛亮，心神无贰。诚君臣之至公，古今之盛轨。"这其实就是对刘备白帝城托孤最为公道和客观的评价了。啥意思呢？刘备把整个国家托付给诸葛亮，心里没有其他杂念，这样的君臣关系，堪称是千古之最了。

公元223年6月10日（农历四月二十四），刘备病逝于永安宫，享年六十三岁。谥号昭烈皇帝，庙号烈祖，葬于惠陵。

刘备之所以能够白手起家，创立了蜀汉政权，除了有贵人相助之外，最重要的还是自己的坚持以及永不言弃。他正是靠着坚持以及努力，才有了后来的一切。也正是因为如此，历代史家才给予刘备颇多美誉，写下《三国志》的陈寿更是把他与汉高祖刘邦相提并论。此后，习凿齿、罗贯中等人出于种种目的，更是对刘备进行了不同程度的美化，加上了一连串耀眼的光环，从而在民间逐渐形成了刘备胸襟宽广、百折不挠的悲情英雄形象。

十九、为何未能得天下？

第一个原因当然是"失荆州"及"夷陵之战"的大败，破坏了赤壁战后形成的战略均势。《三国演义》写的是三方斗智。这里面就产生出无数复杂微妙的三角关系来。从几何学上说，三点决定了一个平面，还因此派生出"三角"这门学问；物理学则认为三点是最稳定的支撑，所以照相机等支架都是三脚架；文学艺术中，表现人际方面三角关系的作品相当得多，从《红楼梦》到《安娜·卡列尼娜》《雷雨》等，都是从这复杂微妙的关系中展示出更为广阔的社会人生。有人以为写三角恋爱是创作的不二法门，其实未必，《三国演义》就没有写什么恋爱，主要写政治上的三角关系，更见精彩。

当然，现实中还有更多情况不止三角，而是四角、五角甚至十角的，但是在具体问题上，无论多少角，最终都可以简化为三角。比如战国时七雄争霸，说到底只是秦的"合纵"和六国的"连横"，对待"连横"六国态度的差别和前后不同，构成大的三角关系。其实，三国也是"合纵""连横"之争：曹操势大，用的是"合纵"之术，千方百计要打破吴蜀联盟；吴蜀是用"连横"之术，必须合力以抗强曹。政治、外交上的三角关系需要借助第三方力量。彝陵之战，火烧连营八百里，东吴虽然取胜，但也闹了个两败俱伤，最后还是让曹魏"合纵"之术坐收渔利了。所以刘备死在白帝城后，诸葛亮很快就派人与孙权通聘修好，再结盟誓，才能够专意北伐，"六出祁山，九伐中原"。可惜国势已经伤了元气，只能是"知其不可为而为之"了。直到现今，大到国际政治、贸易格局，小到人际关系，这种或明或暗，微妙复杂的三角关系还是到处可见的，能不能处理好，确实需要智慧胆略。三国的经验教训，是否还有一定的教益呢？

另一个原因是经济。三分之初，东南、西南的经济和中原相比，显然还没有充分发展起来，蜀国人口只有九十多万，吴国也只有二百三十万，士兵约占十分之一左右，还不算数以万计的各级官吏，在实力上自然难以与曹魏抗衡。战争不仅仅是军事上的对抗，也是经济实力的对抗，而谁先掌握充足的经济实力，谁就有希望在军事上获得胜利。三国重要的经济改革措施中，首先是屯田，三国都先后搞过屯田，但最有成效的是曹操，也就胜券在握了。

蜀汉素有"天府之国"的美誉，战乱中受到的破坏也较少，刘备入蜀之初，原准备把大片良田沃土赏赐功臣，赵云劝止说"益州人民刚刚经过一场战事，还是应该把田宅归还给他们，使其安居乐业"，既可以安定民心，又有利于恢复发展生产，刘备接受了这个意见。诸葛亮在汉中也实行过军屯，主要是解决北伐中军粮运输不足的问题，后来姜维屯田，则是为了消除宦官黄皓的猜忌。

大概是诸葛亮曾经"躬耕于南阳"的缘故，他一入川，就十分重视水利，尤其是对秦汉时期修建的著名工程都江堰的维护，北魏郦道元《水经注》说："诸葛亮北征，以此堰农本，国之所资，以征丁千二百人主护之，有堰官。"四川的丝织业当时为全国之冠，号为"蜀锦"，诸葛亮认识到"决敌之资，唯有锦耳"，是与魏、吴以至通过滇、缅到达海外贸易的拳头商品，所以也大力发展相关的手工业。成都也因此叫作"锦官城""锦城"。

三国鼎立还促进了长江流域的开发。中国文明长期以来是以黄河流域为主发展起来的，中原的战乱，使大批富有生产、管理经验的人才，从黄河流域流向东南、西南长江流域，使中原的工农业技术应用在富庶的自然资源条件下，产生了明显的效果。刘备带去的人才大多是"南下干部"，曹操在淮上与孙权争夺时，曾下令当地居民北迁，不料弄巧成拙，十几万户反而渡江南来，凭空增加了东吴的实力。三国经济竞争的结果，促进了各自经济优势的发展。西晋著名文学家左思在三分归一统后写过著名的《三都赋》，描述了三国都城壮丽繁华的景象，可见三国的发展水平已比较接近了。后来五胡乱华，东晋南迁，中原文化科技进一步向长江流域传播，造成南北方既混一又均衡的发展。

当年魏国略相当于今天的华北和西北，吴蜀所在区域分别略相当于华东、华南与西南，今天仍然是我国除东北以外的三个主要经济区。它们在全国的作用，也依稀和三国时期有几分相似：北方有政治文化之优势；东南沿海有商业贸易之便；西南有资源丰富之利。有些经济专家提出的"东部、中部、西部三大地区发展战略"，也是这种格局的变化发展。为了全面振兴中华，也需要各地发挥自己的优势，促进人才流动，合理布局。这些依然可从三国历史中得到某些启发。

刘备在历史上一直作为一位仁君的化身，他仁义治理天下，深得民心，贤达之士愿意为他出谋划策，平民百姓愿意拥戴追随他。对于身边的亲信将领，他宁可不顾江山社稷和个人得失而追求理想中的情义，完成了全忠全义这样一种人生历程，这一点超功利的思想更加让后世人回味。

第二章

武圣关羽之义绝千秋

在全世界任何有华人聚居的地方，几乎都能看到关羽（？—220）的形象。一千八百年来，人们对他的称呼已从开始的"关将军""关侯"到了"关圣帝君""关老爷""关夫子"，甚至到了"释称佛""儒称圣"，"道称天尊"，三教尽皈依，汉封侯，宋封王，明封大帝，九流皆尊崇"的程度。作为中国历史上绝无仅有的"武圣人"，关羽到底有哪些值得后人如此推崇的地方呢？

先抛开历史上关羽的真正形象不谈，这里只谈《三国演义》对关羽形象的塑造。《三国演义》从忠（土山约三事、降汉不降曹），勇（温酒斩华雄、过五关斩六将、单刀赴会），仁（战长沙仁释黄忠、华容道捉曹放曹），义（挂印封金、千里走单骑），礼（秉烛达旦读春秋），智（水淹七军），信（斩颜良、诛文丑），傲（败走麦城）八个方面，塑造了一个基本完美（忠、勇、仁、义、礼、智、信），稍有缺憾（傲）的全方位人格形象。值得注意的是，在《三国演义》所塑造的关羽的忠、勇、仁、义、礼、智、信、傲的八个方面的人格形象中，最有代表性的人格形象，那就是这个"义"字了。当然，这个观点不是首创，其版权还是应当归属于清初书评家毛宗岗（1632—1709）所有。毛宗岗在《读三国志法》中云："吾以为《三国》有三奇，可称三绝。诸葛孔明一绝也，关云长一绝也，曹操亦一绝也。"具体而言，便是诸葛亮的"智绝"（亦说忠绝）、关羽的"义绝"、曹操的"奸绝"。

一、华雄并非关羽斩

了解关羽"义绝"的初次完美体现——"温酒斩华雄"之前，先来看看《三国演义》中是如何描写"温酒斩华雄"这一桥段的。

"绍大惊曰：'不想孙文台败于华雄之手！'便聚众诸侯商议。众人都到，只有公孙瓒后至，绍请入帐列坐。绍曰：'前日鲍将军之弟不遵调遣，擅自进兵，杀身丧命，折了许多军士，今者孙文台又败于华雄。挫动锐气，为之奈何？'诸侯并皆不语。绍举目遍视，见公孙瓒背后立着三人，容貌异常，都在那里冷笑。绍问曰：'公孙太守背后何人？'瓒呼玄德出曰：'此吾自幼同舍兄弟，平原令刘备是也。'曹操曰：'莫非破黄巾刘玄德乎？'瓒曰：'然。'即令刘玄德拜见。瓒将玄德功劳并其出身，细说一遍。绍曰：'既是汉室宗派，取坐来。'命坐，备逊谢。绍曰：'吾非敬汝名爵，吾敬汝是帝室之胄耳。'玄德乃坐于末位，关、张叉手侍立于后。忽探子来报：'华雄引铁骑下关，用长竿挑着孙太守赤帻，来寨前大骂搦战。'绍曰：'谁敢去战？'袁术背后转出骁将俞涉曰：'小将愿往。'绍喜，便着俞涉出马。即时报来：'俞涉与华雄战不三合，被华雄斩了。'众大惊。太守韩馥曰：'吾有上将潘凤，可斩华雄。'绍急令出战。潘凤手提大斧上马。去不多时，飞马来报：'潘凤又被华雄斩了。'众皆失色。绍曰：'可惜吾上将颜良、文丑未至！得一人在此，何惧华雄！'言未毕，阶下一人大呼出曰：'小将愿往斩华雄头，献于帐下！'众视之，见其人身长九尺，髯长二尺，丹凤眼，卧蚕眉，面如重枣，声如巨钟，立于帐前。绍问何人，公孙瓒曰：'此刘玄德之弟关羽也。'绍问现居何职。瓒曰：'跟随刘玄德充马弓手。'帐上袁术大喝曰：'汝欺吾众诸侯无大将耶？量一弓手，安敢乱言！与我打出！'曹操急止之曰：'公路息怒。此人既出大言，必有勇略，试教出马，如其不胜，责之未迟。'袁绍曰：'使一弓手出战，必被华雄所笑。'操曰：'此人仪表不俗，华雄安知他是弓手？'关公曰：'如不胜，请斩某头。'操教酾热酒一杯，与关公饮了上马。关公曰：'酒且斟下，某去便来。'出帐提刀，飞身上马。众诸侯听得关外鼓声大振，喊声大举，如天摧地塌，岳撼山崩，众皆失惊。正欲探听，鸾铃响处，马到中军，云长提华雄之头，掷于地上，其酒尚温。"

这里就要注意以下几点。

第一，历史上的华雄，是被小说《三国演义》中的华雄手下的"败将"孙坚杀掉的。也就是说，华雄之死，与关羽没有丝毫关系。而小说《三国演义》，则是为了突出关羽的英雄形象，而刻意地偷梁换柱、移花接木、张冠李戴，虚构了"温酒斩华雄"这一经典桥段，从而为关羽的首次正式出场作战赢得一个大大的碰头彩。

第二，历史上的华雄，虽然的确是董卓手下大将，但并没有小说《三国演义》中的那些"英雄事迹"，纯粹就是一个跑堂打酱油的小角色而已。据《三国志》记载：孙坚参与讨伐董卓之役时，为董卓部将徐荣击败之后，先是收拾败军，然后又在阳人城（今河南省汝州市）进行了一次戏剧性的大反击，大破董卓军，并将华雄击败斩首。

抛开历史的真实性不谈，单就《三国演义》中的"温酒斩华雄"这一经典桥段来说，就有几个问题值得探讨。

1.关羽是在什么背景下主动请缨"斩华雄"的呢？

关羽是在华雄抢了吕布的功劳、杀人如探囊取物、盟主袁绍无可奈何的大背景下主动请缨"斩华雄"的。为了铺垫华雄的厉害，小说《三国演义》做了如下描写。

其一，华雄抢了吕布的功劳。书中介绍，董卓专权之后，由袁绍、曹操等人组成的关东十八路诸侯共同讨伐董卓。"卓大惊，急聚众将商议。温侯吕布挺身出曰：'父亲勿虑。关外诸侯，布视之如草芥，愿提虎狼之师，尽斩其首，悬于都门。'卓大喜曰：'吾有奉先，高枕无忧矣！'"但是，就在此时，华雄却抢了吕布的功劳。"言未绝，吕布背后一人高声出曰：'割鸡焉用牛刀？不劳温侯亲往。吾斩众诸侯首级，如探囊取物耳！'"这个吕布背后的人，便是"身长九尺，虎体狼腰，豹头猿臂"的华雄。

其二，华雄杀人如探囊取物一般。

一斩鲍忠。"济北相鲍信，寻思孙坚既为前部，怕他夺了头功，暗拨其弟鲍忠，先将马步军三千，径抄小路，直到关下搦战。华雄引铁骑五百飞下关来，大喝：'贼将休走！'鲍忠急待退，被华雄手起刀落，斩于马下。"

二败孙坚。"雄……传令军士饱餐，乘夜下关。是夜月白风清，到坚寨时，已是半夜，鼓噪直进。坚慌忙披挂上马，正遇华雄。两马相交，斗不数合，后面李肃军到，竟天价放起火来，坚军乱窜。众将各自混战，止有祖茂跟定孙坚，突围而走。背后华雄追来，坚取箭，连放两箭，皆被华雄躲过。再放第三箭时，因用力太猛，拽折了鹊画弓，只得弃弓纵马而奔。祖茂曰：'主公头上赤帻射目，为贼所识认。可脱帻与某戴之。'坚就脱帻换茂盔，分两路而走。雄军只望赤帻者追赶，坚乃从小路得脱。"

三杀祖茂。"祖茂被华雄追急，将赤帻挂于人家烧不尽的庭柱上，却入树林潜躲。华雄军于月下遥见赤帻，四面围定，不敢近前。用箭射之，方知是计，遂向前取了赤帻。祖茂于林后杀出，挥双刀欲劈华雄，雄大喝一声，将祖茂一刀砍于马下"。然后，"华雄引铁骑下关，用长竿挑着孙太守赤帻，来寨前大骂搦战"。阵前又连斩俞涉、潘凤两员大将。

其三，盟主袁绍的反应。"绍曰：'可惜吾上将颜良、文丑未至！得一人在此，何惧华雄！'"话说盟主袁绍都如此感叹，其他诸侯内心自然就会掂量自己手下的武将比颜良、文丑如何。掂量来掂量去，就都害怕了，再不会主动去华雄处送死。

2.关羽为什么非要在"大家都怕了"的大背景下，主动请缨"斩华雄"呢？

其一，时机：时机成熟——华雄连战皆捷，讨董联军处在生死存亡之际。在袁绍感叹之时，关羽出阵，时机最佳。此时的华雄，已经开始轻敌；此时的各路诸侯，已经被吓怕了。能杀华雄，关羽一战成名，刘备也成名；杀不了华雄，关羽、刘备、张飞也不会损失太多，毕竟已经被看不起了，不差这一回。

其二，动因：基于义气——被看不起的大哥刘备敬陪末座的风口浪尖时。"绍……聚众诸侯商议……绍曰：'前日鲍将军之弟不遵调遣，擅自进兵，杀身丧命，折了许多军士，今者孙文台又败于华雄。挫动锐气，为之奈何？'诸侯并皆不语。绍举目遍视，见公孙瓒背后立着三人，容貌异常，都在那里冷笑。绍问曰：'公孙太守背后何人？'瓒呼玄德出曰：'此吾自幼同舍兄弟，平原令刘备是也。'曹操曰：'莫非破黄巾刘玄德乎？'瓒曰：'然。'即令刘玄德拜见。瓒将玄德功劳并其出身，细说一遍。绍曰：'既是汉室宗派，取坐来。'命坐，备逊谢。绍曰：'吾非敬汝名爵，吾敬汝是帝室之胄耳。'玄德乃坐于末位，关、张叉手侍立于后。"

3.关羽主动请缨"斩华雄"引发了什么样的反响？

其一，公孙瓒因不敢得罪袁绍，故而只负责简单介绍刘关张三人的人生履历："众视之，见其人身长九尺，髯长二尺，丹凤眼，卧蚕眉，面如重枣，声如巨钟，立于帐前。绍问何人，公孙瓒曰：'此刘玄德之弟关羽也。'绍问现居何职。瓒曰：'跟随刘玄德充马弓手。'"

其二，袁术公然叫嚣："汝欺吾众诸侯无大将耶？量一弓手，安敢乱言！与我打出！"这便是典型的豪门偏见：出身高贵的袁术只看他人的出身高低贵贱，并不注重他人的真正能力如何。

其三，盟主袁绍只是担心被华雄笑话："袁绍曰：'使一弓手出战，必被华雄所笑。'"而并不担心关羽与华雄大战的最终结局——袁绍此时的内心一定认为，关羽此举，必将是有去无回。

其四，见多识广的曹操：先是出面协调，"曹操急止之曰：'公路息怒。此人既出大言，必有勇略，试教出马，如其不胜，责之未迟。'"再是，"教酾热酒一杯，与关公饮了上马。"我们也由此看到：第一，曹操一直是给他人——当然，并非关羽一人——以施展才华的机会，这是曹操最终能够走向成功的一个非常重要的条件。第二，曹操"教酾热酒一杯"，为后来关羽的诸多与曹操相关的"义"举——土山约三事，降汉不降曹；挂印封金，千里走单骑，过五关、斩六将；华容道义释曹操——都做了充分的铺垫，可谓一举多赢之举。

4. 关羽如何做到"温酒斩华雄"？

其一，关羽为什么不喝了这杯"热酒"？既是与袁绍、袁术等人赌气，更是对自己的自信。

其二，关羽为什么会轻易取得"温酒斩华雄"的胜利？对于华雄来说，骄兵必败：关羽与华雄对阵之时，华雄已经斩杀了那么多大将，他的内心已经骄傲了；面对关羽，华雄没有在意，他不会想到这个马弓手那么强，就这样被关羽出其不意而杀。而对于关羽来说，哀兵必胜：与华雄相比，没有败阵的关羽，当时也是"哀兵"，因为诸侯方败阵好几次了，关羽此去必须胜利，否则刘备完了，诸侯方也会受影响。关羽的压力很大，出战时虽然强势，但内心也是很紧张。面对连斩了几位大将的华雄，他只能拼尽全力。一个抱着必死之心去拼杀的关羽，由于武艺高，又遇上了已经是"骄兵"的华雄，不取胜都难。

其三，小说《三国演义》为什么不正面描写关羽"斩华雄"的详细过程呢？表面上，是为了衬托关羽的厉害；真实的目的，则是关羽在讨董联盟面前给刘备一个名震诸侯的合理说法：当时的刘备，势力单薄，在讨董联盟面前，连个座位都没有。如此处于低贱地位的一个小人物，怎会引起其他诸侯注目呢？而仅仅是充当刘备的一名马弓手的关羽，在"其酒尚温"的关键时刻斩了华雄，立了大功，"这一刀"恰好斩在风口浪尖上，使人们不得不刮目相看。从这个角度说，关羽"温酒斩华雄"也是在践行着"桃园三结义"誓词中的"同心协力""救困扶危"——"义"的低级形态——"小义""小我"。

5. 关羽"温酒斩华雄"是否能得到讨董联盟所有人的认可？

当然不可能。话说关羽胜利回营后，"曹操大喜。只见玄德背后转出张飞，高声大叫：'俺哥哥斩了华雄，不就这里杀入关去，活拿董卓，更待何时！'袁术大怒，喝曰：'俺大臣尚自谦让，量一县令手下小卒，安敢在此耀武扬威！都与赶出帐去！'曹操曰：'得功者赏，何计贵贱乎？'袁术曰：'既然公等只重一县令，我当告退。'操曰：'岂可因一言而误大事耶？'命公孙瓒且带玄德、关、张回寨，众官皆散。曹操暗使人赍牛酒抚慰三人。"

看得出来，对于袁术来说，他不但没有因为关羽"温酒斩华雄"的壮举而有丝毫改变，反而是对这来之不易的胜利嗤之以鼻。反观曹操，一方面，"命公孙瓒且带玄德、关、张回寨"，另一方面又"暗使人赍牛酒抚慰三人"。曹操此举，既顾全了联军内部的团结大局，更是让刘关张三人的内心感到丝丝的暖意。

6. "温酒斩华雄"，关羽到底赢得了什么？

如果不是黄巾起义，关羽只怕还是个被朝廷追杀、四处逃亡的杀人犯；如果不是董卓专权，关羽只怕还是平原县令刘备手下的地位卑微的马弓手。但这一切，都已不再是如果。先是黄巾起义，再是董卓专权，随后便是十八路诸侯讨董卓，再后来，小说《三国演义》的作者罗贯中便偷梁换柱、移花接木、张冠李戴，虚构了"温酒斩华雄"这一经典桥段。当十八路诸侯连折多名上将，对董卓麾下的先锋华雄一筹莫展之际，关羽的脸上带着不屑的冷笑，挺身而出，拍马扬刀，出城挑战不可一世的华雄；当十八路诸侯对这场恶战尚在惴惴不安之际，关羽的手中已经提着华雄血淋淋的人头大踏步走进了中军帐。此时，曹操才发觉，临阵前自己命手下为他烫好的酒尚有余温。关羽从此一战成名，千古称颂的武圣人关羽有了一个美妙的开端。

当然，对于刘关张三人而言，今后不但还有很长的路要走，刘关张三人也有了一个由"同心协力""救困扶危"的"小义""小我"升华为"上报国家，下安黎庶"的"大义""大我"的过程。

对于刘关张这一以"桃园三结义"的团体形象而言，何时才能完成由"同心协力""救困扶危"的"小义""小我"升华为"上报国家，下安黎庶"的"大义""大我"的过程呢？这便有了随后出现的"三英战吕布"这个更为精彩的桥段。

二、大义三英战吕布

先来看看《三国演义》中是如何描写"三英战吕布"这一桥段的。

"正议间，吕布复引兵搦战。八路诸侯齐出，公孙瓒挥槊亲战吕布。战不数合，瓒败走。吕布纵赤兔马赶来。那马日行千里，飞走如风。看看赶上，布举画戟望瓒后心便刺。傍边一将，圆睁环眼，倒竖虎须，挺丈八蛇矛，飞马大叫：'三姓家奴休走！燕人张飞在此！'吕布见了，弃了公孙瓒，便战张飞。飞抖擞精神，酣战吕布。连斗五十余合，不分胜负。云长见了，把马一拍，舞八十二斤青龙偃月刀，来夹攻吕布。三匹马丁字儿厮杀。战到三十合，战不倒吕布。刘玄德掣双股剑，骤黄鬃马，刺斜里也来助战。这三个围住吕布。转灯儿般厮杀。八路人马，都看得呆了。吕布架隔遮拦不定，看着玄德面上，虚刺一戟，玄德急闪。吕布荡开阵角，倒拖画戟，飞马便回。三个那里肯舍，拍马赶来。八路军兵，喊声大震，一齐掩杀。吕布军马望关上奔走；

玄德、关、张随后赶来。……三人直赶吕布到关下……八路诸侯，同请玄德、关、张贺功，使人去袁绍寨中报捷。"

首先，虽然《三国演义》中的大部分故事都能在史书上找到一点影子，但"三英战吕布"这个故事却完全是《三国演义》的作者罗贯中虚构的。

目前所能看到的唯一记载刘备参与讨伐董卓的史料，见于裴松之《三国志注》引王粲《英雄记》中："会灵帝崩，天下大乱，备亦起军从讨董卓。"但是，陈寿《三国志·先主传》却记载，这一时期的刘备，一直在今天的华东地区活动："大将军何进遣都尉毌丘毅诣丹杨募兵，先主与俱行，至下邳遇贼，力战有功，除为下密丞。复去官。后为高唐尉，迁为令。为贼所破，往奔中郎将公孙瓒。"另据《三国志·吕布传》和《后汉书·吕布传》记载，我们也可以知道，虽然确有吕布抵抗关东义军的事情，却没有一丝一毫的史料与刘关张有关，更没有关于"三英战吕布"的记载。那刘备是否参与过讨伐董卓，尚在疑似之间，就更不用提"三英战吕布"一事的真假了。

当然，不仅"三英战吕布"一事是《三国演义》的作者罗贯中虚构的，就连"三英战吕布"的大背景"曹操发诏传天下，号召各路诸侯联合起来讨伐董卓"一事也是罗贯中虚构的。事实的真相，据裴松之《三国志注》引王粲《英雄记》的记载："东郡太守桥瑁诈作京师三公移书与州郡，陈卓罪恶，云'见逼迫，无以自救，企望义兵，解国患难。'"也就是说，号召各路诸侯联合起来讨伐董卓的，是东郡太守桥瑁，而非曹操。

《三国演义》的作者罗贯中之所以偷梁换柱、移花接木、张冠李戴，把此事写成曹操所为，一方面是为了丰富作为小说的主要人物之一的曹操的人物形象，以突出曹操的英雄气概及其在讨伐董卓中的地位和作用；另一方面更是为了奠定曹操"治世能臣，乱世枭雄"的基调。由此可以看出，虽然小说《三国演义》整体上是以尊刘贬曹为主基调，但是小说《三国演义》的作者罗贯中并没有因此去刻意地"抹黑"曹操，这是符合历史规律的。

那《三国演义》的作者罗贯中，为什么非要虚构出"三英战吕布"这么一个非常精彩，但历史上却从来没有出现过的桥段呢？

主要是出于作者要为刘关张三人增加戏份的目的。艺术源于生活，高于生活。《三国演义》作为一部整体上以尊刘贬曹为主基调的小说，必定要为刘备集团的三个创始人增加戏份。为了描写刘备集团的三个创始人的英勇和忠义，《三国演义》的作者罗贯中对史实进行了较大改动。

"三英战吕布"之前，残暴的董卓欺君罔上，正所谓不仁、不义、不忠，其手下背负天下无敌之名的吕布先后击败了河内名将方悦、北海猛将武安国、白马将军公孙瓒。当此之时，心系天下苍生、意欲匡扶汉室的刘备集团的三个创始人挺身而出，一举击败了吕布。在这里，我们要注意：心系苍生是大仁，挺身而出是大勇，匡扶汉室是大忠，奋而击贼是大义。《三国演义》的作者罗贯中虚构的"三英战吕布"这一大仁、大勇、大忠、大义的壮举，标志着刘备集团的三个创始人已经完成了由"小义""小我"（"桃园三结义"誓词中的"同心协力""救困扶危"）升华为"大义""大我"（"桃园三结义"誓词中的"上报国家，下安黎庶"）的转变。

当然，刘备集团的三个创始人三打一，是否有损武德呢？仔细品味过"三英战吕布"的前因后果，答案自然便会揭晓。

1. "三英战吕布"是在一个怎样的具体背景下发生的？

小说《三国演义》中，描绘了下面这个激烈厮杀的场景。

"匡视之，乃河内名将方悦……被吕布一戟刺于马下……上党太守张杨部将穆顺，出马挺枪迎战被吕布手起一戟，刺于马下……北海太守孔融部将武安国，使铁锤飞马而出。吕布挥戟拍马来迎。战到十余合，一戟砍断安国手腕，弃锤于地而走……吕布复引兵搦战。八路诸侯齐出，公孙瓒挥槊亲战吕布。战不数合，瓒败走。吕布纵赤兔马赶来。那马日行千里，飞走如风。看看赶上，布举画戟望瓒后心便刺。"

在吕布先后击败河内太守王匡部将方悦、上党太守张杨部将穆顺、北海太守孔融部将武安国、公孙瓒的大背景下，张飞挺身救主（公孙瓒）的行为（"傍边一将，圆睁环眼，倒竖虎须，挺丈八蛇矛，飞马大叫：'三姓家奴休走！燕人张飞在此！'吕布见了，弃了公孙瓒，便战张飞。飞抖擞精神，酣战吕布。"），既符合人物的身份，也与此前的"温酒斩华雄"中关羽迟迟不肯出场形成鲜明对比，更为后来的"三英战吕布"埋下伏笔。

2.为什么率先揭开"三英战吕布"序幕的偏偏是张飞呢？

"三英战吕布"与"温酒斩华雄"的一个很大的不同点在于："温酒斩华雄"，是在华雄抢了吕布的功劳，杀人（鲍忠、祖茂、俞涉、潘凤等名将）如探囊取物，盟主袁绍无可奈何的大背景下，关羽才"请战"出场的，而且由于有潘凤等人被斩的铺垫，益发显得关羽神勇。与"温酒斩华雄"相比，张飞的出场，则有过于主动之嫌。

张飞出场之前，吕布虽然也先后击败了河内太守王匡部将方悦、上党太守张杨部将穆顺、北海太守孔融部将武安国、公孙瓒，但上述四人中，只有河内名将方悦和上党太守张杨部将穆顺被刺身亡，北海太守孔融部将武安国只是受伤，公孙瓒虽然不敌吕布但还未受伤。在这种大背景下，张飞"圆睁环眼，倒竖虎须，挺丈八蛇矛，飞马大叫：'三姓家奴休走！燕人张飞在此！'"。说到率先揭开"三英战吕布"序幕的，之所以是张飞而非关羽，主要原因在于以下三个方面。

一是张飞的年龄所致。在结义的三人中，张飞最小。"三英战吕布"时，张飞正值血气方刚的二十多岁的年纪，正所谓初生牛犊不怕虎。在张飞看来，上一次谁都搞不定的华雄被关羽斩了，关羽先独自露了脸。这一次又是谁都搞不定的吕布来了，轮也该轮到自己露脸了。

二是张飞的性格所致。张飞暴烈如火，性情耿直，敬重士大夫却轻视武将，更是看不起先因贪利而杀丁原、再因贪色而杀董卓的"三姓家奴"吕布，这是张飞第一个冲上去大战吕布的原因之一。

三是当时的情况所致。张飞出场前是个什么样的情况呢？"吕布复引兵搦战。八路诸侯齐出，公孙瓒挥槊亲战吕布。战不数合，瓒败走。吕布纵赤兔马赶来……看看赶上，布举画戟望瓒后心便刺。"吕布骑的是赤兔马，公孙瓒肯定跑不过吕布，如果不出意外的话，公孙瓒肯定会被吕布击中，其结果必然是非死即伤。公孙瓒何许人也？既是刘备的学长，更是刘备创业路上的第二个贵人。刘备的平原令就是公孙瓒举荐的，此次前来参与讨伐董卓的刘关张三人也是归于公孙瓒麾下的，无论从哪个方面来说，张飞都应该救公孙瓒。如何救公孙瓒呢？张飞拍马追上前去，那肯定是来不及了，只剩下让吕布放弃追杀公孙瓒这一条路，公孙瓒才有可能活命。那么，如何才能让吕布放弃追杀公孙瓒呢？粗中有细的张飞只用了一句骂人的话"三姓家奴休走！燕人张飞在此！"，便成功激怒了吕布。这句骂人的话，既不能从"仁厚"的刘备口中说出，更不能从"忠义"的关羽口中说出，而只能从"鲁莽"的张飞口中说出。

在"瓒败走。吕布纵赤兔马赶来……看看赶上，布举画戟望瓒后心便刺"的大背景下，誓言"同心协力""救困扶危"，救人心切的张飞，"圆睁环眼，倒竖虎须，挺丈八蛇矛"，率先出战吕布，就成为必然。"豹头环眼，燕颔虎须，声若巨雷，势如奔马"的张飞此举，不但颇为符合他的"重情重义""疾恶如仇"的人物性格定位，而且也与前面刚刚发生过的关羽"温酒斩华雄"形成鲜明对比。

当然，为了救刘备创业路上的第二个贵人公孙瓒，张飞舍掉了"请战"环节，正所谓"将在外，君命有所不受"，张飞此举值得肯定。但无论如何，张飞此举的广告效果远不如关羽先"请战"出场，然后才"温酒斩华雄"那么好。若是吕布能再杀掉一些讨董联军的名将，最好被杀的还是袁绍、袁术兄弟部下的名将，张飞再"请战"出场，然后再有"三英战吕布"这一经典桥段。真若如此，定能取得最佳效果。借吕布打遍天下无敌手之机，再有"三英战吕布"，这才是最好的结局。可惜人算不如天算，不知自己斤两的公孙瓒的莽撞出手，改变了一切。

在中国，以多打少一向被正统江湖贴上"胜之不武"的标签。那如何理解张飞"酣战吕布，连斗五十余合，不分胜负"之际，关羽"把马一拍，舞八十二斤青龙偃月刀，来夹攻吕布"呢？

先想另一个附带的小问题，如若单战吕布，张飞是否有取胜的可能？换句话说，张飞是否真的需要与关羽一起夹攻吕布？关羽此举，是否显得有些急躁啦？

小说《三国演义》第十六回的另外一段描写："张飞挺枪出马曰：'是我夺了你好马！你今待怎么？'布骂曰：'环眼贼！你累次渺视我！'飞曰：'我夺你马你便恼，你夺我哥哥的徐州便不说了！'布挺戟出马来战张飞，飞亦挺枪来迎。两个酣战一百余合，未见胜负。玄德恐有疏失，急鸣金收军入城。"

这段描写，在没有关羽助战的大背景下，张飞完全能够硬碰硬地与吕布大战一百多回合，不分胜负。由此可见，关羽的确是有些操之过急了。

那么，这以多打少，是否算"胜之不武"呢？

一是由于身份差异的问题。当时的刘关张三人与董卓手下的头号大将吕布的身份相比，身份差别实在是太大，故而这里的"二打一"本就不能属于"有损武德"。

二是基于践行"桃园三结义"誓词里的"行为准则"和"行为目标"的问题。"桃园三结义"誓词里的"行为准则"是"同心协力"，"桃园三结义"誓词里的"行为目标"中有"救困扶危"一条。而张飞不能单独战胜吕布本就属于"困"和"危"。而"救困扶危"更是实现"桃园三结义"的"义"的低级形态——"小义""小我"。换句话说，当"义"（"同心协力""救困扶危"）与"德"（"单打独斗"）发生矛盾时，"义"（"同心协力""救困扶危"）战胜了"德"（"单打独斗"）。"二打一"虽"有损武德"，却符合"桃园三结义"誓词里的"行为准则"和"行为目标"——所谓"义"。

三是为了实现"上报国家，下安黎庶"这个"义"的高级形态——（"大义""大我"）的问题。当敌我力量差别太大时，"桃园三结义"誓词里的附加条款（"不求同年同月同日生，只愿同年同月同日死"）和制裁措施（"皇天后土，实鉴此心，背义忘恩，天人共戮！"）便约束了关羽必须挺身而出加入战端。

而关羽此时加入战端，不但不属于"有损武德"，反而是"德"的最高境界；不仅仅是"德"的最高境界，而且还是"义"的最高境界。

当然，这就引出了一个新的问题："飞抖擞精神，酣战吕布。连斗五十余合，不分胜负。云长见了，把马一拍，舞八十二斤青龙偃月刀，来夹攻吕布。三匹马丁字儿厮杀。战到三十合，战不倒吕布。刘玄德掣双股剑，骤黄鬃马，刺斜里也来助战。""三英战吕布"由此正式展开。这里我们就要注意："三英战吕布"，这是整部《三国演义》里，唯一一次刘备与关张二人一同对付同一个对手。这里的问题在于：在关张二人第一次联合作战配合尚不默契的大背景下，虽然二人一时半会儿"战不倒吕布"，但无论如何，参照此前"温酒斩华雄"的典故，关张二人联手，对付吕布应该是绰绰有余，完全不需要刘备上场的。

既然吕布打不过联手的关张二人（退一万步说，就算关张不能击败吕布，至少没有任何迹象表明吕布能击败关张），刘备当然也看得出这一点。那么，刘备为什么还要"掣双股剑，骤黄鬃马，刺斜里也来助战"呢？

有人认为，刘备是来摘胜利果实的，这也太小看刘备了。关张二人出名，就是刘备出名，一个志在天下的英雄，怎么会跟自家兄弟争勇武之名呢？刘备清楚自己上阵只会帮倒忙，却坚持出手，这到底是为了什么呢？

　　一个很重要的问题在于：刘备心目中的"上报国家，下安黎庶"与关张二人的"上报国家，下安黎庶"是有很大区别的：在刘备看来，此时的吕布不能死。吕布如果早死，董卓必会早亡；董卓如若早亡，十八路诸侯必将陷入混战；十八路诸侯混战的结果，在当时的状态下，最终的胜利者，很有可能是袁绍、袁术兄弟二人。

　　依照当时的形势，十八路诸侯当中，还没有人能够用一双慧眼看出最终的胜出者居然是曹操。如果最终的胜利者，果真是袁绍、袁术兄弟二人的话，根据小说《三国演义》的描写，袁绍、袁术兄弟二人统治下的中国，真的会比董卓统治下好吗？依据此前"温酒斩华雄"前后袁绍、袁术兄弟二人的所作所为，相信刘关张三人很难得出这一结论。当然，袁术后来的所作所为证明，他与董卓同为一丘之貉。

　　无论如何，如若吕布早死，董卓必会早亡；董卓如若早亡，十八路诸侯必将陷入混战。不管十八路诸侯混战的结果到底如何，给黎民百姓带来长久的灾难，这是一定的。到那时，刘关张三人心心念念的"上报国家，下安黎庶"不但顿时化为泡影，"桃园三结义"的最终目标也将会因此完全走向反面。更重要的问题在于：混战的局面之所以再度出现，完全是因为刘关张三人的鲁莽。而这恰使本想"上报国家，下安黎庶"的刘关张三人最终陷入万劫不复的境地。与其如此，倒不如慢慢壮大自己的势力，再有所图。而吕布的存在，恰好可以使董卓的势力暂时得以保存，天下才能维持某种程度上的均势，刘关张三位英雄才能有用武之地。所以，"掣双股剑，骤黄鬃马，刺斜里也来助战"的刘备，其实不是来助战而是来搅局的。

　　"三英战吕布"的过程无须赘述，"这三个围住吕布，转灯儿般厮杀。八路人马，都看得呆了。吕布架隔遮拦不定，看着玄德面上，虚刺一戟，玄德急闪。吕布荡开阵角，倒拖画戟，飞马便回。三个那里肯舍，拍马赶来。八路军兵，喊声大震，一齐掩杀。吕布军马望关上奔走，玄德、关、张随后赶来。……三人直赶吕布到关下……八路诸侯，同请玄德、关、张贺功，使人去袁绍寨中报捷"。

但毫无疑问，"三英战吕布"的胜负其实并不重要，无非就是吕布退回关上，而讨董联军这边并没有捞到实际上的便宜。重要的是，交战的当事方吕布和刘关张兄弟都通过这一仗名扬天下，获得了双赢："三英战吕布"过后，天下人知道了不平凡的刘关张，义气深重的桃园结义三兄弟；吕布之勇妇孺皆知，交战双方各得其所。正是因为如此，"三英战吕布"的最终结局，当然是双赢。

三、土山降汉不降曹

武圣关羽"义绝千秋"的第二次精彩表现："土山约三事""降汉不降曹"。

公元199年，正当刘备与车骑将军董承受汉献帝刘协的"衣带诏"之托，暗中操作谋诛曹操之际，曹操为刘备精心设计了一场"煮酒论英雄"的酒局。做贼心虚的刘备，自以为曹操或许已经看穿了自己与董承等人暗中操作的"衣带诏"之事并且有所防备。此时，恰逢走投无路的袁术，以将帝号归于袁绍为条件，促成了袁绍对袁术的接纳。于是，袁术前往投奔袁绍长子——时任青州刺史的袁谭。曹操得知后，便派遣刘备、朱灵率部前往下邳截击袁术——其实是刘备为了摆脱曹操的控制，而主动申请前往截击袁术。袁术打不过实力强大的刘备、朱灵所部，被迫退往寿春。退军途中，袁术所部到达江亭。当时，袁术军中仅有麦屑三十斛，时值盛暑，袁术欲得蜜浆解渴，又无蜜。叹息良久，乃大咤曰："袁术乃至是乎！"最后，袁术呕血斗余而死。

公元200年2月11日（正月初九），"衣带诏"事发，董承及女儿董贵人等皆为曹操所杀。得知消息的刘备，在正式与曹操决裂、策应袁绍的同时，还趁机袭杀了盘踞在下邳的曹操所置之徐州刺史车胄。随后，刘备命关羽守下邳，代行太守职务，刘备则率部返回小沛。

曹操得知刘备反水，立即派遣司空长史刘岱（与八年前被青州黄巾军杀死的兖州刺史刘岱不是同一个人）、中郎将王忠攻击刘备。刘备对刘岱、王忠说："使汝百人来，其无如我何；曹公自来，未可知耳！"结果，刘岱、王忠果然无法攻克刘备。正在为官渡之战做准备的曹操为消弭后患，亲自领兵攻打刘备。此时，田丰对袁绍说："与公争天下者，曹操也。操今东击刘备，兵连未可卒解，今举军而袭其后，可一往而定。兵以几动，斯其时也。"但袁绍却以孩子有病为由加以拒绝。从此，田丰与袁绍的矛盾激化，袁绍开始刻意疏远田丰。曹操害怕袁绍渡过黄河，就加紧攻打刘备，终于将刘备打败。刘备战败后逃往青州，投奔袁绍；关羽战败后被擒。

《三国志·先主传》记载："曹公东征先主，先主败绩。曹公尽收其众，虏先主妻子，并擒关羽以归。"《三国志·武帝纪传》记载："（曹操）遂东击（刘）备，破之，生禽其将夏侯博。备走奔（袁）绍，获其妻子。备将关羽屯下邳，复进攻之，羽降。"《三国志·关羽传》："曹公东征，先主奔袁绍。曹公擒（关）羽以归，拜为偏将军，礼之甚厚。"

《三国志·刘备传》和《三国志·武帝纪传》的记载有些出入，《三国志·刘备传》记载关羽是被曹操生擒带回许昌的，而《三国志·武帝纪传》却记载关羽是在曹操攻打下邳时选择了投降，虽然结局差不多，但是过程却有着天壤之别。按照《三国志·先主传》的记载，关羽是战败被擒，而后选择投降的；而按照《三国志·武帝纪传》的记载，那关羽可能存在不战而降，和因为战不过而投降或者被劝降的两种可能，倘若后者的记载属实，那对关羽的忠义就要打一个大大的折扣。

结合《三国志·关羽传》的记载来看，应该是《三国志·先主传》的记载属实。以关羽的本事，他既然能在万军之中取颜良首级，为什么没能在两军对垒时成功突围呢？按裴松之《三国志注》引《魏书》记载："是时，（曹）公方有急于官渡，乃分留诸将屯官渡，自勒精兵征（刘）备。备初谓公与大敌连，不得东，而候骑卒至，言曹公自来。备大惊，然犹未信。自将数十骑出望公军，见麾旌，便弃众而走。"

关羽之所以没能在两军对垒时突围而走，最主要的是因为刘备集团的大意。此前，刘备集团已经击败了刘岱、王忠，再加上此时的曹操正在官渡与袁绍鏖战，刘备集团上上下下都认为曹操不可能顾得上徐州，结果曹操出乎意料地率领了一支精锐部队袭击徐州，而刘备刺探到这一情报时，曹操已经率领精锐部队兵临城下了。刘备只能选择不战而逃，而没有足够备战时间的关羽也因此被生擒。

小说《三国演义》在叙述这段故事的时候写道：

"（关羽）挨到天晓，再欲整顿下山冲突，忽见一人跑马上山来，视之乃张辽也。关公迎谓曰：'文远欲来相敌耶？'辽曰：'非也。想故人旧日之情，特来相见。'遂弃刀下马，与关公叙礼毕，坐于山顶。公曰：'文远莫非说关某乎？'辽曰：'不然。昔日蒙兄救弟，今日弟安得不救兄？'公曰：'然则文远将欲助我乎？'辽曰：'亦非也。'公曰：'既不助我，来此何干？'辽曰：'玄德不知存亡，翼德未知生死。昨夜曹公已破下邳，军民尽无伤害，差人护卫玄德家眷，不许惊忧。如此相待，弟特来报兄。'关公怒曰：'此言特说我也。吾今虽处绝地，视死如归。汝当速去，吾即下山迎战。'张辽大笑曰：'兄此言岂不为天下笑乎？'公曰：'吾仗忠义而死，安得为天下笑？'辽曰：'兄今即死，其罪有三。'公曰：'汝且说我那三罪？'辽曰：'当初刘使君与兄结义之时，誓同生死，今使君方败，而兄即战死，倘使君复出，欲求兄相助，而不可复得，岂不负当年之盟誓乎？其罪一也。刘使君以家眷付托于兄，兄今战死，二位夫人无所依赖，负却使君依托之重。其罪二也。兄武艺超群，兼通经史，不思共使君匡扶汉室，徒欲赴汤蹈火，以成匹夫之勇，安得为义？其罪三也。兄有此三罪，弟不得不告。'公沉吟曰：'汝说我有三罪，欲我如何？'辽曰：'今四面皆曹公之兵，兄若不降则必死，徒死无益，不若且降曹公，却打听刘使君音信，如知何处，即往投之。一者可以保二位夫人，二者不背桃园之约，三者可留有用之身。有此三便，兄宜详之。'公曰：'兄言三便，吾有三约。若丞相能从，我即当卸甲，如其不允，吾宁受三罪而死。'辽曰：'丞相宽洪大量，何所不容。愿闻三事。'公曰：'一者，吾与皇叔设誓，共扶汉室，吾今只降汉帝，不降曹操；二者，二位嫂嫂处请给皇叔俸禄养赡，一应上下人等，皆不许到门；三者，但知刘皇叔去向，不管千里万里，便当辞去。三者缺一，断不肯降。望文远急急回报。'张辽应诺，遂上马，回见曹操，先说降汉不降曹之事。操笑曰：'吾为汉相，汉即吾也。此可从之。'辽又言：'二位夫人欲请皇叔俸给，并上下人等不许到门。'操曰：'吾于皇叔俸内，更加倍与之。至于严禁内外，乃是家法，又何疑焉！'辽又曰：'但知玄德信息，虽远必往。'操摇首曰：'然则吾养云长何用？此事却难从。'辽曰：'岂不闻豫让众人国士之论乎？刘玄德待云长不过恩厚耳。丞相更施厚恩以结其心，何忧云长之不服也？'操曰：'文远之言甚当，吾愿从此三事。'张辽再往山上回报关公。关公曰：'虽然如此，暂请丞相退军，容我入城见二位嫂嫂，告知其事，然后投降。'张辽再回，以此言报曹操，操即传令，退军三十里。荀彧曰：'不可，恐有诈。'操曰：'云长义士，必不失信。'遂引军退。关公引兵入下邳，见人民安妥不动，竟到府中来见二位嫂嫂……公曰：'关某出城死战，被困土山，张辽劝我投降，我以三事相约。曹操已皆允从，故特退兵，放我入城。我不曾得嫂嫂主意，未敢擅便。'二位夫人问：'那三事？'关公将上项三事备述一遍……二位夫人曰：'叔叔自家裁处，凡事不必问俺女流。'关公辞退，遂引数十骑来见曹操。操自出辕门相接。关公下马入拜，操慌忙答礼。关公曰：'败兵之将，深荷不杀之恩。'

操曰：'素慕云长忠义，今日幸得相见，足慰平生之望。'关公曰：'文远代禀三事，蒙丞相应允，谅不食言。'操曰：'吾言既出，安敢失信？'关公曰：'关某若知皇叔所在，虽蹈水火，必往从之。此时恐不及拜辞，伏乞见原。'操曰：'玄德若在，必从公去，但恐乱军中亡矣。公且宽心，尚容缉听。'关公拜谢，操设宴相待。"

1.曹操为什么要劝说关羽归降于他呢？

第一，关羽确实是个难得的人才，这是毫无疑问的。但历史上，尚无证据证明归降曹操之前的关羽，确实是个难得的人才。换句话说，关羽确实是个难得的人才，这都是在关羽归降了曹操之后的所作所为，才可以充分证明的。那么，如何证明归降曹操之前的关羽，也确实是个难得的人才呢？小说《三国演义》的作者罗贯中特意虚构了"温酒斩华雄"和"三英战吕布"这两个历史上并不存在的桥段。

第二，曹操早就认识到关羽是个难得的人才。"耳听为虚，眼见为实"，小说《三国演义》中，曹操是亲眼见到了关羽"温酒斩华雄"的英姿的："云长提华雄之头，掷于地上，其酒尚温。曹操大喜。"当然，这个桥段，也是小说《三国演义》的作者罗贯中特意虚构的。

第三，曹操觉得自己对关羽还不错，所以极力想拉关羽入伙。关羽"温酒斩华雄"之前，袁术见时为刘备的马弓手的关羽企图挑战华雄，大为恼怒，企图将关羽打出中军大帐。此时，正是曹操挺身而出，为关羽解围，"曹操急止之曰：'公路息怒。此人既出大言，必有勇略，试教出马，如其不胜，责之未迟。'……操曰：'此人仪表不俗，华雄安知他是弓手？'……操教酾热酒一杯，与关公饮了上马"。关羽"温酒斩华雄"之后，张飞高声大叫，"不就这里杀入关去，活拿董卓，更待何时"之时，袁术再次大怒，又企图将刘关张三人一同打出中军大帐。此时，又是曹操挺身而出，为刘、关、张三人解围，"曹操曰：'得功者赏，何计贵贱乎？'……命公孙瓒且带玄德、关、张回寨，众官皆散。曹操暗使人赍牛酒抚慰三人"。毫无疑问，这个桥段，还是小说《三国演义》的作者罗贯中特意虚构的。

上述三点，虽然都属小说《三国演义》的作者罗贯中特意虚构的，但关羽确实是个难得的人才，曹操也确实早就认识到关羽是个难得的人才，曹操极力想拉关羽入伙，这都是毫无疑问、非常符合历史的。至于曹操是如何认识到关羽确实是个难得的人才的，历史上虽然没有详细的记载，但对于杰出的政治家、军事家、文学家曹操来说，他之所以杰出，恰恰与他有常人所不能及的独到的眼光有关。

2.劝说关羽归降的任务，曹操为什么交给了张辽呢？

一是张辽与关羽惺惺相惜，互为知己；二是张辽与关羽境遇相同，内心相通。张辽，并州马邑人，本姓聂，家族为躲避仇家才改姓张。张辽起初侍奉并州刺史丁原、大将军何进。何进被宦官杀死后，张辽改投董卓，并升任骑都尉。董卓败死后，张辽率众投靠吕布，并跟随他转战兖、徐二州，经常配合高顺作战，在对抗曹操、刘备、袁术等战事中屡建奇功。吕布败死后，张辽在曹操的温情攻势下归降，被拜为中郎将。正是在这一时期，张辽与同属于曹操阵营的关羽二人惺惺相惜，结下了深厚的友谊。

小说《三国演义》的作者罗贯中在刻画这段掌故时，做了如下精彩的描述。

"及操上楼来，布叫曰：'明公所患，不过于布，布今已服矣。公为大将，布副之，天下不难定也。'操回顾玄德曰！'何如？'玄德答曰：'公不见丁建阳、董卓之事乎？'布目视玄德曰：'是儿最无信者！'操令牵下楼缢之。布回顾玄德曰：'大耳儿！不记辕门射戟时耶？'忽一人大叫曰：'吕布匹夫！死则死耳，何惧之有！'众视之，乃刀斧手拥张辽至。操令将吕布缢死，然后枭首……却说武士拥张辽至……辽曰：'只是可惜！'操曰：'可惜甚的？'辽曰：'可惜当日火不大，不曾烧死你这国贼！'操大怒曰：'败将安敢辱吾！'拔剑在手，亲自来杀张辽。辽全无惧色，引颈待杀。曹操背后一人攀住臂膊，一人跪于面前，说道：'丞相且莫动手！'……话说曹操举剑欲杀张辽，玄德攀住臂膊，云长跪于面前……云长曰：'关某素知文远忠义之士，愿以性命保之。'操掷剑笑曰：'我亦知文远忠义，故戏之耳。'乃亲释其缚，解衣衣之，延之上坐，辽感其意，遂降。操拜辽为中郎将，赐爵关内侯，使招安臧霸。"

上一次，白门楼斩吕布，关羽劝张辽归降曹操；这一回，土山被包围，张辽劝关羽归降曹操。不同的事件，相同的境遇。二人同病相怜，更有共同语言。问题在于：张辽如何才能说动关羽归降曹操呢？

一是关羽"死有三罪"。一罪：长兄为大，长嫂如母，关羽保全不了兄嫂，即为不孝；二罪：关羽身死，又违背当年桃园结义相约同年同月同日死的誓言，是为不义；三罪：关羽身死不能匡扶汉室，报效国家，更为不忠。对于只求速死的关羽来说，这便是不忠不义不孝三罪了。二是关羽"生有三便"：第一，可保二位嫂夫人平安。第二，不负当年桃园之誓。第三，可留下英雄之身，匡扶大汉。

生死之间，关羽如何考虑？

"土山约三事"：一者，只降汉帝，不降曹操。二者，二位嫂嫂处请给皇叔俸禄养赡，一应上下人等，皆不许到门。三者，但知刘皇叔去向，不管千里万里，便当辞去。

3. 曹操为什么会答应关羽的"土山约三事"呢？

一是因为张辽的劝说。"士为知己者死，女为悦己者容。""刘玄德待云长不过恩厚耳。丞相更施厚恩以结其心，何忧云长之不服也？"二是因为曹操敬重关羽，确实也不想杀关羽，而是想招揽关羽。三是因为曹操的自信。关羽虽然只是暂时归降，但曹操有足够的把握让关羽真心投效。

那曹操答应关羽的要求之后，关羽为什么还要"暂请丞相退军，容我入城见二位嫂嫂，告知其事，然后投降"呢？

在关羽看来，一是所谓"长嫂如母"。关羽"请示过二位嫂嫂"，便等同于请示过刘备，这是基本的礼节。二是为日后与刘备、张飞等人见面时，为关羽曾经的所作所为，做个见证——见证关羽之所以要苟且偷生归降曹操，完全是为了心中的"大义"。

透过"土山约三事""降汉不降曹"一事，张辽以"丞相更施厚恩以结其心"的"恩"说动了曹操，换取了关羽与曹操暂时达成协议。关羽放弃了必死的信念，虽然归降了曹操却保留了名声。关羽如此忍辱负重，恰为刘备集团日后的东山再起保存了实力。收服了关羽的曹操，更是有着巨大的收获：官渡之战中，关羽斩颜良、诛文丑，大败袁绍，为曹操统一中原立下了汗马功劳；日后更是有赤壁之战后，小说《三国演义》的作者罗贯中虚构的关羽在华容道义释曹操。当然，"土山约三事""降汉不降曹"，历史上并不存在。史料只是记载了关羽战败并归降了曹操。

四、美髯公的马与刀

在小说《三国演义》之中，最让武圣关羽自豪的，便是手中的青龙偃月刀、胯下的赤兔马和汉献帝亲自赐给他的绰号"美髯公"了。而在这三者之中，出现最早的便是青龙偃月刀了。小说《三国演义》的第一回，刘关张桃园三结义之后，关羽便打造了兵器"青龙偃月刀"："玄德……便命良匠打造双股剑。云长造青龙偃月刀，又名"冷艳锯"，重八十二斤。张飞造丈八点钢矛。各置全身铠甲。"

1. 关羽的兵器，真的是这口重达八十二斤的名为"冷艳锯"的青龙偃月刀吗？

答案当然是否定的。青龙偃月刀这个名字和它代表的大刀的款式，最早出现于北宋仁宗时期的翰林学士丁度和曾公亮等人编写的中国古代第一部官修兵书《武经总要》。当时的名字是"掩月刀",后来才逐渐演化成为"偃月刀"。东汉末年的关羽,怎么能够拿着北宋年间才出现的刀呢?

那历史上的关羽到底用的是什么兵器呢?根据《三国志·关羽传》记载,在曹操对阵袁绍的白马之战时,关羽"策马刺(颜)良于万众之中",重点这里可是"刺"。刀,是用来"砍"杀的;箭,是用来"射"杀的;剑,是用来"刺"杀的。但青龙偃月刀,只能用来"砍"而不能用来"刺"。既然关羽是骑马"刺"死了颜良,那么关羽使用的,很可能是汉代的军人经常使用并且目前确有出土实物的骑兵主战兵器——长矛。而且,关羽所使用的这种长矛,很有可能就是张飞使用的那种丈八蛇矛或者纪灵使用的那种三尖两刃刀一类的长柄武器,因为这才是那时候大部分骑兵武将常用的兵器。

两汉时根本就没有这种名为"青龙偃月刀"的刀,所以关羽使用的不应该是刀。《三国志·关羽传》里面的史料应该是一种长矛,但却不能用"青龙偃月刀"的重量八十二斤,来否定关羽在骑马时拿不动这么重的兵器。这是为什么呢?先来看一段文字。

古代一斤是十六两,如果神刀的重量为82斤,那么折合成现代的斤两数为131.2斤。关羽的身高"身长九尺",按照汉朝一尺相当于现在约21.35~23.75cm估算,大概在2米左右,同时关羽体形魁梧,按照BMI系数推测,其合理的体重数值应该超过180斤,那么刀加人的总重量超过310斤!这样就会出现两个很有趣的现象:赤兔马所背负的重量好比三个百斤量的面口袋,关公手中所挥舞的兵器重量则相当于一个半面口袋。在这种情况下,我想即使满载的赤兔马再神奇,也不可能跑出"日行千里,夜跑八百"的神迹;关公臂力再神勇,也不可能挥舞一个半面口袋跟对手大战三百回合还能做到面不改色。原因无他,关羽是人不是神,所谓神,是人死去之后才获得的荣耀。

上述这段文字，似乎推论非常合理。但该文作者却忽略了一个问题：从有"斤"这个概念开始，一直到民国结束，历朝历代的"斤"统统是16两，而不是今天的10两。这是一点儿问题都没有的。但问题在于：不同的朝代，一斤的重量是不一样的。比如，西汉时期的一斤，大约相当于现在的258.24克；关羽生活的东汉时期和随后的魏晋时期的一斤，大约相当于现在的222.73克。如此，重82斤的"青龙偃月刀"，也就相当于36.5斤而已。加上关羽自身的重量大致为180多斤，再加上关羽身穿的铠甲重量，也就是30斤左右。综合起来，战马的负重大致为250斤左右。作为战马，负重250斤左右，这应当不算是什么很难的事。

这已经基本上否定了关羽使用重82斤的"青龙偃月刀"的可能，但这不等于说关羽的身上就不会随身携带着刀。

据南朝齐梁年间的道教学者、炼丹家、医药学家陶弘景（456—536）所著的《古今刀剑录·蜀将刀》中记载："羽，为先主所重，不惜身命，自采都山铁为二刀，铭曰万人。及羽败，羽惜刀，投之水中。"从《古今刀剑录》中的这段话可以了解到，关羽当时很受刘备重用，为了报效刘备，关羽冒着生命危险到山里采集铁矿石等，制作了两把刀。关羽还在这两口宝刀上面刻上了"万人"二字，以彰显自己的勇武。后来，兵败麦城的关羽，不想让这两柄宝刀落入敌手，于是他忍痛割爱，将这两口宝刀扔进江水之中。即使陶弘景所著的《古今刀剑录·蜀将刀》中的记载都是真的，这两口宝刀也只能是关羽随身携带的佩刀，而不是关羽的主战武器。

当然，关羽也可能用过剑。陶弘景所著的《古今刀剑录·序》中还记载，"蜀主刘备，以章武元年，岁次辛丑，采金牛山铁，铸八剑，各长三尺六寸。一备自服，一与太子禅，一与梁王理，一与鲁王永，一与诸葛亮，一与云长，一与张飞，一与赵云"。这段记载所写的时间是"章武元年"，也就是公元221年。而关羽死于此前的公元220年。刘备赠予关羽的这柄宝剑在冶炼时，关羽还活着。而这柄宝剑炼成时，关羽已经去世了。所以，唐代诗人郎士元所作的那首《关羽祠送高员外还荆州》诗里面所写的"走马百战场，一剑万人敌"，欣赏一下可以，但千万不可当真。

2. 关羽的绰号和坐骑

关羽的绰号和坐骑，最早出现在小说《三国演义》第二十五回，"土山约三事""降汉不降曹"之后："正说间，适曹操命使来请关公赴宴。公辞二位嫂嫂，往见操。操见公有泪容，问其故。公曰：'二位嫂嫂思兄痛哭，不由某心不悲。'操笑而宽解之，频以酒相劝。公醉，自绰其髯而言曰：'生不能报国家，而背其兄，徒为人也！'操问曰：'云长髯有数乎？'公曰：'约数百根。每秋月约退三五根。冬月多以皂纱囊裹之，恐其断也。'操以纱锦作囊，与关公护髯。次日，早朝见帝。帝见关公一纱锦囊垂于胸次，帝问之。关公奏曰：'臣髯颇长，丞相赐囊贮之。'帝令当殿披拂，过于其腹。帝曰：'真美髯公也！'因此人皆呼为'美髯公'。忽一日，操请关公宴。临散，送公出府，见公马瘦，操曰：'公马因何而瘦？'关公曰：'贱躯颇重，马不能载，因此常瘦。'操令左右备一马来。须臾牵至。那马身如火炭，状甚雄伟。操指曰：'公识此马否？'公曰：'莫非吕布所骑赤兔马乎？'操曰：'然也。'遂并鞍辔送与关公，关公再拜称谢。操不悦曰：'吾累送美女金帛，公未尝下拜，今吾赠马，乃喜而再拜，何贱人而贵畜耶？'关公曰：'吾知此马日行千里，今幸得之，若知兄长下落，可一日而见面矣。'操愕然而悔。关公辞去。"

应该说，关羽的胡子确实好看，可以称得上是"美髯公"，这个不假；但要说，关羽有个"美髯公"的绰号，而且这个绰号居然还是汉献帝刘协给起的，这就不符合历史了。

《三国志·关张赵马黄传》记载："亮知羽护前，乃答之曰：'孟起兼资文武，雄烈过人，一世之杰，黥彭之徒，当与翼德并驱争先，犹未及髯之绝伦逸群也。'羽美须髯，故亮谓之髯。"据此可知，最早称关羽的胡子为

"髯"的是诸葛亮，最早赞美关羽的胡子为"美须髯"的是《三国志》的作者陈寿，最早赞美关羽为"美髯公"的则是小说《三国演义》的作者罗贯中，而非小说《三国演义》里的汉献帝刘协。

关羽的坐骑，当然也不是吕布的赤兔马。

《三国志·吕布臧洪传》记载："布有良马曰赤兔。"裴松之《三国志注》引《曹瞒传》记载："吕布骁勇，且有骏马。时人为之语曰：'人中有吕布，马中有赤兔。'"

据此可知，吕布的坐骑，确是"赤兔马"。但吕布的坐骑何以称为"赤兔"，陈寿《三国志》和裴松之《三国志注》却没有任何解释。于是，后人就认为，"赤"是说其毛色，"兔"是跑得快如兔子，但这只是民间的传言。但此马在吕布于白门楼被杀后，是否由曹操转送给了关羽，陈寿《三国志》和裴松之《三国志注》没有任何记载。

即使此马在吕布于白门楼被杀后，真的由曹操转送给了关羽，关羽也不会骑着"赤兔马"征战到最后。因为，马的寿命为25~30年，而一匹能冲锋陷阵的战马，至少得5岁以上。《三国演义》中的赤兔马先后经历过三个主人。它最早为董卓所有。后来，董卓为了拉拢吕布，就在公元192年把赤兔马送给了他，再到吕布殒命白门楼，这中间又经过了九年左右的时间。换句话说，此时的赤兔马，怎么着也得十四五岁了。再到关羽降于曹操，这又过了一年，此马的年龄应该是十五六岁的样子。此时的赤兔马，刚刚超越服兵役的黄金年龄。从这之后，直到关羽被杀，中间又是十九年，此马的年龄应该是三十四五岁的样子。所以很难想象，关羽一直骑着一匹从中年到老年的马在战场上左冲右突。

虽然"青龙偃月刀""美髯公"和"赤兔马"，都跟关羽没什么关系，但这并不影响后人对武圣关羽的热爱和崇拜。后人热爱和崇拜武圣关羽的，是他骨子里散发出的"忠"和"义"，与兵器、绰号和坐骑没什么关系。

五、小宴三日，大宴五日

在前面曾经提到，正是因为早就认识到关羽确实是个难得的人才的曹操，觉得自己对关羽还不错，所以极力想拉关羽入伙——这才有了曹操命张辽说动关羽归降曹操的"土山约三事""降汉不降曹"一事的发生。

1.如何才能把关羽拉入自己的阵营中为己所用呢？

"小宴三日，大宴五日。"

关羽归降曹操之后，为了争取关羽，曹操也是费尽了心机，除了前面说过的赠送了一个专门用来护髯用的纱锦囊和那匹吕布曾经的坐骑赤兔马之外，还搞了很多小动作。对此，小说《三国演义》在第二十五回的"土山约三事""降汉不降曹"之后，也有比较详细的描述。

"于路安歇馆驿，操欲乱其君臣之礼，使关公与二位嫂嫂共处一室。关公乃秉烛立于户外，自夜达旦，毫无倦色。操见公如此，愈加敬服。既到许昌，操拨一府与关公居住。关公分一宅为两院，内门拨老军十人把守，关公自居外宅。操引关公朝见献帝，帝命为偏将军。公谢恩归宅。操次日设大宴，会众谋臣武士，以客礼待关公，延之上座，又备绫锦及金银器皿相送。关公都送与二位嫂嫂收贮。关公自到许昌，操待之甚厚，小宴三日，大宴五日，又送美女十人，使侍关公。关公尽送入内门，令伏侍二位嫂嫂。却又三日一次于内门外躬身施礼，动问'二位嫂嫂安否'。二位夫人回问皇叔之事毕，曰'叔叔自便'，关公方敢退回。操闻之，又叹服关公不已。一日，操见关公所穿绿锦战袍已旧，即度其身品，取异锦作战袍一领相赠。关公受之，穿于衣底，上仍用旧袍罩之。操笑曰：'云长何如此之俭乎？'公曰：'某非俭也。旧袍乃刘皇叔所赐，某穿之如见兄面，不敢以丞相之新赐而忘兄长之旧赐，故穿于上。'操叹曰：'真义士也！'然口虽称羡，心实不悦。"

读了《三国演义》的这个桥段，可以得出以下结论：一是，曹操极为欣赏关羽；二是，为了收住关羽的心，曹操动用了多种手段。

虽然上述情节完全属于小说《三国演义》的作者罗贯中的杜撰，但"曹操极为欣赏关羽"，在"待之甚厚"的曹操的引荐下，"帝命为偏将军"，这是有着诸多史料作为依托和支撑的。《三国志·关张赵马黄传》记载："建安五年，曹公东征，先主奔袁绍。曹公擒羽以归，拜为偏将军，礼之甚厚。"

与上述的"礼之甚厚""拜为偏将军"相对应，"为了收住关羽的心，曹操动用了多种手段"，这也同样是有着诸多史料作为依托和支撑的。《三国志·关张赵马黄传》记载："初，曹公壮羽为人，而察其心神无久留之意，谓张辽曰：'卿试以情问之。'既而辽以问羽，羽叹曰：'吾极知曹公待我厚，然吾受刘将军厚恩，誓以共死，不可背之。吾终不留，吾要当立效以报曹公乃去。'辽以羽言报曹公，曹公义之。"

"曹公义之"的一个重要表现便是："一日，操见关公所穿绿锦战袍已旧，即度其身品，取异锦作战袍一领相赠。关公受之，穿于衣底，上仍用旧袍罩之。操笑曰：'云长何如此之俭乎？'公曰：'某非俭也。旧袍乃刘皇叔所赐，某穿之如见兄面，不敢以丞相之新赐而忘兄长之旧赐，故穿于上。'操叹曰：'真义士也！'"这里，便有个问题：刘备和曹操给关羽送袍子，为何一个送绿袍一个送锦袍呢？

中国古代历史上，等级规定非常森严，不同阶层官员、百姓的着装颜色有很严格的规定。朱紫、赤红、亮黄等色彩较为艳丽的颜色是士大夫所用，一直被视为比较低级的绿色则只有普通百姓或底层官吏才会使用。"江州司马青衫湿"一句，也可以证明，那个时候的白居易官职很低，只能穿青绿色的官服。

关羽归顺曹操之前，只是刘备手下的一个普通将军而已。在群雄逐鹿的东汉末年，刘备连立足的地方都没有，只能到处寄人篱下。因此，这一时期的刘备和关羽只能穿代表底层颜色的衣服，刘备赠送给关羽的袍子也只能是绿色的。换句话说，对于关羽来说，袍子也好，帽子也罢，之所以是绿色，是当时关羽的身份使然，与后世的中国人附加在"绿"上的其他含义毫无关系。

关羽归顺曹操之后，已然是被朝廷封为偏将军并赐爵汉寿亭侯。此时，从身份上来说，关羽已经与被朝廷封为左将军并赐爵宜城亭侯的刘备差不了多少了。依照偏将军、汉寿亭侯的身份，那便可以配得上色彩较为艳丽的锦袍了。此时的曹操，送锦袍给关羽，虽有拉拢之意，但也的确符合当时关羽偏将军、汉寿亭侯的身份。

当然，这只是我们后人的分析，与历史上关羽到底穿什么颜色的服装、戴什么颜色的帽子毫无关系。因为，陈寿《三国志》中，就没有任何关于关羽的服装、帽子的记载。所以，不但小说《三国演义》里面所说的"一日，操见关公所穿绿锦战袍已旧，即度其身品，取异锦作战袍一领相赠"完全为罗贯中所虚构，就连小说《三国演义》里面所说的"关公受之，穿于衣底，上仍用旧袍罩之。操笑曰：'云长何如此之俭乎？'公曰：'某非俭也。旧袍乃刘皇叔所赐，某穿之如见兄面，不敢以丞相之新赐而忘兄长之旧赐，故穿于上。'"，也均为子虚乌有之事。小说《三国演义》的作者罗贯中之所以虚构这个桥段，仍然是为了衬托关羽的"忠义"形象。

另外，如果说曹操对关羽动用的多种手段中，"欲乱其君臣之礼，使关公与二位嫂嫂共处一室"和"送美女十人，使侍关公"等下三滥的手段，这就完全于史无据，纯属小说《三国演义》的作者罗贯中为了达到"拥刘反曹"的目的而刻意地"栽赃陷害"了。

《三国志·关张赵马黄传》中的"辽以羽言报曹公，曹公义之"一举，已经充分表明了曹操对关羽的钦佩之情。至于小说《三国演义》中的那句"然口虽称羡，心实不悦"则完全属于莫须有的狗尾续貂之举了。至于原因，很简单的一句话：曹操根本就不是那样的人。

裴松之《三国志注》引《蜀记》记载："曹公与刘备围吕布于下邳，关羽启公，布使秦宜禄行求救，乞娶其妻，公许之。临破，又屡启于公。公疑其有异色，先遣迎看，因自留之……"

东晋史学家孙盛《魏氏春秋·献帝传》记载："布之被围，关羽屡请于太祖求以杜氏为妻。太祖疑其有色，及城陷，太祖见之，乃自纳之。"

东晋史学家常璩《华阳国志·卷六·刘先主志》记载："初，羽随先主从公围吕布于濮阳，时秦宜禄为布求救于张杨。羽启公：'妻无子，下城，乞纳宜禄妻。'公许之。及至城门，复白。公疑其有色，自纳之。后先主与公猎，羽欲于猎中杀公。先主为天下惜，不听。故羽常怀惧。"

综合上述三段史料，可知道事情的大概。

吕布有个部下，名字叫作秦宜禄。秦宜禄妻子杜夫人为他生了个儿子，名叫秦朗。当刘备投奔曹操之后，奉曹操之命，率关羽、张飞跟随曹操围攻吕布。为了摆脱困境，吕布于是派秦宜禄作为使者，前往袁术处求援。袁术既没有派兵援助，也没放秦宜禄回去，大概为了拉拢他，还将汉朝宗室的女儿嫁给了秦宜禄。

关羽知道秦宜禄的妻子杜夫人是个倾国倾城的绝代佳人，当时被困在城中，心里非常高兴，于是他找到了曹操，请求城破后，将杜夫人留给他。关羽还找了一个借口，说自己的老婆没给他生儿子，所以想换个老婆，"妻无子，下城，乞纳宜禄妻"。

常言说"英雄难过美人关"似乎很有道理，就连关羽也不能置之度外。看来，此时的关羽已经完全忘记了"朋友妻，不可欺"的古训。

当时的曹操没当回事，随口就答应了。随着战事的不断变化，眼看下邳城就要被攻破，关羽大概怕曹操忘了这件事，隔三岔五就去找曹操说这件事，"关羽屡请于太祖，求以杜氏为妻"。曹操是个有心人，"疑其有异色"。

下邳城被攻破后，曹操抢先一步看到了杜夫人，当时就被吸引了，于是他违背了诺言，"乃自纳之"。就连秦宜禄与杜夫人所生的儿子秦朗，也被曹操收养。

这样的曹操，怎么会干出"送美女十人，使侍关公"的事来呢？如果曹操真的送了"美女十人"给关羽，相信我们一定会怀疑这十个"美女"到底是不是真的"美"了。当然，从另一个角度也就理解了，关羽为什么会"尽送入内门，令伏侍二位嫂嫂"了。

当然，尽管历史上完全没有曹操"欲乱其君臣之礼，使关公与二位嫂嫂共处一室"的记载，但人们还是对小说《三国演义》中描述的"关公乃秉烛立于户外，自夜达旦，毫无倦色"深信不疑。人们不但对此深信不疑，居然还对关羽"秉烛立于户外，自夜达旦，毫无倦色"做出了猜测：那个时间段，关羽"秉烛立于户外"之时，之所以"自夜达旦，毫无倦色"，是因为关羽在读一本名字叫作《春秋》的书。

小说《三国演义》中，完全没有任何与"关羽夜读《春秋》"相关的描写。我们后人之所以认为"关羽夜读《春秋》"，则是因为后人把小说《三国演义》中的两个不同桥段的故事，给硬生生地连接在一起的错觉。

这前一个桥段，便是一直在说的小说《三国演义》第二十五回的相关描写；这后一个桥段，则出现于小说《三国演义》第五十回《诸葛亮智算华容　关云长义释曹操》："操曰：'五关斩将之时，还能记否？大丈夫以信义为重。将军深明《春秋》，岂不知庾公之斯追子濯孺子之事乎？'云长是个义重如山之人，想起当日曹操许多恩义，与后来五关斩将之事，如何不动心？又见曹军惶惶，皆欲垂泪，一发心中不忍。于是把马头勒回，谓众军曰：'四散摆开。'这个分明是放曹操的意思。操见云长回马，便和众将一齐冲将过去。云长回身时，曹操已与众将过去了。云长大喝一声，众军皆下马，哭拜于地。云长愈加不忍。正犹豫间，张辽纵马而至。云长见了，又动故旧之情，长叹一声，并皆放去。"

小说《三国演义》中，完全没有"关羽夜读《春秋》"的相关描写，陈寿的《三国志》中也完全没有"关羽夜读《春秋》"的相关记载。而裴松之《三国志注》引《江表传》记载了关羽酷爱读书一事，只不过关羽读的却是另外一本书："羽好左氏传，讽诵略皆上口。"这里的"左氏传"，便是传为春秋时期左丘明所著的中国古代第一部叙事完备的编年体史书，该书原名为《左氏春秋》，汉代改称《春秋左氏传》《春秋内传》《左氏》，汉朝以后多称《左传》。《左传》是儒家重要经典之一，是历代儒客学子的重要研习史书，与《公羊传》《谷梁传》合称"春秋三传"。

2.关羽是否真的读过《春秋》这本书呢？

清朝康熙年间，山西解州（今山西省运城市盐湖区解州镇）人朱旦，在维修古井时，发现了关羽家族墓碑及墓道，刻有关羽祖、父两世表字、生卒年月等，记载非常详细，另还提及关羽家庭状况。其中的《关侯祖墓碑记》记载："（羽祖关审）冲穆好道。常以《易》《春秋》训其子。（羽父毅）性至孝，父审卒后，在墓旁结庐守丧三年，于桓帝延熹三年庚子六月二十四日生关羽。羽长成后娶胡氏为妇，生子关平。"

据此可以知道，关家本为文人世家，关羽的祖父关审"常以《易》《春秋》训其子"。因此，关羽的父亲关毅是读过《春秋》这本书的。

讲到这里，便知道了曹操为拉拢关羽，所采取的那些个无所不用其极的手段的真真假假：极为欣赏关羽的曹操"礼之甚厚""拜为偏将军"是真的，为收住关羽的心动用了包括"小宴三日，大宴五日"等多种手段也是真的，这"多种手段"里面，并没有"赠异锦作战袍""使关公与二位嫂嫂共处一室"和"送美女十人，使侍关公"等事，确是小说《三国演义》的作者罗贯中虚构的。

六、斩颜良与诛文丑

虽然曹操赠"异锦作战袍"给关羽一事是小说《三国演义》的作者罗贯中虚构的，相关的当然也是子虚乌有之事。但小说《三国演义》的作者罗贯中没有虚构的是，此时此刻的关羽，真的是"人在曹营心在汉"，这里的"汉"当然指的是关羽曾经的旧主刘备。

1.关羽如何才能做到不但绝不让人耻笑，还要让天下人都敬仰地脱离曹营回归曾经的旧主刘备呢？

"斩颜良""诛文丑"。

"斩颜良""诛文丑"是小说《三国演义》中的一个情节，讲述的是曹操和袁绍在白马对峙时，曹操营中大将关羽斩杀了袁绍阵营两大猛将颜良和文丑的故事。先来看看小说《三国演义》第二十五回的相关描写。

"颜良横刀立马于门旗下，见宋宪马至，良大喝一声，纵马来迎。战不三合，手起刀落，斩宋宪于阵前……（魏）续上马持矛，径出阵前，大骂颜良。良更不打话，交马一合，照头一刀，劈魏续于马下……操见连斩二将……遂差人去请关公……（关羽）直至白马来见曹操……操引关公上土山观看。操与关公坐，诸将环立。曹操指山下颜良排的阵势，旗帜鲜明，枪刀森布，严整有威，乃谓关公曰：'河北人马，如此雄壮！'关公曰：'以吾观之，如土鸡瓦犬耳！'操又指曰：'麾盖之下，绣袍金甲，持刀立马者，乃颜良也。'关公举目一望，谓操曰：'吾观颜良，如插标卖首耳！'操曰：'未可轻视。'关公起身曰：'某虽不才，愿去万军中取其首级，来献丞相。'张辽曰：'军中无戏言，云长不可忽也。'关公奋然上马，倒提青龙刀，跑下山来，凤目圆睁，蚕眉直竖，直冲彼阵。河北军如波开浪裂，关公径奔颜良。颜良正在麾盖下，见关公冲来，方欲问时，关公赤兔马快，早已跑到面前。

颜良措手不及，被云长手起一刀，刺于马下。忽地下马，割了颜良首级，拴于马项之下，飞身上马，提刀出阵，如入无人之境……关公纵马上山……献首级于操前。操曰：'将军真神人也！'关公曰：'某何足道哉！吾弟张翼德，于百万军中取上将之头，如探囊取物耳。'操大惊，回顾左右曰：'今后如遇张翼德，不可轻敌。'令写于衣袍襟底以记之……且说曹操见云长斩了颜良，倍加钦敬，表奏朝廷，封云长为汉寿亭侯，铸印送关公。忽报袁绍又使大将文丑渡黄河，已据延津之上……报说：'河北大将文丑兵至，我军皆弃粮草，四散奔走。后军又远，将如之何？'操以鞭指南阜曰：'此可暂避。'人马急奔土阜。操令军士皆解衣卸甲少歇，尽放其马。文丑军掩至……文丑军既得粮草车仗，又来抢马。军士不依队伍，自相杂乱。曹操却令军将一齐下土阜击之，文丑军大乱……军士自相践踏。文丑止遏不住，只得拨马回走。操在土阜上指曰：'文丑为河北名将，谁可擒之？'张辽、徐晃飞马齐出，大叫：'文丑休走！'文丑回头见二将赶上，遂按住铁枪，拈弓搭箭，正射张辽。徐晃大叫：'贼将休放箭！'张辽低头急躲，一箭射中头盔，将簪缨射去。辽奋力再赶，坐下战马又被文丑一箭射中面颊。那马跪倒前蹄，张辽落地。文丑回马复来，徐晃急轮大斧，截住厮杀。只见文丑后面军马齐到，晃料敌不过，拨马而回。文丑沿河赶来。忽见十余骑马，旗号翩翩，一将当头提刀飞马而来，乃关云长也，大喝：'贼将休走！'与文丑交马，战不三合，文丑心怯，拨马绕河而走。关公马快，赶上文丑，脑后一刀，将文丑斩下马来。"

斩颜良、诛文丑，说的是关羽出手之快。听评书或者是民间故事形容一个人武艺高强的时候，常常有一句话叫"于万军中取敌将首级如探囊取物"，关羽便能如此。

还别说，历史上确有斩颜良一事。但和小说《三国演义》有几处重要的不同。历史上的这场战争，出现在袁绍与曹操的官渡之战之前。

此战之前，袁绍已经打败了公孙瓒，据有幽、冀、青、并四州，尽有河北之地，意欲南向以争天下。这样，华北最重要的两个政治军事集团，决战在所难免。作为汉末淮河以北最大的两个诸侯，他们的战争胜负决定了汉末天下局势的走向。

起初，形势袁强曹弱。尽管如此，当时的一些有识之士，包括曹操的谋士荀彧、郭嘉，还在张绣麾下的贾诩，以及凉州从事杨阜，在综合分析了曹、袁的优劣后，认为袁绍外宽内忌，好谋无决，他们都看好曹操，认为局势会向着有利于曹的方向变化。正所谓"兵者，诡道也"。当时，奉汉献帝刘协"衣带诏"讨贼的袁绍，挑选精兵十万，战马万匹，企图南下进攻许都。官渡之战由此拉开序幕。袁、曹两家的决战，一触即发。

袁绍举兵南下的消息传到许都，曹操认为袁绍志大才疏，胆略不足，刻薄寡恩，刚愎自用，兵多而指挥不明，将骄而政令不一，便决定以所能集中的数万兵力抗击袁绍的进攻。为争取战略上的主动，他作出如下部署：派臧霸率精兵自琅琊（今山东省临沂市）入青州，占领齐（今山东省淄博市临淄区）、北海（今山东省昌乐县）、东安（今山东省沂水县）等地，牵制袁绍，巩固右翼，防止袁军从东面袭击许都；曹操率兵进据黎阳（今河南省浚县），令于禁率步骑二千屯守黄河南岸的重要渡口延津（今河南省延津县），协助扼守白马（今河南省滑县）的东郡太守刘延，阻滞袁军渡河和长驱南下，同时以主力在官渡（今河南省中牟县）一带筑垒固守，以阻挡袁绍从正面进攻；派人镇抚关中，拉拢凉州，以稳定翼侧。

从以上部署看，曹操所采取的战略方针，不是分兵把守黄河南岸，而是集中兵力，扼守要隘，重点设防，以逸待劳，后发制人。就当时情势而言，这种部署是得当的。首先，袁绍兵多而曹操兵少，千里黄河多处可渡，如分兵把守则防不胜防，不仅难以阻止袁军南下，且使自己本已处于劣势的兵力更加分散。其次，官渡地处鸿沟上游，濒临汴水。鸿沟运河西连虎牢关（今河南省荥阳市）、巩（今河南省巩义市）、洛阳（今河南省洛阳市）要隘，东下淮泗，为许都北、东之屏障，是袁绍夺取许都的要津和必争之地。加上官渡靠近许都，后勤补给也较袁军方便。

其中，有三个渡口非常重要，分别是白马、延津和官渡。无论哪方完全控制了这三个渡口，都基本上掌控了战争的走向。

战争开始时，白马和官渡在曹操手中，延津则是袁绍军的后方转运基地。战争开始时，袁绍的先锋颜良率军攻打扼守白马的东郡太守刘延，袁绍则亲自率军到达黎阳，将要渡河攻打曹军。而曹操能调动的人马很少，黄河岸边的白马渡口地势平坦，不利于防守。曹操的谋士荀攸说："现在我们的兵力太少，正面攻打肯定难以成功。如果我们能够分开袁绍的兵力就可能获得成功。我军可以在部队到达延津后，假装要渡河进攻袁绍军队的后方，袁绍必定会率军向西回防。然后我军'轻兵袭白马'乘其不备，颜良就可以擒获了。"

所谓"轻兵"，就是指轻装的部队，身上只有薄甲，甚至连铠甲都没有，在战斗中来往驰骋，往往以超乎敌人意料的速度进行军事进攻。而荀攸之所以建议曹操分兵佯攻袁绍的延津，目的就是削弱袁绍所部，从而为最终解围创造战机。

当时围攻白马的是颜良和文丑，史书上是各领兵五千，小说《三国演义》里被写成了颜良领兵十万。曹操派兵佯攻延津后，颜良怕后方有失便让文丑率兵回援。于是，曹操日夜兼程，迅速调回佯攻延津的部队，全力攻打包围白马的颜良所部阵地，一直到距离颜良阵地不足十里的地方，颜良才察觉曹军到来。颜良匆匆忙忙调集人马迎战，曹军初战不利。直到张辽和关羽到达，才利用颜良对军队后方防守布置的疏漏一举将其击败，并将其当场斩杀。

《三国志·魏书·荀攸传》中明确记载，荀攸是这场战役的策划者，而关羽、张辽只是这场战役的具体实施者。只是关羽"刺"颜良于万众之中，让这场突袭更加完满。在正史当中，多次用"刺"而非"斩"来形容关羽的行动，也暗示关羽如同刺杀，和整个突袭行动的风格一致。而在《三国演义》中，关羽仗着马快手起一刀，颜良措手不及，被杀死了。由此可以看出，《三国演义》中的描写，关羽的成功，大部分都是赤兔马的功劳。这样的描写，其实是很失败的。

不过，小说《三国演义》中的一个细节描写，还是很值得我们品味一番的："关公奋然上马，倒提青龙刀，跑下山来，凤目圆睁，蚕眉直竖，直冲彼阵……关公径奔颜良。颜良正在麾盖下，见关公冲来，方欲问时，关公赤兔马快，早已跑到面前，颜良措手不及，被云长手起一刀，刺于马下。"

2.两军对阵，颜良不小心应对，还要问什么吗？

此时的刘备，是在袁绍手下的。故而，十之八九，颜良见关羽策马前来，还以为关羽跟刘备一样，也是来投奔袁绍的。此时的颜良，不但没打算迎战关羽，反而是想跟关羽套套近乎，聊聊闲篇。结果，战场上瞬息万变，颜良被关羽轻易取了性命。

说完了"斩颜良"，再说说"诛文丑"。

"诛文丑"在《三国演义》中被设定成"斩颜良"之后，袁绍的第二次进攻。曹操故布疑阵，让粮草先行，直到文丑军到，双方大战。徐晃又被文丑轻松击败，然后关羽闪亮登场。关羽和文丑交战三个回合，文丑心中胆怯，拨马逃跑。谁料到关羽马快，赶上文丑，脑后一刀，将文丑斩下马来。之后曹操率大军掩杀，夺回粮草马匹。

事实并非如此。这场战斗并非在解白马之围以后很久，而根本就是一场战役。

当颜良所部溃败消息传来，袁绍知道中计，立刻率军追击，在延津南方追上了曹军。曹军此时正带领百姓沿河回撤，行动自然缓慢，当时曹操手中只有不足六百骑兵，而袁绍一方有文丑和刘备率领的五六千骑兵。逃，曹军一方经历大战，非常疲劳，加上携带众多百姓，必定会被击溃；打，六百对五六千，又是一场不可能的战斗。当时，所有将领都非常恐惧，建议立即回军，依据大营对抗袁绍军队。唯独荀攸非常镇定，他建议把粮草辎重都散弃在山野，让六百骑兵全部都下马。文丑军赶到，看到曹军只有五六百人，并且都没有在马上，全都没有作战的意思，又看到漫山遍野的曹军的后勤物资，得意忘形之下，文丑的骑兵纷纷跑去抢夺财物，现场一片混乱。

曹操看到时机已到，便派埋伏在附近的六百徐晃所部精锐骑兵突入混乱的文丑军中，一举将五六千混乱而没有准备的敌军击败，文丑也在乱军中被杀。从整个战斗过程来看，完全是曹操诱敌深入后采取突袭和乱战的方式击败了文丑军队，但文丑在乱军中被谁杀死却无人知道。斩杀文丑，依靠的依然是荀攸的作战方略，以及曹操正确的决策，和没有参加延津之战的关羽没有任何关系。

斩华雄的不是关羽，诛文丑的也不是关羽，但"万军之中刺颜良"的，确是关羽无疑。

当然，袁绍的失败，除了他自身的能力问题之外，还有就是军队的纪律性严重不足。颜良、文丑的阵亡以及后来的官渡决战均暴露出这个问题，在日后的其他战役中，袁绍所部也是一再出现这个问题，这是袁绍一个很大的缺点。这便是荀彧所说的"兵多而不整"。

综上所述，虽然"诛文丑"并非关羽所为，与关羽有关的"斩颜良"也是"刺颜良"之误，但毫无疑问的是，"刺颜良"之后的关羽，也算是对得起极为欣赏他的曹操了。关羽的下一步棋，就该是离开新主曹操回归旧主刘备了。

七、挂印封金成财神

关羽挂印封金一事，小说《三国演义》写得一波三折：曹操班师回许都，大宴众官以贺关羽斩颜良、诛文丑之功时，关羽主动请缨讨伐甚是猖獗的汝南黄巾刘辟、龚都所部过程中，先是遇到了细作孙乾告知关羽，刘备在袁绍处；再是披挂出阵的龚都提醒关羽"故主之恩，不可忘也"；二位夫人从随行老军处得知消息后急召关羽，关羽解释为"恐有泄漏也。事须缓图，不可欲速"；曹操派张辽来探关羽，关羽以"朋友而兄弟、兄弟而主臣"之言辞说动张辽替关羽"致意丞相"；这之后是南阳陈震来访。

小说《三国演义》第二十六回的相关描写：

"且说关公正寻思间，忽报有故人相访。及请入，却不相识。关公问曰：'公何人也？'答曰：'某乃袁绍部下南阳陈震也。'关公大惊，急退左右，问曰：'先生此来，必有所为？'震出书一缄，递与关公。公视之，乃玄德书也。其略云：备与足下，自桃园缔盟，誓以同死。今何中道相违，割恩断义？君必欲取功名、图富贵，愿献备首级以成全功。书不尽言，死待来命。关公看书毕，大哭曰：'某非不欲寻兄，奈不知所在也。安肯图富贵而背旧盟乎？'震曰：'玄德望公甚切，公既不背旧盟，宜速往见。'关公曰：'人生天地间，无终始者，非君子也。吾来时明白，去时不可不明白。吾今作书，烦公先达知兄长，容某辞却曹公，奉二位嫂嫂来相见。'震曰：'倘曹操不允。为之奈何？'公曰：'吾宁死，岂肯久留于此！'震曰：'公速作回书，免致刘使君悬望。'关公写书答云：窃闻义不负心，忠不顾死。羽自幼读书，粗知礼义，观羊角哀、左伯桃之事，未尝不三叹而流涕也。前守下邳。内无积粟，外听援兵，欲即效死，奈有二位嫂嫂之重，未敢断首捐躯，致负所托，故尔暂且羁身，冀图后会。近至汝南，方知兄信，即当面辞曹公，奉二位嫂嫂归。羽但怀异心，神人共戮。披肝沥胆，笔楮难穷。瞻拜有期，伏惟照鉴。陈震得书自回。关公入内告知二位嫂嫂，随即至相府拜辞曹操。操知来意，乃悬回避牌于门。关公怏怏而回，命旧日跟随人役，收拾车马，早晚伺候，分付宅中，所有原赐之物，尽皆留下，分毫不可带去。次日再往相府辞谢，门首又挂回避牌。关公一连去了数次，皆不得见。乃往张辽家相探，欲言其事。辽亦托疾不出。关公思曰：'此曹丞相不容我去之意。我去志已决，岂可复留！'即写书一封，辞谢曹操。书略曰：羽少事皇叔，誓同生死；皇天后土，实闻斯言。前者下邳失守，所请三事，已蒙恩诺。今探知故主现在袁绍军中，回思昔日之盟，岂容违背？新恩虽厚，旧义难忘。兹特奉书告辞，伏惟照察。其有余恩未报，愿以俟之异日。写毕封固，差人去相府投递。一面将累次所受金银，一一封置库中，悬汉寿亭侯印于堂上，请二位夫人上车。关公上赤兔马，手提青龙刀，率领旧日跟随人役，护送车仗，径出北门……望官道进发。"

透过这段虚构的故事可以看到，关羽之所以能挂印封金离开新主曹操回归旧主刘备，其中，是有着太多太多的机缘巧合的，也是有着超高难度的。

1."挂印封金"的第一难：如何打探并确认刘备的下落

先是混迹于汝南黄巾的细作孙乾的"近闻""来报"，随后是汝南黄巾将领龚都的善意提醒，再是南阳陈震带来的刘备所写的书信谴责。这中间任何一个环节出了问题，关羽都不能轻而易举地挂印封金离开新主曹操回归旧主刘备。小说《三国演义》的作者罗贯中之所以如此描写，其目的便是突出关羽"挂印封金"的难度。

上面这段故事，除了相关的人都真的曾经存在过，关羽最终也是真的离开曹操再投刘备之外，所有的情节都是小说作者罗贯中所虚构出来的。让我们还原一下历史的本来面目。

先来介绍一下以细作身份出现的孙乾。

乱世当中，一个出色的外交官，是可以凭借自己的三寸不烂之舌影响到整个集团的利益和命运的。在诸葛亮成为刘备集团的一员之前，刘备的手下，除了关、张、赵等武艺高强的武将，作为非常出色的外交官，北海人孙乾也立下了汗马功劳。

刘备接掌徐州时，孙乾被郑玄举荐给刘备。孙乾是否是郑玄的学生不得而知，但能得到郑玄的举荐，想必孙乾的才学也是不错的。追随刘备之后，孙乾的第一大功劳便是成就了刘备投靠袁绍，第二大功劳则是成就了刘备投靠刘表。至于孙乾以细作身份给关羽"来报"刘备的"近闻"，则纯属于史无据的虚构。

再来介绍一下汝南黄巾及其将领刘辟、龚都。

公元184年春，彭脱领导黄巾在汝南（今河南省上蔡县）起义，但随后便被镇压。公元188年，黄巾余党再次起事于汝南郡新蔡县葛陂（今河南省新蔡县），后波及沛、陈、颍川等地。公元188年冬，东汉朝廷派"西园八校尉"之一的下军校尉鲍鸿讨伐汝南黄巾，但没有成功。此后，汝南黄巾依附于盘踞在南阳的袁术；袁术表孙坚为豫州刺史后，汝南黄巾转而依附于孙坚；孙坚被杀、袁术移师淮南后，汝南黄巾又暂时归顺曹操；曹操与袁绍对抗时期，汝南黄巾又联合刘备与曹操抗衡。

《三国志》中关于汝南黄巾将领刘辟的记载不多，却存在矛盾。在《三国志·魏书·武帝纪》中就存在着非常明显的前后矛盾。先是公元196年，"太祖（指曹操）进军讨破之，斩辟、邵等，仪及其众皆降"。可到了公元200年官渡之战期间，刘辟却又活了过来，"汝南降贼刘辟等叛应绍，略许下。绍使刘备助辟，公（指曹操）使曹仁击破之。备走，遂破辟屯。"学术界一般认为，公元196年刘辟被杀的记载有误。龚都本为刘辟同伙，《三国志·魏书·武帝纪》中记载为共都。公元201年，龚都曾协助刘备，共抗曹将蔡阳。

按照《三国志》的记载，官渡之战期间的刘辟、龚都，确实是曾经响应了袁绍共同讨伐曹操的，曹操方面则是派了心腹部将曹仁而非关羽击败了刘辟、龚都。

至于南阳陈震，最初为袁绍部下，主要担任外交事务。袁绍败亡后，陈震辗转至荆州投靠刘备。换句话说，陈震与关羽的接触，当在刘备投靠刘表之后。不过，小说《三国演义》的作者罗贯中，让南阳陈震提前在第二十六回袁曹官渡大战之前出场，则是有着深刻用意的。因为，在颜良、文丑先后被关羽斩杀之后，刘备在声泪俱下地阐述了自己对袁绍的忠诚的同时，又提出让关羽反水来帮袁绍的建议。而此时的袁绍"不念旧情"，马上便请刘备修书一封，拉关羽来自己麾下。刘备便在袁绍等人的注视下，给关羽写了一封字字扎心的密信，命南阳陈震带给身在曹营中的关羽："备与足下，自桃园缔盟，誓以同死。今何中道相违，割恩断义？君必欲取功名、图富贵，愿献备首级以成全功。书不尽言，死待来命。"

刘备给关羽的密信之所以字字扎心，是因为自从徐州失散之后，此时的刘备已经没有把握命关羽舍弃在曹营的荣华富贵，再次投入已经走投无路的自己的怀抱。刘备这样说，是在用足了激将、反讽之法的同时，正告关羽：如果关羽不弃曹归刘，那就是贪图荣利、不顾念手足之情、置兄弟死活于不顾的人，不忠不义不仁，虽短短数十字，可真是厉害非常，字字扎心。本就对刘备忠贞不贰的关羽，看到刘备如此"数落"自己，顿时失声痛哭，对送信的人说："某非不欲寻兄，奈不知所在也。安肯图富贵而背旧盟乎？"此时的陈震跟关羽说："玄德望公甚切，公既不背旧盟，宜速往见。"关羽的回答却是要待"辞却曹公"之后再堂堂正正地走。这便是关羽的原则：做人要有始有终，"来时明白，去时不可不明白"。正所谓"君子坦荡荡"。

为了让刘备安心，关羽给刘备写了一封字字泣血的回信："窃闻义不负心，忠不顾死。羽自幼读书，粗知礼义，观羊角哀、左伯桃之事，未尝不三叹而流涕也。前守下邳，内无积粟，外无援兵，欲即效死，奈有二位嫂嫂之重，未敢断首捐躯，致负所托，故尔暂且羁身，冀图后会。近至汝南，方知兄信，即当面辞曹公，奉二位嫂嫂归。羽但怀异心，神人共戮。披肝沥胆，笔楮难穷。瞻拜有期，伏惟照鉴。"关羽说明自己绝对不是背信弃义的人，在曹操这不走的原因也都讲明白了，之后又发毒誓，如果对刘备有二心，那么将"神人共戮"。

读罢关羽给刘备的回信，可以知晓关羽的性格特点：遵守承诺，讲求忠信仁义；处事注重轻重缓急，考虑较为周全；不为高官厚禄所动，知恩图报。

小说《三国演义》的作者罗贯中，之所以虚构细作孙乾、汝南黄巾将领龚都和南阳陈震三个桥段，自然是为了顾全关羽的形象。

陈寿《三国志·关张赵马黄传》记载，关羽曾说，"吾极知曹公待我厚，然吾受刘将军厚恩，誓以共死，不可背之。吾终不留，吾要当立效以报曹公乃去"。裴松之《三国志注》引《傅子》记载，张辽曾对曹操说："羽受公恩，必立效报公而后去也。"换句话说，关羽早就知道刘备投靠了袁绍。为了报答曹操的厚待，关羽便立下了"当立效以报曹公乃去"的誓言。但罗贯中如若真的根据史实不加改动地描写，势必对关羽的形象造成影响。而经罗贯中虚构之后，关羽便是在不知道刘备已然投靠了袁绍的情况下才斩颜良、诛文丑的，这样就顾全了关羽的形象。

顾全关羽的形象，只是小说《三国演义》的作者罗贯中的初步目的。在罗贯中看来，还要让小说《三国演义》中关羽的形象更加高大伟岸。为此，罗贯中还需继续虚构哪些情节呢？

2.关羽"挂印封金"的第二难：如何通禀并离开曹操

早在关羽挂帅出征刘辟、龚都之前，"荀彧密谓操曰：'云长常有归刘之心，倘知消息必去，不可频令出征。'操曰：'今次收功，吾不复教临敌矣。'"。此后便有了关羽通过细作孙乾和汝南黄巾将领龚都知道了刘备在袁绍处的消息之后，"于禁探知刘备在河北，报与曹操。操令张辽来探关公意"一事的发生。因为是好友，所以便有了这段颇为直截了当的对话："辽曰：'兄与玄德交，比弟与兄交何如？'公曰：'我与兄朋友之交也，我与玄德，是朋友而兄弟、兄弟而主臣者也。岂可共论乎？'辽曰：'今玄德在河北，兄往从否？'关公曰：'昔日之言，安肯背之！文远须为我致意丞相。'"

此时的曹操，能够想到的对策是什么呢？"悬回避牌于门""门首又挂回避牌""关公一连去了数次，皆不得见。乃往张辽家相探，欲言其事。辽亦托疾不出"。

此时的关羽，显然是知道曹操是不愿意他离开的。但为了完成小说《三国演义》的作者罗贯中虚构的"桃园三结义"时的承诺："念刘备、关羽、张飞，虽然异姓，既结为兄弟，则同心协力，救困扶危，上报国家，下安黎庶，不求同年同月同日生，只愿同年同月同日死。皇天后土，实鉴此心。背义忘恩，天人共戮！"在已经落实了跟曹操约定的离开条件的承诺（历史记载真实存在的承诺："吾极知曹公待我厚，然吾受刘将军厚恩，誓以共死，不可背之。吾终不留，吾要当立效以报曹公乃去。"）之后，再来追求当初对曹操的终极承诺（小说《三国演义》的作者罗贯中虚构的承诺："但知刘皇叔去向，不管千里万里，便当辞去"），便成为关羽人生的必然抉择。

而关羽的对策又是什么呢？"关公……即写书一封，辞谢曹操。书略曰：羽少事皇叔，誓同生死；皇天后土，实闻斯言。前者下邳失守，所请三事，已蒙恩诺。今探知故主现在袁绍军中，回思昔日之盟，岂容违背？新恩虽厚，旧义难忘。兹特奉书告辞，伏惟照察。其有余恩未报，愿以俟之异日。"

至此，关羽更加高大伟岸的形象便树立起来了：完成"桃园三结义"时的承诺，证明关羽是个不忘初心、有始有终的伟丈夫；落实了跟曹操约定的离开的条件的承诺之后，再来追求当初对曹操的终极承诺，证明关羽是个言必信、行必果的真君子。

关羽曾与刘备桃园结义，誓同生死，在曹营之中他始终不忘却刘备，这就是"信"；他曾对曹操说得知刘备的消息就离开去寻找刘备，他也果真是这么做的，这便是"义"。

当然，为了让关羽的形象更加高大伟岸，小说《三国演义》的作者罗贯中也只能把曹操设计成了一个"悬回避牌于门""门首又挂回避牌""关公一连去了数次,皆不得见"的平庸形象。可以说,这个桥段对曹操的描写,的确是一大败笔。

3.关羽"挂印封金"的第三难:为什么封金容易挂印难?

"挂印封金",赤条条地来,干干净净地去,这便是小说《三国演义》的作者罗贯中精心打造的关羽"义绝"的形象。钱嘛,身外之物,不带走也罢,这就是所谓"封金"了。

而"封金"在历史上实有其事,《三国志·关张赵马黄传》记载:"羽尽封其所赐,拜书告辞,而奔先主于袁军。"由此可见,关羽确实把曹操的赏赐都封还了回去。

那这"汉寿亭侯"的印,真的可以"挂"起来吗?

先交代一下两汉的"侯"。

列侯,古代爵位名,始见于战国。秦称彻侯,居二十等爵制之首。西汉沿置,然为避刘彻讳而改称列侯,又称通侯,为汉代异姓臣子的最高封爵,分为县侯、乡侯、亭侯三个等级。列侯封县、封地称国,食邑高低不等,少者百户,多者可达万户。侯国置相一人,相当于县之令、长。列侯自置家丞、庶子、门大夫、洗马、行人等家臣。列侯如果不在中央任职或娶公主,就需要去封国居住,称为"就国"或"归故国"。列侯居京师则主爵中尉领之,就国则郡太守时时巡察之。

而在东汉,列侯演化为五级,即在县侯与乡侯之间设置了一个都乡侯,在乡侯与亭侯之间设置了一个都亭侯。县侯以县立国,制度与西汉相同。乡侯、亭侯不立国,只设置家臣。

虽然关羽的爵位在诸侯中最低,但当时的曹营中只有一个于禁是益寿亭侯,可见曹操对关羽的重视。另外,汉寿是个县名,在今天的湖南省常德市,刘备称汉中王后,又将葭萌改名汉寿,算是给关羽封了块实地。

小说《三国演义》中说关羽"悬汉寿亭侯印于堂上"，正史中则完全没有提到关羽"挂印"一事。事实上，关羽也不会把"汉寿亭侯"的印信归还给曹操。原因主要有以下两个方面。

第一，对关羽来说，曹操的赏赐是曹操的个人行为，而偏将军和"汉寿亭侯"的爵位则是汉献帝刘协所封。关羽公私分明，离开之时，将私人赏赐归还给曹操，而天子汉献帝刘协所封的偏将军和"汉寿亭侯"的印信当然不会归还给曹操。

第二，关羽一生引以为傲的就是"汉寿亭侯"的爵位，即便是公元219年刘备进位汉中王和公元221年刘备登基称帝后，也没有改封关羽的爵位或追谥关羽新的爵位，关羽又岂会把"汉寿亭侯"的印信悬于堂上归还给曹操！

综上所述，对于关羽来说，既然得知了刘备的去处，离开曹操就成为必然。当然，"封金"是历史的真实存在，"挂印"则是小说的作者罗贯中的虚构。

八、关羽千里走单骑

史料证明"封金"是历史上真实的存在，而"挂印"则纯属小说《三国演义》的作者罗贯中的虚构。无独有偶，与"挂印封金"极为相似的是，小说《三国演义》中接下来讲到的"千里走单骑"也是历史上真实的存在，而"过五关，斩六将"则纯属虚构。小说《三国演义》第二十七回的相关描写如下。

"操曰：'不忘故主，来去明白，真丈夫也。汝等皆当效之。'……因谓张辽曰：'云长封金挂印，财贿不以动其心，爵禄不以移其志，此等人吾深敬之。想他去此不远，我一发结识他做个人情。汝可先去请住他，待我与他送行，更以路费征袍赠之，使为后日记念。'张辽领命，单骑先往。曹操引数十骑随后而来。却说云长所骑赤兔马，日行千里，本是赶不上，因欲护送车仗，不敢纵马，按辔徐行。忽听背后有人大叫：'云长且慢行！'回头视之，见张辽拍马而至。关公教车仗从人，只管望大路紧行，自己勒住赤兔马，按定青龙刀，问曰：'文远莫非欲追我回乎？'辽曰：'非也。丞相知兄远行，欲来相送，特先使我请住台驾，别无他意。'关公曰：'便是丞相铁骑来，吾愿决一死战！'遂立马于桥上望之。见曹操引数十骑，飞奔前来……关公见众人手中皆无军器，方始放心。操曰：'云长行何太速？'关公于马上欠身答曰：'关某前曾禀过丞相。今故主在河北，不由某不急去。累次造府，不得参见，故拜书告辞，封金挂印，纳还丞相。望丞相勿忘昔日之言。'操曰：'吾欲取信于天下，安肯有负前言。恐将军途中乏用，特具路资相送。'一将便从马上托过黄金一盘。关公曰：'累蒙恩赐，尚有余资。留此黄金以赏将士。'操曰：'特以少酬大功于万一，何必推辞？'关公曰：'区区微劳，何足挂齿。'操笑曰：'云长天下义士，恨吾福薄，不得相留。锦袍一领，略表寸心。'令一将下马，双手捧袍过来。云长恐有他变，不敢下马，用青龙刀尖挑锦袍披于身上，勒马回头称谢曰：'蒙丞相赐袍，异日更得相会。'遂下桥望北而去……且说关公来赶车仗，约行三十里，却只不见。云长心慌，纵马四下寻之。忽见山头一人，高叫：'关将军且住！'云长举目视之，只见一少年，黄巾锦衣，持枪跨马，马项下悬着首级一颗，引百余步卒，飞奔前来。公问曰：'汝何人也？'少年弃枪下马，拜伏于地。云长恐是诈，勒马持刀问曰：'壮士，愿通姓名。'答曰：'吾本襄阳人，姓廖，名化，字元俭。因世乱流落江湖，聚众五百余人，劫掠为生。恰才同伴杜远下山巡哨，误将两夫人劫掠上山。吾问从者，知是大汉刘皇叔夫人，且闻将军护送在此，吾即欲送下山来。杜远出言不逊，被某杀之。今献头与将军请罪。'关公曰：'二位夫人何在？'化曰：'现在山中。'关公教急取下山。不移时，百余人簇拥车仗前来。关公下马停刀，又手于车前问候曰：'二位嫂嫂受惊否？'二位夫人曰：'若非廖将军保全，已被杜远所辱。'关公问左右曰：'廖化怎生救夫人？'左右曰：'杜远劫上山去，就要与廖化各分一人为妻。廖化问起根由，好生拜敬，杜远不从，已被廖化杀了。'关公听言，乃拜谢廖化。廖化欲以部下人送关公。关公寻思此人终是黄巾余党，未可作伴，乃谢却之。廖化又拜送金帛，关公亦不受。廖化拜别，自引人伴投山谷中去了。云长将曹操赠袍事，告知二位嫂嫂，催促车仗前行。"

当关羽辞行时，曹操先是采取回避政策，避而不见。当得知关羽非走不可时，曹操又表现得极为通脱、潇洒，"吾昔已许之，岂可失信！彼各为其主，勿追也。"在这里，曹操不是指责关羽义薄，而是反责自己"福薄"，而且不失时机地抓住这个难得的典型事例，借以教育部将，"不忘故主，来去明白，真丈夫也。汝等皆当效之"。更为重要的是，曹操审时度势，决不强人所难，反而乘船下篙，顺水推舟，"一发结识他做个人情"，又是亲送，又是赠金，又是赠袍，这项顺水人情做足了，做到了家。这一切都显示了曹操作为政治领袖、军事统帅的识见、眼光、气度。

但这一切，在深谙儒家经典的关羽心中，虽感念曹操的恩德，但始终无法认同曹操的所作所为。正因为如此，才有了在拒金收袍之时，"云长恐有他变，不敢下马，用青龙刀尖挑锦袍披于身上，勒马回头称谢"这一传神的描写。对关羽来说，"千里走单骑"最难的并非"过五关，斩六将"，而是自己心里的那道"难关"。当然，这只是小说《三国演义》的作者罗贯中的虚构而已。历史的真相则与此相去甚远。

据陈寿《三国志·关张赵马黄传》记载："初，曹公壮羽为人，而察其心神无久留之意，谓张辽曰：'卿试以情问之。'既而辽以问羽，羽叹曰：'吾极知曹公待我厚，然吾受刘将军厚恩，誓以共死，不可背之。吾终不留，吾要当立效以报曹公乃去。'辽以羽言报曹公，曹公义之。及羽杀颜良，曹公知其必去，重加赏赐。羽尽封其所赐，拜书告辞，而奔先主于袁军。左右欲追之，曹公曰：'彼各为其主，勿追也。'……汝南黄巾刘辟等叛曹操应袁绍，绍遣刘备将兵助辟，郡县多应之。"

透过这段记载可以知道，关羽回到刘备身边，是个非常简单的过程。关羽回到刘备身边后，过了很长时间，袁绍才"遣刘备将兵助辟"，在曹操的大后方开辟了第二战场。

但如果真的按照陈寿《三国志·关张赵马黄传》的这段记载来描写的话，那就有一个巨大的问题无法解决。据《三国志·魏书·武帝纪》记载："操收绍书中，得许不及军中人书，皆焚之，曰：'当绍之强，孤犹不能自保，况众人乎！'"当时官渡之战已拉开序幕，袁强曹弱是大家的共识，曹操一方想离开曹操、站到袁绍一边的人多的去了，并不是只有关羽一个人。另外，刘备投靠袁绍后，刘备手下的将士，都已渐渐归队。就连赵云，也是在此期间正式加入刘备的团队中来的。关羽在这种背景下想回到刘备身边，而刘备却在袁绍军中。

关羽如此作为，到底是义薄云天，还是实识务者为俊杰呢？

如果按照真实的历史去写，官渡之战时，连同关羽在内的刘备集团的所有成员都是站在袁绍一边的，结果袁绍还是被曹操打得大败，这就有损刘备集团的英雄形象了。

而《三国演义》通过关羽千里走单骑、过五关斩六将的故事，关羽离开曹操回到刘备身边，就和袁绍没有任何关系了，这样就没有识实务者为俊杰的嫌疑了。袁绍的失败，也与刘关张无关了，这就影响不到关羽英雄无敌的形象了。

当然，顾全关羽的形象，只是小说《三国演义》的作者罗贯中的初步目的。在罗贯中看来，还要让关羽的形象更加高大伟岸。为此，罗贯中就需要在本已虚构的"千里走单骑"的故事中继续充实一些更为精彩的情节。

　　作为历史小说，《三国演义》是在秉持了两宋程朱理学"正蜀汉伪魏吴"的正统观念的大前提下，采用纪事本末体的叙事方式，依据陈寿《三国志》的历史框架创作而成的。问题在于，陈寿《三国志》与宋元以来的"正蜀汉伪魏吴"的正统观念的尖锐冲突：仅以对曹操的称谓为例，陈寿《三国志》称曹操为"公"或"太祖"，朱熹（1130—1200）的《资治通鉴纲目》则称之"操"；曹操为魏王之后，陈寿《三国志》称"王"，朱熹《资治通鉴纲目》则称"魏王操"，并不把曹操当作尊者避讳。

　　《三国演义》正是沿袭了两宋程朱理学"正蜀汉伪魏吴"的正统观念，在称关羽为"公"、称曹操为"操"的大前提下，将陈寿《三国志》中非常简单的"曹公禽羽以归"完美地演绎成为"屯土山关公约三事""降汉不降曹""秉烛达旦""分一宅为两院""不近女色""挂印封金"的经典桥段。如此，孟子所谓"富贵不能淫，贫贱不能移，威武不能屈"的大丈夫形象便鲜明地展现在读者的眼前。

　　透过陈寿《三国志》的记载知道，虽然关羽回归刘备是史实，但"千里走单骑"依然有很多虚构的情节。不过，三国时代，还有另外一次"千里走单骑"，情节也非常感人，但主人公不是关羽，而是在小说《三国演义》第二十七回才刚出场的廖化。

　　"蜀国无大将，廖化当先锋。"这句本来出自1908年7月1日商务印书馆出版的丁逢甲（1864—约1929，笔名：壮者）所著的小说《扫迷帚》第二十四回的俗语，不仅黑了蜀国，还顺便毫不留情地黑了廖化。《扫迷帚》说的是姜维北伐时，蜀之能征善战的大将都已亡故，无人可用，只能让年近八十的廖化做先锋。原意是蜀国连个年轻的将领都没了，廖化那样的老将居然要去做先锋。

　　当然，历史上的廖化，绝非如此。

　　小说《三国演义》第二十七回，廖化初为黄巾军，因世乱流落江湖，聚众五百余，劫掠为生。关羽千里寻兄，廖化同伴杜远误将刘备两夫人劫掠上山。杜远想要与廖化各分一人为妻，廖化却要将她们送归，杜远不从，被廖化斩杀。之后廖化想要跟随关羽，关羽虑其黄巾出身不从，于是拜别。等到刘备入益州时，廖化再引军投靠，刘备命其助关羽守荆州。虽然这段虚构的故事不太符合历史，但廖化确实是关羽的属下。

《三国志·蜀书·邓宗张杨传》记载，蜀国末年，诸葛亮的儿子诸葛瞻（227—263）掌握大权，统领朝政。公元261年，廖化路过看望镇军大将军、兖州刺史宗预时，想与他一同到诸葛瞻住所拜访。宗预说："吾等年逾七十，所窃已过，但少一死耳，何求于年少辈而屑屑造门邪？"廖化听了宗预的话，就没有去拜访诸葛瞻。由此推测出，廖化出生年份应该在公元183—191年之间。黄巾起义爆发于公元184年，当年即被扑灭。然而，到公元188年，黄巾军余部再次爆发起义。由此可以推断，虽然黄巾起义爆发时，廖化大概率已经出生，但绝无可能成为黄巾军的一员战将。廖化是什么时候加入刘备集团的呢？刘备在荆州期间，荆襄士人纷纷加入刘备集团，廖化也是其中之一。一开始，史书没有写廖化担任什么职务，到刘备称汉中王时，廖化成为前将军关羽帐下的一名主簿。公元219年，关羽在樊城兵败身死，时任关羽主簿的廖化也被吴国擒获，廖化不得已归顺东吴。

但廖化一心"思归先主"，总想逃到益州去。廖化当时应该在荆州的公安或江陵，距离成都的确可称得上"千里之外"，中间要越过数百里孙吴控制区，要去谈何容易？更何况廖化还有一个自身困难，他的老母亲尚在，他不能抛下母亲一个人去益州，要去就得把母亲带上。尽管困难重重，但廖化最后还是义无反顾地逃回了益州。

《三国志》说廖化"乃诈死，时人谓为信然，因携持老母昼夜西行"。廖化通过诈死的办法骗取人们信任，让大家不再注意他，然后悄悄逃出荆州，还带上了老母亲，母子二人不分白天黑夜赶路，这样的情节或许不如关羽"千里走单骑"看起来那么轰轰烈烈，但其中的执着与坚贞丝毫不差，甚至更加感人和悲壮。廖化和母亲走到三峡地区的秭归时，遇到了率大军前来伐吴的刘备，刘备深为廖化的忠义精神所感动，刘备与廖化交谈后"大悦"，任命廖化为宜都郡太守，廖化随后参加了刘备伐吴之战。

对于关羽来说，虽然"千里走单骑"是历史上真实的存在，但总归不如廖化携母"千里走单骑"来得精彩。廖化携母"千里走单骑"，于公为忠，于私为孝，其忠孝精神更加可歌可泣。

九、过五关与斩六将

"千里走单骑"是历史上真实的存在，而"过五关""斩六将"则纯属小说《三国演义》的作者罗贯中的虚构。关于"过五关""斩六将"，先来看看小说《三国演义》第二十七回的相关描写。

"前至一关，名东岭关……关公下马，与孔秀施礼。秀曰：'将军何往？'公曰：'某辞丞相，特往河北寻兄。'秀曰：'河北袁绍，正是丞相对头。将军此去，必有丞相文凭？'公曰：'因行期慌迫，不曾讨得。'秀曰：'既无文凭，待我差人禀过丞相，方可放行……汝要过去，留下老小为质。'关公大怒……纵马提刀，竟不打话，直取孔秀。秀挺枪来迎，两马相交，只一合，钢刀起处，孔秀尸横马下，众军便走。关公曰：'军士休走。吾杀孔秀，不得已也，与汝等无干。借汝众军之口，传语曹丞相，言孔秀欲害我，我故杀之。'……洛阳太守韩福……曰：'吾奉承相钧命，镇守此地，专一盘诘往来奸细。若无文凭，即系逃窜……谁人与我擒之？'孟坦出马，轮双刀来取关公。关公约退车仗，拍马来迎。孟坦战不三合，拨回马便走，关公赶来。孟坦只指望引诱关公，不想关公马快，早已赶上，只一刀，砍为两段。关公勒马回来，韩福闪在门首，尽力放了一箭，正射中关公左臂。公用口拔出箭，血流不住，飞马径奔韩福，冲散众军，韩福急走不迭，关公手起刀落，带头连肩，斩于马下……关公……连夜投汜水关来。把关将乃并州人氏，姓卞，名喜……当下闻知关公将到，寻思一计：就关前镇国寺中，埋伏下刀斧手二百余人，诱关公至寺，约击盏为号，欲图相害。安排已定，出关迎接关公。公见卞喜来迎，便下马相见……关公甚喜，同上马过了汜水关，到镇国寺前下马。众僧鸣钟出迎……内有一僧，却是关公同乡人，法名普净。当下普净已知其意，向前与关公问讯……普净教取茶先奉夫人，然后请关公入方丈。普净以手举所佩戒刀，以目视关公。公会意，命左右持刀紧随。卞喜请关公于法堂筵席……关公早望见壁衣中有刀斧手，乃大喝卞喜曰：'吾以汝为好人，安敢如此！'卞喜知事泄，大叫：'左右下手！'左右方欲动手，皆被关公拔剑砍之。卞喜下堂绕廊而走，关公弃剑执大刀来赶。卞喜暗取飞锤掷打关公。关公用刀隔开锤，赶将入去，一刀劈卞喜为两段……关公赶散，谢普净曰：'若非吾师，已被此贼害矣。'普净曰：'贫僧此处难容，收拾衣钵，亦往他处云游也。后会有期，将军保重。'……荥阳太守王植，却与韩福是两亲家……待关公到时，王植出关，喜笑相迎……关公因于路辛苦，请二位嫂嫂晚膳毕，就正房歇定，令从者各自安歇，饱喂马匹。关公亦解甲憩息。却说王植密唤从事胡班听令曰：'关某背丞相而逃，又于路杀太守并守关将校，死罪不轻！此人武勇难敌。汝今晚点一千军围住馆驿，一人一个火把，待三更时分，一齐放火，不问是谁，尽皆烧死！吾亦自引军接应。'胡班领命，便点起军士，密将干柴引火之物搬于馆驿门首，约时举事。胡班寻思：'我久闻关云长之名，不识如何模样，试往窥之。'乃至驿中，问驿吏曰：'关将军在何处？'答曰：'正厅上观书者是也。'胡班潜至厅前，见关公左手绰髯，于灯下凭几看书。班见了，失声叹曰：'真天人也！'公问何人，胡班入拜曰：'荥阳太守部下从事胡班。'关公曰：'莫非许都城外胡华之子否？'班曰：'然也。'公唤从者于行李中取书付班。班看毕，叹曰：'险些误杀忠良！'遂密告曰："王植心怀不仁，欲害将军……关公大惊，忙披挂提刀上马，请二位嫂嫂上车，尽出馆驿……关公行不到数里，背后火把照耀，人马赶来……关公勒马，大骂：'匹夫！我与你无仇，如何令人放火烧我？'王植拍马挺枪，径奔关公，被关公拦腰一刀，砍为两段……关公催车仗速行，于路感胡班不已。行至滑州界首，有人报与刘延。延引数十骑，出郭而迎……延曰：'今黄河渡口关隘，夏侯惇部将秦琪据守，恐不容将军过渡。'……到黄河渡口……琪曰：'你只杀得无名下将，敢杀我么？'关公怒曰：'汝比颜良、文丑若何？'秦琪大怒，纵马提刀直取关公。二马相交，只一合，关公刀起，秦琪头落。关公曰：'当吾者已死，余人不必惊走。速备船只，送我渡河。'……渡过黄河，便是袁绍地方。"

据陈寿《三国志·关张赵马黄传》的记载，"过五关，斩六将"纯属小说《三国演义》的作者罗贯中的虚构。但在尔虞我诈的汉末乱世，关羽能放弃实力强过刘备太多的曹操，放弃曹操的厚恩和高官厚禄，选择不远千里去寻找落魄的刘备，正所谓锦上添花易，雪中送炭难，关羽的做法也为三国乱世格外增加了几分情谊。

小说《三国演义》的作者罗贯中，之所以大张旗鼓地虚构关羽的这个故事，其精神来源当是《孟子》一书中"自反而缩，虽千万人吾往矣"。《孟子》的这句话是形容一个具备大勇之人，他如果反省到自己的道义所在，那么即使有千万人的阻挡，他也义不容辞勇往直前。在关羽看来，护送二位嫂嫂周全投奔刘备就是关羽的道义，和刘备一起报国安邦就是关羽的道义，为了道义，关羽无所畏惧，千里走单骑，一路过关斩将，心如日月昭明，苍天可鉴。因此，"千里走单骑""过五关，斩六将"塑造的关羽的个人英雄主义形象才会深入人心。正如胡班窥见关羽后，情不自禁感叹的那句："真天人也！""千里走单骑""过五关，斩六将"，就是为了塑造关羽的"天人"形象，也就是为天神一样的形象服务的。

从艺术手法上看，对于关羽过的这五关，作者的布置是很用心的。线索是通关文凭，用关羽没有通关文凭来组织。五关之中，第一关直接拼斗，第二关开始出现低级的计谋，第三、第四两关可以用阴谋了，分别是酒宴刺杀计、三更火烧计，其中第三关有普净暗示关羽，第四关设计胡班仰慕关羽，第五关先有关羽向太守刘延借船不得，接着在黄河渡口与秦琪拼杀。所以，对于过五关斩六将的设计，作者是力避过程上的重复，不断变换情节设置，使人读来毫无雷同之感，不能不说是极好的文章组织。

当然，东岭关守将孔秀，洛阳守将韩福、孟坦，汜水关守将卞喜，荥阳守将王植，黄河渡口守将秦琪，各守将虽然都有为难陷害关羽的行为，但客观讲，他们也都是受害者。

首先，这六位守将并不知道曹操放行关羽的消息，否则他们是万万不敢阻拦关羽的。其次，他们为难关羽也是职责分内之事，关羽身为降将，不带通关文牒擅自出关，这个是很可疑的，任谁身为关隘守将也不敢轻易放关羽出行。关羽寻找刘备心切，又加上他一身孤傲，懒得和别人多费口舌，所以才造成了这么多误会。死在关羽刀下的六名魏将是很冤枉的，他们也算是恪尽职守死在岗位上的尽职将军吧。

有专业的学者研究认为，关羽既然要到河北投奔刘备，那么，他离开许都之后，就应该向北，直驱延津（今河南省延津县西北）或者白马（今河南省滑县东），渡过黄河，即可进入冀州境内。然而，书中却让他先向西北行，过东岭关（河南省禹州市白沙水库西侧，原为战国时期韩国都城阳翟通往古都洛阳的故道），接着突然继续向西北行，走到洛阳，然后才折回东方，经过汜水关（今河南省荥阳市西北，即《三国演义》第五回写到的虎牢关）、荥阳（今河南省荥阳市），最后再到达滑州（应为白马），从那里过河。这样的路线，让人物来回折腾，行程将近千里，完全不合逻辑。

这里就要注意：历史与文学是两个不同的层面，文学重在塑造人物典型，但小说《三国演义》毕竟不是完整的历史，不能完全站在史学的角度评价其真实性。罗贯中为了表现关羽不辞艰辛千里寻兄的忠贞之节和义勇之概，在虚构"过五关，斩六将"的情节时，让他在今河南地界来回瞎跑，这在小说艺术上是允许的。至于其中的原因，还要从两个方面来分析。

一方面，早在罗贯中之前的宋元话本中，还另有一个关羽"过五关，斩六将"的行程图，从长安出发，沿着黄河南岸由西向东行进，依次经过洛阳、汜水关、荥阳，到达滑州，北渡黄河。宋元艺人的文化水平都不高，其历史知识也存在种种缺漏，在他们创作和整理的三国故事中，曹操定的都城不是许昌，而是长安。如此，"过五关，斩六将"的路线图便完全讲得通了。

但罗贯中的历史知识甚好，他必须把"曹操定都长安"这个错误修正为"曹操定都许昌"。都城倒是从陕西移回了河南，可是他又不能放弃关羽"过五关，斩六将"的精彩故事，所以呢，地理知识极度缺乏的罗贯中便把其他的桥段都原封不动地照搬了过来。最终，关羽便只能背负起了"路痴"的名号，到处地乱撞。

"千里走单骑""过五关，斩六将"，真也好假也罢，从许昌出发，直到回到刘备的身边，这一路的波折，对于关羽而言，其实就是一条心灵的洗涤之路。这一路之上，关羽见识了各种各样的人和事，自己也由开始的任性而为，逐渐发展到后来的权衡利弊；与此同时，关羽也看清了人心与名利，最终回归到"桃园结义"时的信念。对于关羽而言，这便是一种历练，这便是一种成长。而这，才是小说《三国演义》的作者罗贯中为我们精心虚构的关羽"千里走单骑""过五关，斩六将"的真正目的所在。

十、古城会张飞探底

"千里走单骑""过五关，斩六将"，真也好假也罢，这一路的波折，对于关羽而言,是一种历练,更是一种成长。但你经历了,你成长了,别人会怎样看待你的这段经历呢?

"千里走单骑""过五关,斩六将"之后,关羽又遇到了狂追自己不放手的曹操手下大将夏侯惇。好在曹操连差二使及张辽,令放关羽,关羽这才最终脱离了曹操掌控的地盘,继续踏上追寻刘备之路。途经卧牛山时,收得黄巾张宝部下关西大汉周仓。随后到达古城,遇到了失散多时的张飞。但张飞误会关公降操,一见面就要决一死战,直到关羽斩杀了曹操手下大将蔡阳,这才消除了张飞的疑虑。

关于这个精彩的桥段,小说《三国演义》第二十八回是这样描写的:"却说张飞在芒砀山中住了月余,因出外探听玄德消息,偶过古城,入县借粮,县官不肯,飞怒,因就逐去县官,夺了县印,占住城池,权且安身。当日孙乾领关公命入城见飞,施礼毕,具言:'玄德离了袁绍处,投汝南去了。今云长直从许都送二位夫人至此,请将军出迎。'张飞听罢,更不回言,随即披挂持矛上马,引一千余人,径出北门……关公望见张飞到来,喜不自胜,付刀与周仓接了,拍马来迎。只见张飞圆睁环眼,倒竖虎须,吼声如雷,挥矛向关公便搠……飞喝曰:'你既无义,有何面目来与我相见!'关公曰:'我如何无义?'飞曰:'你背了兄长,降了曹操,封侯赐爵。今又来赚我!我今与你并个死活!'关公曰:'你原来不知!我也难说。现放着二位嫂嫂在此,贤弟请自问。'……飞曰:'嫂嫂休要被他瞒过了!忠臣宁死而不辱。大丈夫岂有事二主之理!'关公曰:'贤弟休屈了我。'孙乾曰:'云长特来寻将军。'飞喝曰:'如何你也胡说!他那里有好心,必是来捉我!'关公曰:'我若捉你,须带军马来。'飞把手指曰:'兀的不是军马来也!'关公回顾,果见尘埃起处,一彪人马来到。风吹旗号,正是曹军。张飞大怒曰:'今还敢支吾么?'挺丈八蛇矛便搠将来。关公急止之曰:'贤弟且住。你看我斩此来将,以表我真心。'飞曰:'你果有真心,我这里三通鼓罢,便要你斩来将!'关公应诺。须臾，曹军至，为首一将，乃是蔡阳……关公更不打话，举刀便砍。张飞亲自擂鼓。只见一通鼓未尽，关公刀起处，蔡阳头已落地。众军士俱走。关公活捉执认旗的小卒过来……教去张飞前告说其事。飞将关公在许都时事细问小卒，小卒从头至尾，说了一遍，飞方才信……飞遂迎请二位嫂嫂入城。至衙中坐定，二位夫人诉说关公历过之事，张飞方才大哭，参拜云长。"

关羽一路经历腥风血雨，人困马乏，本来是打探着兄弟的消息而来，却不料刚一见面，就被张飞提抢猛刺。关羽一片赤诚之心，张飞怎么就是不相信呢？

张飞之所以如此对待关羽，只因关羽身在曹营那些日子的所作所为，必须得有一人出面了解一下。刘备当然不好意思直接问关羽：你是否背叛了我？所以，盘查关羽在曹营的所作所为这种事，就只能让张飞来处理。

在中国人的传统文化中，忠孝仁义、礼义廉耻是主流，但与此同时还有很多与此相悖的文化理念，比如"良禽择木而栖""埋儿奉母"，这些与忠孝仁义、礼义廉耻完全相悖的社会人伦概念，同样堂而皇之地存在于文史籍册之中。

也正是因为如此，在关羽看来，"降汉不降曹"是忠，"千里走单骑"是义。但在张飞看来，降汉即降曹，已经背叛当年的桃园之誓。忠者为臣之道，义者为兄弟之情。关羽、张飞二人之所以刀枪相见，是因为都觉得自己拥有"忠义"的道德旗帜。他们都认为对方背叛了这个江湖规则，一个愤懑满胸，一个委屈难忍。到最后，只能武力相见。恰此时，曹操手下大将蔡阳成了关羽、张飞兄弟相逢一笑泯恩仇的"投名状"。张飞亲自擂鼓，一通鼓未尽，关羽手起刀落，蔡阳人头已落地。

千万不要以为此事到此就告一段落了，千万不要认为杀了蔡阳，关羽就能取得张飞的信任。张飞对关羽的考察才刚刚开始。此后的张飞，先是盘问了被俘的蔡阳手下"执认旗的小卒"，接着又听了刘备的两位夫人"诉说关公历过之事"，一切确认无误之后，"张飞方才大哭，参拜云长"。

关羽、张飞二人古城相会之后，刘备也已从袁绍军中脱身，在关定庄上与等候他的关羽会合，关羽收关定次子关平为义子；在取道卧牛山回古城的途中，又遇见了赵云来投奔刘备；刘备、关羽、赵云一行回到古城，兄弟三人才得以重逢。

"古城会"的故事完全是小说《三国演义》的作者罗贯中虚构的。就关羽而言，在斩杀颜良报答曹操之后，闻知刘备在替袁绍攻打许县南面一带时，关羽便重新回到了刘备身边。但回归地点，史书中并没有说是在所谓"古城"。对张飞来说，历史上并无记载张飞失散，占据古城，与刘备重新聚会等事。而且东汉时期的上千个县中，也没有一个正式县名叫"古城县"的。不但"古城会"的故事是小说《三国演义》的作者罗贯中虚构的，就连"古城县"这个名字也是小说《三国演义》的作者罗贯中虚构的。

这里还有一个问题需要回答：关羽为何不肯留在曹操大营?

答案非常简单：曹操能给关羽的，刘备也能给；刘备能给关羽的，曹操给不了。

当时，曹操阵营人才济济，就武将而言，曹仁、曹洪、夏侯渊、许褚等老将就不说了，曹彰、徐晃、于禁、乐进、张辽等年青一代正在茁壮成长。在曹操那里，关羽很难找到适合自己的位置，搞不好就会沦为"有他不多、无他不少"的"替补队员"的角色。而在刘备的阵营里，关羽的作用是无可替代的。光是这一点，曹操就给不了。曹操怎么可能让关羽当自己的"二当家"呢? 与此同时，刘备与关羽感情深厚，他们之间不是亲兄弟，胜似亲兄弟。在关羽最落魄的时候，是刘备发现了他，认可了他，提拔了他，给他最大限度的自由，容忍他性格上的毛病。多年来，他们并肩作战，出生入死，用关羽自己的话说，就是"吾受刘将军厚恩，誓以共死，不可背之"。

这里还有一个小故事。公元219年，关羽不甘心黄忠与自己同列"五虎上将"，不肯接受刘备的任命。益州前部司马费诗说："王与君侯，譬犹一体，同休等戚，祸福共之，愚为君侯，不宜计官号之高下，爵禄之多少为意也。"意思是刘备与您犹如一体，休戚与共，怎么能计较官位高低、爵禄多少呢？一席话，说得关羽恍然大悟。

"譬犹一体，同休等戚，祸福共之"，这是曹操给不了的。正是因为如此，关羽被曹操俘获后，曹操的所作所为都能说明曹操是真心想把关羽留在身边。无奈关羽就是一根筋，只奉刘备为主，绝不会再易主。纵然是过五关、斩六将，也要奔向刘备的怀抱。

仅此一点，就已经让历代的帝王们羡慕了：要是朕也能有这么一位武功高强的，而且还忠于自己的部下，那该多好。这是历代皇帝最大的心愿。据不完全统计，从北宋到清末，历代皇帝一共给关羽加封了22次尊号。于是，文敬孔子，武拜关羽，就逐渐成为历代传统。朝廷推崇关羽为神，是为了宣扬关羽的忠君，也是借此希望人们能像关羽那样，忠于自己的君王和主子。这是封建时代皇帝们的一种统治国家的策略，所以关羽才会被奉为武圣。不推崇其他武将，是因为其他武将都不像关羽这么忠诚。比如岳飞，虽然能带兵打仗，但是也太不听话了。能耐再大，不听话，也没有用，所以虽然岳飞后来被平反了，但对其推崇绝对不会和关羽一样。

当然，关羽成了"武圣人"，关羽身边的关平和周仓都跟着沾光。小说《三国演义》里，关平和周仓都是关羽过五关、斩六将的前后追随关羽的。不同点在于：周仓是在关羽过五关的途中，一直死皮赖脸地追随关羽的，关平则是在关羽与张飞、刘备会合后，才收下的义子。过去刘备的阵营里相对比较单薄，除了关羽、张飞，只有一个赵云可以撑得住门面。而这次关羽带来了两位大将，也算是丰富了刘备阵营的武将行列。当然，关平和周仓却完全没办法跟关羽、张飞相比，毕竟战斗力摆在那里。

在《三国志·关张赵马黄传》中，关平（178—220）是关羽的亲生儿子，从小便开始跟随父亲征战沙场。

周仓这个人就更加出名了，罗贯中的《三国演义》中，关羽那口青龙偃月刀，基本就是周仓一直扛着。然而遍览史料就会发现：历史上的关羽，并没有一位名叫周仓的手下。周仓这一人物最早现身，应当在元代话本《全相三国志平话》以及元曲大家关汉卿创作的杂剧《关大王单刀赴会》中。

《全相三国志平话》是《三国演义》的蓝本，行文比较粗糙，人物事件也略显混乱。书中的周仓是诸葛亮手下的将校，与关羽无关。他受诸葛亮派遣，用木牛流马押运粮草，后来木牛流马被司马懿截获，周仓又被派去戏弄司马懿。或许《全相三国志平话》的作者创造这个人物且为其取名为"周仓"，目的就是让他与运送军粮产生联系。

元杂剧《关大王单刀赴会》中，关汉卿将周仓设置为关羽的贴身护卫。该作品中周仓的历史原型比较明确，是来自史书《三国志·吴书·鲁肃传》中关公身边的一名将校。

"肃邀羽相见，各驻兵马百步上，但请将军单刀俱会。肃因责数羽曰：'国家区区本以土地借卿家者，卿家军败远来，无以为资故也。今已得益州，既无奉还之意，但求三郡，又不从命。'语未究竟，坐有一人曰：'夫土地者，惟德所在耳，何常之有！'肃厉声呵之，辞色甚切。羽操刀起谓曰：'此自国家事，是人何知！'目使之去。"

经过关汉卿先生的拼接，这位在吴蜀双边会晤中直言呵斥鲁肃的无名将校，终于有了一个响当当的名字——周仓。这一创举也成为民间文艺作品中周仓形象的滥觞，后来包括《三国演义》在内的小说、评书、戏剧多沿袭这一设定，并通过不断的艺术加工使周仓的形象更加丰满，更加深入人心。最初出现在《全相三国志平话》中的周仓，反而随着新人物形象的确立与走红，逐渐湮没无闻。

回顾关羽回归刘备阵营的全过程，"挂印封金"，是故事的发端；"千里走单骑""过五关，斩六将"，是故事的发展；"斩蔡阳""古城会"，是故事的结局。"千里"表示路途之远，"五关"表明困阻之多，"单骑"则突出力量之少。远、多与少之间形成巨大反差，这便是《三国演义》的作者罗贯中所设计的情节框架。这一情节框架是作者着意为他心目中的英雄人物构筑的，从而也就在情节展开中达到刻画人物的目的：挂印封金——磊落、过五关斩六将——神勇，古城会——忠信。这才是武圣关羽"义绝千秋"的核心价值之所在。

十一、华容道义释曹操

说起华容道，除了会想起小说《三国演义》第五十回《诸葛亮智算华容，关云长义释曹操》的精彩桥段，还会想起与七巧板、九连环、鲁班锁（也被称为孔明锁）齐名的中国古代四大益智游戏之一的华容道。先来了解一下小说《三国演义》里面描写的"华容道关云长义释曹操"这一精彩桥段。

首先，通常所说的华容道，便是通往当时的华容县城（位于今湖北省监利县城北30公里的周老咀附近）的一条道路，位于今湖北省监利县城西南曹桥至毛家口一带。

关于"华容道关云长义释曹操"这一精彩桥段，先是小说《三国演义》第四十九回《七星坛诸葛祭风，三江口周瑜纵火》，赤壁大战之前，诸葛亮算定曹操必败走华容，便特意派了关羽把守华容道：

"云长……高声曰：'关某自随兄长征战，许多年来，未尝落后。今日逢大敌，军师却不委用，此是何意？'孔明笑曰：'云长勿怪！某本欲烦足下把一个最紧要的隘口，怎奈有些违碍，不敢教去。'云长曰：'有何违碍？愿即见谕。'孔明曰：'昔日曹操待足下甚厚，足下当有以报之。今日操兵败，必走华容道，若令足下去时，必然放他过去。因此不敢教去。'云长曰：'军师好心多！当日曹操果是重待某，某已斩颜良，诛文丑，解白马之围，报过他了。今日撞见，岂肯放过！'孔明曰：'倘若放了时，却如何？'云长曰：'愿依军法！'孔明曰：'如此，立下文书。'云长便与了军令状。云长曰：'若曹操不从那条路上来，如何？'孔明曰：'我亦与你军令状。'云长大喜……领了将令，引关平、周仓并五百校刀手，投华容道埋伏去了。"

小说《三国演义》第五十回《诸葛亮智算华容，关云长义释曹操》中，又写曹操果然由乌林向华容道败退，并在途中三次大笑诸葛亮、周瑜智谋不足，未在险要处暗设伏兵。然而，一笑笑出了赵子龙；二笑笑出了张翼德；三笑笑出了关云长。

"操曰：'人皆言周瑜、诸葛亮足智多谋，以吾观之，到底是无能之辈。若使此处伏一旅之师，吾等皆束手受缚矣。'言未毕，一声炮响，两边五百校刀手摆开，为首大将关云长，提青龙刀，跨赤兔马，截住去路。操军见了，亡魂丧胆，面面相觑。操……即纵马向前，欠身谓云长曰：'将军别来无恙！'云长亦欠身答曰：'关某奉军师将令，等候丞相多时。'操曰：'曹操兵败势危，到此无路，望将军以昔日之情为重。'云长曰：'昔日关某虽蒙丞相厚恩，然已斩颜良，诛文丑，解白马之围，以奉报矣。今日之事，岂敢以私废公？'操曰：'五关斩将之时，还能记否？大丈夫以信义为重。将军深明《春秋》，岂不知庾公之斯追子濯孺子之事乎？'云长是个义重如山之人，想起当日曹操许多恩义，与后来五关斩将之事，如何不动心？又见曹军惶惶，皆欲垂泪，一发心中不忍。于是把马头勒回，谓众军曰：'四散摆开。'这个分明是放曹操的意思。操见云长回马，便和众将一齐冲将过去。云长回身时，曹操已与众将过去了。"

在探讨这一精彩桥段之前，先解释一下"庾公之斯追子濯孺子之事"的来龙去脉。

"庾公之斯追子濯孺子之事"出自《孟子·离娄下》。"郑人使子濯孺子侵卫，卫使庾公之斯追之。子濯孺子曰：'今日我疾作，不可以执弓，吾死矣夫！'问其仆曰：'追我者谁也？'其仆曰：'庾公之斯也。'曰：'吾生矣！'其仆曰：'庾公之斯，卫之善射者也，夫子曰吾生，何谓也？曰：'庾公之斯学射于尹公之他，尹公之他学射于我。夫尹公之他，端人也，其取友必端矣。'庾公之斯至，曰：'夫子何为不执弓？'曰：'今日我疾作，不可以执弓。'曰：'小人学射于尹公之他，尹公之他学射于夫子。我不忍以夫子之道，反害夫子。虽然，今日之事，君事也，我不敢废。'抽矢扣轮，去其金，发乘矢而后反。"

故事讲的是子濯孺子遭受自己的徒弟尹公之他的徒弟庾公之斯的追杀，在危急关头，庾公之斯一方面顾及自己的射箭技艺，来自师傅尹公之他的师傅子濯孺子而不忍加害于他，另一方面又要顾及君命而不能不作为，故而放了四支空箭，放了师爷一马，这是正派人教育正派人、正派人报答正派人的做法。

曹操以春秋时庾公之斯不杀子濯孺子这一被视为千古义举的故事，感动关羽。而当时关羽所面临的处境，也正和这个典故相似。

当时的曹操和他的几十个残兵败将，已是狼狈不堪，完全失去了抵抗能力，关羽作为威震华夏的大英雄，不会去杀落入窘境的弱者。再者，关羽应该想起了当年留书不辞而别，曹操追赠锦袍之事。曹操临别赠言，殷勤致语，也会让关羽良心发现，不忍杀曹操。关羽"低首良久不语"，在那一刻，他的内心是极为矛盾复杂的：忠于君命，忠于汉室，就不能放操；不忘曹操旧日恩义，却又不能杀操。在"忠"与"义"发生矛盾冲突时，关羽艰难选择将"义"放在"忠"之上，用"义"冲击了"忠"，用义压倒了"忠"。

"华容道关云长义释曹操"这一精彩桥段需要我们探讨的问题在于：正如小说《三国演义》第四十九回诸葛亮所说，他明明知道"昔日曹操待足下甚厚，足下当有以报之。今日操兵败，必走华容道。若令足下去时，必然放他过去。"为什么诸葛亮还非要派关羽来守卫华容道呢？毫无疑问，诸葛亮对刘备的解释是，"亮夜观天象，操贼未合身亡。留这人情，教云长做了，亦是美事"。这当然是表面上的原因，更深层次的原因在于：此时的曹操不能死，更不能死在刘备集团手中。

赤壁大战前，曹操便已经统一了北方。倘若曹操死于赤壁大战之中，中原必将重新陷入军阀割据的混乱局面。而中原再度动荡的最大受益者，只能是已经割据了江东六郡八十一州的孙权。到那时，别说能否完成"兴复汉室，还于旧都"的重任，刘备集团就连能否在荆州站稳脚跟都成了问题。

如果关羽真的在华容道杀了曹操，抑或是在乌林之西、宜都之北为赵云所杀，抑或是在南彝陵大路葫芦口为张飞所杀，曹操手下的那些大将必将会终身视刘备集团为生死仇敌，甚至会选择投靠孙权来为曹操报仇。须知，孙权的哥哥孙策狩猎时为许贡三门客所伤，不久身亡便是最好的前车之鉴。

也正是出于多种考虑，"诸葛亮智算华容，关云长义释曹操"，才可以成为整部《三国演义》当中颇为耐人寻味的几个精彩桥段之一。

当然，在小说《三国演义》的描写中，对于诸葛亮来说，"华容道关云长义释曹操"这一精彩桥段，还达到了一箭双雕的功效。

对于当时的大局来说，"关云长义释曹操"，得以使曹操安全回到老巢，赤壁之战中大胜的孙权，为了防备依然存在的最大的对手曹操，而被迫向刘备集团妥协，刘备集团才得以在荆州南四郡站稳脚跟，进而兵进益州，最终促成了三国鼎立的局面。

对于刘备集团来说，自从三顾茅庐请得诸葛亮出山之后，关羽一直是个不安定的存在。诸葛亮在深思熟虑并征得刘备同意之后，派关羽守卫华容道，结果虽然由关羽"放水"促成了曹操安全回到老巢，但对于关羽来说，也算是成全了他的"朋友之义"。从此，关羽不必再为昔日投靠曹操之后曹操对他的恩情而耿耿于怀。

当然，对于关羽来说，"华容道义释曹操"，不是源于曹操曾经对他礼遇有加，而是关羽出于自我要求，甘愿冒险和自我牺牲，这才是"义"的最高境界。

另外，关羽和张飞都看不上作为刘备集团的年轻智囊的诸葛亮，更不愿听从诸葛亮的调遣。尤其是关羽，当时就已经有了很大的名声。他并不将诸葛亮放在眼里，但是华容道之后，关羽在诸葛亮面前再也抬不起头来。换句话说，正是因为"华容道关云长义释曹操"一事，"算无遗策"的诸葛亮，才彻底收服了关羽的心，并进而赢得了刘备集团上上下下所有官兵的信任。最终，诸葛亮在刘备集团内部也站稳了脚跟。

那小说《三国演义》里面描写的"华容道关云长义释曹操"这一精彩桥段，在历史上是否真的曾经发生过呢？

据《三国志》记载，曹操在赤壁之战中了周瑜的火攻之计，索性又一把火烧掉所剩战船，率军经华容道向江陵一路败退。孙刘联军则水陆并进，尾随曹军，紧追不舍。另据裴松之《三国志注》引《山阳公载记》说："公船舰为备所烧，引军从华容道步归，遇泥泞，道不通，天又大风，悉使羸兵负草填之，骑乃得过。羸兵为人马所蹈藉，陷泥中，死者甚众。军既得出，公大喜，诸将问之，公曰：'刘备，吾俦也。但得计少晚；向使早放火，吾徒无类矣。'备寻亦放火而无所及。"

由此可以看到，曹操从赤壁败退之后，走的确实是华容道，但并没有"华容道关云长义释曹操"一事；曹操在途中确曾大笑，但也只是一次而已；曹操之所以大笑，并不是因为诸葛亮与周瑜智谋不足，而是笑刘备虽有计谋却行动迟缓；曹操大笑之后，确也出现了敌情，但已有惊无险。

"华容道关云长义释曹操"的故事，在罗贯中撰写《三国演义》之前，就有说书人进行过加工、整理和口头演说。而小说《三国演义》，通过进一步虚构的一系列情节，不仅让曹操和关羽的关系变得丰满了，也让关羽身上的"义"表现得淋漓尽致了。

在《三国演义》之后，京剧、汉剧、川剧、豫剧、平话等各种关于"华容道"的戏剧更是层出不穷，进而演绎出了益智游戏"华容道"。

益智游戏"华容道"通过移动各个棋子，帮助曹操从初始位置移到棋盘最下方中部，从出口逃走。不允许跨越棋子，还要设法用最少的步数把曹操移到出口。"华容道"有几十种布阵方法，如"横刀立马""近在咫尺""过五关""水泄不通""小燕出巢"等。棋盘上仅有两个小方格空着，玩法就是通过这两个空格移动棋子，用最少的步数把曹操移出华容道。

时至今日，我们既不知道益智游戏"华容道"的研发者到底是谁，更不知道益智游戏"华容道"的历史到底有多悠久。目前所能见到的关于益智游戏"华容道"的最早的文字记载是西北工业大学教授姜长英（1904—？）先生1949年出版的《科学思维锻炼与消遣》。在该书中，姜先生说他自己是在1943年夏第一次看到的。而同为西北工业大学教授的林德宽先生说他于1938年在陕西省城固县的乡下曾经见过小孩儿玩用纸片做的"华容道"。

作为一个益智游戏，"华容道"可以锻炼人的思维，让人的思维更活跃。也正是因为如此，益智游戏"华容道"才会引起许多人的兴趣，各路专家学者们都力图把移动的步数减到最少。让人欣喜的是，历经中外科学家姜长英、许莼舫（1906—1965）、藤村幸三郎、清水达雄、托马斯·莱曼等几十年的努力，益智游戏"华容道"的解法已由20世纪50年代的100步减少至今天的81步。

十二、水淹七军震华夏

中国古代战乱频仍，各种战法战例层出不穷，其中水战屡见不鲜。东汉末年关羽"水淹七军"无疑是最让世人津津乐道的水战案例之一。在历史上，关羽水淹七军也确有其事，只不过七分实、三分虚，是罗贯中在史实基础上略加演义而成的。

《三国演义》中，对这次战斗的描写如下。关羽进攻樊城，曹操命大将于禁为南征将军，庞德为先锋，统率七路大军，星夜去救樊城。关羽得信，亲自披挂前去迎敌。关羽、庞德大战百余回合，不分胜负。第二日交战，二将齐出，并不答话，拍马交锋五十回合，庞德拨马逃走，关羽紧追不舍。庞德取箭，关羽躲闪不及中箭，回营养伤。十日后，箭伤愈合。又听关平说曹兵移到城北驻扎。关羽不知何意，骑马登高观望，看到北山谷内人马很多，又见襄江水势汹猛，水淹七军之计，油然而生。遂急命部下准备船筏，收拾雨具，又派人堵住各处水口。庞德与众将商议，山谷不宜久留，准备明日将军士移入高地。就在这天夜里，风雨大作，庞德在帐中，只听万马奔腾，喊声震天。出帐一看，大水从四面急剧涌来。七军兵士随波逐浪，淹死很多。于禁、庞德率将士登上小土山躲避，关羽带大军冲杀而来，于禁见四下无路，投降关羽。庞德和身无盔甲的残兵败将，被关羽的兵马团团围住，战不多时，众将全都投降。只有庞德夺一小船，想顺流西去，却被周仓的大筏撞到水中，后被生擒。

罗贯中之所以如此演义，是想告诉我们，除勇武外，关羽指挥作战的能力也很强。但问题在于："水淹七军"的真相又是如何的呢？

刘备取下益州后，又于公元219年春在汉中击败曹操大军，接着派遣刘封、孟达占据上庸（今湖北省竹山县）。此时，刘备集团的领地和实力大为增强，达到了顶峰。而曹操集团经过内忧外患，进入守势。虽说如此，但曹操集团仍然是三大军事集团中最为强大的。孙权集团平定山越、取得交州、荆州三郡（江夏、长沙、桂阳），实力也大为增强，但因为刘备集团占据荆州南郡，使得孙权集团不但无力向北发展，而且还有被刘备集团和曹操集团夹击的危险。所以，孙权集团在吕蒙"全据长江"的主张下，想方设法占据荆州南郡。

打败了曹操的刘备志得意满，于汉中称王，并官宣了他的四大虎将：以关羽为前将军，张飞为右将军，马超为左将军，黄忠为后将军。然后，刘备还特意派了益州前部司马费诗去荆州给关羽送印绶与节钺。

通俗来讲，"节钺"就是后世所谓先斩后奏的尚方宝剑，拥有这个权力的将帅在战时状态可以不必请示，自行斩杀本战区中触犯军令的将士。在整个蜀汉历史中，得到"假节钺"权力的大将只有关羽与诸葛亮二人。

刘备这么做，是因为当时关羽水军已经沿着汉江打到了樊城之下，将曹仁困在城中，形势一片大好，此时给关羽以荆州专断之权，目的就是让他大干一场！

在这里，刘备犯了一个很大的错误。荆州以北地区不比汉中，此乃曹魏所必争，只让关羽一个老元帅带了关平、廖化这么一群无名小将北伐，胜算不大，就算赢了也守不住。所以益州方面必须派兵派将予以战略配合与策应。当然，刘备也派了刘封和孟达从东三郡方向策应，但此二人都是性格能力有偏颇的将领，手下的兵力也不够多，若能派赵云、黄权率一万精兵入驻东三郡，伺机配合，局面恐怕会大不一样。

刘备此举实际上就是将关羽推入了以一支偏师独抗天下精兵的危险境地。另外，关羽此战的后勤工作也不好做，关键是荆州"是岁大疫"，老百姓日子都不好过，负责后方的南郡太守麋芳与荆州治中潘濬又都是平凡之辈，恐怕要出问题，最好还是能把"足兵足食"的诸葛亮派回荆州才稳妥。总之，蜀汉派驻荆州的领导力量只足以自守，并不足以进取，对于这一点，刘备和关羽都没有清楚地认识。

此时，襄阳城中有吕常（161—221），樊城中有曹仁，樊城之北有庞德，宛城之中有徐晃。光有这些还是不够，大家翘首以待的仍是曹操从汉中撤出来的主力。问题在于，大军开拔需要时间，等到曹操派出来的主力到时，襄樊之战已经打响了。被授命领军的是曹操最信任的非宗室将领于禁。这些人马由朱灵等七名将领所统率，时称七军。

正是这种看起来非常正常的战术安排，葬送了于禁和庞德的人马。

此时，汉水暴涨，漫入汉水两岸。按现在的气象术语说，就是汉江流域遭遇了百年一遇的洪水。要是于禁、庞德驻扎襄阳城外倒还好，那里有岘山、阿头山等高地存在，无论从军事还是防水的角度，二人第一时间都会选择依山扎营。但樊城不行，樊城方圆十几公里范围内都是冲积平原，出了这个范围才有些许低矮丘陵可供依托。

这场洪水让樊城之外平地积水达五六丈高，关羽的军队是乘大船而至，水再大也不怕。驻守于樊城的曹仁，以及他留驻于襄阳的吕常，都有城墙保护。这些建于汉江之滨的城邑，本就有防水设计，一时也能抗得住。只有在开阔地带扎营的于禁、庞德，和他们那三万多人马面对洪水毫无抵抗之力，蜀军接下来要做的，就是把船开到樊城外面打捞俘虏。

水淹七军，于禁、庞德等将领跑到周边的堤坝上避水。可以说，能够死中得活及时跑到高处的，都是有战马的人。只是这些堤坝本身业已被大水包围，成为汪洋中的一座孤岛，又聚了这许多人，很快就被关羽的舰队发现。胜券在握的关羽并不急于登陆搏杀，而是命令军下乱箭齐发。

危急之下，庞德披甲执弓领着大家与蜀军对射。庞德引箭射中关羽前额。其时庞德常乘白马，关羽军皆谓之白马将军，对他甚为忌惮。到了八月，连绵大雨，"汉水溢流，害民人"，水高五至六丈，于禁所督的七军三万人全为汉水泛滥的洪灾所淹。于禁、庞德上高处回避。关羽乘机领水军攻击于禁、庞德，于禁等无处可逃，于是投降。庞德站在堤上，身穿铠甲，手挽弓，箭无虚发，自清晨拼力死战，到日过中午，关羽的进攻愈来愈急。庞德的箭射尽了，就短兵相接，庞德愈战愈勇，胆气愈壮，但水势愈来愈大，部下的官员和士兵都投降了。庞德乘上小船，想返回曹仁的军营，小船被大水冲翻，失去了弓箭，只有他一人在水中抱住翻船，被关羽俘虏。见关羽时，他站着不肯下跪。关羽对他说："你的兄长在汉中，我准备让你做我的将领，为什么不早早投降呢？"庞德大骂说："竖子，什么叫投降！魏王统率百万大军，威震天下；你家刘备不过是个庸才，岂能和魏王匹敌！我宁可做国家的鬼，也不做贼人的将领！"

曹操在长安，听说降将庞德死节，老部下于禁却投降了，与自己的判断完全相反，不由得哀叹良久，无比感伤："吾拔文则于行伍之间，相知三十年，何意临危处难，反不庞德邪！"遂独自哭了半天，然后封庞德的两个嫡子为列侯；后来曹丕即位，为了表彰典型，又封了庞德四个庶子为关内侯，各食邑一百户。庞德这六个儿子中，庶子庞会名气最大，在诸葛诞叛乱与平蜀战争中都有战功，后官至中尉将军并封列侯，也算是晋朝的开国功臣。

再说关羽将于禁等曹军俘虏三万押往自己的大本营——江陵后，向樊城发起猛攻，城中进水，处处崩塌，众人都惊恐不安。有人对曹仁说："今日之危，非力所支。可及羽围未合，乘轻船夜走，虽失城，尚可全身。"汝南太守满宠说："山水速疾，冀其不久。闻羽遣别将已在郏下，自许以南，百姓扰扰，羽所以不敢遂进者，恐吾军掎其后耳。今若遁去，洪河以南，非复国家有也。君宜待之。"曹仁说："善！"于是将白马沉入河中，与将士们盟誓，齐心合力，坚守樊城。城中军队只有数千人，未被水淹没的城墙也仅有几尺高。关羽乘船至城下，立即将樊城重重包围，使其内外断绝。关羽又派别的将领把将军吕常包围在襄阳。荆州刺史胡修、南乡太守傅方都投降了关羽。

水淹七军，杀庞德，降于禁，并不代表襄樊战事完结。关羽还没有拿下襄阳和樊城两座城池。如果就此撤回去，虽是赢得了一场大胜，却于地缘政治层面无甚改变。对于家大业大的曹魏来说，损失三万人马也算不得伤筋动骨。因此在安排人把于禁和俘虏的三万兵马解送回江陵后，关羽加紧了对襄阳和樊城的攻击，尤其是曹仁所在的樊城。

于禁和庞德所率的援军皆没，已经进抵洛阳的曹操本来是准备自己去的。臣下的意见也是曹操亲征才能解此危局。这事让桓阶给劝阻了。桓阶就是当日官渡之战时，劝长沙太守张羡归顺曹操，领荆南四郡与刘表对着干的谋士。曹操南下荆州时听闻此事，特意征召他入幕。桓阶的意思是，要相信曹仁和徐晃有死战之心。曹操现在作为王，应该沉得住气按兵不动，方能威慑对手，哪能因担心失败就去亲征。

桓阶的意思其实是说，关羽跟曹操不是一个级别的，不应该为他就亲征。虽然樊城之外损失了三万人马，但这是因为天灾，并不会伤及根本。而且那边洪水还没退，曹操亲征风险还是挺大的。曹操听从这个意见后没有亲征，而是驻军于河南省郏县（位于许都和洛阳之间）东南的摩陂。这样的话万一襄阳前线有失，可以根据关羽的下一步动向，选择回驻洛阳还是前救许都。不过襄阳前线吃紧，曹操觉得自己不去也应该派个人到前线慰问，这时曹操想到了曹植（192—232）。可惜的是，命令传达时曹植正借酒浇愁，喝到不省人事。不仅未能成行，更自此彻底失去曹操的信任。

两年后，魏吴关系缓和，于禁和手下将士们被释放回国。魏文帝曹丕就安排给他一个任务——出使东吴。屁股还没坐稳就又要回去，这就很尴尬了。但曹丕还没完，又让于禁去拜谒曹操的陵墓，却提前让人在陵墓内画了几幅关羽水淹七军、庞德英勇就义、于禁下跪投降的壁画。于禁见后不久便因羞愧发病而亡。于禁乃一声长叹："当年汉请李陵归国，李陵却言大丈夫不能再辱。吾今日知其意矣！"不久便惭恚发病而死。

水淹七军是关羽的一个得意之作，此战关羽不仅活捉曹魏的五子良将之一的于禁，而且斩杀曹魏猛将庞德，一时间，关羽威震华夏，表面上看，此战关羽获得了大胜利，实际上，水淹七军却加速了关羽北伐的失败。关羽水淹七军，已经打破了荆州一带的平衡，促使曹操和孙权由对抗转变为联合。因此，曹操一方继续拖住关羽，而孙权则派遣吕蒙（178—219）偷袭荆州，对关羽来说，终究是双拳难敌四手。

十三、刮骨疗毒埋祸根

《三国演义》的众多武将形象中，关羽无疑是作者用力最多、塑造得最为丰满的一个艺术典型。如果说"温酒斩华雄"突出表现了关羽的"勇"，"千里走单骑"集中刻画了关羽的"忠"，"华容道放曹操"着力宣扬了关羽的"义"，"单刀赴会"强烈渲染了关羽的"智勇双全"，那么，"刮骨疗毒"则生动地表现了关羽在伤痛乃至死亡面前的大无畏气概。

中国历史上，"刮骨疗毒"这四个字，一直是武圣关羽的专有名词，也是表现关羽过人武勇的标志性事件之一。关于此事，正史《三国志》是这样记载的：

"羽尝为流矢所中，贯其左臂，后创虽愈，每至阴雨，骨常疼痛，医曰：'矢镞有毒，毒入于骨，当破臂作创，刮骨去毒，然后此患乃除耳。'羽便伸臂令医劈之。时羽适请诸将饮食相对，臂血流离，盈于盘器，而羽割炙引酒，言笑自若。"

《三国演义》第七十五回中，则对关羽的英雄一幕大肆渲染：

"公袒下衣袍，伸臂令佗看视。佗曰：'此乃弩箭所伤，其中有乌头之药，直透入骨，若不早治，此臂无用矣。'公曰：'用何物治之？'佗曰：'某自有治法，但恐君侯惧耳。'公笑曰：'吾视死如归，有何惧哉？'佗曰：'当于静处立一标柱，上钉大环，请君侯将臂穿于环中，以绳系之，然后以被蒙其首。吾用尖刀割开皮肉，直至于骨，刮去骨上箭毒，用药敷之，以线缝其口，方可无事。但恐君侯惧耳。'公笑曰：'如此，容易，何用柱环？'令设酒席相待。公饮数杯酒毕，一面仍与马良弈棋，伸臂令佗割之。佗取尖刀在手，令一小校捧一大盆于臂下接血。佗曰：'某便下手。君侯勿惊。'公曰：'任汝医治。吾岂比世间俗子，惧痛者耶？'佗乃下刀，割开皮肉，直至于骨，骨上已青，佗用刀刮骨，悉悉有声，帐上帐下见者，皆掩面失色。公饮酒食肉，谈笑弈棋，全无痛苦之色。须臾，血流盈盆。佗刮尽其毒，敷上药，以线缝之。公大笑而起，谓众将曰：'此臂伸舒如故，并无痛矣。先生真神医也！'佗曰：'某为医一生，未尝见此。君侯真天神也！'"

对照一下《三国演义》和《三国志》的记载，有如下几处不同。

一是关羽中箭的部位。《三国志》说是左臂，《三国演义》说是右臂，其实是有意为之。在《三国演义》中关羽使刀，右臂如果不能动，比左臂受伤情况更严重，把左臂改为右臂增强了情节的紧张度。

二是关羽所中之毒。《三国演义》说是"乌头之药"，而《三国志》没有具体指出。

三是关羽中毒的时间。《三国演义》说是在攻打樊城时，也就是公元219年下半年，当时关羽率大军北上，攻击曹魏在荆州的两个重要据点襄阳和樊城，与曹仁、于禁、庞德等人率领的曹军展开激战，双方展开了多次攻防战，关羽在此战中曾经中过箭，倒也有可能，但正史并未有过记载。

四是关羽中毒的地点。《三国演义》说关羽中箭是在樊城的城外，《三国志》等史书没有记载。

五是为关羽"刮骨疗毒"的医生。《三国演义》说是华佗，《三国志》没有具体记载。

华佗是汉末名医，在当时很有名，为陈登、周泰、曹操等人都看过病，史书均有记载。华佗擅长外科手术，"刮骨疗毒"对他来说并不难，只是根据《三国志》记载，公元208年他就被曹操杀了，关羽发动襄樊战役已经过去了11年，所以《三国演义》里的这个情节与史实严重不符。历史上真正为关羽"刮骨疗毒"的，就是《三国志》中那位连姓名都没有留下的"医"，也就是关羽麾下的军医。

当然，对于关羽所中的毒箭，无论是神医华佗还是不知名的军医，治疗方法都是一样的：破臂作创，刮骨去毒。

先来了解一下毒箭与箭毒。弓箭，是人类自原始社会以来就在使用的重要武器。也是从那时起，人类就慢慢发现了一些有毒的动物和植物，并且知道提取毒素制作毒箭，以增加猎捕大型野兽的杀伤力。所以，毒箭的最初用途是狩猎。不过，既然毒箭可以狩猎，当然也可以射杀敌方猛将，因此，毒箭逐渐被运用于军事作战。关羽在战场上，就是吃了这个亏。

按照毒箭所用毒素的来源进行分类，毒箭可以分为动物毒箭和植物毒箭。

可以用来制作动物毒箭的动物毒素，种类并不多，主要来自毒蛇和毒蛙。可以用来制作植物毒箭的植物毒素，种类就太多了。据不完全统计，分布在温带地区和热带地区的有毒植物，至少有三百种可用于毒箭的制作。

植物中最毒的，是"箭毒木"。我们中国人，给这种树取了一个更为形象的名称——"见血封喉"树。此树全身是毒，秆、枝、叶、花、果的白色汁液中，均有剧毒。其毒性之烈，可以从以下中毒现象中窥见一斑：

人畜被这样的毒箭射中，有一句话叫作"七上八下九倒地"，即上坡最多跑七步，下坡最多跑八步，第九步一定毙命；只要被其断裂的树枝扎伤，就会马上窒息而死；就是人身上有破皮，沾上其汁液也会死；如果这种汁液溅进眼睛里，会马上失明；被这种毒箭射死的野兽，其肉也不能吃，否则也会中毒死去。

"见血封喉"树，属于落叶乔木，树干粗壮高大，树皮厚，有花有果，主要分布于我国广东、广西、云南、海南等地区，还有印度、泰国、印度尼西亚、马来西亚、斯里兰卡，以及北非热带地区。

我国西藏还有一种生长在海拔5000米高山上的植物"一枝蒿"。其茎磨成粉之后，就成了毒粉。磨粉时要特别小心，手上不能有伤口，还要用衣服蒙住口鼻后在上风处操作。为了验证毒效，可以在鸡的伤口撒上毒粉，随后抛向空中，鸡坠地即亡，毒粉就制作成功。

相对于"见血封喉"树和"一枝蒿"的毒，其余的植物毒素就是小巫见大巫了。起码，这些植物毒素不是瞬间致命，好歹还有得救。

"乌头"，我国也称为"草乌"，就是一种比较常见的植物毒素。这种植物属于毛茛科乌头属，其根部所含的乌头碱有毒。《本草纲目拾遗》和古彝文经书《毒的起源经》均记载了这种毒素。乌头碱的毒性比较大，常人只需口服3~4毫克，就会出现心慌、心悸、心律不齐的症状，严重者还会心脏骤停。

这种植物之所以有"乌头"之名，是因为其外形与乌鸦头相似。野生"乌头"叫草乌头，人工种植的"乌头"叫川乌头，而川乌头的侧根又名"附子"，都有毒。

"乌头"之毒，国人早在先秦时期就有准确认识。

《史记·苏秦列传》中"苏秦曰：臣闻饥人所以饥而不食乌喙者，为其愈充腹而与饿死同患也"，苏秦此处说的"乌喙"就是"乌头"。因为其有毒，所以人在肚子饿时吃乌头，跟饿死是一样的结果。

其余的植物毒素，还有众所周知的夹竹桃、毒番石榴，均可用来制作毒箭。

虽然动物毒素和植物毒素众多，但世界各地各民族制作毒箭的方法，却大同小异。一般都是先提取毒素，制成汁液、粉末或膏状，然后将其涂抹于箭头部位，即可使用。

1.射中关羽的毒箭，到底是什么毒？

从史书上关羽中毒箭之后的反应来看，他所中的毒，至少不是"见血封喉"树和"一枝蒿"那样瞬间致命的剧毒，因为他并没有当场死亡。多种典籍记载表明，关羽所在的中古时代，还有他所在的战场地域，决定了射中他的毒箭，最有可能是"乌头"毒箭。用"乌头"榨汁，熬制成膏状，名叫

"射罔"。再将这种"射罔"涂抹于箭头，即可制成"乌头"毒箭。对于这种毒箭，记载较多，东晋葛洪《肘后备急方》说"禽兽有中毒箭死者，其肉有毒。可以盐汁、大豆，解射罔毒也"；东汉张仲景的《金匮要略》也记载："鸟兽有中毒箭死者，其肉有毒，解之方：大豆煮汁，及盐汁，服之，解。"

可见，在关羽所处的中古时代，我国北方及中原地区所使用的毒箭，主要就是"乌头"之毒、"射罔"之毒。罗贯中也是这样认为的。关于关羽到底中了什么毒，他在一千多年之后的小说《三国演义》中，说到了点子上："此乃弩箭所伤，其中有乌头之药。"所以，射中关羽的，正是"乌头"毒箭。

一般情况下，中了"乌头"毒箭，可以按照《备急千金方》中的办法治疗："为射罔箭所中，削竹如钗股，长一尺五寸，以绵缠绕，水沾令湿，取药纳疮中，随疮深浅令至底止，有好血出即休。"可以用川芎、苦荠等草药外敷，也可以辅之以芍药末加入酒或米汁中口服。

但是，关羽中了毒箭之后，初次帮他处理伤口的军医肯定是"庸医"。这位"庸医"做事太马虎了，对于一军主将的祛毒治疗，居然都没有做到彻底根除。最后伤口是愈合了，可残余的"乌头"之毒还在关羽体内作祟，并且已深至臂骨，导致关羽"每至阴雨，骨常疼痛"。等到第二次治疗时，已经错过了最佳治疗时间。于是，只好采取非常手段，将已经愈合的伤口重新挖开，"破臂作创"，然后再"刮骨去毒"，直到完全刮去残留在肌肉及骨骼上的"乌头"之毒。

2."刮骨"真的能"疗毒"吗?

类似"乌头"这样的毒，一般通过血液或消化系统吸收，迅速作用于人的神经系统，从而发生作用，这种毒类似于被毒蛇咬伤，不说"七步倒"，但也拖不了很久。

从《三国演义》的描写看，关羽中毒后受伤部位出现了青肿，胳膊不能运动，这符合中箭毒的病理特征，在没有抗毒血清的情况下，治疗方法应该是结扎伤口，防止毒素扩散，然后对伤口进行清洗和消炎，同时内服驱散和解毒的中药，让所中之毒慢慢消散。也就是说，类似箭头上带的"乌头之药"，是依靠人体代谢和循环系统传播的，毒素不可能只停留在身体的一个部位，一旦传播出去，用"刮骨"的办法就无法根除。

但《三国志》又确实记载了"刮骨疗毒"的事，该如何解释呢？按照该记载，关羽的箭伤其实已经基本痊愈了，只是每到阴雨天常感骨头疼痛。

根据这个症状判断，关羽的身上已不存在箭毒，但中箭后遗留了骨伤，可能是外伤性骨髓炎，中医称附骨疽，民间称铁骨瘤，最常见的情况是外伤所引起的骨骼感染和破坏，时间长了会在原创面附近生出一些"死骨"，产生疼痛，通过手术的办法把"死骨"取出是治疗这类疾病的好办法，所谓"刮骨疗毒"，指的应该是这个。

十四、败走麦城为哪般

荆州历史悠久。荆州一词最早见于《尚书·禹贡》，在先秦至两汉的一些人眼中，荆州是九州的一部分，是与冀州、兖州、青州、徐州、扬州、豫州、梁州和雍州并列的地理区域规划。荆州一地，《三国志》记载说："北据汉、沔，利尽南海，东连吴会，西通巴、蜀。"其地理位置之重要，已可见一斑。先秦时期的荆州是至湖北以及长江中游地区，而到了西汉，全国有十三州，荆州便位为其列。荆州包括南阳郡、南郡、江夏郡、桂阳郡、武陵郡、零陵郡和长沙郡。

到了东汉，重新划分了全国所属九州区域，荆州地区一度扩大，将广东全境及越南北部地区都归属于荆州州域。此时的荆州共辖管九郡，这就是后世称"荆襄九郡"的缘由。

公元208年，赤壁之战结束后，三家瓜分了荆州。关羽最初所辖守的是刘备势力所占据的荆州五郡，但这五地之中的南郡是刘备向东吴借的地界。刘备入蜀后，以长沙和桂阳作为替换品将南郡彻底归于蜀汉门下。而长沙和桂阳两郡之地则还给了东吴，后来关羽受刘备嘱托镇守荆州，其实他所驻扎的仅是三郡。历史上有名的"大意失荆州"失去的便是这三郡。这三郡的地理位置极为重要，其中的南郡位于汉江南岸，即我们今天的湖北省荆州市安陆、汉阳、武昌和襄阳一带；零陵郡则在今天的湖南省永州市境内；武陵郡，主要覆盖沅江流域，辖区众多。

南郡一地在关羽驻扎时，其治所在公安（今湖北省公安县）。当时南郡北部的襄阳还在曹操的控制之中。在这样的地理环境条件下，守卫荆州显得极其重要。故历史上也有传言称，在诸葛亮进川之时对关羽说一定要联孙抗曹。但关羽一向刚而自矜，过于骄傲自信。陈寿曾说他"称万人敌，为世虎臣"，空有一身勇猛，却缺少耐心和头脑。因此，大意失荆州，与关羽本身的性格脱不掉干系。

水淹七军，"威震华夏"，让关羽的威名达到了一个前所未有的高度。孙权对关羽也更加忌惮，并最终选择与曹操联合。

率先出手的是曹操。按照约定，曹操应替孙权保守秘密："乞密不漏，令羽有备。"但曹操的谋士董昭（156—236）却指出："羽为人强梁，自恃二城守固，必不速退。"所以他建议，不如把孙权出兵一事告诉关羽，这样既能提前解除樊城之围，也可以转移矛盾，让吴蜀双方大打出手。曹操依计而行，令徐晃把孙权书信绑在箭上射入关羽大营当中。关羽见信后，内心虽然犹豫，但一想到唾手可得的襄阳以及自己在江边部署的烽火台与斥候（侦察兵），还是没有立即退兵。按他所想，一旦江东有变，斥候便会通过烽火台及时传递消息，到那时，他再回防也不晚。

只可惜，关羽能想到的事，吕蒙自然也不会忘掉。据《三国志·吴书·吕蒙传》记载："蒙至寻阳，尽伏其精兵中，使白衣摇橹，作商贾人服，昼夜兼行，至羽所置江边屯候，尽收缚之，是故羽不闻知。"这里的"白衣"，常被误解为身穿白色衣服，但实际上，它是指吕蒙令手下士卒换上平日里穿的便服，打扮成商人模样。如此一来，江东军队能顺利骗过斥候，将关羽的情报网络成功破坏，以致"斥候不及施，烽火不及举"，从而让吕蒙、虞翻能在短时间内拿下南郡、公安与零陵三郡。

救援樊城的徐晃因兵力不足，认为很难与关羽抗衡。不过之后，曹操先后派遣徐商、吕建等将领以及殷署、朱盖等十二营兵马增援徐晃。关羽在围头派军队驻守，在四冢还有驻军。徐晃扬言将进攻围头，却秘密攻打四冢。关羽见四冢危急，便亲自率领步、骑兵五千人出战，徐晃迎击，关羽退走。关羽在堑壕前设围了十重鹿角，本来是非常坚固的防线，但因为徐晃对关羽紧追不舍，徐晃的追兵和关羽的败兵就一起进入了关羽对樊城的包围圈。于是，包围圈被打破，傅方、胡修都被杀死，关羽撤围退至沔水南岸，船只仍据守沔水，曹军去襄阳的路隔绝不通。

起先，孙权曾派人为自己的儿子向关羽的女儿求婚，关羽辱骂来使，拒绝结亲，孙权十分恼恨。《典略》还记载关羽在攻樊城时，因嫌孙权援兵迟缓而大骂"狢子敢尔"，并表示樊城一旦攻下，就可以灭了孙权。孙权得知后，假意写信向关羽道歉，内心已对关羽产生敌意。关羽素来善待士卒，但面对士大夫们却很骄横。

南郡太守麋芳和将军傅士仁素来厌恶关羽的轻慢态度。当关羽领兵出征时，麋芳、傅士仁两处负责供应粮草军需，两人不悉心救助关羽。关羽放出话说，"还，当治之"，麋芳、傅士仁听闻后，都恐惧不安。孙权听说后，就暗中派人去诱降麋芳、傅士仁。孙权命吕蒙为主帅，偷袭荆州。孙权亲自率军为后援，麋芳和傅士仁果然不战而降，南郡陷落。

关羽得知南郡陷落后，立即向南回撤。回师途中，关羽多次派使者与吕蒙联系，吕蒙每次都厚待关羽的使者，允许在城中各种游览，向关羽部下亲属各家表示慰问，有人亲手写信托他带走，作为平安的证明。使者返回，关羽部属私下向他询问家中情况，尽知家中平安，所受对待超过以前，因此关羽的将士都无心再战了，士卒渐渐溃散，退至麦城（在今湖北省当阳市两河镇境内）。

对关羽忠心耿耿的荆州兵，何以至此？据《三国志·陆逊传》记载："关羽已据荆州，恩信大行。"陈寿也评价道："羽善待卒伍而骄于士大夫。"尽管关羽深受地方军民爱戴，但他却高估了乱世下的人性，对军队没有采取"质任"（扣押人质）这种强制性约束手段。刘备入蜀时，曾扣押将士们的家属，就连黄忠也不例外。所以，纵使入蜀之战中十分艰难，"军师"庞统都不幸遇害，但刘备麾下士卒也没有选择离开他。反观关羽，由于对军队没有强力约束，最终导致了兵败如山倒。其麾下士卒得知家小无恙，竟然一哄而散，脱离队伍。仅东吴小将孙桓，就一次招降五千余人，"牛马器械甚众"。

此时，关羽手下只剩300余人。而且，麦城城内根本没有军粮，更是雪上加霜。

吕蒙认定关羽兵少，不会从大路逃跑。麦城正北有小路，关羽必从小路逃跑。他令朱然引精兵五千，埋伏于麦城之北二十里，只可在后掩杀关羽而不可正面交锋，关羽必然往临沮（今湖北省南漳县）逃跑，再令潘璋引精兵五百，埋伏于临沮的山僻小路，就可擒住关羽。

这时，东吴已经开始攻打了麦城的东门、西门、南门三门，只剩北门没被围住，等着关羽落入圈套。

关羽向远在成都的刘备和在上庸的刘封、孟达求救。刘备虽有心相救，但因为西川到麦城万里迢迢，救兵无法及时到达。刘备心有余而力不足。刘封、孟达处，因为关羽不许立刘封为世子，招致刘封的嫉恨，再加上孟达的挑拨离间，刘封、孟达最终见死不救，坐视关羽灭亡。

此时，关羽虽已到穷途末路，仍想着"蜀中子弟多才俊，卷土重来未可知"。因此，关羽曾假意投降孙权，"立幡旗为象人于城上，因遁走"，试图拖延时间，为自己争取从头再来的机会。此举虽迥异于小说中的"宁死不降"，却体现出了关羽身为一员优秀统帅顽强不屈的精神。孙权赶忙派了朱然、潘璋从宜都率轻骑北上临沮去抄截关羽的归路。

就算关羽能摆脱朱然、潘璋等人的围堵，恐怕也无法逃出生天。按照这条撤退路线，关羽如果能顺利抵达宜都郡，就能从秭归溯江而上，经由永安白帝城入蜀，成功逃命。但问题的关键是，荆南三郡被吕蒙、虞翻袭取后，被刘备委以重任的宜都太守樊友竟然也选择了不战而降。这对身在荆州的蜀汉官员来说，无疑是致命的。樊友投降后，秭归等各个交通要道被陆逊派人快速占领，荆州回益州的通道就此断绝。蜀汉后期名将廖化，便是在此战之后无路可逃，被迫投降东吴，直到刘备东征，他才趁夜潜行回归蜀汉。

救兵不至，关羽率十余骑出逃，一路突围至距益州不过一二十里的临沮，遇潘璋部将马忠的埋伏被擒，和长子关平于临沮被害。

据《吴历》记载，孙权虽然将关羽传首洛阳以邀功，自己却以诸侯之礼安葬了关羽的身躯，位置据说就在今湖北省当阳市的关陵。《当阳县志》还记载，孙权礼葬关羽后，还"帮人墓祭，岁以为常"。当然，曹操与关羽也有一段难忘的君臣情，于情于理，他又怎会上孙权的当呢？据传，曹操最终命人用樟木雕刻了关羽的身躯，跟首级一起装入樟棺，以王侯之礼厚葬于洛阳城南，位置就在今河南省洛阳市老城南7公里，因关羽墓前植有古柏千株，故称关林。在中国，将圣人的墓地称为"林"的只有孔林与关林。而当阳关陵、洛阳关林再加上号称天下第一关帝庙的山西解州关帝庙，这中国三大关羽圣地，使民间拥有了关羽"头枕洛阳，身困当阳，魂归故乡"的说法。

关羽死后不到十个月，公元220年冬，曹丕篡汉，拥有足足四百年国祚的大汉王朝正式灭亡。在东汉的最后几十年，历史上还经常能看到以死殉节之人；而在东汉灭亡后，这样的人就已经非常少见了。到了两晋南北朝，殉节之士就已完全消失了。改朝换代成了寻常事，只有士族与门阀才是永恒的。从这个角度来看，关羽之死，才是大汉王朝灭亡的象征，才是后汉道德社会的终结。而关羽作为传统道德体系崩塌前的最后一位殉道之人，也在宋代儒生重构社会伦理系统之时被抬上神台，超凡入圣，成为不朽的神明。

十五、关羽之死谁负责

对于蜀汉政权来说，关羽失荆州是一个致命伤，也是蜀汉历史上的最大悲剧。关于蜀汉在荆州战役中不发救兵的问题，大多数人认为是来不及去救。但因为《三国志》中没有记载，所以后世对此也是猜测纷纷。然而到了近代，国学大师章太炎（1869—1936）提出了一个惊人的看法，说是由于关羽破坏了诸葛亮"联吴抗曹"的方针，所以诸葛亮决定借吴人之手除掉关羽。于是"诸葛亮借刀杀关羽"被炒得沸沸扬扬。

1.诸葛亮的失职

在讨论诸葛亮的失职问题之前，需要先弄清楚一个关键问题关羽攻打襄樊，到底是谁的决定？这场战争是不是从一开始决策上就存在失误呢？

关于这个问题，《三国志》中没有记载，但十之八九是刘备的决定，因为这样大的军事行动，没有刘备的命令关羽是不敢自作主张的。自从刘备取益州，从曹操手中夺得汉中，形势一片大好，蜀汉的事业可以说是蒸蒸日上、欣欣向荣。诸葛亮在《后出师表》中也说"汉事将成也"，不过尽管暂时取得了一点成绩，但此时刘蜀的力量与曹魏还是相差甚远的，此时北伐的时机并不成熟。但刘备这时候的脑子可能有点发热，有点利令智昏。过去的刘备看见曹操非常害怕，凡是和曹操打仗，刘备是必败。但自从刘备和曹操争夺汉中，黄忠刀劈夏侯渊，刘备居然破天荒地打败了曹操，从曹操手中夺取了汉中，这一下子刘备就牛了，就抖了，就自以为了不起了。刘备自称汉中王后和曹操并驾齐驱，刘备骄得很、狂妄得很，他不顾蜀汉国力弱小，竟然马上做出决定，命令关羽主动出击，攻打曹魏的军事重镇——襄樊。

照理来说，刘备头脑发热，军师诸葛亮就应该冷静，应该在刘备发热的脑袋上泼点冷水，让他清醒清醒，但找遍《三国志》也没有看到有诸葛亮在攻打襄樊这件事情上反对刘备的记载。诸葛亮是刘备的军师，这个时候诸葛亮的职务是军师将军，署左将军府事，就是说诸葛亮主管刘备统率部中的大大小小的所有事情，刘备所做的每一件事情，诸葛亮都是可以参与的。诸葛亮虽然不是决策者，但他可以向决策者建言献策。可见在这件事情上诸葛亮显然没有尽到军师的责任。

至于诸葛亮在关羽北伐襄樊战役中发挥了什么样的作用，在《三国志》中并无十分明确的记载，但还是可以发现其中的奥秘。最关键的一点是，关羽出兵攻打襄樊，无论从时机、条件等各方面的情况来看，都违反了诸葛亮早年提出的"隆中对"。

"隆中对"的策略基本上就是诸葛亮助刘备打天下的军事大纲。诸葛亮在"隆中对"中说得很清楚，北伐必须符合这样五个条件。

第一，"西和诸戎，南抚夷越"。就是说蜀汉要同西南少数民族搞好关系。但当时刘备并没有同少数民族搞好关系，因为刘备虽然占领了益州，但他们是外来户，以孟获为代表的少数民族对刘备侵占他们的地盘是非常痛恨的，一有机会就要兴风作浪。在关羽攻襄樊时，少数民族问题根本没有解决。

第二，"内修政理"。所谓内修政理，就是发展经济、增强国力。刘备夺取四川汉中是非常不容易的，刘璋这个人不是一盏省油的灯，刘备打四川打得非常艰苦，连庞统也战死了。刘备前后经过九年的苦战，才得到四川这块根据地。九年的仗打下来，军队十分疲劳，四川的经济被破坏得很厉害，老百姓也不堪负担。所以关羽此时的北伐根本不具备足够的实力。

第三，"外结好孙权"。孙刘联盟的重要性早在我们之前的三国系列就分析过了。但这时的蜀汉和东吴的关系已经很紧张了，虽然孙刘两家最后没有动武，但双方已经撕破了脸皮。

可能有的人会这样认为，诸葛亮毕竟不是神，他也不可能未卜先知，可以预测到孙权会趁关羽北伐的时候偷袭荆州。诸葛亮确实不是神，但是诸葛一生谨慎，他用兵打仗向来小心翼翼，从不做冒险的事。在关羽出兵攻打襄樊的时候，荆州城防必然空虚，诸葛亮又怎么会那么粗心，不提醒刘备或者关羽要当心孙权会突然袭击，从背后捅上一刀呢？这是军事常识，诸葛亮怎么会不懂这个军事常识呢？他的警惕性又到哪里去了呢？

第四，"天下有变"。"天下有变"是指曹魏有变，这个变是指曹魏统治集团发生内乱，或者说是出现农民起义、兵变，总之，要等曹魏内部出现问题才能出兵。关羽北伐的时候，却是"天下无变"，也就是说曹魏内部很稳定。当时曹操已经完全控制了汉献帝，曹操称魏王，马上就要做皇帝了而且也没有多少人反对，甚至连孙权也劝曹操称帝。不要说什么有变，简直就是天下太平，曹魏的统治稳固得很。

第五，"兵分两路"。诸葛亮的战略部署是蜀汉的北伐必须兵分两路，从不同的方向出发，荆州军攻打宛城、洛阳，益州军攻打长安，像一把老虎钳一样发动钳形攻势，使魏国首尾难顾。但关羽的北伐只是出动了荆州军，刘备在益州的主力部队却纹丝不动，让关羽这一支偏师北伐，这不是完全违背了诸葛亮亲手制定的隆中决策吗？

2. 诸葛亮为何不进谏？

诸葛亮对刘备是非常了解的，刘备称帝以后的第一件事，就是宣布调动全国的军队讨伐东吴，收复荆州。这当然是一个错误的决定，但当时刘备已经做了皇帝，谁要进谏，搞不好就要掉脑袋。只有赵云不管，照样说了一大通理由，坚决反对刘备伐吴。刘备果然大怒，一点也听不进赵云的意见，不仅听不进去，还让赵云留守后方，实际上是把赵云晾在了一边。

《三国演义》里，赵云是五虎上将，其实，赵云的官职要比关、张、马、黄小得多，关羽是前将军，张飞是车骑将军，马超是骠骑将军，黄忠是后将军，他们都是重号将军，但赵云只是个翊军将军，是个杂号将军。可见，由于赵云过于耿直，所以刘备对他不太喜欢。刘备准备伐吴时，大臣秦宓进谏说讨伐东吴是天时不利。结果，刘备把秦宓下了大狱，一直到刘备死后，秦宓才被从监狱里放出来。后来刘备伐吴惨败，火烧连营七百里，差不多全军覆没。此时诸葛亮才说了一句话："法孝直若在，则能制主上，令不东行；就复东行，必不倾危矣。"

诸葛亮此语，简直就是"事后诸葛亮"。这说明诸葛亮当时之所以没有进谏，可能是对刘备这个人的性格、脾气摸得比较透。在刘备大怒、一意孤行时，诸葛亮觉得说了也是白说，谏了也是白谏，那还不如不谏。但在这种事关国家利益兴亡的时刻，作为大臣就是要尽自己的职责，何况诸葛亮作为军师、宰相，更应该尽自己的职责。

而且，就算诸葛亮劝不动刘备，但总可以尽心尽责地帮助关羽吧？关羽这个人的骄横跋扈是出了名的，有一个例子：在刘备攻打益州的时候，西凉的马超前来投奔刘备。马超是一员虎将，连曹操这样一个把天下英雄视为鼠辈的人，看见马超也畏惧三分。马超前来投奔刘备，刘备当然高兴，就加封他为平西将军，与关羽的地位相等。这一下子把关羽惹火了，关羽写信给诸葛亮，问马超的本事可以同谁相比？诸葛亮马上回了封信给关羽，说马超文武双全，勇猛过人，武艺和张飞差不多，他们两人可以并驾齐驱，但同你美髯公比起来，还差了一截啊，因为你美髯公的武艺是绝伦逸群，天下第一。这一番话可把关羽捧上了九霄云外，关羽本来就骄，这样一来更是骄上加骄。他得意得不得了，还把诸葛亮的信拿给左右宾客们看。从此，关羽头脑更加发热，自以为"老子天下第一"了。诸葛亮这样做只会害了关羽，关羽不是一般的将领，他镇守荆州，承担着蜀汉政权差不多半壁江山的重任。俗话说得好，骄兵必败，关羽如此骄狂，以至于因张狂而不把孙权放在眼里，最后败走麦城，落得身首异处的下场，其中诸葛亮确实是要负责任的。找遍《三国志》也没有看到诸葛亮离开荆州时提醒关羽要注意和东吴搞好关系的史料记载。《三国演义》中孔明离开荆州将要进益州时，对关羽讲的八字箴言"北拒曹操，东和孙权"，完全是罗贯中虚构出来的。

3.诸葛亮为什么不派援兵？

关羽丢了荆州，败走麦城，最后是被吕蒙生擒活捉，首级被送给了曹操。荆州之战，不仅仅是蜀汉政权的致命之战，同时也使得诸葛亮精心设计的"隆中对"战略规划未能实现，"兴复汉室"最终也成了泡影，蜀国因此一蹶不振。

有的专家认为，关羽攻襄樊的时候兵力雄厚，兵精粮足，所以刘备、诸葛亮根本没有必要派出援兵。那么，关羽的兵力真的很充足吗？关羽的军队到底有多少，史书上并没有明确的记载，《三国志》上讲"羽号有三万人"，这样算来，关羽能带出去攻打襄樊的人马就非常有限了，最多也不会超过两万人。而关羽水淹七军，是俘虏了不少曹家的兵将，但他能否使用这些降兵降将，使他们反戈一击呢？似乎不行。关羽平时骄横跋扈，他同自己人都搞不好关系，怎么可能让他去做俘虏兵的思想工作？

那么刘备、诸葛亮明明看到关羽因兵力不足攻不下襄樊，为什么不给他增派援兵？有人说，这是刘备、诸葛亮不知道前线的战况，而且时间上来不及。而实际情况是，襄樊战役是从公元219年秋打响的，到公元220年初结束，整个过程有半年时间，成都方面从来就没有发过一兵一卒前去增援。如果说刚开始时，关羽水淹七军打了胜仗，刘备、诸葛亮不给他增加兵力或许还情有可原，等到曹操派出大批人马前往樊城，成都方面再不给关羽增加兵力，那就可疑了。

　　有两条非常重要的史料，足以证明刘备与诸葛亮有足够的时间发兵去救关羽。一条是吕蒙攻下江陵、公安后，为了扩大战果，又派陆逊去攻打蜀国的边境城市宜都、枝江、夷陵、秭归，结果这些城市全部被陆逊打了下来，这样吴国的疆域已经扩展到蜀国的西部边境白帝城，这条史料出现在《三国志·吴书·吴主传》中。另一条史料更为重要，就是刘备任命的宜都太守樊友弃城逃跑，逃回成都去，樊友逃跑的时间是在公元219年冬，这条史料是在《三国志·陆逊传》中。这条史料太重要了！因为即使吕蒙攻下江陵后，马上严密封锁消息，关羽的荆州兵统统被吕蒙俘虏，无一漏网，没有人能回成都报信，但是宜都太守樊友肯定知道。宜都既然被打下了，那前面的江陵、公安肯定是丢了，这么重要的事情，樊友他敢不连滚带爬地跑回去报信吗？

　　而且，刘备在攻下汉中后，为了加强成都同汉中的联系，从成都到白水关，造了四百多所驿站，就是为了保证前方和后方之间通信联络的畅通无阻。后来刘备发动夷陵之战，从成都到湖北宜昌、武昌，到处都是快马探子、细作，随时了解敌情。这要放在今天来说，基本上就算是"谍报工作"做得很好了。

　　再来看看曹操那里派出了多少增援部队：第一批是于禁、庞德率领的七军，这一批部队被关羽消灭了。紧接着，曹操派出他的五虎上将——徐晃的部队，他们吸取上一次于禁被消灭的教训，在兵力不够充足的情况下，先按兵不动，不同关羽决战。曹操又陆续给他补充了后续部队，派出了第三批、第四批部队，估计徐晃这时的部队至少在五万，再加上樊城曹仁的军队，形成了里外夹攻之势。曹军对关羽已经具有压倒性优势。这还不算，曹操还不放心，他又下令，把合肥张辽的部队调过来。张辽是曹操的五虎上将之首，他曾经在合肥打败孙权，威震逍遥津，差一点就活捉了孙权。所以说，曹操为了对付关羽，已经把他的王牌军都拿出来了。这还不算，曹操觉得还镇不住，于是决定"御驾亲征"。他统率十几万精锐部队，开赴距离襄阳不远的地方——摩陂。曹操一生南征北战，打过多少大仗、硬仗，碰到多少困难，但好像从来没有像现在这样，为了打关羽，花费这样多的心血，进行了全国总动员。

为《资治通鉴》作注的胡三省对这件事曾经做过评论。他说："晃营迫羽围如此而不能制，使吕蒙不袭取江陵，羽亦必为操所破。"明末大思想家王夫之也做过这样的评论："然使无吕蒙之中挠，羽即前而与操相当，羽其能制操之死命乎？以制曹仁而有余，以敌操而固不足矣。"可谓英雄所见略同啊。后来的史学家、思想家对这一事件的看法基本是一致的。

一场荆州之战，失去的不仅仅是蜀国的一员大将，也不仅仅是一块战略要地，它失去的是之前刚刚有所好转的蜀汉江山的大好形势！传统的观点总是把这次失败归结在关羽的疏忽大意上。当然，作为这次战役的指挥者，关羽的确要负责，他也付出了人头落地的惨痛代价。但诸葛亮作为军师责任更大，可是到底能否就此断定诸葛亮是"借荆州杀关羽"？而谁又应该对关羽之死负责？

4.关羽的无奈

荆州之战，从时间和信息上来说，蜀汉这个时候是有充分的时间和机会去救关羽的。如果刘备、诸葛亮得知关羽丢失荆州的消息后，即刻出兵，日夜兼程，马不停蹄去救关羽，或许还有机会，还来得及。

当时关羽留了相当一部分兵力，驻守在大本营，防范东吴的偷袭，这就说明关羽还是有一定警惕性的。但是，关羽攻打襄樊的兵力实在太少，刘备、诸葛亮又不肯给关羽补充兵力，甚至连近在咫尺之遥，也就是在上庸的刘封、孟达也不听指挥，不肯从上庸过来支援关羽，关羽百般无奈才动了将镇守江陵、公安大本营的部队调出来这个念头。但是关羽还是犹豫不决，不敢下这个决心，毕竟关羽南征北战数十年虽然称不上足智多谋，但也不是一个完全没有军事常识的勇夫。

吕蒙和陆逊看到了关羽进退两难的尴尬处境，于是他们施展妙计，连出高招。先是吕蒙装病离开自己的防区，假装回建业养病，之后陆逊接替吕蒙，写了一封信给关羽，把关羽捧得云里雾里。关羽在被陆逊灌饱了迷魂汤之后，才决定将荆州的部队全部抽出来，增援樊城，这件事当然是关羽不对，上当受骗，中了吕蒙和陆逊的奸计。

但关羽为什么会上当呢？如果他有充足的兵力，他还会上陆逊的当吗？所以归根结底还是刘备、诸葛亮的责任，不给关羽增派援兵。

而且，如果刘备、诸葛亮派出援兵，即便不能达到目的，救兵未到之前，关羽已经被害，刘备、诸葛亮在处理这件事情上总算还说得过去，还在情理之中。所谓"谋事在人，成事在天"，事情成败虽然由老天爷决定，但你总要谋一谋，如果你连谋都不谋，那又作何解释呢？问题是，查遍《三国志》和裴松之《三国志注》，没有一句话，甚至一个字涉及刘备和诸葛亮商量如何发兵去救关羽的记载。

当初刘备在攻打汉中时，也是遇到了夏侯渊、张郃的顽强抵抗，攻了一年多也打不下来，刘备着急了，觉得兵力不够，于是就赶快叫诸葛亮增派援兵。诸葛亮觉得在这种关键时刻，"男子当战，女子当运"，就是凡是青壮年的男子全部上前线，而女人也不能在家里闲着，必须当运输兵，将粮食物资运到前线。由于诸葛亮及时增派了大批援军，刘备终于从曹操手中夺取了汉中。由此可见，攻城的艰巨性，刘备和诸葛亮都是深有体会的。在曹操增派大批援军，增援樊城时，刘备、诸葛亮却无动于衷，真不知安的什么心。

对于关羽走麦城，蜀汉方面不发救兵这件事，不只是诸葛亮的问题，就连与关羽有着兄弟之情的刘备身上也存在着很大的"疑点"。刘备、诸葛亮为什么不救关羽？肯定是有原因的，诸葛亮同关羽有矛盾，而且刘备同关羽也有矛盾。

5.诸葛亮同关羽的矛盾

众所周知，诸葛亮"隆中对"的核心是联吴抗曹，联吴抗曹的政策是诸葛亮亲自制定的，这是诸葛亮的总战略。诸葛亮对孙刘联盟的态度是非常坚定的。尽管这是诸葛亮的大方针政策，但关羽好像不太赞成孙刘联盟。《三国演义》中有一个故事，说孙权曾经派诸葛亮的哥哥诸葛瑾到关羽那里，向关羽提亲，说孙权有一个儿子，关羽有一个女儿，孙权想要同关将军结成儿女亲家，两家联姻以后，可以共同对付曹操。没有想到，诸葛瑾的提亲碰了一鼻子灰，关羽大发脾气，指着诸葛瑾说："吾虎女岂肯嫁犬子?"

这段故事基本上符合历史，只不过"吾虎女岂肯嫁犬子"这句话是罗贯中通过想象力加上去的。《三国志》上的原文是："羽辱骂其使，不许婚。"也就是关羽不仅不愿意同孙权结这门亲事，还把孙权臭骂了一顿。其实，关羽辱骂孙权不止这一次，还有比这更严重的。根据裴松之《三国志注》记载，当关羽包围樊城的时候，孙权表示愿意助关羽一臂之力，派兵帮助关羽一起攻打樊城，关羽痛恨孙权的表态姗姗来迟，竟然破口大骂："貉子敢尔! 如使樊城拔，吾不能灭汝邪! "

貉子是一种动物，跟狐狸和狼差不多，关羽骂孙权是貉子，实际上就是骂孙权是禽兽，是畜生，不是人。孙权可是三国时期的英雄，是吴国的君主，他怎么受得了关羽如此辱骂，所以也难怪他要翻脸不认人，派吕蒙偷袭荆州。而且关羽被活捉以后，并没有被押解到孙权那里，而是当场被东吴的将领潘璋、马忠斩首，这是因为孙权恨透了关羽，所以命令手下将领，一旦抓住关羽，立刻就地正法，不需要向他请示。从这里就可以清楚地看出，诸葛亮和关羽在联吴抗曹的战略方针上，确实是冰炭不能同器，水火不能相容。

正因为如此，章太炎才认为关羽是诸葛亮联吴抗曹战略方针上的绊脚石，所以诸葛亮要除掉关羽。

诸葛亮同关羽个人之间也有矛盾，这在《三国演义》中看不出来，在

《三国志》中有少量记载。譬如诸葛亮刚刚走出隆中，刘备对诸葛亮非常好，关羽和张飞很不高兴，刘备说："孤之有孔明，好比鱼之有水。"关羽和张飞这才不吭声了，不吭声并不等于矛盾消除了，只不过是碍于刘备的面子，暂时将怨气压下去罢了。其实关羽的人际关系是非常差的，他同许多人关系都非常紧张。黄忠在定军山一仗中，刀劈曹操手下的大将夏侯渊，为刘备夺取汉中立下汗马功劳，刘备称汉中王后，封关羽为前将军，封黄忠为后将军，两人平起平坐。当刘备派人册封关羽官职时，关羽破口大骂，大丈夫怎么能同黄忠这个老兵为伍？最后还是使者说了一大通好话，关羽才勉强地接受了刘备的册封。

关羽不仅同蜀国五虎大将中的两个大将有矛盾，他同刘封也闹矛盾。刘封是刘备的养子，和关羽有叔侄关系，但他们的叔侄关系很不好。关羽同部下将领上庸太守孟达的关系也很紧张。他几乎把刘备身边的所有人都得罪了，所以到了危难时机，就没有人肯救他。

关羽跟张飞正好相反，《三国志》中说"飞爱敬君子而不恤小人，羽善待卒伍而骄于士大夫"。就是说张飞很敬重士大夫，但是不知道爱护士兵；关羽正好相反，他对待士兵很好，但是和士大夫的关系很紧张。诸葛亮是刘备集团中的头号士大夫，是刘备手下最重要的谋士，"关羽骄于士大夫"，那估计和诸葛亮的关系也就不怎么样了。

关羽骄横跋扈，从来不把别人放在眼里，诸葛亮其实也很自负，只不过关羽把骄傲写在脸上，别人一看就看出来了，而诸葛亮的城府很深，轻易不动声色。另外，关羽出山很早，早就跟随刘备南征北战，论资格要比诸葛亮老得多，对诸葛亮在赤壁之战中立的大功，关羽肯定很嫉妒，诸葛亮对关羽这种骄横跋扈的武将作风肯定也看不顺眼。从内心深处来讲，诸葛亮对关羽是相当不满的，再加上关羽的官职比自己高，资格比自己老，诸葛亮觉得如果自己要成为刘备手下的第一号人物，关羽就是一个障碍。所以，在关键时刻，诸葛亮不救关羽也是情理之中的事，没有什么值得大惊小怪的。

但诸葛亮不救关羽，并不等于诸葛亮想借刀杀关羽。如果诸葛亮想借刀杀关羽，诸葛亮就是一个阴谋家。诸葛亮不可能一手去操纵整个战役的演变过程。诸葛亮也未必会想到关羽开始会打得这么漂亮，更不会料到吕蒙会偷袭荆州，关羽会输得这么惨。关羽走麦城，肯定不是诸葛亮策划的，只不过到了最后关头，荆州已经丢了，败局已经定了，再也无法挽回了，那就只能对不起关羽了。所以，诸葛亮觉得，荆州丢了以后，没必要为了救一个败军之将而兴师动众。即使把关羽救回来，也要不回荆州。这里我们要注意，关羽和荆州是两个概念，他们之间没有必然的联系。

6. 刘备与关羽的矛盾

还有一种说法认为，不是诸葛亮要借刀杀关羽，而是刘备要借刀杀关羽。这种说法认为，刘备同关羽之间也有矛盾，这对千百年来"桃园三结义"的故事可是一个巨大的冲击。刘、关、张三人情同手足，他们在桃园三结义时说，"不求同年同月同日生，只愿同年同月同日死"，刘备说，"兄弟如手足，妻子如衣服"。这些谚语谁人不知，哪个不晓。但是，由于关羽骄横跋扈，刘备对关羽也很不满，比如关羽说"大丈夫岂能与老兵为伍"，并不是针对黄忠，而是针对刘备，因为是刘备让黄忠与关羽平起平坐，是刘备让关羽同老兵为伍。刘备让小舅子糜芳与关羽一起镇守荆州，其实就是对关羽不放心，就是让自己的小舅子当监军，监视关羽，这还是有一定道理的。

由于关羽太跋扈，刘备的儿子刘禅又太无能，也许刘备考虑到他死后刘禅可能会控制不住关羽，因此在生前就要把这个问题解决掉。就像西汉开国皇帝刘邦一样，在他生前就要把韩信、彭越、英布这些异姓王都消灭掉，绝不遗留给自己的子孙。刘备为什么不会向他的老祖宗学呢？所以我们不要把古代的君臣关系太理想化了，认为真的是所谓的"兄弟如手足，妻子如衣服"。

7.关羽之死

《三国演义》中说刘备在听说关羽战死的消息后,"大叫一声,昏厥于地",那完全是罗贯中虚构出来的。史料中,并没有关羽死后,刘备哭关羽的记载。相反,庞统死后,"先主痛惜,言则流涕"。法正死后,"先主为之流涕者累日",就是刘备对法正的死也伤心得不得了,居然痛哭了好几天。而结拜兄弟死了之后,居然没有刘备痛哭的记载,难道不奇怪吗?

刘备与关羽生死之交的关系虽然从来没有人去怀疑,但那只是文学作品给大家留下的印象,事实并非如此。另外,关羽死后,照理说,他是为国捐躯,英勇牺牲,刘备应该对他追封,给他谥号,但是刘备没有对关羽追封。关羽的谥号壮缪侯,是后主刘禅追封的。而法正死后,刘备就追封他为翼侯。《三国志》中说,刘备同关羽是"寝则同床,恩若兄弟",但关羽死后,他所享受的待遇还不如法正,这完全是一件匪夷所思的事情。刘备和关羽之间的问题也许还牵涉关羽被害的真相!这之所以成为千古之谜,是陈寿所写的《三国志》中的蜀志太简单。

陈寿所写的蜀志为什么这么简单呢?按理说陈寿是蜀国人啊,他应该对蜀国的情况更熟悉才对。这是因为蜀国不设史官。修史是我国古代历代王朝的传统,而且魏、吴两个国家都有史官,唯独蜀国不设史官。所以陈寿写蜀志就相当困难,蜀国没有官方档案,民间传闻也不可靠,陈寿同司马迁一样,下笔非常谨慎,不可靠的绝对不写,而且陈寿出生的时候,距离关羽被害已经十多年的时间了。

那么蜀国为什么不修史呢?难道是蜀国缺少优秀的史官吗?绝不是如此,陈寿的老师——谯周就是一个非常优秀的史学家,刘备和诸葛亮为什么不设史官,要违背汉朝的国家制度呢?如果大胆推测,或许是关羽被害这件事情的真相正是蜀汉最高统治阶级的内部绝密,绝不能公之于众。所以这件事就成了千古之谜。

关羽本是《三国志》里和赵云、张飞地位相当的武将，后来随着地位的逐渐上升，开始被供到庙里，成了和孔老夫子平起平坐的武圣人；而诸葛亮，拥有千百年来被中国人当作智慧化身的完美智者形象，却在某个时刻有了"借刀杀人"的嫌疑……我们无意推翻什么，也无法真正"解密"历史中的重重谜团。关羽和诸葛亮都是伟大的人物，他们有一个共同点，那就是"忠"。关羽的"忠"体现为败走麦城的千古悲剧，诸葛亮则是以"鞠躬尽瘁，死而后已"地扶助后主刘禅而流芳百世。

十六、千余年的进阶路

关羽最初得封是在斩了颜良解了所谓"白马之围"之后，被曹操封为"汉寿亭侯"。关羽死后，蜀汉后主追封其为"壮缪侯"和"忠惠公"。此后的几百年，关羽虽然在社会中享有一定知名度，唐朝时还得以配祀武庙，但远远还未达到妇孺皆知的地位。

北宋建立之初，宋太祖赵匡胤（927—976年在世，960—976年在位）认为只有那些"功业始终无瑕者"，才能得到配祀"武圣"姜太公的机会，关羽等因"创业未半，大业未成"便被移出。

正所谓上行下效。北宋文士一度轻视三国史，公元1005年夏，宋真宗赵恒（968—1022年在世，997—1022年在位）曾"幸国子监库，问祭酒邢昺'书板几何？'"，馆阁诸臣"或言《三国志》乃奸雄角立之事，不当传布"。范仲淹（989—1052）词则说："昨夜因看《蜀志》，笑曹操、孙权、刘备。用尽机关，徒劳心力，只得三分天地。屈指细寻思，争如刘伶共一醉。"王安石（1021—1086）也曾吟咏说："千载纷争共一毛，可怜身世两徒劳。无人语与刘玄德，问舍求田意最高。"更不必说欧阳修《正统论》和司马光《资治通鉴》这样重要的史学著作，都毫不隐晦地"帝魏"，主张以曹操为三国

"正统"。苏辙（1039—1112）在《三国论》中说："世之言者曰：'孙不如曹，而刘不如孙。'刘备唯智短而勇不足，故有所不若于二人者，而不知因其所不足以求胜，则亦已惑矣。盖刘备之才，近似于高祖，而不知所以用之之术。"

但是，宋朝时中国经济重心的东移南迁已经完成，在南方经济发展以及海外贸易繁荣等因素的影响下，宋朝的经济步入了十分繁荣的时期，宋朝的文化、娱乐也迎来了一个繁荣期，瓦子、勾栏等大量出现。为满足日益壮大的市民阶层的精神文化娱乐需求，许多迎合市民需求的通俗作品不断涌现。由于社会普通民众的文化需求渐增，关羽的人生过程又是如此跌宕，民间艺人们便利用关羽生平事迹进行创作，还不断地进行"层累"，让关羽的形象渐丰，"桃园三结义""温酒斩华雄"等情节已初步展现。也正由于这些通俗文艺广泛地在社会上传播，使得关羽在社会上的知名度不断提升。关羽也凭借忠义、智勇双全的品质，受官府通缉的流民身份，以及最后身首异处的悲剧结局等，让他能够充分地引起人们的共鸣和敬仰，久而久之，他就成了社会底层人民心中崇拜的对象。

由于关羽在社会上的知名度越来越大，统治者也开始重新审视关羽。早在宋真宗赵恒年间，朝廷便恢复了关羽配享太庙的地位。宋神宗赵顼（1048—1085年在世，1067—1085年在位）就屡以刘备自拟。《宋史·王安石传》言："一日讲席，群臣退，帝留安石坐，曰：'有欲与卿从容论议者。'因言：'唐太宗必得魏征，刘备必得诸葛亮，然后可以有为，二子诚不世出之人也。'"公元1070年，王安石欲辞相位，宋神宗挽留，"引刘备托后主于诸葛亮事，曰：卿所存岂愧诸葛亮，朕与卿君臣之分，宁有纤毫疑贰乎？"。由此可知宋廷中的三国"尊刘"倾向，实已于此时形成。如此，便有了北宋元丰三年（1080）的额题"威胜军新建蜀荡寇将'军汉寿亭'关侯庙记"（现存山西省沁县博物馆）中，绘声绘色地描述的一支宋军派赴广西抵御交趾入侵，发生遭遇战时，关公是如何率领阴兵助战，使他们全师而还的。

经查证，额题"威胜军新建蜀荡寇将'军汉寿亭'关侯庙记"为现存最早的关庙碑记实物。碑阳部分二千余字，碑阴部分三千五百余字，限于篇幅不移录。雍正十三年（1735）纂辑之《山西通志》已有介绍："沁州汉寿亭侯庙：宋仁宗时侬智高陷邕州，铜川神虎第七军以矫捷应募。行次荔浦，祷于祠下。广源以南地，多深林，蛮伐木塞路。忽大风卷卧木，军得并进。及战，有神兵旗帜戈甲，弥亘山野。敌顾望恇怯，军遂大克。归建庙。李汉杰撰记。"

需要说明的是，李汉杰撰记的这段额题"威胜军新建蜀荡寇将'军汉寿亭'关侯庙记"节要，未窥全豹，其中还将北宋仁宗朝征侬智高与神宗朝伐交趾两事混为一谈，是一大错误。

该篇碑记的立意，正是从苏辙所谓"世之言者曰'孙不如曹，而刘不如孙'"开始议论的。李汉杰以"苍鹰逢秋"比喻刘备，以"猛虎踞山"比喻孙权，以"孤鲸跨海"比喻曹操。尤其推重刘蜀"得士冠于一时。孔明运筹，关、张御侮，魏与吴不敢出师西顾剑门，忌三人耳"。继而又以关羽、张飞比较，"世言魏之张辽，吴之周瑜，可与并驱争先"，但"张辽胆薄，岂孙权之比；周瑜智小，非曹公之敌"，并大胆设言："愚谓案其风绩，较得失而论之，则飞可在前，辽当居后，而瑜处其中。"并隆重推出关羽之雄，犹甲于三国诸将。仅言及此，犹且"识将军之面，而未识将军之心"，遂揭出为文主旨，大力颂扬关羽的"忠且义""后之知将军者，不独取其临战却敌之威，而取其佐君之忠，行己口义"，其所举事例，亦为"报曹公杀颜良，解白马围，功成弃赏，脱身还蜀。去就两端，不负主知"，及"善攻有术，不在矢石，在于权（谋），（临）机制胜，密不可窥。坐降于禁，而威震华方"，故"迄今江淮之间，尊其庙像，尤以为神"。

总括全文，作者虽未如后世理学贬斥曹、孙为"汉贼"，但于三国群雄中独推刘备、关羽、张飞和诸葛亮的意旨显豁。考虑到其撰写时间实与苏轼转述王彭所言"途巷中小儿薄劣，其家所厌苦，辄与钱，令聚坐听说古话。至说三国事，闻刘玄德败，频蹙眉，有出涕者；闻曹操败，即喜唱快"相去不远，但何地"薄劣小儿"，何以出现这种"尊刘"情结，耐人寻味。

宋徽宗赵佶之所以将关羽连晋三级，先封"忠惠公"，再封"崇宁真君"，又封"昭烈武安王"和"义勇武安王"，就是看重关羽激发军队士气的功用。

不过关羽与武圣之间还有很大的差距：宋徽宗将历代名将增至七十二人，关羽仅列第四档，地位远不如十哲中的诸葛亮，更不用说与当时的"武圣"姜尚相比了。

以后"靖康耻"时，也有人在关羽祠贴出"劝勇文"鼓舞军民奋起抗金，岳飞（1103—1142）也曾以关羽为榜样北伐，恢复失地。可以说，关羽最早成为中国军民奋起抵抗外侮的精神象征，封赐他"义勇"二字，在"外战外行"的宋代军队中显得尤其突出。

元朝对于关羽的崇拜进一步加强，元文宗孛儿只斤·图帖睦尔（1304—1332年在世，1328—1332年在位）加封关羽为"显灵义勇武安英济王"；元顺帝孛儿只斤·妥欢帖睦尔（1320—1370年在世，1333—1370年在位）加封关羽为"齐天护国大将军检校尚书守管淮南节度使兼山东河北四门关镇招讨使兼提调遍天下诸宫刹天地分巡案管中书门下平章政事开府仪同三司金紫光禄大夫驾前都统军无倭侯壮缪义勇武安英济王崇宁护国真君"。

另外，元朝代宋后，很难实现"治国平天下"的宏伟理想的儒生们，只能退而求其次，专注于文化创作，从而推动了中国"元曲"之兴。这时期以关羽为主要描写对象的作品更加丰富，戏剧中甚至多次将关羽说成"活神道"，凸显其"神性"。与此同时，关羽的外貌形象也逐渐丰富起来，"雄赳赳九尺二寸虎躯立，入面挣枣红脸尔，圆睁睁凤丹眼，左右紧横卧蚕眉，三绦美髯过玉带"。

到明朝初期，明太祖朱元璋（1328—1398年在世，1368—1398年在位）出于现实考虑，精简仙班，革去了后世给关羽所加的尊号。但此时关羽已在民间深入人心，加之《三国演义》等作品的创作流行，更是将百姓对关羽的信仰崇拜推向新的高度。因此在明神宗朱翊钧（1563—1620年在世，1572—1620年在位）时期，关羽进阶为帝，即"三界伏魔大帝神威远震天尊关圣帝君"，他的坐骑被封为"追风伯"，他的"武庙"与孔子的"文庙"相应，可见其地位之高。

到了清代，关羽直接被标榜为"万世人极"，封之为"忠义神武仁勇威显护国保民精诚绥靖翊赞宣德关圣大帝"。雍正皇帝爱新觉罗·胤禛（1678—1735年在世，1622—1735年在位）还亲自参加过祭祀关羽的活动。除此以外，各地还建立了诸多关帝庙，那时的关公庙甚至多过孔庙。这么多年的传承，可以说无论民间、官方都已经将其视为一种精神的象征。至此，"武圣"称号原本的主人姜子牙已完全被关羽取代，"武圣"关羽不管在地位上还是待遇规格上，和"文圣"孔子都相差无几。

由于官方的推动，关羽名气越来越大，社会地位愈加崇高。

而经过几千年的历史演变，"万人敌"关羽已经不仅仅是历史人物，更是老百姓心目中的神像。华夏几千年历史，猛将很多，但是能被称为"武圣"的只有关羽一人。换句话说，业务能力强的人，在任何社会都不稀缺，这些人也都很容易在公司站住脚。但是如果要把自己的天花板提升得更高，要想让自己成为更厉害的人，那就需要在德行、品性上进行自我修炼，提升人格魅力。一个人的业务能力出色，可以让他走得很快；只有他的人格魅力大与个人品德高尚，才能让他走得更远。

第三章

万人敌张飞传奇

一说起蜀汉名将"万人敌"张飞（？—221），相信多数人都认为他是一位重情重义、疾恶如仇的猛将，同时又武力过人，嗓门大更是他的一大亮点，经常"大喝"，是蜀汉大臣中少有的个性鲜明的武将。众人之所以对张飞有如此印象，相信多是受了小说《三国演义》的影响。这也难怪，小说《三国演义》第一回，张飞一出场，便是"身长八尺，豹头环眼，燕颔虎须，声若巨雷，势如奔马"。而历史上的张飞并非这样的形象。这一方面是因为小说《三国演义》的影响太过巨大；另一方面也是因为正史对张飞的记载实在是太少了——陈寿在《三国志》中，记载张飞的文字只有不到一千字。

有意思的是，在这不到一千字的介绍中，可以看到一个逐渐成长起来的张飞，完成了从"有勇无谋"到"有勇有谋"的蜕变。

一、无谋到有谋大蜕变

张飞，字翼德，幽州涿郡（今河北省涿州市）人。勇武过人，与关羽并称"万人敌"。关羽年长数岁，张飞以兄事之。公元184年，黄巾起义爆发，刘备在涿县组织起了一支义兵参与扑灭黄巾军的战争，张飞与关羽一起加入，随刘备辗转各地。三人情同兄弟，寝则同床。刘备出席各种宴会时，张飞和关羽终日侍立在刘备身旁。

刘备、关羽和张飞三人可说是汉末三国里关系最稳固的一个小团体了。在这个小团体里,张飞最开始扮演的角色是刘备的早期创业合伙人兼贴身保镖。此时的刘备刚出山,业务范围还比较小,还在四处奔波,投靠各路诸侯。所以这个时期的张飞,跟他在涿郡当地主豪强、卖肉时没啥差别,头脑简单,特容易激动,做事横冲直撞。

公元191年,刘备投奔公孙瓒,与青州刺史田楷一起对抗冀州袁绍,累有战功,被封为平原相,张飞与关羽在刘备手下任别部司马,分统部曲。

公元194年,北海太守孔融被黄巾余党管亥围困,派太史慈前来请求援助,张飞随刘备带兵前往救助。后曹操因自己父亲被杀发兵攻打徐州,张飞又随刘备前往徐州救援陶谦,陶谦表刘备为豫州刺史,张飞随刘备屯兵于小沛。陶谦病死,刘备受邀以徐州为根据地。

来自《三国志》的上述三段记载,我们只能看到张飞对刘备的忠诚,但看不出这一时期的张飞的"勇"和"谋"。

真正体现出张飞的"勇"的事件是陈寿《三国志》记载的张飞长坂坡据水断桥的故事:"表卒,曹公入荆州,先主奔江南。曹公追之,一日一夜,及于当阳长阪。先主闻曹公卒至,弃妻子走,使飞将二十骑拒后。飞据水断桥,瞋目横矛曰:'身是张翼德也,可来共决死!'敌皆无敢近者,故遂得免。"

这段故事的大背景是,刘备在任用诸葛亮后,越来越器重诸葛亮。关羽、张飞对此事感到不悦,刘备解释道:"孤之有孔明,犹鱼之有水也。愿诸君勿复言。"关羽、张飞这才停止了抱怨。

公元208年,曹操挥师南下,刘表病死,刘琮投降。刘备得知后南逃,数十万百姓相随,曹操率领五千精骑急追刘备,一日一夜,行三百余里,追到当阳长坂(今湖北省当阳市)。刘备军被击溃,只率领诸葛亮、张飞、赵云等数十骑逃走,曹操大获人马辎重。慌乱间又不见了赵云,刘备乃派张飞去断后。张飞召集二十余骑立于当阳桥上,曹军大众至,张飞据水断桥,曹军都害怕张飞的勇猛，虽然看见张飞人少，但也没有人敢上，刘备军因此获安。而后赵云又救出了刘备的妻子甘夫人和儿子刘禅，与刘备会合，此时关羽从水道前来接援，张飞与刘备等前往江夏（今湖北省武汉市新洲区）。

这段记载主要给我们展现了张飞的两个方面：一是追随刘备，忠心不贰，值得信赖；二是独当一面，威慑力非凡。在紧要时刻，刘备能够将断后的任务交给仅仅带领二十骑军马的张飞，可见对其是多么信任。张飞也没有辜负刘备，他毫无托辞地接受了这一艰巨的任务，面对曹军毫不畏惧，不用拼死决战，不伤一兵一卒，仅凭自己瞋目横矛，据水断桥的气势就吓得"敌皆无敢进者""身是张翼德也，可来共决死！"一句话的威慑力可想而知，最终使刘备及其妻儿幸免于难。

此战，刘备虽然损失惨重。但在赵云和张飞两员大将的共同努力下，集团核心仍然存在。刘备审时度势，放弃转往江陵的计划，转为前往江夏，而此时关羽率水军前来接应刘备，在刘表长子刘琦的帮助下，刘备得以栖身于江夏。陈寿对张飞据水断桥这一事件的简单描写，使我们大致对张飞的虎将之勇有了一个初步的了解。

张飞的"勇"不但得到了刘备的赞赏，更是得到了东吴方面周瑜的欣赏。赤壁之战后，刘备将张飞借给周瑜攻打南郡，围攻一年后，南郡守将曹仁溃逃。刘备占领荆州后任命张飞为宜都太守、征虏将军，封新亭侯，后转到南郡。

1. 为什么说这一时期的张飞"有勇无谋"呢？

看一段裴松之《三国志注》引《英雄记》的记载。

"布水陆东下，军到下邳西四十里。备中郎将丹杨许耽，夜遣司马章诳来诣布，言'张翼德与下邳相曹豹共争，翼德杀豹，城中大乱，不相信。丹杨兵有千人屯西白门城内，闻将军来东，大小踊跃，如复更生。将军兵向城西门，丹杨军便开门内将军矣'。布遂夜进，晨到城下。天明，丹杨兵悉开门内布兵。布于门上坐，步骑放火，大破翼德兵，获备妻子军资及部曲将吏士家口。"

这段故事的大背景是，公元196年，袁术攻打刘备，争夺徐州。刘备派张飞守下邳，自己则将兵在盱眙、淮阴抵抗袁术，双方僵持了月余，互有胜负。

下邳相曹豹原是徐州牧陶谦帐下的一员普通武将，武力才能平平。小说《三国演义》中，曹豹的女儿曹氏是吕布的次妻，故而曹豹便是吕布的岳父，在宗法关系上与吕布有着密切的联系。虽然这样的描写于史无据，但这并不妨碍日后历史的走向。

陶谦病故后，刘备继任徐州牧，任命曹豹为下邳相。刘备与袁术交战时，令张飞与曹豹一起守卫下邳城。但由于张飞与曹豹性格不合，二人经常爆发冲突，故而曹豹便密邀吕布夺取下邳，虽然曹豹在此事之中被张飞杀害，但吕布还是顺利夺取了下邳。

刘备、张飞聚集战败失散的士卒，向东进取广陵（今江苏省扬州市），与袁术交战，又一次战败。由于形势所迫，刘备、张飞只好暂时依附吕布，驻军小沛。吕布归还刘备妻小。

刘备驻军小沛，发展较快，不久便聚集万余人。公元198年，吕布军队用来购买军马的黄金被刘备的部下抢走。吕布派遣高顺等人攻打刘备，刘备不能抵挡。曹操部将夏侯惇奉命前来救援刘备，却被高顺击败。随后不久，高顺等人彻底击溃刘备军。刘备失去了立足之地，只得携张飞等人投奔曹操，并与曹操联合进攻吕布。吕布败亡后，张飞被任命为中郎将。

公元200年，"衣带诏"事情泄露，刘备率领关羽、张飞逃走，杀徐州刺史车胄，让关羽据守下邳，自己与张飞屯于小沛。曹操派刘岱、王忠前来攻打，被张飞、关羽击退。后曹操亲自出马，刘备战败，关羽被擒，刘备与张飞逃奔袁绍。

公元201年，张飞与刘备在汝南联结刘辟、龚都等人扰乱曹操后方，许都以南纷纷响应，曹操派蔡阳前来攻打，但为刘备所杀。后刘备被曹仁击败，张飞随刘备投奔荆州刘表，驻扎新野。此后便有了徐庶来投和三顾茅庐事件的先后发生。

众所周知，任何人都不是天生"有勇有谋"的，任何人都应该有一个由"有勇无谋"到"有勇有谋"的蜕变过程。张飞也不例外。

如果张飞一直这么有勇无谋、鲁莽行事，那可能就不是我们所熟悉的那个张飞了。我们喜欢张飞，除了因为他骁勇善战，更重要的还是他的成长，他知错就改，善于学习，这些特点才让张飞从一介莽夫逐渐成长为一个有血有肉的英雄，深受后世尊崇。

2.张飞是如何通过虚心学习，改掉自己的毛病，弥补自己的短板，成为一个有勇有谋、能独立扛事儿的人的？

首先是他这个人特别直白，爱憎分明，喜欢跟君子打交道。陈寿在《三国志》里对张飞的评价是"飞爱敬君子而不恤小人"，对于小人，比如"三姓家奴"吕布，张飞尤其嫌恶。但对于他认可的有能力的人，张飞向来是敬爱有加，不管那个人地位高低，与自己亲疏远近。

比如出身于官宦世家的名士刘巴。

裴松之在《三国志注》引《零陵先贤传》记载："张飞尝就巴宿，巴不与语，飞遂忿恚。诸葛亮谓巴曰：张飞虽实武人，敬慕足下。主公今方收合文武，以定大事；足下虽天素高亮，宜少降意也。"

刘巴，字子初，零陵烝阳（今湖南省邵东市）人。出身于官宦世家的刘巴年轻时有名气，荆州牧刘表多次征用推举，刘巴均不应就。曹操征伐荆州时，刘巴北上投靠曹操。后受曹操命令招降荆南三郡，不料先为刘备所得。刘巴不能复命，遂远赴交阯，又辗转进入益州。后刘备夺取益州，进围成都时，命令军中道："其有害巴者，诛及三族。"刘备夺取益州后，刘巴向刘备谢罪，刘备并没有责怪刘巴，而为得到刘巴这样的人才而高兴。诸葛亮也多次称赞刘巴的才能，刘备任命刘巴为左将军西曹掾。

与刘璋开战时，刘备与众将士有约："若事定，府库百物，孤无预焉。"攻下成都时，将士们都扔下武器前去府库拿取宝物，致使军用不足，刘备非常担心。刘巴向刘备建议："易耳，但当铸直百钱，平诸物贾，令吏为官市。"刘备听从了刘巴的建议，果然数月之间，府库得以充实。刘巴又与诸葛亮、法正、李严、伊籍共同制定《蜀科》，奠定了蜀汉政权的法制基础。

也正是在刘巴与诸葛亮、法正、李严、伊籍共同制定《蜀科》的这段时间里，发生了张飞到刘巴家里住宿却遭到刘巴轻视的事。

当时的张飞觉得刘巴是个君子，对他很有好感，又想替刘备出点力，收服刘巴，于是就去刘巴府上，想借宿一宿，没想到刘巴连话都不想跟他说。张飞就愤愤不平，还是诸葛亮替刘巴说了好话。这就说明张飞非常乐意积极主动地与士大夫搞好关系，他作为当时的著名虎将，还屈尊主动"就巴宿"，可见其爱惜君子的美好品质。

因为"爱敬君子"，张飞实际上就有了向"君子"学习的主动性和能力。这一点是我们现在大多数人都缺少的，不管是在职场中，还是在生活中，只有积极向比你优秀的人学习，你才有自我提升的空间。

经常跟诸葛亮这些君子、谋士打交道，张飞耳濡目染，逐渐培养了自己谋事的能力。加上张飞这个人脸皮厚，啥事都要抢第一，但凡有机会，张飞都会去抢活儿干。深度学习、快速实践，这两点加起来，就成了张飞快速成长和成才的关键原因。所以我们可以看到后来的张飞，逐渐成为一个能够独立作战、统筹战局的将领。

张飞不单有虎将之勇，还有着宽阔的胸襟、气度和"国士之风"。陈寿在《三国志》中曾用"飞爱敬君子而不恤小人"评价张飞，最能表现张飞这样性格特点的事件是"义释严颜"："至江州，破璋将巴郡太守严颜，生获颜。飞呵颜曰：'大军至，何以不降而敢拒战？'颜答曰：'卿等无状，侵夺我州，我州但有断头将军，无有降将军也。'飞怒，令左右牵去斫头，颜色不变，曰：'斫头便斫头，何为怒邪！'飞壮而释之，引为宾客。"

这段故事的大背景是，公元211年，刘备受刘璋之邀，入西川帮助刘璋抵御张鲁，张飞与关羽、赵云、诸葛亮等共守荆州。东吴得知刘备入川，派遣大船迎接孙夫人回吴，孙夫人趁机将刘禅一同带走，张飞得知后，与赵云一起截住孙夫人，夺回刘禅，放孙夫人归吴。公元213年，刘备与刘璋决裂，军师庞统中流矢身亡。

公元214年，张飞、诸葛亮、赵云等领荆州兵入川增援。大军到达江州，守将严颜据守不降，张飞将其攻破，占领江州，并生擒严颜，张飞对严颜大喝道："大军至，何以不降而敢拒战？"严颜回道："卿等无状，侵夺我州，我州但有断头将军，无有降将军也。"张飞大怒，令牵下去斩首，严颜面不改色，大声说道："斫头便斫头，何为怒邪？"严颜拒降的豪气感动了张飞，张飞将其释放，并将其引为上宾。

张飞和严颜二人真是一对欢喜冤家。别人劝降都是晓之以理，动之以情，上扯三皇五帝，下扯伦理纲常，而张飞劝降严颜竟然是"互怼"。怼着怼着，便怼得相互欣赏了。用现在的话来说，张飞与严颜就是"臭味相投"，明明两人都是看对方不顺眼的暴脾气，却还能友好地在一起。这种常见于影视作品中的别样情谊，就真真实实地发生了在了张飞身上。面对泰然自若、视死如归的严颜，张飞能够立刻转怒为喜，将其"引为宾客"，为自己所用，过程很暴力，结局很美好。可见在张飞粗犷的性格之外，还有一种重视贤才的宽阔心胸。

张飞等攻破江州后，与诸葛亮、赵云兵分三路扫荡西川，赵云平定江阳（今四川省泸州市）、犍为（今四川省眉山市彭山区）等郡，张飞平定巴郡（今重庆市渝中区）、巴西（今四川省阆中市）两郡。公元214年夏，张飞兵至成都，与刘备会合，刘璋投降。刘备平定益州后，赐张飞黄金五百斤，银千斤，钱五千万，锦缎千匹，并任命张飞为巴西太守。

此时的张飞，终于完成了由"有勇无谋"到"有勇有谋"的蜕变。这一方面，最脍炙人口的历史事件便是公元215年张飞凭借高超武功和巧妙智谋大破张郃的战役。

"曹公破张鲁，留夏侯渊、张郃守汉川。郃别督诸军下巴西，欲徙其民於汉中，进军宕渠、蒙头、荡石，与飞相拒五十餘日。飞率精卒万餘人，从他道邀郃军交战，山道迮狭，前后不得相救，飞遂破郃。郃弃马缘山，独与麾下十餘人从间道退，引军还南郑，巴土获安。"

这段故事的大背景是，公元215年春，曹魏军队占领了汉中。汉中是益州的咽喉，曹操占领了这个地方，显然对占据益州的蜀汉带来了不小的威胁。但此时的关羽跟孙权正在抢夺荆州，刘备正在率领军队去支持关羽。所以，身为巴西太守的张飞就肩负了守护巴西的重任。

张飞率领一万多士兵，沿着渠江北上，与张郃的军队在瓦口隘（今四川省渠县八濛山附近）交战，打了五十多天，还没分出胜负。张飞心想，这么打下去也不是办法，得想个法子。于是张飞认真观察了地形，发现了一条山间小道。张飞便率部绕道到了张郃军的侧后方，打了张郃一个措手不及。张郃为了逃命，只得放弃战马攀山而逃，率领部下十余人逃到南郑（今陕西省汉中市）。巴西郡自此获安。

整个过程，张飞不像以往那样，只会通过大声呵斥、壮大声势来从气势上压倒敌人，而是学会了分析地形，诱敌出战，以智取胜。而且这些步骤，都是靠他自己独立完成的，没有谁给他出谋划策，告诉他应该怎么做。

这是历史记载中张飞打的一场漂亮仗。同样身为大将的张郃深受曹操倚重，武功一流，屡建战功，在军中声望甚至高于曹操的亲信大将夏侯渊，却在该战役中被张飞打得一败涂地，凸显出了张飞的威猛无敌。在这次战役中，张飞不仅展现了部署军队的才能，还表现出善用谋略的一面，"率精卒万餘人，从他道邀郃军交战，山道连狭，前后不得相救，飞遂破郃"展现出了张飞善于用兵的军事才能。这个时候的张飞，已经成为完全可以独当一面的大将了。

关于张飞，还需说明的是，正是因为正史上记载张飞的文字不到一千字，这就给后世的文学艺术家们的创作留下了丰富的想象空间。为了区别于刘备的"仁厚"和关羽的"忠肝义胆"，张飞就被以罗贯中为代表的后世的文学艺术家们改造成了他们心目中的形象：在继续保留"勇"的形象的前提下，重新塑造出"直"和"猛"的形象。

历史上的张飞，从一开始的"有勇无谋"的"莽夫"，经过不断学习，最终成为一名"有勇有谋"的蜀汉大将。汉末三国乱世，能称英豪、成大事者，绝不会是那种"有勇无谋"的"莽夫"，而只能是"有勇有谋"的大将。

张飞的故事就像一个职场新人的成长。在职场初期，凭着自己的本领打天下，很快就会遇到自己的瓶颈：除了能打，其他的都不太行。所以领导也不放心把事儿完全交给他。于是张飞积极去向比他优秀的人学习，当有机会能独立带军时也不错过机会，在实战中不断成长，当张飞完成了从"有勇无谋"到"有勇有谋"的转变，也就实现了自己能力的突破，所以，后来领导也就放心让张飞独立扛事儿了。

当然，哪怕是变成了有勇有谋的张飞，他也依然保持着一些不好的脾气秉性，这也成为他最后被杀害的直接导火索。看来，性格决定命运，这话还是有一定道理的。

二、背锅侠怒鞭督邮

小说《三国演义》中，曾经有一件发生在张飞身上的怪事——"张翼德怒鞭督邮"。

先简单了解一下"督邮"这个官职到底是干什么的。西汉中期设立的督邮，是各郡太守下属的官员，其具体职责有三：一是负责传达上级命令，二是负责监察下属官员，三是负责审核刑狱诉讼。督邮几乎集现代的公、检、法三权于一身，官位虽然不高，但是权力很大。

刚出场时的张飞，就是涿郡的一个地主豪强，自认识了刘备之后，就成了刘备的创业投资人兼贴身保镖。不管是涿郡的地主豪强也好，抑或是刘备的创业投资人兼贴身保镖也罢，在诸葛亮加入他们这个团队之前的很长一段时间里，张飞的性格特点都没有什么改变，头脑简单，有勇无谋，做事横冲直撞。也正是因为张飞如此的性格特点，才有了"张翼德怒鞭督邮"这一事件的发生。

1.这督邮怎么招惹张飞不高兴了呢？张飞为什么非要"怒鞭督邮"不可呢？

桃园三结义之后，刘备、关羽、张飞三人率军平定黄巾立下大功，本想着事后的刘备能够封侯拜爵，关羽、张飞二人也能混个小吏当当，怎奈朝廷上是宦官十常侍当道，无人赏识刘备，刘备只是被封了个定州中山府安喜（今河北省定州市）县尉。

刘备上任也就是百十来天的工夫，宦官十常侍控制的朝廷打算裁掉一批因军功而成为官吏的人。那朝廷为什么要裁掉一批因军功而成为官吏的人呢？

原因很简单，对于朝廷来说，这一批因军功而成为官吏的人是个非常巨大的财政负担——朝廷得给他们发工资啊；而对于自从东汉中期起就一直交替掌权的外戚、宦官两大集团来说，毫无疑问，作为官场上的第三股政治力量登上政治舞台的这一批因军功而成为官吏的人，严重地冲击了外戚、宦官两大集团的政治利益。所以，不管是外戚宦官谁执政，这一批因军功而成为官吏的人，都必须被裁掉。早年"织席贩屦"、在朝廷没什么人脉关系的刘备担心自己也在被裁掉的名单之内，就是显而易见的了。朝廷又担心这些官吏对他们有意见，就派督邮到各地去查访、探听消息，其中有一个督邮，就来到了安喜县，故事就开始了。

先来看看小说《三国演义》第二回的描写：先是，"到县未及四月，朝廷降诏，凡有军功为长吏者当沙汰"。头脑简单、有勇无谋、做事横冲直撞的张飞"怒鞭督邮"的深层情绪动因有了。这是引发张飞"怒鞭督邮"的第一个层次的原因。

此时，"适督邮行部至县，玄德出郭迎接，见督邮施礼。督邮坐于马上，惟微以鞭指回答"。彬彬有礼的刘备遇到了傲慢无礼的督邮，极大的反差当然会使头脑简单、有勇无谋、做事横冲直撞的张飞更加愤怒，这就已经是愤怒的平方了。这是引发张飞"怒鞭督邮"的第二个层次的原因。

当然，此时的张飞还是克制住了——毕竟，对方是个集公、检、法三种权力于一身的朝廷命官，是刘备、关羽和张飞三人一时半会儿还得罪不起的厉害角色。

但是，让人没想到的是，到了馆驿之后，"督邮南面高坐，玄德侍立阶下。良久，督邮问曰：'刘县尉是何出身？'"。如此故意怠慢自己的大哥刘备，真是让人有一种是可忍孰不可忍的感觉，但此时的张飞，还是克制住了。这是引发张飞"怒鞭督邮"的第三个层次的原因。

接着，当刘备回答说自己是中山靖王之后，为剿黄巾身经三十余战之时，这个督邮倒是先克制不住了，怒曰："汝诈称皇亲，虚报功绩！"对于督邮公然当众侮辱自己的大哥刘备，张飞还是克制住了。这是引发张飞"怒鞭督邮"的第四个层次的原因。

当道出"督邮作威，无非要贿赂耳"实情的县吏被督邮以"害民"罪名而捉走，刘备"几番自往求免，俱被门役阻住，不肯放参"之时，这就已经到了引发张飞"怒鞭督邮"的第五个层次的原因了。

忍,还是不忍?在酒精和五六十个因维护刘备利益而遭殴打的老人的双重刺激下,张飞终于忍无可忍了。这真的到了引发张飞"怒鞭督邮"的第六个层次——也是最高层次的原因了。

没参加桃园三结义的五六十个老人都能够替刘备出头,凭什么他张飞就不能替自己的结义大哥出一次头呢?

既然忍无可忍,那便无须再忍,那就痛下杀手。貌似,这才是头脑简单、有勇无谋、做事横冲直撞的张飞向来的行事风格。

偏巧,张飞的行事风格变了:小说《三国演义》第二回写道:

"张飞大怒,睁圆环眼,咬碎钢牙,滚鞍下马,径入馆驿,把门人那里阻挡得住。直奔后堂,见督邮正坐厅上,将县吏绑倒在地,飞大喝:'害民贼!认得我么?'督邮未及开言,早被张飞揪住头发,扯出馆驿,直到县前马桩上缚住,攀下柳条,去督邮两腿上着力鞭打,一连打折柳条十数枝。"

《三国演义》中的这段画风怪异的细节描写,把张飞疾恶如仇的性格表现出来了。作为刘备的左右手,在刘备不便出手的时候,张飞理应成为替他出面的人。刘备身为县尉,如果出手殴打朝廷命官,甭管是谁对谁错,只要他动手了,那便是"不忠"。所以,这事儿张飞出手,再合适不过了。

2. "怒鞭督邮",历史上真有其事吗?

还真有这事。不过,主角不是张飞,而是刘备。

陈寿《三国志·蜀书·先主传》上原文为"督邮以公事到县,先主求谒,不通,直入缚督邮,杖二百"。说得很明确,督邮是因为"公事"到安喜县巡查,刘备请求拜见督邮,结果遭到了督邮的拒绝,然后刘备就直接在督邮的住处将他绑了,并打了两百杖。

这里就有个问题:下级拜见上级、上级接见下级,这不都是应该的吗?这个督邮为什么就是拒绝接受刘备的拜见呢?难道真的就像小说里说的那样,是为了向刘备"要贿赂"不成而故意刁难刘备吗?先来看看裴松之《三国志注》引《典略》里的记载：

"其后州郡被诏书，其有军功为长吏者，当沙汰之，备疑在遣中。督邮至县，当遣备，备素知之。闻督邮在传舍（古时供行人休息住宿的处所），备欲求见督邮，督邮称疾不肯见备，备恨之，因还治，将吏卒更诣传舍，突入门，言'我被府君密教收督邮'。遂就床缚之，将出到界，自解其绶以系督邮颈，缚之著树，鞭杖百余下，欲杀之。督邮求哀，乃释去之。"

看过这段记载，大致可以还原一下事情的经过：在刘备当上安喜县尉后不久，朝廷便下达了一个非常苛刻的命令，"其有军功为长吏者，当沙汰之"。也就是说，此前凭借着军功为官的人都要被淘汰掉。此时的刘备已经怀疑到了自己也很有可能是被淘汰的一员了。换句话说，刘备在督邮来之前就得知自己"疑在遣中"这个命令了。所以，听说督邮在传舍之后，刘备便求见督邮。没想到，督邮却以有病在身为由，一口回绝了刘备。怀恨在心的刘备便假传州刺史的命令前往传舍，将督邮捉拿到与安喜县相邻的两个县的交界处，将督邮绑在树上，"鞭杖百余下"。刘备本来的意思呢，是要杀了督邮解恨的。但最终，还是耐不过督邮的苦苦哀求，留下督邮一条小命。

那"怒鞭督邮"这件事到底应该同情谁？

来到安喜县的督邮，不但没有"无非要贿赂耳"的行为，甚至连刘备这个人到底是姓甚名谁、家住哪里、官居何职都不太知晓。此时的督邮，如果真的是秉公办事的话，当然就应该一口回绝刘备"欲求见督邮"的请求。本来，刘备此时求见督邮，毫无疑问，就是要"私通款曲"，打着自己是"中山靖王之后""当代大儒卢植的门生"和"中郎将、都亭侯公孙瓒的同学"的旗号，企图通过贿赂邮督的方式，来保住自己的那个小小的"安喜县尉"的官位。

刘备的所作所为，可以理解。但面对着企图通过以"走后门"的方式来保住自己官位的刘备，督邮到底应该何去何从呢？我想，这不仅仅是想当年督邮需要正面回答的问题，也同样是今天的我们需要正面回答的问题。

毫无疑问，想当年的督邮的所作所为不但丝毫没有任何可以指摘之处，而且是几千年来国人所一直弘扬的优良传统和作风，正所谓身处"瓜田李下"之时，任何人还是避嫌的好。为了避免和刘备纠缠不清，督邮只有称病不见这唯一看似合理的借口。

刘备千辛万苦，好不容易才熬到了"安喜县尉"这一小小的官职，怎么能轻而易举就放弃呢？于是乎，气血攻心的刘备便做出了"怒鞭督邮"这一颇有血性地举动。之后的刘备，知道自己的仕途彻底完蛋了，就将印信挂在督邮脖子上，把他绑在拴马的木桩上。刘备本来想一不做，二不休杀了督邮解恨，不过在督邮苦苦哀求之下便留了他一命，然后叫上关羽、张飞一起弃官跑路了。但为什么刘备、关羽和张飞三人，非要跑路不可呢？

原因很简单，不管是谁打的督邮，不管是用什么工具打的督邮，都可谓伤害性不大，侮辱性极强。侮辱了领导，那就只能跑路。督邮后来如何，史书无载，刘备逃跑后，恰遇大将军何进募兵，刘备再次投军，立功后被任命为下密县丞。

3. "怒鞭督邮"本来是刘备所为，罗贯中为什么改为张飞呢？

罗贯中如此作为，与其说是为了塑造张飞的艺术形象，不如说是为了突出刘备的为人。刘备作为后世人们心目中忠义仁厚的代表，罗贯中在写刘备的时候，还是带上了滤镜的。罗贯中需要一个为人"仁厚"的刘备，来参与十八路诸侯讨董卓；罗贯中需要一个为人"仁厚"的刘备，来参与三分天下建立蜀汉政权，进而让"仁厚"的刘备来重整汉代江山。所以，"怒鞭督邮"这类不太正面的事件，也就顺理成章地安在了张飞的身上，这也算是张飞这个三弟替大哥刘备背的一口黑锅了。

"怒鞭督邮"的到底是刘备还是张飞我们暂且放在一边，张飞必须替刘备背黑锅的原因却是实实在在的。领导不方便出面做的活儿，要是你能帮忙顶一顶，把这活儿揽下来，领导肯定会在心里记你一功。

回到《三国演义》中，张飞在发脾气之前，其实也是经过仔细斟酌的。

张飞在鞭打督邮时使用的居然是柳条！一向手持丈八蛇矛驰骋疆场的张翼德，居然拿着细细的柳条在暴打督邮，是不是很滑稽？

张飞为什么不直接三拳两脚外加棍棒边踢边打，三下五除二，把督邮打死呢？三拳两脚、三下五除二、把督邮打死，咱们倒是痛快了，打死督邮之后，刘备、关羽和张飞三人还能有未来吗？所以，张飞怒鞭督邮，威吓作用大于实际作用，他肯定也没指望着通过拳打脚踢能改变督邮，毕竟当时的政治腐败已经到了积重难返的地步。

通常认为，张飞头脑简单，有勇无谋，做事横冲直撞，这其实是完全错误的认识，这是跟什么条件都不如张飞的人相比。但如若跟朝廷命官相比也是如此，张飞还能在老家涿郡混得开而成为土豪并进一步成为刘备的早期创业合伙人兼贴身保镖吗？所以，小说《三国演义》中的一个小片段，就揭示了一个对下头脑简单、有勇无谋、做事横冲直撞，对上小心谨慎、忍辱负重、粗中有细、鲁莽中有狡黠的两面人张飞的形象。

从张飞在刘备身边的角色定位看，张飞作为刘备的早期创业合伙人兼贴身保镖，为什么能够一直跟着刘备呢？很多合伙人，半路分家是再正常不过的了。桃园三结义之所以能够成为一个后世不断歌颂的小团体，他们之间无论是兄弟情谊还是组织协作，都值得我们探讨。

张飞虽然身上有很多优点，但是不可否认他身上的毛病也很突出，而且往往都是那种比较致命的：他动不动就喝酒骂人，甚至连自己得罪了谁都不知道。身为他的领导和大哥，刘备需要背负很大的风险，替他出面求情，化解矛盾等等。

既然如此，刘备为何不重用其他同样武功高强，但是更加可靠的人，而是一直把张飞放在重要的位置上呢？原因很简单，因为张飞跟其他人不一样，他能替刘备说很多刘备不能说的话，做刘备不能做的事儿。比如吕布来投靠刘备的时候，刘备心里不是没有犹豫过，他知道吕布是个什么样的人，自己不一定能制得住他，放在身边一定是个隐患。但他身为代理徐州牧，有很多事情要考虑，光是吕布的影响力，就足够让他思虑再三，不可轻举妄动。但是张飞就不一样了，动手要简单得多。

你以为张飞只是对待吕布这样的三姓家奴如此，对待关羽赵云就不是如此了？小说《三国演义》第二十八回，关羽得知刘备的去处，挂印封金，单人独骑，从曹操处出来之后，过五关斩六将，就在快要见到兄长刘备之时：

"却说张飞……偶过古城……逐去县官，夺了县印，占住城池，权且安身。当日孙乾领关公命入城见飞……张飞听罢，更不回言，随即披挂持矛上马，引一千余人，径出北门……关公望见张飞到来，喜不自胜，付刀与周仓接了，拍马来迎。只见张飞圆睁环眼，倒竖虎须，吼声如雷，挥矛向关公便搠……飞喝曰：'你既无义，有何面目来与我相见！'关公曰：'我如何无义？'飞曰：'你背了兄长，降了曹操，封侯赐爵。今又来赚我！我今与你并个死活！'关公曰：'你原来不知！我也难说。现放着二位嫂嫂在此，贤弟请自问。'"

张飞为什么如此对待二哥关羽，只因关羽身在曹营时的所作所为，必须有一人出面了解一下。刘备当然不好意思直接问关羽：你是否背叛了我，所以，盘查关羽在曹营的所作所为这种事，就只能由张飞来处理。

同样的道理，小说《三国演义》第四十一回：

"正凄惶时，忽见糜芳面带数箭，跟跄而来，口言：'赵子龙反投曹操去了也！'玄德叱曰：'子龙是我故交，安肯反乎？'张飞曰：'他今见我等势穷力尽，或者反投曹操，以图富贵耳！'玄德曰：'子龙从我于患难，心如铁石，非富贵所能动摇也。'糜芳曰：'我亲见他投西北去了。'张飞曰：'待我亲自寻他去。若撞见时，一枪刺死！'玄德曰：'休错疑了。岂不见你二兄诛颜良、文丑之事乎？子龙此去，必有事故。吾料子龙必不弃我也。'张飞那里肯听，引二十余骑至长坂桥。……云请甘夫人上马，杀开条大路，直送至长坂城。只见张飞横矛立马于桥上，大叫：'子龙！你如何反我哥哥？'云曰：'我寻不见主母与小主人，因此落后，何言反耶？'飞曰：'若非简雍先来报信，我今见你，怎肯干休也！'"

刘备的小舅子糜芳亲眼所见赵云投奔了曹操，刘备口中虽然不信，但他的内心世界，一定是抱着怀疑态度的。所以，此时此刻，盘查赵云失踪的这一段时间的所作所为这事，也只能由张飞来处理。

上述诸多事件，一再证明，每次刘备有想做不能做的事情的时候，都是张飞第一个站出来的。张飞之所以能受到如此重用，除了兄弟情深、勠力同心之外，他在必要时刻能够替领导扛事儿、背锅，也是一个关键原因，不管是历史上，还是现在的职场中，能够主动站出来为你的老板分忧，那你自然就和其他人有区别了。

三、张飞镇守阆中城

作为汉末三国时期蜀汉政权的名将，张飞的地位不容小觑，刘备占领荆州后，就任命张飞为宜都太守、征虏将军，封新亭侯，后转到南郡；平定益州后，又任命张飞为巴西太守；刘备称汉中王，拜张飞为右将军，假节；刘备称帝后，张飞更是晋升为车骑将军、领司隶校尉，封西乡侯，可谓显耀一时。

然而，在蜀汉政权的战略布局上，情同兄弟的关羽负责驻守荆州，独镇一方；在占领汉中后，默默无闻的魏延也后来居上，负责留守汉中；但与刘备关系最紧密的张飞却仿佛被遗忘了一般，镇守一个小小的阆中长达七年之久，直到最后出征东吴时被其麾下将领张达、范彊杀害。这到底是为什么呢？

1.阆中城的重要战略地位

张飞作为刘备集团最早的参与者和创建者之一，与刘备之间恩若兄弟，并无嫌隙。因此，刘备派张飞镇守阆中，是出于阆中地区的重要战略地位。

阆中，地处四川盆地北缘，位于嘉陵江中上游，秦巴山南麓。早在春秋战国时期，巴国就曾在此地建都。东汉末年，益州牧刘璋三分巴郡，改原巴郡为巴西郡。当时巴西郡的范围大致为，北以米仓山与汉中郡为界，东北以大巴山与上庸等郡为界，东以观面山、精华山与巴东郡（今重庆市奉节县）为界，南约以华蓥山南端与巴郡（今重庆市渝中区）为界，境内有西汉水（也称阆水，今嘉陵江）纵贯南北。

巴西郡治阆中，位于四川盆地北部边缘、嘉陵江中游，三面环水，四面环山，是山水融城的形胜之地，易守难攻。此后，阆中历代先后为郡、州、府、道治所，成为川北的政治、经济中心和军事重镇。

自古以来，四川盆地和汉中盆地之间的蜀道只有两条：西边的金牛道和中间的米仓道。而东边的荔枝道（亦称"子午古道"），出现得要晚一些。

金牛道是主要通道，守住金牛道的关键是剑阁，"剑阁峥嵘而崔嵬，一夫当关，万夫莫开"，易守难攻，后来邓艾伐蜀也是以奇兵绕过姜维防守的剑阁，从几乎不可能行军的阴平道裹毡而下，成功偷渡，然后一举得胜。米仓道从汉中直接南下，翻越米仓山、大巴山，经南江、巴中至阆中，路线大致和S101（新疆省道）一致。米仓道不好走，但距离近，利于急袭。阆中位于剑门山脉和大巴山脉的夹击处，是扼守米仓道最后一个最重要的关卡，不容有失，也就是说，从防御角度讲，守阆中的意义并不次于守剑阁。

阆中地区连接着汉中和四川盆地，为巴蜀要冲。就地形而言，阆中城三面环水，一面靠山，可谓易守难攻的兵家必争之地。若两军对峙于此，占据阆中城池的一方可以轻而易举地抵御敌人的进攻，在这崇山峻岭之间，敌人纵然有数倍的兵力优势也无法全面展开，并且阆中江边良田遍布，翻山越岭而来的敌人粮草却难以供给，而占据阆中城池的一方则可以逸待劳，令敌人无功而返。

诸葛亮在初出茅庐之时，就以"隆中对"的方式为刘备描述出一个战略远景，分析了天下形势，提出先取荆州为家，再取益州成鼎足之势，继而图取中原的战略构想。在先后取得"北据汉、沔，利尽南海，东连吴会，西通巴、蜀"的荆州和"沃野千里，天府之土"的益州后，必然要将这两州之地进行整合，而阆中地区，就是连接这两地的关键点。阆中一带，山围四面，水绕三方，向北可以经米仓道直通汉中，进而威胁曹魏政权的关中地区，向南可以沿嘉陵江顺流而下直达江州（今重庆市），与屯驻于江州的刘备互为照应，还可以驰援东线关羽所镇守的荆州，将荆襄之地与蜀中连为一体。因此，守卫阆中的任务可谓至关重要。

在入川早期，刘备集团立足未稳之时，来自北方的曹操大军，却已经迅速南下，吞并了张鲁的汉中地区，曹操留驻汉中的夏侯渊军团，虎视眈眈，是刘备最大的威胁。如果曹魏政权进一步南下，占据了阆中，那么对于进攻益州就拥有了无可比拟的优势，可随时威胁四川腹地，屯驻于成都、江州的刘备军团必然危在旦夕。

出于日后经营四川的考虑，阆中必须派一位心腹之人前往镇守。公元214年，刘备平定益州，任张飞为巴西郡（郡治阆中）太守。而这，也是张飞与阆中结缘的开始。

一年后，曹操占领汉中，却因后方叛乱而被迫回师。曹操一方面留夏侯渊镇守汉中，另一方面命令张部进犯巴西郡。张部屡次进攻，强迁百姓，意欲削弱蜀中势力。刘备得知消息后，一方面自己亲自屯兵驻扎江州，另一方面令驻扎在阆中的张飞进攻张部。

张飞没有辜负刘备对他的信任，在与张部相拒五十余日后，张飞率领精兵一万余人从其他山道主动进攻张郃，张郃率兵迎击，山道狭窄，张郃前后军不得救应，被张飞打得大败，张郃为了逃命，只得放弃战马攀山而逃，率领部下十余人逃到南郑，张飞在瓦口大破张郃，经此一战，巴西郡自此获得安宁。

张飞凭借自己对阆中地区的熟悉，巧借山道地形打败了张郃，也打出了自己的傲气，打得曹军无力南下。刘备也看到了曹军在汉中力量的薄弱，于是决心韬光养晦，积蓄实力，几年后发动了汉中之战，在阳平关（今陕西省勉县）与夏侯渊、张郃等相拒。

公元219年春，刘备自阳平关南渡沔水，依山缓缓前进，在定军山摆开阵势、安营扎寨，老黄忠一战成名，大败夏侯渊军，斩杀夏侯渊。曹操自长安率军南征。刘备认为："曹操此来，无能为也，我必有汉川矣。"等到曹操来时，刘备"敛众拒险，终不交锋"，曹操未能攻破刘备，不得不率军退去，刘备于是占领了汉中。

这之后，刘备于沔阳自称汉中王，并定治所于成都，当留大将以镇汉中，当时大多数人的意见都认为张飞应当担任汉中太守，张飞也觉得这个位置非自己莫属，但是刘备却意外地提拔魏延为汉中都督、汉中太守，并将魏延从牙门将军升为镇远将军，全军上下听闻此事一片震惊。

在夺取汉中后，刘备为何不让张飞留守汉中，而仍让张飞驻守阆中呢？这也是出于当时战略形势的需要。

汉中之战刘备虽然大获全胜，一举拿下汉中，但此战对蜀中压力也相当大，一度打到"男子当战，女子当运"的地步，兵力疲敝不堪，曹操撤退时还将大量汉中百姓迁走，这导致汉中人口锐减，农业经济遭到重创，由一个重要的后勤基地变为了地广人稀之地，只剩下了军事价值而没有了经济价值。此外，曹操大军虽然退军，却仍然盘踞关中，虎视汉中，汉中的压力依然不减。在这种情况下，让智勇双全的张飞去守一个凋落疲敝的汉中，岂不是太不明智吗？而反观阆中，是兼顾各方的最好位置，既可以北上汉中支持兵力单薄的魏延，在关羽败亡荆州丢失后，刘备谋求与东吴开战，阆中又可以溯嘉陵江南下进入江州，威胁荆州腹地，阆中地区对于蜀汉政权的重要性是显而易见的。

其实，刘备让张飞守阆中是早在五年之前，也就是刚刚得到益州之时就有的想法。当时，刘备以张飞为巴西太守，驻阆中。五年之后，在汉中打了大胜仗，还是坚持让张飞守阆中。其真实目的就是遏制孙权及曹操兵马。

从阆中可以顺嘉陵江而下直接到达江州，与关羽的荆州兵马遥相呼应。同时也可以南下到达成都。其实，说到这里我们便能看出阆中交通是相当发达，非常适合张飞所率领的机要部队。与此同时，阆中也是阻止曹魏的最重关口，如果汉中丢失，那么曹魏哨骑、兵马必将经阆中向成都发起进攻。同样，如果孙权想要图谋成都，肯定也会想到从嘉陵江而上。如果东吴兵马真的进犯蜀中的话，便会引起张飞阆中哨骑的注意，从而做出相应的反应。

由此可以看出，阆中其实是刘备的一个重要战略指示针，刘备可以通过敌人对阆中的军事行动，推断出敌人的战略目的，从而，迅速作出相应的防御措施。

2.多才多艺的张飞

张飞善书法的记载，最早见于南北朝时梁朝陶弘景所著《古今刀剑录》，文中记载他刚被封为新亭侯时，令铁匠用赤山铁打了一把刀，在刀上刻下了"新亭侯，蜀大将也"的铭文，后来张飞被范彊杀了，刀就归东吴了，但没有说明铭文是否由张飞本人亲自所书。具体地说，到了明代才有张飞善书法的记载。文学家杨慎在《丹铅总录》中说，涪陵有做工很精致的张飞刁斗，那上面的铭文就是张飞书写的。刁斗是古时军队的炊具，夜间巡逻也用它来敲击。

上面所述的两个对象，只是书上有记载，并没有流传。还是在明代的时候，在四川流江县（今四川省渠县）发现了一处摩崖石刻，说的是当年张飞在八蒙山，率领兵士万余人，以少胜多，将曹魏大将张郃的大部队打得大败而逃。张飞高兴得哈哈大笑，于是用矛当笔，用石作纸，刻下了"汉将军飞，率精卒万人，大破贼首张郃于八濛，立马勒铭"两行隶书大字，俗称"立马铭"。因年代久远，山石崩裂，原始刻文早已损毁。幸运的是，公元1881年在当地任知县的胡升猷根据家藏的拓本重制了一块石碑，现藏于陕西省岐山县博物馆。观赏过的人评说：那碑上的字笔画丰满遒劲，气势凝重刚健，既具时代特征，又显个人风骨，具有较高艺术价值。

世传张飞不仅书法佳，绘画也是一把好手。据明代卓尔昌《画髓元诠》载，张飞喜欢画美女，善草书。清代《历代画征录》也有类似记载，但都仅有文字叙述，没有画图和拓文。说得有鼻有眼的，是涿州城中鼓楼北墙上的《女娲补天图》和张飞故里附近房树村万佛阁的壁画，这两处是张飞的遗笔。

除了书法和绘画，据说张飞还会写诗作赋，本文前说的那次打败张郃后，气宇轩昂的张飞，不但下马立碑，还率领众军士巡游真多山，写了篇《真多山游记》，记述了王方平在这里采药，住了一晚才离开等逸事。这十九个字的游记，情景交融，言简意深，体现了一个能文能武之人的个性。

由于年代已久，流传下来的实物证据不够充分，张飞精通书法也好，善绘画、能写诗作赋也好，难以盖棺论定。有些可以说是穿凿附会，有的完全可以断定为妄说。

《三国志》记载张飞"爱敬君子而不恤小人"，这和关羽"善待卒伍而骄于士大夫"形成了鲜明对比。可见，张飞是喜欢和饱读诗书的君子们来往的，对他们也很尊敬，而对文化素质不高的底层官兵他是瞧不上眼，甚至是不体恤的。这一般在有"儒将"风范的将领中才有如此表现。而如果张飞只是一个"大老粗"，应该不会是这么一种行事风格。对于张飞的这种性格，"打了一辈子仗"的大哥刘备自然是看在眼里，他对自己这个三弟语重心长地表示

"卿刑杀既过差，又日鞭挝健儿，而令在左右，此取祸之道也"。问题在于，张飞打过骂过他自己跟没事人一样，但这些被打被罚的人，心里能跟没事人一样吗？还让这些人继续在"左右"，岂不是埋下了定时炸弹？只可惜，刘备的逆耳忠言，张飞完全听不进去，这也为未来的结局埋下了伏笔。

3.张飞在阆中的遗憾和悲剧

张飞在驻守阆中后，不仅将其当作一个军事基地，更是大力推动当地经济和文化发展，将阆中治理得井井有条，农业和手工业发展很快，百姓生活十分富足。

一是种树造林，改善生态。阆中地处嘉陵江中游，江水湍急，河岸多沙石，易于冲刷。张飞到阆中后，就着手治理嘉陵江，他命令士兵和百姓在河岸两侧种植大量树木，以防止水土流失，同时也增加了绿化面积，美化了环境。据说，张飞亲自挑选了一些树苗，种在了阆中城西的翠云廊上，这些树苗后来长成了参天古柏，成为阆中的一道风景线，也是张飞的一份遗产。

二是挖井引水，惠及百姓。阆中地处盆地，夏季高温多雨，冬季干旱少雪，水资源分布不均，百姓饮水困难。张飞了解到这一情况后，就下令在阆中各地挖井，引水入城，为百姓提供清洁的饮用水，同时也方便了灌溉农田，增加了粮食产量。据说，张飞亲自参与了挖井的工作，他还在井边刻下了"飞井"二字，以示纪念。这些飞井至今仍在使用，是阆中人民的生命之源，也是张飞的一份恩泽。

张飞在阆中的七年，虽然是他一生中最平静的时光，但也是他一生中最有意义的时光。他在阆中不仅展现了自己的军事才能，也展现了自己的施政才能，他为阆中的百姓做了许多有益的事情，也在蜀汉的历史和阆中的文化上留下了深刻的印记。

张飞在阆中的遗憾，就是没有能够与刘备、关羽并肩作战，完成蜀汉的统一大业。他最大的悲剧，就是被自己的部下张达、范强暗杀，身首异处，死得不明不白。

公元221年，刘备在成都称帝，建立蜀汉政权，张飞被加号车骑将军，仍然镇守阆中。同年，关羽在荆州被东吴击败身死。

刘备闻讯，悲痛欲绝，决定亲自率军伐吴，为关羽报仇。张飞得知关羽之死，也十分悲愤，他立即上书刘备，请求出兵协助，表示愿意与刘备同生共死，共图大业。刘备看了张飞的书信，十分感动，但他考虑到阆中的重要性，还是嘱咐张飞继续守住阆中，不要轻易出动，以防曹魏趁虚而入。

张飞虽然遵从了刘备的命令，但他心中仍然有一股怒火。他对自己的部下更加严厉，甚至动辄鞭打杀戮，导致部下怨声载道，人心惶惶。张飞的部将张达、范强，因为受到了张飞的责罚，心生不满，便暗中勾结了曹魏的夏侯楙，策划了一场叛变。

公元221年7月，张飞在阆中城南的永安亭睡觉时，被张达、范强趁机刺杀，身首异处，血溅白绫。张达、范强将张飞的首级送到了曹魏，以求赏赐，但被曹魏大将夏侯楙斥为忘恩负义之人，将其斩杀，将张飞的首级送还给了刘备。

性格决定命运。对上绝对忠诚，让张飞从一个没有受过良好教育的平民，官至右将军、车骑将军、司隶校尉，封爵西乡侯，成了那个时代的赢家。张飞在乱世之中，一生追随刘备，帮助刘备定下蜀汉江山。他的忠诚、勇敢和坚定的信仰，为蜀汉的统一大业做出了巨大贡献。但对下暴而无恩、冷酷无情，这虽然保证了对上级指令的绝对执行，却也让他死于部下之手，自尝苦果。这也警示了当代社会的职场中人，虽然上级的肯定极为关键，但做好基层平衡也相当重要，两者兼备，才是取胜之道。

第四章

"功盖三分国，名成八阵图"的诸葛亮

　　诸葛亮既是三国时期蜀国的丞相，也是著名的政治家、军事家、文学家和发明家。

　　绝大多数人从小说和影视作品中，感受到的都是诸葛亮"决胜千里之外"的谋略和出奇制胜的智慧。千百年来，诸葛亮的形象通过各种传播媒体走进了一代又一代人的生活。当然，后人对诸葛亮的神化、艺术化、理想化，抑或政治伦理化、贬低、丑化，都无助于我们对他进行真实、全面、深入地了解。只有去掉对诸葛亮神化的光环，撩开对诸葛亮艺术化的轻纱，走出对诸葛亮理想化的幻影，抛开对诸葛亮政治伦理化的标准，摒弃对诸葛亮贬低、丑化的轻率和狂妄态度，我们才能全面地了解和认识真实的诸葛亮。只有这样才能够知道，诸葛亮身上的哪些故事值得我们传诵。

一、诸葛家的生存之道

　　决定一个人物，伟大也好，平凡也罢的所谓命运的东西，无非先天、后天两种。先天的，无非是家乡（如历史地理、人情世故）、家世（如祖先的文化传承）、家庭（如父母兄弟的人脉）。先天的东西，都是我们还未出生的时候就已经确定了的，决定了遗传基因，很大程度上，也就决定了初入社会之时的最初话语权。家乡、家世、家庭，这些先天因素，都是完全无法选择，也是会影响终身的。后天的，无非是同窗（在诸葛亮生活的那个时代，读书的学校还是不难选择的，前提是，你家得有钱）、同床（妻子当然也是可以选择的，前提也是，你家得有钱）、同事（工作单位，当然更是可以选择的，前提仍然是，你家得有钱）。后天的东西，很大程度上，受到的是外界（教育、妻子的家庭背景等）的应激反应。舒服呢，就继续；不舒服，就换一个——就读学校、夫妇之间、工作单位，都是如此。

1.诸葛亮的家乡、家世和家庭

一说起诸葛亮，都会背上几句《前出师表》中的话，"臣本布衣，躬耕于南阳"。如果问到这里的"南阳"到底是在河南省南阳市还是在湖北省襄阳市呢，相信绝大多数朋友都是一头雾水。不过，不管诸葛亮躬耕的"南阳"到底是在河南省南阳市还是在湖北省襄阳市，那都是那时的诸葛亮，客居在"南阳"而已。他的家乡琅邪郡阳都县，在今山东省临沂市沂南县砖埠镇孙家黄疃村。而且他家祖上，居然不姓诸葛，而是姓葛。

据司马迁《史记》记载，公元前209年秋，陈胜、吴广在大泽乡（今安徽省宿州市埇桥区）起义，随后攻占了蕲县（今安徽省宿州市埇桥区）。之后就派符离县（今安徽省宿州市）人葛婴率军攻占蕲县以东的地方；陈胜则攻打蕲县以西的地方，行军中沿路收纳兵员，到达陈县（今河南省淮阳市）时，已有战车六七百辆，骑兵一千多，士兵好几万。陈胜攻下陈县之后，就自立为王。与此同时，葛婴为陈胜攻略九江郡（今安徽省寿县），到达东城县（今安徽省定远县），拥立了襄强为楚王。随后不久，葛婴听说陈胜已自立为王，接着就杀了襄强，回来向陈胜报告。这年冬，葛婴抵达陈县，陈胜把葛婴诛杀了。

另据东汉著名学者、泰山郡守应劭所著的《风俗通义》记载："葛婴为陈涉将军，有功而诛，孝文帝追录，封其孙诸县侯，因并氏焉。"就是说，汉文帝刘恒（前203—前157年在世，前180—前157年在位）为追录葛婴反抗暴秦的功劳，赐封葛婴孙子为诸县（今山东省诸城市）侯，并世居于此。

《风俗通义》的作者应劭与诸葛亮的父亲诸葛珪不但是同时代人，而且在同一个郡为官。诸葛亮的父亲诸葛珪还是泰山郡守应劭的属官泰山郡丞，相互间应该很了解。所以，应劭的记载应是可信的。

另据东吴著名史学家韦昭（204—273）《吴书》记载，"起先葛氏，本琅邪诸县人，后徙阳都。阳都先有葛姓者，时人谓之诸葛，因以为氏"。这段记载告诉我们，诸葛复姓是葛姓人从诸县迁移到阳都后，为区分原来在阳都的葛姓，才合称为诸葛，成为复姓的。韦昭与诸葛亮的哥哥诸葛瑾及诸葛瑾的儿子诸葛恪（203—253）都是吴国的同时代人。所以，韦昭的说法也是可信的。

汉末三国时的琅邪诸葛氏家族，可是个实实在在的传奇家族。那时，别的家族都会把鸡蛋放到一个篮子里，选对了肯定是一飞冲天，选错了就只能是听天由命。诸葛家族呢，却是有如神一样的存在，一度控制了整个蜀国（诸葛亮）、整个吴国（诸葛恪）以及魏国的局部（诸葛诞）。别的家族，都是一荣俱荣，一损俱损，风光时如烈火烹油，衰落时则树倒猢狲散。诸葛家族却是东边不亮西边亮，一个诸葛倒下了，另一个诸葛站起来。大哥诸葛瑾在东吴孙权手下任大将军、左都护，领豫州牧，册封宛陵侯；两个兄弟诸葛亮和诸葛均分别在蜀后主刘禅手下担任丞相和长水校尉；族弟诸葛诞则在曹魏进封高平侯，加号征东大将军、司空。时人对琅邪诸葛氏的盛名赞叹不已，称之为："蜀得其龙，吴得其虎，魏得其狗。"其中的"龙""虎"分别指诸葛亮、诸葛瑾，"狗"就是诸葛诞。我们的问题在于：这种现象到底是怎么出现的呢？到底是有意如此呢，还是无心插柳呢？

在介绍琅邪诸葛氏家族的四兄弟之前，必须知晓：在这四兄弟中，毫无疑问诸葛亮是主角中的主角。既然是主角中的主角，那就要颇费些笔墨，写得越详细、越美化、越神话越好。既然在小说《三国演义》的作者罗贯中眼里，其他三兄弟都只是可有可无的打酱油的角色，那只能略写，简单交代过去即可。但是，其他三兄弟在历史上不但与诸葛亮同样重要，并非可有可无的打酱油的角色，而且有些人对于诸葛亮的成长还有着非常重大的正向作用，比如诸葛亮的大哥诸葛瑾。

先来看看小说《三国演义》对大哥诸葛瑾的介绍。对于大哥诸葛瑾来说，那是人还没出场，对他的介绍就先出现了。小说《三国演义》第三十七回，刘备二顾茅庐时，遇到了正在草堂之上拥炉抱膝唱歌的诸葛亮的兄弟诸葛均：

"玄德待其歌罢，上草堂施礼曰：'备久慕先生，无缘拜会。昨因徐元直称荐，敬至仙庄，不遇空回。今特冒风雪而来，得瞻道貌，实为万幸！'那少年慌忙答礼曰：'将军莫非刘豫州，欲见家兄否？'玄德惊讶曰：'先生又非卧龙耶？'少年曰：'某乃卧龙之弟诸葛均也。愚兄弟三人：长兄诸葛瑾，现在江东孙仲谋处为幕宾；孔明乃二家兄。'"

大哥诸葛瑾正式出场，则是在小说《三国演义》第四十三回诸葛亮舌战群儒之后：

"时座上张温、骆统二人，又欲问难。忽一人自外而入，厉声言曰：'孔明乃当世奇才，君等以唇舌相难，非敬客之礼也。曹操大军临境，不思退敌之策，乃徒斗口耶！'众视其人，乃零陵人，姓黄，名盖，字公覆，现为东吴粮官。当时黄盖谓孔明曰：'愚闻多言获利，不如默而无言。何不将金石之论为我主言之，乃与众人辩论也？'孔明曰：'诸君不知世务，互相问难，不容不答耳。'于是黄盖与鲁肃引孔明入。至中门，正遇诸葛瑾，孔明施礼。瑾曰：'贤弟既到江东，如何不来见我？'孔明曰：'弟既事刘豫州，理宜先公后私。公事未毕，不敢及私。望兄见谅。'

瑾曰：'贤弟见过吴侯，却来叙话。'"

到了小说《三国演义》第四十四回，兄弟二人才又得见：

"次日，瑜请诸葛瑾谓曰：'令弟孔明有王佐之才，如何屈身事刘备？今幸至江东，欲烦先生不惜齿牙余论，使令弟弃刘备而事东吴，则主公既得良辅，而先生兄弟又得相见，岂不美哉？先生幸即一行。'瑾曰：'瑾自至江东，愧无寸功。今都督有命，敢不效力。'即时上马，径投驿亭来见孔明。孔明接入，哭拜，各诉阔情。瑾泣曰：'弟知伯夷、叔齐乎？'孔明暗思：'此必周郎教来说我也。'遂答曰：'夷、齐古之圣贤也。'瑾曰：'夷、齐虽至饿死首阳山下，兄弟二人亦在一处。我今与你同胞共乳，乃各事其主，不能旦暮相聚。视夷、齐之为人，能无愧乎？'孔明曰：'兄所言者情也；弟所守者义也。弟与兄皆汉人。今刘皇叔乃汉室之胄，兄若能去东吴，而与弟同事刘皇叔，则上不愧为汉臣，而骨肉又得相聚，此情义两全之策也。不识兄意以为何如？'瑾思曰：'我来说他，反被他说了我也。'遂无言回答，起身辞去。"

看过小说《三国演义》的这两段描写可以得出的结论是：大哥诸葛瑾对于二弟诸葛亮的成长，几乎没有什么作用。但历史并不是这样的。

诸葛家族累世经学，从诸葛亮的父亲、叔叔与汉末名士刘表、朝中公卿袁氏的密切关系中可以看出，他们都是名士。比诸葛亮大七岁的诸葛瑾自幼刻苦好学，年纪不大时便到京师洛阳游学，又博览《诗经》《尚书》《左氏春秋》。诸葛瑾十三岁时，母亲章氏因病去世。诸葛瑾从洛阳还乡丁忧守孝。不久后，诸葛珪又续弦娶妻。新来的继母很爱孩子，诸葛瑾兄弟三人对继母也很尊敬。生母去世得早，诸葛瑾在守孝期间一切合乎礼节，侍奉继母恭敬谨慎，甚得人望。公元189年，诸葛瑾15岁时，父亲诸葛珪因病去世。此时，诸葛瑾继续在家丁忧守孝。而8岁的诸葛亮和弟弟诸葛均以及尚未出嫁的两个姐姐全部由叔父诸葛玄抚养。

公元193年秋，曹操东征陶谦，琅邪一带生灵涂炭，备受战争之苦，诸葛氏家族失去了最后一片净土。诸葛玄深感乱世已至，惶惶不可终日，带着侄子侄女南下避难。正好当时袁术要举荐诸葛玄为豫章（今江西省南昌市）太守，时年14岁的诸葛亮就随叔父先到豫章，不久后诸葛玄前往荆州投奔老朋友荆州牧刘表，诸葛亮又随他搬到了荆州。公元197年诸葛玄死后，诸葛亮隐居隆中。

诸葛玄南下时，诸葛亮的哥哥诸葛瑾年已弱冠，留在家乡阳都奉养继母，看守田园、墓地，以尽孝道。公元200年，诸葛瑾见琅邪的战争形势不容乐观，这才带着其余家人避乱南下，但他没有追随叔父诸葛玄，而是去了江东。

正是由于这次离别，诸葛瑾、诸葛亮兄弟后来分别归于吴、蜀，一人避祸江东为臣，一人为兴复汉室而战，最终都干出了一番事业。而比上述三人要小上许多的他们的族弟、出场在小说《三国演义》第一百一十回的诸葛诞，因为一直在家乡，而他们的家乡一直是曹魏属地，所以诸葛诞最终选择扶保曹魏，便属于非常正常的事了。

诸葛兄弟的不同选择，其实也可以看作这一家人的"风投"战略。不把鸡蛋放在一个篮子里，在乱世之中分家，这是大智慧啊！甚至近现代的一些大家族还深谙此道。

由此可知，琅邪诸葛氏家族四兄弟，扶保三个政权，在三国乱世还是不多见的。而诸葛家族之所以如此，并非有意为之，而是无心插柳，形势所迫。

貌似诸葛亮的哥哥诸葛瑾对诸葛亮的成长，没起过多大作用，但实际并非如此。话说诸葛瑾来到江东孙坚的根据地曲阿（今江苏省丹阳市）。在曲阿居住期间，诸葛瑾先是结识了孙权的姐夫弘咨，两个人成为好朋友。弘咨听了诸葛瑾的谈话后，惊为天人，为其才识所折服，遂向孙权推荐。刚刚掌权的孙权也正需要人才来辅佐自己，便让诸葛瑾在其门下担任长史（类似于今天的秘书一职）。孙权待人接物，所说过的话，所做过的事，作为长史的诸葛瑾，都要记得的。由此可见孙权对诸葛瑾的重视程度。诸葛瑾后来在回忆这段经历时说："本州倾覆，生类殄尽。弃坟墓，携老弱，披草莱，归圣化，在流隶之中，蒙生成之福。"诸葛家族乱世中九死一生的遭遇，以及得遇明主的感恩之情，溢于言表。

2.诸葛瑾任长史之后，孙权接待的第一个重要客人是谁呢？

这个人是鲁肃。

鲁肃（172—217）于公元198年与周瑜相识后，二人携手投奔孙策。随后因祖母去世，作为遗腹子由祖母养大的鲁肃回老家去办理丧事，鲁肃就此离开了孙策。公元200年，孙策被刺身亡，十八岁的孙权接替其位。就在孙权的姐夫弘咨向孙权推荐了诸葛瑾之后不久，周瑜也向孙权推荐了鲁肃。孙权见到鲁肃，相谈甚欢，便大会宾客，为鲁肃接风。宴罢，在辞退别的宾客后，孙权单独把鲁肃留下来，不拘礼仪地合坐在榻上，一边喝酒，一边议论国家大事。孙权问："今汉室倾危，四方云扰，孤承父兄余业，思有桓文之功。君既惠顾，何以佐之？"鲁肃认为，孙权急于仿效齐桓公、晋文公图霸王之业的设想是不现实的，因为曹操已取得控制汉帝的有利地位。"汉室不可复兴，曹操不可卒除。"目前的对策只能是：第一，灭黄祖并刘表。第二，跨长江与曹操抗衡。第三，并天下成就大业。鲁肃向孙权提出的治国之策，被称为"榻上策"。

值得一提的是，鲁肃提出的"榻上策"与诸葛亮提出的"隆中对"，两者的计策同为三分天下成就霸业，但前者比后者早了七年多的时间。那隐居在隆中的诸葛亮，怎么也会有三分天下的高超见解呢？会不会是身为孙权长史——诸葛亮的大哥诸葛瑾，通过某种渠道透露给自己的弟弟诸葛亮的呢？这太有可能了。因为，就在鲁肃办理祖母丧事的前后，失去了叔父诸葛玄保护的诸葛亮，与自己的老师黄承彦的女儿结了婚。婚后，夫妻二人多年没有孩子，诸葛瑾得知后，特意把自己的儿子送到他们隐居的隆中，算作诸葛亮夫妇的养子，直到后来诸葛亮有了自己的儿子之后，诸葛瑾的儿子才回到东吴大臣诸葛瑾的身边。

诸葛瑾连儿子都能送到诸葛亮这里来，还能一点儿风声不透漏，刻意隐瞒鲁肃跟孙权所说的名为"榻上策"的话吗？要知道在东吴内部，三分天下的见解并不是什么秘密。至于如何理解如何操作，那都是仁者见仁、智者见智的事了。鲁肃的"榻上策"，到了诸葛亮这里，不但很快形成了完整的"隆中对"理论，更成为刘备集团此后的几十年间一种成功的具体实践。

从理论到实践，诸葛亮不但稳定了自己在刘备集团中的丞相位置，此后更成为一千八百多年来的中国乃至世界，上至帝王将相下至黎民百姓日益追捧的智慧的化身。诸葛亮能够赢得身前身后名，他的大哥诸葛瑾一定是有功劳的。

诸葛瑾为人温和诚实，又胸怀宽阔，还有政治与军事才能，所以很得孙权赏识与重用。孙权对他也很是放心，许多重大的事情都委托他去办理，特别是当诸葛亮成为刘备的军师与蜀汉的丞相之后，东吴政权要与刘备联合共抗曹操，孙权更看重诸葛瑾的作用，曾派他去与刘备方面联系沟通。这样，诸葛瑾就在外交上为东吴做出别人无可代替的贡献，赢得了东吴上下一致的好评。在对外交往的过程中，特别是与蜀汉方面沟通时，诸葛瑾是公事公办，从不涉及个人的感情。

尽管诸葛瑾对东吴政权忠心耿耿，可还是有人在说闲话。可这样的传闻在孙权那里没有作用，他对诸葛瑾很是了解，他说："孤与子瑜有死生不易之誓，子瑜之不负孤，犹孤之不负子瑜也。"可见孙权对诸葛瑾还是十分信任，而且这样的信任一直在延续着。

中国古话讲，兄友弟恭。现代人常说，兄弟情深。诸葛兄弟之间的关系，给我们做了很好的注脚。诸葛兄弟的不同选择，其实也可以看作这一家人的"风投"战略。无论是有意如此，还是无心插柳，分散风险，不把鸡蛋放在一个篮子里，这都是大智慧！那让诸葛亮从幕后走上台前的第一推手，到底是哪位高人呢？

二、第一推手诸葛玄

看似一无所有的刘备之所以能够走向成功，做到三分天下而备有其一，其军师诸葛亮起到了非常大的作用。诸葛亮为什么有那么大的能耐呢？在诸葛亮的成长道路上，都有哪些幕后英雄帮助过年轻的诸葛亮呢？

诸葛亮背后的第一推手，是诸葛亮的叔父诸葛玄。

在小说《三国演义》第三十六回中，诸葛亮和他的叔父诸葛玄是同时被徐庶提及的。当时的背景是，曹操得知刘备拜徐庶为军师之后，便将徐庶的母亲掳至许昌，后又派人模仿徐庶母亲的笔迹给徐庶写了一封信，徐庶看过信后，向刘备告别，临走之前向刘备推荐了诸葛亮：

> "此间有一奇士，只在襄阳城外二十里隆中……此人不可屈致，使君可亲往求之。若得此人，无异周得吕望、汉得张良也……以某比之，譬犹驽马并麒麟、寒鸦配鸾凤耳。此人每尝自比管仲、乐毅，以吾观之，管、乐殆不及此人。此人有经天纬地之才，盖天下一人也！……此人乃琅琊阳都人，覆姓诸葛，名亮，字孔明，乃汉司隶校尉诸葛丰之后。其父名珪，字子贡，为泰山郡丞，早卒，亮从其叔玄。玄与荆州刘景升有旧，因往依之，遂家于襄阳。后玄卒，亮与弟诸葛均躬耕于南

阳。尝好为《梁父吟》。所居之地有一冈名卧龙冈，因自号为'卧龙先生'。此人乃绝代奇才，使君急宜枉驾见之。若此人肯相辅佐，何愁天下不定乎！"

历史上，是徐庶向刘备推荐诸葛亮在先，而且两人有近半年的时间一起辅佐刘备。直到公元208年夏的赤壁大战之前，在徐庶跟随刘备逃亡的过程中，徐庶的母亲被曹操虏获，徐庶为了保全母亲前往曹营。随同徐庶一起前往曹营的还有诸葛亮的好朋友石韬（字广元）。因此，小说《三国演义》关于"徐庶走马荐诸葛"的这段描写，实属罗贯中的虚构。但是，小说《三国演义》关于诸葛亮的家世和诸葛亮青少年时代的描写，却是符合历史的。

公元181年，诸葛亮出生在琅邪郡阳都县（今山东省沂南县）。诸葛亮四岁时，他的父亲诸葛珪当了泰山郡丞（相当于现在的泰安市常务副市长）。诸葛亮随父亲从老家前往300多里外的泰山郡任职。他们进入泰山郡的第一站就是梁父县（今山东省新泰市天宝镇）。

为了欢迎新上任的郡丞及其小公子，梁父县令给他们摆了一桌丰盛的宴席，还叫人唱起了当地流传的民谣《梁甫吟》。《梁甫吟》讲的是春秋时期齐国丞相晏子用了两个桃子就把齐景公（前547—前490年在位）手下的三个勇士公孙接、田开疆和古冶子杀掉的故事，这个故事也被称为"二桃杀三士"。

《梁甫吟》在诸葛亮幼小的心灵留下了难以磨灭的印迹，在诸葛亮的成长过程中发挥了极其重要的作用。后来在隆中耕田种地时，诸葛亮还把这首《梁甫吟》重新改写了一遍，并署上了自己的大名：

"步出齐城门，遥望荡阴里。里中为三坟，累累正相似。问是谁家墓，田疆古冶子。力能排南山，又能绝地纪。一朝被谗言，二桃杀三士。

谁能为此谋，国相齐晏子。"

诸葛亮的豪情壮志和远大理想是什么呢？在他改写的《梁父吟》中写得清楚明白："谁能为此谋，国相齐晏子。"年纪幼小的诸葛亮，便想像齐国丞相晏子一样，成为一个能够有"二桃杀三士"那样计谋的智谋之士、栋梁之材。

大约在诸葛亮六岁时，他的母亲章氏去世。不久后，其父诸葛珪续弦。诸葛亮八岁那年（189），其父诸葛珪去世。此时，诸葛亮的叔父诸葛玄该出场了。

根据《三国志》等史料的记载，诸葛玄曾是荆州牧刘表的部下。至于诸葛玄到底是如何成为荆州牧刘表的部下的，史书中并没有记载。根据其他一些史料可以知道，刘表年轻的时候，因为联合了一部分清官反对宦官专权，曾经被当时的东汉政府多次通缉而到处逃窜。正是在刘表到处逃窜时，认识了同样对宦官专权不满而拒绝出山为官的诸葛玄。后来，黄巾起义爆发，刘表重新出山成为荆州牧后，马上向诸葛玄发出了协助自己的邀请。也正是在这一时期，诸葛玄还结识了沔南（今湖北省洪湖市）名士黄承彦。

刘表执掌荆州后，派遣诸葛玄到东汉朝廷传达荆州概况。但诸葛玄在出发前，得知堂兄诸葛珪（诸葛亮的父亲）病逝的消息。诸葛玄便向刘表请求完成使命之后，赴泰山郡料理诸葛珪的后事，获刘表准许。到东汉朝廷传达荆州概况的任务结束后，诸葛玄便来到泰山郡照顾诸葛珪的遗孀及子女。

在诸葛珪去世之后，诸葛珪的遗孀及诸葛亮、诸葛均等人，本该暂时留在泰山郡。不过，诸葛玄还是带着他们回到了徐州琅邪郡阳都县，也即回到了家乡。

公元193年秋，曹操起兵讨伐徐州牧陶谦，当时袁绍亦派部将朱灵率军相助。曹操大军先后攻拔十余城。正是因为徐州一带遭到了战乱，导致诸葛玄不得不带着诸葛亮等人离开，以此来躲避战乱。为躲避战祸，诸葛玄携带诸葛亮、诸葛均及两位侄女，辗转逃往庐江郡（今安徽省潜山县）一带。

来到庐江郡之后，适逢豫章太守周术病亡。诸葛玄受袁术推荐，担任豫章太守。豫章虽是扬州一郡，地盘却不小，大致相当于今天的江西全省，治所在今天的江西省南昌市。在东汉末年，庐江郡属于袁术的势力范围。所以，此时的诸葛玄，也可以说是袁术的部下。

不过，等到诸葛玄带着诸葛亮等人来到豫章郡时，却得知自己的官职被得到扬州刺史刘繇（156—197）支持的朱皓取代了。而刘繇是袁术的对手。

在此背景下，刘繇派出兵马来帮助朱皓成为豫章郡太守，由于豫章郡距离袁术的地盘相对较远，导致了袁术爱莫能助。在此背景下，公元195年，诸葛玄便带着诸葛亮等人，离开了豫章郡，去荆州投靠了刘表，并在襄阳客居。因此，诸葛玄在颠沛流离之后，又成为荆州牧刘表的部下。

关于诸葛玄的结局，《三国志·蜀书·诸葛亮传》认为诸葛玄是病逝的，也是善终的。但裴松之《三国志注》引《献帝春秋》记载，诸葛玄则是被杀。该记载说，豫章太守周术病亡后，刘表（不是袁术）推荐诸葛玄接替该职。听闻周术过世，东汉朝廷则任命朱皓为豫章太守。两太守相争，朱皓请求扬州刺史刘繇出兵，一起进攻诸葛玄。诸葛玄退守西城（今江西省南昌市西）。公元197年春，西城百姓叛乱，击杀诸葛玄，斩其首级送给扬州刺史刘繇。

诸葛玄虽然死了，但诸葛家族的事业还在继续传承着。

诸葛玄之所以把自己的侄子侄女带到荆州抚养，是有着他的考虑的。当时的荆州牧刘表是诸葛玄的旧友。诸葛玄又将诸葛亮兄弟二人送到沔南名士黄承彦那里读书。

诸葛玄为什么非要让诸葛亮兄弟二人到黄承彦那里读书呢？其实，稍微有一些社会阅历的朋友都会知道，读什么书并不重要，跟谁读书才更重要。你受你的老师影响的，绝不仅仅是老师的知识，更重要的是老师的见解。比老师的见解还重要的，便是老师的亲戚圈、朋友圈、学生圈。那黄承彦老师的亲戚圈、朋友圈、学生圈都有哪些名人呢？那可多了去了：除了荆州牧刘表之外，还有庞德公、水镜先生司马徽、徐庶徐元直、石韬石广元、崔钧崔州平、孟建孟公威等人。

其中的庞德公、水镜先生司马徽，那都是大师级的人物，那都不是一般人能够与之同辈论交的了。尤其是庞德公，最早称诸葛亮为"卧龙"，庞统为"凤雏"，司马徽为"水镜"的，就是庞德公。而徐庶徐元直、石韬石广元、崔钧崔州平、孟建孟公威，那都是日后诸葛亮最好的同班同学。诸葛玄把侄子诸葛亮放到黄承彦老师这里来读书，实际上，就是把诸葛亮带到了当时荆州地区最著名的贵族子弟学校，荆州地区最著名的名流圈子。而这，从某种程度上来说，恰恰弥补了草根出身的刘备集团的起点低的问题。

除了把诸葛兄弟二人送到黄承彦这里读书外，诸葛玄还将诸葛亮的大姐嫁给了蒯祺，将诸葛亮的二姐嫁给了庞德公的儿子庞山民。这蒯氏是荆州的名门望族，刘表集团中重要的政治力量，很大程度上决定着刘表集团日后的发展方向；而庞德公则是襄阳在野逸民的领袖人物，很大程度上决定着普通百姓是否支持刘表集团。

诸葛玄与这两股势力结亲，实际上为诸葛亮的进退都做了周密的安排，使他在荆州进有政治力量支持，退有在野名士的提携。

二姐是庞德公的儿媳，诸葛亮与庞德公自然也是亲戚。出于亲情，出于对庞德公的尊敬，也出于向庞德公请教学问的需要，诸葛亮常常到庞家拜访。在庞德公的家里，诸葛亮不但认识了著名的古文经学家水镜先生司马徽，还认识了庞德公的侄子庞统。

那诸葛玄为什么要如此提携自己的侄子诸葛亮呢？这就是家族的力量，这就是宗族的力量。往小了说，诸葛玄如此，也算是对得起大哥诸葛珪了；往大了说，诸葛玄如此，其实也是给自己的孩子铺一条后路——天下动荡的日子里，谁都说不好未来谁能求上谁、谁能帮上谁。再往大一点儿说，中国人讲究的是一荣俱荣一损俱损，诸葛亮出名，诸葛氏都跟着沾光。

不管诸葛玄结局如何，都不影响他此前为侄子诸葛亮搭建好的关系网。这个关系网络之所以强大，就在于诸葛玄的考虑十分周全，进可攻，退可守。

什么叫作"进可攻，退可守"呢？所谓进可攻指的是，如果诸葛亮想出山辅佐刘表的话，那么诸葛亮已经完全可以随时随地融入刘表的亲朋好友圈，只要他想出山，随时可以在刘表手下谋一个不错的差事；所谓退可守指的是，如果诸葛亮觉得刘表并不适合自己，那么诸葛亮还可以与刘表的亲朋好友圈子之外的，诸如庞德公和司马徽等高人隐士混在一起，跟他们进一步学习知识和提升能力的同时，学会如何包装自己，以便能够让其他政治家高看自己一眼。

后来的事实恰好证明，诸葛亮没有选择似乎是兵强马壮的刘表，而是选择了狼狈逃窜的刘备，最终成为刘备手下的高参，直至蜀汉政权的丞相。如若没有诸葛亮的叔父诸葛玄为诸葛亮搭建好的这个关系网，单凭自己的大哥给他带来的鲁肃关于天下三分的"榻上策"见解，就想让诸葛亮走向成功，那将会比登天还难。

这里有一点非常关键，作为刘表的手下，荆州牧刘表的亲朋好友圈里的知名人物，诸葛玄多数都是很熟悉的。但让诸葛亮兄弟二人拜沔南名士黄承彦为师，这点很关键。因为只有沔南名士黄承彦，才既熟悉荆州高层政治力量，又熟悉荆州在野名士。也只有在沔南名士黄承彦这里读书，诸葛亮兄弟二人才能进可攻、退可守。也就是说，黄承彦才是诸葛亮未来人生中最重要的支点。可以说促成诸葛亮走上台前、走上成功道路的第一个幕后英雄是他的叔父诸葛玄。那第二个幕后英雄，则是沔南名士黄承彦。

三、第二推手黄承彦

作为诸葛亮背后的第一推手，叔父诸葛玄为诸葛亮搭好了荆州襄阳地区士族阶层和在野名士的关系网。那么，诸葛亮又是如何进一步借助这个庞大的关系网，一步步走到政治舞台前的呢？这就不得不提到诸葛玄特意为诸葛亮找的"好老师"——黄承彦了。

一个人再有才能，想要在社会上混得开，无论如何都需要先融入圈子。俗话说人多好办事便是这个道理。毫无疑问，诸葛亮个人才华非常出众，但是如果没有别人的称赞和宣扬，诸葛亮的名气绝对不可能这么大。诸葛亮前期的成功，很大程度上要归功于他所处的关系网络——以他的叔父诸葛玄和老师黄承彦的人脉为核心的关系网络。

如果说是诸葛玄帮诸葛亮找到了圈子，那诸葛亮的师父黄承彦又是如何帮助诸葛亮，或者说诸葛亮自己又是如何融入这个圈子的呢？

小说《三国演义》曾两次提到黄承彦。第一次是在第三十七回，刘备二顾茅庐没见到诸葛亮：

> "（刘备）方上马欲行，忽见童子招手篱外，叫曰：'老先生来也。'玄德视之，见小桥之西，一人暖帽遮头，狐裘蔽体，骑着一驴，后随一青衣小童，携一葫芦酒，踏雪而来。转过小桥，口吟诗一首，诗曰：'一夜北风寒，万里彤云厚。长空雪乱飘，改尽江山旧。仰面观太虚，疑是玉龙斗。纷纷鳞甲飞，顷刻遍宇宙。骑驴过小桥，独叹梅花瘦！'玄德闻歌曰：'此真卧龙矣！'滚鞍下马，向前施礼曰：'先生冒寒不易！刘备等候久矣！'那人慌忙下驴答礼。诸葛均在后曰：'此非卧龙家兄，乃家兄岳父黄承彦也。'"

第二次是在第八十四回陆逊火烧连营七百里之后：

> "陆逊听罢，上马引数十骑来看石阵，立马于山坡之上，但见四面八方，皆有门有户。逊笑曰：'此乃惑人之术耳，有何益焉！'遂引数骑下山坡来，直入石阵观看。部将曰：'日暮矣，请都督早回。'逊方欲出阵，忽然狂风大作，一霎时，飞沙走石，遮天盖地。但见怪石嵯峨，槎枒似剑，横沙立土，重叠如山，江声浪涌，有如剑鼓之声。逊大惊曰：'吾中诸葛之计也！'急欲回时，无路可出。正惊疑间，忽见一老人立于马前，笑曰：'将军欲出此阵乎？'逊曰：'愿长者引出。'老人策杖徐徐而行，径出石阵，并无所碍，送至山坡之上。逊问曰：'长者何人？'老人答曰：'老夫乃诸葛孔明之岳父黄承彦也。昔小婿入川之时，于此布下石阵，名"八阵图"……老夫平生好善，不忍将军陷没于此，故特自"生门"引出也。'逊曰：'公曾学此阵法否？'黄承彦曰：'变化无穷，不能学也。'逊慌忙下马拜谢而回。"

那沔南名士黄承彦到底是个什么人？诸葛玄为什么会把诸葛亮兄弟二人送到黄承彦那里读书？在黄承彦那里，诸葛亮所学到的，到底会有哪些帮助呢？为什么会说黄承彦是诸葛亮背后的第二推手呢？

关于沔南名士黄承彦，真正的史料并不多，只有下边两段，您得仔细看上好几遍才能明白的几句话。先说第一句——黄承彦的亲戚圈。黄承彦是蔡讽的大女婿，即蔡讽的大女儿是黄承彦的妻子；蔡讽的小女儿则是刘表的后妻蔡氏，刘表次子刘琮的亲娘；而蔡讽又是蔡瑁的父亲，换句话说，黄承彦的两个女儿和刘表的次子刘琮，都得管蔡瑁叫舅舅。蔡讽的姐姐则嫁给了太尉张温。

据裴松之《三国志注》引《司马彪战略》记载，刘表初到荆州上任时只有一人一骑。当时天下大乱，荆州各地盘踞着诸多势力。荆州的治所襄阳也被叛军占据，刘表只得单人匹马前往宜城。当时荆州豪强蔡瑁听闻刘表前来，便和蒯良、蒯越前去迎接。换句话说，刘表是在获得了蔡、蒯两大家族的支持之后，才得以在荆州站稳脚跟的。刘表平定荆州之后，为了继续取得蔡家的支持，娶了蔡瑁的姐姐为续弦。

蔡瑁有什么能耐居然让刘表如此巴结他呢？最主要原因就是蔡瑁是荆州实力最强的豪强，据《襄阳耆旧记》记载，蔡瑁的姑姑嫁给了太尉张温，蔡瑁还有个姐姐嫁给了当时的名士黄承彦（诸葛亮的岳父）。从蔡家的联姻上看，在蔡瑁父亲蔡讽活着时，蔡家就有很强的影响力了。蔡家不仅仅在荆州有影响力，蔡氏宗族的人在其他州也有担任地方郡守的，比如蔡瑁的堂兄弟蔡瓒（郿相）、蔡琰（巴郡太守）。

蔡瑁在荆州的影响力很大，刘表要想坐稳荆州牧这个位置就必须拉拢蔡瑁。显然，刘表的拉拢是很有成效的，蔡瑁为刘表平定荆州做了不少贡献。刘表的小儿子刘琮也由此深获刘表的喜爱。晚年的刘表打算自己死后让刘琮来接管荆州，但又担心刘琮没有实力和长子刘琦抗衡，便特意安排了一件婚事——刘表让刘琮娶了蔡夫人的侄女为妻。刘表深知蔡氏家族在荆州的影响之大，这样一来刘琮就不用担心刘琦了。

蔡瑁年轻时和曹操的关系很好，两人曾一同拜访过著名诗人、书法家梁鹄，结果却吃了梁鹄的闭门羹。蔡瑁投降曹操后，曹操还曾经对蔡瑁说道："还记得当初我们一起去拜见梁鹄吗？如果梁鹄见你现在如此富贵，一定没有面目见你吧！"蔡瑁的府邸在蔡州，当时他家中的女婢妻妾有好几百人，宅院的豪华程度不输宫殿。蔡瑁投降曹操后仍然保住了富贵。后来三国归一统，到了晋朝，蔡家依然富贵无比。永嘉之乱时，蔡氏宗族的人聚集在一起互保蔡州。后来蔡州被叛贼攻破，蔡氏宗族的人被屠戮殆尽。

在小说《三国演义》里，刘备依附荆州刘表时，蔡瑁几次企图设计害死刘备，都没成功。刘表死后，蔡瑁不但立刘表的次子刘琮为接班人，还公然劝其降曹。蔡瑁降曹之后，协助曹军训练水师，企图战胜孙刘联军。后来周瑜设反间计，致使曹操杀了蔡瑁。此后，没有善统水军的将领指挥的曹军，最终在赤壁大战中失败。

黄承彦的朋友圈：庞德公、司马徽。

庞德公是襄阳本地人，长期隐居在岘山南沔水（汉江）中的鱼梁洲上，从来没有去过襄阳城里。平日在田里耕作，夫妻相敬如宾。休息时，正襟危坐，以弹琴、读书作为自己的乐趣，神情严肃。虽然隐居不仕，但庞德公在当地却很有名气。

刘表听说他的名气，便数次请庞德公进府，庞德公都不屈身就职。于是，刘表亲自去聘请庞德公。刘表对庞德公说："夫保全一身，孰若保全天下乎？"庞德公笑着回答刘表："鸿鹄巢于高林之上，暮而得所栖；鼋鼍穴于深渊之下，夕而得所宿。夫趣舍行止，亦人之巢穴也，且各得其栖宿而已，天下非所保也。"庞德公以耕作为业，此时他的妻子儿女正在地里耕耘。刘表指着他的家人问庞德公："先生苦居畎亩，而不肯官禄，后世何以遗子孙乎？"庞德公回答："世人皆遗之以危，今独遗之以安，虽所遗不同，未为无所遗也。"

刘表问庞德公危险的原因，庞德公回答说："昔尧、舜举海内授其臣，而无所执爱，委其子于草莽，而无矜色。丹朱、商均至愚下，得全首领以没。禹、汤虽以四海为贵，遂以国私其亲，使桀徙南巢、纣悬首周旗，而族受其获。夫岂愚于丹朱、商均哉？其势危故也。周公摄政天下，而杀其兄。向使周公兄弟食藜藿之羹，居蓬蒿之下，岂有若是之害哉！"刘表只得叹息而去。

后来，庞德公又携妻率子进入鹿门山（在今湖北省襄阳市襄州区）采药，使鹿门山成为与隆中齐名的隐居代名词。唐代诗人孟浩然（689—740）官场失意幽居鹿门山，吟咏山水自得其乐。晚唐文学家皮日休（838—883）也曾忿栖鹿门山。所以唐朝以后有"鹿门高士傲帝王"之说。白居易（772—846）在《游襄阳怀孟浩然》诗中说："楚山碧岩岩，汉水碧汤汤。秀气结成象，孟氏之文章。今我讽遗文，思人至其乡。清风无人继，日暮空襄阳。南望鹿门山，蔼若有余芳，旧隐不知处，云深树苍苍。"

东汉时，名士也分为几类，有地区类名士、州郡类名士、全国名士。庞德公、司马徽都是全国名士。被称为沔南名士黄承彦，其名气虽不如庞德公、司马徽，但单从襄阳本地来说，黄承彦的能力也不可小觑。

这样就不难理解，诸葛玄为什么会把诸葛亮兄弟二人，送到黄承彦那里读书了吧？黄承彦所在的学校，实际上是当时荆州地区最著名的贵族子弟学校。与黄承彦交往的那些人，或是荆州地区最上层的达官显贵，或是荆州地区最闻名的高人隐士。在黄承彦这里，学到多少知识还在其次，重要的是交到了很多对自己的未来有用的朋友。在黄承彦这里读书，不就跟上了清华北大的EMBA，至少也是武汉大学的EMBA是一个道理吗？正所谓圈子决定你的未来。

想一想，人的一生，不就是同乡、同宗、同学、同床（外戚）四个圈子吗？任何人，只要在上述这四个圈子吃得开混得好，那么你在社会上就一定会有属于自己的一席之地，那么你至少就走上了自己所追求的成功的正确道路了。

黄承彦老师为诸葛亮提供了绝佳的社交资源。但是，俗话说得好，师傅领进门，修行在个人。黄承彦老师的资源已经摆在这儿了，如果诸葛亮自己没什么本事，也轮不到他出头？那诸葛亮自己是如何好好把握住这么优质的资源，为己所用的？

在黄承彦这里，诸葛亮结识了博陵人崔钧，颍川人徐庶、石韬，汝南人孟建。他们一起切磋学问，辩论真理，吟诗作画，抚琴对弈。

同窗的情谊无形之中不断深厚。崔钧为人忠厚，喜欢谈古论今。徐庶性情豪爽，看重文韬武略。后来，徐庶对诸葛亮有很大帮助。

前面还提到过，给刘备推荐诸葛亮的人是谁？就是诸葛亮的同窗好友——徐庶。一般而言，给领导推荐人选，顶多就是帮忙递个简历，引荐一下就完了，徐庶可不是，他不仅向自己的老板刘备推荐了诸葛亮，还跟刘备说："领导，您得亲自去拜访他，不能让诸葛亮自己来找您！"您瞧瞧，这待遇，可不是一般人能有的。要不是同窗好友徐庶力荐，刘备哪能这般恭恭敬敬地去请诸葛亮出山。而诸葛亮在刘备心目中有这么高的地位，徐庶可是有大功劳的。

石韬胆大心细，知识渊博。孟建咬文嚼字，风趣幽默。这些人很愿意与诸葛亮相交，很看重诸葛亮的人品，为人正派、不卑不亢，更为诸葛亮非凡的见识所倾倒。他们喜欢与诸葛亮在一起谈天说地，探讨当时学术界的难题，研读课外书籍。成为对手之后，他们之间的关系又怎么样了呢？我就少挣点钱，少拿点奖金呗。怎么着，也不能靠出卖同学发财致富吧？

和诸葛亮年龄相当的刘表的大公子刘琦，也在黄承彦那里读书。刘琦的生母死后，他的继母蔡氏（黄承彦妻子的妹妹）为了能让自己的亲儿子刘琮继承父业，总是当着刘表的面跟刘琦过不去。刘表虽然知道刘琦是被冤枉的，但怕得罪了大权在握的小舅子蔡瑁，便听了诸葛玄的建议，送刘琦到黄承彦那里读书。

在黄承彦那里读书的刘琦对诸葛亮的才智佩服得五体投地，两人很快就成了好朋友。刘琦知道诸葛亮喜欢读书，诸葛亮也经常出入刘表的府第。诸葛亮从刘表家的藏书中，看到了很多有关兵法的书籍，其中最有名的有《孙子兵法》《孙膑兵法》，还有《史记》《战国策》等历史书籍。诸葛亮知道，这些书是不可能拿到自己家中慢慢品的，只能是一目十行快速地浏览，从中寻找自己最感兴趣的内容。

这就说到，诸葛亮跟自己的师父混得怎么样呢？两人关系很好。叔父诸葛玄死后，诸葛亮到隆中没多久，便完成了自己的婚姻大事：娶了老师黄承彦以丑闻名的女儿黄月英为妻。关于诸葛亮的妻子黄月英，小说《三国演义》第一百一十七回，也曾经提到过：

> "原来武侯之子诸葛瞻，字思远。其母黄氏，即黄承彦之女也。母貌甚陋，而有奇才，上通天文，下察地理，凡韬略遁甲诸书，无所不晓。武侯在南阳时，闻其贤，求以为室。武侯之学，夫人多所赞助焉。及武侯死后，夫人寻逝，临终遗教，惟以忠孝勉其子瞻。"

诸葛亮妻子的本名于史无载，"黄月英"是她在民间传说中的名字。都说诸葛亮娶的媳妇奇丑无比，与诸葛亮极不般配。这段婚姻对诸葛亮来说，究竟是得大于失，还是失大于得？这不是我们这一回要讨论的问题。不管诸葛亮夫妻关系如何，黄月英都是诸葛亮明媒正娶的妻子，师父黄承彦都是诸葛亮名正言顺的岳父。对于黄承彦来说，诸葛亮都是自己最优秀的学生兼女婿。不管从哪个角度讲，帮助诸葛亮，其实就是在证明黄承彦自己。黄承彦要给天下人看，自己的眼力很好，自己的女婿很棒。换句话说，帮助别人也是帮助自己。

如果说诸葛亮的叔父诸葛玄是促成诸葛亮走上前台、走上成功道路的第一个幕后英雄的话，那毫无疑问，诸葛亮的师父兼岳父黄承彦就是促成诸葛亮走上前台、走上成功道路的第二个幕后英雄。正是黄承彦，帮助诸葛亮成功打入名士之流的圈层，并获得了他们的青睐。有了师父兼岳父黄承彦的加持，诸葛亮便跟所有荆州高层的实权人物成了至亲至近的亲戚；有了师父兼岳父黄承彦的加持，诸葛亮便成了所有荆州在野的高人隐士最好的弟子。换句话说，正是诸葛亮的叔父诸葛玄和诸葛亮的师父黄承彦二人，为诸葛亮成功地搭建了一个完整的关系网。

对于诸葛亮来说，襄阳是他一生中一个重要的里程碑。在黄承彦等人的精心包装下，诸葛亮不但从襄阳获取了"可安天下"的"卧龙"的美称，还从襄阳走上了刘备集团的重要领导岗位，更从襄阳拉走了庞统、马良、马谡、向朗等一大批人才。这批人才作为诸葛亮年轻时的朋友，都成为日后蜀国的重要领导干部。

聪明如诸葛亮，事业起步的第一个阶段，需要让自己融入襄阳士族和乡绅的圈子，在有社会影响力的人群中树立自己的口碑。所以说，只有搭建好高质量社交人脉团队，才能充分发挥团队（集体主义）的力量，从而使自己的人生登上巅峰。

最后，诸葛玄帮助诸葛亮找到了这个进入上流社会资源圈的人，而黄承彦则帮助诸葛亮打开了这个圈子，但最后，融入这个圈子其实是靠诸葛亮自身，他用才华和努力折服了这些人。这放到我们普通人身上，也是同样适用的。

也许大多数人没有诸葛亮的运气，有个好叔父，有个好老师，但背后的道理是一样的，在职场上跟随一个好老板，比找到一份好工作更重要。好老板能让你学习到东西，能带给你资源。有些人说，你这个工作工资太少了，我不接受。他往往只能看到很表面的东西。其实你不应该去看公司给你开了多少钱，不是说薪水不重要，而是要看，除了这份很固定的薪水之外，你还能拿到什么东西？无形的资产才是最重要的。比如借助公司的力量，你能撬动的资源、能接触到的人脉网络、能达成的事情规模等等。这些才是你可以蹭到的、对你更有价值的资源。

四、三顾茅庐、"隆中对"

刘备自镇压黄巾起义，很早便加入了群雄争霸的行列，但是限于根基和自身实力，一直到屯兵新野，求访隆中时，他都没有一块真正属于自己的稳定根据地。在徐庶和司马徽的推荐下，公元207年底—208年初，刘备三顾茅庐，多次求访，最终如愿以偿，见到了驰名天下的诸葛亮。由此便引出了广为流传的刘备"三顾茅庐"请诸葛亮出山的佳话。

刘备"三顾茅庐"请诸葛亮出山，是历史上真实存在的，这是毋庸置疑的。至于其中的证据，蜀汉丞相诸葛亮在决定北上伐魏、收复中原之前给后主刘禅上书的表文《出师表》中"臣本布衣，躬耕于南阳，苟全性命于乱世，不求闻达于诸侯。先帝不以臣卑鄙，猥自枉屈，三顾臣于草庐之中，咨臣以当世之事，由是感激，遂许先帝以驱驰。后值倾覆，受任于败军之际，奉命于危难之间，尔来二十有一年矣"这段话，给了我们最初的出处。

《三国志》成书于西晋时期，其作者陈寿曾是蜀臣，后来入晋而修史。陈寿在《三国志·蜀书·诸葛亮传》中记载："时先主屯新野。徐庶见先主，先主器之，谓先主曰：'诸葛孔明者，卧龙也，将军岂愿见之乎？'先主曰：'君与俱来。'庶曰：'此人可就见，不可屈致也。将军宜枉驾顾之。'由是先主遂诣亮，凡三往，乃见。"这为我们详细介绍了"三顾茅庐"的背景。

这段本应是证据确凿的史实，但是，在后来的史学家笔下，居然变成了另外一番样子。《魏略》的作者鱼豢前半生属于曹魏，后半生属于晋朝。他的《魏略》属于私人编撰，被史学家们誉为"殊方记载，最为翔实"。裴松之《三国志注》引用最多的就是《魏略》。作为重要的史料，《魏略》是有着非常高的可信度的，作为与刘备、诸葛亮都没有直接利害关系的人，鱼豢的记载更具参考价值。

《魏略》记载："亮乃北行见备，备与亮非旧，又以其年少，以诸生意待之。坐集既毕，众宾皆去，而亮独留，备亦不问其所欲言。备性好结毦，时适有人以髦牛尾与备者，备因手自结之。亮乃进曰：'明将军当复有远志，但结毦而已邪！'备知亮非常人也，乃投毦而答曰：'是何言与！我聊以忘忧耳。'"

鱼豢《魏略》里的这段话说的是，诸葛亮主动上门，到刘备府上毛遂自荐。刘备对诸葛亮并不热情，只把他像其他的年轻书生和门客一样对待，而每次开会之后，诸葛亮总想单独留下和刘备说话，刘备也不给他机会。直到后来发生的一件事，才让刘备对诸葛亮刮目相看。一天，刘备拿着别人送的用牦牛毛编织的小物件，诸葛亮看见后批评说："明将军，你应该有远大的志向，难道要将精力耗在编织这个毛上吗？"刘备是要做大事的人，之前他以为诸葛亮来自己门下就是为了混一口饭，现在听诸葛亮如此说，知道他也是想做大事的人，便立刻刮目相看，两人相谈甚欢，开始讨论天下大势和将来的战略计划。

到了东晋时期大名鼎鼎的史学家、诸葛亮的"异代相知"习凿齿的《汉晋春秋》那里，诸葛亮的形象更加丰满起来。刘备三顾茅庐的故事不但确凿无疑，而且故事发生的具体地点也被确定为"南阳之邓县，在襄阳城西二十里，号曰隆中"。自此，诸葛亮和刘备二人之间的谈话即"隆中对"享誉千古。因习凿齿的画龙点睛，三顾茅庐和"隆中对"，由此成为君臣知遇对谈的典范。

由于地域文化的发展，关于诸葛亮的故居是今河南省南阳市，还是湖北省襄阳市，有较大的争议。根据原始史料记载，《三国志·诸葛亮传》中，诸葛亮在《出师表》中说道，自己当初是在南阳耕种的。东晋习凿齿在《汉晋春秋》中提到，诸葛亮的家在南阳郡所属的邓县，在襄阳城西二十里处。

史书中记载的南阳在古代为郡治，而现在的南阳和襄阳都是市，古代郡的疆域范围大于如今的市，南阳市在古代是个县，名叫宛，属于南阳郡管辖，诸葛亮所在的邓县离襄阳县只有二十里。如今，现代南阳市的卧龙岗和襄阳市的隆中形成争议。

对此，中国社会科学院历史所学术委员会陈可畏《诸葛亮隐居地考》，对躬耕地的描述为：关于诸葛亮的隐居地点，一说在湖北襄樊市西北15公里的隆中，一说在河南南阳市西的卧龙岗。本文根据《三国志》《襄阳耆旧记》《汉晋春秋》等书记载，诸葛亮的隐居地是在隆中。东汉时，隆中居南阳郡邓县，故诸葛亮自称"躬耕于南阳"。至十六国时期，南北相争，以汉水为界，隆中遂属于襄阳县。至元，北方人南下为官，不了解历史情况及其变化，误以为诸葛亮所称躬耕之"南阳"是在今南阳市卧龙岗。

在后世论述争辩过程中，社会科学文献出版社出版发行的《诸葛亮躬耕地新考》（1992年）中写道：实事求是地说，历代史籍文献在记载诸葛亮躬耕地的问题上是不一致的，特别是一些晚期的记载与东汉、三国相比，差距越来越大，有的甚至把诸葛亮的"寓居地""纪念地"和"躬耕地"等同起来，并由此对南阳郡的辖区、归属产生怀疑，轻易得出诸葛亮躬耕襄阳隆中的"新说"，未免操之过急，失之公允。一些专家、学者认为，不能对《蜀记》《襄阳记》《晋春秋》《水经注》视而不见，但也不能把超越《前出师表》和《三国志》记载，又缺乏其他文献和实物证据的"故宅""家"视为"躬耕地"。那么，诸葛亮的躬耕地究竟在哪里呢？根据目前的综合考证，只能初划在汉水以北南阳境内，而且不排除在南阳卧龙岗的可能性的理由是：第一，卧龙岗在宛城西隆然而起的地方，汉代只有郡治宛可代表南阳；第二，卧龙岗地望优越，适于躬耕和蛰居，且有一定的可出入性；第三，蜀亡，故将黄权先已在宛建祠修庐和私祭之于道陌上不无可能；第四，陈寿未言诸葛亮躬耕于隆中，实质是他认为诸葛亮躬耕于襄阳以北南阳境内；第五，刘弘登隆山，诸葛之故乡，发生在沔之阳，即汉水以北的地方；第六，唐代南阳诸葛庐已具规模和知名度。可见唐之前乃至更远，便有了一个兴起和发展的时期。

那诸葛亮在"隆中对"里给刘备开出了什么样的战略愿景图呢？

诸葛亮虽然躬耕陇亩，蛰居山中，但对天下形势的发展变化却洞若观火，了如指掌。他知刘备势力弱小，又逢新败，寄人篱下，倍感苦闷，所以对汉末以来天下局势做了简单的阐述后，即以弱小的曹操在官渡一战中击败强大的袁绍为例，极有说服力地指出，只要人谋得当，完全可以小搏大，以弱胜强：利用自己汉室宗亲的身份，以"兴复汉室"为政治号召，招揽天下英雄，利用刘表的见识浅薄和魄力不足，先取"北据汉、沔，利尽南海，东连吴会，西通巴、蜀"的荆州，占据"用武之国"的地利；再取"沃野千里，天府之土"的益州作为后盾，呼应四战之地的荆州；面对北方拥有百万之众、挟天子而令诸侯，"诚不可与争锋"的曹操，据有江东、已历三世，"国险而民附，贤能为之用"的孙权，内修政理，外结孙权，待机而起，以宛洛为主攻方向，以秦川为侧翼呼应，进取天下。

"隆中对"作为一种战略构想，是诸葛亮在对天下形势做出精确分析的基础上提出的最适合刘备，最切实可行，极有可能成功的战略。

首先，从当时来看，经过多年争霸，东汉版图内的疆域基本被瓜分完毕，孙权和曹操经营南、北多年，毫无实力的刘备想要染指北方和江东几乎是不可能的。可刘表虽有守土之能，但无争霸之力，刘璋更是暗弱无谋，所以荆州和益州是最易谋取的。后来刘备占领荆州大部和进驻益州，也证明了"隆中对"战略的可实行性。

其次，结好孙权集团并非刘备集团的一厢情愿，也是孙权集团在相当长一段时间内的愿景。

世界上没有永远的朋友，也没有永远的敌人，只有永恒的利益。孙刘联盟是不稳固的、松散的，其根本原因不在于荆州的得失，而在于孙刘两个集团在根本上就是对立的。正如《孟子·梁惠王上》所言："梁襄王……卒然问曰：'天下恶乎定？'吾对曰：'定于一。'"在孟子看来，只有国家统一了，社会才能安定下来。

这就是说，天下只能定于一家。而在孙刘两家的共同威胁——曹氏集团消失之前，它们之间的根本利益冲突还不很明显，但共同利益却很明确，所以无论多么大的冲突，两家都会努力化解或缓解。因此，孙刘联盟虽然是松散的，但却是可成立、可维系的。更何况，即使在刘备集团占领荆州相当长的一段时间里，孙权集团内部努力维系孙刘联盟的不乏其人。占有荆、益和联合江东是符合当时形势的正确战略抉择，除此以外，刘备想要立足和谋求天下，别无他法。

"隆中对"是最符合刘备集团立足乱世、谋求天下的正确战略，可为什么刘备集团只是在乱世短暂立足，而没有统一天下呢？

这并不是"隆中对"战略本身的问题，而是刘备集团基础实力的问题。

任何时候任何情况下的任何争霸都是以实力为基础，如果实力不济，再正确的战略，再高明的战术，也没有实施的必要保障。其时，三国之中，以蜀汉疆域最为狭小，人口最为稀少，兵员最为缺乏。诸葛亮治蜀全盛时期的人口数量不过90万，而魏国的人口数量则长期稳定在二三百万之间。一般情况下，蜀国能够调动的全部兵力不过10万，而魏国仅在前线防御蜀国的兵力就超过了20万。在实力如此悬殊的情况下，蜀国不但得以存续，而且还能积极进取，已经十分难得。诸葛亮功败垂成，蜀汉最终亡国，但这并不能掩盖"隆中对"的战略光辉，因为在当时的条件下，诸葛亮所能谋划的，已经尽全力谋划，诸葛亮所能做的，也已经尽全力去做了。

诸葛亮"隆中对"的战略关键点，就是夺取荆州和益州。而夺取荆州和益州，在当时其实是一个为众人所普遍知道的常识，并非诸葛亮首创。

早在孙策创建基业时，谋略家张纮就提出了"今君绍先侯之轨，有骁武之名，若投丹杨，收兵吴会，则荆、扬可一，仇敌可报。据长江，奋威德，诛除群秽，匡辅汉室，功业侔于桓、文，岂徒外藩而已哉？"的观点。在谋略家张纮看来，孙策的当务之急便是先到丹杨征募天下闻名的丹杨兵，然后一统吴会（指江浙地区），接着一统扬州、荆州，最后伺机北上而天下定。

公元200年，孙策被杀，其弟孙权控制江东，战略家、外交家鲁肃向孙权建议："昔高帝区区欲尊事义帝而不获者，以项羽为害也。今之曹操，犹昔项羽，将军何由得为桓文乎？肃窃料之，汉室不可复兴，曹操不可卒除。为将军计，惟有鼎足江东，以观天下之衅。规模如此，亦自无嫌。何者？北方诚多务也。因其多务，剿除黄祖，进伐刘表，竟长江所极，据而有之，然后建号帝王以图天下，此高帝之业也。"在鲁肃看来，孙权急于仿效齐桓公、晋文公图霸王之业的设想是不现实的，因为曹操已取得控制汉帝的有利地位。"汉室不可复兴，曹操不可卒除。"目前的对策只能是：第一，灭黄祖并刘表。第二，跨长江与曹操抗衡。第三，并天下成就大业。这便是鲁肃向孙权提出的"榻上策"。公元207年，孙权依据鲁肃的策略，消灭了黄祖。并打起了夺取荆州的主意，企图在拿下荆州后再进取益州之地。

公元208年赤壁大战前夕，荆州牧刘表治下江夏太守黄祖麾下大将甘宁投奔孙权后，也向孙权建议："南荆之地，山陵形便，江川流通，诚是国之西势也。宁已观刘表，虑既不远，儿子又劣，非能承业传基者也。至尊当早规之，不可后操。图之之计，宜先取黄祖。祖今年老，昏耄已甚，财谷并乏，左右欺弄，务于货利，侵求吏士，吏士心怨，舟船战具，顿废不修，怠于耕农，军无法伍。至尊今往，其破可必。一破祖军，鼓行而西，西据楚关，大势弥广，即可渐规巴蜀。"

赤壁之战后的公元210年，周瑜依然向孙权建议："今曹操新折衄，方忧在腹心，未能与将军连兵相事也。乞与奋威俱进取蜀，得蜀而并张鲁，因留奋威固守其地，好与马超结援。瑜还与将军据襄阳以蹙操，北方可图也。"孙权很快便批准了周瑜提出的征伐益州的战略方案，周瑜返回驻地江陵，行至巴丘（今湖南省岳阳市）染疾病卒。该战略方案被迫中止。

鲁肃的"榻上策"与甘宁的"据楚望蜀"战略，以及周瑜的"两分天下计"，都提到了谋取荆州之重要性，只不过提法不同、战略执行略有差异而已。

而从实际发生的情况看，当曹操大军南下征讨刘表时，如果不是鲁肃强留，刘备就南逃到苍梧（今广西壮族自治区梧州市）了，似乎压根儿就忘记了"隆中对"的战略。再后来，除了取益州是按照"隆中对"战略进行，得荆州和结交孙权两件事，根本就不可兼得。

当然，张纮的主张也好，鲁肃的建议也罢。他们的言行，刘备是不可能知道的。而透过孙权身边的诸葛瑾，诸葛亮不但可能知道上述战略方案，更可能把这些战略方案加以完善之后，再出售给急需谋士指点自己未来前途和命运的刘备。

回顾诸葛亮的出山之路，我们可以看到，自始至终，诸葛亮都有清晰的品牌定位：自比管仲乐毅；加之徐庶、司马徽积极的品牌推广；这之后又是亲朋好友的积极客串；最终精准投放给了刘备。这才收到了事半功倍的效果。

刘备"三顾茅庐"请诸葛亮出山，其实是一个双男主的大戏，三顾茅庐是双赢，两人皆受益。诸葛亮得名，开启登神坛之旅；刘备得利，属于闷声发大财。如果非要说谁的收益更大，当属投资方刘备。三顾茅庐之前的刘备，资源有限，寄人篱下，兵微将寡，空有"中山靖王之后"的招牌。刘备得到诸葛亮后，行情一路看涨，十三年时间三分天下，定都称帝，最终实现了人生逆袭。刘备死后，诸葛亮更是鞠躬尽瘁，辅佐刘禅。

当今社会的职场，如果一个老板想要把自己的企业做大，他们就需要像刘备一样有足够耐心去招揽贤才。当然，如果我们是贤才，也应像诸葛亮一样打探好对方是否有足够的诚心再行动。

五、"两把火"纯属虚构

小说《三国演义》中的"三顾茅庐"，明面上是彰显强化诸葛亮身份的过程，实际上潜移默化中展现了刘备的风采。"一顾茅庐"，刘备自报家门："汉左将军宜城亭侯领豫州牧皇叔刘备，特来拜见先生。"可见，刘备还没放下身份。"二顾茅庐"，刘备客气了许多，误将诸葛均当诸葛亮，"昨因徐元直称荐，敬至仙庄，不遇空回"。爱屋及乌，茅庐升格为仙庄。"三顾茅庐"，刘备姿态更低，对门童都彬彬有礼："有劳仙童转报：刘备专来拜见先生。"门童都位列仙班了。难怪仙童投桃报李，此前"我记不得许多名字"，这时报告："刘皇叔在此，立候多时。"由此可以看到，对于领导者而言，礼贤下士的形象很重要。

当然，比礼贤下士的形象更重要的是，以天下为己任、求安邦定国之策、忧国忧民的形象。面对崔州平，刘备说："方今天下大乱，四方云扰，欲见孔明，求安邦定国之策。"面对石广元、孟公威二人，刘备说："欲访先生，求济世安民之术。"二度碰壁之后，刘备留书诸葛亮："仰望先生仁慈忠义，慨然展吕望之大才，施子房之鸿略，天下幸甚！社稷幸甚！"面对诸葛亮，刘备说："愿先生以天下苍生为念，开备愚鲁而赐教。"又表明志向："汉室倾颓，奸臣窃命，备不量力，欲伸大义于天下。"刘备为社稷忧、谋苍生福的胸襟志向，彻底打动了诸葛亮。只有胸怀天下，才能赢得天下。

再说刘备三顾茅庐，请诸葛亮出山，待之如师。小说《三国演义》中，诸葛亮一出山，便献良策，救了刘表长子刘琦一命。

引人注意的是，小说《三国演义》中的这个桥段是完全符合历史记载的。

《三国志》和《后汉书》都记载了一段名为"上屋抽梯"的故事。故事说的是刘琦因蔡氏的中伤而失宠，故多次去找刘备部下琅邪人诸葛亮请教自保之计。诸葛亮每每推辞，不愿献策。刘琦于是带着诸葛亮到后园游观，把他骗到高楼，命人拿走梯子（这就是"上屋抽梯"的由来），对诸葛亮说："今日上不至天，下不至地，言出子口而入吾耳，可以言未？"诸葛亮不得已，说道："君不见申生在内而危，重耳居外而安乎？"

诸葛亮口中的"申生在内而危，重耳居外而安"讲的是春秋时期的晋献公姬诡诸的妃子骊姬，为了让自己的儿子将来即位，便想害死晋献公前妻生的两个儿子，申生和重耳。重耳知道骊姬居心险恶，只得逃亡国外。重耳逃亡列国，历尽艰辛，在外逃亡十九年，最后在秦穆公（前659—前621年在位）的帮助下，回到本国坐上了君位。申生为人厚道，要尽孝心，侍奉父王。一日申生派人给父王送来好多食物，而骊姬偷偷用有毒的食物给调换了，晋献公不知道。等他要吃的时候，骊姬说从外面送进来的食物她不放心，让左右侍从先尝。而侍从刚吃下食物就当场中毒死亡。骊姬就借故说是申生居心不良，想害死父王，谋夺王位。晋献公信以为真，宣申生进来问罪。申生知道是骊姬害自己，都没申辩，当场拔剑自刎。

听了诸葛亮的话，刘琦顿悟，暗中便想脱身之计。恰逢公元208年春，江夏太守黄祖为孙权所杀，刘琦立刻自告奋勇请求担任江夏太守之职，由此躲开了继母的谋害，摆脱了内卷的困境。

在救了刘琦一命之后，诸葛亮更是通过"三把火"彻底改变了东汉末年诸侯争霸的局面，从而为最终形成刘备、曹操、孙权三足鼎立的局面奠定了基础。

诸葛亮的这"三把火"，第一把火收心，第二把火保本，第三把火定局，层层推进。这"三把火"，不是刻意为之，而是因势利导。这三把火，不但成就了诸葛亮的一世英名，更是诸葛亮建功立业的开始。

诸葛亮的这"三把火"，到底是真是假呢？

小说《三国演义》中的火烧博望坡之战，一向被视为诸葛亮登场后的第一战，也是俗谚"新官上任三把火"的第一把火。

话说刘备"三顾茅庐"请诸葛亮出山之后，诸葛亮便随同刘备、关羽、张飞三人，驻守新野，防御曹操。曹操早有南征之意，听说刘备屯兵新野，便命夏侯惇为都督，率于禁、李典、夏侯兰、韩浩四人，领兵十万，前往博望城，与刘备对峙，伺机取之。诸葛亮刚刚追随刘备，关羽、张飞二人颇为不服。此时的诸葛亮正需要一场胜仗，展示一下自己的才能。忽报曹操差夏侯惇率十万大军，杀奔新野而来。诸葛亮知道关张二人不服，便向刘备要了剑印，号令诸将，准备施计火烧博望坡。我们先来看看小说《三国演义》第三十九回的描写：

　　"孔明令曰：'博望之左有山，名曰豫山；右有林，名曰安林：可以埋伏军马。云长可引一千军往豫山埋伏，等彼军至，放过休敌；其辎重粮草，必在后面，但看南面火起，可纵兵出击，就焚其粮草。翼德可引一千军去安林背后山谷中埋伏，只看南面火起，便可出，向博望城旧屯粮草处纵火烧之。关平、刘封可引五百军，预备引火之物，于博望坡后两边等候，至初更兵到，便可放火矣。'又命：'于樊城取回赵云，令为前部，不要赢，只要输。'主公自引一军为后援。各须依计而行，勿使有失。'……'主公今日可便引兵就博望山下屯住。来日黄昏，敌军必到，主公便弃营而走；但见火起，即回军掩杀。……却说夏侯惇与于禁等引兵至博望……惇令于禁、李典押住阵脚，亲自出马阵前……赵云出马……两马相交，不数合，云诈败而走。夏侯惇从后追赶。云约走十余里，回马又战，不数合又走……（惇）直赶至博望坡。一声炮响，玄德自引军冲将过来，接应交战……（惇）乃催军前进。玄德、赵云退后便走。时天色已晚，浓云密布，又无月色，昼风既起，夜风愈大。夏侯惇只顾催军赶杀。于禁、李典赶到窄狭处，两边都是芦苇。典谓禁曰：'欺敌者必败。南道路狭，山川相逼。树木丛杂，倘彼用火攻，奈何？'禁曰：'君言是也。吾当往前为都督言之，君可止住后军。'李典便勒回马，大叫：'后军慢行！'人马走发，那里拦当得住？于禁骤马大叫：'前军都督且住！'夏侯惇正走之间，见于禁从后军奔来，便问何故。禁曰：

'南道路狭，山川相逼，树木丛杂，可防火攻。'夏侯惇猛省，即回马令军马勿进。言未已，只听背后喊声震起，早望见一派火光烧着，随后两边芦苇亦着。一霎时，四面八方，尽皆是火，又值风大，火势愈猛。曹家人马，自相践踏，死者不计其数。赵云回军赶杀，夏侯惇冒烟突火而走。且说李典见势头不好，急奔回博望城时，火光中一军拦住。当先大将，乃关云长也。李典纵马混战，夺路而走。于禁见粮草车辆，都被火烧，便投小路奔逃去了。夏侯兰、韩浩来救粮草，正遇张飞。战不数合，张飞一枪刺夏侯兰于马下，韩浩夺路走脱。直杀到天明，却才收军。杀得尸横遍野，血流成河。"

小说《三国演义》中的火烧博望坡之战，使得一直吃败仗的刘备，赢得了从所未有的第一次全胜。这诠释了两军对垒当中，谋略与谋划的重要作用。这一战是"卧龙"诸葛亮出山以后的首战，诸葛亮一战成名，使刘备及其手下大为敬服。诸葛亮由此树立了自己的威望，也为三分天下战略的实施奠定了刘备集团的政治基础、思想基础和组织基础。

博望坡这把火，其实与诸葛亮毫无关系。如果非要说与谁有关系的话，那很有可能是诸葛亮的前任徐庶。

公元201年，在官渡打败袁绍之后，曹操即刻出征刘备，并迫使对方投奔刘表。刘表得到刘备后，待以上宾之礼，并命刘备领兵驻守在新野。

这里，要注意以下两个问题：第一，刘表之所以命刘备领兵驻守在新野，其目的就是想让刘备当自己与曹操争霸的马前卒——"炮灰"。第二，史书记载，徐庶投奔刘备并成为刘备手下的头号谋士，恰在刘备驻守新野期间。

作为宗室成员，此时的刘表坐拥荆襄九郡、雄兵数十万，同样也有问鼎天下、匡扶汉室的志向，如今又得到枭雄刘备的协助，信心更是大增。就在刘备归附后的第二年（202），刘表利用曹操北伐袁尚的机会，派刘备领兵北伐，目标直指许都，而刘备生平难得的大胜仗，便发生在这次战役的过程中。

由于曹操后防空虚的缘故，刘备出兵后连战连捷，竟然一直打到叶县，距许都只有咫尺之遥。曹操闻讯后大惊，立即派大将夏侯惇、于禁、李典集结重兵反攻，凭借优势兵力将刘备逼退。刘备从叶县撤退后，夏侯惇领兵继续进攻，意图一举将其歼灭。刘备见夏侯惇紧追不舍，便设下诱敌之计，故意连连战败，而后又自行焚毁营寨，制造溃败的假象来迷惑夏侯惇。此时的夏侯惇，被连番的"胜利"冲昏头脑，加快追击的步伐。此时素以冷静著称的李典出来劝阻，直言敌军在施行诱敌之计，而且再往前行都是道路狭窄、草木茂密之地，万一敌军实施火攻，大军恐将伤亡惨重。夏侯惇拒听李典的劝告，同于禁一起继续追赶，结果在博望坡（今河南省方城县博望镇）遭遇刘备的伏兵，损失惨重，幸亏李典及时赶来救援，才侥幸逃脱险境。

这场战事中，刘备虽然小胜曹军，但也无力继续北伐，而曹操也相应地加强了对刘表的防守。此后，曹操暂时搁置南征荆州的计划，而是将注意力集中在河北，继续讨伐袁谭、袁尚兄弟；而刘表从此也搁置了北伐计划，自此失去问鼎中原的可能。而唯一的赢家刘备，却只能继续蜗居在新野，等待自己的出头之日。

博望坡之战无疑是刘备戎马一生中鲜有的"杰作"，然而就是这难得的胜绩，在《三国演义》中也被安在诸葛亮头上，被描述为"卧龙先生"初出茅庐后的首功。

其实，无论从时间上来分析（博望坡之战后五年，诸葛亮才出山辅佐刘备），还是参照正史，这都属于明显的"张冠李戴"。

博望坡之战与诸葛亮毫无关系，纯属"张冠李戴"。火烧新野与诸葛亮是否有关系呢？

　　《三国演义》中，诸葛亮火烧博望坡，一战成名之后，并没有在博望坡驻扎，而是选择撤回新野。诸葛亮明白，曹军兵败博望坡之后，肯定会卷土重来，刘备面临的危机不逊于之前。撤回新野时，刘备并没有意识到，这场战争危机还需要通过火的方式来解决。在刘备的意识里，新野是他实现理想过程中一个重要的里程碑。

　　从公元200年被曹操打败、投靠刘表时，刘备即遭到刘表的疑忌，被派到新野来充当战争的"炮灰"。但刘备并没有灰心，虽然寄人篱下，但却更加奋发图强。经过刘备集团的一番精心治理，新野的政治面貌焕然一新，物阜民丰。火烧新野之前，刘备一直在此屯扎，八年的时间，让他过上了稳定的生活。刘备用八年时间经营的新野，一夜之间成了诸葛亮的表演舞台。这是继火烧博望坡之后，诸葛亮在《三国演义》中再一次展示他的军事指挥才能。

　　作为"新官上任三把火"的第二把火，新野这把火烧得实在蹊跷。在史籍中，很难找到诸葛亮火烧新野的记载，甚至连火烧新野这件事情本身，也没有明确的记载。

　　《三国志·蜀书·诸葛亮传》中，对火烧新野一事就像火烧博望坡一样，只字未提。甚至火烧新野这件事，也难以找到记载。《三国志·蜀书·先主传》中，说刘备博望坡设伏兵之后，屯扎在樊城，并非在新野。曹兵到来时，刘备过襄阳前往江陵，也是从樊城出发的，根本没有火烧新野一事。而《三国志·魏书·武帝纪》中，也说当时的刘备屯扎在樊城，从樊城开始撤退。显然，火烧新野一事也没有提到。到了《三国演义》中，这场关于火的战争便被演绎得活灵活现，这完全是罗贯中的功劳。

　　实际上，诸葛亮出山以后的第一份功劳，其实是过江东，劝说孙权，联合抗曹。《三国志·蜀书·诸葛亮传》说，赤壁之战以后，"先主遂收江南，以亮为军师中郎将，使督零陵、桂阳、长沙三郡，调其赋税，以充军实"。

赤壁之战以后，诸葛亮才做到军师中郎将，工作也只不过是收税的活儿，根本没有上过一线打仗。

诸葛亮第一次上阵，是在刘备攻打四川时，兵困葭萌，庞统战死，没有办法，才召"（诸葛）亮与张飞、赵云等率众溯江，分定郡县，与先主共围成都"。四川平定，"以（诸葛）亮为军师将军，署左将军府事。先主外出，（诸葛）亮常镇守成都，足食足兵"，仍然是文职人员。说诸葛亮用兵如神，起码在刘备生前是看不到的——刘备很少让诸葛亮带兵，并且，似乎也不是很信任他。

罗贯中在小说《三国演义》中描绘诸葛亮的"三把火"，完全是为了增加诸葛亮的戏份，进一步神化诸葛亮的形象。但这并不符合历史的真相。在历史上，火烧博望坡之战与诸葛亮无关，纯属"张冠李戴"；火烧新野之战，更属子虚乌有，完全是《三国演义》的作者罗贯中的虚构。这"三把火"中的前两把火，一为张冠李戴，一为子虚乌有，这剩下的第三把火，我们也完全有理由怀疑，到底与诸葛亮有没有关系。

六、不可能舌战群儒

说起小说《三国演义》中的著名桥段，除了武将们的"三英战吕布"与"大闹长坂坡"外，还有儒士们的"口舌之争"。"口舌之争"中最著名的桥段便是"舌战群儒"。

刘备和诸葛亮在当阳长坂溃逃的路上，遇到了孙权派来的鲁肃。刘备放弃了退到江陵的打算，同鲁肃斜趋汉津中，与关羽的船只相会。渡过了沔水，遇到刘表的长子江夏太守刘琦领兵一万多人前来，便与刘琦共至夏口（今湖北省武汉市汉口地区）。鲁肃劝刘备联结孙权，刘备从之，进驻樊口（今湖北省鄂州市），派诸葛亮随鲁肃共同到东吴的柴桑（今江西省九江市），会见了屯兵在那里的孙权，共商联合抗曹大计。

《三国演义》第四十三回叙述了诸葛亮到柴桑后，与孙权君臣会谈的情况。大意是：到了柴桑，鲁肃请诸葛亮在馆驿中暂歇，先自往见孙权。这时孙权接到了曹操的檄文，内容略为："今统雄兵百万，上将千员，欲与将军会猎于江夏，共伐刘备，同分土地，永结盟好。"孙权彷徨无计，正与僚属们在一起商议。长史张昭及众谋士都主张投降曹操，鲁肃却力排众议，主张抵御。次日，孙权召见诸葛亮，并请江东英俊，共同议事。诸葛亮到了那里，早见张昭、顾雍等一班文武二十余人，峨冠博带，整衣端坐。诸葛亮逐一相见，各问姓名，施礼已毕，坐于客位。然后张昭等"群儒"，便与诸葛亮辩论起来。涉的主题是：他们想投降曹操，极力抬高曹操，贬低刘备和诸葛亮，认为曹操难以抗拒，为他们投降曹操的主张提供根据，也顺便涉及儒者治学的态度与方法等问题。诸葛亮一一予以驳斥，对答如流，谈笑风生，使一座之人尽皆失色。鲁肃与黄盖引诸葛亮去拜见孙权。诸葛亮先利用激将法，建议孙权投降曹操，把孙权的情绪激起后，便分析了形势和利害得失，劝孙权与刘备结盟，共拒曹操。孙权大喜说："先生之言，顿开茅塞。我意已决，更无他疑。即日商议起兵，共灭曹操。"

这段情节，虽然大的背景符合史实，但具体内容却与史书的记载颇有出入。首先，曹操的檄文，与史书的记载有所不同。裴松之《三国志注》引《江表传》所著录的曹操致书于孙权的主要内容是："今治水军八十万众，方与将军会猎于吴。"《三国演义》却改为："欲与将军会猎于江夏，共伐刘备，同分土地，永结盟好。"这样一改，就使事情的性质发生了变化。本来"会猎于吴"，是曹操表示要来进攻东吴，直接恐吓孙权，逼孙权投降的；而"会猎于江夏，共伐刘备"，还要"同分土地，永结盟好"，这就大不相同了。如果内容真像后者所说的那样，东吴君臣所讨论的主题，便不应该是"是否投降曹操"的问题，而应该是"是否共伐刘备"的问题了。人家约你共伐刘备，你却讨论起"投降"的事来,岂非偷换概念,文不对题吗?固然所谓"共伐刘备",也有逼使孙权就范的含义,但在性质上,至少是在程度上,毕竟是有很大区别的,东吴君臣也就不会如此人心惶惶,大有惶惶不可终日之感了。

其次,史书上并没有所谓"舌战群儒"的记载,这一激烈的舌战,完全是罗贯中的想象,并非真实的历史事实。据《三国志》记载,曹操进占荆州治所襄阳,刘备欲率众奔据江陵,途中被追兵击败,不知所从,甚至有南逃苍梧(今广西壮族自治区梧州市)的打算,适遇奉孙权之命前来观察荆州态势的鲁肃。鲁肃力劝刘备与孙权联合抵御曹操,并以诸葛瑾好友的身份获得了诸葛亮的信任。

最早提出孙刘联盟共抗曹军这个提议的是孙权的谋士鲁肃,而不是刘备的谋士诸葛亮。

刘备接受了鲁肃的提议,率残部到达夏口,派诸葛亮出使东吴。诸葛亮为孙权分析了局势:"海内大乱,将军起兵据有江东,刘豫州亦收众汉南,与曹操并争天下。今操芟夷大难,略已平矣,遂破荆州,威震四海。英雄无所用武,故豫州遁逃至此。将军量力而处之:若能以吴、越之众与中国抗衡,不如早与之绝;若不能当,何不案兵束甲,北面而事之?今将军外托服从之名,而内怀犹豫之计,事急而不断,祸至无日矣!"孙权却反问诸葛亮,刘备为何不投降。诸葛亮便说:"田横,齐之壮士耳,犹守义不辱,况刘豫州王室之胄,英才盖世,众士慕仰,若水之归海。若事之不济,此乃天也,安能复为之下乎!"孙权大怒,誓言:"吾不能举全吴之地,十万之众,受制于人。吾计决矣!非刘豫州莫可以当曹操者,然豫州新败之后,安能抗此难乎?"诸葛亮分析两军的情况:"豫州军虽败于长阪,今战士还者及关羽水军精甲万人,刘琦合江夏战士亦不下万人。曹操之众,远来疲弊,闻追豫州,轻骑一日一夜行三百余里,此所谓'强弩之末,势不能穿鲁缟'者也。故兵法忌之，曰'必蹶上将军'。且北方之人，不习水战，又荆州之民附操者，逼兵势耳，非心服也。今将军诚能命猛将统兵数万，与豫州协规同力，破操军必矣。操军破，必北还，如此则荆、吴之势强，鼎足之形成矣。成败之机，在于今日。"

除此以外，《三国志》一书并没有诸葛亮与其他人交谈的描述。而且，此后数年间，《三国志》再无关于诸葛亮活动的记录。《三国演义》中有关诸葛亮的描写，无论是"舌战群儒"，还是随后的"草船借箭""借东风"等，全属罗贯中杜撰。

当然，最早描述诸葛亮"舌战群儒"的并不是小说《三国演义》的作者罗贯中。元代讲史话本《三国志平话》就写有诸葛亮在孙权面前驳斥张昭的内容，却非常简略，这可以看作是"舌战群儒"故事的雏形。小说《三国演义》在此基础上又进行了增饰创作，场面宏大，出场人物众多，称得上是大手笔。

历史上，孙氏集团在对待曹操进占荆州的问题上，的确存在意见相左的两派。要割据自保，与挟强大政治、军事优势以及经济、文化、人才优势的北方抗衡，仅据江东一隅难以实现。因此，早在赤壁之战前，孙氏集团就已定下夺取荆州，将来有可能再夺取益州，"全据长江"，从而自保的战略方针。曹操突然进占荆州，不仅使刘备失去了托身之地，也与东吴共享"长江之险"，使孙氏集团战略目标的实现变得异常艰难。

战还是降，成为当时必须面对的选择。在此情形下，诸葛亮为刘备集团的利益奉命前来劝说孙氏抗曹，自然会与主张降附曹操的张昭等人有所讨论、辩驳。但遗憾的是，历史典籍中并未留下这些讨论的只言片语，却给了文学家以尽情想象的空间。

"舌战群儒"中，诸葛亮先后与东吴的七位儒士文臣进行了论辩。

第一场是与张昭的论辩。论辩的焦点是诸葛亮自比管仲、乐毅是否"言行相违"。

张昭等人认为孙、刘无法抵抗曹操，诸葛亮此行的目的是要借东吴的力量抵抗曹操，保全自己。要阻止诸葛亮劝说孙权，办法之一就是找出诸葛亮的破绽，抓住他的把柄，杀去他的锐气。所以，张昭首先提出了诸葛亮是否真的自比管仲、乐毅的问题。管仲是春秋时齐桓公的大臣，曾辅佐桓公为一代霸主，是历史上杰出的文臣；乐毅是春秋时燕昭王的武将，曾统率大军克齐70余城，是历史上著名的武将。自比管仲、乐毅，也就是说诸葛亮自己文同管仲，武比乐毅，是文武双全的杰出人才。张昭认为，这是诸葛亮自吹自擂，故提出此问，为下面的攻击张本。诸葛亮答得很爽快，不仅承认了这一说法，而且还说这只是"小可之比"，口气颇为倨傲，似乎对张昭发问的目的毫不在意。对此，张昭没有去纠缠，而是把握住论辩的方向，紧接着提出了第二个问题：诸葛亮未能辅佐刘备取得荆襄"是何主见"？这一问题看似寻常，实际上却很尖锐，它与第一问紧密相连，运用诱问法使诸葛亮的言论和行为之间出现悖谬，完成了攻击的准备。诸葛亮早已看破张昭的意图。所以，他先正面解释不取荆襄是刘备不想取、不忍取——荆襄一带，取之甚易所以未取，不取荆州之地则是刘备"躬行仁义"不忍取——从而表明这与他诸葛亮没有干系，至于为曹操所占，那更与他诸葛亮无关，全是因为刘琮投降了曹操。然后，诸葛亮又用避而不谈法轻轻撇开了对方"是何主见"的问题。然而，张昭并未因诸葛亮看破了他的意图而作罢，而是径直指出诸葛亮"言行相违"，正面展开了进攻。诸葛亮先用欲抑先扬法蓄势，而后用揭悖反驳法通过指出诸葛亮"自比管乐"的言论和他的行动——"上不能报刘表以安庶民，下不能辅孤子而据疆土"（荆州为操所占）、"弃新野，走樊城""败当阳，奔夏口"之间的悖谬之处进行了驳斥。

听了张昭的驳斥，诸葛亮"哑然而笑"，进行了反驳。他先用反问直诘法予以回击，以大鹏自比，而把对方比作群鸟，从气势上镇住对方。紧接着，诸葛亮又以人患了重病应该如何调理治疗为喻，论证刘备不能与曹操硬拼的道理，隐笑张昭是庸臣误国，犹庸医杀人。然后用事例论证法针对张昭援为论据的荆州为操所占、"弃新野，走樊城""败当阳，奔夏口"三个方面进行论述，指出"弃新野，走樊城"有着不可抗拒的客观原因，"管仲、乐毅之用兵，未必过此"；荆州为操所占，"败当阳，奔夏口"是因为刘备"大仁大义"而非军事上无能。这就揭示了对方的这三个论据证明不了其论点，通过反驳对方的论证来粉碎对方的进攻。尔后，诸葛亮又援引韩信"久事高皇，未尝累胜"的史实证明"寡不敌众，胜负乃其常事"，名将用兵也不是百战百胜的道理，以韩信自比，从另一个角度为自己开脱辩护。最后，话锋一转，诸葛亮指出韩信虽然不是每战必胜，但在"国家大计，社稷安危"上，是有主见的。"非比夸辩之徒，虚誉欺人：坐议立谈，无人可及；临机应变，百无一能。诚为天下笑耳"，将矛头直刺张昭等一班主降派，使对方无法招架，取得了第一场论辩的胜利。

第二场是和虞翻的论辩。争论的焦点是：说刘备方面不惧曹军是否"大言欺人"。虞翻首先问诸葛亮对曹军浩大声势的看法。诸葛亮表示曹军乃"蚁聚之兵""乌合之众"，"不足惧也"。虞翻听了冷笑着用揭悖法点出了诸葛亮言论和行为相悖谬，指斥诸葛亮是"大言欺人"。于是，诸葛亮进行了回击。他先用反问直诘法抵住了对方的话锋（这个反问实际上是以"寡不敌众"的公理作论据证明刘备兵败当阳不足为奇，更与"惧"不相干）。然后表示退守夏口是在等待时机，而不是所谓"计穷"（即退守夏口与"惧"无关），这就通过反驳对方的论证来驳倒了对方，说明自己并非"大言欺人"。最后，用事例论证法，以对方的行为作反衬，证明刘备"真不惧曹"，从而进一步证明了自己不是在"大言欺人"，取得了第二场论辩的胜利。

第三场是与步骘的论辩。步骘想用张仪、苏秦来贬低诸葛亮，说诸葛亮游说东吴就像只会夸夸其谈的苏秦、张仪一样。诸葛亮采用间接回答的方法，以敌制敌，抓住步骘对张仪、苏秦的评价大做文章。他先用事例论证法证明"苏秦、张仪亦豪杰也"，然后又拿步骘等人听到曹操的威胁恫吓就准备投降的事实来与张仪、苏秦对比，指出步骘根本没有嘲笑苏秦、张仪的资格。因为步骘是通过贬低苏秦、张仪来贬低诸葛亮的，所以，诸葛亮为苏秦、张仪正名，实际上也就为自己正了名，说步骘没资格笑苏张，就是说步骘没资格笑他诸葛亮。真可谓"不着一字，尽得风流"。

第四场是与薛综的论辩。薛综先问诸葛亮对曹操的看法。诸葛亮直截了当地指出，曹操乃汉贼。薛综立刻反驳说，汉朝"天数将终"，曹操取得天下是"天数"使然，刘备与之争斗乃是"不识天时"。对此，诸葛亮抓住对方立论不符合中国传统道统观念的要害，给予迎头痛击。他先厉声呵斥对方"无父无君"，亮出自己的观点，继而进行论证。用公理论证法证明对方理应诛戮不臣之人，再用事例论证法证明"曹操乃汉贼"（即曹操是不臣之人），这就得出了一个暗含的结论：对方理应诛戮曹操，可现实却是对方"以天数归之"。这样，对方的立论与封建道统观念就形成了鲜明的反差，从而证明对方真的是"无父无君"，使之狼狈不堪。

第五场是与陆绩的论辩。陆绩的观点是刘备无法与曹操抗衡。理由是：曹操出身名门，是"相国曹参之后"，刘备出身低微，"虽云中山靖王苗裔，却无可稽考，眼见只是织席贩屦之夫耳"。诸葛亮对此分三步进行了驳斥。第一步用反问句点出陆绩幼年时"座间怀桔"的故事，意在回敬陆绩对刘备早年"织席贩屦"的讥讽。第二步用釜底抽薪法通过否定对方的论据来反驳对方的观点。先用事例论证法证明曹操名为"曹相国之后"，实为"曹氏之贼子"，再用揭悖法指出"刘豫州虽云中山靖王苗裔，却无可查考"的说法与"刘豫州堂堂帝胄，当今皇帝，按谱赐爵"的事实相悖谬，驳斥了刘备出身低微的说法。这样，对方论据的两个要件就被否定了，对方的论点也就不攻自破了。第三步用汉高祖与刘备类比，"高祖起身亭长，而终有天下"；刘备织席贩屦也就不见得无法与曹操抗衡，通过反驳对方的论证而完全驳倒了对方。

第六场是和严畯的论辩。严畯问诸葛亮"治何经典"，意思是要兴邦立事就要治经典，诸葛亮不治经典就没有资格在此谈论军国大事。诸葛亮运用揭悖法，通过指出严畯的言论与古代豪杰匡扶宇宙却未曾治何经典的客观实际之间存有的悖谬进行了驳斥。

第七场是和程德枢的论辩。程德枢以"儒"自居，指责诸葛亮"好为大言，未必真有实学，恐适为儒者所笑"。程德枢指责诸葛亮"未必真有实学"，也就是说他这样的"儒"才是有"实学"的。诸葛亮抓住"儒"字，用追加前提的办法将之分成"君子之儒"和"小人之儒"而分别阐释，着重讥刺"小人之儒"的所谓"实学"不过是"雕虫""翰墨"之技，又举出杨雄的例子予以证明。诸葛亮说杨雄是"小人之儒"，讥刺的正是程德枢。一顿痛斥，说得程德枢张口结舌。

从《三国演义》的进程来看，如果没有诸葛亮的干扰，曹操方应该不会大败，但东吴输也不容易，一段时间的相持是大概率事件。可以说，无论战降都有道理，而孙权的主意不定，想战又怕输，也大致中立。东吴方的劣势在于自己的身份是孙权的臣子，应对孙权负责而不是对曹操负责。诸葛亮的劣势在于自己不是孙权的臣子，所以他必然站在有利于刘备的立场而不会考虑东吴的利益。对于诸葛亮而言，还有两个劣势：其一，不能在某点上形成僵持，要么干脆利落地得胜，要么快速结束这个话题。其二，他不能把底牌在见到孙权前全亮出来。最后的结果是诸葛亮以压倒性的优势取得胜利。

诸葛亮之所以以压倒性的优势取得胜利，一是诸葛亮从心理上压倒了对方。舌战亦是心战，在这场论辩中，诸葛亮面对的是众多东吴儒士，在这种特殊的环境之中，诸葛亮具备良好的心理素质，抱有必胜的信念，在言语上表现出貌视一切对手的气概。就客观形势而论，刘备是在走投无路的情况下才与孙权联合的，他的力量也确实无法与曹操抗衡，这就给张昭等人的发难提供了依据。但诸葛亮并未因此丧失信心，乱了方寸，而是站在战略的高度，取高屋建瓴之势，对东吴诸儒表现出不屑一顾，不屑与语的轻蔑，"哑然而笑"对张昭，"厉声"喝问对薛综，调侃揶揄对陆绩，同时有理有据地给予痛击。此外，诸葛亮言辞犀利，常常结合反问、排比等手法形成无法抗拒的气势，来削弱对方的攻势，增强自己的反击力量。在这场论辩中，他运用反问达十次之多，次次都掷地有声，振聋发聩。用排比、对偶，如"甲兵不完，城郭不固，军不经练，粮不继日"，"博望烧屯，白河用水"，"不惟无君，亦且蔑祖，不惟汉室之乱臣，亦曹氏之贼子"，"耕莘伊尹，钓渭子牙，张良、陈平之流，邓禹、耿弇之辈"等都气势浩荡，夺人耳目。这些都是他信心十足的表现，都能在心理上给对方造成压力。

二是诸葛亮灵活运用了多种论辩方法。论辩的双方都不是等闲之辈，对各种论辩方法运用娴熟。举例论证、比喻论证、引用论证、对比论证、归谬反驳、反唇相讥、揭悖反驳等，比比皆是。而诸葛亮更以他渊博的知识、超群的见解、雄辩的才能以一当十，以少胜多，取得了这场论辩的胜利，从而为刘备与东吴的联合奠定了基础。

当然，文学想象终究还是想象，不能视为历史的真实。从史学的角度来看，其中的一部分内容，既没有真实性，又没有合理性。《三国演义》说在座的有二十余人，有名有姓的有张昭、顾雍、虞翻、步骘、薛综、陆绩、严畯、程秉（字德枢）、张温、骆统十人，其中顾雍、张温和骆统三个人没有发言，发言的共有七个人。我们对照史书，发现在这十个人中，至少虞翻、薛综、程秉、严畯、张温五个人是值得研究的。

虞翻（164—233），先做过富春（今浙江省杭州市富阳区）县长，后来被任命为骑都尉。虞翻作富春县长时，曹操为司空，曾聘他作掾属，他很仇视曹操，并没有去就任，扬言说："盗跖欲以余财污良家耶？"虞翻把曹操比作古代大盗"盗跖"，而把自己比作"良家"，说不能让"盗跖"用抢来的"余财"，玷污他这"良家"的清白。虞翻对曹操的看法既然是这样，怎么会像《三国演义》所写的那样，说出"今曹公兵屯百万，将列千员，龙骧虎视，平吞江夏"之类为曹操张目的话来呢？被任为骑都尉后，为人耿直的虞翻常在孙权面前犯颜谏争，孙权对他很恼火。再加上和同僚相处也不能随波逐流，得罪了不少人，受到许多诽谤攻击，因而被免官流放泾县。再后来，虞翻又被流放到交州十多年，七十岁时死在那里。我们综合虞翻的履历便可看出，别说虞翻不可能在座上，即使他当时就在座上，也不会像《三国演义》所写的那样吹捧曹操。

薛综，是沛郡（今安徽省淮北市相山区）人，少年时随同族人避难交州（今广东省广州市）。交州的当权人物士燮（137—226）于公元210年归附孙权后，征聘薛综当了五官中郎将，合浦（今广西壮族自治区合浦县）、交趾（今越南河内）太守。而诸葛亮赴东吴见孙权是在公元208年，即薛综出仕的两年前，此时薛综还在交州避难，怎么能在"群儒"的座上和诸葛亮辩论呢？即使两年以后，薛综出仕了，也是在交州当官，经常住在交州，很少回朝的。后来才调回朝中，官至选曹尚书、太子少傅。

程秉是汝南郡（今河南省平舆县）人，避乱交州，被士燮任命为长史。孙权听说他是位名儒，礼聘回吴，拜官太子太傅。孙登被孙权立为太子是公元221年，所以孙权召程秉回来任太子太傅，最早也是公元221年的事，是诸葛亮"舌战群儒"十三年以后的事。十三年以前，他还在交州，怎么能在座和诸葛亮辩论呢？

严畯是彭城（今江苏省徐州市）人，性情朴直淳厚，好对人提出忠告，总想对人有所补益。当时任骑都尉，从事中郎。孙权称帝后，曾任尉卫，出使过蜀国，当时身为蜀国丞相的诸葛亮对他很友善。从严畯的性格和修养，以及后来出使蜀国时诸葛亮对他很友善等情况来看，当时如果他在座，也不会对诸葛亮说出太尖刻的话。而《三国演义》却写他在座上说："孔明之言，皆强词夺理，均非正论，不必再言。"诸葛亮也回敬他"区区于笔砚之间，数黑论黄，舞文弄墨"等，恐怕是不符合事实的。

张温（193—230），吴郡吴县（今江苏省苏州市）人。张温任议郎、选曹尚书时，顾雍（168—243）任太常。而顾雍任太常是在公元225年，是诸葛亮到柴桑十七年以后的事。诸葛亮到柴桑那年，张温才十五六岁，还没有出仕，怎能作为"群儒"之一坐在那里呢？

另外，张昭为汉末著名文人，是孙权的辅佐要员，作为晚辈的诸葛亮，假如真与其辩论，也绝不可能使用"夸辩之徒，虚誉欺人；坐议立谈，无人可及；临机应变，百无一能"这样尖酸刻薄的词句，而张昭的反应却只是"无一言回答"。

由此可见，《三国演义》笔下的这一场唇枪舌剑，写得相当精彩，充分表现了诸葛亮的智慧、口才和应变能力。但核之史实，却是经不起推敲的。

七、子虚乌有激周瑜

小说《三国演义》中的著名桥段，除了武将们的"三英战吕布"与"大闹长坂坡"和儒士们的"舌战群儒"之外，还有一个精彩的桥段，便是"智激周瑜"。

《三国演义》第四十四回，曹操在平定北方后，不久又拿下了荆州，刘备已经被他打得到处流窜，曹操的对手就剩下年轻的孙权了。曹操亲率八十三万人马，水陆并进南下进攻江东。面对强敌压境，江东几乎所有的大臣都请求孙权投降，孙权举棋不定。孙权的母亲告诉他，孙策曾经有遗言：内事不决问张昭，外事不决问周瑜。孙权大喜，急忙召回驻扎在鄱阳湖的周瑜共商国是。

周瑜刚回来还来不及歇息，主和派的代表张昭带了一伙人来找周瑜。他们告诉周瑜这仗千万不能打，投降是上策。周瑜说道："你们说得有道理，我早就有此意。"黄盖等主战派也来找周瑜，周瑜说道："我正想与曹操决战，怎么会投降呢？"黄盖等人刚走，又来了一批人，有主战的，有说投降的，争论不休。周瑜不吭声，在旁边冷笑着。晚上，鲁肃带着诸葛亮来见周瑜。鲁肃面对周瑜慷慨激昂，要求与曹操决一死战。周瑜安慰鲁肃说：江东难保，生灵涂炭，不如投降。两人争辩不分胜负。

诸葛亮在旁边冷笑说道："曹操实力太强大了，投降是对的。"鲁肃惊讶不已，诸葛亮是来劝说孙权联合刘备共同抗曹，怎么风向突然变了呢？诸葛亮接着又说道："曹操现在新建一座铜雀台，广搜天下美女，把她们安置在铜雀台上。"周瑜说道："这跟我有什么关系？"诸葛亮又说："曹操攻打江东的目的，就是得到江东的两大美女'二乔'"。周瑜这下尴尬了，问道："此话怎讲？"诸葛亮当着周瑜的面背诵了曹操儿子曹植的《铜雀台赋》。诸葛亮故意将曹植的《登台赋》篡改为《铜雀台赋》，并把其中的"连二桥于东西兮，若长空之蝃蝀"一句篡改成为"揽'二乔'于东南兮，乐朝夕之与共"。诸葛亮一本正经地"忽悠"周瑜，暗指曹操得到江东后，便会整天抱着"二乔"游览铜雀台。"小乔"便是周瑜的爱妻，周瑜想想都会很痛苦。而诸葛亮却假装不知道小乔是周瑜的夫人。周瑜闻言瞬间被激怒，发誓与曹操势不两立。随后周瑜坚决支持孙权联合刘备共同抵抗曹操。

诸葛亮来江东就是为了让孙曹两家大战，从而使刘备从中取利。现在孙权犹豫不决而想问计于周瑜，周瑜就成了左右孙权最终决定是战是降的关键，要想使孙曹交战，诸葛亮必定要说服周瑜主战。

这是诸葛亮的高明之处，诸葛亮本来是劝周瑜主战的，但是看到周瑜一直在说主降，如果诸葛亮跟鲁肃一直说主战，最后只能是公说公有理，婆说婆有理。诸葛亮就反其道而行之，假作不知道大乔是孙策的妻子、小乔是周瑜的妻子，顺着周瑜的话，让周瑜献妻子祈降而激怒周瑜。此时的诸葛亮，抓住了人性本是自私的这一关键，让周瑜明白：如果投降，他们将会遭受曹操羞辱，家人不能保全，因此只能背水一战。杀父之仇与夺妻之恨是古人的不共戴天之仇。诸葛亮的这句话，刺痛了周瑜的神经，主战派周瑜由此坚定了抗击曹操的决心。

"东风不与周郎便，铜雀春深锁'二乔'"，杜牧的这两句诗带给后人无限遐想，人们纷纷猜测，她们到底有多美。小说《三国演义》里，罗贯中又借诸葛亮之口说出了"揽'二乔'于东南兮，乐朝夕之与共"，并由此让周瑜相信，曹操下江南就是为了"二乔"，于是立即同意了诸葛亮联合抗曹的请求。

1. 曹操到底为什么要修建铜雀台，难道真是为了金屋藏娇吗?

铜雀台在今河北省邯郸市临漳县西南。这里如今虽然名气不显，在古代却大名鼎鼎，它就是有"三国故地、六朝古都"之称的邺城。

东汉末年，群雄并起，冀州初为袁绍领地，官渡之战后曹操逐步将冀州收入囊中。在北方基本上稳固的情况下，曹操大兴土木营建邺都，以此为了根基向外发展。铜雀台、金虎台、冰井台并称三台，便是邺都建设的一部分。公元210年，铜雀台建成，气势恢宏、美不胜收。曹操非常高兴，于建成之日在台上大宴群臣，欢歌畅饮。

曹操建铜雀台是事实，但要说造铜雀台是为了江东"二乔"，可能有点冤枉他了。赤壁之战发生在公元208年，铜雀台建成在公元210年，也就是说赤壁之战前，铜雀台还没建成，最多还在建设中。曹植为庆祝铜雀台建成而作的《登台赋》创作于公元212年。

历史上的曹操不但是个枭雄，还是个文化人，写的一手好字，能吟好诗。但他的好色颇为人诟病。和用人不拘一格一样，曹操对女人也是全凭个人喜好，不顾世俗道德束缚。曹操一生妻妾十数人，大部分是他人妻、妾或寡妇。如曹操看上了张绣的婶婶，引得张绣造反，损了自己的儿子曹昂、侄子曹安民和大将典韦，差点连自己的小命都保不住。还有秦朗的娘、曾跟过吕布的杜氏等等。客观地说，假如赤壁之战曹操胜了，他还真有可能将"二乔"收入房中。

当然，金屋藏娇只是可能，却并非曹操建造铜雀台的主要目的。据史料记载，有天半夜，曹操梦见金光拔地而起，第二天派人从那里挖出了一只铜雀。荀攸为曹操解惑说古有舜母梦见玉雀入怀而生舜，今曹公得铜雀，乃大吉之兆。曹操大喜，于是下令建造铜雀台。实际上，曹操建铜雀、金虎、冰井三台，有其政治目的。古代天子才可以有灵台、时台、囿台，以观天文、四时、鸟兽鱼鳖等，诸侯不得观天文。也就是说，曹操建三台是向世人表明其代汉自立之心。

另外，曹操将邺城作为大本营，都城的防御就变得更加重要。铜雀台等三台这种高大的台式建筑，居高临下，本身就带有极强的军事功能。铜雀台上可以俯瞰整个邺城，对邺都的防御具有非常重要的作用。台上可储大批军械、物资，以备不时之需，而且三台之间有二桥相连，彼此呼应。在冷兵器时代，要攻下这样的高台是比较困难的。

说完了跟周瑜的妻子没有任何关系的铜雀台，再来介绍一下"二乔"。

"二乔"在历史上确有其人，她们姓桥而不姓乔。《三国志·吴书·周瑜传》记载，公元198年，孙策欲取荆州，以周瑜为中护军、领江夏太守，合军西进占领了皖城，"时得桥公两女，皆国色也。策自纳大桥，瑜纳小桥"。在裴松之《三国志注》引《江表传》中记载："策从容戏瑜曰：'桥公二女虽流离，得吾二人作婿，亦足为欢。'"她们的故事在史料中也就只有这寥寥数笔，并没有后世传说中那样精彩。在真实的历史上，大乔、小乔姐妹并没有后世臆想的那样重要，她们和那个时代所有的女人一样，只是男人故事里的小小符号而已。那个时代，江东"二乔"算是幸运的女人了，嫁得如意郎君，不知让江东多少女子羡慕。

大乔的夫君是孙策，本来她的一生，如画卷一样美丽，和她的容貌一样。如果一切顺利，她本来可以是东吴的皇后，以后的太后，东吴最尊贵的女人。可惜孙策早早地亡故，因为这一变故，她成了寡妇，失去的不只是丈夫，还有所有的荣光。她的儿子太小，战时国赖长君，小叔子上位。她只得带着儿子，退于幕后，万丈荣光，此后与她无缘。她的历史终结于孙策的历史，此后再无人提及。

小乔嫁了周瑜，还好一起度过了十多年的岁月，周瑜一生戎马，为了孙家的天下，出生入死。他与孙策的兄弟情，与孙权的君臣义，令人敬佩。可是夫妻间注定聚少离多，相思如水。只是能仰望他也好，多少人爱慕周郎，曲有误为得周郎一顾。小乔是离周瑜最近的人，看见他是如何殚精竭虑，为了东吴的天下，搭了一生的年华。战事起落，忽而喜，忽而恼，周瑜是性情中人，不能云淡风轻，注定了苦心挣扎。她懂他，她敬他，相守的岁月，是今生的云霞。周瑜病故，她和姐姐一样成了寡妇，她的名字也在周瑜故去时，退出了舞台。江东"二乔"，可能和无数个因战乱失去丈夫的女人一样，此后岁月年年中，只余悲凉，余生艰辛地活下去。

2.周瑜决定迎战曹操，到底是谁的功劳呢？

公元208年初冬，亲临荆州前线的孙权在柴桑接待了诸葛亮之后，已经到了江陵的曹操送信给孙权，信中威胁说："近者奉辞伐罪，旌麾南指，刘琮束手。今治水军八十万众，方与将军会猎于吴。""会猎于吴"，表面上要孙权让出自己的狩猎场跟曹操"共享"，可言下之意就是劝降孙权了。"会猎"一词，固然是曹操身为文学家所特有的雅致，实际上更呈现了曹操拥众压境、目空一切的自信。江东上下十分惊恐。

以张昭为首的朝臣被吓破了胆。张昭认为，实力悬殊，江东只有迎降曹操才是唯一的出路。本来孙权对战胜曹军就缺乏信心，他"拥军在柴桑，坐观成败"，看着刘备被曹操追得团团转，没有打定主意，投降派的议论更把他搞得举棋不定。此时，力排众议，主张抵抗的是鲁肃。鲁肃用自己举例：我鲁肃要是投降曹操的话，曹操一定会按照我在家乡评定的品级，分派我担任州官或者郡官。他指出，如果孙权投降曹操，曹操会因为无法安置而不能容忍他。孙权听了鲁肃的话，叹息道："此诸人持议，甚失孤望；今卿廓开大计，正与孤同，此天以卿赐我也。"与此同时，鲁肃向孙权推举杰出的军事家周瑜担任抗曹主帅。当时周瑜奉命出使鄱阳，未在江东。鲁肃请求急速将他召回，作抗曹的军事准备。孙权接受了抵抗派鲁肃的建议，将受命去鄱阳的周瑜，召回商讨对策。

周瑜一到达柴桑，便力挽狂澜。针对"迎曹"派的观点向孙权表达了自己的看法。在周瑜看来，东吴有以下几方面的优势。第一，政治上的优势：曹操名为汉相，实是汉贼。抗击曹操，名正言顺。第二，军事上的优势：主要表现为曹操有四个方面的致命弱点和困难。一是后方不稳；二是北人不习水战；三是北人不适应南方水土，容易发生疫疾；四是曹操违犯兵家作战的大忌，不顾后果，贸然用兵。孙权闻言大喜，对周瑜说："老贼欲废汉自立久矣，徒忌二袁、吕布、刘表与孤耳。今数雄已灭，惟孤尚存，孤与老贼，势不两立。君言当击，甚与孤合，此天以君授孤也。"为了表达自己的决心，拔刀砍去奏案的一角，警告群臣说："谁再敢说迎降曹操的话，下场就和这个案桌一样。"周瑜主战与否，跟诸葛亮没有任何关系。

因此，不但"舌战群儒"纯属虚构，"智激周瑜"也是子虚乌有。

八、草船借箭东南风

小说《三国演义》第四十六回脍炙人口的经典故事"草船借箭"，说的是周瑜欲害诸葛亮，故意让诸葛亮在三日内造出十万支箭。诸葛亮算定三日后有大雾，乘草船带鲁肃前去曹营水寨，曹操下令放箭，十万支箭全部射在了草船上。这个故事，罗贯中写得引人入胜，其中有算计，这是悬疑；也有计谋，这是神机妙算；当然也有诸葛亮洞悉人心，以意想不到的方式达到了目的，免于处罚，还让对方心服口服。因此，草船借箭的故事有着广泛的受众，可以说是妇孺皆知，以至于很多人都认为草船借箭确有其事，而且就是诸葛亮主导的。

1.历史上真有"草船借箭"一事，但主要人物并非诸葛亮，而是孙权

先来交代一下"草船借箭"故事原型的发生地——濡须口。

濡须口是古巢湖出水口，雄关锁钥，地理位置险要，位于今安徽省合肥市代管的巢湖市东南银屏镇锥山村境内。《无为县志》记载："巢湖水向东南流，经七宝、濡须两山对峙间，以口名之，即濡须口。"此口相传为夏禹治水时所凿，巢湖水由此出口，经古濡须水通达长江。濡须山在东，七宝山在西，山势壁立险峻，夹岸对峙如门阙，濡须水冲关而过，是个天然的关隘与南北间的咽喉地带。另据南宋《舆地纪胜》载，濡须山与七宝山隔水对峙，山势险峻挺拔，濡须水从两山脚下湍流穿过，是历来兵家重兵争夺的险要之地。濡须山在今安徽省马鞍山市含山县境内，七宝山在今安徽省芜湖市代管的无为市境内，两座山所在的位置，至今仍是含山、无为与巢湖三地之间的结合部。

濡须口西侧的七宝山上有巨石，汉末三国时曹魏占此山为西关立栅建营，以拒东吴。濡须口东侧的濡须山山形似龟，又称为东龟山，与七宝山相对。汉末三国时期，曹魏与孙吴围绕此关口进行了长达四十年的激烈争战，孙权接受吕蒙建议在濡须口之东建濡须坞，三面环山，一面临水，形似半月，又叫"偃月城"，是为东关，以抗曹操；曹操在濡须口西侧的七宝山上立栅筑寨以拒孙权，是为西关。曹操四越巢湖而不过的历史典故，使南宋词人姜夔留下"却笑英雄无好手，一篙春水走曹瞒"的名句。

公元211年，孙权决定将都城从京口（今江苏省镇江市）徙至秣陵（今江苏省南京市）。这标志着孙权势力范围的政治中心向西移动，开始向长江中游发展。孙权清醒地认识到，赤壁之战中遭到惨败的曹操一定会再来伐吴。当时，含山、无为已经属于东吴。曹操要渡江伐吴，必定要从巢湖，经濡须口，进入长江。如果濡须口不保，长江岸防就会门户大开，魏军就可以随时直逼都城建业。公元212年，孙权一面迁都秣陵，一面派兵在濡须口之东建濡须坞（东关）。

与此同时，在经历了赤壁之战的大败后，经过几年的休整，曹操也开始在淮河以南同孙吴势力展开争夺。曹操也清醒地认识到，巩固江淮地区这条战略防线的重要性，如果合肥、庐江、巢湖一线失守，那么其势力就要退到淮河以北。这样魏吴双方都把目光聚焦到东关濡须口，长达40年的魏吴濡须之战由此拉开了序幕。

公元212年冬，曹操平定关中后，解除了后顾之忧，便决定对孙权用兵。公元213年春，曹操以张辽、臧霸为先锋，号称有40万人，进军濡须口，俘获都督公孙阳。孙权带领七万大军来迎战，双方在濡须坞对峙，这就是历史上的濡须之战。

交战之初，曹操派水军"作油船，夜渡洲上"。孙权也派出水军迎战，并取得了大捷，"得三千余人，其没溺者亦数千人"。孙权仗着自己的水军优势，不断向曹操发出挑战，曹操下令军队坚守不出，因此双方进入相持阶段。

为深入了解曹操军队的情况，孙权决定前去探查一番。于是在一个雾天，孙权乘坐一艘大船，"从濡须口入公军"，来探查曹军的情况。

此后的情节有两个不同版本的记载。

先说第一个版本。

据裴松之《三国志注》引《吴历》记载，当曹军得知有一艘大船前来时，诸将们以为是来挑战的，纷纷主动请缨出战。曹操却对诸将说："此必孙权欲身见吾军部伍也。"然后他下令"军中皆精严，弓弩不得妄发"，也就是说不让人放箭。孙权的大船在曹军面前走了五六里路之后，才扬扬得意地返回了。孙权走的时候还向曹军击鼓奏乐。所有这些都被曹操看在眼里，他叹息道："生子当如孙仲谋。"

《吴历》的这个版本虽然跟草船借箭没什么关系，但把孙权描述得非常英勇，敢只身到曹操的营寨前，也显得曹操实在是太过于谨慎了，可是在裴松之《三国志注》引《魏略》里对这一段的描述就发生了很大的改变。

"权乘大船来观军，公使弓弩乱发，箭著其船，船偏重将覆，权因回船，复以一面受箭，箭均船平，乃还。"意思是说孙权乘坐的船是大船而不是轻船，这一下就把孙权的气势给降下来了。曹操一看是孙权来了，立刻命人万箭齐发，不一会儿孙权的船就因为箭矢太多而发生了倾斜。于是孙权立刻命令掉转船头，另外一边也插满了箭，船终于平衡，孙权这才回到营地。

此时春雨逐渐多了起来，气候开始对曹军不利，孙权给曹操写了一封信，"春水方生，公宜速去"，同时还附带一张小纸条，上面写着"足下不死，孤不得安"。曹操看完信后，对诸将说："孙权不欺孤也！"之后，命令全军撤退。这就是历史上的第一次濡须之战，草船借箭的历史原型也源于此。

由此可见，不同的史书记载都是站在不同的角度来看待这个事件的，这也导致事情的真相没那么容易分辨。在我看来，还是《魏略》的说法更有道理。因为在绝对的实力面前，一切计谋都显得无力。孙权只来了几艘船，即使有问题，曹操这边万箭齐发也是正确的选择，毕竟曹操不出战，孙权也玩不出什么花样来，下令射箭才真的符合曹操的性格。这其实跟诸葛亮一点关系也没有。

在当时，孙权带兵前往侦察曹军大营，却得到了与《三国演义》中草船借箭类似的效果，可以说是歪打正着。而曹操也借由此次事件，看出了孙权的勇气与带兵能力，从而退兵，避免了又一场"赤壁之役"。通过《三国演义》，我们看到的是一场精心谋划的草船借箭；而翻阅史书《三国志》，我们看到的是一场无心插柳的草船借箭。两者的目的不同，却有着相似的结果，草船借箭只不过是小说家的牵强附会，但是《三国演义》中的描述实在太精彩了，这才让大多数人认为这是诸葛亮所为。

透过《吴历》和《魏略》的记载可知，历史上不存在所谓草船借箭，既没有草船，也不是为了借箭。只是读书破万卷的罗贯中在裴松之《三国志注》引《吴历》和《魏略》的记载里，发现了这个故事的趣处，便采用移花接木的手段，从曹操和孙权之间，转移到曹操和诸葛亮之间。一方面是为了增加故事的趣味性，另一方面也是对刘备阵营的褒扬和保护，让人觉得刘备阵营猛将威武，谋士神机妙算。

2."借东风"故事的真伪

《三国演义》第四十九回，主要描写诸葛亮为了治愈周瑜的心病，称自己能够借来东南风，在七星坛上祭拜整日，终于刮起了东南风。黄盖前往赤壁，程昱提醒曹操防诈防火，文聘往阻黄盖而不得，中旗被风吹倒，南船俱下，火烧北船，曹操八十三万大军损伤大半。曹操被张辽救下小船。黄盖追之，被张辽射中肩窝，翻身落水。

俗话说，"万事俱备，只欠东风"。没有东南风，便没有孙刘联军赤壁之战的辉煌胜利。曹操兵败乌林，直接原因无疑是遭到火攻。

在赤壁大战的过程中，诸葛亮并没有参与具体的兵力部署和前线作战，自然也就谈不上去东吴"借东风"了。《三国志·吴书·周瑜传》中说："时风盛猛，悉延烧岸上营落。顷之，烟炎张天，人马烧溺死者甚众。"这就说明当时是风借火势、火借风威，将曹军杀败。这个故事就是人人都知道的"火烧赤壁"。什么风向呢？《三国志·吴书·周瑜传》中没有交代，但在裴松之《三国志注》引《江表传》中却有明确记载："时东南风……火烈风猛，往船如箭，飞埃绝烂，烧尽北船，延及岸边营柴。"裴松之《三国志注》引《江表传》告诉后人，风向是东南。以上记载证明，曹操的失败确与当时风向有着密切的关系。

西北风盛行的冬季，何来如此猛烈之东南风？实在令人费解。"羽扇纶巾，谈笑间，樯橹灰飞烟灭"，如此重大的事件，竟然没有一个合适的解释理由，总归是令人遗憾的。于是乎，《三国志平话》便有了"诸葛祭风"之说："有天地，三人而会祭风：第一个轩辕黄帝，拜风侯为师，使风降了蚩尤。又闻舜帝拜皋陶为师，使风困三苗。亮引收图文，至日助东南风一阵。""诸葛披着黄衣，披头跳足，左手提剑，叩牙作法，其风大发。"

时至今日，世人皆知诸葛亮借东风之说为虚妄，便开始寻求科学之解释。

赤壁之战发生的建安十三年（208）有闰十二月。按陈寿《三国志》、袁宏《后汉纪》皆曰赤壁之战发生于该年十二月。据《中华两千年历书》可知，"十二月壬午朔，闰月壬子朔，大寒辛亥在十二月晦日，雨水壬午在正月朔日"。建安十三年农历十二月、闰十二月的公历对应时间分别是：公元208年12月25日—公元209年1月23日，公元209年1月24日—2月21日。闰十二月十五丙寅立春，即公元209年2月7日。由此可以看出，建安十三年的闰十二月，已经进入赤壁之战发生地区的初春季节，东南风的出现毫不奇怪。

还需要注意的是，赤壁之战时发生的东南风向与湖陆风有关。

火攻有内发、外发两种。内发与风向关系不大，只要有风，且干燥时节便可；外发则与风向关系很大，因为必须在上风放火。

从赤壁战前双方隔江对峙的情况看，曹军在西北岸，孙刘联军在东南岸，周瑜没法派人绕到曹军背后去放火，即使火起，也无法逆风顶火发起进攻。所以，对东南风的依赖，成为此战役的关键因素。根据当时的气象预报水平，要准确预报今后数日内起风的日期、时辰、风向、风力的具体数据，恐怕是不太现实的。某些论者将后代人开始掌握的气象预报技术，赋予诸葛亮或周瑜，离客观事实不免相去甚远。

既然大的气候背景下的东南风没有办法确切掌握其规律，就不能令三军将士日日夜夜整装待发，等候不知何日何时才会出现的东南风。否则，几天几夜下来，部队还等不到足够强劲的东南风出现时，战斗力已经大打折扣。当年黄盖向周瑜建议"今寇众我寡，难与持久。然观操军方连船舰，首尾相接，可烧而走也"，一副胸有成竹的样子，对东南风问题似乎没有丝毫忧虑。作为战役决策者，必须对发起战役会战的各种条件做到心中有数，有一定的把握，才能制订具体方案。尤其是在敌众我寡的情况下，不能碰运气，将赌注押在若有若无、不知何时出现的"东南风"上。周瑜并非轻率从事之人，他决定采用火攻方式向曹军发动关键性的总攻，必然基于他对赤壁、乌林一带地形、气象等相关因素的掌握。从这个角度考虑问题，与当地地形有密切关系的湖陆风，可能是火攻时"东南风"的重要因素。

由于水域和陆地之间热力性质的差异，造成了水陆之间的温度梯度，进而造成了水间气压梯度的存在：白天水域上形成高压，陆地上形成低压，夜里则相反。因而白天气流从水域吹向陆地，分别称为海风、湖风或江风；夜间气流从陆地吹向水域，统称陆风。洞庭湖、鄱阳湖存在湖陆风，长江上有江陆风，长江口上海市、瓯江口温州市等东南滨海城市均有海陆风的存在。

综上所述，周瑜决定火攻乌林时，所依托的"东南风"，既非诸葛亮"借"来的，也非苦苦等来的。总攻决策依靠的因素，最大可能是湖泊地区长年流行、经常会出现的地域性湖陆风。周瑜数次进入江汉地区作战，熟悉这一带的天时地利。周瑜麾下的甘宁，在荆州江夏太守黄祖手下供职数年。更不必说刘备、刘琦麾下熟悉该地情况的人才了。而且，两军隔江对峙亦有一段日子，风向东南的湖陆风，应该已经遇到过。从《三国志》"时风盛猛"与《江表传》"东南风急"两语看，似乎当时的风力还不小，很有可能是遇到了与陆风（东南风）方向一致的系统风（大气象环境出现的风，非局部地域性风）的支持。

湖陆风的规律是由弱到强，由小逐渐增大，因而说"湖陆风盛行的日子是在本地气压场发生大的转变之前"，接近转变前夕，风力达到极盛阶段；"当一大的天气系统到来时，湖陆风即行消失"。冬天时的东南风，即东南暖湿气流，往往出现在寒潮从盛到衰之后，正是在以寒冷为表征的大的天气系统出现衰减时，地域性的湖陆风开始出现，并逐渐增强，在以暖湿为标征的大的天气系统出现前夕达到极盛。"火攻乌林"，盖发生在这样的天气背景之下。

所以，东风并不是诸葛亮借来的，"诸葛亮借东风"的故事也是艺术虚构的。只是罗贯中巧妙地把东南风和诸葛亮结合到了一起。至于为何结合到一起，罗贯中希望为这场战役融入更多的情感。当曹操大兵压境，皆以为必败之时，诸葛亮以他大无畏的勇气和智慧，激励了东吴将士们的斗志。令人闻风丧胆的西北风，顿时转换成了"大义凛然"的东南风。所以在那样危急的历史关头，东南风其实象征着一种被正义鼓舞的勇气，一种敢于以弱敌强的力量。

九、真真假假取四郡

赤壁大战之后的公元209年，已经在荆州站稳脚跟并迅速开始了军事扩张的刘备，与周瑜在南郡共攻曹仁，迫使曹仁龟缩在江陵城。因江陵城坚固，一时难克。趁着周瑜攻取南郡、孙权攻打合肥无暇分身之际，刘备又表刘琦为荆州刺史，率众主动出击，风卷残云、如入无人之境一般，南征荆南四郡

（长沙、桂阳、零陵、武陵）。

　　小说《三国演义》的第五十二、五十三两回中，刚刚加入刘备集团的谋士马良在见到刘备后指出："荆襄四面受敌之地，恐不可久守。可令公子刘琦于此养病，招谕旧人以守之，就表奏公子为荆州刺史，以安民心。然后南征武陵、长沙、桂阳、零陵四郡，积收钱粮，以为根本。此久远之计也。"随后，马良又向刘备指出，"湘江之西，零陵最近，可先取之；次取武陵。然后湘江之东取桂阳；长沙为后"。马良献策之后，刘备与诸葛亮具体制订了南征的方案，秋风扫落叶般平定了荆州以南的四郡：第一站，孔明妙计取零陵，出兵一万五千人，张飞为先锋，赵云合后，孔明、玄德为中军；第二站，赵云孤胆得桂阳，出兵三千人，赵云领兵；第三站，张飞暴喝夺武陵，出兵三千人，张飞领兵；第四站，关羽骁勇战长沙，出校刀手五百人，关羽领兵。

　　相较于平零陵、定桂阳、收武陵三战而言，取长沙不但是小说《三国演义》中荆南四郡攻略的重头戏，而且也由此衍生出了著名京剧名角周信芳（1895—1975）主演的《战长沙》。

　　在小说《三国演义》的第五十三回中，诸葛亮提醒关羽，"今长沙太守韩玄，固不足道，只是他有一员大将，乃南阳人，姓黄，名忠，字汉升，是刘表帐下中郎将，与刘表之侄刘磐共守长沙，后事韩玄，虽今年近六旬，却有万夫不当之勇，不可轻敌。云长去，必须多带军马"。对于诸葛亮的善意提醒，关羽不但并未听从，反而狂妄地叫嚣，"军师何故长别人锐气，灭自己威风？量一老卒，何足道哉！关某不须用三千军，只消本部下五百名校刀手，决定斩黄忠、韩玄之首，献来麾下"。最终的结果，长沙之战在四郡攻略战中表现得最为艰难。关羽和黄忠三次对阵难分胜负，最后若非魏延相助，关羽一时恐怕还拿不下长沙。但也正是因为关羽和黄忠的精彩对阵，才使得取长沙在四郡攻略战中最为精彩，也最让人难以忘怀。

1.马良、刘备与诸葛亮设计的取荆南四郡的故事，到底是真是假呢？

据《三国志·先主传》记载，"先主表琦为荆州刺史，又南征四郡。武陵太守金旋、长沙太守韩玄、桂阳太守赵范、零陵太守刘度皆降"。《资治通鉴》也记载："刘备表刘琦为荆州刺史，引兵南徇四郡，武陵太守金旋、长沙太守韩玄、桂阳太守赵范、零陵太守刘度皆降。庐江营帅雷绪率部曲数万口归备。备以诸葛亮为军师中郎将，使督零陵、桂阳、长沙三郡，调其赋税以充军实；以偏将军赵去领桂阳太守。"

由此可以看出，马良、刘备与诸葛亮设计的取荆南四郡的故事，不但是真的，而且其中的过程，异常顺利。马良、刘备与诸葛亮设计的取荆南四郡的进展，为什么会如此顺利呢？

第一个方面的原因是刘琦的作用：曹操在赤壁大战中败北之后，刘备马上上表朝廷举荐刘琦为荆州刺史。因为刘琦是刘表的长子，由他出任刺史重新统治荆南四郡，本身就是顺理成章之事。与此同时，对于荆南四郡的太守们而言，刘琦和刘备当然比孙权更容易让他们接受。所以，刘备打着刘琦的旗号，基本上没费什么劲就拿下了荆南四郡，没过多久，刘琦就病死了，荆南四郡自然就是刘备的了。

第二个方面的原因是刘备时机抓得好：曹操新败于赤壁，暂时无暇南顾；周瑜攻取南郡、孙权攻打合肥，更是无暇分身。先来了解一下南郡之战。

赤壁大战失利之后，曹军伤亡过半，曹操回到江陵后，恐赤壁失利而使后方不稳，立即自还北方，留曹仁、徐晃等继续留守南郡（今湖北省江陵市），文聘守江夏，而后委任乐进守襄阳、满宠代理奋威将军，屯于当阳。此时，南郡成为周瑜的下一个进攻目标。

赤壁大战之后，周瑜、程普、刘备等人离开赤壁向西追击，对南郡发起反攻。由于在此前的赤壁大战中，"遣兵给军"，益州牧刘璋向曹操示好，所以周瑜先派大将甘宁进攻夷陵。甘宁顺利拿下夷陵之后，又被曹仁派出的援军包围，甘宁被迫向周瑜求援。吕蒙献计，只留凌统与曹仁对峙，主力迅速到夷陵救甘宁，另外再分兵在曹仁军队的归路上设置障碍物，迫使他们弃马步行。周瑜采纳了吕蒙的计策，率军支援甘宁击退了曹军。随后，孙刘联军趁势渡江，正式进攻南郡郡治江陵，双方在江陵城下开始长期的拉锯战。为了鼓舞士气，周瑜亲自督军作战，结果被箭射中右肋。在坚持了近一年的时间后，曹仁放弃江陵撤退，周瑜成功拿下南郡郡治江陵。

地处长江中上游的南郡，既是江东的西大门，又是通向益州的必经之路，战略地位远比荆南四郡重要多了，所以周瑜把主攻方向放在了南郡，暂时无法顾及荆南四郡，这就给了刘备机会。刘备取荆南四郡，从战术角度说，也是在帮进攻南郡的周瑜缓解压力。毕竟荆南四郡在政治上已经跟刘琮一起归附曹操，而周瑜的主力又在江陵前线撤不出来。所以周瑜是无奈同意了刘备取荆南四郡的。当然，此时的周瑜并不认为刘备取荆南四郡会很顺利，但没有想到江陵如此难打。

再来了解一下合肥之战。合肥的地理位置非常重要，曹魏与东吴曾于公元208—253年间在此地先后爆发过6次冲突（双方均无功而返，其中公元215年、253年这两次是东吴兵败而逃），与刘备取荆南四郡的背景相关的是第一次合肥之战。

曹操赤壁大败后，其主力仍驻扎于荆州北部。公元208年年底，为开拓西、北两边战线，孙权亲自率部进攻合肥，另派张昭进攻当涂。在孙权攻城逾月之后，经历了赤壁之败的曹操率军从荆州返回，并派将军张喜带兵解围，但援军久而未至。至公元209年春，经历了一百天攻击的合肥城仍然久攻不下。此时，恰逢阴雨连连，城墙将崩。守军以草和棕榈叶补上城墙，夜晚则点火照亮城外，观察敌人行动以作防备。另外，张喜援军仍未到达，别驾蒋济便向刺史献计，伪称四万援军已到附近，派主簿假扮迎接张喜，并命三个使者分别携带信件告诉城中众将领，一件得以传送入城，两件被贼兵得到。孙权得信后，相信曹军会有四万人来救，便临阵撤退，合肥之围得解。

2.刘备取荆南四郡的过程与小说《三国演义》的叙述有哪些不同之处呢？

第一，关于取荆南四郡的战略规划的提出。正史中并没有提及这一军事行动的决策过程，更没有提及取荆南四郡的建议者为何人。但根据身为荆州本土人士、熟悉荆州境内情形的马良恰是在此战前后的公元209年受到时任荆州牧刘备的征召，担任了州从事职务的这一现实，小说《三国演义》把取荆南四郡的建议者安排在马良身上，虽然没有具体的史料支撑但也符合正常的逻辑推理。

第二，关于取荆南四郡的过程。《三国志·先主传》和《资治通鉴》的记载都非常简单，加上标点符号也不过四十几个字而已。小说《三国演义》则用了大约一个半回合的篇幅，浓墨重彩地描绘了刘备集团攻取荆南四郡的过程，也相应地虚构和增加了包括关羽战长沙在内的不少精彩情节。

对于小说《三国演义》的这些相应地虚构和增加的情节，有一些是值得肯定的，比如赵云定桂阳。

在小说《三国演义》中，被安排在取荆南四郡第二战的桂阳之战前夕，桂阳太守赵范本欲投降，却遭到了其部将陈应、鲍隆的反对。陈应、鲍隆出城与赵云交战战败后，赵范开城门投降，先与赵云结拜为兄弟，然后又欲将自己的寡嫂许配给赵云，赵云断然加以回绝。此后的赵范，仍然被刘备任命为桂阳太守。

《三国志·赵云传》中，对攻取桂阳的过程并没有详细的记载。但裴松之《三国志注》引《云别传》中对赵云拒婚这一插曲倒是有所提及："（赵云）从平江南，以为偏将军，领桂阳太守，代赵范。范寡嫂曰樊氏，有国色，范欲以配云。云辞曰：'相与同姓，卿兄犹我兄。'固辞不许。时有人劝云纳之，云曰：'范迫降耳，心未可测；天下女不少。'遂不取。范果逃走，云无纤介。"在这里，我们可以看到，赵云拒婚之后事态的发展，裴松之《三国志注》引《云别传》的记载是"范果逃走，云无纤介"，而小说《三国演义》的叙述则是"仍令（赵范）为桂阳太守。"

结合《三国志·赵云传》和裴松之《三国志注》引《云别传》的相关记载，基本可以确定，赵云的确参与了攻取桂阳的战役，此战之后，赵云代替赵范担任桂阳太守。而关于赵范与赵云结拜为兄弟一事，一是于史无据，二是桂阳郡郴县（今湖南省郴州市）人赵范绝非赵云的同乡。

与确有此事的赵云定桂阳相比，被小说《三国演义》浓墨重彩地安排在取荆南四郡最后一战的取长沙，虽然不知道到底有哪些人参与，但可以确定的是，取长沙在正史上很有可能只是一次普通的攻略战，而且此战役也绝非关羽所为。而魏延是否在此战役前后加入了刘备集团，正史上也没有明确记载。《三国志·蜀书·魏延传》只是记载魏延"以部曲随先主入蜀，数有战功，迁牙门将军"。这一时间节点，大致应当是公元211年前后。至于公元209年刘备取长沙之战时，魏延是否也在长沙，是否和黄忠同一时间加入刘备集团，史无所载。而小说《三国演义》中被魏延杀死的长沙太守韩玄，既非曹操属下韩浩的兄弟，也未被魏延杀死，而是最终归顺了刘备，仍然担任长沙太守，但受讨虏将军黄忠管辖，成为蜀汉的官员。小说《三国演义》关于刘备集团取长沙的描述，只有老将黄忠的那部分是比较符合正史记载的。《三国志·黄忠传》记载："黄忠字汉升，南阳人也。荆州牧刘表以为中郎将，与表从子磐共守长沙攸县。及曹公克荆州，假行裨将军，仍就故任，统属长沙太守韩玄。"

收武陵之战在小说《三国演义》中的戏份最少，且被划为反面人物的武陵太守金旋，无论是出场还是退场都略显仓促，但与荆南四郡的其他三位太守相比，武陵太守金旋在正史的记载还算是最多的。根据裴松之《三国志注》引《三辅决录》的记载，金旋字元机，京兆人，传为汉武帝刘彻时的大臣金日磾之后，东汉末年任武陵太守，刘表部下，有一子金祎。但关于金旋的结局，《三国志·先主传》记载："先主表琦为荆州刺史，又南征四郡。武陵太守金旋、长沙太守韩玄、桂阳太守赵范、零陵太守刘度皆降。"这段记载表明金旋最终投降了刘备。而裴松之《三国志注》引《三辅决录》记载："金旋字元机，京兆人，历位黄门郎、汉阳太守，征拜议郎，迁中郎将，领武陵太守，为备所攻劫死。"很明显，这段记载表明金旋最终还是为刘备所杀。小说《三国演义》中金旋被杀的结局即源于此。金旋最终的结局到底是"降"还是"为备所攻劫死"？很大的可能，是金旋投降之后又试图反水，最后才"为备所攻劫死"。

按《三国演义》的安排，刘备集团攻取荆南四郡的第一个目标即零陵郡。由于平零陵是攻取荆南四郡行动的第一战，刘备亲自统军，诸葛亮随行，张飞、赵云皆随同出征。零陵太守刘度之子刘贤不服，当即率领零陵将军邢道荣迎战刘备军。但刘贤、邢道荣自然难敌诸葛亮的计谋和张飞、赵云的勇武，一番交战，邢道荣阵亡，刘贤被生擒，刘度开城投降，刘备军很轻易地就拿下了零陵郡。需要注意的是，正史中对刘备攻取零陵的过程并无详细记载，亦只提及了零陵太守刘度之名，并无刘度之子刘贤以及零陵将军邢道荣的任何记载。

《三国演义》对刘备攻取荆南四郡的描写，先是刘备、诸葛亮、张飞、赵云平零陵，然后是赵云定桂阳，再后来则是张飞收武陵，最后才是关羽取长沙。

3.关于刘备攻取荆南四郡的先后策略问题

毫无疑问，不管这个先后策略是马良提出的也好，抑或是诸葛亮建议的也罢，都是完全不符合现实的。

荆南四郡最靠北的相连两郡，即武陵郡与长沙郡，地处江汉平原；而零陵郡和桂阳郡，则均处于武陵郡和长沙郡之南。所以，刘备南下取荆州四郡的合理征伐路线应该是从荆州南下，首取距离最近的武陵郡，然后锋转东南攻取长沙郡，再以武陵、长沙为依托和后盾，南下攻取桂阳郡，最后向西攻取零陵郡。

而按照《三国演义》所说，刘备、诸葛亮大军居然"突破"了武陵、长沙的重重防守，毫无阻碍地"空降"到了地处最南端的零陵，然后再由南向北进攻，这就不是"南征"而是"北战"了，属于完全不现实的南辕北辙之举。

当然，《三国演义》之所以如此安排，应该是《三国演义》的作者对于荆南四郡的地理位置完全不熟悉所致。

4.关于刘备攻取荆南四郡的参战人员问题。

按照《三国演义》所说，刘备、诸葛亮、张飞、赵云都参与或部分参与了相关战役，但事实并非如此。正史中攻取荆南四郡的只有刘备、诸葛亮和赵云三人，关羽和张飞并未参战。那么，关羽和张飞二人当时去了哪里呢？我们先来看看史料中的相关记载：

《三国志·李通传》记载："刘备与周瑜围曹仁于江陵，别遣关羽绝北道。通率众击之，下马拔鹿角入围，且战且前，以迎仁军，勇冠诸将。"裴松之《三国志注》引《吴录》记载："备谓瑜云：'仁守江陵城，城中粮多，足为疾害。使张翼德将千人随卿，卿分二千人追我，相为从夏水入截仁后，仁闻吾入必走。'"

结合上述两段史料，我们可以知道，赤壁之战后，战败后退回北方的曹操还是在长江以北的南郡、南阳郡、江夏郡北部，设置了多道防线：曹仁守江陵，满宠守当阳，乐进守襄阳，徐晃守樊城，李通守汝南。南郡之战前后持续一年多的时间，从公元209年一直到公元210年，双方都打得很艰难。此时的刘备把张飞和1000人马借给了周瑜，协助他攻打南郡。与此同时，刘备还提出了一个大胆的构想，那就是让关羽带兵去阻断曹仁的退路——绝北道，至少要在江陵城北边制造障碍，不让曹仁那么快跑路。

刘备派遣关羽"绝北道"的目的，并不是真的要阻断曹仁的归路，而是要让曹仁知道自己的归路正在被阻断，这么一来曹操集团必然要采取措施营救曹仁。按照《李通传》的记载，营救曹仁的李通和关羽"绝北道"的军队相遇后，还能够且战且进，这就说明关羽的军队在且战且退，虽不能说是大败，至少是有点儿顶不住的。为阻挡李通的前进步伐，关羽还特地让士兵们砍了一堆树，做成鹿砦阻挡李通的进军。可见正面较量，关羽这支军队已无法轻而易举地阻挡李通了。

另据《三国志·文聘传》记载："与乐进讨关羽于寻口，有功，进封延寿亭侯，加讨逆将军。又攻羽辎重于汉津，烧其船于荆城。"我们由此可以看出，文聘跟着乐进曾经在寻口击败过关羽，而且又在汉水烧毁了关羽的战船。由于关羽在夏口训练水军有很多年的经验，是刘备集团为数不多的水军统帅。所以此时的关羽应该是带着水军去"绝北道"的，可他的船却被文聘烧了不少，可见这次"绝北道"的过程并不顺利。

这是不是意味着关羽没有完成"绝北道"的任务呢？还真不能这么说。因为关羽就不是真正要阻断曹仁北归之路的，只是佯装要阻断而已。只要曹操派兵前来支持，并且让曹仁尽快撤离南郡，那么"绝北道"的目的就达到了。很显然，关羽的这次任务，还是达到了期望值。由于关羽"绝北道"，再加上周瑜和张飞的地猛攻江陵城，搞得曹仁天天睡不好觉。所以不久之后便主动撤离了江陵城。

也正是因为如此，在南郡之战和南征荆南四郡结束后，关羽和张飞也都受到了嘉奖。《三国志·蜀书·关羽传》记载："先主收江南诸郡，乃封拜元勋，以羽为襄阳太守、荡寇将军，驻江北。"《三国志·蜀书·张飞传》记载："先主既定江南，以飞为宜都太守、征虏将军，封新亭侯，后转在南郡。"

以荆州八郡的行政架构来算，作为赤壁之战的主导者，东吴方面拿到的荆州只是两个残缺的郡，加起来只能算作一个。曹操这边完整拿了南阳、章陵，半个江夏加上南郡北部，等于是三个郡的地盘。刘备这边不仅拿了四郡，还得了南郡的江南之地。并且由于没有被卷入这阶段的战争，刘备地盘上的人口和生产力，比东吴这边要保持得更好。赤壁之战贡献最大的东吴，收益却是最低的；赤壁之战中最弱的刘备，反而成了最大赢家。

毫无疑问，攻取荆南四郡不但让刘备集团网罗了一批人才，还充实了刘备集团的军资。《三国志诸·蜀书·葛亮传》载："曹公败于赤壁，引军归邺。先主遂收江南，以亮为军师中郎将，使督零陵、桂阳、长沙三郡，调其赋税，以充军实。"

更为重要的是，攻取荆南四郡是刘备集团在荆州扩张重要的一步，四处奔波、到处为客将的刘备，终于占据了一块稳固的地盘，再也不用寄人篱下了。毫无疑问，此后的刘备真正开始参与到天下争霸大业，并由此开始成就三分天下有其一的霸业。

十、内政治理不一般

公元223年6月10日，刘备逝世，刘禅继位，封诸葛亮为武乡侯，开设官府办公。当时政事上的大小事务，刘禅都交给诸葛亮处理。公元224年，诸葛亮领益州牧，任命秦宓为别驾、五梁（一作伍梁）为功曹、杜微为主簿。

1.征召贤才与保障经济

秦宓，字子敕，广汉郡绵竹（今四川省德阳市旌阳区）县人。秦宓年轻时就很有才学，为广汉名士。在刘焉、刘璋时，他总是称有病而拒不接受州郡辟命。刘备平定益州后，广汉太守夏侯纂请秦宓出任师友祭酒（东汉末、三国蜀郡县长官幕僚，由有道艺者担任），兼任佐吏之首，尊其为仲父。秦宓假托有病，躺在家中床上，不上任。后来，益州牧府征召秦宓为从事祭酒（从事，最初是小吏，后来汉设刺史而奉六条，由于最初刺史部并非行政区划，刺史、州牧的佐吏也称从事。而刺史的从事有主簿、文学、劝学等多种，因此又设置从事祭酒，为从事之长）。公元221年，刘备征讨东吴，秦宓陈说天时不当，必难取胜，因此获罪下狱囚禁，后来被用钱赎出来。诸葛亮兼任益州牧后，迎请秦宓为州别驾，不久又提升他为左中郎将、长水校尉。

五梁，字德山，犍为南安（今四川省乐山市）人，凭借深厚的儒学才识与高尚贞节的操行而闻名。

杜微，字国辅，梓潼涪县（今四川省绵阳市涪城区）人。杜微年少时跟随广汉任安（124—202）学习经学。益州牧刘璋任命杜微为益州从事。但不久后，杜微便因为疾病而辞去官职。刘备夺取益州后，大量募集蜀中人才。杜微常称自己耳聋，闭门不出。

诸葛亮兼任益州牧后，再次大量选拔人才。诸葛亮所提拔的都是精心选拔、德高望重的人，其中杜微为益州主簿。杜微坚决推辞，诸葛亮便派遣车辆去迎接杜微到诸葛亮处。杜微到后，诸葛亮引见杜微，杜微亲自表示谢意。诸葛亮考虑到杜微耳聋，听不见人们所说的话，于是在座位上写一篇文章给杜微，文中写道："服闻德行，饥渴历时，清浊异流，无缘咨觐。王元泰、李伯仁、王文仪、杨季休、丁君幹、李永南兄弟、文仲宝等，每叹高志，未见如旧。猥以空虚，统领贵州，德薄任重，惨惨忧虑、朝廷主公今年始十八，天姿仁敏，爱德下士。天下之人思慕汉室，欲与君因天顺民，辅此明主，以隆季兴之功，著勋于竹帛也。以谓贤愚下相为谋，故自割绝，守劳而已，不图自屈也。"杜微亲自乞求诸葛亮，以年老多病为理由，请求归还。诸葛亮再写一篇文章答复杜微："曹丕篡弑，自立为帝，是犹土龙刍狗之有名也。欲与群贤因其邪伪，以正道灭之。怪君未有相诲，便欲求还于山野。丕又大兴劳役，以向吴、楚。今因丕多务，且以闭境勤农，育养民物，并治甲兵，以待其挫，然后伐之，可使兵不战民不劳而天下定也。君但当以德辅时耳，不责君军事，何为汲汲欲求去乎！"于是诸葛亮任命杜微为谏议大夫，以顺从他的志向。

身为丞相，诸葛亮深知："屋漏在下，止之在上，上漏不止，下不可居也。"他不仅带头廉政，树起一面旗帜，同时还把廉政作为一项重要的政治、法律建设来抓，对蜀汉政治、经济、军事、文化的方方面面，都产生了重大影响。诸葛亮时期的廉政建设，首先表现在对蜀汉宫城规模和惠陵规模的严格控制上。

诸葛亮在蜀汉上层营造了一个廉政奉公的政治氛围，蜀国官员以诸葛亮为榜样，为官节俭，力戒奢华，开创了一个廉政时代。

诸葛亮立法公开、执法公平，有异于同时代封建的法律思潮。公元221年5月15日，刘备在成都称帝。而益州旧为刘璋所统治，所以法令废弛，地方派系坐大自强，刘备统治集团的强力介入破坏了相当一部分人称霸西南的企图，这种情况下，蜀汉政权作为客籍政权面对着来自益州旧势力的阻挠。面对这种情况，诸葛亮认为这不是苛法峻刑所留下的民怨，而是蜀汉建立在律令长期废弛，导致官民混乱君臣无道，紊乱了"纲纪"。诸葛亮认为，只有威之以法，才能改变蜀土人士专权自态、君臣之道、渐以陵替的态势。与儒家"崇礼"治世的观点不同，诸葛亮认为国家的治乱兴衰根源在乎"法"，因此，诸葛亮一再告诫、反复强调法在治理国家过程中的重要性。不仅如此，诸葛亮还进一步从反面强调了不以法治国的严重后果。因此，诸葛亮入蜀之初便与法正、刘巴、李严、伊籍等人依据和增删秦汉旧律，共同制订了蜀国的法典《蜀科》。此外，诸葛亮还亲自起草了各种科条律令数十则。

诸葛亮在汉中休士劝农期间，利用汉中的经济条件，因地制宜地采取了一系列发展生产的有效措施，基本上使北伐军资就地得到解决。诸葛亮死后，蜀汉军撤退，魏军还在蜀营中"获其图书、粮谷甚众"。这正说明了诸葛亮休士劝农、实行军屯耕战的效果。

当地人民生活好了，就可以招来更多的人口，使地广人稀的汉中重新得到发展，逐步实现人多、粮多的良性循环，使百姓"安其居，乐其业"。经诸葛亮"踵迹增筑"的"山河堰"等水利工程至今还是汉中地区灌溉面积最大的水利工程。

据李仪祉考察可知，"山河堰尚灌褒城田八千余亩，灌南郑县田三万零六百余亩，灌酒县七千余亩，共四万六千余亩"。汉中市的六大名池，至今仍被利用。据考古调查统计，全区至今尚留有自汉以来的古堰七十多处，一些堰渠经历代使用维修，一直沿用至今。同时各地在继承和学习古代开发利用水利资源经验的基础上，又不断增修了大批塘、库、陂池等水利设施。仅勉县就增修了能蓄十万立方米水的水库三十七个；塘与陂池达三百多个；冬水田至今仍有五万多亩。

上述事实说明，汉中盆地古代农田水利设施至今所产生的实际效用和不断改进利用，与诸葛亮当年在汉中休士劝农时，开拓农田、兴修水利、发展生产的丰功伟绩是分不开的。

2.治军以明与信为本

诸葛亮善于治军，有如下两个特点。

首先，治军以明。诸葛亮治军以明包括正反两个方面的内容，从正面来说，有如下表现。

一是提出明确的道德要求。如《将苑·谨候》一文就集中表述了这方面的内容。诸葛亮认为师出以律，失律则凶，律有十五，其中明白地指出了"勇""廉""平""忍""宽""信""敬""明""仁""忠"等有关道德方面的要求；《将苑·将材》一文中要求将帅要具备"仁""义""礼""智""信"的才能；《便宜十六策·阴察第十六》一文中说阴察之政要有五德："禁暴止兵""赏贤罚罪""安仁和众""保大定功""丰挠拒谗"。

二是规定严格的法令规定。如诸葛亮亲编的《法检》两卷、《军令》两卷（现存仅为《军令》十五条），制定的《八务》《七戒》《六恐》《五惧》等条规。《便宜十六策·斩断第十四》一文提出对不听从教令的"轻""慢""盗""欺""背""乱""误"七种情形要严肃处理。

其次，以信为本。诸葛亮治军重信。诸葛亮认为，"信，重然诺也"，也就是说，"信"就是要做到言必行、行必果，言出必行。不诚者失信，如果不知道守信用，那么作战一定会失败；如果有法令而不能够执行，那么即使有百万之众，也是毫无用处。反之，如果用信义来鼓励将士，将士没有不拼命效力的。因此，诸葛亮强调治军要以信为本，"夫统武行师，以大信为本"。以信为本，就赏罚而言，诸葛亮认为要"赏罚有信"，因为用赏罚来判定功过，士卒就会知道守信用；就将帅而言，诸葛亮认为所谓信将，即"进有厚赏，退有严刑，赏不逾时，刑不择贵"。

诸葛亮作为军事家，在历代兵家中也得到了较高的认可。司马懿在诸葛亮死后，看到诸葛亮的营垒，称赞其为"天下奇才"。唐太宗与李靖在《唐太宗李卫公问对》中多次提到诸葛亮的治军之法与八阵图，给予了极高的评价，并且指出陈寿在《三国志》中对诸葛亮的评价是"史官鲜克知兵，不能纪其实迹焉"。唐朝时亦将诸葛亮评选为武庙十哲之一，与张良、韩信、白起等九位历代兵家享有同等地位。

3.诸葛亮发明十矢连弩

据史书记载，善于巧思的诸葛亮非常重视攻防武器的改制和发明，如"十折矛""刚铠""筒袖铠"等，据说筒袖铠连二十五石的弩都射不穿。这项发明，在历史上绝无仅有。在进攻武器中，最为后人称道的是"十矢连弩"。

"十矢连弩"，也叫"元戎"，它是诸葛亮在前代连弩基础上改制成的。在诸葛亮以前，中国的历史上已经有连弩了。1986年在湖北江陵战国楚墓中出土了一件双矢并射连发弩。考古学家发现，这弩机已可以算是自动武器了，它每次击发之后，就会自动钩弦杆，将"虎形矢匣"（相当于机关枪的弹夹）

内的箭矢落槽并进入发射管孔（即上膛），同时"牙"（弓弦挂钩）与"悬刀"（扳机）恢复原位。"十矢连弩"像现代机关枪一般可连续发射，其两个并列的发射孔还可以同时发射，可以说是高科技了！不过，这种弩虽然设计先进，但构造复杂，难以大规模制作和装备军队，且形体较小，矢长仅14.3厘米，实战价值不大，恐怕更多的是一种稀罕的贵族随身玩物。

直到数百年后，汉武帝刘彻在位时期，汉军才开始装备一种狙击连弩，但这种连弩用材珍贵，威力强大，制作成本很高，一般只有将军才配备。比如，汉朝名将飞将军李广就有一把强大的连弩，叫作"大黄叁连弩"。"叁连"意思就是一弩可连发三箭，而"大黄"则是指弓弩的强度。

弓弩的强度是怎么计算的呢？最简单的方法，就是把一把弓或弩固定在墙上，然后往弦上挂重物，等弦完全被拉开时，弦上所悬挂的重物的重量，就是这把弓弩的强度。在汉代，重量是用"石"来计算的。汉代一石约合现在30.2公斤，而根据居延汉简及未央宫刻字骨签，汉弩共有十八个等级，从一石到十五石，还有二十石、三十石，最高能达到四十石，其中超过二十石的弩必须用强度极高的"黄连木"制作，所以被称为黄肩弩或者大黄弩。

据史书记载，李广便是凭借一把超过十石的大黄叁连弩，接连射杀了好几个匈奴大将，射得匈奴人胆战心惊，每次入侵都绕着李广的防区走。超过二十石的强弩，就不是个人之力可以拉动了，必须靠多人合力，甚至靠兽力用绞车来装弦，这就不能叫弩机，应该叫弩炮了。据专家测算，其射程可超过六百米，是当时世界上最先进、最精确、射程最远的远距离杀伤性狙击武器。

"十矢连弩"与汉朝连弩的区别在于：汉朝连弩只能一发三连，"十矢连弩"却能一发十连，一口气将发射效率提升了两倍以上。另外，"十矢连弩"发射的箭矢长达八寸，也就是19.3厘米，比战国连弩提高了5厘米，杀伤力大增。最重要的是，"十矢连弩"再也不是贵族与将领的玩物了，而是大量装备到了蜀汉军队之中，用于实战。当然，曹魏军中也有连弩，但一则未大量装备，二则连发效率不够。故而，诸葛亮此次对军用武器的改造是跨时代的。

面对兵种实力上的巨大差距，诸葛亮想到了利用自己的天才机关术来解决问题，将连弩的发射效率提高，形成高攻速，这样就可以从山上居高临下，或者从超远距离"放风筝"，对骑兵威胁。

曹魏大发明家马钧欲对其进行改进，使之成为一种五十矢连弩，威力更大。但是因为生产很复杂，所用的箭矢也必须特制，所以没有大量生产，后失传。

4.诸葛亮发明木牛流马

一提到三国时期的科学技术，人们最容易想起的恐怕就是诸葛亮的木牛流马了，小说赋予它神秘的色彩，好像是一种无动力的自行机械，这在科学上自然是不可能的。

值得注意的是，关于木质机械，可以追溯到春秋末期，如王充（27—约97）在《论衡》中就说，鲁班为其母巧工制作一台木车马，且机关具备，一驱不还。到了三国时代，诸葛亮发明的木牛流马更是可以做到在极为崎岖的山路上运送军粮，同时可以做到"人不大劳，牛不饮食"。但这里也指出了一点，"人不大劳"并不是闲着，一定有什么环节在等着他们完成。可以肯定木牛流马的确是诸葛亮的首创，再者木牛流马也完全可以认定是两种不同的运输类道具，以其的使用时间来讲，先有木牛，后有流马，后者可能是升级版。

诸葛亮在八年的北伐中，总共用了三次木牛流马，有的路线超过二百五十公里。诸葛亮发明的木牛流马到底是什么呢？

第一种意见认为，木牛、流马是经诸葛亮改进的普通独轮推车。这种说法，源自《宋史》《后山丛谈》《稗史类编》等史籍，意谓木质独轮小车，在汉代称为鹿车，诸葛亮加以改进后称为木牛流马，北宋才出现独轮车之称。

此说还以四川渠县蒲家湾东汉无名阙背面的独轮小车浮雕等实物史料为佐证，认为这些东汉的独轮车，都再现了木牛流马的模样。

第二种意见认为，木牛流马是新颖的自动机械。《南齐书·祖冲之传》说："以诸葛亮有木牛流马，乃造一器，不因风水，施机自运，不劳人力。"这是指祖冲之（429—500）在木牛流马的基础上，造出了更胜一筹的自动机械。以此推论，三国时利用齿轮制作机械已为常见，为后世所推崇的木牛流马不可能是汉代已有的独轮车，而是令祖冲之感兴趣的、运用齿轮原理制作的自动机械。

第三种意见认为，木牛流马是四轮车和独轮车。但是何者四轮、何者独轮的观点却截然相反。北宋高承《事物纪原》卷八说："木牛即今小车之有前辕者；流马即今独推者是，而民间谓之江州车子。"范文澜（1893—1969）认为，木牛是一种人力独轮车，有一脚四足。所谓一脚就是一个车轮，所谓四足，就是车旁前后装四条木柱；流马是改良的木牛，前后四脚，即人力四轮车。完全相左的论断，真叫人无所适从。

还有一种争论，更有意思，即木牛和流马究竟是一物，还是两物。如谭良啸认为，木牛和流马是一回事，是一种新的人力木质四轮车；王开则认为，木牛与流马是两种东西，前者是人力独轮车，后者是经改良的四轮车。王湔也认为，二者同属一物，并制造出一种具有牛的外形、马的步态的模型。陈从周（1918—2000）等则勘察了广元一带现存古栈道的遗迹、宽度、坡度及承重等数据，认为二者乃二物：木牛有前辕，引进时有人或畜在前面拉，后面有人推；流马与木牛大致相同，但没有前辕，不用人拉，仅靠推力行进，外形似马。

上述种种，不一而足，究竟何说最符合木牛流马的原貌，至今仍难评说。诸葛亮若泉下有知，定会后悔当初未曾留下详细的制作图解。

科技是生产力，更是战斗力。三国时期虽然不过百年，但在科学技术上取得的多方面成就，在中华民族科技文化史上有非常重要的意义。这和三国竞争的局面大有关系，竞争才会出成果。

战争一向是鼓励科技自主创新、自主开发，并促使成果迅速转化的快速通道。军工转民用，说起来好像是改革开放中出现的新事物似的。其实，这是世界科技发展的一个趋势，很多人们熟悉的用品，最初都是用于军事目的的。可以说，现代家庭里充满着曾经用于军事用途的东西。从这个角度看，《三国演义》中的"斗智"，就更加富有启迪意义了。

十一、八阵图成后人赞

"功盖三分国，名成八阵图。江流石不转，遗恨失吞吴。"这是唐代诗人杜甫（712—770）对诸葛亮人生成就的总结。咱们都知道诸葛亮带兵打仗，那是有鬼神不测之机啊！其中最为神秘的，当属八阵图。八阵图使得诸葛亮声名大噪，后世用兵也纷纷效仿，那么这八阵图到底是怎么回事呢？其中又有何玄机呢？

1.中国阵法的演变史

"阵"是古代两军交战时所部署的一种行列形态。阵形部署博大精深，有作战所用，也有屯驻所用。"阵"要依照敌情、地形、天候的变化来设计，也就是兵书中所提的"阵法"。

合理的制度必须适应当时的生产力水平和科技水平。打仗必列阵，同样适应这一关系。在石器时代，都是穿着树叶、拿着石头的野人，两个部落之间打群架也就不存在列阵不列阵的问题了。

夏商周时代，青铜武器出现，战阵阵法也随之出现。河南安阳小屯殷墟遗址就出土了中国最早的阵法排列。在殷墟祭坑中，有一组是按战斗部署的步兵大阵，这被认为是中国最古老的阵法。该阵为方形，士兵持戈而立，配合战车前进，但该阵只能正面进攻，有进无退。

春秋战国时期，大方阵被划分为多个方阵。最著名的就是三阵和五阵。郑庄公就曾用鱼丽阵反击周天子联军。郑庄公将全军分为三阵，左军、中军、右军，战车在前，步兵在后，由少量车兵占据战场宽度，由步兵填充战车间的空隙。然后由左、右两军攻击敌方左右薄弱环节，最后集中所有力量猛攻敌方中央。结果在繻葛之战中，周天子联军大败，周天子地位一落千丈。五阵则是三阵的升级，多了探路的前军阵形和殿后的后军阵形，这五阵都是以步兵为主的方阵，杂以战车。《左传》中说的楚武王荆尸阵，就是典型的五阵。

至战国赵武灵王胡服骑射后，骑兵出现，战车在战场的地位逐渐趋弱。三阵、五阵中的左、右两阵，骑兵开始占据主导，凭借其高速机动性，在左右包抄、袭扰上发挥了重要作用。

秦朝以军功立国，特别重视军事，多兵种配合阵法因而出现。秦始皇陵兵马俑的面世，让我们得见秦代战阵。秦代阵形更加复杂。西安兵马俑一号坑为长方形军阵，由车兵、步兵组成；二号坑为曲尺阵，由步兵、重甲车兵、骑兵组成；三号坑为主帅指挥部；四号坑目前仍存争议。有人推测，兵马俑的俑坑是按五阵排列，二号为前军，一号为右军，四号为左军，三号为中军，应该还有五号坑就是后军。五阵中，车前步后，梯次分明。五阵之外有弓弩兵，用以稳定阵脚、远程打击，一旦近战，弓弩兵就撤回步兵方阵之内。军阵整体向东，显示了秦军吞并山东六国的气势。

汉代主要战阵变化不大，比如卫青击匈奴用的就是五阵。但和前代相比，西汉的主要对手是匈奴，面对的常常是十几万骑兵，所以汉军更加注重步兵阵法，车兵基本被淘汰了。李广曾以步兵圆阵阻挡20倍于己的匈奴骑兵。圆阵的特点是重防御，无死角，面对高机动骑兵，有较强的反冲锋能力。

2.八阵图是谁发明的

一般认为诸葛亮是一介书生，他躬耕于南阳，不求功名利禄，他怎么会研究当时最先进的兵法呢？

诸葛亮可不是"两耳不闻窗外事，一心只读圣贤书"的书呆子。当时，荆州地区战乱较少，从中原地区到荆州避乱的人很多，其中一些年轻的知识分子，如徐庶、石广元、孟公威，都是诸葛亮的好朋友，他们经常在一起读书、讨论。诸葛亮还有意同荆州地主集团有影响的人交往，向他们请教。

根据《三国志》中所载："……亮性长于巧思，损益连弩（元戎），木牛流马，皆出其意，推演兵法，作八阵图，咸得其要。"由此可知，八阵图是真实存在的。不过，它究竟是什么东西呢？在《三国演义》中，诸葛亮屡次使用八阵图大败曹操的军队，那么历史上，八阵图真的是诸葛亮的发明吗？

山东省临沂县银雀山汉墓出土的《孙膑兵法》便有《八阵》一篇。"八阵"的基本内容包括：方阵（用于截断敌人）、圆阵（用于聚结队伍）、疏阵（用于扩大阵地）、数阵（密集队伍不被分割）、锥行之阵（如利锥用于突破敌阵）、雁行之阵（如雁翼展开用于发挥弩箭的威力）、钩行之阵（左右翼弯曲如钩，用于改变队形，迂回包抄）、玄襄之阵（多置旌旗，用于疑敌）。八阵法历经秦、汉，传到三国。

《三国志·蜀书·诸葛亮传》记载，"（亮）推演兵法，作八阵图"。诸葛亮八阵图不是由石头组成，而是由兵士组成，分四正、四奇八个战阵。每个战阵由步骑弓弩混编，又可分八个单元的小阵，共六十四阵。它采用天、地、风、云、龙、虎、蛇、鸟八个代号作为各个方向上部队的旗号，又用八八六十四卦表示各个大小战斗队伍的番号。二者互相配合，有机地组成一个战斗图形。军队配置成八个方向，每个方向又包括八个小方阵。六十四个小方阵分布在四面八方，中央是中军，即指挥所或司令部。每个方向上的大小单位，则又按此类推，如法布置。天、地、风、云、龙、虎、蛇、鸟只是一种代号，所谓"军中容军，队中容队"。同敌人交战时，各个小方阵承担不同的作战任务，随敌人的变动，各队相应交叉换位。所谓"常山之蛇，击首则尾应，击尾则首应，击中则首尾皆应"。各个小方阵可摆成不同的方、圆、曲、直、锐等阵势，各队由骑队、步队、车队组成，大约由几十人到百人为一队，排列为重叠的数行，一般在前是弓箭手，中间是长兵器手，后面是短兵器手。战斗中，先以弓箭发射，接着长兵器刺杀，最后短兵器投入格斗。

3.《三国演义》中的那座石阵是否存在呢？

东晋时期，名将桓温（312—373）看过诸葛亮的八阵图遗址后表示，诸葛亮八阵图的"常山蛇势"出自《孙子兵法》："善用兵者，譬如率然，率然者，常山之蛇也。"率然就是一种蛇，能够首尾相击，想来这也是小说中"长蛇阵"的由来。

北魏时期，贾思勰在《水经注》中看过诸葛亮的八阵图遗址后说："（诸葛）亮所造八阵图，东跨故垒，皆累细石为之。自垒西去，聚石八行，行间相去二丈，因曰八阵既成，自今行师，庶不覆败。八阵及垒皆图兵势行藏之权，自后深识者所不能了。"鱼腹就是永安，刘备夷陵之战失败后待的地方，鱼腹的八阵图遗址，想来就是小说《三国演义》中诸葛亮以乱石堆困住陆逊的创作灵感。

北宋时期，诸葛亮的八阵图遗址依然存在。《太平寰宇记》记载，这个石头阵在四川省奉节县瞿塘峡入口处，分为洞当、中黄、龙腾、鸟飞、虎翼、折冲、连衡、握机八阵，周长有四百八十丈，布如棋盘。

到了明朝，诸葛亮的八阵图遗址依然存在。《八阵图记碑》，明朝杨升庵状元书写于"明正德十一年（1516）丙子冬十一月至日"。碑高2米，宽1.05米，今存四川省成都市新都区桂湖碑林园。碑文载有"赐进士及第翰林院国史修撰承务郎杨慎撰、书、篆。诸葛武侯八阵图，在蜀者二。一在夔州之永安宫，一在新都之弥牟镇"。碑文900字左右。其中云："在吾新都者，其地像城门四起，中列土垒，约高三尺。耕者或刨平之，经旬余复之贯，天之所支而不可坏者，盖非独人爱惜之而已耳！"详载了明代的八阵图形状。

4.八阵图有什么功用？

"八阵图"的目的是提高进攻和防御能力，由于设计上相当实用，对后世有很大影响。史载，司马昭（211—265）灭亡蜀汉后，曾令陈勰"学武侯图阵、用兵倚伏之法"，并表示可用"武侯遗法教五营士"。北魏时刁雍（390—484）也上称"宜采诸葛八阵之法，为平地御寇之方"。唐时名将李靖（571—649）那闻名于世的"六花阵法"，也是根据诸葛亮八阵之法所创的。

《唐李问对》是李世民和李靖以对话的方式，详细解释了中国古代阵法的演变，关于八阵图，李靖解释道，人们常见的八个阵按"天、地、风、云、龙、虎、蛇、鸟"的分类，其实是古人为隐藏秘密而迷惑世人的，实际上八阵是一个整体。而后李靖又根据实际情况，改创了六花阵。作为一部兵法著作，《唐李问对》虽然真伪存疑，但书中关于阵法的记载也不无道理，而唐以后的阵法发展，也基本参照了《唐李问对》。

明代依然有人认真钻研《八阵图》，龙正的《八阵合变图说》就是其中的代表。《八阵合变图说》是龙正根据鱼腹八阵图推演而成，全书约4000字，附图9幅，即八阵总图、天覆阵图、地载阵图、龙飞阵图，虎翼阵图、风扬阵图、云垂阵图、鸟翔阵图、蛇蟠阵图。《八阵合变图说》全文分五大部分。

第一部分为总序，交代《八阵合变图说》一书的编撰动机及背景，主要讲了三层意思，一是八阵图是我国兵学瑰宝，是遇敌应变，斩军夺帅的撒手锏；二是历代兵家者往往只流于将其作为谈资，很少将其用于行伍，教练士卒，这是一件非常遗憾的事；三是巡抚蓝章平定起义，教练士卒的需要。这三方面的原因促成了龙正编撰此书，于是将八阵图而解之、传之后世，流泽百代。

第二部分介绍了排列八阵图的基本单位伍、队、阵、部、将、军各自的人数，接着讲总阵图的排列，各单位所站方位、相互之间的距离都具有严格的规定，正是严格的规定才导致其无穷的变化性，而这些变化又是有一定法度的。

第三部分写八阵号令，总阵图排列成后，并不足以临阵摧敌，八阵图的威力在于在总阵图基础上的无穷变化，而这些变化是有机统一的变化，不是杂乱无章地各自为阵的变，因而需要统一的号令。大旗一挥，一声号令，各阵的举止行进皆受其节制，止于该止，动于当动。号令常用号笛、哱罗、鼓、金等军乐响器，每种军乐响器各代表一定的节度，交替使用，整个阵形随之变化，神出鬼没、妙不可言。故精于此阵者常能不战而摧百万大军，取上将之头，如探囊取物。

第四部分是图文结合，具体解说天覆、地载、风扬、云垂、龙飞、虎翼、鸟翔、蛇蟠八种阵势的排列变化。八阵图可以无穷地组合变化，八阵可以合为一阵，以六十四阵作八阵变化，推而广之，大阵套小阵，统一号令，随机应变，让人眼花缭乱，不知天南地北，这就是历代用兵者遇上八阵图谈虎色变的原因。

第五部分总括全文，讲八阵图的历史沿革、诸葛亮八阵图的遗址、历代兵家对八阵图的见解，逐一评论。最后谈自己对诸葛亮八阵图的看法，很有指点迷津，让人恍然大悟的味道。

阵法其实是古代作战中用兵的一种常法。但在历史小说家的笔下从来都被描写得神乎其神。如《封神演义》中的"万仙阵"、《杨家将演义》里穆桂英大破的"天门阵"，都是神化了的阵法。《三国演义》中的八阵图也是如此，还加进了"奇门遁甲"的一些说法，愈加神乎其神了。现代武侠小说也有据此演义的。

十二、用兵南中为哪般

说到诸葛亮的智慧，用兵南中七擒孟获是个避不开的话题。

1. "南中"叛乱的诱因

"南中"指的是哪里呢？南中指的是蜀汉西南部的一块面积非常大的山地地形的地区，相当于今天四川省大渡河以南和云南、贵州两省，也包含了今天的缅甸北部的部分地区。刘备建立的蜀汉政权以巴、蜀为根据地，其地在巴、蜀之南，故名"南中"。

历代中国政府是如何管辖南中的呢？公元前111年，汉武帝刘彻（前156—前87年在世，前141—前87年在位）拜唐蒙为都尉，分犍为郡（治所先在今云南省盐津县，后移今四川省宜宾市），置牂牁郡（今贵州省黄平县）。同年开邛都国置越嶲郡（今四川省西昌市）。公元前109年，以滇池为益州郡（今云南省昆明市晋宁区），分牂牁郡部分并入益州郡，并置朱提郡（今云南省昭通市）。公元69年，汉明帝刘庄（28—75年在世，57—75年在位）置永昌郡（治所先在今云南省泸水市，后移今云南省保山市）。至此，"南中六郡"（犍为、牂牁、越嶲、益州、朱提、永昌）形成。公元225年，诸葛亮平南中后，改益州为建宁，分建宁、越嶲置云南郡（今云南省祥云县），又分建宁、牂牁置兴古郡（今云南省砚山县），至此"南中八郡"形成，是为犍为、牂牁、越嶲、朱提、建宁、永昌、云南、兴古。

"南中"之所以背叛蜀汉，还要从"夷陵之战"的失败谈起。

"夷陵之战"的失败对蜀汉的打击是非常大的，荆州彻底丧失收复的可能，大批将士折损，这是"夷陵之战"的直接结果；与此同时，"夷陵之战"的失败还将刘备在"汉中之战"中积累起来的威望一扫而净；更有甚者，刘备本人抑郁成疾，身体情况不容乐观，随时有去世的可能，这对蜀汉的人心也是一种巨大的打击。而人心浮动导致蜀汉一些地方郡县动荡，虽然距离"夷陵之战"结束的时间较长，但也应该算作"夷陵之战"的后续影响。

"夷陵之战"后，东吴一些将领有继续深入到蜀地的打算，虽然主帅陆逊没有这个打算，但东吴军队也没有撤军，其存在对于蜀汉来说就是一种威胁。刘备不得不入驻横亘在荆州与益州水路交通线上的鱼复，并改名永安（今四川省奉节县白帝城），并且一直待在那里，以便阻止东吴的进攻。公元223年春，刘备感到自己的身体不行了，召见诸葛亮托付后事。诸葛亮从成都赶往永安。这样一来刘备和丞相诸葛亮、尚书令李严，都在远离成都的对东吴的前线永安，毫无经验的刘禅坐镇成都，他也将面临着一个考验。

还需要明确的一点是，一直以来，蜀汉对南中地区的控制有限。

由于比较偏远、交通不便、风俗文化不同，南中地区一直不太认可蜀汉的统治。事实上，诸葛亮南征之后，也存在此起彼伏的叛乱。一些史料中记载南中地区大规模的叛乱是在刘备去世之后，不过早在刘备病逝之前，这种势头就已经相当明显。

据《三国志·李严传》记载，早在公元222年之前，越巂郡豪帅高定曾经围攻新道县（今四川省甘洛县），被当时做犍为太守的李严击败；牂牁太守朱褒虽说也在公元223年之前呈现出异志，益州从事常房巡行，得知朱褒将有异心，就收捕他的主簿审问，将主簿杀死。朱褒大怒，攻杀常房，诬陷他谋反。诸葛亮诛杀常房的几个儿子，又把他的四个弟弟流放到越巂，希望以此安抚朱褒。但朱褒仍不悔改，之后举郡响应雍闿。

位于越巂郡以北的汉嘉郡虽不属于南中六郡，但也处于蜀汉西南，地势多山、多民族杂居。汉嘉太守黄元素来与诸葛亮不合。公元223年初，刘备病情加重，黄元举兵反叛，闭境自守。而在公元223年春夏之交，诸葛亮到永安时，黄元更加嚣张，居然把战火烧到距成都相对较近的临邛（今四川省邛崃市）。

如果黄元老老实实待在汉嘉郡，相信蜀汉也不会去动他。毕竟外部的威胁以及政权交接中可能存在的动荡才是最需要关注的地方，一些偏远地区的叛乱是次要的事情。南中地区的叛乱就是拖了好几年才解决的。不过黄元的行为已经威胁到成都，刘禅听从益州治中从事杨洪的建议，主动发兵击败黄元，没有让黄元兵临成都。

当时一些人认为，黄元对蜀汉的威胁并不大。在失败过一次之后，黄元大概率会和南中越巂郡的叛军联合，从越巂郡进入南中响应雍闿的叛乱，或者取而代之。杨洪却有不同的意见。叛乱是需要个人威信的，像南中这种无论是地理环境还是文化风俗都较为封闭的地区就更是如此。而黄元这个人生性残暴，没有足够的威信。雍闿起兵反叛时，还是让部下孟获散布谣言才争取到南中一些少数民族的支持，何况是毫无根基和人望的黄元。所以，杨洪断定黄元不会进入南中，而是沿水路向东到犍为、江阳、巴郡等地，有可能还要顺流而下出川进入荆州。杨洪提议刘禅派兵把守在南安峡口（今四川省乐山市北岷江小三峡），截击沿水路东进的黄元。

黄元力量有限，但有可能造成比较大的影响。首先，当时是一个特殊时期，南中地区骚动不已，黄元一路从西往东移动，很有可能煽动蜀汉东南部，比如涪陵的叛乱，这些都是蜀汉控制不住的地区。其次，刘备此时就在永安，黄元如果在转移的过程中又发展出一些力量，就会与东吴军队对刘备进行夹击。虽然按照杨洪的说法，黄元面对刘备只能是"面缚归死"，但是历史上往往有各种意外情况发生。所以此时的刘禅又一次听从杨洪的建议，派军队堵截黄元，迫使黄元的亲兵擒获黄元投诚。这次黄元叛乱的事件中，杨洪以及平复叛乱的将领功劳不小，而刘禅能够选择并执行正确的建议，将这次叛乱轻描淡写地化解，表现得还是很不错的。

2.叛乱的始作俑者雍闿

接下来便是发生在公元223年的南中之乱。仔细分析下来，所谓南中之乱，全是南中的汉人大姓豪强在搞事情。

中原政府对南中的开发最早可以追溯到秦始皇时代。当初，秦相吕不韦在政治斗争中失败，自杀身亡；秦始皇嬴政就将吕不韦一家发配到了蜀汉。汉武帝刘彻开发西南夷，吕不韦的后代便响应号召，来到了今云南省保山市东北扎下根来，繁衍生息，渐渐形成了南中历史上第一个郡县——设置于公元前109年的益州郡，下辖24县，其中就有不韦县。公元68年哀牢国内附，不韦县从益州郡划出，与其他七县合为永昌郡，不韦县就是永昌郡治，而吕不韦的后人则世代担任永昌郡吏，同时也是永昌郡最大的汉人豪族。

而在永昌郡东边的益州郡治滇池县（今云南省昆明市晋宁区），则在汉武帝刘彻以后迎来了另一个强大的汉人家族。这就是曾为西汉什邡侯的雍氏家族。雍氏的老家在泗水郡沛县（今江苏省沛县），雍氏的先祖雍齿与汉高祖刘邦是老乡，当年曾随刘邦一起反秦，刘邦让其驻守在起义军的老窝丰邑（今江苏省丰县）。没想到雍齿竟然背叛了刘邦。再后来刘邦势如破竹，雍齿这才又回归了刘邦集团。刘邦称帝后，为了安抚人心，封雍齿为什邡侯。

公元前112年，雍齿的孙子雍桓因酎金而被废除了爵位。汉武帝刘彻开发西南夷之后，雍氏家族离开什邡，来到益州郡，成为当地第一大家族。益州郡后来被诸葛亮改名为建宁郡，所以以雍氏为首的益州郡汉人大家族又被称为建宁大姓。其中还有号称班超后裔的爨氏家族，与俞元县（今云南省澄江县）李氏家族，都被称为建宁大姓，但爨氏的夷化程度远超其他家族。

而在益州郡北部的越嶲郡，则有大姓焦氏；越嶲郡以东的朱提郡，则有大姓朱氏。另有一汉人大姓孟氏，分为朱提孟氏与建宁孟氏。而刘禅即位之初的南中叛乱，其实就是南中这些汉人大姓的大乱斗。

首先发动叛乱的是雍齿的后人建宁大姓雍闿，响应他的则是朱提大姓、牂牁太守朱褒，以及越嶲夷王高定。只有高定才是正宗的夷人。

这里要注意一个问题：雍闿、朱褒和高定的真实身份与小说《三国演义》的描述略有不同。雍闿不是建宁太守，高定并非越嶲太守，只有朱褒才是真的牂牁太守。

雍闿为何要发动叛乱？据他自己说，原因是："盖闻天无二日，土无二王，今天下鼎立，正朔有三，是以远人惶惑，不知所归也。"意思大概就是：现在乱世，我不承认你蜀汉朝廷，我要自己单干！可是，按照雍闿的说法，他反对蜀汉，他要独立，可他打的人、杀的人，全是南中汉人大姓。

雍闿发动叛乱后的第一件事，就是杀了当地太守正昂，并通过吴交阯太守士燮与步骘向吴国请求归附。而正昂就是永昌郡的汉人大姓——春秋时宋国上卿正考父（孔子的七世祖）之后。与此同时，高定也杀了越嶲郡郡将、大姓焦璜。正昂死后，诸葛亮又派成都人张裔（165—230）担任益州太守。雍闿鼓动人说："张裔府君如瓠壶，外虽泽内实粗，杀之不可缚与吴。"于是把张裔押送给吴主孙权。吴国任命雍闿为永昌太守，并以刘阐为益州刺史，处于交州、益州之间。

张裔乃成都大儒，精通《春秋》与《史记》，博学多才，著名人物品评家。许靖认为他干练敏捷，可以和曹魏的钟繇类比。这样的人无论如何也跟粗人沾不上边。事实是，雍闿根本就不敢杀张裔，因为张裔曾担任巴郡太守与司金中郎将，是蜀汉政权的核心人物与诸葛亮的心腹，如果杀了，会立刻遭到成都豪强与蜀汉政权的疯狂镇压，而雍闿其实并不想这么快就摊牌，因为他还有更重要的人要对付，就是永昌郡大姓吕氏家族以及永昌郡功曹吕凯。

3. 雍闿为何南打永昌

这就又要从汉武帝刘彻开发西南夷说起了。汉武帝刘彻开发西南夷，首先是军事目的。公元前139年，张骞（前164—前114）凿空西域来到大夏（今阿富汗），在这里他见到了原本只有蜀地才有的蜀布，邛地才有的邛竹和竹杖，于是他就问大夏人这些都是从哪里来的，大夏人说道："从距离大夏数千里的身毒国（今印度）那里来的，在那里可以和蜀地的商人做生意。"

张骞一听，这不就是攻打匈奴的绝好战略吗？只要从"西南夷"地区打开通往身毒国的道路，之后汉军就可以借道身毒国，绕过西域，直接从背后突袭匈奴了。听了张骞的建议后不久，汉武帝刘彻便开始了对西南地区的开拓。不料却被昆明人阻道。直到公元69年，外夷哀牢王归附，东汉置永昌郡，这一通道得以开通。

从此，永昌郡就成了从巴蜀到达印度的重要中转站，同时也是中国西南地区最大的对外贸易中心。大量蜀地物产特别是生丝、蜀锦都是通过云南保山（永昌）西行到达缅甸，再到印度，然后再经阿富汗辗转输出到欧洲罗马，这是陆上道路；另外还可以从保山南下经缅甸直达印度洋出海，远至西亚及欧洲。这就是南方著名的丝绸之路，也就是日后的茶马古道。

基于以上原因，在东汉时期，历史记载说在永昌做官可以"富及十世"，因为当地还盛产珠宝、玛瑙，再加上各种大宗丝绸贸易，导致大量汉族商人来到此地经商。根据公元157年人口普查上报的数字，永昌郡是全国第二大郡，人口达到189万，仅次于南阳郡的243万，而旁边的建宁郡（益州郡）人口只有11万。永昌郡虽然比建宁郡大一些，但人口不至于差这么多，可以肯定的是，11万这个数字只是汉人的人口，并不包括当地夷人。至于永昌郡，汉人多是一个因素，更重要的是，这里汉人大族比较强大，拥有大量依附于汉人豪强的夷民，所以他们把所有夷人都报上去了，而夷人是不用交税的。另外，东汉末年再怎么天下大乱、人口锐减，也不会波及偏远的南中，所以公元214年刘备入蜀时统计人口只有94万，显然并不包括南中六郡的大量当地夷人，当时南中六郡只是名义上归附蜀汉而已。即便公元263年蜀汉亡国，益州豪强们上报的人口数字仍只有98万。很显然，益州特别是南中也是名义上归附魏晋的统治，想要足额缴纳人口赋税，那是不可能的。

雍闿反抗蜀汉却向西攻打永昌的原因已经显而易见。雍闿之反，最终的目的并不是推翻蜀汉的统治，而是要向西取得商贸重地永昌郡，以垄断中西贸易，获取高额的贸易利润。但永昌郡的汉人豪族的实力相当强，人口财富都是益州第一。所以，雍闿即便联合了朱褒与高定两家，然后打了足足三年，也奈何不了永昌，还被永昌大姓功曹吕凯一通数落，说他世受汉恩，却有负先君雍齿得怨高祖而受封的美名，故劝他幡然改途，赶紧向诸葛亮投降。

公元225年，诸葛亮终于开始南征，雍闿这下慌了。永昌没拿下，蜀汉军队又打来了，两面夹击，这下岂不是要完蛋了吗？雍闿没办法，只好找到另一位建宁大姓——孟获帮忙。孟获虽然也是汉人大姓，但夷化程度更深，素为夷、汉所服，所以雍闿让孟获哄骗夷人说："官欲得乌狗三百头，膺前尽黑，螨脑三斗，斫木构三丈者三千枚，汝能得不？"意思是官府向南中征要黑狗三白只，连胸前的毛都得是黑的；螨脑一说是蟒蛇的脑子，一说是玛瑙三斗，第二种说法比较可信，蛇脑子有啥用处？斫木就是被砍伐的大树，云南虽然山多林密，但大部分树木顶多长到两丈高，三丈那要算是神树了，哪里去找来三千根？孟获编了这么一个段子，成功哄骗夷人造反了，可见其威望之高。雍闿有了夷人相助，吕凯终于撑不住了，诸葛亮南征到半路的时候，高定手下的夷人已经杀死了吕凯。

吕凯的执忠绝域深深打动了诸葛亮，诸葛亮追封吕凯为云南太守，封阳迁亭侯，并让其子吕祥继承其官爵。吕祥后任西晋南夷校尉，其子孙世为永昌太守。公元331年，成汉皇帝、氐人李雄（274—334）攻破宁州（今云南省曲靖市），永昌吕氏子弟不肯归附，仍举郡固守，以尽正节。

总之，正是由于吕凯等永昌汉族大姓的牵制，诸葛亮才得以顺利进入越嶲郡，将高定与雍闿各个击破。而诸葛亮派的另一路军队也收复了牂柯，击杀了朱褒。三路叛军都失败后，孟获接过了叛乱的大旗。

十三、七擒孟获德服人

广为流传的"七擒孟获"是《三国演义》特书的篇章。说的是刘备病逝之后，南中地区发生叛乱。公元225年，诸葛亮亲率大军南渡泸水（金沙江），迅速平定了南中地区的叛乱，巩固了蜀国的后方。在这次具有重大意义的南征中，诸葛亮为了达到"攻心为上"的目的，七次抓住孟获，又七次放走了他。如今，云南许多地方还保留着"七擒七纵"的地点。历史上到底有无孟获这个人呢？"七擒七纵"孟获的史实是不是真实的呢？

1."七擒孟获"是真是假？

关于孟获其人，学界一直是有争议的。民国时，云南地方史志专家张华烂先生作《孟获辩》称孟获是"无是公"，他认为："陈寿志（指陈寿《三国志》）于南中叛党雍闿高定之徒，大书特书，果有汉夷共服之孟获，安得略而不载？其人身被七擒，而其名即为'获'，天下安有如此凑巧之事？"张华烂的观点其实代表了多数学者的观点。

那么，到底有无孟获这个人呢？凉山彝族奴隶社会博物馆黄承宗先生认为，虽然孟获的生卒时间无法考证，但孟获是实有其人的。公元1901年在云南省昭通县白泥井出土的汉代"孟孝琚碑"记载，汉代孟姓在历史上是南中最著名的两个大姓之一。除此以外，有关孟获祭祀的历史非常久远。据目前发现的实物资料，最早是唐代和宋代时期。至于中华人民共和国前西南诸省，或建祠庙，或附祀土主庙，以祠孟获者多处。西昌石柱子土主庙、青龙寺、五显庙均设像祭祀。

关于孟获的史料记载非常简略，《汉晋春秋》仅记载他是一位"为夷汉所服"的首领。他到底是汉人还是彝人？长期以来形成了两种观点。

支持汉族一派的理由是孟姓虽为南平历史上的大姓，但孟氏有朱提孟氏和建宁孟氏之分。朱提孟氏自西汉时就有在内的为官者。而建宁孟氏是朱提孟氏南迁而来的。三国时有孟琰（朱提）、孟获、孟干、孟通等。彝族中虽有祖先是孟获的传说，但也有彝族帮助诸葛亮打孟获的传说。所以，孟获可能是南迁的汉族。

支持彝族一派认为，历史上少数民族首领被赐汉姓者历代都有，因此不能以姓氏来判断其族别。至于少数民族受历代统治者挑唆而互相残杀，或奉命征剿，正是历代统治者"以夷制夷"的策略。所以彝族帮助诸葛亮打孟获并不能作为孟获是汉族，而非彝族的证据。

黄承宗认为，在南中历史上确曾有楚人王滇记载的一些大姓落籍在南中，其实他们的势力时有消长，但他们当属少数人，时间长了与当地民族融合，多数已不知迁徙南中的年代，这种现象在历史上是常见的。这类情况的族属当然视为当地的土著人。孟获的族别应当是彝族，近年来在贵州整理彝文典籍时，也发现了孟氏的谱系记载。

"七擒七纵"的最早由来是《华阳国志》卷四《南中志》。另外在裴松之《三国志注》引《汉晋春秋》中也有简要的记载。但陈寿《三国志》全书本身均没有直接记载。而《资治通鉴》显然是采纳了《华阳国志》的记载。

关于七擒孟获的地点，覆盖了现在云南省内的广大地区。从当时的交通情况看，是兵卒步行，辎重马匹驮运。诸葛亮的南征开始于公元225年春，平定完叛乱班师回成都是当年秋天。从成都出发，到了"五月渡泸，深入不毛"的渡泸处，已经用了三四个月时间，剩下的时间，即使完全不停地走也走不完各点，更谈不上还要在七个地点打仗。故而，黄承宗认为，"七擒七纵"的故事实际上是不存在的。后来的《三国演义》和剧本加以渲染，使情节尤为离奇，怪诞不经。

而实际上诸葛亮的南征，重用地方势力，保障他们的利益，一反两汉以来委官统治，遣兵把守的政策。他对南中既不用留人，又不用留兵，更不用运粮。这既笼络了地方首领为他效力，又得到了金、银、丹、漆、耕牛、战马。军资所出，国以富饶，使他能专事北伐中原，而后南中境内保持安定。

2.恐怖的毒泉是否存在

虽然七擒孟获的故事未知真假，但蜀汉南征大军一路上的艰辛可是真的。接下来，咱们说说《三国演义》中蜀汉南征大军先后遇到的那四个恐怖的毒泉——哑泉、灭泉、黑泉和柔泉，是古人的杜撰，抑或确有其事？如果确凿，现在还在吗？

哑泉：人们认为，哑泉是一种含铜较高的矿化泉。人喝了这种含有较多硫酸铜的水，声带便受到刺激，发不出音，并呕吐、腹泻，重则还会虚脱、痉挛而死。至于能解毒的安乐泉水则可能是一种含碱水。它有助于中和硫酸铜的酸性，使铜从溶液中析出，起到解毒的作用。我国云南多铜矿，在著名的东川铜矿区境内就有这种含铜量高的哑泉水。另外，在澜沧江畔的凤庆县境内也发现了此类泉水。

灭泉：是一种高温沸泉水。我国云南腾冲是著名的地热异常区，其中离城15公里的硫黄塘就有水温高达94~96℃的被称为大、小"滚锅"的沸泉两处。这种泉大多并无毒性，只要将其降温便可沐浴，还可以治疗许多疾病。

黑泉：《三国演义》中讲这种泉"其水微清，人若溅之在身，手足皆黑而死"。迄今，在云南地区尚未发现类似的泉水。黑泉很可能是一种具有高度酸性的酸水泉。我国云南地区现代虽没发现这种高酸性的酸水泉或酸水河，但云南的腾冲地区是一个有过近代火山活动的火山分布区。在三国时代，不排除有高酸性的气体溢出，并形成这种使人触之即刻皮肉发黑、溃烂的酸水泉，即所谓"黑泉"。

柔泉：很可能是一种毒气泉。人们不是饮其水而死，而是闻其味而亡。毒气泉也是火山活动区常见的一种现象。多年前，非洲喀麦隆火山口湖的"杀人湖"事件，人们还记忆犹新。苏联堪察加半岛著名的死亡谷，也是火山毒气在作祟。据调查，我国腾冲地区现在尚留有两处这种毒气泉，一个叫"醉鸟井"，另一个叫"扯雀塘"。当飞鸟飞临这两个毒气泉上空一定高度范围内时，就会被泉中逸出的毒气熏得如醉酒一般，软弱无力，扑通落地而死，故有"醉鸟""扯雀"之名。人们曾经做过试验，把两三斤的鸭子扔入扯雀塘中，只见鸭子哀叫几声，仅挣扎了两三分钟，便不能动弹。据当地老乡说，也有牛死于该塘中。显然，人若误用此水，难逃一死。

3.神秘的巨象兵团和藤甲兵

既然蜀汉南征大军一路上的艰辛是真的，那么，巨象兵团和藤甲兵是真是假呢？

《三国演义》里，话说孟获一败再败，不得不到处寻找援助。他先后请到了八纳洞主木鹿大王和乌戈国国主兀突骨。这二位的事迹不见于正史，应该是《三国演义》虚构出来的人物。木鹿大王有驱虎豹的奇术，兀突骨有厉害无比的藤甲兵。他们有一个共同点，坐骑都是大象。那么当时，他们有可能以大象为坐骑吗？

今天，中国只有云南南部才有少量大象分布。但在古代，大象在中国的分布范围极为广泛。河北省阳原县发现了夏末商初亚洲象的遗齿和遗骨，这是目前世界上已知亚洲象分布的最北纪录。距今8000—2500年前，黄河中下游地区年均温比现在高2—3℃，冬季最冷月平均气温比现在高5℃以上，华北地区大部分为亚热带季风气候，加上当时人类生产力水平低下，对自然环境影响微弱，茂盛的植被和遍布的湖沼为野象提供了有利的生存条件。所以，上古时期大禹役象的传说，并非毫无根据。

商代野象在黄河下游分布很多，甲骨文有许多关于象的记载，既有猎象，也有驯养野。当时以象牙为原料的手工业很发达，舞蹈中出现了象舞。河南简称"豫"，豫是象形字，就是一人牵象。可见远古时代大象与中原先民关系紧密。但随着生产力水平提高，人类活动不断增多，对自然的开发力度加大，古代黄河下游野象栖息地北界不断南退。到春秋后期黄河流域气候开始变冷，野象南移到淮河下游南北地区，战国时黄河下游的野象已经非常罕见了。

从公元前500年到公元1050年，大象活动的北界位于秦岭—淮河一线以南的长江流域。当时大象偶尔移动到淮河以北，但一是无法越冬，二是到淮北就会被当地人捕杀。在长江上游的四川盆地，在晋以前，野象仍在长江以北生活，唐代以后主要限于川东重庆到綦江一带的江南地区。在长江中游的鄂、湘和赣等地的大象，南北朝以前在长江以北，以后则限于长江以南。在长江下游地区，从江淮到杭州湾一带，平原、丘陵广大，江河湖泊众多，水草丰美，十分适合大象生活。曹冲称象的故事中，那头大象就来自孙权控制的江南地区。长江下游是长江流域中开发较早的地区，皖南地区的野象从公元550年以后就不见于文献记载了。在钱塘江以南，象的消失较迟一些，公元931年秋，浙江衢州还有捕象的记载。此时野象分布北界的东端，已经南移到温州一带。公元920—940年，象牙仍是福建的主要贡品之一。

公元1050年后，我国又进入了一个比较寒冷的时期，加上中原地区连年战乱，大量人口涌向南方，中国经济重心南移，长江流域的野象也逐渐消失，退缩到岭南、闽南地区。南宋时福建还有大象危害农业生产，地方政府鼓励猎杀大象的记载。大约宋元之际，大象在福建消失。岭南气候湿热，森林茂密，开发较晚，因此野象一直生活到了19世纪。当时岭南众多野象给当地人的生活带来了不便和危害。如广东东莞一带"每秋有群象食田禾"，当地农业组织起来捕杀野象。岭南地区东部的野象在12世纪后逐步消失，西部地区的野象栖息的时间较长，直到19世纪30年代，广西大山一带的十万野象最后灭绝。由此可见，野象从广泛分布在中原，到今天退缩到云南南部，经历了一个栖息地不断缩小的过程。野象分布范围变迁巨大，向南移了17个纬度，直线距离达2000千米。野象北界的南移，五六个纬度，是气候变冷导致的，其余为人类活动的结果。尤其是两广地区野象的绝迹，主要是人类活动的影响。

《三国演义》中虚构的木鹿大王和兀突骨骑大象，有现实依据吗？象在云南曾被广泛利用，用于乘骑、耕田、运输和打仗等。澜沧江的"澜沧"傣语就是"百万大象"的意思，西双版纳的很多村子称为"曼掌"，意为专门为土司驯养大象的地方。那时云南常向中央进贡象牙、犀角和驯象。云南各方势力在战争中也使用过大象。如公元1277年"蒲甘国王率军5万，大象800头，马1万匹大举入侵干崖（今云南省盈江县）、南甸（今云南省梁河县）"；公元1388年麓川土酋"驱象百余据敌"。直到清朝初年，还有大象参战的记载。所以，与诸葛亮大军交战时，一些部落骑大象，或动用象兵，是很有可能的。木鹿大王和兀突骨骑大象作战，无疑有现实的影子。

值得一提的是，在大象栖息地退缩的历史中，人象矛盾一直存在。一方面，随着人类生产力水平的提高，开发范围增大，大象的栖息地不断减少；另一方面，大象确实对农田有一定的危害，这种危害有时还特别大。《三国演义》第九十回所述"杀蛇为羹，煮象为饭"，可见大象在当时是被猎杀的对象。时至今日，如何更好地实现人象之间的和平共处，或许是当代人类应该思考的问题。

接下来，再说说三国神秘的藤甲兵。《三国演义》中孟获为了对抗诸葛亮，去乌戈国借来了一支神秘的部队——藤甲兵。藤甲兵刀砍不进，箭射不透，过河不沉，即使神机妙算的诸葛亮也一度被藤甲兵打败。在蜀中将士几乎无计可施之际，诸葛亮采用火攻的方法，才打败藤甲兵。这就是烧藤甲七擒孟获的故事。

既然藤甲兵那么厉害，为什么诸葛亮北伐没有使用藤甲兵？

其一在于藤甲材料难获取。藤甲虽然防御力很强，但是藤甲的制造时间漫长。藤甲的材料很难获得："生于山涧之中，盘于石壁之上"，藤甲生长在人迹罕至的悬崖峭壁上，且不说没有本地人向导，蜀汉士兵找不到藤甲，即使发现了藤甲，没有经过训练的普通士兵去采取材料是九死一生。而擅长采取材料的藤甲兵都被诸葛亮一把火烧得一干二净，材料的采取成了一大难题。

其二在于藤甲铠甲的制作工艺过程漫长。藤甲采取以后还不能直接制造成铠甲，需要浸泡在油中整整半年，而这半年还只是第一道工序。还需要晒干以后重复十多次同样的工序，前后需要花费近10年，诸葛亮一把火把藤甲烧得一干二净，已经没有多余的藤甲可以直接使用。而北伐时不我待，迫在眉睫，诸葛亮不可能为了藤甲兵等上10年。而历史也证明假设真的制造出藤甲，出师未捷身先死的诸葛亮也看不到。

其三在于藤甲的弱点明显。藤甲虽然"刀枪不入，渡江不沉"，但弱点也很明显。藤甲是用油浸泡多次而成，一旦遇到明火，极易燃烧。魏军遇到如同神兵天降的藤甲兵一开始可能会被打得措手不及而失利。但是，诸葛亮能够想到火烧藤甲兵，老谋深算的司马懿必定也能想到火攻之策。而藤甲兵一旦遭遇火攻，必定是灭顶之灾。只赢一次便会面临全军覆没的危险，可谓得不偿失。

所以，诸葛亮北伐，是不会使用藤甲兵的。

历史上是否真的存在藤甲兵？遍览史料，发现居然找不到关于藤甲兵的记载。可见七擒七纵为真，藤甲兵疑虚。但是历史没有记载，不代表藤甲兵不存在，毕竟蜀汉国不置史，注记无官，即使按照《三国演义》，藤甲兵已被诸葛亮全部消灭，自然找不到相关记载了。

4.以德服人是否有效

陈寿在《三国志·诸葛亮传》中记载称："三年春，亮率众南征，其秋悉平。"而诸葛亮也在《出师表》中提到："今南方已定，兵甲已足，当奖率三军，北定中原。庶竭驽钝，攘除奸凶，兴复汉室，还于旧都。"可见在蜀汉官方记载中，诸葛亮的确是平定南中了。

据《汉晋春秋》记载，诸葛亮对孟获"七擒七纵"以后，孟获感叹道："公，天威也，南人不复反矣！"根据这段记载，诸葛亮不仅征服了南中地区，还征服了南人之心，以至于平定南中以后，南中地区彻底归于王化，不再发生叛乱。但是《汉晋春秋》的记载真的符合历史事实吗？诸葛亮平定南中以后，南人真的不再造反了吗？

其实《三国志》仅仅提到了诸葛亮平定南蛮叛乱，并没有提到南人不再反叛，甚至《三国志》中还有不少记载能够"打脸"《汉晋春秋》。根据《三国志》记载，在诸葛亮平定南蛮叛乱以后，南蛮地区依然反叛不断，所谓"公，天威也，南人不复反矣！"就是一句笑话。

诸葛亮刚刚班师，南中地区就再次发动叛乱，并且杀害蜀汉朝廷部署的守将，然而诸葛亮此时已经班师汉中，不可能再调集大军征讨，这时候留守南中的安汉将军李恢承担了平定叛乱的重任。李恢迅速率军平定了南中叛乱，将反叛的夷人全都杀了，首级送往成都，又从南人部落中征收金银战马等军用物资，这才使得蜀汉"军资所出，国以富饶"。由此可见，诸葛亮的攻心计是没有什么效果的，对付叛乱者还是得用暴力手段。

公元233年，在诸葛亮最后一次北伐前夕，南中豪帅刘胄起兵造反，诸葛亮紧急迁庲降都督张翼为越巂郡守，任命马忠为庲降都督，率军前去平叛。

此前的越巂郡在诸葛亮班师以后多次发生叛乱，先后杀死蜀汉朝廷任命的两任越巂郡守，这使得蜀汉朝廷任命的人根本不敢到郡就任，诸葛亮长年在汉中前线北伐曹魏，无暇南顾，越巂郡几乎名存实亡。直到马忠担任庲降都督以后，才与越巂太守张嶷一同，恩威并施，剿灭越巂叛党。公元240年春，越巂郡再度发生叛乱，蜀汉朝廷则派遣张嶷率军平定了越巂叛乱。

当然也不能否认诸葛亮平定南中的贡献，毕竟之后的叛乱只能说是局部地区小打小闹，没有出现南中地区全部沦陷，威胁蜀汉统治的情况。蜀汉通过平定南中获得了丰富的物资和精锐的部队，蜀汉最精锐的"无当飞军"，就是由南蛮兵组成的。

十四、百密一疏用马谡

诸葛亮北伐，是三国时期蜀汉丞相诸葛亮于公元228—公元234年，对曹魏发起的五次进攻战。对魏战争期间虽然也有所斩获，但没能实现"兴复汉室"的目标，在最后一次北伐中诸葛亮本人也病亡于五丈原前线。艺术作品里称诸葛亮北伐为"六出祁山"，但实际上诸葛亮对魏发动的进攻战是五次，出兵祁山战场只有两次。

1. 失街亭

公元226年，魏文帝曹丕去世。诸葛亮认为时机成熟，正式向魏国出兵。公元227年，诸葛亮上书《出师表》，然后和赵云率军进驻汉中，屯兵沔阳（今陕西省勉县）。用汉中太守魏延为丞相府司马，为正式进攻曹魏做准备。

魏延认为曹魏关中守将夏侯楙怯懦无谋，便向诸葛亮建议，由自己率领五千精兵，从褒中沿着秦岭往东行进，到子午以北，奇袭关中，就像当年的韩信一样，与诸葛亮异道会师于潼关。但诸葛亮认为这样进军过于凶险，没有采纳魏延的计策。

公元228年春，诸葛亮事先声称走斜谷道取郿（今陕西省眉县），让赵云、邓芝率领一支疑兵出褒斜道，占据箕谷（今陕西省太白县伐鱼河），佯攻魏国关中地区，吸引魏国主力部队的注意力，自己率主力部队攻祁山。由于魏国事先毫无防备，突闻诸葛亮率大军杀来，导致陇右的南安（今甘肃省陇西县）、天水（今甘肃省天水市）和安定（今甘肃省镇原县，一说今甘肃省泾川县）三郡无力抵抗，天水、南安太守甚至放弃守城向东逃窜，魏国天水守将姜维（202—264）、梁绪、尹赏、上官雝等投降诸葛亮，雍州刺史郭淮则退往上邽（今甘肃省清水县）固守待援。

顷刻间，陇右五郡（陇西、南安、天水、广魏和安定）有三郡投降了诸葛亮，仅有广魏郡（今甘肃省清水县）和陇西郡（今甘肃省临洮县）拒不投降。陇西郡太守游楚坚决抵抗。曹魏整个朝廷"朝野恐惧"。

正当诸葛亮率领汉军一路凯歌高唱，在陇右攻城拔寨之时，远在洛阳的魏明帝曹叡急率大军救援，亲自到长安坐镇，派大将军曹真督军至郿县防御赵云，张郃率军前往抵抗诸葛亮，曹魏凉州刺史徐邈（172—249）也遣参军与金城太守率军反攻南安郡。

诸葛亮知道张郃乃是魏之名将，此番率军前来必定要取咽喉之地街亭（一说在今甘肃省天水市秦安县陇城镇，一说在今甘肃省天水市麦积区）。派谁率兵去阻击呢？《三国志》记载："时有宿将魏延、吴壹等，论者皆言以为宜令为先锋。"这二位都是军中宿将，魏延是镇北将军，吴壹是讨逆将军，在军中威望都很高，由他们执行阻止任务更有把握。但诸葛亮却出人意料地把这项任务交给了参军马谡。

诸葛亮"违众拔谡"，后世认为这是诸葛亮一生中最严重的用人失误，一个明显没有带兵经验的参谋人员，关键时刻突然交给他一支大军，去完成一项极为重要的任务，这只能说是冒险。

马谡是诸葛亮的心腹，诸葛亮恐马谡有失、街亭失守，于是再三叮嘱，并将街亭对汉军的重要性和镇守街亭的部署告诉马谡，要求马谡到街亭后立刻描绘街亭的山川地理图本以及安营扎寨的位置。当时诸葛亮能给马谡的人马并不多，具体人数史书没有记载，推测应该在一万人左右。

诸葛亮又派大将王平作为马谡的副将，协助马谡镇守街亭。王平当时的军职是裨将。为什么派王平呢？一来他战斗经验丰富，在军中有一定资历，对马谡是个补充；二来南中之战后，诸葛亮把从南中夷人子弟选调出来的无当飞军，交给了王平统领。而且无当飞军善使弓弩，是骑兵占大多数的张郃部队的克星。

以防万一，诸葛亮命令高翔率领一支军队屯驻在临渭以北、街亭以左的列柳城（今甘肃省宕昌县）接应马谡。又命魏延率领一军在街亭之右的山谷之中接应马谡。

马谡带着这一万左右人马以急行军的速度赶到街亭，因为他们离得近，所以先于魏军赶到。马谡立即命人抢占有利位置，做好伏击准备。来之前诸葛亮交给马谡的任务一定是占据街亭要塞，堵住敌人，不让他们通过，能把敌人拖在这里就算胜利。

可马谡到街亭看完地形，决定对诸葛亮的部署进行修改。据《三国志》等书的记载，马谡决定舍弃下面的要塞上山。街亭在山谷中，两侧的山都很高大，其中一侧被称为南山的，顶部平缓，向下三面皆陡峭，马谡决定把人马拉到南山上，待敌人前来攻打，居高临下，把敌人打败。王平不同意，认为上山不利，他"连规谏谡"，但"谡不能用"。于是马谡指挥蜀军上了南山，不久张郃率领的大军就到了。

张郃一辈子都在打仗，马谡还是个小朋友的时候他已是河北名将了。他的作战经验十分丰富，看到蜀军不占大道上的要塞反而上了山，立即猜出了蜀军的意图，下令不急于攻山，而是"绝其汲道"，也就是断了山上取水的通道。山上有上万名蜀军将士，还有马匹，随时需要大量水，时间短了还能忍忍，时间一长就麻烦了。马谡这才吃惊地发现，原来水道是他的软肋，眼看不能久拖，马谡只好硬着头皮下令从山上向下面出击。结果蜀军大败，"众尽星散"，只有王平带回去1000多人，蜀军损失率高达90%。而张郃又疑汉军有伏兵，不作追击。于是王平集合分散的军队，向诸葛亮大军处撤退。身处列柳城的高翔军队被郭淮攻破。魏延被张郃堵在山谷之中，前进不得。高翔与魏延为避免陷入被包围的境地，于是各自退军。同时，赵云在褒斜道也被曹真打退，曹真随即率军北上，攻打投降蜀汉的安定郡。

街亭失守，蜀军丧失了全部有利形势。诸葛亮取西县（今甘肃省礼县）千余家，后引兵退回汉中。第一次北伐就此失败。

问题在于：马谡为何固执地认为上山更好？王平从哪些方面看出来上山不利？马谡虽然没有带兵的经验，但也是一位出色的参谋，如此显而易见的事他为何看不出来？蜀军何以败得如此迅速和彻底？要解开这些困惑，恐怕只能结合街亭实际的地理状况，以及当时双方主将的心态去做猜想了。

街亭是一处古战场，此处十分险要，两边的山很高。魏军舍中间的大道便无法通过，尤其他们的骑兵，不走山谷中间便无路可走。蜀军占据这个要塞，正好堵住了魏军，要想过必须向上攻，类似于攻城。没有大炮、没有炸药，那时的将领最头疼的就是攻城，别说守三五天，守上三五个月都不稀罕。正因为如此，用一万人阻挡住五万人的进攻才有可能，这是诸葛亮派马谡守街亭的依据。

既然如此，马谡为什么要上南山呢，守住街亭要塞不就行了？推测一下情况可能是这样的：马谡到了街亭，也看到了那处要塞，但让他失望的是，这处要塞年久失修，已经残破不全。这样推测的理由是，街亭所在的天水郡一直是曹魏控制区，街亭要塞的作用是防范由东面而来的敌人，对西面之敌却没有任何作用。如果天水郡、陇右一带有人造反，他们会想起街亭，用它来抵挡曹魏的大军，反之则毫无意义。

曹魏控制街亭后当然不会下力气整修这处工事，而且为防范今后陇右出现不测，有人据险作乱，刻意对其破坏都是有可能的。街亭要塞已经年久失修残破不全，这对马谡和蜀军来说，是一个极为严重的新情况，现在去修整工事，时间来不及了，张郃的大军马上就到，在这种情况下马谡想到了上山。王平反对，理由可能是山上固然很好但并不利于防守，因为山上没有水源，上万人马齐聚山顶，假如敌人不急于求战，来个困而不打，山上的人就惨了。假如王平提出了这样的看法，马谡还会坚持吗？也许会，因为在马谡看来，张部不会不急于求战，如果他真的不战，在这里慢慢耗着，就更有利了。此行的任务就是拖住魏军，不管用什么办法，只要拖他们一段时间，就算完成任务了。所以在马谡看来，从东面赶来的魏军，一定会发了疯地攻山，到那时他们依托居高临下的地形，只要用弓箭、连弩去招呼敌人就行了。至于水源的问题，马谡可能认为也是个问题，但不是大问题，这与他的生活经历有关。

马谡是荆州人，后来长期生活在益州，都是南方，整天发愁的是如何防洪防涝。王平是魏军降将，知道水的重要性。根据当时的情况，上山可能是唯一的选择。有人认为不上山在秦岭大道上可以守住，因为并无直接证据证明街亭要塞已被破坏。但问题是，如果大道中央真有一处坚固的要塞，马谡为什么还要上山？水道后来被魏军破坏了，但蜀军仍不至于立即溃败。一天不喝水有点儿难受，但不会马上死人，马谡还有反击的机会，虽不能完全战胜魏军，但不至于败得那么快、损失那么惨重。

因而上山不是关键，水源很重要但也不是最关键的地方，更不是对蜀军的最后一击。问题在于：马谡在军中缺乏足够威望，从王平等将领到普遍士卒，他与大家还没有建立起足够的默契度，本来大家就不愿意上山，水道被断后，众人对他肯定充满了指责和埋怨。敌众我寡的劣势情况下人心又不齐，这一仗没法打了。总结街亭之战失败的关键原因，是马谡由一名参谋瞬间被提拔为主将，对军队的控制力不行。

2.空城计

《三国演义》里有一个非常精彩的桥段，说的是马谡失了街亭之后，诸葛亮因为军情危急，来不及调兵遣将，结果摆下"空城计"，放下吊桥，大开城门，叫几个老兵在门口打扫，自己在城头弹琴咏唱。曹军统帅司马懿率领大军直逼城下，看到诸葛亮镇定自若、毫无惧色，以为城内定有精兵埋伏，犹豫再三，不敢冒进，便传令退兵。那诸葛亮的空城计，到底是否真的存在过呢？

裴松之《三国志注》引《蜀记》中有诸葛亮的崇拜者魏末晋初人郭冲所作的《条亮五事》一文，该文记载了诸葛亮于当时所不为人知的五件逸事，旨在称颂和神化诸葛亮。后来史书《三国志》编纂者陈寿认为其史料均不可靠，故弃而不用。后南朝史家裴松之《三国志注》运用掌握的史料对《蜀记》中记载郭冲的《条亮五事》进行驳斥，认为五事均纯属子虚乌有故意捏造事实。然五事亦得以流传，并被后世《三国演义》引用，成为脍炙人口的故事。其中第三件事便是"空城计"的出处。

《条亮五事》原文："亮屯于阳平，遣魏延诸军并兵东下，亮惟留万人守城。晋宣帝率二十万众拒亮，而与延军错道，径至前，当亮六十里所，侦候白宣帝说亮在城中兵少力弱。亮亦知宣帝垂至，已与相逼，欲前赴延军，相去又远，回迹反追，势不相及，将士失色，莫知其计。亮意气自若，敕军中皆卧旗息鼓，不得妄出庵幔，又令大开四城门，扫地却洒。宣帝常谓亮持重，而猥见势弱，疑其有伏兵，于是引军北趣山。明日食时，亮谓参佐拊手大笑曰：'司马懿必谓吾怯，将有强伏，循山走矣。'候逻还白，如亮所言。宣帝后知，深以为恨。"

郭冲这段话的意思是说：诸葛亮驻扎在阳平，派遣魏延等军队合兵向东，只留有不足一万人守城。司马懿亲率大军二十万抵挡诸葛亮，恰好与魏延军队错道，直接开到阳平，距离六十里路时，其侦查哨兵说诸葛亮在城中兵少力弱。当时诸葛亮也获知司马懿马上攻打阳平，大战在前，考虑与魏延军队合兵，但是军队已经走远，派人令军队回防，恐怕时间也来不及，将士失色，都不知道如何应对。诸葛亮神态自若，命令军中都偃旗息鼓，不得妄出，又命令打开四方城门，派几个人于城门前扫地。司马懿经常说诸葛亮谨慎持重，但是很少见到其示弱，因此怀疑有伏兵，于是领军向北依山而走。第二天吃饭的时候，诸葛亮与身边的参谋说话时，拊手大笑，说"司马懿必然认为我示弱，应该有埋伏，循山而逃"。等司马懿的侦察兵回复情况禀报之，跟诸葛亮所言一致。后来司马懿知晓后，非常后悔。

裴松之《三国志注》的辩驳："难曰：案阳平在汉中。亮初屯阳平，宣帝尚为荆州都督，镇宛城，至曹真死后，始与亮于关中相抗御耳。魏尝遣宣帝自宛由西城伐蜀，值霖雨，不果。此之前后，无复有于阳平交兵事。就如冲言，宣帝既举二十万众，已知亮兵少力弱，若疑其有伏兵，正可设防持重，何至便走乎？案《魏延传》云：'延每随亮出，辄欲请精兵万人，与亮异道会于潼关，亮制而不许；延常谓亮为怯，叹己才用之不尽也。'亮尚不以延为万人别统，岂得如冲言，顿使将重兵在前，而以轻弱自守乎？且冲与扶风王言，显彰宣帝之短，对子毁父，理所不容，而云'扶风王慨然善冲之言'，故知此书举引皆虚。"

裴松之经过严密的考证和合理的推断，全盘否定了空城计。理由如下。

第一，司马懿二十万大军打汉中，此事绝不可能。诸葛亮屯于阳平关（今陕西省勉县），此关在汉中，当时司马懿尚在荆州做都督，并没有率军到关中与诸葛亮对阵。而主持反击蜀汉北伐的，是魏国大将曹真。另外，当时魏国的总兵力不到三十万，既要防御蜀汉，又要防御东吴，历次反击诸葛亮北伐，投入兵力最高也才十余万，司马懿的地位当时尚不如曹真，不可能统辖魏国的倾国之兵。

第二，司马懿打到城下反而贸然退兵，不合乎军事常理。就算司马懿真的率二十万大军杀到阳平关下，却见到蜀军空城以待。以正常的军事知识来说，如果怀疑情报有假，诸葛亮是在示弱诱敌，那么司马懿更不能退兵，这样反而会招致蜀军伏兵攻击。正确的应对措施，应该是扎营设防，以稳制奇，令蜀军的伏兵计无法发挥。司马懿难道不知道，倾蜀汉全国之兵，也到不了二十万吗？

第三，诸葛亮不会把兵力都交给魏延。郭冲解释诸葛亮为何兵少，说"遣魏延诸军并兵东下，亮惟留万人守城"。但诸葛亮向来不信任魏延。每次北伐，魏延都要求自率一万余人独自出击，诸葛亮从来不许。连一万人都不舍得给，诸葛亮怎么会把主力都交给魏延，而自己只留老弱残兵在后方？事实上诸葛亮六出祁山，大部分时间都是亲率主力出击，从来没有轻易远离大军，这是保证主帅对部队有效控制的基本要求。

《三国演义》也注意到了这一点，故而没有说诸葛亮让魏延统大兵，而是让诸葛亮在西城指导部下们搬运粮草。这个更不现实，历来主帅关注的都是主要作战行动，粮草后勤虽说也十分重要，但在前线诸军已经败退的情况下，确保败军不乱、有序撤回大本营，才是火烧眉毛的大事，粮草之事，只需要交给部下办理即可。

第四，郭冲说话的语境不真实。《蜀记》中描述，郭冲所谓诸葛亮五事，是在西晋扶风王司马骏（232—286）座下讨论时所说。裴松之对此表示严重怀疑。扶风王司马骏是司马懿的儿子，郭冲所说空城计，则是一边贬低司马懿无能，一边夸诸葛亮厉害。即使在一般人家，在当朝皇帝司马炎（236—290年在世，266—290年在位）的叔叔司马骏面前，说当朝皇帝司马炎的爷爷司马懿的不足，也是非常犯忌讳的事。郭冲是陇西名士，难道做人基本的礼貌都不顾了吗？所以，《蜀记》记载的这段故事很有可能是虚构，目的不外突出诸葛亮的智慧形象。

3.斩马谡

街亭失守，诸葛亮军队前进没有了据点，只能退守汉中。诸葛亮回军后，将马谡军中的将领张休、李盛等人全部处斩，马谡本人也被关进监狱。最后，诸葛亮不得已"戮谡以谢众"。与此同时，诸葛亮上疏："臣以弱才，叨窃非据，亲秉旄钺以厉三军，不能训章明法，临事而惧，至有街亭违命之阙，箕谷不戒之失，咎皆在臣授任无方。臣明不知人，恤事多闇，《春秋》责帅，臣职是当。请自贬三等，以督厥咎。"蜀后主以诸葛亮为右将军，行丞相事，所统如前。

当时，陈寿的父亲是马谡的参军，因不劝导马谡也被处以髡刑。马谡被杀之时，蜀军十万将士为之哭泣，诸葛亮也亲自到场祭奠，对待马谡的孩子就像自己亲生的一样。

为什么一个曾被诸葛亮看好的军事谋略家、被寄予厚望的接班人，最终却被斩首？马谡的死，到底是谁造成的？马谡的死，对企业管理者，又有哪些借鉴意义？

对马谡的死，诸葛亮要承担首要责任。作为首次伐魏重大战役的总指挥，诸葛亮对战役关键性，没有十足的取胜把握，这着实有悖他"谨慎"的一贯作风；作为一手提拔起马谡的领导，诸葛亮并没有看清下属真正的能力，却"轻易"委以重任，结局不好也不奇怪。当然，在安排街亭重任时，诸葛亮此举，也有自己的私心。

当时蜀汉政权的构成无非是最初追随刘备的元老如张飞、关羽等人；刘备在荆州时网罗当地的一些人才称为荆襄派，如诸葛亮、庞统等；刘备在各地转战时吸纳了一批人如赵云、马超等；刘备入蜀之后接纳了以法正、李严为代表的东州集团和以黄权、谯周为代表的益州集团。随着元老们相继去世，刘备扶持东州集团和荆襄派并驾。

这样的平衡在刘备死后没有多久便被打破了，诸葛亮开始逐渐剥夺李严手中的军权。当时南中作乱而正好给了诸葛亮用兵的借口，但其迟迟没有出兵，直到叛乱发生两年后的公元225年才出兵平叛，这是因为蜀汉不久前遭遇大败，兵力并不富裕，而且又被分别掌控在魏延、李严的手中，诸葛亮能够调动的兵力很少而无法出兵。于是诸葛亮便利用这两年的时间逐渐地组建了一支部队，成为其南征北伐的主要力量。

诸葛亮通过平定南中掌控了一支部队，并且证明了自己的军事指挥能力，为之后的北伐铺平了道路。诸葛亮在政治上占据优势后，又将目光转移到了部队上。

　　诸葛亮急需自己的势力掌控部队，但是自己身边没有可用的将才。而马谡正是诸葛亮看重的人选。诸葛亮一直在寻找自己的接班人，在政务上有蒋琬可以接替，但是军事上却迟迟没有人选，虽然在蜀汉有着其他将才，但并不属于诸葛亮一系，而马谡是比较优秀的人选，只是他缺少经验。在此次北伐中诸葛亮力排众议任用马谡为先锋而不用其他蜀中大将。任用马谡为先锋还有其他一些原因。诸葛亮本身几乎没有领军经验，从未与魏军交过战。刘备在世时一直坐镇后方，对于魏军了解不多。首次北伐时轻视魏军对其严重低估，所以敢任用马谡。因为自己领军作战的次数很少，在入益州时有过几场小战斗但都不是硬仗，后来又领兵平定南中叛乱，但实际上南中的叛军也非常脆弱。在这样的情况下，诸葛亮认为自己已经是一位有着丰富经验的合格统帅了，想让马谡快速成长。诸葛亮认为马谡虽然缺少实战，但是马谡擅长谋略，即使与张郃对战也应该不容易战败。在战前诸葛亮已经将如何应对魏军的方法一一告诉马谡，只要马谡按照诸葛亮说的做，就可以达到作战目的，何况街亭距离诸葛亮主力并不远，情况有变时只要马谡坚守，不久诸葛亮便可率军救援。

　　诸葛亮百密一疏，忘了具有战略眼光的参谋，不一定是能征善战的将士。

　　造成斩首悲剧，马谡自身原因不可忽视。诸葛亮安排马谡镇守街亭时，其实已经将街亭部署方案告知马谡。如果马谡听从诸葛亮的指挥方案或者听取副将王平的建议，街亭也能保住。但是，马谡自恃在理论上无人能及，之前某些理论被诸葛亮采纳后获得肯定，所以马谡镇守街亭时，不仅盲目轻敌，不听别人的意见，还擅自改变作战方案，最终导致街亭失守，自己的性命也葬送了。

　　第一，长于理论，短于实践。《三国志》对马谡的评价是"才器过人，好论军计"。马谡作为青年将领，掌握的军事理论知识非常丰富，但没有实际作战经验。在镇守街亭时，马谡没有当道扎营，而是机械地搬用兵法强行在街亭的南山上扎寨，以为登高望远、俯视敌军，结果被敌军阻断水源、围剿包抄，导致蜀军不战自乱，一举被敌军击败。

第二，恃才傲物，刚愎自用。由于马谡当参军时，在"出谋划策"方面获得成功，于是恃才傲物、目中无人。去街亭的途中，诸葛亮多次派人叮嘱马谡按照既定的部署行动，而马谡却产生了逆反心理，竟然不听诸葛亮指挥，擅改作战方案。而副将王平看出马谡扎营的错误，极力劝阻他，马谡不听，还看不起王平不识几个字，非要一意孤行，最终导致街亭失守、自己也被斩首。

马谡的死，很大程度上是他的上司诸葛亮决策失误、用人不当造成的。当时手下有多位既有经验又有能力的将领，而诸葛亮偏偏要用仅是参军且毫无作战经验的马谡为先锋，其实是诸葛亮从心底里不信任那些将领。不信任的原因是，这些将领很多是之前从别的"公司"投诚过来，尽管他们在后来都跟随"老板"刘备立下过汗马功劳。

第一，识人不能凭主观臆断。凭主观臆断去评价一个人，这样的事情屡见不鲜，一旦凭主观臆断，人们就会习惯于从经验中寻找答案。由于时代变化极快，实际上有许多所谓经验，早已成为过去，并不能适应企业当下的需求，甚至会成为阻力。

第二，用人看才能，管人靠制度。把合适的人放到合适的岗位上，是现代企业用人的重要理念之一。所谓合适，指的是人的才能和他所从事的工作岗位相匹配，并且完全能够胜任。但必须承认，一些有才能的人，也会有许多缺点。这些缺点必须靠制度去约束，而不是怕缺点暴露，就把人"束之高阁"，甚至一直用怀疑的态度来对待。

第三，管理及培养下属，是管理者的重中之重。评价管理者是否有水平，非常重要的一个评价标准就是，管理者是否能够有效管理下属，并把下属培养成合格的人才。

十五、北伐中原绕路远

继第一次北伐失败之后，诸葛亮又先后发起了四次北伐，时间分别是公元228年冬、公元229年、公元231年、公元234年春。

1.诸葛亮的第二、三次北伐

第二次北伐发生在公元228年冬。其大背景是，曹真和张郃在诸葛亮第一次北伐失利后，快速将天水、南安、安定三郡平定，曹真认为蜀汉进攻祁山失败，褒斜道又被赵云烧毁和大水冲蚀，下次会以陈仓（今陕西省宝鸡市）作为目标，便派将军郝昭等与千余人屯兵陈仓，重修陈仓城。与此同时，曹魏将领曹休此前在石亭（今安徽省桐城市）被东吴将领陆逊打败，诸葛亮听说魏军大举东进，关中兵力空虚。诸葛亮便写信给其兄诸葛瑾，言道："有绥阳小谷，虽山崖绝险，水纵横，难用行军，昔逻候往来要道通入。今使前军研治此道，以向陈仓，足以攀连贼势，使不得分兵东行者也。"随后，诸葛亮领兵数万，包围陈仓。

虽然陈仓此时只有千余士兵，但守将郝昭已做好防备。诸葛亮曾派郝昭同乡靳祥于城外数次游说郝昭投降，但郝昭不为所动。他回答道："魏家科法，卿所练也；我之为人，卿所知也。我受国恩多而门户重，卿无可言者，但有必死耳。卿还谢诸葛，便可攻也。"

诸葛亮挥军进攻，轮番使用云梯、冲车攻陈仓城。郝昭用火箭射云梯，当云梯燃烧时，梯上的人便被烧伤，又以绳绑着石磨，掉下城墙，压毁冲车。诸葛亮便转用井阑在百尺外向城中射箭，掩护士兵用土填平护城河，想直接攀城，郝昭于是建起内墙，令井阑失效。诸葛亮又挖地道，想突袭城中，郝昭又在城内挖下横壕沟，挡下地道。

由于曹魏已经事先在陈仓做了充足准备，加上陈仓地势险要，易守难攻，双方激战二十余日未有胜负。曹真派费耀等率军来救，魏明帝也召张郃前往迎击诸葛亮。

此时汉军粮草不足，又闻讯魏援军快到，只好先退回汉中。在退师途中，汉军成功杀死前来追击的魏将王双。

公元229年春，诸葛亮遣陈式进攻武都（今甘肃省成县）、阴平（今甘肃省文县）。曹魏大将郭淮领兵来救，诸葛亮率军驻扎建威（今甘肃省西和县），牵制郭淮。魏军知道汉军主力到临，便紧急撤退，汉军顺利占领二郡。诸葛亮安抚了当地的氐人、羌人，然后留兵据守，自己率军回汉中。因成功夺取二郡，刘禅再次封诸葛亮为丞相。这年冬，诸葛亮徙府营至南山下的平原，建汉（今陕西省勉县）、乐（今陕西省城固县）二城，加强汉中防守。

公元230年秋，曹魏想转守为攻，大司马曹真上表伐蜀议案，但司空陈群认为斜谷太险阻，难以进退，于是曹真率主力军改为由子午道进发；大将军司马懿率军从汉水而上，欲与曹真军会师汉中；张郃从褒斜道进兵，直指汉中。

诸葛亮知道魏军来攻后，立即加强城固、赤阪（今陕西省洋县）等要地的防守，要求李严率两万人赶赴汉中阻击敌人，表李严之子李丰为江州都督，防卫后方。

曹军的前锋夏侯霸先大军一步，进至兴势（今陕西省洋县），在曲折的谷中下营。其被蜀地百姓看到，指示汉军攻击，夏侯霸在鹿角间战斗，最后援军到达，夏侯霸才得以突围。

因蜀地艰险，又下了三十天的大雨，栈道断绝，曹真用了一个月，才走了一半路程。在曹魏朝中，华歆（157—232）、杨阜、王肃（195—256）都上疏劝魏明帝曹叡下诏撤军，三路大军最终受诏撤退。同年，诸葛亮派魏延、吴壹入南安，于阳溪（今甘肃省武山县）大破魏将郭淮、费曜等。

2.诸葛亮的第四次北伐

公元231年春，诸葛亮乘曹魏雍凉地区半年没有下雨，再次进行北伐，以木牛运粮，包围祁山堡（今甘肃省礼县祁山镇），并在祁山堡东北修建卤城（今甘肃省礼县盐官镇）作为蜀军大营。诸葛亮又招揽鲜卑人轲比能，轲比能起兵到石城（今甘肃省皋兰县）响应汉军。因大将曹真病重，魏明帝曹叡改派司马懿为统帅屯于长安，领张郃、费曜、戴陵、郭淮等人抵抗。司马懿先派费曜、戴陵与四千精兵前往上邽防守，自己则率其他兵力随后前进。张郃则认为应分兵驻守雍、郿，但司马懿认为分军不及合军有利，便向西推进。

诸葛亮知道后，留下王平继续领军攻打祁山堡，自己率主力北上上邽。到达上邽附近麦田后，没有等待收割还有一个月后就成熟的麦粮，只对麦田进行了芟除破坏。

诸葛亮对上邽麦田进行芟除破坏一事，被罗贯中移花接木、改头换面，写进了小说《三国演义》的诸葛亮五出祁山中。

司马懿军为保护麦田，日夜兼程急行军抵达上邽之东，司马懿深知汉军劳师远袭，粮食补给困难，兼之魏军经过通宵达旦的行军已为疲惫之师，因而凭险坚守，拒不出战。诸葛亮便回军卤城，未能彻底破坏上邽麦田，使得这批粮食成了乏粮魏军与之对峙的资本。

诸葛亮这一战略动作迫使魏军进入极度缺粮状态，导致司马懿、郭淮等不得不从关中运粮，甚至征取羌胡的粮谷。

司马懿本人以用兵"侵掠如火""兵贵神速"著称。若是真的有较大把握能在野战中击败蜀军，以司马懿的军事指挥风格，应该是不会采用坚守策略的。

事实上，初来乍到的司马懿也的确采取过进攻态势，但战果不佳。因此，司马懿其后采取防御态势，意味着在本次北伐作战中，蜀汉军队一直处于有利地位，而本次作战的魏军却居于相当不利的地位。

司马懿进军卤城，却登山掘营，与汉军对峙，不与交战。张郃认为蜀军长途来攻，"孤军食少"，必然想要速战速决，所以应该以大军屯于此处，然后分为奇兵，包抄蜀军，截断其后路。但司马懿不采纳。魏军将领数次请战，司马懿都不准，诸将十分不满，便讥笑他："公畏蜀如虎，奈天下笑何！"

对峙一段时间后，诸葛亮撤出对祁山的包围，将全部军队集中在卤城，司马懿派张郃打通了和祁山堡的联络，并命他攻卤城以南的王平，由案中道进逼汉军。自己则率众进攻卤城以北的诸葛亮主力，力图以钳形攻势，击败诸葛亮。

诸葛亮派魏延、高翔、吴班分三路领兵作战，大败魏军。斩获魏军的首级三千，获得战利品玄铠五千、角弩三千一百张。

公元231年夏，诸葛亮眼见粮草接应不上，而又收到后主刘禅下令北伐军撤退的圣旨，诸葛亮只有引军退回。司马懿命张郃追击汉军，张郃认为"围师必阙，归师勿遏"。眼见张郃不赞同追击未被打败而主动撤退的汉军，司马懿却强行坚持要张郃领兵追击，张郃无奈前往追击。最后于木门道，被埋伏于高处的汉军射中右膝，伤重病逝。

第四次北伐之前，诸葛亮派李严督粮草时，怕出问题，便给他三种选择，叫他便宜行事："上计断其后道、中计与之持久、下计还住黄土。"盛夏雨水，李严运粮不利，就派马忠、成藩传喻旨要诸葛亮撤军。诸葛亮回来后，反而问他："军粮饶足，何以便归？"李严为推卸责任，想杀死督运岑述，又假装震惊问诸葛亮何故撤退，还上表刘禅，说诸葛亮是"伪退"。诸葛亮直接出示李严之前手书，明显前后不符，李严无话可说，被贬为庶人，流徙梓潼（今四川省梓潼县）。

3. 诸葛亮北伐：为什么每次都要绕远路

诸葛亮的基地在汉中，战略目标是首先拿下关中，然后再进取中原。按常理来说，这就要向东北抄近道直接进攻关中平原。汉中到长安，最近的路只有780里。诸葛亮第一次北伐时，选择的却是先到陇西天水郡一带，再向东打长安，距离加起来近1500里，也就是说，足足远了一倍。这是为什么呢？

一是因为秦岭路太难走。

秦岭把汉中和关中隔开，其中有三条山道，一是子午谷（今陕西省洋县），二是斜谷（今陕西省眉县），三是骆谷（今陕西省周至县）。其中最好走的一条路是斜谷，路与河谷平行，但地势北高南低，从北往南好走，从南往北不好走。所以曹军打汉中敢于从斜谷南下，诸葛亮最初北伐时，却不敢直接走斜谷。因为这几条谷道有一个共同特点：山路崎岖，不利于大部队行进。有多不好走？据记载，汉朝时南北通行，驮货物的牛马经常有累死的。这么个走法，士兵们翻越山路到了关中，个个累得筋疲力尽，哪还有力气打仗？

魏延向诸葛亮建议从子午谷出奇兵突袭长安，结果被谨慎的诸葛亮断然否定。为什么？一是长安有魏国重兵驻守，极难打下。孤注一掷地把重兵派过去，一旦短时间内解决不了战斗，魏军主力咬住蜀军，蜀军退也来不及退，打又持续不了多久——后勤补给很难从秦岭的南面运过来。二是即便打下来，也难以坚守。原因还是后勤问题，从汉中运粮极其困难。在关中就地征粮又无异于天方夜谭。关中的老百姓可不像《三国演义》中描述的那样，天天盼着诸葛丞相恢复汉室江山。一旦蜀军杀进来，关中老百姓是敢于拿刀子和诸葛丞相拼命的。诸葛亮是不会做赔本生意的。

所以，诸葛亮选择了路相对比较平坦的陇西地区。这个方向，魏国的防守力量比较薄弱。所以蜀军第一次北伐，刚一到陇西，就拿下南安、天水、安定三个郡，形成了堵门进攻关中的态势。魏明帝曹叡赶紧调集大军到长安救火。

但诸葛亮最后一次北伐，就是走的近路，从斜谷北上，直接打进关中腹地。也就是说，诸葛亮并不全是绕远路。这就引出了第二个问题：诸葛亮前几次北伐绕道的真正目的是什么呢？答案是：切割陇西。

东汉末年，陇西的少数民族势力逐渐强大起来，羌、氐两大族在陇西、陇南的活动十分猖獗。曹操虽然击败了马超，夺取了对凉州一带的控制权，但始终没有彻底地降服羌人和氐人。以曹操之强，当年带兵南下打汉中张鲁，怕后路被氐人断了，先挥师西进，狠狠打了一顿氐人，然后才敢继续进攻汉中。直到曹丕、曹叡时代，魏国仍然没有稳固地掌握陇西。所以，诸葛亮北出祁山，真正目的有二：一是从祁山、陇山进攻关中，二是斩断陇西与关中的联系。前者，是一千多年来我们比较熟知的，也是易于理解的。后者，才真正显示出了诸葛亮的智慧。

既然陇西是一锅夹生饭，诸葛亮就索性让它更夹生一些。蜀军北出祁山，打得魏国无力顾及陇西，给羌、氐部族制造了起兵作乱的机会。魏国也怕陇西失控，在诸葛亮一出祁山后，不断增强陇西的防守力度，许多兵力被分派到陇西诸郡。可以说，魏军在一定程度上被诸葛亮调动了，关中的兵力密度被摊薄了。这样一来，进攻关中的难度无疑就下降了。

然而不幸的是，蜀、魏两国国力毕竟差距太大，即使魏军奔波在漫长的防守线上，仍然保有极其强大的野战兵团，而且在诸葛亮不断进攻的情况下，还有能力反击。

所以，诸葛亮发动的最后一次北伐，一改前几次绕远道、切陇西的进攻路线，选择了难度非常大的斜谷道进兵。不过是因为连年用兵，蜀国耗不过魏国了，才不得已缩短用兵时间，兵行险着。

然而，即使是这样，诸葛亮仍然打得魏国"畏蜀如虎"。蜀军进攻至渭河一线，在五丈原开始屯田，只需要一年时间，诸葛亮就可能基本解决粮食问题。

只可惜，诸葛亮几乎击败了所有敌人，却最终败在上天手里。渭南屯田才过了几个月，诸葛亮便积劳成疾，在五丈原去世了。他的屯田驻兵政策，也随着生命的终结而夭折。蜀军在看到北伐成功的一线曙光后，不得不扼腕而退。出师未捷身先死，长使英雄泪满襟！

十六、鞠躬尽瘁五丈原

公元234年春，诸葛亮经过三年劝农讲武的准备，再率数万大军出斜谷口，同时派使臣到东吴，希望孙权能同时攻魏。这年初夏，汉军到达郿县，在渭水南岸的五丈原（今陕西省岐山县）扎下营寨。

1.鞠躬尽瘁，死而后已：诸葛亮病逝五丈原

消息传到魏国都城，魏明帝曹叡立刻召集百官商讨。此前一直是大将军曹真负责防守蜀军，奈何其三年前就已过世，此时的曹魏政权实在找不到几个擅长领兵打仗的大将了，更何况对手还是赫赫有名的诸葛亮。曹叡只能下诏让司马懿出征，拜他为大将军。

司马懿认为"亮若勇者，当出武功依山而东。若西上五丈原，则诸军无事矣"，因此率领魏军背水筑营，想再次以持久战消耗蜀军粮食，令汉军自行撤退。魏将郭淮认为汉军必会争夺北原，司马懿认同，便派郭淮先前往防备。果然，汉军到来，但被郭淮击退。

诸葛亮考虑到前几次北伐都因为运粮不继，导致功败垂成，便开始在渭滨的居民之间屯田，百姓亦相安无事，一切如常。而孙权也响应蜀汉，亲率十万大军北上攻魏，但被魏明帝曹叡亲自率军打败。

亲征迫退吴军之后，有人建议魏明帝曹叡到尚未分出胜负的西线督战，魏明帝曹叡说"权退亮胆破，大将军已制之，吾无忧矣"，显示出对东吴孙权的重视，诸葛亮的北伐可能并未对曹魏造成多大的撼动。此记载的另一种解释是，魏明帝曹叡对司马懿非常信任，毕竟司马懿已经是曹魏最有军事才

华的将领了，司马懿的防守战略也有效阻遏了诸葛亮的进攻。如果司马懿都挡不住诸葛亮，那么魏明帝曹叡即便亲征，作用也是有限的，甚至可能会干扰到司马懿的指挥。

一次，诸葛亮派虎步监孟琰驻武功水（今陕西省眉县西南）东，适逢水涨，阻断了诸葛亮和孟琰的联系。司马懿趁机出兵进攻孟琰。结果诸葛亮一方面派工兵架桥，另一方面派弩兵向司马懿的部队射箭。司马懿看到桥快架好了，只好撤退。

另有一次，诸葛亮采用声东击西之策，想要调离魏军攻下阳遂（今陕西省岐山县蔡家坡镇），被郭淮识破，预先有备而进攻失败。

魏、汉两军相峙了百多日，其间诸葛亮多次派人挑战，司马懿军始终坚守不出。其后，诸葛亮故意让人带一套女人的衣服、头巾送给司马懿，表示司马懿就像女人一样，想要利用激将法，激司马懿出军，来进攻自己布置好的阵势。司马懿明白诸葛亮千里来攻，却不去攻伐魏国的城池、部队，只是激将引诱魏军去主动进攻他，因此"西上五丈原诸军无事"，便坚决不肯出击。

魏军将领见此情形都火冒三丈，纷纷要求出战。为了搪塞将领们的要求，司马懿假意上表给魏明帝曹叡请战。魏明帝曹叡便派卫尉辛毗为军师，到前线节制司马懿。

诸葛亮明白"将在外，君命有所不受"，这只是做样子而已。而司马懿却从诸葛亮派出的下战使者口中探得诸葛亮事事亲力亲为，食少事烦，认为诸葛亮活不了多久。

诸葛亮与司马懿在五丈原，就这样对峙了整三个月，诸葛亮至此已然预见这次北伐的结局。无论如何羞辱，司马懿都选择龟缩坚守，始终不愿出战。

公元234年秋，诸葛亮果然因积劳成疾而病倒，病情日益恶化。诸葛亮病重的消息传到成都，蜀主刘禅派遣尚书仆射李福前来军前问候，同时询问国家大事。李福与诸葛亮谈话完毕，辞别而去，几天之后再度回来。诸葛亮说："孤知君还意，近日言语，虽弥日有所不尽，更来决耳。君所问者，公琰（蒋琬）其宜也。"李福连忙道歉说："前实失不谘请公，如公百年后，谁可任大事者，故辄还耳。乞复请蒋琬之后，谁可任者？"诸葛亮说："文伟（费祎）可以继之。"李福又问费祎之后谁可接任？诸葛亮没有回答。

与此同时，诸葛亮也对各将领交代后事，要杨仪和费祎统领各军撤退。由魏延、姜维（202—264）负责断后。公元234年10月8日，诸葛亮在五丈原军营中与世长辞。杨仪、姜维按照诸葛亮临终的部署，秘不发丧，整顿军马从容撤退。

司马懿认为诸葛亮已经殒没，率军追击。姜维击鼓整军，做出击状，司马懿不敢进攻。于是蜀军从容退去，进入斜谷后，才讣告发丧，而此事后来也被百姓为之谚曰："死诸葛走生仲达"。

司马懿听闻蜀军在斜谷发丧后，自嘲道："吾便料生，不便料死故也。"其后，司马懿虽然不认同诸葛亮的军事才能，说他"志大而不见机，多谋而少决，好兵而无权"，但视察蜀军遗留的营寨之后，叹服诸葛亮治戎布阵之才，曰："亮真天下奇才也！"

诸葛亮病逝五丈原，是真实的历史事件，但所谓祈禳之法却是小说虚构出来的故事情节。据《三国志·蜀书·诸葛亮传》载："其年八月，亮疾病，卒于军，时年五十四。"其间并无小说中所言的"祈禳之法"之事。

2.诸葛亮为何死磕实力强大的魏国？

第一，诸葛亮北伐是因为自己当初的誓言：匡扶天下，光复汉室，并报先帝之恩。

当年二十七岁的诸葛亮向刘备提出了千古流传的"隆中对"，其中最后一句是"诚如是，则霸业可成，汉室可兴矣。"可见，复兴汉室，天下安定，是诸葛亮早已存于心中的理想。在《出师表》中更加可以体会到诸葛亮为兴复汉室，报答先帝之恩，始终不忘当年在草庐中对刘备许下的誓言。如："先帝不以臣卑鄙，猥自枉屈，三顾臣于草庐之中，咨臣以当世之事，由是感激，遂许先帝以驱驰。"又如："今南方已定，兵甲已足……攘除奸凶，兴复汉室，还于旧都。此臣所以报先帝而忠陛下之职分也。"从这两篇千古名篇中，足以看出其为报刘备的知遇之恩，复兴汉室的拳拳之心是如何令人动容，而他27岁之后的鞠躬尽瘁死而后已，便是对此拳拳之心的真实写照。

第二，以攻代守，有效拖缓整个魏国的发展，为蜀汉赢得时间。

当时的魏、蜀、吴三方中，魏国的地盘、人口、经济、文化等指标明显是最强的。而蜀汉接连经历了关羽的大意失荆州和刘备的夷陵之败，实力大损，在三国中成为最弱的集团。当时魏国的地盘和人口本来就比蜀汉多得多。而打仗最需要的就是粮草和士兵，有大地盘和许多人口就可以种很多地种很多庄稼，有了庄稼就有了粮草；有人口和粮草就可以繁衍生息，就可以有源源不断的兵源。而蜀汉的地盘和人口基数本来就少，想要扩大地盘，增加人口，就必须靠打仗去抢。因此，若魏国长期发展下去，那么两国之间的实力差距将拉得更大。一旦魏国有足够的时间积蓄力量，那么它不可能还像现在这样据守要塞，肯定要发了狠攻打蜀汉，到那时蜀汉就更加不是魏国的对手了。

对蜀汉来说，蜀道之难是防御敌人最好的天然屏障，但同时也给自己带来了很大的不便。魏国很难打进来，但自己也很难出去。首先不便于大部队行军，更不利于骑兵通行，再者道路崎岖，粮草需要千里转运。两国相争，在这样的情况下，你不想办法出去的话，最后只能被困死，除非你安于现状，不思进取。

诸葛亮早在"隆中对"里就说过："若跨有荆、益，保其岩阻……则命一上将将荆州之军以向宛、洛，将军身率益州之众出于秦川，百姓孰敢不箪食壶浆以迎将军者乎？"可见荆州的战略意义之一就是可以很好地弥补益州"难出去"的不足，可惜荆州已失。因此只有北伐，占领雍凉。一来可以获得骏马，组织蜀汉急需的骑兵，此长彼消，魏国便失去了战马的重要来源地，有效地削弱魏国的骑兵部队实力。雍凉民风彪悍，得了雍凉就有彪悍的骑兵，增加人口和兵源，作战之时有迂回空间，利于发动大规模作战，虎视长安。二来可以打乱魏国发展国力的节奏，我出兵攻打你的边关和城池，你肯定要发兵来救，要发兵就要全国调兵，粮草、军费就要大量消耗，这样起码使得本来想据守要塞、积蓄力量的魏国忙于应付。

第三，转移国内矛盾，培养人才。

终蜀汉两代，一直不能摆脱荆州集团和益州集团的斗争，刘备托孤，当初是诸葛亮和李严二人，诸葛亮是荆州集团的首脑，李严是益州集团的代表。对于益州集团来说，益州是自己土生土长的地方，荆州集团始终是外人。随着关羽失去荆州，荆州集团的基地也丧失了，两大集团的平衡也就被打破，加上庞统、五虎上将等这一代追随刘备的精英几乎殆尽，益州集团重新掌握政权几乎是可以预料的，而他们掌握政权只有一个结果——投降。

蜀汉部队的中坚，是刘备十几年转战南北，苦心攒下来的一点家当，这些家当接连在荆州和夷陵两败中几乎殆尽。所以蜀汉必须尽快在军队还有战斗力时，在战争中学习，培养自己的骨干。诸葛亮挥泪斩马谡，痛惜万分。在北伐时得到姜维，着力将其培养为自己的接班人，可见人才对于当时的蜀汉的重要性。蜀汉高喊"王业不偏安"，在于益州真的太偏僻了，如果安于现状，随着时间的推移，形势只会越发险峻。所以北伐势在必行。

3.多才多艺的诸葛亮

诸葛亮所处的时代，正是中国书法艺术趋向成熟的时代。诸葛亮喜爱书法，在青少年时代就进行过刻苦的训练，能写多种字体，篆书、八分、草书都写得很出色。

南朝梁陶弘景是一位大书法家，他所著《古今刀剑录》记载："蜀章武元年辛丑（221），采金牛山铁，铸八铁剑，各长三尺六寸……并是孔明书作风角处所。"陶弘景生活的年代距诸葛亮仅二百余年时间，他的见闻和记述应是有事实依据的。

宋徽宗赵佶宣和内府的《宣和书谱》卷十三记载：诸葛亮"善画，亦喜作草字，虽不以书称，世得其遗迹，必珍玩之"。又说："今御府所藏草书一：《远涉帖》"。这说明到北宋末期在皇宫内府还珍藏有诸葛亮的书法作品。南宋陈思《书小史》记载：诸葛亮"善其篆隶八分，今法帖中有'玄漠太极，混合阴阳'等字，殊工"。

诸葛亮在政务和军事活动中，也常有练习书法。《常德府志》记载："卧龙墨池在湖南省沅江县西三十里卧龙寺内。俗传汉诸葛武侯涤墨于此寺，因名。"诸葛亮在湖南省常德市一带活动的时间，是在赤壁大战之后，战事十分紧张频繁，他却不忘练习书法。

东晋史学家常璩（约291—约361）的《华阳国志》记载："南中，其俗征巫鬼，好诅盟，投石结草，官常以诅盟要之。诸葛亮乃为夷作图谱，先画天地日月君长城府，次画神龙，龙生夷及牛马驼羊。后画部主吏，乘马幡盖，巡行安恤。又画夷牵牛负酒赍金宝诣之之象，以赐夷，夷甚重之。"从以上记载可以看出，诸葛亮的确具有非凡的绘画才能。他的画作既取材于现实生活，又有神奇而丰富的想象（如神龙等），而且构图宏伟，场面宏大。

唐朝张彦远（815—907）在《历代名画记》中写道："诸葛武侯父子皆长于画。"张彦远还在其《论画》一书中，记载了当时绘画收藏与销售的情况。他说："今分为三古以定贵贱，以汉、魏三国为上古，则赵岐、刘褒、蔡邕、张衡、曹髦、杨修、桓范、徐邈、曹不兴、诸葛亮之流是也。"张彦远记述当时一些近代画家如阎立本、吴道子等人绘画作品的售价："屏风一片值金二万，坎者售一万五千"，"一扇值金一万"，并说汉魏三国（即上古）画家的作品，在唐代已是"有国有家之重宝"，"为希代之珍"。从张彦远的记述中，可以大致看到诸葛亮在中国美术史上的历史地位和艺术成就。

诸葛亮精通音律，喜欢操琴吟唱。陈寿《三国志·蜀书·诸葛亮传》记载："玄卒，亮躬耕陇亩，好为《梁父吟》。"南朝宋文学家、史学家盛弘之撰《荆州记》载："襄阳西北十许里，名为隆中，有诸葛孔明宅。"又载："宅西背北临水，孔明常登之，鼓琴以为《梁父吟》，因名此山为乐山。"《中兴书目》记载："《琴经》一卷，诸葛亮撰述制琴之始及七弦之音，十三徽取象之意。"《舆地志》记载："定军山武侯庙内有石琴一，拂之，声甚清越，相传武侯所遗。"

诸葛亮，一个封建制时代的政治家，生前死后竟然得到各族人民热忱的颂扬和怀念，在我国封建制时代实在是少有的。他们对诸葛亮的评价表明，诸葛亮确实是我国封建时代一位最杰出的政治家和军事家。综观诸葛亮一生的言、行、功业，处处体现着他的优秀品德。诸葛亮的这些优秀品德，可以归结为修身养德、尽忠为国、虚心纳谏、廉洁奉公、严明法纪、一身正气的典范精神；忠顺勤劳、尽职尽责、自强不息、百折不挠的进取精神；为实现国家统一、国富民安的远大理想，"鞠躬尽瘁，死而后已"，为国家为民族利益而奋斗的献身精神。这些实际上已成为我国民族精神的一部分，它将永远昭示后来者。

第五章

凤雏庞统何以"志长命短"

"伏龙、凤雏，两人得一，可安天下。"诸葛亮为伏龙（卧龙），庞统为凤雏，司马徽为水镜，皆庞德公语也。庞德公是当年的名士，他的话很多人是信服的，这足以证明庞统的才智不亚于诸葛亮。诸葛亮自然不用说，自刘备三顾茅庐诸葛亮出山以来，一直从一而终，真正做到了为刘备和刘禅父子的蜀汉政权鞠躬尽瘁、死而后已，诸葛亮也由此成为"忠诚"和"智慧"的化身，而历久不衰。反观小说《三国演义》中与诸葛亮齐名的庞统，与诸葛亮相比，那形象可就差多了。

一、庞统没有存在感

诸葛亮和庞统才智相当，两个人的差距在哪里呢？情商。具体而言，可从以下两个方面分析。

第一，与从一而终的诸葛亮相比，庞统不但没有从一而终，而且刘备也不是庞统的首选——庞统最早的"主人"，其实是大名鼎鼎的周瑜。只是在周瑜那里，庞统始终没有得到重用，这才无可奈何地投奔了刘备。

在这一点上，庞统倒是与楚汉战争时的大将韩信颇为相似。只不过，韩信的结局比较悲惨：先是被项羽（前232—前202）怀疑，后又被刘邦（前256/247—前195年在世，前202—前195年在位）、萧何与吕后合谋杀掉。从这一点来看，庞统的结局似乎要好一些。但与诸葛亮的结局相比，庞统还是差得太远了。

　　一个人要想在一个新的地方建立信任，是很难的，需要花费很长的时间来磨合，互相了解。中国人习惯"逢人只说三分话，未可全抛一片心"，所以大家互相切磋，总是要牢记"害人之心不可有，防人之心不可无"的道理。再者说，一个人频繁变动，频繁跳槽加入新的集体，那他在新的集体里就会更难获得信任。为什么呢？因为老板会怀疑，你频繁换领导，是不是没主见啊，是不是很难跟领导相处啊，是不是不好管教啊。老板用你的时候，肯定就更加谨慎了。庞统给人的印象便是如此，虽然有才，吃亏就吃亏在心气不够沉，轻易跳槽，反而没有给自己的简历加分。

　　第二，比起诸葛亮的稳重，每一步都稳扎稳打，庞统显得就比较浮躁了。诸葛亮的一生，以公元207年冬—208年春被刘备"三顾茅庐"请出山位分界线，可以分为两个阶段：前27年是积蓄能力等待时机；后27年是为刘备家族鞠躬尽瘁、死而后已。时间正好是一半儿一半儿。而反观庞统，自从投奔刘备以后，仅仅经过了四年时间（庞统人生的九分之一），庞统便结束了他那年仅36岁的生命，意外地战死于雒城（今四川省广汉市）。庞统的一生，正应了琼瑶的一部小说——《匆匆太匆匆》。诸葛亮之死，那是为了刘备家族；庞统之死，从某种程度上说，应该完全属于一场意外。但任何的偶然和意外，似乎都有其历史的必然性。

　　"时机"是耐心"等"出来的，不是你一着急，就能解决得所有问题的。庞统的一生都在着急：急于成名、急于出山、急于证明自己。先来了解一下庞统投奔刘备之前的那些日子——庞统生命中的前32年（生命里的九分之八）——的故事。

　　《三国演义》第三十五回中庞统的出场：

　　　　"却说玄德跃马过溪……正行之间，见一牧童跨于牛背上，口吹短笛而来。……牧童曰：'吾师覆姓司马，名徽，字德操，颍川人也。道号"水镜先生"。'……童子曰：'……庞统字士元，小俺师父五岁。一日，我师父在树上采桑，适庞统来相访，坐于树下，共相议论，终日不倦。吾师甚爱庞统，呼之为弟。'……水镜曰：'今天下之奇才，尽在于此，公当往求之。'玄德急问曰：'奇才安在？果系何人？'水镜曰：'伏龙、凤雏，两人得一，可安天下。'玄德曰：'伏龙、凤雏何人也？'水镜抚掌大笑曰：'好！好！'"

小说《三国演义》中的这个桥段，通过水镜先生司马徽之口，介绍了庞德公为诸葛亮和庞统二人所起的绰号"伏龙"和"凤雏"。可谓人还未出场，好的名声却先宣扬出去了。但此后的诸葛亮和庞统二人，却走上了完全不同的道路。诸葛亮自然是隐居隆中，静候着刘备三顾茅庐，正可谓"姜太公钓鱼，愿者上钩"。庞统呢？早早地主动出山，投奔东吴名将周瑜去了。

说到庞统的出名，还是拜水镜先生司马徽所赐。据陈寿《三国志·庞统传》记载，庞德公的侄子庞统是荆州襄阳（今湖北省襄阳市）人，因自幼便为人朴实，而被很多人误认为他并不是个特别聪明的孩子。

二十岁时，庞统拜会为人清雅而擅长识人的司马徽。两个人见面时的场景极有意思："徽采桑于树上，庞统在树下，共语自昼至夜。徽甚异之，称统当南州士之冠冕，由是渐显。"这之后，水镜先生司马徽便把庞德公给自己的侄子庞统起的绰号宣扬了出去。自此，这动荡的东汉末年的江湖中，便有了庞统的一席之地。

有了一席之地之后，庞统就该证明自己的确不负叔叔庞德公给起的绰号，不负水镜先生司马徽口中的"当南州士之冠冕"的话了。

那怎么证明自己的确是有本事的人呢？当然是跟叔叔庞德公和水镜先生司马徽学习。跟这两位先生学什么呢？相面。

庞统只要见到一个年轻人，便夸夸其谈地指出这个年轻人的优点、特长和未来的发展方向。庞统对这个年轻人的评价，往往超出其实际才能。天长日久，人们就开始对庞统的识人能力产生了怀疑：怎么庞统的预言都没能应验呢？

此时的庞统怎么为自己辩解呢？《三国志·魏书·庞统传》记载："当今天下大乱，雅道陵迟，善人少而恶人多。方欲兴风俗，长道业，不美其谭即声名不足慕企，不足慕企而为善者少矣。今拔十失五，犹得其半，而可以崇迈世教，使有志者自励，不亦可乎？"

在庞统看来，如今天下大乱，道德沦丧，好人少，坏人多。想要振兴教化、宣扬道德的话，如果不把那些值得称赞的人夸得更好，就不足以让他们成为模范，也就没法让人学习他们的行为，那么做好事的人就更少了。现在选拔十个，即便有五个不能用，还有一半儿是可用之才。同时还可以向社会宣传教化，让有志之士受到鼓励，这样不也挺好吗？庞统之所以每每夸耀一个人时，总是言过其实，其目的就是想在乱世之中淳化社会风尚，增强人们的道德观念和社会公益心，让人们去仰慕仿效完美的人去做好事。

庞统品评人物时往往言过其实的出发点是好的，但天长日久，庞统在襄阳这里就站不住脚了。正是因为他在襄阳站不住脚，我们也就知道，当时的荆州牧刘表肯定是不喜欢庞统这个人了。刘表这个人，他喜欢的人，人家不辅佐他，他不喜欢的人，他也不要人家。所以，刘表也是非败不可的一个人。

庞统后来不够出色，很大程度上要归咎于庞德公的这番夸赞。怎么说呢？庞德公不夸庞统为"凤雏"还好，但是他现在把庞统拉到与诸葛亮比肩的位置了，这下庞统想混日子也不行了，必须对得起这称号啊。正所谓"立身若被浮名累，涉世无如本色难"。所以，我们平时还是要多警惕别人的盲目夸奖，不然很容易被名利冲昏头脑，真的觉得自己特别了不起。往往这个时候，也就是一个人最危险的时候，容易被捧杀。

那么，刘表这里留不下庞统，庞统怎么办呢？那就只能自己找门路。俗话说得好，此处不养爷，自有养爷处。赤壁之战后，庞统很快便带着他点评过的那些所谓"名士"投奔周瑜去了。

主动投奔周瑜，是庞统走的又一步错棋。

为什么这么说呢？先来看看诸葛亮是怎么出山的：诸葛亮是待在隆中，等着雇主刘备上门，而且还非得要雇主刘备三顾茅庐之后，这才不慌不忙地出山。

诸葛亮这种出场方式，有什么好处呢？

首先，诸葛亮等着刘备三顾茅庐，多次相邀才出山，这就比主动投奔要精明得多，这是"待价而沽"。让人家来请你，主动权掌握在自己手里。

其次，诸葛亮没有选择当时看起来比刘备强大得多的阵营，反而选了看起来有点弱的刘备阵营，这也是有深谋远虑的。刘备阵营不够强大，自己加入，属于"稀缺资源"，那地位肯定高。

反观庞统，主动投靠不说，居然还投奔了周瑜，这就犯了方向性的错误。当时，东吴在孙坚、孙策时代，有许多本土谋士，诸如张昭、鲁肃、张纮、顾雍、步骘等。在这些牛人面前，根本就没有庞统这个外来户的位置。庞统只能投奔周瑜。

周瑜只是孙权手下的一员大将，并不是一方诸侯，而且周瑜本身也才智过人。在动荡的东汉末年，周瑜是多么聪明绝顶的一个人啊，那是一个没事就跟曹操和诸葛亮这样的高手斗智斗勇，但却从来没输过一次的人。庞统投奔周瑜之后，能在周瑜手下干什么呢？或许一辈子得不到重用，即使得到重用，那也是周瑜帐下一个谋士，永远无法与鲁肃、张昭比肩。

说起来，庞统的命运似乎还是不错的。就在投奔周瑜一年之后的公元209年，击退了驻守在南郡的曹仁，并成功夺取军事重镇江陵的周瑜，在拜偏将军领南郡太守之后不久，很快便任命庞统为功曹。

功曹是秦以来就一直有的官职，亦称功曹史。如萧何就曾担任沛县功曹。功曹是郡守、县令的主要佐吏，主要负责考察记录业绩。换句话说，能够成为南郡太守周瑜手下的功曹，也算是庞统在周瑜手下的高光时刻了。毕竟，周瑜真的是太忙了，其精力主要会放在军事——偏将军一职——上，而对于更多的是强调百姓治理的这个南郡太守一职，周瑜也只能委托给郡守的主要佐吏——新任功曹庞统。

至于庞统到底是何德何能，在投奔周瑜一年之后便受到周瑜的赏识。据《荆州先德传》载："周瑜领南郡，以庞士元名重，州里所信，乃逼为功曹。任以大事，瑜垂拱而已。"从这个记载中可看出，庞统的"南州士之冠冕"，是要早于"伏龙、凤雏，两人得一，可安天下"的。换句话说，周瑜是逼着庞统辅佐自己的。若这个记载可信，显然周瑜功绩中，庞统至少要分走一半——只因后面这句"任（庞统）以大事，瑜垂拱而已"。

《三国演义》中说赤壁之战中庞统使出连环计一事，一是于史无据，二是时间不合。庞统投奔周瑜，是在赤壁之战结束之后，就不存在"连环计"是否与庞统相关的问题。另外，结合《三国志·吴书·周瑜传》的记载，赤壁之战爆发时，长途远征的来自北方汉地的曹军本来就不习水战，加之来到与北方的地形地貌完全不同的河湖纵横的水网之乡，染上疾病本来就是很正常的事。故而，两军刚刚交战，曹操就败退回到江北。此时，所谓"连环计"既能够让曹军船舰首尾相接，更能让这些"轻伤不下火线，重伤不去医院"的伤病员带病坚持战斗。至于"连环计"是否有人提出，到底是何方神圣提出，我们一无所知。此时，周瑜采用黄盖的诈降、火攻之计，终于大败曹军。此后的庞统，才被周瑜委任为功曹。这对于久久不得志的庞统来说，人生的春天似乎终于要来了。正所谓"锅台上的小米——熬出头了"。但是，命运似乎跟庞统开了一个大大的玩笑。

赤壁之战后，周瑜认为因赤壁大战而在荆州站稳脚跟的刘备集团是个巨大的威胁，建议孙权软禁刘备，直接管理刘备阵营的军队部属。孙权从长远考虑，认为曹操在北方仍须有个强有力的集团来牵制，又认为刘备恐怕难以为自己所控制，弄不好可能会出现孙、刘两败俱伤而曹军得利的结果，所以没有采纳周瑜的建议。公元210年，周瑜又向孙权提出先进军巴蜀，再吞并汉中，然后结好马超，最后三路北伐的战略方案。孙权同意了周瑜的这个颇为大胆的计划之后，周瑜马上从驻地江陵率部西进，准备一举吞并巴蜀。但当行至巴丘（今湖南省岳阳市）时，周瑜突然暴病身亡。

周瑜死了，庞统的事业还得从零开始。

从零开始，对于已经三十岁的庞统来说，真是一件说起来非常容易但做起来特别难的事。当然，这只是问题的一个方面。问题的另一个方面在于，人很容易陷入自己曾经的怪圈而不能自拔。想当年在荆州的时候，庞统就曾经犯过一个错误，就连当时的荆州牧刘表也非常不喜欢庞统了。无可奈何的庞统最后只能投奔周瑜。现在，周瑜死了，庞统动辄对他人指指点点、评头论足的老毛病又犯了。

周瑜死后，庞统作为周瑜的功曹自然要为周瑜送丧，成了周瑜的送丧使。庞统作为送丧使，这一送就送到了东吴，东吴的人才众多，多数人也听过庞统评价他人的事迹，庞统送葬结束准备返回时，东吴有名的大臣陆绩（约188—约219）、顾劭、全琮等皆前来送行。庞统知道陆绩等人来的目的，于是告诉他们说："陆子可谓驽马有逸足之力，顾子可谓驽牛能负重致远也。"对全琮说："卿好施慕名，有似汝南樊子昭（樊子昭原是市井小贩，但樊子昭发愤图强，德才兼修，终于成为远近闻名的名士），虽智力不多，亦一时之佳也。"听到庞统如此说后，陆绩、顾劭和庞统约定，"使天下太平，当与卿共料四海之士"。

有人看热闹不嫌事大，便问庞统："如所目，陆子为胜乎？"庞统说："驽马虽精，所致一人耳。驽牛一日行三百里，所致岂一人之重哉！"过了几天，顾劭特意去看望了庞统，在庞统的住处足足停留了几日。两人一直互相交谈，内容涉猎广泛。要离开时，顾劭问庞统："卿名知人，吾与卿孰愈？"庞统说："陶冶世俗，甄综人物，吾不及卿；论帝王之秘策，揽倚伏之要最，吾似有一日之长。"

上述这些记载，恰可体现出庞统毒舌而又包容的一面。他对陆绩、顾劭、全琮的评价都是打一巴掌揉三揉的类型，委婉地让对方意识到自己不足，又保持双方友好。此时，向来跟周瑜交好的鲁肃把庞统推荐给了孙权，但并没有得到孙权的回应。至于其中的原因，有可能是因为庞统的相貌，更有可能是因为庞统那张过于毒舌的嘴——毫无疑问，动辄就对孙权的手下谋士陆绩、顾劭、全琮等人指指点点、评头论足，对这样的人，孙权是不会有好感的。这天下人当中，就你庞统会识人？知人善任这一点，难道你比我孙家还强？在我孙某人的地盘上，你算哪根葱？更何况，江东跟荆州的隔膜太深。须知，孙坚就是死于荆州，被黄祖干掉的，双方互相鄙视，不信任。这也是《三国志》记载"先主（刘备）奔江南，荆、楚群士从之如云"的原因。

可庞统此时投奔刘备，真的是已经太晚了。因为此时的诸葛亮，已经完全坐稳了刘备集团军师的角色。所以，庞统错误的出山方式告诉我们：有时候，"时机"是耐心"等"出来的，而不是刻意"追"出来的。

有才的人，能力本来就比别人出众，急着证明自己的能力，不是很正常的事儿吗？其实不然，太过于着急，很容易出现问题——揠苗助长、竭泽而渔。不是你本事到位了，而是你短时间内消耗了大量资源和精力才促成的，这种消耗绝对不是长远之计，一次两次还行，别人可能会觉得你确实挺厉害。但是时间久了，没有想清楚目标、没有谨慎思考就轻易行动，这些浮躁欠下的债，总有一天是要还的。

在我们的职场和生活中，好的机遇是可遇而不可求的，先要做好自己的事，提升自己的能力，然后再耐心等待合适的机会出。庞统急于求成，反而让自己失去了最佳地位。虽然庞统的加盟确实为蜀汉政权站稳脚跟发挥了不小的作用，但他永远都无法超越诸葛亮成为刘备手下最重要的谋士。《三国志》里也说庞统"亲待亚于诸葛亮"。所以，先来后到有时候也是很重要的。

正所谓时机，讲求的就是"恰逢其时"。你来早了、来晚了，那都不行。有了诸葛亮，庞统对于刘备集团来说，就是"来晚了"的人才，地位自然比不上诸葛亮。

诸葛亮和庞统不同的出山方式还告诉我们：智商决定下限，情商决定上限。在保障智商的同时，修炼情商才是我们所需要的。庞统在东吴没有存在感，恰好是上述两个方面深刻教训的表现。

二、平起平坐凭什么

庞统一生都在着急：急于成名，急于出山，急于证明自己。其结果自然是在家乡襄阳站不住脚，被迫投奔了周瑜。周瑜死后，孙权也跟刘表一样，无论如何也看不上庞统。兵多将广、谋士如云的曹操那里更去不得。此时，摆在庞统面前的，只剩下唯一的一条出路：投奔刘备。

在刘备集团这里，庞统要证明自己的能力出众，就更难了。因为诸葛亮比庞统先到，所以，江湖上与诸葛亮齐名的庞统，就必须迅速地、全力以赴地证明自己的出众能力，才能在刘备集团站稳脚跟。

如何才能让见多识广、善于识人的刘备迅速知道自己的"杰出才华"呢？庞统的对策使我们常人难以企及。

刘备占据荆州，领荆州牧，庞统来投。刘备让庞统以从事的身份试守耒阳（今湖南省耒阳市）县令。这就奇了怪了："伏龙、凤雏，两个得一，可安天下"，刘备应该知道与自己的谋士诸葛亮齐名的庞统呀，怎么就会让庞统担任了一个小小的耒阳县令呢？难道真是跟《三国演义》所叙述的那样，庞统不仅隐藏自己凤雏的名声，而且只拿出了鲁肃的推荐信，未拿出诸葛亮的信，这才使得刘备在初见庞统时并未知其名声，仅通过庞统以匿名的形式参加刘备举办的招揽人才考试并拔得头筹，来安排县令一职吗？

庞统是否隐藏了自己凤雏的名声，诸葛亮是否有推荐庞统的信，史料上自然全无记载，故均属小说所虚构。但以刘备超群的识人眼光，断不会犯如此简单的错误。故而，刘备仅仅让庞统以从事的身份试守耒阳县令，就是故意的。至于其背后的真正目的，自然是想磨一磨庞统的锐气。

但此时的庞统会有所改变吗？俗话说得好，江山易改，秉性难移。庞统不但没有丝毫改变，反而在错误的道路上越走越远：在任期间，庞统因不理县务而被弹劾免官。看来，再一次碰壁的庞统，真的要走投无路了。

就在此时，庞统的两个救星——鲁肃和诸葛亮——伸出了援助之手：听闻此事之后，远在东吴的鲁肃专门写信给刘备说："庞士元非百里才也，使处治中、别驾之任，始当展其骥足耳。"诸葛亮也劝刘备："庞统……楚之良才，当赞兴世业者也。"于是乎，刘备再度召见庞统。经过一番交流后，刘备对庞统大为器重，任命他为治中从事，亲密程度仅次于诸葛亮。《三国演义》第五十七回"柴桑口卧龙吊丧　耒阳县凤雏理事"中，对于这段史实进行了合理的夸张描写：

　　"统手中批判，口中发落，耳内听词，曲直分明，并无分毫差错。民皆叩首拜伏。不到半日，将百余日之事，尽断毕了，投笔于地而对张飞曰：'所废之事何在！曹操、孙权，吾视之若掌上观文，量此小县，何足介意！'飞大惊，下席谢曰：'先生大才，小子失敬。吾当于兄长处极力举荐。'统乃将出鲁肃荐书。飞曰：'先生初见吾兄，何不将出？'统曰：'若便将出，似乎专藉荐书来干谒矣。'飞顾谓孙乾曰：'非公则失一大贤也。'遂辞统回荆州见玄德，具说庞统之才。玄德大惊曰：'屈待大贤，吾之过也！'飞将鲁肃荐书呈上。玄德拆视之。书略曰：庞士元非百里之才，使处治中、别驾之任，始当展其骥足。如以貌取之，恐负所学，终为他人所用，实可惜也！玄德看毕，正在嗟叹，忽报孔明回。玄德接入，礼毕，孔明先明曰：'庞军师近日无恙否？'玄德曰：'近治耒阳县，好酒废事。'孔明笑曰：'士元非百里之才，胸中之学，胜亮十倍。亮曾有荐书在士元处，曾达主公否？'玄德曰：'今日方得子敬书，却未见先生之书。'孔明曰：'大贤若处小任，往往以酒糊涂，倦于视事。'玄德曰：'若非吾弟所言，险失大贤。'随即令张飞往耒阳县敬请庞统到荆州。玄德下阶请罪。统方将出孔明所荐之书。玄德看书中之意，言凤雏到日，宜即重用。玄德喜曰：'昔司马德操言："伏龙、凤雏，两人得一，可安天下。"今吾二人皆得，汉室可兴矣。'遂拜庞统为副军师中郎将，与孔明共赞方略，教练军士，听候征伐。"

上述故事，虽属《三国演义》所虚构，但罗贯中虚构这段故事的时候两点，特别值得单拿出来圈点一番。

一是让张飞审理此案。在刘备属下的"关张赵马黄"五虎上将中，《三国志》对于张飞的记载最为简略，故而如何让张飞的形象丰满起来，便成了小说《三国演义》的作者罗贯中必须考虑的问题。而此时让看似粗心的张飞去审理庞统因不理县务而被弹劾免官这一案件，大大增加了这段故事的趣味性的同时，也让张飞粗中有细的形象跃然纸上。

二是罗贯中在塑造庞统这一人物时，只让庞统拿出了鲁肃的推荐信，但诸葛亮的推荐信却始终未被庞统拿出。这又是为什么呢？所谓"立身若被浮名累，涉世无如本色难"。庞统还是被凤雏的虚名给耽误了。他总觉得，自己跟卧龙是齐名的，拿出他的推荐信来，让卧龙推荐自己，心中总有些不自在啊。后来，孔明来了，一场误会也消除了。再后来，庞统和诸葛亮同为军师中郎将。

庞统的这段故事告诉我们：第一，在人贵有自知之明的前提下，还要学会适度谦虚，绝对不能过度夸大自己的能力。第二，在不好高骛远的前提下，还要学会正确的把握时机。既不可无原则地等待，更不可操之过急。须知，如果一开始的起点就很低，以后也很难展翅飞翔。第三，在学会正确的把握自己的前提下，还需要充分了解自己准备投递简历的单位的方方面面。诸如这个单位领导的脾气秉性如何，他手下有什么杰出人才，只有都了解清楚了，才能知道未来自己在新单位可能的位置和努力的方向。第四，被新的单位录取之后，工作还是要勤勉，绝对不能采取庞统在以从事的身份试守耒阳县令期间的所谓"不理县务"的做法，庞统"不理县务"的做法。在古代如果能先遇到好的朋友（诸如鲁肃和诸葛亮）替你说情、替你解释、然后又有好的领导（诸如刘备）能够再给你一次机会，或许有效；在当今这个快节奏的社会里，如果你敢"不理县务"，毫无疑问，单位领导会马上让你辞职，即使真的有鲁肃或诸葛亮那样的牛人替你说情、替你解释，也没用。

话说取得了刘备的信任，先被任命为治中从事，后又升为军师中郎将的庞统，与刘备的关系也迅速升温，仅次于诸葛亮。

庞统为什么会仅次于诸葛亮呢？一个很重要的原因便是，诸葛亮已经通过赤壁之战的运筹帷幄之功劳，取得了包括关羽、张飞在内的刘备集团上下所有人的信任，并充分证明了自己的能力，而庞统的那些个言辞还需要日后形势的发展来印证。

当然，庞统也还需要进一步证明，这一次，自己是真心实意投奔刘备的。所以，对于自己曾经的过往，还要"知无不言""言无不尽"地向刘备交代。

有一次，刘备与庞统闲谈，问他："卿为周公瑾功曹，孤到吴，闻此人密有白事，劝仲谋相留，有之乎？在君为君，卿其无隐。"庞统回答："有之。"刘备慨然叹息："孤时危急，当有所求，故不得不往，殆不免周瑜之手！"刘备还说："天下智谋之士，所见略同耳。时孔明谏孤莫行，其意独笃，亦虑此也。孤以仲谋所防在北，当赖孤为援，故决意不疑。此诚出于险涂，非万全之计也。"

"知无不言""言无不尽"地交代自己曾经的过往，这只是庞统取得刘备信任的必经之路，要想在刘备这里彻底站稳脚跟，庞统还要拿出高出诸葛亮的真本事来。

公元211年，法正奉益州牧刘璋之命到荆州，迎接刘备入益州共拒张鲁。法正私下向刘备献密计，请刘备借机谋取益州。刘备犹豫再三，不能决断。庞统进言，他说："荆州荒残，人物殚尽，东有吴孙，北有曹氏，鼎足之计，难以得志。今益州国富民强，户口百万，四部兵马，所出必具，宝货无求于外，今可权借以定大事。"刘备仍然担心："今指与吾为水火者，曹操也，操以急，吾以宽；操以暴，吾以仁；操以谲，吾以忠。每与操反，事乃可成耳。今以小故而失信义于天下者，吾所不取也。"庞统说："权变之时，固非一道所能定也。兼弱攻昧，五伯之事。逆取顺守，报之以义，事定之后，封以大国，何负于信？今日不取，终为人利耳。"刘备认为庞统说得有理，决定留诸葛亮、关羽等镇守荆州，而自己则带领庞统，率领数万兵士进入益州。益州牧刘璋和刘备在涪城相会，庞统劝刘备于宴席中挟持刘璋，但刘备以自己初来蜀中恩信未立为由而拒绝。刘璋隆重地招待刘备及其部下，增拨给刘备不少人马、粮草和军用物资，连战略要隘白水关也交给他督理，命他率兵去进击张鲁。刘璋交代完毕，就回了成都，刘备则率部到了葭萌关。

公元212年，张松暗中联系刘备的事情被其兄长张肃告发，刘璋处死张松，刘备和刘璋之间的关系决裂。于是庞统就战略问题，向刘备献上三条秘计：

"统进策曰：'今因此会，便可执之，则将军无用兵之劳而坐定一州

也。'先主曰："初入他国，恩信未著，此不可也。'璋既还成都，先主
当为璋北征汉中，统复说曰："阴选精兵，昼夜兼道，径袭成都。璋既
不武，又素无预备，大军卒至，一举便定，此上计也。杨怀、高沛，璋
之名将，各仗强兵，据守关头，闻数有笺谏璋，使发遣将军还荆州。将
军未至，遣与相闻，说荆州有急，欲还救之，并使装束，外作归形；此
二子既服将军英名，又喜将军之去，计必乘轻骑来见，将军因此执之，
进取其兵，乃向成都，此中计也。退还白帝，连引荆州，徐还图之，此
下计也。若沈吟不去，将致大困，不可久矣。'先主然其中计，即斩怀、
沛，还向成都，所过辄克。"

　　在这一段的叙述中，庞统为刘备献上四条计策：一是挟持刘璋进军成
都，不费一兵一卒即得益州；二是偷偷选择精兵袭取成都，趁刘璋不备拿下
益州；三是假借荆州有急，刘备需要回师荆州，趁杨怀、高沛两将前来送行
时擒住二人，然后夺下两将守关及兵士，再一路进攻成都；四是退回白帝
城，与荆州部队联系后再慢慢寻找机会。而其中的第二计至第四计就是所谓
上、中、下三策了。

　　对庞统的四条计策，刘备是什么态度呢？

　　在第一次与刘璋见面之时，刘备果断拒绝了庞统的挟持刘璋的计划，他
的理由是："初入他国，恩信未著，此不可也。"刘备深知人心的重要性，光
占领益州是没有用的，更重要的是收得人心。而刘备之后所做的，正如同当
年在荆州新野一样，他驻兵于葭萌，并未向张鲁用兵，反而在此树恩德、收
人心，这是在打民心的基础。当庞统在向刘备献上、中、下三策之时，史书
只记载了"先主然其中计"。

　　谋士在古代历史进程中，扮演着极为重要的角色，一位优秀的谋士，不
仅可以决胜千里之外，甚至还能左右一国国运。有些时候，尤其是在战时，

谋士们会给君主提供三个选项，一般分为上、中、下三策，在谋士眼中，上策是最佳选项，中策是稳妥选项，下策则是最差选项。按常理讲，当然选择上策最好，但事实上，大多数情况下，君主会选择中策或者下策，那么，这是为什么呢？

兵法有云："求其上，得其中；求其中，得其下；求其下，必败。"好的对策和好的结果不一定成因果关系，在一定程度上说，用最好的对策，得到的结果往往是中等，而用中等的对策，其结果是下等，当然，这也是相对而言。单以庞统给刘备所列出的这上、中、下三策为例。刘备之所以选择中策，就是由于上策风险太大，而中策更为稳妥。在赤壁之战后，刘备早已不是那个任人揉捏的小角色了，经过重重磨难，刘备更明白当时局面的来之不易，他宁愿多花些时间，也不想冒太大的风险。高收益自然伴随着高风险，这世间没有完美的人，也不可能有完美的对策，刘备很清楚这一点，所以他选择了最稳妥的选项。在入川这件事上，刘备所选的中策既收了土地民众，也获得了益州士族的支持。此时的刘备，正是最为成熟和强大的时候。

那庞统是否能比肩诸葛亮？作为后来者的庞统，凭什么能与已经坐稳了刘备军师之位的诸葛亮平起平坐呢？

客观地说，庞统为刘备得到刘璋统治下的益州做出了非常大的贡献。

首先，庞统打消了刘备内心的顾虑。

刘备内心的顾虑之一：蜀道难，难于上青天，攻入蜀地需要大量兵马，可刚在荆州站稳脚跟的刘备，前有和孙权的约定，后有曹军的虎视眈眈，自己贸然攻蜀，荆州后方空缺，若是荆州被人占领，自己又攻蜀失败，那便一无所有。

刘备内心的顾虑之二：当时蜀地的掌权者刘璋虽资质平平，但子承父业，在政绩上虽不说有什么突出贡献，但也没有过失。蜀地的百姓在刘璋的带领下也是安居乐业，强攻蜀地很难，恰好刘璋派人邀请刘备入蜀，这是刘备取而代之的最佳机会，却担心此举有损自己的名声。

庞统此时对刘备进言，说刘备之所以担心孙权或曹操占领荆州，是因为自己还不够强大，占领蜀地之后，两人也不敢轻举妄动。

对于名声问题，庞统说在乱世之中，不可太拘泥于成规，自古都是天下之大，能者居之，贤良者得天下亦可更好地造福百姓。

可以说庞统的两番说辞，彻底打消了刘备攻蜀的所有顾虑。

其次，庞统在刘备攻蜀过程中屡次献良策，为刘备夺蜀胜利奠定了基础。只可惜庞统没有看到刘备真正入蜀的一天：能力超群、堪比卧龙的凤雏庞统，在随后不久的雒城之战中死了。

那庞统之死，到底是意外，还是必然？庞统之死，会引发哪些骨牌效应呢？

三、骨牌效应蜀汉完

说到庞统之死，还要先了解一下庞统与诸葛亮的区别。

从诸葛亮的角度说，庞统既没有做到从一而终，刘备也不是庞统的首选；而且，庞统也不知道"时机"是耐心"等"出来的这一道理。当然，庞统的夸夸其谈也有损自己威信的树立。

但是，与诸葛亮相比，庞统还是有着自己的优势的。这些优势主要表现在以下几个方面。

一是相对而言，庞统的"知无不言""言无不尽"会让刘备更加放心。

二是当刘备有问题需要征求意见和建议时，庞统都会献出三四条秘计，以供刘备选择。而庞统的这种做法，恰恰会增强刘备的最高领导力、最终决策者意识，也就满足了刘备的虚荣心。

而上述这两点，恰恰是作为后来者的庞统，能与诸葛亮平起平坐的一个重要原因。

作为后来者的庞统，能与诸葛亮平起平坐的另一个原因在于，此时刘备集团的对手不仅有东北面的汉中张鲁乃至未来的曹魏集团，更有东面时刻都可能在刘备集团插上一刀的江东孙吴集团。

既然是两线同时作战，当然就需要两套班子同时运作。

历史也恰恰是这样发展的：自从得到庞统之后，刘备一直将庞统带在身边，作为最重要的谋士；与此同时，诸葛亮似乎被刘备刻意地疏远了，刘备将诸葛亮放到了固执傲慢的关羽身边。

当然，与优势相比，庞统的劣势也是非常可怕的。

一方面，在出谋划策的方法上，庞统把最终抉择权放心地交给不一定事事都专业，不一定事事都在行的最高领导者、最终决策者，实际上也是一种推诿责任的做法。须知，有时候给最高领导者、最终决策者的选择太多，也会让最高领导者、最终决策者失去理智，最高领导者、最终决策者的选择的不一定是最好的。

比如在刘备攻打益州时，庞统就给出了上、中、下三策，让刘备自己选择。上策：偷偷选择精兵袭取成都，趁刘璋不备拿下益州。中策：假借荆州有急，刘备需要回师荆州，趁杨怀、高沛两将前来送行时擒住二人，然后夺下两将守关及兵士，再一路进攻成都。下策：退回白帝城，与荆州部队联系后再慢慢寻找机会。

单就庞统的上、中、下三策来说，虽然上策因过于冒险并不可取，但恰恰是刘备选中的这个中策，直接导致了庞统的死亡。刘备选中的这个中策，单就庞统而言，绝对是个下下之策。

另一方面，在谏言的方式上，庞统"知无不言""言无不尽"会让刘备更加放心。但是也应看到，庞统的这种做法也可造成"言多语失"，从而造成最高领导者、最终决策者直接翻脸不认人。这就说到庞统之死了。

关于庞统之死的一个大背景，是公元214年，刘备调诸葛亮、张飞、赵云等人带兵攻克白帝、江州、江阳。不久，刘备包围雒城，庞统率众攻城。关于庞统之死，流传最广的说法来自《三国演义》："却说雒城中吴懿、刘璝听知折了泠苞，遂与众商议……忽报汉兵分两路前来攻城。张任急引三千军，先来抄小路埋伏。见魏延兵过，张任教尽放过去，休得惊动。后见庞统军来，张任军士遥指军中大将：'骑白马者必是刘备。'张任大喜，传令教如此如此。却说庞统迤逦前进，抬头见两山逼窄，树木丛杂，又值夏末秋初，枝叶茂盛。庞统心下甚疑，勒住马问：'此处是何地？'数内有新降军士，指道：'此处地名落凤坡。'庞统惊曰：'吾道号凤雏，此处名落凤坡，不利于吾。'令后军疾退。只听山坡前一声炮响，箭如飞蝗，只望骑白马者射来。可怜庞统竟死于乱箭之下。时年止三十六岁。"

但《三国志·蜀书·庞统传》只是记载："进围雒县，统率众攻战，为流矢所中，卒，时年三十六。"

别看《三国志·蜀书·庞统传》的字少，但事大。具体而言，与《三国演义》相比，《三国志》的内容至少有两点不一样。

一是庞统的死亡地点，《三国演义》所言，是在落凤坡（今四川省德阳市罗江区白马关）；而《三国志》所言，是在雒城城外，两者有近50公里的差距。

二是庞统的死亡原因，《三国演义》中庞统是中了误把庞统当成刘备的张任的埋伏；而《三国志》中庞统是在率众攻雒城时，为流矢所伤，然后丧命于此。

更为重要的是，据《三国演义》所言，庞统之死，与刘备送给庞统的的卢马有着密切的关系：

"玄德再与庞统约会，忽坐下马眼生前失，把庞统掀将下来。玄德跳下马，自来笼住那马。玄德曰：'军师何故乘此劣马？'庞统曰：'此马乘久，不曾如此。'玄德曰：'临阵眼生，误人性命。吾所骑白马，性极驯熟，军师可骑，万无一失。劣马吾自乘之。'遂与庞统更换所骑之马。"

《三国演义》中，的卢马原为刘表手下降将张武所有，后来张武造反，刚刚投靠刘表的刘备便主动请缨亲征。等到短兵相接，刘备望见张武坐骑"极其雄骏"，大为赞赏赞曰"此必千里马也"，赵云即时领会了主公的意图，挺枪而出，"不三回合"便斩将夺马。等到凯旋，刘表见了这匹马，也赞不绝口。刘备正愁无一报答刘表，于是欲将此马送给刘表。不料，刘表的谋士蒯越认为此马"眼下有泪槽，额边生白点，名为'的卢'，骑则妨主"。还说"张武骑此马而亡"就是证明，吓得刘表赶紧找借口还给了刘备，于是这匹战马又跟随了刘备。刘表的幕宾伊籍将此马"妨主"的消息透露给了刘备，刘备却不予采纳。后来蔡瑁欲设计谋害刘备，伊籍又向刘备报信，刘备慌忙从酒席中逃走，骑上的卢却走错了路，结果便来到了檀溪。前是阔越数丈的檀溪，后是追兵，刘备在这个时候才想起伊籍的卢妨主的劝告。一边疯狂地抽打着的卢一边大叫："的卢，的卢！今日妨吾！"那马忽然从水中踊身而起，一越三丈，飞上对岸，完成了的卢最富传奇意义的演出。这之后刘备更加不相信"的卢妨主"的预言了，对这匹救命的宝马无限珍爱，后来出兵入蜀之际因见庞统坐骑老弱，为了显示自己对庞统的重视，便将自己珍爱的宝马的卢赠送给了庞统。谁知庞统无福消受，刚骑上的卢便被敌人当作刘备在落凤坡乱箭射死，从此的卢马也失去了踪迹。

的卢马什么长相呢？伯乐《相马经》记载："的卢，马白额入口至齿者，名曰榆雁，一名的卢。奴乘客死，主乘弃市，凶马也。"

关于刘备的坐骑，据裴松之《三国志注》引《世语》记载："备屯樊城，刘表礼焉，惮其为人，不甚信用。曾请备宴会，蒯越、蔡瑁欲因会取备，备觉之，伪如厕，潜遁出。所乘马名的卢，骑的卢走，堕襄阳城西檀溪水中，溺不得出。备急曰：'的卢，今日危矣，可努力。'的卢乃一踊三丈，遂得过。"

引人注意的是，虽然《三国志》和《三国志注》都没有关于刘备将自己的坐骑的卢马送给庞统的记载，但关于庞统是死于刘备的阴谋论的说法却一直甚嚣尘上。这又是为什么呢？

先来看《三国志》的一段记载：

> "先主然其中计，即斩怀、沛，还向成都，所过辄克。于涪大会，置酒作乐，谓统曰：'今日之会，可谓乐矣。'统曰：'伐人之国而以为欢，非仁者之兵也。'先主醉，怒曰：'武王伐纣，前歌后舞，非仁者邪？卿言不当，宜速起出！'于是统逡巡引退。先主寻悔，请还。统复故位，初不顾谢，饮食自若。先主谓曰：'向者之论，阿谁为失？'统对曰：'君臣俱失。'先主大笑，宴乐如初。"

这段话是说，刘备采纳庞统所说的中策，随即用计斩杀杨怀、高沛，回军进攻成都，所过郡县纷纷被攻克。刘备在涪城召开庆功大会，大摆筵席饮酒奏乐，在席间他对庞统说："今日聚会，可真快乐。"庞统说："攻占别人的国土却认为是件乐事，这不是仁义之师所为啊。"刘备已经喝醉，故此大怒说："武王伐纣，前歌后舞，难道不是仁义之师吗？你的话很不得当，应该马上给我离席出去！"于是庞统转眼间即退席而出。刘备很快就感到后悔，忙派人请庞统回来。庞统回到席间，对刘备不理不睬也不道歉，只管像开始那样吃喝。刘备问他："刚才的谈论，究竟是谁不对？"庞统回答："咱们君臣都有错。"刘备听后大笑，筵席上气氛仍像开始时一样热闹欢乐。

这之后便有了《三国志·蜀书·庞统传》的那段记载："进围雒县，统率众攻战，为流矢所中，卒，时年三十六。"

刘备与庞统君臣吵架与庞统之死有什么必然的联系吗？当然有联系了。

这里有个关键问题：刘备为何敢这么骂庞统？只因此刻的庞统，已无路可走了！

庞统本是荆州的带头大哥，却被诸葛亮夺走了，又不容于孙权。若投奔曹操，也不可能，因为是他说服刘备入川，岂能走得脱？所以，对庞统而言，他就只有一条路了，那就是跟着刘备拿下西川，证明自己的价值！

所以，刘备才敢这么骂庞统。当然换个角度说就是，刘备认定了庞统跟自己捆绑得死死的，把其视为圈内人，可以暴露自己，不必装。刘备后来对法正，也是这种"不装"的秉性。不信对比诸葛亮，刘备虽信任无比，却一直显得客气得见外。

于是，公元214年，刘备马上要围攻雒城了，只要攻破了雒城，刘备大军就能顺利推进到成都，解决西川之战！

但哪料，刘备却又做了一件事，命诸葛亮带兵入川。正史中，诸葛亮入川在前，庞统战死在后，跟《三国演义》中的顺序是颠倒的。跟着便是庞统死于雒城之战。

显然，这一战庞统是跑到了最前线，去直接指挥攻城了。那么这种事，应该庞统去做吗？应该，却不应那么靠前，毕竟庞统的级别摆在那里。因此这只能证明，庞统当时真急了。至于为何这么急，皆因刘备骂他于先，调诸葛亮入川于后，这两件事导致。

虽庞统之死，绝非刘备的本意，但刘备的这两件事，却毫无疑问给了庞统极大压力——既然已无路，就只能搏命，庞统的悲哀，正在于此。

说到庞统之死的影响，赤壁之战之后，诸葛亮和周瑜争夺西川。正当周瑜组织好军队准备出发时，周瑜突然病卒，东吴取西川的努力就此作罢。尽管如此，刘备和诸葛亮还不敢贸然西进，直到庞统到来，这盘棋才真正被盘活。

刘备有两个军师，就能做到内外兼顾，整个集团实力能得到质的飞跃。

之前有徐庶和诸葛亮搭配，仅一年内，荆州兵力规模从几千人变成数万人。人才如马良、马谡、伊籍、向朗、陈震、蒋琬、魏延、霍峻等人相继归附。"卧龙、凤雏"的名号在荆襄知名度较高，更有司马徽的一句"伏龙、凤雏，两人得一，可安天下"的广告效应，吸引了更多的人才归附。刘备集团一时间人才济济，提前完善了储才计划，其中有很多人在益州之战中发挥了卓著的作用。诸葛亮和庞统相识，自知庞统才能不在自己之下，军政业务相当熟练，由他辅佐刘备自然万无一失。这样一来，诸葛亮可以保荆州稳固，庞统可为西进献策，二人相辅相成可共创大业。

可惜，庞统只为刘备集团服务了五年时间，就在雒城身亡。庞统之死，给了刘备集团巨大的打击，也引发了一系列多米诺骨牌效应，让蜀国成为魏国的瓮中之鳖。

刘备身边没有军师，诸葛亮前去益州补位，关羽领荆州军政，无人能对其加以限制，以至贸然对襄阳发起进攻，将荆州战线拉长了几百里。关羽进军太过深入，甚至危及曹操的都城许县，使得魏国不得不调重兵来阻击关羽。

诸葛亮主张联吴抗曹，三国在荆州处于一种战略平衡，互不侵犯的状态。魏国和蜀国要打就在汉中打，魏国和吴国打就在合肥打，都未波及荆州这个三角缓冲地区，三边关系都相对缓和。而关羽打破了平衡，荆州攻守易形，蜀国主要的战略重心在汉中地区，上庸、江陵、公安等地区兵力不足以支撑这么大的战略行动，如若出兵而后战役失败，上庸三郡早晚易主，于是孟达拒绝了关羽出兵的要求。

汉中之战，法正计取定军山，斩杀夏侯渊，名声大震。法正并没有为蜀国效力多久，汉中献计之后仅三年的时间就去世了。庞统、法正的接连去世，给了刘备很大的打击。每次出征，都由诸葛亮坐镇中央，负责统筹协调工作，保障后勤无忧。开始诸葛亮在荆州坐镇，庞统随刘备出征益州；后诸葛亮坐镇成都，法正随刘备出征汉中。二人尽损，前线再无军师可用。论军略智谋，马良等人很难达到庞统、法正的水平。

蜀国坚持北伐，诸葛亮只能亲自上阵，六出祁山。北伐无望并不是指军事、武器装备比不上魏国，而是北伐之路遥远，自从荆州易主，蜀国唯一能出兵北伐的路线只有从祁山方向出兵，一来路线艰险，二来粮食不好运转，常年北伐都是无功而返。

如果当年庞统不死，诸葛亮坐镇荆州，魏国就不会把蜀国军队压制在蜀中地区，诸葛亮也不会只有一条北伐路线可选。反观东吴北伐前后十几次，都因为战事失利才作罢，如果蜀国能从荆州北上，在局部战役中还是有和魏国一战之力的。

诸葛亮事必躬亲，军政大小事务都要过丞相之眼，《魏氏春秋》中"诸葛公夙兴夜寐，罚二十以上，皆亲擥焉"，就写出诸葛亮对一应事务谨小慎微，这样高强度的压力让诸葛亮的身体每况愈下。诸葛亮对国内经济、法律、税赋、水利、就业等方面都极为重视，也为蜀国内政做出巨大贡献，在军中更是"不望治事"。

如果能像庞统尚在之时，二人同理事务，使得军政分开，能给诸葛亮减轻不小压力。诸葛亮后期就是因为独木难支，事事亲力亲为，最后积劳成疾，病重逝世。

刘备从起兵以来，最为缺乏的就是军师和谋士。徐庶、庞统、法正相继离去，可谓天不兴刘。诸葛亮仅凭一人之力，东奔西走，死后给蜀汉续命三十年也算"尽人事，听天命"，正应了司马徽的那句"虽得明主，不得其时"。

第六章

一身是胆的赵子龙：低调做人，张弛有度

在刘备集团内，论起在民间的地位和影响，常山真定（今河北省石家庄市长安区）人赵云赵子龙（？—229）排在诸葛亮和关羽之后的第三位。

对三国历史比较熟悉的人肯定都知道，虽然赵云在前期出场频率不如关羽和张飞，也不是蜀汉政权的创始派，但无论是武力还是才智，作为五虎上将里结局最好的人，赵云戎马一生，最后寿终正寝。三国乱世，个人命运与自身的选择，那是紧密相关的，赵云到底有什么聪明之处、过人之处，能让他获得寿终正寝的最好结局，而没有在乱世纷争中死于兵刃或者算计之下呢？一起来分析分析。

一、勇武忠君擅应变

赵云这个人最大的特点，便是勇武忠君、机智应变。

《三国演义》对于赵子龙形象的刻画，代表了千百年来普通百姓对赵子龙形象的高度认可。而赵云在历史上的形象，要比小说《三国演义》伟大很多。我们先来看看《三国演义》第七回中，赵云首次出场。这一段讲的是，赵云在盘河之战解救了公孙瓒，并与河北名将文丑大战五六十合胜负未分："（公孙）瓒……其马前失，瓒翻身落于坡下。文丑急捻枪来刺。忽见草坡左侧转出一个少年将军，飞马挺枪，直取文丑，公孙瓒扒上坡去，看那少年生得身长八尺，浓眉大眼，阔面重颐，威风凛凛，与文丑大战五六十合，胜负

未分。瓒部下救军到，文丑拨回马去了，那少年也不追赶。瓒忙下土坡，问那少年姓名。那少年欠身答曰：'某乃常山真定人也，姓赵名云，字子龙。本袁绍辖下之人。因见绍无忠君救民之心，故特弃彼而投麾下，不期于此处相见。'……（公孙）瓒……教与赵云相见。玄德甚相敬爱，便有不舍之心。"

看得出来，赵云的第一次亮相，单人独骑便救下了深陷危难的公孙瓒。不过，《三国演义》第七回中的这件事，历史上是否真的发生过呢？当然是小说《三国演义》的作者罗贯中先生虚构的。历史上的赵云，本就是公孙瓒的部下。

公孙瓒曾经掌管过幽、冀、青、兖四州，还参与过十八路诸侯讨伐董卓。虽然是刘备的同学，但公孙瓒要比刘备大上好多岁。那时候，刘备跟赵云一样，也是公孙瓒的部下。虽然同为公孙瓒的部下，但赵云跟刘备还是有很大区别的。毕竟是同学，刘备还是深得公孙瓒信任的，所以在公孙瓒手下，刘备担任了别部司马的职务。

赵云则是在公元191年带着自己家乡的一些好汉，主动投靠到公孙瓒这里的。对于赵云这个主动投靠者，公孙瓒还需要一些时间来观察这个年轻人——换句话说，此时的公孙瓒并不是那么信任赵云。公孙瓒不太信任赵云，在今天的我们看来很正常，但在赵云看来，就很不正常了。此时的赵云通过自己的观察，居然觉得同为公孙瓒手下的刘备似乎比公孙瓒本人更有前途。而刘备这个人眼光毒辣，看人很准，认准了赵子龙是个人才，觉得他一定能够帮助自己成就大业，便从公孙瓒的手里把赵云要了过来。公孙瓒居然很爽快地答应下来了。

公孙瓒没有看到赵云的能力和价值，直接把赵云派给刘备调遣，也说明公孙瓒太不会识人用人了，这也是日后公孙瓒最终败亡的一个非常重要的原因。

此时的赵云是如何考虑的呢？这里可以回想一下，诸葛亮和黄承彦之间的关系。诸葛玄给诸葛亮选择好老师的时候是怎么考虑的呢？一是有能力，能够让你学习；二是人脉广，能给你带来丰厚的资源。再来看一下公孙瓒，这两点都不具备优势，加上公孙瓒个人没什么谋略，不懂得识人用人，让人才发挥最大的价值。所以赵云看到了器重自己的刘备，立刻便有了高下之分。谁对自己有知遇之恩，能够帮助自己，共谋大业，赵云心里肯定是清楚的。

后来，赵云因为兄长去世，向公孙瓒请辞归乡。刘备知道赵云此去便不会再回来，因此握着赵云的手不舍得分别。公元200年，刘备在徐州被曹操打败之后前去依附袁绍。赵云到邺城见到刘备，二人同床眠卧。此后，刘备多次辗转，赵云一直忠心耿耿跟随刘备，东征西讨，历尽艰辛，为蜀汉政权立下了汗马功劳。

从公孙瓒手下跳槽到刘备手下的赵云，是否依旧会保持他那低调做事的习惯？答案当然是肯定的。

二、吃亏在前，享受在后

公元208年，长坂坡之战救出阿斗之后，赵云任牙门将军。公元209年，攻取桂阳郡（今湖南省郴州市）后，赵云任偏将军。此时，关羽为荡寇将军，张飞为征虏将军。公元215年，刘备拿下益州后，赵云任翊军将军。公元219年，刘备自立为汉中王后，关羽为前将军，马超为左将军，张飞为右将军，黄忠为后将军。

两汉时期，最牛的便是大将军、骠骑将军、车骑将军、卫将军；其下则是前将军、后将军、左将军、右将军；再下则分别是四征、四镇、四平、四安等将军；再下才是荡寇将军、折冲将军、平寇将军、翊军将军等杂号将军；杂号将军之下则分别是偏将军、裨将军、中郎将、校尉、都尉和军司马（别部司马）等。

话说到这里，我们便知道，老百姓口中的"五虎上将"，在历史上是根本不存在的。关、张、赵、马、黄五位都活着的时候，赵云从来没有与关、张、马、黄四位将军并列过。甚至，我们说关、张、马、黄都是错误的，正确的说法应该是关、黄、马、张四位将军。当然，要论信任程度，马超还是远比不过张飞的。

赵云的功劳如此之高，我们都认可。但赵云的身份如此之低，相信很多人就都不认可了。虽然历史本来就是如此，虽然我们后人可以替赵云鸣不平，但历史上的赵云，却从来没有为此争过、抢过。

在赵云看来，关、张二人是创业元老，身份本就贵重；马超本身就有东汉朝廷的正式任命；老将黄忠定军山之战中阵斩夏侯渊，更为蜀汉立国奠定了坚实的基础；而赵云，只是照顾了刘备全家人的生命安全而已。别人的功劳是"为国"，赵云的功劳是"为家"。谁大谁小，赵云是非常清楚的。

这便是我们敬爱的赵云。这样的性格，非常自知轻重，很难得罪人，自然也很少有人想着要算计他。我们现在很多人，不管在职场还是生活中，总是太浮躁了，有一点半点过人之处，就觉得自己是最牛的，或者立了一点功劳，就处处显威风，巴不得全世界都知道你的厉害，太张扬而不自知。这种人就容易出事儿。

赵云不仅不爱跟同事争抢功劳，也不爱在老板面前出风头。赵云很聪明，经常为刘备出谋划策，也经常能够得到刘备的认可。但是，刘备也有不听他规劝的时候，这时候，赵云往往很懂分寸，也就不说什么了。

据裴松之《三国志注》引《云别传》记载，公元221年，称帝后的刘备打着为关羽报仇的旗号，欲出兵东吴讨伐孙权。赵云劝谏刘备说："国贼是曹操，非孙权也，且先灭魏，则吴自服。操身虽毙，子丕篡盗，当因众心，早图关中，居河、渭上流以讨凶逆，关东义士必裹粮策马以迎王师。不应置魏，先与吴战，兵势一交，不得卒解也。"

在这里可以看到，在三国鼎立大局已定、曹魏政权稍占上风的大背景下，蜀汉政权要想继续生存下去，必须继续维持好孙刘联盟，一致对付北方曹魏政权的方针，这是蜀汉政权唯一的出路。赵云虽不是政治家，却一眼看到了问题的核心。但此时的刘备却被痛失关羽的愤怒和内心的自负冲昏了头脑，不听赵云的建议，坚决要打孙权。赵云没办法，只能任由刘备进攻东吴。最终，猇亭之战，刘备大败于更加年轻的东吴将领陆逊，被迫在白帝城托孤于诸葛亮，好好的一手必胜牌，让刘备打了个稀巴烂。最终害人害己，蜀汉和东吴被曹魏和西晋政权各个击破。

三、挺身而出担责任

不跟同事争功，也不在领导面前强出头，并不是说赵云是缩头乌龟，不敢争抢。相反地，赵云做事一向张弛有度、知进退。在刘备需要他时，他绝对第一个挺身而出，主动担责。这方面最为典型的案例便是长坂坡之战。

据裴松之《三国志注》引《云别传》记载，公元208年，曹操帅军南征刘表。恰遇刘表病亡，刘表次子刘琮举州投降。驻守樊城的刘备无力抵抗，不战而走。曹操率兵追到当阳长坂。刘备危急之中丢下妻子和孩子，仅带着张飞、诸葛亮、赵云等数十骑逃跑。混乱中不见了赵云："有人言云已北去者，先主以手戟摘之曰：'子龙不弃我走也。'顷之，云至。"那么，混乱中的赵云去了哪里呢？

小说《三国演义》第四十一回交代：

> "却说赵云自四更时分，与曹军厮杀，往来冲突，杀至天明，寻不见玄德，又失了玄德老小。云自思曰：'主公将甘、糜二位夫人与小主人

阿斗，托付在我身上。今日军中失散，有何面目去见主人？不如去决一死战，好歹要寻主母与小主人下落！'……只见一伙百姓，男女数百人，相携而走。云大叫曰：'内中有甘夫人否？'夫人在后面望见赵云，放声大哭。云下马插枪而泣曰：'使主母失散，云之罪也。'……云请甘夫人上马，杀开条大路，直送至长坂坡。……引数骑再回旧路……只见一个人家，被火烧坏土墙，糜夫人抱着阿斗，坐于墙下枯井之傍啼哭。云急下马伏地而拜。夫人曰：'妾得见将军，阿斗有命矣。望将军可怜他父亲飘荡半世，只有这点骨血。将军可护持此子，教他得见父面，妾死无恨！'……糜夫人乃弃阿斗于地，翻身投入枯井中而死。"

此后的赵云力战众将，威武勇猛。正在山上观战的曹操传令一定要活捉赵云。赵云趁势连杀50员曹将冲出包围，终于将阿斗交给了刘备："云下马伏地而泣，玄德亦泣。云喘息而言曰：'赵云之罪，万死犹轻！'"在这里，我们看到了赵云的英雄形象：长坂一战，七进七出，单骑救主，主动担责。

当然，《三国演义》说赵云七进七出，这肯定是假的，赵云再勇猛，也不可能在曹操的虎豹骑下七进七出。我们这里简单介绍一下曹操的虎豹骑。

在战国之前，中国的战场一度被战车统治，一个国家拥有战车的多少，成为国家实力的重要象征，春秋时"千乘之国"就已经是中等水平以上的诸侯国。春秋战国时期，开始出现战车与步兵配合作战的新的战争形势。在秦始皇兵马俑中，战车依然是战场的核心，弩手、弓箭手、骑兵都是围绕着这些战车存在的附属兵种。秦军的侧翼部队依然是以战车为主，辅以各种轻装单位。然而，秦汉之际骑兵的发展，深刻地改变了战争的形态：高机动性的骑兵战术，让臃肿的战车体系在战场上难以跟上节奏。从赵武灵王胡服骑射开始，中国的军事家们发现了骑兵可怕的战斗力。为了培养汉族骑兵，秦汉建立起一套在农耕区域培养马匹的体系，这套名为"马政"的系统为中国提供了数十万匹骏马，让骑兵不再是游牧民族的独占"装备"，并最终在汉武帝手中凝结为一支能够击败当时全世界最强大的天赋骑兵匈奴的无敌骑军。

即便有了马政，中国最强大的骑兵，仍然来自游牧民族。早年在汉高祖开始建立汉军骑兵时，就有匈奴族人参与。汉武帝刘彻在位后期，长水骑兵等少数民族的天赋奇兵同样成为汉朝南北军中最强的骑兵。到东汉光武帝刘秀（前5—57年在世，25—57年在位）兴复汉室时，幽州周边的乌桓等少数民族的天赋骑兵，再次加入汉军成为统治战场的骑兵之王。

东汉末年，西凉的马腾和辽东的公孙瓒都曾经拥有较为强大的骑兵。但是，由于配套装备不足，大部分骑兵冲击列阵步兵时不能一开始就硬碰硬，必须通过弓箭等手段使敌方阵列失去秩序，然后才能发动冲击。更糟糕的是，马上弓箭手虽然拥有较强攻击力，但使用弓的拉力仅为步弓的几分之一，加之马上颠簸，单个骑弓手与同等水平步弓手对射时几乎没有胜算。因此，无论是公孙瓒还是马腾，虽然是天下闻名的勇将，但如果碰上袁绍这样拥有强大步兵战斗力的割据势力，也只能吃瘪。

那么，打败袁绍的曹操到底依靠什么兵种呢？这个问题要分阶段来回答。在击败袁绍势力并最终统一辽东前，曹操军队的主力是以"青州兵"为代表的精锐步兵。

这并不是说曹操击败袁绍前没有骑兵，许褚等天下闻名的骑将手下自然也有相当战斗力的骑兵部曲。只不过此时曹操骑兵的数量和装备都不值一提。依靠吃苦耐劳、坚定敢战的步骑部队，曹操逐渐吞并了西凉、河北，并且将袁绍的残余追到辽东。

此时袁绍的残余已经和三郡乌桓等少数民族的天赋奇兵合在一起。在白马决战中，曹操在骑兵数量、装备均不及乌桓的情况下，抓住对方队形不整的机会，以张辽和其他精锐骑兵为先锋，一举冲散了乌桓骑兵，迫降敌人二十余万。

虽然打败了乌桓骑兵，但曹操清楚地认识到，这些天赋异禀的骑兵战士，如果能够同时拥有严明的纪律，将会成为怎样可怕的骑兵军团。因此曹操将乌桓等少数民族骑兵部落迁入内地，作为自己的骑兵主力。于是三郡乌桓成为"天下名骑"。而打败三郡乌桓的曹操骑兵主力，后来逐渐成为曹操的亲兵部队，在许褚、曹纯等悍将的指挥下被称为"虎豹骑"。

虎豹骑，顾名思义，是像虎豹一样凶猛的骑兵。《三国志·魏书·曹纯传》记载："（曹）纯所督虎豹骑，皆天下骁锐，或从百人将补之。"就连替补队员，都是百人将，可见虎豹骑的精锐强悍。虎豹骑第一次闪亮登场，是在公元205年的南皮（今河北省南皮县）之战中。

当时，曹操与袁绍之子袁谭在南皮进行决战。初次交战后，双方伤亡都很大，曹操打算休战，重整旗鼓。但是，统领虎豹骑的曹纯（170—210）劝告曹操不要休战："今千里蹈敌，进不能克，退必丧威，且县师深入，难以持久。彼胜而骄，我败而惧，以惧敌骄，必可克也。"曹操同意了，下令猛攻。曹纯亲自率领虎豹骑参战，经过一番激战，终于将袁谭打败。袁谭被追杀坠马，为了活命，他对一名虎豹骑士兵说："咄，儿过我，我能富贵汝。"话音刚落，他就被斩掉首级。

虎豹骑的另一次精彩表现，便是这次的长坂之战。公元208年，曹操挥师南下，直取荆州。大军进至新野时，荆州牧刘琮觉得无法抵挡，向曹操投降。听闻刘琮投降后，刘备赶紧从樊城（今湖北省襄阳市樊城区）向江陵（今湖北省荆州市）撤退。江陵是荆州重地，囤积着大量军用物资。曹操担心江陵落入刘备之手，亲自率领5000虎豹骑，一天一夜奔袭300里，终于在当阳长坂（今湖北省当阳市）将刘备追上。就是这支被诸葛亮称为"强弩之末"的虎豹骑，轻而易举将刘备军队击败，占领了江陵。刘备败得相当狼狈，在混乱之中连妻子甘夫人和亲生儿子刘禅都跑丢了，"备弃妻子，与诸葛亮、张飞、赵云等数十骑走，操大获其人众辎重"。

说到刘备抛妻弃子，这也不能怪刘备，他的老祖宗刘邦也是个抛妻弃子的主儿，早已给他做出了表率。项羽追击刘邦，刘邦逃跑，路上遇见自己的一双儿女，让他们上了车。跑了一段路，马儿疲惫了，跑得不如以前快，而项羽的军队在后面穷追不舍，刘邦急了，把俩孩子踢下车。夏侯婴则把俩孩子从车下抱起来。跑了一会儿，刘邦又把俩孩子踢下车，夏侯婴又把孩子抱上来。刘邦发怒，有十几次想杀了夏侯婴，说明刘邦把俩孩子十几次踢下车。

因此便可知《三国演义》所说的赵云七进七出，肯定是假的了。但赵云在此战中真的是可圈可点。赵云返回去寻找刘备抛弃的妻儿，居然能救出刘禅和甘夫人，就这种气魄和忠勇，恐怕刘备在他的属下中再也找不出第二个。

其实，此刻，赵云仅仅是刘备的"主骑"。"主骑"是个什么官儿呢？掌管刘备的骑兵部队，估计也就是一个骑兵队长。但是别忘了赵云从哪里来的，是从公孙瓒那里来的。

公孙瓒手中有一支部队叫白马义从，《后汉书》说："瓒常与善射之士数十人，皆乘白马，以为左右翼，自号'白马义从'。"以赵云对骑兵的了解，以及他带过来的人数不多的随从，在战术上至少不输于虎豹骑。所以，他能救出刘禅和甘夫人，不是仅凭运气和忠勇。也许，也只有赵云具备这种突击能力。

有河阻挡，虎豹骑后撤。曹操休整之后，查探到了刘备的动向：刘备不敢再沿荆襄大道南下江陵，而是迅速脱离荆襄大道"斜趋"汉津口（今湖北省荆门市沙洋县），坐上关羽的战船顺汉水而下到了夏口（今湖北省武汉市汉口地区）。曹操见战役目的达到，也就不再追击。此战，虎豹骑不仅完成了预定作战任务，还抓住了刘备的两个女儿，获得了大量百姓以及辎重，收编被击溃的刘备军队；捕获徐庶的母亲，迫使徐庶只得放弃和刘备逃亡，转奔曹操。

这只是赵云第一次救出了幼年时期的刘禅。后来，东吴孙权趁刘备入川时派遣船队迎接孙夫人回吴，孙夫人趁机带走了刘禅。当时刘备任命赵云为留营司马，驻守荆州的治所公安，刘备的家眷及孙夫人等都在公安。因为孙夫人骄横跋扈，所以刘备又特命赵云掌管内事，获知孙夫人携带刘禅逃走后，赵云及时追赶，与张飞一同在江面上将刘禅截回。

四、得力干将谋远略

赵云不止主动担责，他还是一个办事特别靠谱的得力干将，看问题看得比别人远。公元215年，刘备攻下成都、平定益州之后，有人主张将成都城中的房舍和城外的土地尽数分赐给刘备手下的将军。赵云反驳说："霍去病以匈奴未灭，无用家为，今国贼非但匈奴，未可求安也。须天下都定，各反桑梓，归耕本土，乃其宜耳。益州人民，初罹兵革，田宅皆可归还，令安居复业，然后可役调，得其欢心。"刘备当即便采纳了赵云的建议。

看到了吧，赵云的眼界和考虑确实非常周到，他不仅看到了当下的利益，更是把目光放在更长远的利益上。这一点，一般人往往是很难做到的。因为人要克服当前既得利益的诱惑，要动心忍性，用现在的话叫作"延迟满足"，这都是很难的，是要跟自己真实的人性和欲望做斗争的。这个方面，赵云同样做得非常出色。赵云这样的人，很难不成大事。

公元218年，刘备军在处理好与东吴孙权的关系，并击退了多次进犯巴西（今四川省阆中市）的张郃之后，开始争夺汉中。同年秋，曹操的军队进驻长安，准备支援汉中攻打刘备。次年初，刘备军将夏侯渊斩杀，而曹操的大军则在两个月之后才开到汉中，刘备虽然很自信地说"我必有汉川"，但却采取了占据险要、固守不战的策略。此时曹操运送几千万囊军粮到北山下，黄忠提议并带兵前去截取，但没有在与赵云约好的时间里回来，赵云便仅带了几十个骑兵前去寻找，途中遇到了曹操的大军并与之交战。赵云利用骑兵的优势，多次突击曹军的阵列，且战且退，回到营中后，偃旗息鼓。曹军认为赵云设有伏兵，不再进攻。赵云趁曹军撤退时，擂鼓呐喊，并用劲弩攻击其后军，致使曹军大为惊骇，自相践踏，溃不成军，甚至有大量士兵坠入汉水淹死。

此战，赵云在己方军势不利的情况大挫曹军，给曹军造成了不小的伤亡，也使得汉中战局刘备军变被动为主动，开始向曹军挑战。而曹军却按兵不出，致使准备了半年有余的曹军，在到达汉中后，仅仅两个月就败走了。后世一些史书在记载汉中之战中，直接记载曹操219年春来争汉中，被赵云打得大败而退走。

赵云办事靠谱，连诸葛亮都甘拜下风。《三国演义》第九十五、九十六回，诸葛亮遣马谡镇守要塞街亭，命令赵云和邓芝在斜谷道阻挡曹军，自己率领蜀军主力进攻祁山。结果，马谡违背诸葛亮部署，为张郃所败，丢了街亭；赵云和邓芝由于兵弱敌强，出兵不利，失利于箕谷。诸葛亮只得退回汉中。好在由于赵云亲自断后，又烧毁栈道，阻止了曹军的追击，因此车资和人员的损失都不大。诸葛亮得知后，"取金五十斤以赠赵云，又取绢一万匹赏云部卒。云辞曰：'三军无尺寸之功，某等俱各有罪，若反受赏，乃丞相赏罚不明也。且请寄库，候今冬赐与诸军未迟。'孔明叹曰：'先帝在日，常称子龙之德，今果如此！'乃倍加钦敬。"

公元229年，赵云去世。到了公元261年，裴松之《三国志注》引《云别传》载："后主诏曰：'云昔从先帝，功绩既著。朕以幼冲，涉涂艰难，赖恃忠顺，济于危险。夫谥所以叙元勋也，外议云宜谥。'大将军姜维等议，以为：云昔从先帝，劳绩既著，经营天下，遵奉法度，功效可书。当阳之役，义贯金石。忠以卫上，君念其赏；礼以厚下，臣忘其死。死者有知，足以不朽；生者感恩，足以殒身。谨按谥法，柔贤慈惠曰顺，执事有班曰平，克定祸乱曰平，应谥云曰顺平侯。"

纵观赵云的一生，虽然能力出众、深谋远虑、办事周到，但为人低调自谦、不爱争抢、做事张弛有度，属于"德才兼备"的好下属。这样的人才，又有哪个爱才惜才的领导不喜欢呢？一身是胆的赵子龙，最后成为五虎上将里结局最好的一个，这跟他为人处世的智慧分不开。低调做人，张弛有度，才是人生大智慧。

第七章

马超：有枭雄之资却无枭雄之命

马超，字孟起，扶风茂陵（今陕西省兴平市）人，马腾之子，汉伏波将军马援（前14—49）的后人。

一、高光时刻反曹操

公元196年，马超的父亲马腾和西北军阀韩遂因为部下一些小摩擦，导致原本称兄道弟的两人互相攻杀。马超年轻时有"健勇"之称，随马腾与韩遂战斗时，与韩遂部将阎行相战，阎行袭击马超，矛被马超折断，阎行用断矛差点伤到马超的脖子杀死马超。

公元202年，袁尚部将高干和郭援联合南匈奴单于呼厨泉进攻河东（今山西省夏县）掠取关中。司隶校尉钟繇写信给马腾、韩遂，陈述其中利弊，又派张既、傅幹等人去劝说，请求马腾、韩遂出兵援助。

马腾派马超率领万余人进入关中援助钟繇。朝廷任命马超为司隶校尉督军从事，讨伐郭援、高干等。在郭援率大军渡过汾河时，马超率领自己的军队在郭援渡河过一半的时候被截杀。作战过程中，马超的脚部中箭受伤，但马超没有退缩，用布裹住受伤的脚，继续率军作战，大破敌军。马超部将庞德亲手将郭援斩杀。

曹操担任丞相时，曾想招揽马超入朝为官，但马超没有前去赴任。讨伐郭援后，曹操借汉献帝刘协诏拜封马超为徐州刺史，后曹操改封马超为谏议大夫。

公元208年，马腾在张既的劝说下入朝为官，被任为卫尉。马超的两个弟弟马休、马铁也被封奉车都尉、骑都尉。唯独马超留守凉州，被封为偏将军、都亭侯，统领马腾的部队，割据原来马家势力所在的"三辅"，依旧屯兵于槐里（今陕西省兴平市）。

公元211年春，曹操派遣钟繇、夏侯渊率领军队出河东，试图经过马超等凉州军阀的领地进攻汉中张鲁。以马超、韩遂为首的关西军阀都怀疑曹操要攻打吞并凉州。马超认为这是曹操的假道灭虢之计，于是联合关中张横、梁兴、安定的杨秋、河东人侯选、程银、李堪及马玩、成宜等十部，共十万人马起兵反曹。马超为了拉拢韩遂，甚至对韩遂说："前钟司隶任超使取将军，关东人不可复信也。今超弃父，以将军为父，将军亦当弃子，以超为子。"阎行劝谏韩遂，不要与马超联合。韩遂对阎行说："今诸将不谋而同，似有天数。"于是关中联军推举韩遂为都督，随即东进，到达华阴（今陕西省华阴市），屯聚于渭河、潼关，建列营寨，打算凭借潼关（今陕西省潼关县）天险，来与曹操对抗。关中民众有数万家庭为了躲避战乱而逃奔汉中。史称"韩遂、马超之乱"。

曹操自然知道潼关易守难攻，关西军骁勇善战，便采取了避实击虚的方法，一面派曹仁（175—223）率军在潼关与马超对峙，吸引关西军的注意力，同时叮嘱他不要轻易出战；另一方面曹操派徐晃、朱灵率领四千人"夜渡蒲阪津（在今山西省永济市蒲州镇与陕西省大荔县朝邑镇之间黄河上），据河西为营"。

之后，曹操亲自率领大军从潼关东面的渡口北渡黄河，与徐晃的军队会合。这样一来，曹操从容地进入关中，避开了潼关天险。这年秋，曹操"多设疑兵，潜以舟载兵入渭"，从而渡过渭水，深入关中腹地。可是，曹操却只守不攻，拒绝与马超展开正面交战，"超等数挑战，又不许"。久而久之，关西军的后勤补给就出现了问题。

关西军虽然人数众多，且骁勇善战，但他们是由马超、韩遂等十个大大小小的军阀组成的。面对曹操的威胁，他们才共同起兵，组建了一个松散的军事联盟。马超虽然厉害，但盟主却是韩遂，诸将之间各怀心事、离心离德，而且缺乏统一的指挥。在这种情况之下，关西军的战斗力自然要大打折扣。

早在曹操偷渡蒲阪之前，马超就意识到了危险，他曾向韩遂建议，"宜于渭北拒之，不过二十日，河东谷尽，彼必走矣"。可是韩遂却说："可听令渡，蹙于河中，顾不快耶！"马超的计划虽然没有得逞，但曹操听到后，就意识到马超是个危险的敌人，当即说道："马儿不死，吾无葬地也。"

由于韩遂、马超等在春季时，已在潼关屯集了十万大军，加之用于长途输送粮草的人力，关中各部，当年的农业生产几乎全废。此时秋季已过，冬季将临，关中各部却征收不上来新粮，全军有断炊之虞。

于是关中联军为免作持久战，只好割地、送质子请和。谋士贾诩认为可以假装答应他们，曹操问他有何计策，贾诩说："离之而已。"曹操明白他的意思，便应许联军的请求。

韩遂作代表与曹操相见。曹操与韩遂的父亲在同一年被推荐为孝廉，又与韩遂是同辈，曾有交情。当二人会面时，在马上不谈军事，只说当年在京都的旧事，拍手欢笑。曹军又列出五千铁骑作十重阵，精光耀日，联军惊讶，纷纷前来看曹操是什么人，曹操笑着对他们说："尔欲观曹公邪！亦犹人也，非有四目两口，但多智耳！"又在一次会晤之中，曹操一反原先一贯示弱于敌的做法，突然列出五千铁甲骑兵，阵列森严，精光耀日，关中各军无不为之震慑惊恐。

会面结束，马超等问韩遂："公（指曹操）何言！"韩遂却回答："无所言也。"马超等对韩遂的态度十分怀疑，担心他与曹操私下联系。过了几天，曹操给韩遂书信，信中却故意在多个言辞上涂涂抹抹、改来改去，就像是韩遂改动过的一样，马超等疑心愈来愈大。

曹操立即与马超、韩遂等约期会战，而马超、韩遂等也急于结束对峙状态。曹操先以轻兵前往挑战，大战了很久，曹军以虎豹骑夹击关西联军。最终，十万关西军遭到惨败，成宜、李堪被杀，韩遂、马超逃往凉州，杨秋逃往安定，关西联盟顷刻间土崩瓦解。

在这场惊天动地的大决战中，关中诸将的武装力量基本损失殆尽，从此结束了关中军阀割据的局面，关中各郡先后被朝廷直接掌控。

二、卷土凉州投张鲁

公元212年春，马超潼关之战失败不久，就再次率领诸戎渠帅起兵凉州，陇上诸郡县（陇西、南安、汉阳、永阳等）尽皆响应。张鲁也遣大将杨昂相助马超，共集结万余人，围攻凉州刺史韦康于凉州治所冀城（今甘肃省甘谷县）。

这年夏，曹操抓捕在邺城的马超族人（包括父亲马腾和两个弟弟马休、马铁等），计三族人，全部斩杀。

冀城自春坚守至秋，救兵不至。凉州刺史韦康派阎温秘密出城，向夏侯渊求救。阎温乘夜潜水出城。第二天，马超军发现阎温的踪迹，派人追踪拦截，将阎温捉住。马超解开他的捆绑，对他说："今成败可见，足下为孤城请救而执于人手，义何所施？若从吾言，反谓城中，东方无救，此转祸为福之计也。不然，今为戮矣。"阎温却假装应允，马超便用车载着他来到冀城城下。阎温朝着城内大声喊："大军不过三日至，勉之！"城内的人都为他哭泣，祝祷他万岁。马超恼怒地责问他："足下不为命计邪？"阎温不回答。当时马超久攻不下，所以慢慢引诱阎温，盼他回心转意。又对他说："城中故人，有欲与吾同者不？"阎温又不理睬，马超便严厉地责怪他。阎温说："夫事君有死无贰，而卿乃欲令长者出不义之言，吾岂苟生者乎？"马超便杀了阎温。

阎温身死，韦康与汉阳郡（今甘肃省甘谷县）太守大惊失色，于是决定投降马超。杨阜哭着劝阻，韦康不从，与太守派人向马超请和，并开城迎接马超，马超占据冀城，指使张鲁部将杨昂处死凉州刺史韦康和汉阳郡太守。

夏侯渊领兵前来，行军到距离冀城二百余里的时候，马超率领军队来战斗，击败了夏侯渊援军。随后汧氐（历史上的一个民族或部落名称，与汧水有关。汧水是今千河的古称，源出中国甘肃省，流经陕西省入渭河）也响应马超，夏侯渊只得撤军回长安，两年间不曾西进。

马超以冀城为根据地，割据陇上，自称征西将军，领并州牧，督凉州军事。韦康旧部杨阜，与同僚十多人都成为马超部下，他们暗中联络为韦康报仇，但一时寻不着机会。杨阜妻子去世后，杨阜告假回西城（今陕西省安康市），途中经过历城（今甘肃省西和县），劝说亲戚姜叙起兵讨伐马超，姜叙之母也劝姜叙行动，于是，姜叙、杨阜与同郡姜隐、赵昂、尹奉、姚琼、孔信、武都人李俊、王灵、安定人梁宽、南安人赵衢、庞恭等共同联合对抗马超。

公元213年，马超在汉阳，再次联合羌胡，成为曹操之患，氐王杨千万叛应马超，屯驻兴国（今甘肃省秦安县）。同年冬，曹操给夏侯渊下达西征令。

夏侯渊尚未行动，韦康旧部已决定讨伐马超。当时众人商议，令姜叙先起兵，马超闻知必定亲自出击，梁宽再从后关闭城门。约定以后，姜叙进兵卤城，尹奉、赵昂屯守祁山。

公元214年正月初一，马超妾董氏的弟弟董种来向马超恭贺新年，马超捶胸吐血而说："阖门百口，一旦同命，今二人相贺邪？"

这年春，姜叙和杨阜在卤城起兵。身在冀城的赵衢劝说马超出城，之后与梁宽关闭城门，杀死马超妻小。马超失去冀城，又攻不下卤城，进退两难，转而袭击历城。当时传闻马超已奔走汉中，历城误以为是姜叙军回来，因此并无防备。马超进入历城后，抓住姜叙的母亲，姜叙母亲骂道："汝背父之逆子，杀君之桀贼，天地岂久容汝，而不早死，敢以面目视人乎！"马超大怒，杀死姜叙的母亲、兄弟，放火烧城而走，前往汉中投奔张鲁。杨阜与马超作战时，身上五处受伤，宗族兄弟七人战死。

投靠张鲁后的马超，很受张鲁的欣赏。张鲁封马超为都讲祭酒，还打算把女儿嫁给马超，有人劝道："有人若此不爱其亲，焉能爱人？"张鲁便反悔了。

马超向张鲁借兵，反攻凉州，围困赵昂夫妇于祁山。姜叙急向夏侯渊求救，夏侯渊便令张郃率步骑五千穿过陈仓狭道救援祁山，自己督粮在后。马超围攻祁山三十天，未能攻下，而张郃军到达渭水上，马超率氐羌数千人逆击张郃。两军尚未交战，马超便引军退走，丢下军事器械，撤军回了汉中。

三、归刘备举报三连

张鲁的部下杨白等人因为忌惮马超的才能，想要加害于马超。得知这一消息后，马超立即辞兵逃入氐中。恰逢刘备此时率兵入川，刘备派李恢结好马超。马超知道张鲁不是干大事业的人，于是写信给刘备，请求归附。

公元214年夏，刘备听说马超要来投，高兴地说道："益州可以拿下了！"于是派人去迎接马超，且偷偷把自己的一支军队给马超，让马超率兵合围成都。马超率领兵马径直到成都，屯兵于城北，城中所有人都因为马超威名而惊恐，不到十天，成都军民就崩溃了，刘璋随即开城投降。刘备平定西川后，升马超为平西将军，并命他督临沮。

关羽听说马超投降刘备便写信问诸葛亮，马超人才谁可以和他比。诸葛亮知道关羽护前，回信给关羽说："孟起兼资文武，雄烈过人，一世之杰，黥、彭之徒，当与翼德并驱争先，犹未及髯之绝伦逸群也。"关羽看到信后非常开心，把书信给所有宾客看。

公元217年冬，刘备与曹操争霸于汉中之地，刘备派马超与刚刚在巴西大胜张郃的张飞、吴兰、雷铜等将领屯兵于下辩（今甘肃省成县）。而马超却策动氐族雷定七部万余人响应刘备，牵制曹军先锋主力。

公元218年春，张飞与马超、吴兰、雷铜等率军驻扎沮水（发源于陕西省留坝县与凤县交界处，西南流入勉县后入略阳县流入留白河），假装攻打武都（今甘肃省陇南市武都区）、阴平（今甘肃省文县）两郡。吴兰、雷铜被曹洪、曹休等人识破击败，吴兰部将任夔战死。

时隔不久，曹操亲率大军来争夺汉中，刘备据守，马超与张飞引兵退回汉中。阴平氐王强端逆斩吴兰，把首级献给曹军。

马超有个朋友名叫彭羕。彭羕，字永年，广汉人，身材魁梧、仪表堂堂，加之聪慧过人、才华卓越，因而在蜀中颇有名望。然而，彭羕性格高傲，对他人大多轻视不睬。由是得罪过很多名士，并因此获得"狂士"的称号。

彭羕起初担任书佐，但因性情孤傲得罪了不少同僚，被人诬告诽谤州牧刘璋，因此被"髡钳"（剃去头发和胡须，并戴上刑具），被罚为奴隶。直到刘备率军入蜀后，彭羕才迎来命运的大转变。

当时，刘备正率军沿长江北上，彭羕得到消息后便逃出囚所，然后前去拜见刘备手下的大谋士庞统。庞统被彭羕的才华折服，便与在蜀中任职多年、深知彭羕才能的法正一起把他推荐给了刘备。此后，彭羕便留在刘备的军中效力，负责传达军令行动，指导、教授诸位将领，因表现卓越受到赏识。

刘备夺取益州后，彭羕被提拔为治中从事，负责管理诸曹的文书。彭羕徒手起家、位尊权重，并且深受刘备的欣赏，难免会嚣张跋扈、不可一世。对此，诸葛亮虽然表面上对彭羕很热情，经常夸赞他有经天纬地之才，但内心对他并不以为然。不仅如此，诸葛亮还多次向刘备秘密进言，称彭羕心大志高，如果不加以约束，恐怕会闹出乱子。

诸葛亮的话引起刘备的警觉，刘备开始疏远彭羕，数年后又将他外放为江阳（今四川省泸州市）太守。江阳郡靠近南中，属于蛮荒之地，因而士人们都不愿到这里做官，彭羕任此职，无异于降级使用，甚至相当于流放。因而，彭羕对此极为不爽，每日里牢骚满腹，活像个深宫怨妇。当时，马超虽然官拜左将军，假节，但同样得不到刘备的重用，彭羕认为马超一定心怀不满。为此，彭羕在离开成都赴任前，曾跑到马超的府中大吐苦水、寻找安慰。

见到彭羕后，马超似乎也为他的遭遇鸣不平，便向他问道："卿才具秀拔，主公相待至重，谓卿当与孔明、孝直诸人齐足并驱，宁当外授小郡，失人本望乎？"彭羕说："老革荒悖，可复道邪！"又对马超说："卿为其外，我为其内，天下不足定也。"马超见他越说越离谱，便开始沉默不语，而彭羕也察觉到自己说错了话，懊悔不迭之际，便找借口离开马府，并叮嘱马超千万不要泄露他们之间的谈话。

然而，彭羕前脚刚离开，马超后脚便向刘备检举、告发他。刘备闻讯即刻下令逮捕彭羕，经与诸葛亮等人会商后，下令将他处死。

根据史书记载，彭羕被关进监狱后，曾给诸葛亮写了一封长信，向他解释自己那番话的真实含义，声明绝对没有污蔑主公、怂恿马超造反的意思。与此同时，彭羕还在信中提及他跟庞统的友好关系，希望诸葛亮能替他求情，放他一条生路。可见，彭羕根本没想到诸葛亮早就在"中伤"他，依然将其视作最值得信赖的人。

刘备夺取汉中后，以马超为首的一百二十余名蜀汉官员于公元219年秋联名上疏《立汉中王上表汉帝》，劝刘备进位汉中王。刘备称王后，迁升马超为左将军，假节。

刘备称帝后，封马超为骠骑将军，领凉州牧，进封斄乡侯。公元222年，马超去世，时年四十七岁。临终前上疏给刘备说："臣门宗二百余口，为孟德所诛略尽，惟有从弟岱，当为微宗血食之继，深托陛下，余无复言。"公元260年秋，马超被追谥为威侯。

从公元215年马超带兵投奔刘备，到公元222年病逝。马超前后效力刘备七年。其间，作为一名将领，马超参与了当时蜀汉所有的重要战役。可以说，马超这七年，是蜀汉立国最为关键的七年。

更何况，在上疏《立汉中王上表汉帝》中，马超是排于第一位的。要知道这个排名顺序相当有讲究，当时马超在表中位于诸葛亮、关羽、张飞、法正等人之上，可见其在蜀营中的地位之高。

那为何一直有人说马超不受重用呢？

作为三国前期西凉将领的代表人物，所有人对马超入蜀有着巨大的期望值。可马超在入蜀之后，先是围困成都，未耗一兵一卒就迫使刘璋投降，后来的汉中战役又处于侧应地位。正面战场的黄忠、魏延等人表现又非常耀眼，这就将马超策动异族响应刘备的功绩给淡化了。

此后，蜀汉的益州进入平稳期，新一轮的战争发生在了关羽负责的荆州地区。此时大家的目光又转向了荆州。经历了汉中一役的黄忠、马超、张飞各部也进入休整状态。而到了刘备征吴之时的222年，马超已染重病。或许，马超最大的问题就在于效力蜀汉的时间太短了吧。

第八章

蜀汉老将黄忠与廖化：杀敌无数，忠心耿耿

《三国演义》中，对于汉末三国时期蜀汉帐下的三位老将军——黄忠（？—220）、廖化（？—264）与严颜，有"蜀汉三老将"的称谓。因为严颜的故事本来就很少，而且还在张飞的故事中有所涉及，所以简单介绍一下黄忠与廖化这两位老将。

一、老黄忠一战成名

在《三国演义》中，罗贯中为读者刻画了一个经典的老将形象，他就是蜀汉五虎上将之一的黄忠。实际上，无论是《三国志》或者《三国演义》里，黄忠都是五虎上将里最没有存在感、着墨最少的一个老将。可以说，黄忠前半生不显山不露水，声名不显。甚至有人质疑，黄忠凭什么位居五虎上将？

1.前半生默默无闻

黄忠，字汉升，南阳（今河南省南阳市）人。

对于黄忠而言，他的前半辈子人生是非常平淡的，他的履历，寥寥数语即可带过。

作为东汉末年的将领，黄忠的出生年月不可考，但就其跟随刘备的年龄推断，应大大早于关羽、张飞等人。刘备称汉中王之后，曾任命关羽为前将军，张飞为右将军，马超为左将军，黄忠为后将军。此事曾引发关羽极大的不满，关羽认为黄忠无寸功，且年老体衰，不配与自己为伍，并且还称黄忠

为老兵。这些线索都证明黄忠出生较早。

而较早的出生则导致黄忠早年避开了乱世。正值壮年的黄忠，虽然勇武，却无用武之地。而且早年生活、工作的荆州一带虽然偏离中央腹地，但也是安稳之地。加上荆州特殊的地理位置，荆州之地的兵力远超他地，因此一直都较为稳定。缺乏立战功的机会，黄忠自然一直都碌碌无为。更不要说出名了。因此黄忠早年岁弓马娴熟，却藉藉无名，并非个人能力不足，而是没有遇到属于自己的契机。

直到刘表来到荆州之后，黄忠才得到重用。公元192年，荆州刺史刘表任命黄忠为中郎将，随其侄刘磐驻军长沙攸县（今湖南省攸县）。东汉末年，中郎将这个职位被大量使用，其职责和地位大致介于将军和校尉之间，但略高于杂号将军。

公元208年，曹操挥师拿下荆州后，以黄忠代理裨将军，仍然在长沙郡仕官，归长沙太守韩玄统属。裨将军一般是指军中副将，但也有可能指的是低阶武将。就黄忠而言，此时其应该是长沙太守韩玄的副将，地位得到了大幅提升。

公元209年，赤壁大战后，曹操北归。刘备趁机占领荆州，率领赵云等南征长沙四郡。黄忠跟随韩玄向刘备投降。随着黄忠投靠刘备，黄忠的事业高峰也得以到来。

公元211年，刘备以益州牧刘璋部下法正为内应，帮刘璋以对抗汉中张鲁的名义入川，黄忠随军行进。公元213年，刘备与刘璋决裂，黄忠与卓膺率兵自葭萌关（今四川省广元市昭化区）向成都进兵。刘备先引兵到关中，后与黄忠军队会合。黄忠在战斗中，常冲锋陷阵，勇毅冠绝三军，一路攻到涪城。刘璋派遣部将前来阻挡，都被击败。黄忠追随刘备进攻绵竹（今四川省绵竹市），绵竹守将李严、费诗等先后投降。公元214年，黄忠随同刘备率军进围成都。数十日后，刘璋投降。刘备进入成都后，论功行赏，任命黄忠为讨虏将军。讨虏将军虽然也是杂号将军，但黄忠也是实打实的因军功而受到了刘备的重视。

2.定军山一战成名

公元214年，在刘备破刘璋、攻克成都后不久，曹操也收服了割据汉中的张鲁，攻占汉中。此时的曹操没有趁势从汉中进军益州，而是派夏侯渊和张郃屯守汉中。自己则回中原之后，再次南征，对付孙权去了。

对刘备集团而言，汉中与巴蜀，唇齿相依，刘备若不控制汉中，就要时刻受到曹军的威胁。趁着曹操南征孙权之际，公元217年冬，法正建议刘备乘机攻取汉中："此盖天以予我，时不可失也。"刘备采纳了这个建议，马上派军进屯汉中西面的门户阳平关（今陕西省勉县西），与曹军守将夏侯渊争夺汉中，但两军相持一年多，互有胜负。

公元218年，刘备命征虏将军巴西太守张飞、平西将军马超等率吴兰、雷铜等将，先进攻下辩。随后，刘备与法正率翊军将军赵云、讨虏将军黄忠、牙门将军魏延等，向汉中进军。曹操这边，以征西将军夏侯渊驻守阳平关，平寇将军徐晃驻军马鸣阁道（今四川省广元市西北），荡寇将军张郃守广石（今陕西省勉县西）。刘、曹大军在汉中，展开激烈对决，双方攻的艰难，守的顽强，互有胜败。

此前，张郃统兵进攻张飞镇守的巴西（今四川省阆中市），被张飞击败，几乎是全军覆没，只身逃回定军山（今陕西省勉县城南）。而刘备屡攻不克，酣战连年而未有突破性进展，并折损了吴兰、陈式等大将。但是，刘备对汉中志在必得，根本不可能坐视汉中为曹操所得。

公元219年，刘备率军强渡沔水，直插定军山，占据了定军山有利的地形。

定军山是兵家必争之地，夏侯渊马上率兵前来争山，筑围与刘备军相峙，自率轻兵守南围，以张郃守东围，坚守要地。关键时刻，刘备的军师法正突施妙手，设计夺取定军山对面的高山使曹军失去地利。夏侯渊只能主动出击，去夺定军山对面的高山。

夏侯渊的大军成为此战关键。夏侯渊若败，定军山、阳平关乃至汉中，刘备唾手可得。谁能击败夏侯渊，破此要局？就在这时，老将黄忠挺身而出。

很快，刘备率精锐万余人，分十部夜袭张郃，张郃率亲卫奋战反击，刘备不能克。夏侯渊派张郃守备鹿角东部，自率精锐守备鹿角南部。法正命黄忠数次鼓噪而不攻，使夏侯渊松懈戒备。接着，法正全力猛攻张郃，张郃不敌，夏侯渊遂分军一半往救张郃。这一分兵，夏侯渊实力被削弱了。紧接着，法正在走马谷（定军山下东西走向的狭长谷道）采用烧围角之策，逼夏侯渊前去救火。夏侯渊被法正耍得团团转，只能疲于奔命，四处招架。夏侯渊这一救火，就露了破绽，防线不稳。法正再派黄忠居高临下突袭夏侯渊。黄忠一出，摧锋进击，有如猛虎下山，势不可当。夏侯渊军大败，夏侯渊本人被黄忠刀劈于定军山下。

夏侯渊一死，张郃急忙退守阳平关，临危主持大局。此时，曹操如梦方醒，知道汉中危矣。这年春，曹操急忙自长安出斜谷道，亲临汉中指挥作战。但是，晚了。

此时，双方攻守形势发生逆转，天时地利人和皆在刘备。刘备集中兵力，扼险据守，不与交锋，拖延时间，消耗魏军。曹操与刘备对峙月余，士卒逃亡甚多，军粮接应不上，士气低落。219年夏，曹操以"鸡肋"为口令放弃汉中，撤军北还。

汉中为刘备所得。从此，汉中遂成为蜀汉的北大门、诸葛亮伐魏的根据地。

汉中之战，就此落幕，整个汉中之战，定军山就是破局关键。这一战，奠定了蜀汉基业，开辟了三国鼎立局面。整个大战，法正居功至伟，而第二号大功臣就是黄忠。

这年秋，刘备自立汉中王，关羽、张飞、马超、黄忠官职分别为前将军、右将军、左将军、后将军。后将军是正号将军，此时，赵云是征南将军，魏延是镇远将军，和黄忠不是一个级别的。黄忠已经成为刘备帐下第四大将，和关、张、马一档。

关羽怒曰："大丈夫终不与老兵同列！"不肯受拜。诸葛亮也劝刘备："忠之名望，素非关、马之伦也，而今便令同列。马、张在近，亲见其功，尚可喻指；关遥闻之，恐必不悦，得无不可乎！"可刘备依然不顾关羽和诸葛亮的劝阻，力排众议，重赏黄忠。

因为出身草根的刘备用人不拘一格，不讲资历，不讲关系，只讲战功。一战成名也罢，大器晚成也罢，黄忠都应受赏。问题在于：为什么黄忠在刘表、曹操手下默默无闻，可在刘备手下却能大放光彩，一鸣惊人呢？问题的答案，或许就是刘备以一介白丁却逆袭成为天下枭雄、三分天下的原因。

二、廖化千里走单骑

"蜀中无大将，廖化作先锋"说的是姜维北伐时，蜀之能征善战的大将都已亡故，无人可用，只能让年近八十的廖化做先锋。这个典故出自清代《扫迷帚》，并非出自正史记载。其实历史上的廖化并不平庸，纵观他的一生可称传奇。

很多人看到千里走单骑，第一想到的肯定是关羽，但历史上的关羽没有《三国演义》里描写得那么夸张，保着两位夫人过五关斩六将，但也的确是把曹操所有的封赐留下，回到刘备身边。当时是官渡之战，刘备在袁绍阵营，关羽相当于从曹操阵营到了袁绍阵营。最多也就百八十里地而已。真正做到过千里走单骑的，其实是廖化。

当然，廖化跟关羽的关系非常密切，这是毫无疑问的。

廖化，本名淳，字元俭，荆州南郡襄阳中卢（今湖北省襄阳市）人，世代为沔南的豪门世族，初任刘备属下前将军关羽的主簿。

主簿有点类似于后世的秘书，是负责掌管文书的佐吏。但在汉末三国时期，主簿的位置可是非常关键的，主簿常参机要。比如吕布曾经担任丁原的主簿，司马懿曾经任曹操的主簿，可见廖化是非常受关羽器重的。

公元219年冬，割据江南的孙权派兵袭取荆州，关羽兵败遇害，廖化亦归入孙吴。他思念汉主刘备，于是诈死，当时人们信以为真，廖化趁机带着母亲昼夜西行，奔赴蜀汉。公元222年春，刘备亲率诸将东征孙吴，在秭归（今湖北省秭归县）与廖化相遇。刘备见到廖化后非常高兴，任命廖化为宜都郡（今湖北省宜昌市）太守。廖化通过诈死的方式和母亲从东吴逃回蜀汉，也是非常令人钦佩的举动，所以刘备才会非常高兴。

随后，刘备进军至夷道县猇亭（今湖北省宜昌市），以廖化为别督，与陆逊率领的吴军相对峙。但同年夏，刘备军被陆逊击破，廖化随败军退回蜀中。

公元223年，刘禅继位后，廖化升任丞相参军，后来又为广武（今四川省平武县）都督，阴平郡太守。同年，诸葛亮举蒋琬为茂才时，蒋琬坚持推让给刘邕、阴化、庞延和廖化。

公元238年秋，廖化率兵攻打魏国守善羌侯宕蕈驻守的营寨，魏雍州刺史郭淮派遣广魏郡太守王赟、南安郡太守游奕率兵救援，两军沿东西两面分兵合进，欲来夹击廖化军。但同时兵力分散的弱点暴露，游奕军不少营寨更是驻扎在非险要之处，廖化抓住机会进攻，击败游奕，王赟亦在交战中中箭身亡。

公元248年，凉州羌胡叛魏来降，廖化随姜维率军西迎，于成重山（在狄道西）筑城留守，抵抗郭淮进攻，帮助姜维迎回胡王治无戴等部落。公元249年，廖化随姜维进攻雍州，姜维留廖化在白水南岸扎营，与驻扎北岸的魏将邓艾（197—264）对峙，欲牵制邓艾军，借以出兵袭取洮城（今甘肃省临潭县）。但被邓艾识破，抢先占据洮城，蜀汉军队撤兵退走。

公元259年夏，廖化升任右车骑将军，授予节符，兼领并州刺史，封中乡侯。官位与张翼相等，在镇军大将军宗预之上。当时的人说道："前有王平、句扶，后有廖化、张翼。"经过连年征战，此时的廖化已经成长为蜀汉的重要将领，成为国家柱石。

公元261年，廖化路过看望镇军大将军、兖州刺史宗预时，想与他一同到诸葛亮的儿子诸葛瞻住所拜访。宗预说："我们年过七十岁，所得到的已经太多了，只缺少一死罢了，为何要相求晚辈而登门拜访呢？"廖化就没有去拜访诸葛瞻。这段记载表明，此时的廖化和宗预已是七十多岁的老将军了。

公元262年秋，姜维率众出狄道（今年甘肃省临洮县）北伐曹魏，廖化说："'兵不戢，必自焚'，伯约之谓也。智不出敌，而力少于寇，用之无厌，何以能立？诗云'不自我先，不自我后'，今日之事也。"果不其然，同年冬姜维被邓艾击败，退军驻扎于沓中。

公元263年秋，曹魏趁着姜维屯田沓中（今甘肃省舟曲县）之时，分三路大举伐蜀。后主刘禅派遣廖化去往沓中支援姜维，张翼、董厥前往阳安关（阳平关）口作为各围守的外援。廖化率军北至阴平，听闻魏将诸葛绪攻向建威（今甘肃省西和县），于是停下来等待，观察其动向。随后不久，姜维为邓艾所逼，从沓中退驻阴平，与廖化合军，欲前往救援阳安关口。中途得知阳安关口被攻克，钟会军长驱直入，于是放弃阴平，撤往白水（今四川省青川县），后又与刚好到达汉寿（今四川省广元市昭化区）的董厥、张翼军会合，一同退守剑阁，抵御钟会的进攻。同年冬，诸葛瞻在绵竹被邓艾击败，后主刘禅动向不明，于是廖化等人随姜维向东进入巴西郡，绕道退至广汉郡郪县（今四川省三台县）一带，以察明虚实，不久后得到后主刘禅投降的敕令，于是与姜维等到涪县向钟会投降。

公元264年春，廖化与宗预一起向内迁移前往洛阳，在中途病逝。

廖化在三国历史中并不出名，唯一被人知晓还是"廖化作先锋"这样的评语。纵观廖化的一生，兵败归吴后，忠于刘备，以诈死的方式和母亲千里归蜀；诸葛亮主政时期逐渐成长为蜀国的中流砥柱，等到蜀汉后期已成为国之柱石；蜀汉后期，廖化敢于批评姜维穷兵黩武；最终蜀国灭亡，廖化也结束了自己的一生。

第九章

刘封之死，是咎由自取还是刘备心狠手辣

在小说《三国演义》中，作为刘备的养子，颇有战功的刘封（？—220）一度很受重用。但后来关羽北伐曹魏，多次要求刘封起兵相助，刘封不从。而后又侵凌孟达，致其降魏。刘封被孟达与徐晃击败后，逃回成都，却被刘备赐死。

但刘封之死，到底是刘封咎由自取还是刘备心狠手辣呢？先看看小说《三国演义》第三十六回刘封的出场。

"且说玄德大获全胜，引军入樊城，县令刘泌出迎。玄德安民已定。那刘泌乃长沙人，亦汉室宗亲，遂请玄德到家，设宴相待。只见一人侍立于侧，玄德视其人器宇轩昂，因问泌曰：'此何人？'泌曰：'此吾之甥寇封，本罗侯寇氏之子也，因父母双亡，故依于此。'玄德爱之，欲嗣为义子。刘泌欣然从之，遂使寇封拜玄德为父，改名刘封……云长曰：'兄长既有子，何必用螟蛉？后必生乱。'玄德曰：'吾待之如子，彼必事吾如父，何乱之有！'"

小说《三国演义》的这段描写，在基本符合历史的前提下，也稍有改动。

一、螟蛉子英勇善战

喜欢认干亲这种事，国内几千年的历史之中屡见不鲜。三国时期认干亲这种事也不少，比如小说《三国演义》中关羽千里走单骑时，就出现关平认

关羽为义父的桥段，当然这是小说虚构的桥段，历史上关平是关羽的长子。曹操有个怪癖，喜欢有夫之妇，并且还会收其子为养子，比如秦朗与何晏，都是曹操纳了他们的母亲之后，变成曹操的养子。孙权也有两个养子，东吴大将凌统的儿子凌烈、凌封。

小说《三国演义》中，刘封本是罗侯寇氏之子，这没有问题，但说刘封是刘泌的外甥，则属虚构。

《三国志》说刘封是长沙郡刘姓人家的外甥，而且特别强调刘封的舅舅姓刘，想必这是刘备收他为养子的一个主要原因。投靠刘表时，刘备尚未有子嗣，于是收刘封为养子。所以不存在关羽所说的"兄长既有子……后必生乱"的问题。在刘备看来，自己对刘封和亲儿子一样，刘封必然像对亲生父亲一样对自己，不会出乱子的。

成了刘备义子的刘封深得刘备喜爱，被当作接班人来培养，因为当时刘备颠沛流离半生，还没有得子。但后来情况发生了一些变化——阿斗出生了，家业当然要留给亲儿子，所以刘封失去了接班的机会。即使这样，刘封的待遇也很好，依旧深受信任，被当作独当一面的将领来培养。刘封也不负众望，很快便脱颖而出。

虽然关羽不喜欢刘封这个人，但是刘封与关羽还是有很多相似之处的。

第一，关羽与刘封都是武艺不俗，并且有很高的军事才能。《三国志》记载刘备在蜀中与刘璋关系破裂，开始发动对刘璋的攻击，同时从荆州调取张飞、赵云等大将，率军攻打刘璋。史书中特意强调，二十多岁的刘封有武艺，气力过人，除此以外，刘封在领兵作战上也颇有才能。虽然在入川时，刘封未能独当一面，但总归是有机会在战场上表现自己，在攻打刘璋的战斗中，刘封总能战无不胜。这种才能被刘备充分肯定，平定益州后，刘封被任命为副军中郎将。

公元218年，刘封跟随刘备北攻汉中，曹操率领大军来援，刘备栖于山头，派刘封向曹操挑战，曹操大骂说："卖履舍儿，长使假子拒汝公乎！待呼我黄须来，令击之。"于是派人召曹彰（189—223）来与刘封对敌，但曹彰未到，曹操已经撤军。

曹彰是曹操众儿子中最能打仗的，而在汉中随曹操出征的有徐晃、张郃等人，曹操却认为只有曹彰能打败刘封。这也说明了刘封的武艺之高超。曹操这一段虽然是气话，却给足了刘封面子。而刘封身为一个后辈，能在两军阵前"羞辱"被评为"超世之杰"的曹操，这大概是刘封此生最为辉煌的时刻吧。

汉中之战后，在战场上表现出色的刘封，便迎来了独当一面的机会。

孟达当初与法正一起成为刘备入川时的内应，刘备平定益州后，孟达担任宜都太守。公元219年，老将黄忠阵斩夏侯渊，刘备夺得汉中之战的最后胜利，占领汉中全境。此时，刘备占据荆州（南郡）、益州、汉中，其势力达到前所未有的全盛时期，但是他还不满足，于是派出宜都太守孟达带兵攻打房陵郡（今湖北省房县），扩大战果。没想到孟达进展顺利，很快拿下房陵郡，接下来准备攻打上庸郡（今湖北省竹山县）。

刘备担心孟达一个人势单力孤（实际上是害怕孟达坐大，自立为王），于是派出义子刘封，领导孟达，共同攻打上庸郡。由此可见，在刘备的认知里，刘封的才能是胜于孟达的。其实，孟达一个人的力量能够打下上庸郡，再加上刘封的军队，对上庸有压倒性的优势。他们两人的军队到达上庸郡城外，上庸太守申耽便开城归降。上庸宣告成为刘备的地盘，由此打通了汉中与荆州南郡之间的联系。刘封也因此升任为副军将军，成为刘备的边关大将。

第二，刘封与关羽性格上都存在缺陷，两个人都与同僚关系不好，关羽因同僚麋芳、士仁出卖，导致失去荆州，身首异处；刘封侵凌同僚孟达，最终导致孟达降魏，上庸三郡得而复失，刘封自尽身亡。

二、英雄自裁是何因

刘备自称汉中王之后，刘封守卫的上庸三郡已划到关羽荆州之下。关羽还有刘备给予的假节钺的权力，成为荆州集团军政一把抓的人物。关羽在兵围襄樊时，多次要求刘封和孟达派兵相助。刘封拒绝关羽的理由是，上庸三郡占领不久，不敢轻易离开。这个理由乍一听有点道理，尤其刘封攻上庸时投降他的申仪（申耽之弟），也确实在孟达、徐晃袭击刘封时再次叛变。

但当时在上庸等地的主要将领有刘封、孟达、申耽以及申仪，孟达、申耽各自或多或少都是有一定兵力的人。刘封即便有所顾虑不敢倾力出兵，但是派孟达、申耽随便一个领兵过去，缓解一下关羽的兵力压力，还是可以办到的。但刘封却从关羽开始攻打襄樊到最后覆灭，一兵一卒都没有援助过。主要原因还是刘封的私心作怪，他与关羽的关系不好，并且关羽并不看好他，这才是他见死不救的原因。

由于刘封没有及时派兵驰援关羽，关羽遭遇人生中最大的惨败，手下士兵纷纷离去，他本人也被擒杀。关羽是刘备最得力的左膀右臂，又是荆州留守大将，现在不但关羽被杀，连荆州也丢了，刘备焉能不急。他找到了两个替罪羊，便是刘封、孟达。他怪罪此二人没有及时出兵，因此兴师问罪。

孟达和刘封不和，又害怕刘备秋后算账，于是叛投魏国。孟达投降魏国之后，魏文帝曹丕派遣夏侯尚督率徐晃、孟达等军，袭取上庸等三郡。孟达写信给刘封，劝刘封投降，但被刘封拒绝。申耽、申仪两兄弟背叛刘封，刘封因此被孟达、徐晃等击败。

这就说到刘封之死了。"封抵敌不住，急望西川而走……到了成都，入见汉中王……玄德怒曰：'辱子有何面目复来见吾！'封曰：'叔父之难，非儿不救，因孟达谏阻故耳。'玄德转怒曰：'汝须食人食、穿人衣，非土木偶人! 安可听谗贼所阻!'命左右推出斩之。"小说《三国演义》的这段描写, 也是基本符合历史, 但稍有改动。

历史的真相是, 刘封回到成都后, 刘备责备他欺凌孟达, 且不救援关羽。诸葛亮考虑到刘封刚烈勇猛, 刘备死后最终难以制服驾驭, 于是劝刘备借此机会除掉他。刘备也深知自己的儿子刘禅远不如刘封英明, 若自己有一天不在, 刘封极有可能取而代之。于是刘备赐死刘封, 让他自尽。刘封叹息说:"恨不用孟子度之言!"刘封自裁后, 刘备非常伤心, 为刘封哭泣。孟子度即孟达, 曾写信给刘封, 让他投降曹魏, 否则即便回了成都也性命难保。可刘封不愿投降, 只想做忠臣, 忠于刘备。不料回到成都, 却死在了刘备手里, 成了"死忠"。

刘封的私心最终给他自己带来了杀身之祸, 因为他的私心被诸葛亮看得一清二楚。正因如此, 刘封在兵败回到成都请罪之后, 诸葛亮对刘备点明了刘封的私心。诸葛亮劝刘备杀他的理由是"虑封刚猛, 易世之后终难制御"。"易世"的意思是改朝换代, 也就是说, 诸葛亮担心刘备去世之后, 可能会出现刘封骄横跋扈的局面。而诸葛亮之所以担心这个, 是因为刘封这个人, 其实不太安分。

刘封崛起于战场之上, 又是刘备的养子, 在蜀汉有着极高的权势和地位。也许是因为太年轻, 也许是因为情商太低, 刘封这个人不太懂得低调, 有着恃宠而骄、恃强凌弱的恶习。刘封与孟达共事于上庸, 但是却没能处理好与同事之间的关系, 而且仗着自己的权势, 常常欺负孟达。孟达被刘封逼得没办法, 率众投降魏国。

刘封虽然在行军打仗上是把好手, 但是他却喜欢欺凌同僚。因此, 刘封的存在, 很大程度上就是个祸害。刘备在世时, 刘封还可以相对本分一些。倘若有一天刘备不在了, 恐怕就没人能治得了他。因此, 尽管刘备非常舍不得杀掉刘封, 但诸葛亮所预料的情况, 刘备又不得不防。如此一来, 刘封就只有死路一条了。

刘封本来有个不错的家庭，其父是荆州罗侯寇氏，其母是长沙望族刘氏，虽家道中落，但亦属富贵之列。刘备在荆州时，经常打着"汉室宗亲""中山靖王刘胜之后"的旗号，让刘封家人动了心，将刘封送给当时无子的刘备做养子。本以为给刘封挣到了一个好前途，不料刘备在公元207年有了自己的儿子刘禅，成了多余人的刘封必然得死。

刘封之死告诉我们，职场中，不要太把自己那个强大的后台——即使后台强大到是皇帝本人——当回事，再有后台，也不能仗势欺人。你一旦威胁到了家国天下的未来，就摆脱不掉被杀的命运，干爹也救不了你的。

第十章

刘巴：蜀汉政权第一理财高手

不管是小说《三国演义》还是在史书《三国志》中，诸葛亮都是三国时期的顶级谋士，甚至可以说是古代历史上智慧的化身了。因此，对于诸葛亮来说，自然成为众多文臣武将敬佩的对象。不过，根据裴松之《三国志注》引《零陵先贤传》的记载，诸葛亮曾说："运筹策于帷幄之中，吾不如子初远矣！"诸葛亮所说的子初，正是建议刘璋以弱兵少粮给刘备的刘巴（？—222）。

刘巴，荆州零陵郡烝阳县（今湖南省邵东市）人，东汉末年至三国时期蜀汉时期大臣、名士。那么，问题来了：刘巴到底有什么作为，能够让诸葛亮都钦佩不已呢？

一、真名士辗转四方

刘巴出身于官宦世家。其祖父刘曜曾为东汉苍梧郡太守，父亲刘祥亦任江夏郡太守、荡寇将军。值得注意的是，刘巴的父亲刘祥担任的荡寇将军一职，在汉末三国时期得到了广泛的册封，比如蜀汉五虎上将之首的关羽，就曾被刘备封为荡寇将军。在祖父、父亲的教导之下，刘巴年轻时就很有名气。

孙坚举兵讨伐董卓时，因南阳太守张咨不给军粮而将他杀害，刘巴的父亲刘祥与孙坚同心，结果被南阳士民攻杀。荆州牧刘表也讨厌刘巴的父亲刘祥，就扣押了刘巴，打算杀害他，于是派刘祥的亲信骗刘巴："刘牧欲相危害，可相随逃之。"亲信多次劝说，刘巴都不答应。亲信就把事情全部告诉了刘表，刘表因此不再加害刘巴。

刘巴十八岁时，郡中署为户曹史、主记、主簿。刘表的别驾刘先想让自己的外甥周不疑（192—208/210）跟着刘巴学习，刘巴推辞道："昔游荆北，时涉师门，记问之学，不足纪名，内无杨朱守静之术，外无墨翟务时之风，犹天之南箕，虚而不用。赐书乃欲令贤甥摧鸾凤之艳，游燕雀之宇，将何以启明之哉？愧于'有若无，实若虚'，何以堪之！"

当时，荆州牧刘表多次征用，并推举刘巴为茂才，刘巴都不应就。虽然荆州牧刘表是汉室后裔，但在割据荆州时，刘表并没有匡扶汉室，问鼎中原的志向。而这，很可能是刘巴坚决不为刘表效力的原因之一。

公元208年秋，曹操南征刘表。时隔不久，刘表病逝，其子刘琮接任荆州牧。曹操进至新野，刘琮决定投降，刘备率众退往夏口。荆楚一带的名士很多都跟从刘备而去，但刘巴却北上拜会曹操。面对前来投奔自己的刘巴，曹操非常重视，为了迅速平定荆州的各个郡县，曹操任命刘巴为掾，让其招纳荆州南部的长沙、零陵、桂阳三郡。

非常明显的是，在刘表去世后，刘巴毫不犹豫地选择了曹操。

究其原因，或许是曹操的实力更加强大，而且曹操具有"挟天子以令诸侯"的优势，这对刘巴这样的名士，无疑具有较大的吸引力。不料，曹操于赤壁之战中为刘备、周瑜与程普率领的联军击败，刘备趁胜占领了武陵、长沙、桂阳、零陵四郡。因此，对于刘巴来说，不仅没有办法回到曹操身边了，现在甚至自己在荆州都没有立足之地了。于是，刘巴想逃至交州，再想办法回曹操处。

当时诸葛亮在临烝（今湖南省衡阳市），刘巴写信给诸葛亮道："乘危历险，到值思义之民，自与之众，承天之心，顺物之性，非余身谋所能劝动。若道穷数尽，将托命于沧海，不复顾荆州矣。"刘巴信里的意思是说，我刘巴乘危历险，本想应天顺民，让荆州诸郡归顺曹操，让天下重归一统。可众人太看重道义，要么考虑私利，这不是我的智谋所能规劝的。实在没办法的话，我就浪迹天涯，乘舟游于大海，再也不管荆州的事情了。得到刘巴的消息后，诸葛亮追书劝说刘巴道："刘公雄才盖世，据有荆土，莫不归德，天人去就，已可知矣。足下欲何之？"刘巴说道："受命而来，不成当还，此其宜也。足下何言邪！"刘巴的意思是说，我受曹公使命而来，不成功便回去，这是理所当然的，你诸葛亮又何必过问呢？于是刘巴动身前往交阯郡。刘备得知刘巴远走交阯之事后，深以为恨。但是，刘巴想不到的是，自己一心一意想要投靠曹操，最终却会成为蜀汉的开国大臣。

刘巴到了交阯后，把姓氏改为张。后来又与交阯郡太守士燮意见不合，于是经由牂牁道（今贵州省黄平县）进入益州，在刘璋手下任职。公元211年，刘璋想请刘备进入益州以讨伐张鲁，派遣法正去迎接刘备。对于刘璋来说，之所以让刘备进入益州，是想要让刘备来对付汉中的张鲁。不过，对于刘备来说，显然不甘心被刘璋驱使。换而言之，刘璋此举，实在是引狼入室了。对此，刘巴自然看出了刘备的野心，进谏道："备，雄人也，入必为害，不可内也。"等到刘备进入益州后，刘巴又向刘璋进言道："若使备讨张鲁，是放虎于山林也。"但刘璋都没有听从刘巴的意见，刘巴唯有闭门称疾。后来刘备果然向刘璋发兵，夺取益州。公元214年夏，刘璋败战投降，刘备入主益州。

二、归雄主直百五铢

非常明显，如果刘璋能够听从刘巴的劝谏，很可能就不会丢掉益州。而就刘巴来说，在益州易主之后，只能静静等待刘备的处置了。刘备进围成都时，命令麾下将士："其有害巴者，诛及三族。"刘备夺取益州后，刘备展现出大度的气概，并没有责怪刘巴，而且为得到刘巴这样的人才而高兴。诸葛亮也多次称赞刘巴的才能，表示刘巴的能力让他自叹不如。在此基础上，刘备任命刘巴为左将军西曹掾。

刘备平定益州后，曾一度遇到军需短缺的问题，在刘巴的建议下，刘备铸造了名为"直百钱"的货币来解决这个问题。按《零陵先贤传》："初攻刘璋，（刘）备与士众约：'若事定，府库百物，孤无预焉。'及拔成都，士众皆舍干戈，赴诸藏竞取宝物。军用不足，备甚忧之。（刘）巴曰：'易耳，但当铸直百钱，平诸物贾，令吏为官市。'备从之，数月之间，府库充实。"为了激励将士的斗志，刘备在攻打刘璋时与将士们约定，攻破成都之后，城内府库所囤积的财富，任由将士们去抢。刘璋投降后，刘备便履行自己的诺言，对于麾下将士们抢夺财富的行为毫不干涉。但这种奖赏方式，直接导致了刘备在军需方面的短缺。值得一提的是，很多人在解读刘备入蜀的行为时，将这一段直接翻译成，刘备纵容手下掠夺成都百姓财物。这明显是带有抹黑意味的解读。史书中明确记载，将士争抢的是"府库"中的宝物，也就是益州原统治者刘璋所囤积的宝物，并不是掠夺百姓的财产。府库空虚带来的直接结果是军用不足，刘备为此感到非常苦恼。这时候，刘巴建议刘备可以铸造直百钱来解决这一问题。在刘备为军费担忧的时候，刘巴则认为这是一件很容易的事。于是便有了刘备铸造直百钱的事宜。所谓直百钱，就是价值等于原来通行货币一百倍的钱，简单说就是发行大面额的钱币在市场上流通。这成功帮助刘备充实了粮饷，为后续进行汉中之战奠定了良好的基础。

先了解一下五铢钱。秦朝灭亡后，西汉初期仍使用秦制半两钱，由于允许民间私铸，钱制较乱，以致出现重仅一克的荚钱。民间还出现剪边半两，也就是一些投机商将秦制的半两，用剪刀剪下一圈，七到八个半两，就可剪下一个半两的青铜，用剪下的铜再铸半两，这样一来，导致货币失衡，给当时的经济造成一度的混乱，以至于后世出现剪边半两很多。吕后发现问题后，积极主张币制改革，并且亲自参与了钱币的设计，为了防止剪边，在方孔圆钱的基础上，又增加了围边，定五铢（3.5克左右）为计重单位，汉五铢从此诞生。公元前118年，汉武帝刘彻命令郡国铸造五铢钱。公元前113年，刘彻下令禁止郡国铸钱，把各地私铸的钱币运到京师销毁，将铸币大权收归中央。中央政府成立专门的铸币机构，即由水衡都尉的属官（钟官、辨铜、技巧三官）负责铸钱。钟官负责铸造，辨铜负责审查铜的质量成色，技巧负责刻范。值得注意的是，汉朝统治者十分注重维护五铢钱的铸造质量，以及稳定币值，这使得国家经济运行平稳有序。

可以看到，五铢钱是国家太平、政治稳定时期帝王为了控制铸币权而发行的货币。不过，到了三国鼎立时期，天下三分，社会动荡，各国君主为了维护自己的统治，在铸造钱币这件事情上就各有小九九了。在战争压力下，蜀汉率先推出了"直百五铢"，东吴随后也发行了"大泉五百"，只有曹魏依然死守"五铢钱"。

蜀汉的"直百五铢"和五铢钱一样是圆形方孔，但样式丰富。一是钱面在保留了五铢钱的篆体"五铢"的情况下，还新增隶书字样的"直百"。二是蜀汉在"直百五铢"背面刻有阳文"为"，"为"即犍为郡的简称，犍为在今四川省乐山市一带，出产铜矿，是通向南部的要道，被称为旱码头，是经济发达地区。

那么，"直百五铢"的经济价值如何呢？

"直百五铢"，顾名思义，就是货币价值等于百枚五铢钱。可问题是，在古代货币重量也纳入货币价值的考量范围，"直百五铢"的重量只有原来四枚五铢钱那么重，这就相当于货币贬值了二十五分之一。蜀汉相对弱小，又面对东吴、曹魏两个敌手，为了保障军费，蜀汉就频繁发行"直百五铢"。可蜀汉铸造材料有限，这就导致"直百五铢"重量常常不够，货币也不断贬值。据考古发现，最轻的"直百五铢"只有不到0.5克，比汉代的一铢还要轻，可见蜀汉通行货币贬值之严重。

公元219年秋，刘备自称汉中王，任命刘巴为尚书。公元220年，尚书令法正病逝，刘巴接替其成为尚书令。公元221年夏，刘备称帝，刘巴为刘备起草了登基时所需的各种祷文、诏诰、文书。从这一角度来看，刘备登基称帝的工作，自然离不开刘巴的协助。所以，刘巴完全可以称为蜀汉的开国大臣，具有比较高的地位。

值得注意的是，刘巴为人清廉简朴，又自认为不是刘备嫡系，害怕受到猜忌嫌疑，所以为人恭顺安静、沉默寡言，朝堂之下从不和人私底下有交往，非公事不谈，但刘巴清高的性格依旧张扬不变。公元222年，刘巴去世后，曹魏尚书仆射陈群给蜀汉丞相诸葛亮写信，探问刘巴的情况，在信中称呼刘巴为"刘君子初"，可见陈群对刘巴之尊重。换而言之，在汉末三国时期，刘巴是一位闻名天下的名士，受到了众多大臣的尊重。

第十一章

对刘备事业成败最重要的麋氏一家人

刘备一生有两个最为灰暗的时期，即丢掉徐州和失去荆州。丢掉徐州后，刘备很快东山再起；丢掉荆州后，刘备不仅没有夺回荆州，还因为兴师伐吴惨败，致使蜀汉国力更加疲敝。结果之所以不同，一个很重要的原因，便是两个关键的人物——麋竺和麋芳兄弟二人的作为不同。换句话说，刘备事业成败很大程度上缘于这兄弟二人。

一、徐州富商投刘备

麋竺，字子仲，东海郡朐县（今江苏省连云港市）人。麋竺的弟弟麋芳，字子方。

麋竺祖上世代经商，为徐州富商，被徐州牧陶谦聘请作别驾从事。此时的麋芳，也为陶谦部下。陶谦死后，遗嘱让刘备来当徐州刺史，正是麋竺前去小沛将刘备迎接而来做徐州牧的。公元195年，被曹操打败的吕布东来投靠刘备。

公元196年，袁术攻打徐州，刘备令张飞守下邳，自己率军与袁术相持于盱眙、淮阴一线，双方互有胜败。吕布乘刘备与袁术僵持之时，趁机偷袭下邳，并虏获刘备的妻子。刘备只好驻扎在广陵郡的海西县（今江苏省灌南县）。此时恰逢将军杨奉、韩暹等人又在徐州、扬州一带骚扰游动，刘备虽将他们打败，但也是十分疲惫困乏。正是麋竺拿出自家钱财，帮助刘备用作军资，刘备这才得以渡过难关。麋竺还将自家的仆从二千人送到刘备军中，同时请同乡王朗做媒，将妹妹嫁给刘备做夫人，刘备这才重新振作起来。

刘备打算回到小沛，便向吕布求和。吕布以刘备为豫州刺史，让他回到豫州，与自己并力攻击袁术，又将刘备的妻小以及部曲家属归还，在泗水上为刘备送行。刘备回到小沛后，袁术命纪灵率三万人攻打小沛，刘备再度向吕布求救。吕布屯在小沛外，派人招刘备、纪灵前来，以"辕门射戟"化解此事。不久后，刘备再度招募了万余人的军队。可以说，这次军队的重建，功劳全在于麋竺。

此时的吕布，觉得刘备势力的发展，已经严重威胁到了自己，便亲自率军进攻小沛。刘备战败，被迫前往许都投奔曹操。曹操手下的程昱、郭嘉皆称刘备有雄才，向曹操建议趁早对刘备动手。曹操不从，给予刘备兵马粮草，让刘备做豫州牧，让他到沛城收拢旧部。其后，人称刘备为"刘豫州"。

曹操把刘备看作是天下真正的英雄，正是看中了刘备这种能得到人们死心塌地追随的人格魅力。在得到人们忠心拥护方面，曹操对刘备的认识无疑是最为深刻的，因为追随刘备的两个人是他高官厚禄打不动的。曹操得到关羽后，给了他很高的爵位，赏赐更是非常厚重，但关羽仍然是和刘备"誓以共死"，不肯背弃。麋竺也同样如此，曹操任命麋竺为嬴郡（今山东省济南市莱芜区）太守，麋芳为彭城（今江苏省徐州市）相，兄弟俩都不去做官，跟随着刘备转战天下。

公元198年，吕布派遣高顺等人攻破了刘备据守的沛城，刘备单骑逃走。麋芳几经波折，终于与刘备汇合。

公元200年春，"衣带诏"事发，曹操亲自东征刘备于徐州，刘备战败，麋夫人与关羽一起被曹操俘虏。刘备逃往青州，后来又在郏城东面约二百里的地方停留了一个多月。被打散的士卒也来到这里与刘备会合。这年秋，麋竺、麋芳跟随刘备来到汝南，在这里跟随刘备一起击杀蔡阳。

公元201年，曹操攻击刘备，麋竺、麋芳跟随兵败的刘备投往荆州。刘备先遣麋竺、孙乾等人与刘表见面。刘表亲自到郊外迎接刘备，待以上宾之礼，刘备遂屯于新野。

公元208年，曹操亲率大军南下，刘琮投降曹操，麋竺、麋芳跟随刘备一起南撤至长坂坡时，曹纯的虎豹骑大破刘备，麋竺、麋芳跟随刘备一起逃亡到江夏。

公元214年，刘备入主益州，拜麋竺为安汉将军，地位在军师将军诸葛亮之上，待遇是众臣之中最高的。

二、麋芳投降谁之责

刘备事业最辉煌的时候是在夺取汉中当了汉中王以后。当时刘备手里有益州、汉中和荆州最主要的地区，可以说根基牢靠，打人有了本钱。却不想关羽发起了樊城之战，最终丢掉了荆州，而丢掉荆州最主要的因素是麋芳的投降。

刘备最艰难时，麋芳都没有背叛他，还散尽了万贯家财支援刘备，却为何在刘备飞黄腾达的时候，背叛刘备呢？

这恐怕与刘备对关羽的偏爱有关。刘、关、张是结义的三兄弟，情意深重，刘备对关羽信任理所当然。但在麋芳看来，自己对刘备的忠心和贡献，并不逊于关羽，凭什么关羽的地位在他的上面？

麋芳并不是不能接受刘备给他安个上级，按照忠心程度，麋芳是刘备的嫡系兼外戚，但以军功来论，轮不到麋芳来主持荆州，这一点麋芳也心知肚明。可麋芳不能接受的是，他的顶头上司是关羽。

关羽"善待卒伍而骄于士大夫"，其实，关羽真正看不起的，还不是士大夫，而是古代的地主豪强，而麋芳就出身于这个阶层。所以，关羽对麋芳的态度可想而知。

关羽镇守荆州时，麋芳任南郡太守屯江陵，而将军傅士仁屯公安。

麋芳被刘备任命为南郡太守，镇守江陵，江陵城是关羽北伐的前哨基地。关羽北伐首先要从江陵出兵攻打襄阳，而江陵一旦失守，关羽北伐不仅会功亏一篑，而且荆南地区也会被切断联系，刘备势力将彻底退出荆州。不仅仅是北伐中原，刘备要入荆州支援关羽经江陵一路是最快的，而且从江陵出兵也可以威胁江东，所以江陵城的战略地位是十分重要的。守住江陵城，是实现诸葛亮"隆中对"提到的"将荆州之兵以向宛洛""率益州之众出于秦川"，即二路分兵战略的根本。

在初赤壁之战以后，周瑜与曹仁争夺南郡，一直相峙了一年多，打得周瑜身受重伤，东吴损兵折将，才夺取南郡南方部分江陵城，之后为了共同对抗曹操，被刘备借去。江陵城的战略意义如此重要，刘备任命南郡太守之时本应该慎之又慎。然而，刘备虽然知人善任，在任命南郡太守之时，却犯了任人唯亲的错误。麋芳贵为皇亲国戚，按理来说是最不应该背叛刘备的。其他人都因为麋芳是皇亲国戚而敬重麋芳，然而高傲的关羽却对麋芳这个皇亲国戚的身份不买账，十分轻视麋芳。关羽与麋芳二人素来不和，刘备却让麋芳做南郡太守，这就为之后荆州失守、关羽被害埋下了祸根。

麋芳、傅士仁二人一直嫌弃关羽轻慢自己。公元219年，关羽北伐襄樊，命二人供给军资。同年，孙权遣吕蒙袭荆州，二人皆投降。关于二人投降的原因，史书记载各有不同。《三国志》记载，麋芳、傅士仁二人没有完成关羽的任务，关羽便放出话说："还，当治之。"二人皆恐惧不安。孙权得知后引诱二人，二人便派人迎接孙权。

《吴书》记载，吕蒙先到公安，遣虞翻说服傅士仁投降，之后吕蒙带着傅士仁到南郡，麋芳本打算守城，看到傅士仁后才投降。《吴录》则记载，当初南郡城中失火，烧毁了很多军器，关羽因此责备麋芳，麋芳非常害怕，孙权得知后暗中引诱麋芳，麋芳也与孙权相和，等到吕蒙袭荆州时，麋芳带着牛酒出城投降。

就当时的战场形势来说，关羽虽然进攻受阻，但还不至于不可收拾。因为关羽撤退，曹仁的部下劝他不要追击，而曹操的命令也是不要追击。也就是说，只要关羽休兵，北部基本上是不会再有战事的。关羽致命的失败是因为后路被断和士兵离散。而这两项都源于一个因素，江陵城丢失。江陵城的守城主将正是已经归降东吴的糜芳。

关羽从樊城回撤准备到江陵，遭到拦截后又打算撤向夷陵，但夷陵也被东吴的陆逊占领，这才打算撤往临沮的章乡（今湖北省当阳市）。此时，手下的将士们听说东吴的大将吕蒙对自己的下属很好，于是纷纷逃散。关羽没有了兵马，这才被俘被杀。假如江陵城还在坚持，关羽杀回江陵城不是没有可能。如果江陵城还在，刘备率兵东行，吴蜀谁胜谁负还真的很难说。至少，荆州不会那么轻易丢失。

那么，江陵城还可以坚持吗？应该是可以的。据《三国志·虞翻传》记载，南郡太守糜芳投降后，吕蒙没有进占郡城而是在城外的沙滩上游玩行乐，虞翻对吕蒙说："今区区一心者糜将军也，城中之人岂可尽信，何不急入城持其管钥乎？"后来的事实证明，当时城里确实有伏击吴军的阴谋。

从这段记载可以看出，糜芳如果不投降，还是有守城的条件的。尽管吕蒙已经渡江，但他要一边攻城，一边在麦城拦截关羽，还要在夷陵部署作战，取胜的难度非常大。

糜芳并非如演义小说般"惨死关羽灵前"，而是在东吴寿终正寝。不过糜芳既失节，晚年亦颇遭轻视。以"刚直"闻名的江左门阀虞翻，便厉声喝骂其"不忠不信"。

昔日刚强直理、诚心无愧，随先主周旋四海的糜芳，晚年竟被江东狂生骂作"失忠失信"。乃不知其心中五味杂陈，做何感想。大概与"最号毅重，然弗克其终"的于禁相似吧！

一次，糜芳乘船出行，遇到虞翻的船，糜芳船上的人想要虞翻让开，向前喊道："避将军船！"虞翻厉声说："失忠与信，何以事君？倾人二城，而称将军，可乎？"麋芳十分惭愧，关上船上的窗让虞翻先过。后来虞翻乘车出行，经过麋芳的营地，官吏没有开门，虞翻的车马不能通过。虞翻十分生气地说："当闭反开，当开反闭，岂得事宜邪？"麋芳听到后，更加羞愧。

其实，麋芳这个人不算罪大恶极，他年轻时追随刘备也算一片赤诚，为蜀汉立下了汗马功劳，唯一的污点就是没有坚守荆州，投降了吴国。只是，麋芳间接害死了关羽，让无数人为之愤恨，所以他的名声也就越来越坏了。

丢掉了荆州，麋竺知道关系重大，把自己绑起来到刘备面前请罪，虽然刘备没有追究，但他内心始终惭愧不安，终于在一年后发病死去。

可以说，麋竺投资刘备是非常成功的，刘备有了自己的根据地以后，麋竺的地位超然。结果却功亏一篑，被麋芳给毁了。

刘备后来兴兵东行伐吴，打的旗号是为关羽报仇，实际上就是要恢复荆州，至少第一步的目标是这样的。可惜从涪陵到夷陵，其间就没有一座像样的城市，刘备军队只能长期暴露于野外，只要东吴的陆逊军不主动出击，刘备就没有丝毫的获胜可能。最终，刘备军疲惫懈怠，被陆逊一击覆灭。

再次失败后的刘备再也无力虎视天下，终于在十个月后死去。不能不说，刘备之死也与这次东征失利有很大的关系。尽管诸葛亮执政时期励精图治，让蜀汉国的国力有所恢复，在西北也对魏国保持了一段时期的攻势，但已经不能和拥有荆州时期的蜀汉相提并论。

也就是说，没有了荆州的蜀汉，只能是一个土地狭小民众又少的"蕞尔小国"，而这一切追根溯源要归结到荆州的丢失，而荆州的丢失就是因为江陵城麋芳的投降。从这个意义上来说，刘备一生的事业，可称得上是成败两兄弟。

第十二章

魏延：忠臣死后被灭三族，到底谁的错

在小说《三国演义》中，作为深受刘备器重的蜀汉名将，魏延（？—234）的结局非常悲惨：先被诸葛亮厌弃，后被马岱追斩，最后被杨仪（？—235）诛灭三族。魏延的结局让我们思考：这到底是为什么？先从《三国演义》中魏延的出场和结局谈起。

先来看看魏延的出场。小说《三国演义》中，魏延与刘备相识是在火烧新野之后，而魏延归属刘备，则是在刘备南征长沙四郡之时。

第四十一回中："城中忽有一将，引数百人径上城楼大喝：'蔡瑁、张允卖国之贼！刘使君乃仁德之人，今为救民而来投，何得相拒！'众视其人，身长八尺，面如重枣，乃义阳人也，姓魏，名延，字文长。当下魏延轮刀砍死守门将士，开了城门，放下吊桥，大叫：'刘皇叔快领兵入城，共杀卖国之贼！'"

第五十三回："云长引魏延来见，孔明喝令刀斧手推下斩之。玄德惊问孔明曰：'魏延乃有功无罪之人，军师何故欲杀之？'孔明曰：'食其禄而杀其主，是不忠也；居其土而献其地，是不义也。吾观魏延脑后有反骨，久后必反，故先斩之，以绝祸根。'"

魏延的结局是在《三国演义》第一百零五回："（魏延）遂提刀按辔，于马上大叫曰：'谁敢杀我？'一声未毕，脑后一人厉声而应曰：'吾敢杀汝！'手起刀落，斩魏延于马下。众皆骇然。斩魏延者，乃马岱也。原来孔明临终之时，授马岱以密计，只待魏延喊叫时，便出其不意斩之。"

出场也好，结局也罢，都是小说作者的虚构，当不得真的。

一、受重用镇守汉中

魏延，字文长，义阳（今河南省桐柏县）人。历史上，魏延首次出场是在公元211年，刘备应刘璋之邀，入川抵御张鲁，魏延以部曲随刘备入蜀作战。

公元212年，刘备起兵攻打刘璋。当时刘备军兵不过万，孤军无粮，而刘璋拒绝坚壁清野的战术，派遣将领率领精锐前去阻击刘备军，刘备军大破刘璋军，最终于公元214年占领成都。魏延以数有战功，迁升为牙门将军。刘备取得蜀地之后，一路向北，和曹操就汉中地区展开了激烈的争夺。最终，刘备于公元219年打败了曹操，成为汉中霸主。刘备自称汉中王，并定治所于成都。

关于讨伐曹操，诸葛亮给刘备出的主意是：一定要兵分两路，除了荆州以外，另一路是西蜀。要想进攻关中，汉中就是必经之路。所以，汉中的重要性仅次于荆州。那么，谁来镇守汉中呢？大家理所当然地认为，这镇守汉中之人必定是张飞。可结果却令大家大吃一惊，因为这个被任命的人，竟然是魏延。为什么刘备要舍弃自己的结义兄弟，选择一个履历不够惊艳的魏延呢？

古往今来，无数历史证明，只有善待士兵，才能做一个好的将领。所以，让对待士兵比较和善的关羽执掌军权，便能最大限度将士兵们的心聚集在一起。如此一来，便能以最快的速度在荆州站稳脚跟。那么在军中，还有谁能够担当镇守汉中的重任呢？毋庸置疑，就是和张飞同样有统率能力，但对待士兵更好的魏延了。

刘备当着群臣的面，问魏延道："今委卿以重任，卿居之欲云何？"魏延回答道："若曹操举天下而来，请为大王拒之；偏将十万之众至，请为大王吞之。"刘备听后感到十分满意，群臣也为魏延这番话而称赞其雄豪。公元

221年，刘备称帝后，魏延晋封为镇北将军。公元223年，刘禅登基后，魏延被封为都亭侯。

二、遭杀害被夷三族

魏延善养士卒，勇猛过人，但性格高傲，性情极恶，人人都避其锋。唯独杨仪不屑魏延，与他势成水火。诸葛亮爱惜杨仪的才干，又借助魏延的骁勇，常恨二人不能很好相处，但又不忍心偏废他们任何一方，还为此作下了《甘戚论》，但二人无所感触。魏延甚至还曾拿刀作势要杀杨仪，杨仪则泣涕横流。费祎常为二人调解，因此诸葛亮在世时二人得以各尽其用。

公元234年，诸葛亮第五次北伐，魏延被任为前锋，梦到自己头上生角，问占梦人赵直，赵直说："夫麒麟有角而不用，此不战而贼欲自破之象也。"随后赵直却对人说："角之为字，刀下用也；头上用刀，其凶甚矣。"同年秋天，诸葛亮病情加重，秘密与长史杨仪、司马费祎、护军姜维等部署身殁之后的撤军行动，令魏延断后，如果魏延不从命，军队就自行撤退。

诸葛亮死后，杨仪、费祎秘不发丧，杨仪令费祎前往试探魏延意图。魏延回答道："丞相虽亡，吾自见在。府亲官属便可将丧还葬，吾自当率诸军击贼，云何以一人死废天下之事邪？且魏延何人，当为杨仪所部勒，作断后将乎！"魏延想同费祎一起做出部队调遣留驻的部署安排，并要求费祎写出来并与自己共同署名，告诉手下各位将领。费祎骗魏延说："当为君还解杨长史，长史文吏，稀更军事，必不违命也。"费祎一出魏延营门就飞马而去，魏延随即就后悔了，但想追费祎又来不及了。

魏延派人去观察杨仪等人的动静，才知道他们全都准备按照诸葛亮生前安排好的计划，各营依次引兵撤退。魏延大怒，日夜兼程，赶在杨仪大军前面，所走过的地方都烧绝阁道。杨仪和魏延都互相上表刘禅说对方谋反，刘禅问侍中董允、留府长史蒋琬到底是谁想造反，董、蒋二人都担保杨仪而怀疑魏延。魏延先占据南谷口，率军出击杨仪大军，杨仪命令王平在前抵御魏延。王平骂魏延的先头部队："公亡，身尚未寒，汝辈何敢乃尔！"大军知道错在魏延，不听魏延命令，都作鸟兽散了。只有魏延与其子数人逃到汉中。杨仪派遣马岱追上魏延并且斩了他，将头颅献于杨仪。杨仪用脚践踏魏延的头颅，并且骂道："庸奴！复能作恶不？"随后，魏延的三族也惨遭诛灭。

从亲兵到将军，再到汉中太守，独当一面，镇守汉中十年。可以看出，刘备是很重视魏延的。但为什么诸葛亮刚一去世，魏延就先被马岱追斩，后被杨仪诛灭三族呢？

诸葛亮说魏延有反骨，这完全是小说《三国演义》为了体现诸葛亮料事如神的需要！诸葛亮是出色的谋士，但不是神仙！如果诸葛亮真的知道魏延脑后有反骨，绝不会冒着打草惊蛇的风险多次敲打魏延，而是找借口杀掉魏延。熟读史书的诸葛亮肯定知道历史上因为被别人怀疑而不得不反的情况太多了，他绝对不会犯如此低级的错误。

魏延在刘备在世时被任命为汉中太守不假，但诸葛亮对魏延也不薄。公元227年，诸葛亮预备北伐，进驻汉中，升魏延为丞相司马、凉州刺史。公元228年，诸葛亮率大军出祁山，诸将认为可以用魏延、吴懿这样的宿将为先锋，但诸葛亮没有听从，选择让马谡统大众在前，结果导致街亭之败。公元230年曹魏三路大军进攻蜀汉汉中地区，其中两路因大雨退还，此时的魏延也率一支偏师西入羌中，攻击曹魏凉州地区。魏延率领军队行至阳溪一带，与曹魏大军会战，获得大胜的魏延随后被提拔为前军师、征西大将军，而且被授予假节，并被晋封为南郑侯。魏延跟随刘备那么多年最高官职也只是太守，跟着诸葛亮短短三年，刺史、大将军都得到了，最重要的是还被封了侯。要知道自西汉后，异姓最高的奖赏也就是封侯了。可以这么说，在刘备时期，魏延地位很一般，到了诸葛亮时期才成为蜀国耀眼的政治新星。

公元231年，诸葛亮第四次北伐，与司马懿对峙。司马懿使张郃攻王平于卤城（今甘肃省礼县盐官镇）南围（指卤城南面的防御阵地），自己亲率主力与诸葛亮正面决战。诸葛亮派魏延、高翔、吴班逆战，魏兵大败，获甲首三千级，司马懿还保营。

魏延每次随军北伐，都请诸葛亮给他统领万兵，另走一路攻关中，最后与诸葛亮会师于潼关。如同前汉将领韩信的例子，但诸葛亮一直不许，所以魏延经常说诸葛亮胆怯，恨自己之才不能尽用。

诸葛亮不采纳魏延的计策，是从国情考虑。这不是因为诸葛亮故意和魏延过不去，而是诸葛亮根据蜀国的国情，制定的战略不是东进长安，而且长安是魏国西北重镇，又处在关中平原上，即使蜀国一时夺取，也一定守不住，还必然遭到魏国骑兵的沉重打击，所以诸葛亮没有采取魏延的计策。诸葛亮作为三军统帅，担负着为蜀国打江山的重担，他要对自己做出的任何决定都负责任，自然要三思而后行。而魏延只是军中大将，他只考虑怎么打仗，而不会考虑战略性问题，所以诸葛亮没有采取魏延的计策是正确做法，是对蜀国江山负责任的体现，没有任何错误。

至于说诸葛亮在临死前安排马岱诛杀魏延，更是对诸葛亮的侮辱。在史书记载中根本没有诸葛亮安排杀魏延的记载。如果诸葛亮真的要杀魏延，根本不用这么费劲，刘备活着的时候对诸葛亮言听计从，在刘备死后，诸葛亮掌管蜀国朝廷大权，一道命令下去直接就可以把魏延杀死！诸葛亮不会不清楚魏延在军中的影响，只有诸葛亮的威信可以很顺利地平息魏延的影响力，不给蜀国带来动乱，安排别人杀魏延，一定会带来动乱，削弱蜀国的国力！归根结底魏延并非诸葛亮所害，而是他咎由自取。

作为一名战功卓著的将军，他不懂得谦虚谨慎，反而狂妄自大。在诸葛亮活着的时候就不断有怨言，诸葛亮一死，他更加居功自傲，目中无人，而且刘禅年龄又小，这种情况下诸葛亮怎么敢把大权交给他？诸葛亮去世后，秘不发丧，杨仪令费祎前往揣摩魏延意图。魏延回答道："丞相虽然身亡，但还有我呢，怎么能因一个人的死而荒废天下大事呢？再说，我魏延是何人，怎么能受杨仪摆布，做断后的将领呢？"

魏延不但不知诸葛亮的良苦用心，反而不服从朝廷命令，这就必然被当成叛乱者对待。

魏延性格太过跋扈，以至于把满朝文武都得罪了个遍，甚至恶名都传播到了吴国孙权那里，孙权曾说："魏延竖牧小人也，虽尝有鸣吠之益于时务，然既已任之，势不得轻。若一朝无诸葛亮，必为祸乱矣。"可想魏延的名声之差。

古往今来，武将战功卓著而又恶名远扬的下场一般都不好，魏延也不例外。魏延不听从杨仪断后的命令还可以理解为赌气，但他千不该万不该在大军都随杨仪徐徐退却后，他却日夜兼程，赶在杨仪大军前面，所走过的地方都烧绝阁道，并率军出击杨仪大军，这就酿成大错再也无法挽回了。

说到底，魏延的下场是他自己咎由自取，和诸葛亮没关系。他居功自傲、狂妄不堪。魏延的教训告诉我们：职场中不要太把自己当回事。连后台强大的刘封都因仗势欺人、侵凌同僚、不救关羽而被杀，何况仅凭自己有点儿带兵打仗的本事便居功自傲、狂妄不堪的魏延呢？你觉得你对蜀汉忠心耿耿绝无二心。但任何人都不能脱离社会而存在。三人市虎，魏延焉得不死？所以，不论是谁，职场中，都不要太把自己当回事。再有本事，也要摆正位置，学会与他人相处。

第十三章

王平：目不识丁，却能改变历史走向

对于蜀汉名将的认知，基本局限在关、张、马、黄、赵、魏、姜七人身上。如果是《三国演义》的读者，可能还会加上关平、关兴、张苞，甚至还有马岱、廖化等人，却很少有人对王平（？—248）产生深刻的印象。作为降将的王平，虽然目不识丁，却参与了蜀汉建立和巩固的过程，为蜀汉立下不朽的功勋。

一、目不识丁降刘备

王平，字子均，巴西郡宕渠（今四川省渠县）人。

王平自幼就被寄养在外祖父何氏家中，因此最初叫作何平。直到后来，他将姓氏改回了王姓。由于从小在军营中长大，王平的文化水平有限，识字不超过十个。

然而，他经常口述内容并寻求他人帮忙代写书籍。王平对历史和汉朝的一系列书籍和传记非常感兴趣，喜欢让别人读给他听，自己则静静地聆听并领悟其中的深意。

王平最初参军是在巴西郡七姓夷王朴胡的部队中。

汉献帝刘协在位时期，刘璋担任益州牧。张鲁骄纵于汉中，杜濩、朴胡、袁约率众依附张鲁，刘璋大怒，杀死张鲁的母亲及弟弟，并进攻张鲁。公元215年，曹操率众攻打汉中，张鲁前往依附杜濩、朴胡。这年秋，朴胡、杜濆、袁约三人率巴夷、賨民归附曹操，曹操便命朴胡为巴东太守，杜濩为巴西太守，皆封列侯，袁约为巴郡太守。此时的王平也投靠了曹操，并随杜濩、朴胡等被迁往洛阳，被任命为代理校尉。然而，在曹操的部队中，王平一直未能得到重用，因为曹操的阵营中有许多出色和优秀的将领，使得他相形见绌。

公元219年，刘备率领大军从阳平关南渡汉水，直逼汉中。在定军山扎营休息时，夏侯渊率曹军与刘备争夺地势，激烈战斗中夏侯渊不幸被黄忠杀害，曹军遭受重大失败。曹操得知消息后亲自率军夺回汉中。王平作为曹操军中的一员，也参与了争夺汉中的战斗。

在这次战斗中，王平被刘备军俘获。王平虽然文化程度不高，但是他熟悉汉中地理，而且作战勇猛，归降刘备后，被擢升为牙门将、裨将军。

从王平的履历来看，对于蜀汉来说，他其实就是一个降将。而在任何地方，降将其实都是不被重视的，所以王平在加入蜀汉后，在很长一段时间内，名声不显。直到公元228年诸葛亮北伐，王平才声名鹊起！如果不是诸葛亮，估计王平不会在史书上留名。

二、阻挡张郃改历史

公元228年，诸葛亮第一次北伐。诸葛亮利用计谋骗过了魏军，成功地杀进了陇右，逼降了三个郡。曹魏方面，自然不能坐视蜀汉做大，于是他们派出了名将张郃，让他驰援陇右，而进入陇右，街亭便是关键，于是双方围绕街亭展开了大争夺！

诸葛亮认为街亭有城池，比较好守，只需要拖住魏军的步伐，帮自己争取时间拿下陇右全境即可，所以他派出了马谡。王平隶属参军马谡，在其麾下担任先锋。

马谡的兄长马良，跟诸葛亮交情甚好，但马良在夷陵之战中遇难，诸葛亮非常惋惜，于是栽培马谡，希望他能像兄长马良一样。马谡虽然没有多少实战经验，但是在日常的军事探讨中，马谡表现不错，且蜀汉急缺人才，需要培养马谡这种大才，所以诸葛亮力排众议，选择了让马谡去守卫街亭。

然而，马谡违背诸葛亮的命令，放弃了街亭，带领部队进驻南山，想要利用地理优势监控山下的城墙。尽管王平不断劝阻和劝诫，但马谡仍坚持自己的决定，于是他就带领部队进山。

然而，魏将张郃趁机切断了马谡部队的水源，并发起了猛烈的攻击。由于没有水源的支持，加上张郃的突然进攻，马谡的大军迅速溃败，士兵四散逃亡。然而，张郃因担心王平可能设下伏击，不敢贸然追击。得知马谡大军溃败后，王平立即联合军中少数士兵向南山发起进攻，这让张郃只能退兵。马谡等人因此逃过一劫。

马谡贸然行事让诸葛亮非常不满，战后就将马谡等人处死。在这个事件中，蜀汉上至诸葛亮，中到马谡，下到普通士卒，大多受到了惩罚。比如诸葛亮自降三级，马谡被斩杀，只有一个人受到了嘉奖，这个人就是王平。很多人不理解的是：为何只有王平一个受到了嘉奖？不就是阻挡了张郃嘛，怎么能说王平改变了历史呢？

要想弄明白这个问题，就得懂一点地理知识和军事常识。街亭在哪儿呢？在祁山道（又称陇西道，从汉中市西行至略阳县，向北到甘肃省徽县，沿西汉水过成县、西和县，翻越祁山，经礼县达天水市的道路）的最北边，是今天甘肃省天水市秦安县城东45公里的陇城镇。街亭当时的地理位置非常重要，是关中通往陇右的唯一适合大军团行进的交通要道，同时也是祁山道向北的重要据点。当时诸葛亮率领的蜀汉主力军还在陇右攻打陇右五郡（南安郡、天水郡、陇西郡、广魏郡和安定郡），魏军想要救援陇右五郡，就必须从街亭通过，而马谡和王平就守在这里。同时魏延和高翔也在附近协助马谡，只要马谡在街亭挡住了张郃，那么诸葛亮就能成功攻占陇右五郡。只要诸葛亮成功攻占陇右五郡，那么第一次北伐就算成功了。但是马谡在街亭战败了，张郃率军长驱直入，直接进入了陇右。只要张郃率领魏军主力进入陇右，诸葛亮想要占领陇右五郡的目的就无法实现，因为诸葛亮是攻城战，再加上张郃来了，没法攻打陇右，就只能撤军，所以诸葛亮听到马谡战败后的第一件事就是撤军。这里最重要的就是王平，因为王平在街亭以南挡住了张郃，使张郃不能继续沿着祁山道南下切断诸葛亮的退路。

街亭向西是陇右，往南是祁山道。祁山道是诸葛亮从陇右撤退回到汉中的必经之路，如果王平没有挡住张郃，让张郃切断了祁山道，那么诸葛亮第一次北伐军的主力将被切断退路，这样的直接后果就是全军覆没。所以说王平拯救了诸葛亮整个蜀汉主力，保证了祁山道南端还在蜀军手中，这样就改变了历史。这是王平第一次改变历史，也成为王平高升的开始。这之后，王平开始被诸葛亮重用，被封为参军，统领无当飞军，拜为讨寇将军，封亭侯。

三、兴势之战终完胜

公元231年，诸葛亮第四次北伐时，恰逢曹魏大将军曹真病重。此时，诸葛亮的当面之敌是司马懿，王平作为诸葛亮的别部，驻防卤城南围。王平在那里遇到老对头张郃。张郃率军多次挑战，但性格沉稳的王平坚守不出，张郃虽兵力占优，但也无可奈何。

公元234年，诸葛亮率军北伐，同年秋在五丈原病逝。丞相长史杨仪跟魏延不和，魏延领兵来攻，王平率军迎击魏延，并用心理攻势瓦解了魏延的军兵。魏延兵败被斩，王平再次荣立大功。回到成都后，王平受赏被表彰，升任后典军、安汉将军，协助第二任汉中都督车骑将军吴懿，守备汉中，担任汉中太守。

公元237年，吴懿病逝，王平接替吴懿，成为第三任汉中都督，晋爵为安汉侯，后被大将军蒋琬擢升为前护军。公元243年，蒋琬病重，回军驻扎在涪县（今四川省绵阳市）。任王平为前监军、镇北大将军，统领汉中。

王平第二次改变历史是在公元244年的兴势（今陕西省洋县八里关镇）之战。此时的王平已经是汉中太守，镇北大将军，负责镇守汉中，与当年魏延一样了。

当时曹爽的魏军有十余万人，而王平镇守汉中的军队总数不足三万人。王平得到魏军进攻的情报时，已经快兵临城下了，蜀军主力在成都根本来不及救援。王平一面向成都求援，一面主动出击派出军队守住各条进入汉中的道路，埋伏在险要的关隘，同时亲自率军在汉中东北方向的兴势迎战魏军。

因为王平巧妙地运用了地形地势阻挡魏军，魏军无法前进，死伤很多。同时蜀汉援军正从成都日夜兼程赶往汉中，费祎还在骆谷截击了魏军。魏军死伤惨重，狼狈退回关中，兴势之战以蜀汉的完胜告终。而此战前期就是王平率军成功阻挡了魏军，王平应该算是功劳最大的。

想想看，如果让魏军进入汉中，以汉中的三万蜀军是无法抵挡十多万魏军的进攻的，那么魏灭蜀之战就提前上演了。当时还有人建议王平应该收缩兵力，进入汉（今陕西省勉县）、乐（今陕西省城固县）二城固守待援，但是被王平拒绝。王平选择了主动抢占有利地形迎战敌军，如果固守待援，让魏军进入汉中，将是一场灾难，很可能会让蜀军陷入被动。所以在兴势之战中，王平保住了汉中，改变了历史。

当时马忠在南中，防备南蛮；邓芝驻守永安（今四川省奉节县白帝城），防备东吴；王平在汉中，防备曹魏。三人各守一方，平安三侯威名始于此时。

公元248年，王平去世，其子王训继承了爵位。

王平早期没有太多成就，他在军队中并没有得到领导的赏识和重用。然而，他与诸葛亮相遇后，得到了更多的机会和发展。在对抗曹爽的进攻中，王平成功地守住了汉中，这的确是一次重要的胜利，不仅改变了蜀汉的发展方向，也在后来的战争中起到了重要的作用。值得一提的是，虽然王平的个人成就在历史记录中并未被过多强调，但他在汉中的防守中发挥了重要作用。他抗击曹魏的努力和贡献对于蜀汉的发展以及整个三国时期的历史进程都有着影响。在王平正确的战略之下，蜀汉江山延续了20年。在王平在世之时，无论是东吴方面还是曹魏方面，都未能进入蜀汉边境半步，这从侧面证明了王平的价值所在。

第十四章

蒋琬：诸葛亮死后如何撑起蜀汉残局

诸葛亮去世前，出于对蜀汉命运的担忧，他举荐了蒋琬和费祎。蒋琬（？—246）和费祎连续执政长达十九年，治理蜀汉的成就不逊于诸葛亮。然而，无论是专心北伐的诸葛亮，还是主张休养生息的蒋琬、费祎，都未能挽救蜀汉覆灭的命运。

一、孔明信任屡提拔

蒋琬，字公琰，零陵湘乡（今湖南省湘乡市）人。

蒋琬年少时好学，聪明过人，仪态轩昂，气度不凡。青年时与表弟刘敏因才学而知名当时。后跟随刘备，刘备平定蜀地后，蒋琬被任命为广都（今四川省成都市天府新区）县令。刘备、诸葛亮等人出巡至广都县时，发现蒋琬不理政务，且沉醉不醒。刘备勃然大怒，要将蒋琬加罪处死。诸葛亮劝刘备说："蒋琬，社稷之器，非百里之才也。其为政以安民为本，不以修饰为先，愿主公重加察之。"刘备素来敬重诸葛亮，于是免了蒋琬的罪，但还是将其罢免。

蒋琬被罢免官职后，做了一个看上去很不吉利的梦，他梦见门口有一头牛，流了很多鲜血。醒来后，蒋琬惴惴不安，他找到官方的占梦大师赵直，请他解梦。赵直对这个梦是这样解的："夫见血者，事分明也。牛角及鼻，'公'字之象，君位必当至公，大吉之徵也。"没人知道赵直此语是真的解梦，还是故意讨好蒋琬，但他的话的确一语成谶，蒋琬此后成为蜀汉政权中举足轻重的人物。而就在蒋琬找赵直解梦后不久，他就被重新启用为什邡县（今四川省什邡市）令。

公元219年，刘备称汉中王，调蒋琬入中央任尚书郎。

公元223年，后主刘禅即位，丞相诸葛亮开府治事，辟蒋琬为东曹掾，又举他为茂才，蒋琬谦逊不受，一再推荐刘邕、阴化、庞延、廖化。诸葛亮再三勉励，在给他的文告中说："思惟背亲舍德，以殄百姓，众人既不隐于心，实又使远近不解其义，是以君宜显其功举，以明此选之清重也。"诸葛亮的一番话让蒋琬十分感动，他不再推诿任命，也不再任性渎职。在诸葛亮的提拔下，蒋琬逐渐成为蜀汉政权中的核心人物。

公元227年，诸葛亮转驻汉中，准备北伐曹魏，蒋琬与长史张裔留统丞相府的一切事务。公元230年，蒋琬接替张裔（165—230）担任丞相长史，加抚军将军。诸葛亮每次征伐，蒋琬常筹集粮食，组织运输，补充兵源。诸葛亮常说："公琰托志忠雅，当与吾共赞王业者也。"诸葛亮于是密表刘禅："臣若不幸，后事宜以付琬。"诸葛亮病重时，许多人都以为他会将尚书令交给长史杨仪，但诸葛亮最终让蒋琬做了自己的接班人。

二、负重托壮志难酬

为何由蒋琬接班？

首先，蒋琬属于荆州集团。蜀汉政权主要有三股政治势力，其中荆州集团居于权力的顶部，第二层是东州集团，最后一层才是益州集团。这个权力格局可以说是蜀汉的立国之本，从刘备入川开始，就一直遵循这个原则，荆州集团必须放在首位。蒋琬是荆州人，投靠刘备的时间很早，这也是他能够接替诸葛亮的最基本条件。

其次，蒋琬确实有才。诸葛亮对蒋琬非常赏识，一直将他放在比较重要的位置。由于连年北伐，诸葛亮离开成都，将朝中事务完全交给蒋琬处理。蒋琬也很好地完成了各项工作，得到了诸葛亮的认可。

最后，蒋琬性格宽厚，有容人之量。正所谓宰相肚里好撑船，蒋琬从来没有公报私仇，能够团结蜀汉内部各个派系。这一点很关键，因为当时有一些人能力、身份与蒋琬一样，但却因性格问题"落选"。

公元234年，诸葛亮病逝，蒋琬被任命为尚书令，不久又加行都护，授予假节，领益州刺史，再升为大将军、录尚书事，封安阳亭侯。当时诸葛亮刚刚去世，远近之人都感到危惧。蒋琬出类拔萃，位处百官之上，既没有忧伤的表情，又没有欢喜的脸色，言谈举止如同平常一样，于是众人渐服。

公元238年，刘禅下诏蒋琬："寇难未弭，曹叡骄凶，辽东三郡苦其暴虐，遂相纠结，与之离隔。叡大兴众役，还相攻伐。曩秦之亡，胜、广首难，今有此变，斯乃天时。君其治严，总帅诸军屯住汉中，须吴举动，东西掎角，以乘其衅。"刘禅命蒋琬开府治事。公元239年春，蒋琬加为大司马。自此，蒋琬真正成为诸葛亮的接班人。

此前，曹魏太尉司马懿率军讨伐辽东公孙渊。蜀汉后主刘禅认为魏国东北叛乱，是因为曹叡的横征暴敛，就像当年陈胜、吴广的起义一样，势必席卷曹魏全国，这对于蜀汉来说是天赐良机，于是命令蒋琬率领各方兵马驻军汉中，一旦东吴举兵北征，便寻找机会出兵北伐。但是，司马懿的速度实在是太快了，公孙渊叛乱很快被平定，曹魏国内也没有出现大规模的响应，蒋琬便没有出兵北伐，只是多次命令姜维率偏师西进，采取一种进攻的姿态，但是收效不大。

作为诸葛亮的继承人，蒋琬对待北伐的态度自然不是温和保守的，而是十分激进的。蒋琬是一位坚定的主战派，他与诸葛亮的观点一致，认为蜀汉只有不断出击，打败魏国，才能赢得一丝生机。

　　蒋琬在北伐方面的主张比姜维还要激进，他认为继续像诸葛丞相一样沿陆路从秦川出兵，只会受限于地形，无法成功。所以蒋琬提出了自己的"东伐"策略，主张沿汉水、沔水东下，从水上袭击魏国的魏兴（今陕西省安康市）、上庸二郡。蒋琬下定决心后，立刻打造舟船，扩充水军，然而天不遂人愿，就在这时，蒋琬旧疾复发，不能行走，东伐计划被迫搁置。这一搁置，就再没有实施的机会了。

　　朝堂之上，包括姜维在内的众臣都认为，蒋琬的这个想法并不可行。首先，水路出兵虽然交通便利，顺流而下可以迅速到达荆州，一旦失败，撤退之时，顺流而下变成逆流而上，行军速度大减，一旦被魏军切断上游退路，局势将变得非常危险。其次，没有南郡作为依托，与益州山川相隔的东三郡很难守住。再次，沿着汉水、沔水收复东三郡后，不仅可以威胁东北的襄阳，还能威胁东南的江陵，东吴与蜀汉的同盟关系其实十分脆弱，因此一旦夺取东三郡，势必引起东吴的警惕。

　　这之后，后主派遣费祎、姜维去汉中劝阻蒋琬，姜维向蒋琬提出了自己的主张：西入羌中，联结羌胡，进军曹魏西北方向，夺取魏国的凉州地区，先争取在北方与曹魏共存，再徐图进取。

　　在此大背景下，公元243年，蒋琬上书刘禅："昔偏军入羌，郭淮破走，算其长短，以为事首，宜以姜维为凉州刺史。若维征行，衔持河右，臣当帅军为维镇继。今涪水陆四通，惟急是应，若东北有虞，赴之不难。"

　　当年蜀汉以偏军进入羌中，打得郭淮败逃。考虑到事情的长短得失，凉州（指陇西地区，蜀汉称凉州，曹魏称雍州）的事情应该优先考虑，因此他提议以姜维为凉州刺史，率领北伐军主力进攻凉州，他则率领留守部队驻扎在涪水一线，作为姜维后方的屏障，如果曹魏从东北而来，就率军去抵挡。

　　这是费祎、蒋琬、姜维三人经过商量达成的共识。可是正当姜维摩拳擦掌准备大显身手时，到了涪城以后的蒋琬病情加重。公元244年，蒋琬因病请求将益州刺史之职让与费祎，刘禅便任命费祎为益州刺史。公元246年底，蒋琬病死在任上，获赐谥号为"恭"。他的"东伐"大计随之破产。

虽然深得诸葛亮的赏识，但蒋琬的才能有限，不像诸葛亮那样全能。让一个不擅长军事的人去制定作战方略，是有些强人所难。但蒋琬并没有因为军事方面不是自己所擅长的就勉为其难地去干这些事，他制订的作战计划不拘泥于诸葛亮留下的作战方向。通过对前人的经验总结，蒋琬既能制定出袭击东三郡这样的冒险策略，也能制定出蚕食雍、凉这一相对稳妥并且成为蜀汉之后几十年发展目标的策略。

第十五章

费祎：三国第一刺杀案改变蜀汉国运

一、功勋卓著受重用

费祎（？—253），字文伟，江夏郡鄳县（今河南省罗山县）人。

费祎少时父母便去世，前往依靠族父费伯仁。伯仁之姑，正是益州牧刘璋之母。刘璋遣使迎接费伯仁，费伯仁便带着费祎游学入蜀。后来刘备平定蜀中，费祎便留在益州，并与汝南人许叔龙、南郡人董允齐名。其时许靖丧子，董允与费祎正要一起出席葬礼。董允向其父董和请求车驾，董和便遣一乘鹿车给二人。董允见此，面有难色，费祎却从容走前先上鹿车。及至丧所时，诸葛亮及国中诸贵人均已齐集，车乘也很华丽，董允神色犹未泰，而费祎却晏然自若。驾车人回来后，董和问及备细，知其如此，于是向儿子道："吾常疑汝于文伟优劣未别也，而今而后，吾意了矣。"

公元221年，刘备册立太子刘禅时，费祎与董允俱为太子舍人，后迁庶子。公元223年，刘禅继位后，以费祎为皇官侍从。

公元225年，丞相诸葛亮征讨南中凯旋时，朝中众官数十里设道相迎，这些官员的年龄、官位多在费祎之上，而诸葛亮却特请费祎同坐一车，于是众人对费祎刮目相看。

诸葛亮以刚从南归为由，命费祎为昭信校尉，出使东吴重申盟好。在招待宴上，孙权为人滑稽，向费祎嘲啁无方，而诸葛恪、羊衟等吴臣以才博果辩，也纷纷论难，辞锋不绝，而费祎以顺畅的言辞及笃信的义理，据理以作答辩，终不为所屈。《祎别传》记载："孙权每别酌好酒以饮祎，视其已醉，然后问以国事，并论当世之务，辞难累至。祎辄辞以醉，退而撰次所问，事事条答，无所遗失。权甚器之，谓祎曰：'君天下淑德，必当股肱蜀朝，恐不能数来也。'"

孙权曾大醉问费祎道："杨仪、魏延，牧竖小人也。虽尝有鸣吠之益于时务，然既已任之，势不得轻，若一朝无诸葛亮，必为祸乱矣。诸君愦愦，曾不知防虑于此，岂所谓贻厥孙谋乎？"费祎愕然不能即答。其时襄阳人董恢以宣信中郎副费祎使吴，于是看着费祎说："可速言仪、延之不协起于私忿耳，而无黥、韩难御之心也。今方扫除强贼，混一区夏，功以才成，业由才广，若舍此不任，防其后患，是犹备有风波而逆废舟楫，非长计也。"孙权方才大笑。

孙权曾设宴招待蜀使费祎，先逆令群臣："使至，伏食勿起。"不久费祎来到，孙权停食迎之，然而群下却自不起。费祎嘲之道："凤皇来翔，骐骥吐哺。驴骡无知，伏食如故。"诸葛恪便答："爱植梧桐，以待凤皇。有何燕雀，自称来翔？何不弹射，使还故乡！"费祎停食饼，索笔而作一篇麦赋，诸葛恪亦请笔作磨赋，互相称善。

孙权对费祎甚表器重，向费祎道："君天下淑德，必当股肱蜀朝，恐不能数来也。"《祎别传》载："权乃以手中常所执宝刀赠之，祎答曰：'臣以不才，何以堪明命？然刀所以讨不庭、禁暴乱者也，但愿大王勉建功业，同奖汉室，臣虽闇弱，终不负东顾。'"费祎回国后，迁为侍中。

公元227年，诸葛亮北驻汉中，请费祎为参军。以奉使称旨，常出使东吴。公元230年，费祎转为中护军，后又为司马。当时军师魏延与长史杨仪互相憎恶对方，每次并坐皆争论，魏延常举刀刃指向杨仪作威吓，杨仪则泣涕横流。费祎常介入二人坐间，为他们谏喻分别，以释其意，因此诸葛亮在世之时，可以各尽魏延、杨仪之所用者，全赖费祎从中匡救之力。

二、中流砥柱守成规

诸葛亮去世时，费祎担任后军师。那时蒋琬是尚书令、益州刺史，而杨仪是中军师，无所统领。当初，杨仪为先主刘备的尚书，而蒋琬为尚书郎，后来虽然都是丞相参军长史，然而杨仪每次从行，都身当军中的劳事剧务，又自以年宦先于蒋琬，才能亦逾于蒋琬，于是怨愤形于声色，叱咤之音发于五内。当时人们畏其言语不节制，莫敢相从，唯有后军师费祎前往加以慰省。杨仪常对费祎诉恨，前后云云数遍，又向费祎道："往者丞相亡没之际，我若举军以降魏，处世会当落得如此境地吗？这实在令人追悔不可复及。"费祎密向朝廷表其言。公元235年，杨仪被废为庶民，徙汉嘉郡（今四川省芦山县）。杨仪至徙所，又上书诽谤，辞指激切，朝廷于下郡收押杨仪。结果杨仪自杀，其妻小还蜀。

公元235年，蒋琬晋位大将军，费祎代蒋琬为尚书令。公元241年冬，尚书令费祎至汉中与蒋琬谘论事计，至年末才回朝。

公元243年冬，大司马蒋琬自汉中返回涪县。费祎迁大将军，录尚书事。公元244年夏，魏大将军曹爽、征西将军夏侯玄等兵向汉中，镇北大将军王平拒守兴势之围。费祎便留镇南大将军马忠于成都，平尚书事，自己则督诸军往兴势赴救，率众御魏。

光禄大夫来敏（165—261）至费祎住所，求共对围棋。其时军中筹备严驾，纷纷营营，而费祎与来敏留意对戏，面无厌倦之色。来敏便道："向聊观试君耳！君信可人，必能办贼者也。"费祎至兴势，曹爽果然撤军。费祎进兵据三岭（今陕西省洋县）截击曹爽，曹爽苦战得以退走。费祎被封为成乡侯。

公元244年秋，费祎回到成都，复领益州刺史。公元246年初，大将军费祎来到汉中，行围守。公元246年夏，费祎回到成都。这年秋，大赦。大司农孟光于众中责大将军费祎曰："夫赦者,偏枯之物,非明世所宜有也。衰弊穷极,必不得已,然后乃可权而行之耳。今主上仁贤,百僚称职,有何旦夕之危,倒悬之急,而数施非常之恩,以惠奸宄之恶乎?又鹰隼始击,而更原宥有罪,上犯天时,下违人理。老夫耄朽,不达治体,窃谓斯法难以经久,岂具瞻之高美,所望于明德哉。"费祎闻言,只是恭敬而不自然地道歉而已。

公元248年夏,费祎出屯汉中。费祎辅政期间,姜维自以通练西方风俗,兼负其才武,计划引西北诸羌、胡以为羽翼,并指自陇以西可断而有之。每欲兴军大举,费祎常裁制不从,与其兵不过万人。费祎向姜维说:"吾等不如丞相亦已远矣,丞相犹不能定中夏,况吾等乎!且不如保国治民,敬守社稷,如其功业,以俟能者,无以为希冀侥幸而决成败于一举。若不如志,悔之无及。"

公元251年夏,费祎回到成都,成都有望气者观云气测吉凶之人指都邑无宰相位,因此入冬后费祎复北屯于汉寿。公元252年,刘禅命费祎开府。

三、宠新附遇刺身故

公元253年2月15日(农历正月初一),蜀汉举行岁首大会,魏降人郭脩亦在座。其时费祎欢饮沉醉,不及戒备,结果为郭脩亲手持刃所害身死。另据《北堂书钞》引《江表传》、《太平御览》引《汉表传》记载,费祎持节行酒,郭脩掏出藏在马鞭中的小刀,刺中费祎,但费祎并未当场身亡。数日后,费祎才去世。

刺客郭脩,字孝先,凉州西平(今青海省西宁市)人,原是曹魏的将领。后来在与蜀汉交战中,郭脩被姜维捉住,被迫归降了蜀汉,后来还被封为左将军。

这里就有个问题:郭脩刺杀费祎,姜维是否有嫌疑呢?答案是肯定的。

《三国志·姜维传》记载："春，祎卒。夏，维率数万人出石营，经董亭，围南安。"费祎在世时，姜维每次举兵总被他牵制，兵不过万；但费祎去世不过三四个月，姜维竟已率数万兵马出征。姜维兴起数万大军，绝非一日一时之功，这说明他早就有所准备；或者说，姜维已经预料到了费祎的结局。因为他与刺杀费祎的郭脩，交情不浅。

公元250年，姜维发动西平之战，"不克而还"。此战虽无足轻重，却有不少疑点：第一，西平位于凉州的西南角，距离蜀地较远不说，还偏离了姜维以往的行军路线；第二，西平之得失，于蜀地无实际意义，可姜维却偏偏带着不到一万兵马，绕路到西平做"无用功"；第三，姜维此战的唯一收获，正是魏将郭脩的投降。凭借这层关系，后者在蜀国平步青云，累迁至左将军。公元250年被俘，公元252年升任左将军，郭脩升职的速度大大超过了大受诸葛亮重视的姜维，这一点令人非常不解。我们由此可见，姜维与郭脩之间早有密切往来。

另据《三国志注》引《傅子》记载："维为人好立功名，阴养死士。"而郭脩于大庭广众之下刺杀费祎，也分明是死士手段。这便意味着费祎遇刺的幕后推手，极有可能就是姜维。

姜维的动机和目的并不难猜测：一旦费祎去世，便没人能妨碍他北伐。那郭脩的目的，又是什么呢？已官至左将军的他，为何会放弃高官厚禄，选择这条取死之道呢？

据《三国志注》引《魏氏春秋》记载："修欲刺禅而不得亲近……事辄不克，故杀祎焉。"郭脩投降蜀国，本打算刺杀刘禅，但他最终却将目标定为费祎，这显然受到了一些影响：一方面，刘禅不好刺杀；另一方面，正如越巂太守张嶷所言"费祎为大将军，恣性泛爱，待信新附太过"，费祎对人没多少防备心，故而很容易下手。加之姜维对郭脩的影响，后者这才改换目标。在此过程中，郭脩的立场是坚定的，他需要一件足够轰动的刺杀事件，来达到自己想要的结果。既然郭脩能舍弃高官厚禄，就说明个人富贵绝非其追求。他所求者，实则是亲族的未来与前途。

曹魏曾推行过"质任制"。军中将士们的亲属，要送到指定地点为质，并参与农事。郭脩既为魏将，其亲族大概率会在保官中为人质。

据《三国志·后妃传》记载："明元郭皇后，西平人也，世河右大族。黄初中，本郡反叛，遂没入宫。"裴注《魏氏春秋》称郭脩"著名西州"，亦是名士出身，说明他极有可能与魏明帝曹叡之妻郭皇后同出西平豪族郭氏。但这个家族，早已因反叛而没落，可见郭脩此举，也未尝没有牺牲自己而成全亲族的打算。

正因如此，郭脩刺杀费祎，才要经过精心筹谋。岁首大会召开之日，正值群臣云集，郭脩于万众瞩目之下公然刺杀费祎，必然会让此事造成足够轰动的效应。

果不其然，魏帝曹芳在得知此"壮举"后，不仅对郭脩赞赏有加，称其"勇过聂政，功逾介子，可谓杀身成仁，释生取义"，也对其妻、子进行了封赏。

费祎被刺给蜀汉政权带来了深刻影响。

第一，朝中乏人，奸佞上台。在蒋琬、费祎执政期间，蜀汉的政治还算清明，能人得到任用，小人遭到打压。可是在费祎死后，蜀汉缺少一位德高望重的人物来执掌国政，这样一来，宦官黄皓跳了出来，肆意干涉朝政，导致蜀汉内部混乱不堪，国势日衰，逐渐走向灭亡。

第二，姜维北伐，损耗国力。在诸葛亮死后，蒋琬、费祎没有对曹魏大规模用兵，只是用偏师进行袭扰。对此，姜维非常不满意，他多次提出率领大军征讨，可是都遭到了费祎的压制，每次给他不过万人的兵力。在费祎被刺死的那年春天，姜维就开始率数万人北伐，虽然也取得了一些胜利，但损失很惨重，极大地消耗了蜀汉本就不多的兵力。

第十六章

诸葛亮的接班人姜维：蜀汉最后的荣耀

作为诸葛亮衣钵继承者的姜维，字伯约，天水郡冀县（今甘肃省甘谷县）人。"姜"是凉州天水郡的大姓，与阎、任、赵共为天水四姓。姜维的父亲姜冏是天水郡守的功曹佐官，天水遭遇羌、戎叛乱时，姜冏因护卫太守而阵亡。

姜维幼年丧父，与寡母一起生活，喜好郑玄的经学。他出仕任本郡上计掾，州里先征召他为州从事，后受赐官为中郎，参本郡军事。《魏略》记载："郡欲表维以为将。维家本衣冠，不愿为将，郡因表拜郎中。"

先来了解几个关键词：将、郎、郎中、中郎、郎中将、中郎将。

郎，主要负责宿卫门户、执兵扈从。将，管理郎的官。西汉郎将分为郎中将、中郎将，各下辖郎中、中郎。郎中，犹"廊中"。郎中不得入省中。中郎，"中"，犹省中、禁中，在省中做事的郎官，与皇帝亲密。郎中，秩比三百石。中郎，秩六百石。郎中，守卫宫殿门户，出充车骑扈从。中郎，宿卫宫禁，出充车骑扈从，常侍皇帝左右。中郎还有讽喻得失、参议政事之，郎中则无此职责。

郎中将和中郎将都负责征伐、戍守或驻守，都可以代表皇帝出使国外或巡查地方。郎中将，又细分为郎中户将、郎中骑将、郎中车将，秩比千石，在汉武帝后不见设置，其职权应当移交给期门、羽林。"期门"后改称"虎贲郎"，设"虎贲中郎将"。羽林也设"羽林中郎将"。中郎将，又细分为五官中郎将、左中郎将、右中郎将、虎贲中郎将、羽林中郎将等，秩比二千石。

中郎将常加官"侍中"，便可出入省中。有时负责平乐屯兵，置幕府，仪仗等同于将军。可奉命出使国外，负责郎官选举、考核罢黜。

姜维作为魏国忠臣姜冏之子，怎么反倒归顺了诸葛亮，没完没了地北伐自己的故国呢？

一、姜维为何归蜀汉

先看看《三国演义》中姜维出场和姜维归顺诸葛亮两个桥段。

小说《三国演义》第九十二至九十三回："马遵正欲起兵，忽一人自外而入曰：'太守中诸葛亮之计矣！'众视之，乃天水冀人也，姓姜名维，字伯约。父名冏，昔日曾为天水郡功曹，因羌人乱，没于王事。维自幼博览群书，兵法武艺，无所不通；奉母至孝，郡人敬之；后为中郎将，就参本郡军事……维笑曰：'太守放心。某有一计，可擒诸葛亮，解南安之危。'"……"维人困马乏，不能抵当，勒回马便走。忽然一辆小车从山坡中转出。其人头戴纶巾，身披鹤氅，手摇羽扇，乃孔明也。孔明唤姜维曰：'伯约此时何尚不降？'维寻思良久，前有孔明，后有关兴，又无去路，只得下马投降。孔明慌忙下车而迎，执维手曰：'吾自出茅庐以来，遍求贤者，欲传授平生之学，恨未得其人。今遇伯约，吾愿足矣。'维大喜拜谢。"

这是公元228年，诸葛亮第一次北伐。姜维的人生轨迹随即发生巨变。

原本是天水郡上计掾、雍州从事、大魏中郎的姜维，成为蜀国诸葛亮丞相府仓曹掾、加奉义将军，封当阳亭侯。姜维由魏国一个秩六百石的小官，变成了历史舞台上的主角。

问题在于：姜维如何跳槽，又为何跳槽？

关于姜维是如何跳槽的，史书上有两个版本。

第一个版本出自《三国志·蜀书·姜维传》："时天水太守适出案行，

维……等从行。太守闻蜀军垂至，而诸县响应，疑维等皆有异心，于是夜亡保上邽。维等觉太守去，追迟，至城门，城门已闭，不纳。维等相率还冀，冀亦不入维。维等乃俱诣诸葛亮。"

第一个版本里，姜维本来和天水太守一起外出公干，诸葛亮北伐，整个天水下辖各县几乎全部背叛，太守怀疑姜维，于是一个人跑到了当时凉州治所上邽。姜维等人发现追过去已经晚了，被堵在城门口，想到回冀县，冀县也不接受他们，于是，一群被抛弃的人只能投奔诸葛亮。所谓姜维投降是被逼无奈。

第二个版本出自《魏略》："天水太守马遵将维及诸官属随雍州刺史郭淮偶自西至洛门案行，会闻亮已到祁山，淮顾遵曰：'是欲不善！'遂驱东还上邽。遵念所治冀县界在西偏，又恐吏民乐乱，遂亦随淮去。时维谓遵曰：'明府当还冀。'遵谓维等曰：'卿诸人叵复信，皆贼也。'各自行。维亦无如遵何，而家在冀，遂与郡吏上官子修等还冀。冀中吏民见维等大喜，便推令见亮。二人不获已，乃共诣亮。亮见，大悦。"

第二个版本大体上和陈寿《三国志·姜维传》的说法相当，但加入了一些人物和对话。人物名字也略有出入。后者与前一个版本，最大的区别在于冀县在姜维的劝说下投降了，给魏国造成了损失。

统一一下这两个版本，我们便大致可以还原姜维投降诸葛亮的情况：公元228年，诸葛亮伐魏，曹魏凉州刺史郭淮正召集天水太守马遵等人开会。得知蜀军进攻，郭淮立即回上邽（今甘肃省清水县）去主持军务，马遵抛弃属官姜维等人，独自逃到上邽。姜维等人回到冀县，城里没有主官，不敢开门，于是姜维等人投降了诸葛亮。

由此可以看出，姜维归顺诸葛亮的根本原因是被马遵抛弃和解雇，姜维不是主动跳槽而是被动选择。导致这一切的根本原因是马遵的那句"卿诸人叵复信，皆贼也"。称姜维等人"皆贼也"，马遵为什么如此不信任姜维呢？

要知道姜维的父亲姜冏乃是曹魏的忠臣烈士，姜维身家清白、根正苗红，何以被如此对待呢？

这和魏国对整个雍凉地区的统治政策有直接关系。魏国的核心地区是中原兖州、豫州，打败吕布占据的徐州，迎奉献帝控制的司隶和部分雍州土地。公元200年官渡之战后，曹操逐渐征服了河北冀州、青州、并州、幽州。到了公元211—212年，曹操才进攻关中，逐渐控制了关中和陇西地区。

这便可以看出，此时曹操对整个雍凉地区的控制力是有限的。一来这个地区自东汉末年长期战乱，经济没有恢复，民穷财弱，曹操在汉中之战时就颇感关中地区没有足够的力量支撑汉中的军事补给，且转运困难，于是索性把汉中人口搬空，撤到秦岭以北防御。二来诸葛亮北伐前，曹魏的战略部署重点在东线两淮地区和荆州襄阳樊城一线，对蜀国没有放在心上，兵力相对薄弱。这种情况正是由这一带民生尚未恢复造成的，无法大规模驻军，也很难供养大军。这样就必须依赖当地士族的力量来维护统治。

曹魏政权正式建立后，实行"九品官人法"，将选人、用人的权力部分交给了士族阶层，选人权落在世家大族首领的手上。曹魏的皇帝不可能像汉武帝刘彻选拔卫青那样挑选人才。

曹魏历史上第一位士族首领是出身颍川大士族的荀彧，其后又是他的女婿陈群和同为颍川士族的钟繇等人。他们和河内司马氏、清河崔氏、东海王氏、太原王氏和弘农杨氏等自东汉就已经兴起的世家大族结成同盟，相互通婚，彻底掌控了曹魏政权。

但这一时期雍凉地区的经济还没有恢复，当地的士族也没有享受到与中原士族同样的待遇。在中原士族看来，他们都是戎狄之后，中原士族是不屑与之交往的。以杨阜那样赔上了七个兄弟的性命，自己也挨了五刀的境遇，只能被封一个只有名号、没有领地的关内侯，而他竟然是整个雍凉地区在曹魏朝廷里混得最好的士族，还没有之一。我们由此可以想象，当时雍凉士人对于曹魏政权的看法。

另外，曹魏政权本身对这个情况也是清楚的，对雍凉士族内心的不满也是知道的。姜维投降之后，曹魏在雍凉地区的政策发生了明显变化，以安定胡氏和京兆杜氏为首的地方士族开始进入曹魏高层，甚至就连姜维家眷的待遇，也还算是不错的。

但因为时间太短，当时还来不及实施这些政策，只能边防备边利用。所以，诸葛亮第一次北伐，天水、南安、安定三郡迅速投降。马遵因此才有"皆贼也"的说法。

理解了马遵为什么嫌弃姜维，就可以回答第二个问题：姜维为什么会投降？面对一个时刻把你当贼防范的政权，谁会愿意效力吗？更何况这时对他张开双臂表示欢迎的还是诸葛亮这样热情洋溢的蜀汉政权核心人物。蜀汉集团一没兵、二没钱，靠的就是义气二字才能撑到现在，内部氛围在三国当中最好，从来没爆发过大规模的内部斗争，光是工作环境就让人羡慕得流口水，而且还有好待遇。

姜维一去就被诸葛亮征辟为丞相府仓曹掾，加奉义将军，封当阳亭侯。奉义将军虽是杂号将军，但也是两千石待遇。当阳亭侯更是实封侯爵，有自己的领地，更重要的是蜀汉丞相诸葛亮超级欣赏他，想不发达都难。这种境遇和待在曹魏被困天水的情况，差别简直就是天上地下。所以，姜维跟随诸葛亮一起回到了蜀地，从此告别了亲人和故土，去追求自己的志向，和自己原来的同胞成为敌人。

由此可以看出，作为曹魏政权实行"九品官人法"的受害者，姜维在曹魏政权之下，是很难有出头之日的。既然客观条件——对于姜维来说，就是曹魏政权实施的"九品官人法"——无法改变，那能够改变的就只有自己了。想要克服这一点，我们可以换个环境用实力证明自己。

二、空降领导可接班

归顺了诸葛亮之后，姜维的人生轨迹随之发生巨大的改变。诸葛亮在前面交战的时候，知道姜维非常有本事，所以很器重他，有意栽培这个年轻人。

不是随便哪个人，都会被他当作自己的接班人来培养考查的。在蜀汉阵营内部，股肱老臣那么多，诸葛亮为什么偏偏看重了姜维呢？这里，就要说到姜维自身的优势条件了。

首先是姜维的出身。他来自天水郡，天水郡在曹魏政权属于边陲地带，不被重视，但是到了蜀汉政权里，这反而成了姜维的优势条件，因为他非常熟悉凉州周边的地理地貌和风土人情，据说还有羌族血统，羌族可是魏蜀两国都竭力争取的势力。因此对于诸葛亮来说，姜维绝对是他北伐中原、光复汉室不可多得的得力助手，他相当于一张活地图，能够帮助诸葛亮认清凉州的地形地势和政治局势，助于诸葛亮更好地部署作战计划。所以职场当中，你如果非常熟悉你所处的行业，业务的商业模式，往往能够脱颖而出。

从这个角度看，在诸葛亮手下，还真的没有什么人对凉州地区比姜维更加熟悉了。就拿与马谡一起守卫街亭的王平来说，人很聪明，又很会打仗，但就是从未涉足过凉州地区。相对而言，马超倒是对凉州地区有所了解，但却在公元222年去世了。

除了先天优势外，姜维的个人能力也很重要。姜维有啥能力呢？他可是当时少有的能文能武的将才。

《三国志·蜀书·姜维传》上讲，姜维幼年丧父，与寡母一起生活，喜好郑玄的经学。去世于公元200年的郑玄，是东汉末年非常著名的儒家学者、经学大师。其弟子众多，几遍全国各地。出生于公元202年的姜维到底是跟郑玄的哪位弟子学到郑玄的知识的，史书上没有记载。但毫无疑问的是，姜维是个对儒家文化有所研究的文化人。而这一点，姜维又超过了诸葛亮手下许多将领。蜀汉政权的主导部分，实际上有三类人：第一类便是以刘关张为代表的桃园三结义派，他们的文化水平不是很高，在打天下的过程中，特别需要文化人的指点，这才有了刘备三顾茅庐请诸葛亮出山的故事发生；第二类便是以诸葛亮和庞统为代表的荆州文人派，正是他们的加入，刘备集团才能越战越勇，最终做到了三分天下而备有其一；第三类便是益州本土的文人武将派，作为被征服者，除了极少数人外，他们很难融入蜀汉政权的高层。而到了公元228年诸葛亮一出祁山的时候，上述三个派别的人也都老的老、死的死，有些"青黄不接"了。正巧，此时又有知识又懂得诸葛亮北伐沿线的地理地貌和风土人情的年轻帅气的26岁青年人姜维来接班了。

　　说到武力值，姜维带兵打仗的能力就更没的说了。姜维的父亲姜冏本身就是一位大将，因讨伐羌戎而战死沙场。作为将门虎子的姜维，自幼便熟读兵法，更能在诸葛亮一出祁山时与诸葛亮对阵。如果不是姜维的上司马遵中了反间计，让姜维走投无路，诸葛亮一出祁山的最终结局，很可能不是斩马谡那么简单，很可能会败得更惨。

　　"文能提笔安天下，武能上马定乾坤。"这句大家耳熟能详、一直被用来形容文武双全的人才的话，其实最早就是罗贯中在《三国演义》里用来评价姜维的。

　　先天优势加上个人能力，姜维就成了诸葛亮相中的好苗子。领导欣赏你的才华，是不是就表示你一定可以被重用呢？还不行。姜维的父亲是曹魏有名的忠臣，所以他还有身份问题要解决。毕竟，祖上对曹魏忠心耿耿，到了蜀汉这儿，怎么相信你不会叛变呢？这就要解决"领导的信任问题"。怎么解决啊？那就得向领导"表忠心"。

　　此前，姜维归顺诸葛亮，是无奈之举，并不是他有意投靠。姜维投降诸葛亮时，完全没有来得及与在老家孀居的母亲商量。曹魏集团为了挽回姜维，对他的母亲善待有加，还让他的母亲写信给他。信中姜维的母亲让他寻找一味名为"当归"的药材送回家。这意思就很明显了，虽然现在的你被迫归顺了敌营，但依然欢迎你随时回家看看。姜维回信给母亲说，"良田百顷，不在一亩，但有远志，不在当归也"。姜维这话的意思是说，不能为了一亩地而放弃一百顷地，不能为了回家而放弃远大的志向。这就等于直接向诸葛亮表明了忠心。

通过这件事，姜维彻底赢得了诸葛亮的信任。公元229年，诸葛亮任命27岁的姜维做仓曹掾、奉义将军，封当阳亭侯。不久又升任中监军、征西将军。要知道，此时的姜维，基本上还处在寸功未立的地步。

诸葛亮有意扶姜维一把，经常在将领面前替姜维树权威，还在给参军蒋琬的信中说："姜伯约忠勤时事，思虑精密……其人，凉州上士也……须先教中虎步兵五六千人。姜伯约甚敏于军事，既有胆义，深解兵意。此人心存汉室，而才兼于人，毕教军事，当遣诣宫，觐见主上。"诸葛亮给参军蒋琬的信的意思很简单，就是夸奖姜维工作认真勤勉、考虑事情精细周密，是凉州一等的人才，应该先让他统领五六千士兵练练手儿；由于他忠于汉室、有胆有识、晓畅军事，诸葛亮要把毕生的兵法都传授于他。而且，诸葛亮还委托蒋琬给后主刘禅说一说，让后主刘禅知道姜维这个人。

诸葛亮为什么非要跟参军蒋琬说这些呢？原因很简单，毕竟姜维初来蜀汉，作为降将的他，在蜀汉政权内部还没有什么根基。追随诸葛亮的时间又太短，也没来得及建立什么功勋。尽管诸葛亮非常信任姜维，但想成为诸葛亮的接班人，此时的姜维还不合格。所以诸葛亮才在给参军蒋琬的信中说了这么多姜维的好话，其目的很简单，就是一方面希望姜维作为蒋琬的军事助手，弥补蒋琬在军事上的短板，另一方面也是希望在自己死后，蒋琬会继续保护、培养、重用姜维。

作为空降兵的姜维，要想在蜀汉成就一番事业，他还需要克服一些困难，是什么呢？就是得到其他同事的认可。这一点，姜维也做到了。

公元234年，诸葛亮病逝后，魏延不愿意听从杨仪调遣，率军从别道率先撤退，姜维则率军击退了试图追击的司马懿。回到成都后，姜维被任命为右监军辅汉将军，封平襄侯。公元238年，姜维又随大将军蒋琬驻军汉中，作为蒋琬的营司马，率领偏军多次西入羌中作战，立下汗马功劳，也得到了蒋琬等老将的认可。公元243年，姜维迁升为镇西大将军，领凉州刺史。公元247年，姜维迁升为卫将军，与大将军费祎共录尚书事。姜维人生最为辉煌的时代到来了。

透过姜维的成长历程，可以看到姜维虽然自身能力出众，但是在蜀汉阵营里也不是一帆风顺的，一样要过关斩将。作为空降兵的姜维，要解决的问题无非有两个：一是上级领导的认可和信任，只有领导认可你，才能为你铺路，否则单靠自己，那个难度可就是指数级增长的了；第二个是来自同事的认可，大家都是打工人，都身怀绝技，谁也不服谁，凭什么接纳你呢？所以作为外来之臣、空降兵，姜维还需要凭借自身的努力，成为一个好队友，获得同事的认可，最终成就自己的一番事业。

三、九伐中原惹争议

自从投奔蜀汉阵营后，凭借着自己的努力，姜维获得了领导的信任和同事的认可，成了一个人见人爱的好队友，在诸葛亮的帮助下走上了人生巅峰。但问题在于：诸葛亮去世之后，智比诸葛亮的姜维的人生就开始饱受争议。甚至有人说，蜀汉之所以最终走上灭亡的道路，姜维负有不可推卸的责任。历史真的是这样的吗？

姜维的人生之所以在诸葛亮去世之后就开始饱受争议，跟诸葛亮有很大的关系。为什么这么说呢？原因很简单，姜维是诸葛亮的衣钵传人。诸葛亮临死之前，传授给了姜维两样东西，一是包括八务、七戒、六恐、五惧之法在内的《诸葛亮兵法》；二是"连弩"之法。

临危受命的姜维，自然要继承诸葛亮北伐曹魏的大业。姜维不负所托。据《三国志》记载，从公元238年到公元262年的24年间，姜维共进行了十一次北伐。《三国演义》所说"姜维九伐中原"只是个约数而已。

按理来说，姜维继承诸葛亮的遗志，北伐中原应该是顺理成章的事儿，但姜维却发现这事儿实行起来，可没那么简单。他面临的问题，总结起来可以说是"旧疾新患"：

第一个问题，是前任领导诸葛亮给他留下的问题，也就是蜀汉北伐中原固有的隐患，也是自古以来所有军事战争最容易出问题的地方——粮草问题。

事实上，粮草问题早在诸葛亮第一次出师北伐之时，就已经是蜀汉军队比较明显的短板了。《三国演义》小说上讲，诸葛亮为贯彻落实"隆中对"策略，北定中原，兴复汉室，六出祁山。历史上，诸葛亮自公元228年春到公元234年秋曾经先后"五次北伐"曹魏。这五次北伐中，只有两次出兵祁山。诸葛亮第一次出兵祁山，便是发生于公元228年春的"诸葛亮第一次北伐"，结果因马谡失了街亭，诸葛亮被迫退兵。诸葛亮第二次出兵祁山，便是发生于公元231年的"诸葛亮第四次北伐"，这一次北伐，诸葛亮开始采用木牛运粮，虽然解决了粮草的运输问题，但可惜的是，巧妇难为无米之炊，就在蜀汉大军粮草将尽之时，传来了与诸葛亮同为托孤重臣的李严因为下雨道路泥泞而只能被延误时日的消息，诸葛亮最终被迫退兵。而公元228年冬的"诸葛亮第二次北伐"，诸葛亮出兵散关（位于陕西省宝鸡市南郊），包围陈仓（今陕西省宝鸡市），攻打二十多天未破，蜀汉大军粮尽，而曹魏援军赶到，诸葛亮被迫撤兵。公元229年的"诸葛亮第三次北伐"，诸葛亮出兵武都（今甘肃省成县）、阴平（今甘肃省文县），占领两地并留兵据守后，顺利回师。公元234年的"诸葛亮第五次北伐"，诸葛亮率军出斜谷口（今陕西省眉县），在渭水南岸五丈原（陕西省岐山县）扎营，最终病逝五丈原。

诸葛亮的这五次北伐中，公元228年冬的第二次和公元231年的第四次北伐（也就是前面所说的两次出兵祁山）都是或因粮尽或因运粮不济而还。诸葛亮北伐曹魏，自始至终没能解决粮草问题。而如果这个问题不解决，北伐曹魏就不可能成功。

在"诸葛亮五次北伐"的日子里，魏、蜀、吴三国已经形成了一个相对均衡的态势，一时半会儿谁也消灭不了谁。强大的曹魏治下有443万人，可调动的军队有50万人；依长江天险为屏障的东吴治下有240万人，可调动的军队有23万人；而蜀汉治下只有94万人，全国军队统共10万人——其中随时可以被调动到北伐曹魏前线的野战军最多也就是5万人，而另外的5万人既要防着东吴偷袭，也要防着作为大后方的南中再次动荡，更要保证后主刘禅所在的成都所有官民的安全。基于手下只有5万人可以用来北伐曹魏这一点，可见前面所说的魏延建议分兵给自己一万人的"子午谷奇谋"是多么幼稚可笑。魏延居然认为只需要一万多人便可成功偷袭并占领长安，进而与诸葛亮所带的三万多人会师潼关，随后再拿下洛阳，一举推翻曹魏政权。真的把曹魏的那几十万大军当成草包了不成？

为什么诸葛亮每次出兵都是前往甘肃省天水市——陕西省宝鸡市一线了？因为只有如此，诸葛亮才能以居高临下（海拔1100米以上的甘肃省天水市要比海拔500多米的陕西省宝鸡市高很多）的态势，进而占据关中平原西部。只有如此，北伐曹魏的大业，理论上才有成功的可能。而如若按照魏延的"子午谷奇谋"计策，这一万多人必将有去无回。不解决"兵马未动粮草先行"的问题，北伐曹魏绝无成功的可能。

既然粮草问题这么严重，姜维接过诸葛亮的重担，发兵北伐之前，有没有解决粮草问题呢？答案是：没有。前任领导遗留的问题都没解决，就着急先行，姜维怎么能成功呢？

既然姜维北伐这么难，他不北伐不行吗？不北伐，不就啥事儿也没有了吗？这里就要说到两个问题了：第一个是蜀汉为什么一定要北伐；第二个是姜维为什么一定要北伐。

蜀汉为什么一定要北伐？这个问题诸葛亮在《后出师表》里回答得很清楚了。第一，"为报先帝，以完遗愿"。第二，不伐贼，蜀汉必亡。"以先帝之明，量臣之才，故知臣伐贼才弱敌强也。然不伐贼，王业亦亡，惟坐待亡，孰与伐之？"意思是说，以先帝的英明，他知道我讨伐贼人，敌强我弱。但是没办法，如果不讨贼，蜀汉必亡，我们怎么能坐以待毙呢？没办法，只能北伐。

至于姜维本人为什么也非要北伐不可？其核心目的有二：一是作为诸葛亮接班人的姜维，需要捍卫蜀汉政权在鼎立的三国中的正统地位；二是作为诸葛亮接班人的姜维，也要捍卫自己作为诸葛亮唯一接班人的正统地位。对于前一个捍卫，捍卫蜀汉政权在鼎立的三国中的正统地位，我们很容易理解；但对于后一个捍卫，捍卫姜维自己作为诸葛亮唯一接班人的正统地位，相信很多人就不理解了。

虽然姜维是蜀汉的大将军，但他毕竟是曹魏政权投靠过来的，在蜀汉政权内部属于外来派。诸葛亮活着的时候，姜维通过自身的努力，加上诸葛亮的提携，得到了蜀汉政权内部一部分大将的支持。诸葛亮死后，也曾经把姜维托付给自己政治上的接班人蒋琬。姜维跟蒋琬的配合也确实很默契，蒋琬从不干预姜维北伐曹魏之事。蒋琬去世之后，继任的费祎面对日益衰弱的国力，多次制止姜维大举兴兵北伐曹魏的企图，即便是勉强接受北伐曹魏的建议，拨给姜维的部队也从未超过万人。正是从费祎执政时期开始，姜维的地位就发生动摇了。

这也是姜维北伐事业遇到的一个个棘手问题。在诸葛亮死后，姜维没有在蜀汉培植自己的势力，奠定基本的群众信任基础，因此，姜维只能不断执行诸葛亮交代的任务。

第一个方面的表现是前面所说过的北伐大业；第二个方面的表现则是自始至终只任用诸葛亮留下来的人才——其中，最具标志性的事件便是"蜀中无大将，廖化作先锋"。

廖化曾为前将军关羽帐下主簿。关羽败亡后，归属孙吴，用诈死之计回归蜀汉，被刘备授为宜都太守。刘备去世后，转拜丞相参军，后为广武都督，迁阴平太守，多次追随诸葛亮和姜维参与蜀汉的北伐。前面讲过，姜维十一次北伐曹魏，廖化参加了其中的公元238年的第一次、公元247年的第三次、公元249年的第四次。廖化的军事水平暂且不提，要知道，廖化曾为公元220年便被杀的蜀汉前将军关羽帐下主簿，那个时候的廖化无论如何也得是一个年仅三十岁的中年将领。29年之后的公元249年，廖化以60岁左右的年纪，还要追随姜维北伐。这便是我们常说的"蜀中无大将，廖化作先锋"了。

既然已经到了"蜀中无大将，廖化作先锋"的地步，姜维为什么不去培养自己的人呢？答案很简单：不是姜维不想培养，而是姜维没有办法培养。

姜维北伐前后，掌控蜀汉政坛上的人，无论是治理国家的也好，带兵打仗的也罢，无非来自以下四个方面：一是想当年刘关张起家的涿郡兵马（张飞拉来一部分，公孙瓒送来一部分）；二是想当年徐州牧陶谦手下追随而来的，比如糜竺、糜芳等人；三是刘关张和诸葛亮在荆州时期拉来的原刘表所部，和诸葛亮在荆州时所交好的一些私人势力；四是原益州牧刘璋手下归顺而来的一部分人。

试问，上述这些人自己都觉得，对于蜀汉政权而言，他们的功劳要比这个来自曹魏政权的外来户姜维牛气得多，他们和他们的后代会从内心里真的听从这个来自曹魏政权的外来户姜维的指挥吗？

一点儿群众基础都没有的姜维，在内部势力帮派明显的蜀汉，怎么去培养自己的人呢？

更有甚者，蜀汉的普通百姓对姜维没完没了的北伐导致国力日益衰微非常不满，甚至发展到了对姜维本人进行人身攻击的地步，再加上姜维没有在朝中培植自己的势力，因此地位也越来越低，无人帮他说话。

除此以外，姜维还遇到了第三个棘手的问题，那就是得罪了当权小人——后主刘禅最宠信的宦官黄皓。

蜀汉后主刘禅最宠信的人，为什么是宦官黄皓呢？其实，原因也很简单。

对于蜀汉后主刘禅而言，他的命其实是赵云给的。第一次是公元208年赵云长坂坡前救阿斗；第二次则是公元211年刘备入蜀，孙权派船迎接妹妹孙夫人回吴，孙夫人打算将刘禅一并带走，幸得赵云截江救阿斗。刘禅的命是赵云给的，但赵云那么正直的人，刘禅敢喜欢吗？只能是敬畏而已。

再说蜀汉后主刘禅的两位皇后，都是张飞的女儿。这两个皇后，不管是刘备自己的主意也好，还是刘备跟诸葛亮商议过的也罢，那都是将门虎女，自然知道自己的父辈打江山不易，自己能有今天，全靠了自己父辈那一代人在刀尖上舔血的牺牲。张飞的两个女儿，能天天忽悠着自己的丈夫吃喝玩乐吗？

蜀汉后主刘禅的身边，或是正直无私的大臣，或是一心为公的皇后。这种大环境下，作为蜀汉后主的刘禅，想不学好都难。

无论如何，刘禅也是个皇帝，也需要有自己的私人空间和领地，也需要有自己的娱乐活动。谁能给他提供这些呢？自然只能是天天待在皇帝身边，善于玩乐，以巴结取悦皇帝获得蜀汉后主刘禅宠信的黄皓了。

所以，对蜀汉后主刘禅而言，姜维是为他打天下守江山的将军，而黄皓则是为他享受幸福生活服务的宠臣，二者缺一不可。这就要说到姜维与黄皓的关系了。

本来作为大将军的姜维，常年在外打仗，与后主刘禅宠信的宦官黄皓是没有一定的必然联系的，二人本应是各自相安无事的。但姜维得知黄皓玩弄权势、擅摄朝政，非常气愤，就向后主刘禅弹劾黄皓。

姜维以为，作为替蜀汉后主刘禅打天下、守江山的将军，他弹劾一个小小的宦官，是轻而易举的事。但是让姜维万万没有想到的是，后主刘禅非常宠信黄皓，并没有把姜维的弹劾当回事，让姜维不要跟他一般见识，再让黄皓向姜维赔个不是，这事儿就算翻篇了。姜维这才后知后觉黄皓的权势之大，但后悔已经来不及了。

粮草不足、劳民伤财、朝中无人、失去信任，又得罪宦官，旧疾加上新患，姜维的北伐事业之难，也就可见而知了。姜维能怎么办呢？

姜维也没有什么好的办法，只能选择逃避。

因为担心被黄皓算计和报复，姜维请求到沓中（今甘肃省舟曲县）屯田。至此，诸葛亮北伐事业唯一坚定的执行者、大将军姜维，便放弃了对由关中入益州的几条必经之路的防卫，转而开拓沓中，希望另谋出路。最终，由于疏忽防范，曹魏大将邓艾偷袭阴平成功，长驱直入成都，最终导致蜀汉政权灭亡。

诸葛亮临终时，曾经千叮咛万嘱咐，告诫姜维一定要注意阴平之地，没想到一语成谶。

蜀汉政权灭亡，姜维有着不可推卸的责任。作为空降领导的姜维，有四点没做到：一是没有能够率先解决前任领导遗留下来的问题，即"兵马未动粮草先行"的问题；二是在诸葛亮死后，没有在朝中扶持自己的支持力量，因此在执行北伐战略时，朝中处处掣肘，民间怨声载道，失了信任，也就难以为继了；三是疏于防范黄皓这样的小人；四是放弃了原有的早已熟悉的业务，而去开拓新的陌生的业务，最终的结果是捡了芝麻丢了西瓜。后世对他的差评自然有道理。

四、最后荣耀害三贤

公元263年，姜维听闻钟会治兵关中，上表刘禅，请求派遣张翼、廖化分别驻守阳安关口（阳平关）、阴平桥头（今甘肃省文县阴平桥）防患于未然。但黄皓听信鬼神，告诉刘禅敌军不会到来，而蜀汉群臣也不知道此事。魏军五路伐蜀，等到钟会将向骆谷，邓艾将入沓中时，刘禅才派廖化支援沓中、张翼与董厥支援阳安关口。廖化到阴平时，听闻魏将诸葛绪向建威（今甘肃省陇南市西和县）进军，因此停留观察其动向。

钟会围攻汉、乐二城，又另派军进攻阳安关口，蜀将蒋舒开城投降，傅佥格斗至死。钟会见关口已经攻下，于是长驱直入。邓艾令王颀、牵弘、杨欣进兵攻击姜维，姜维得知钟会入汉中，引军退还，杨欣等人追击到强川口（今甘肃省临潭县），大战，姜维败走，退往阴平。当时诸葛绪的雍州军阻路，姜维从孔函谷（今甘肃省舟曲县南）入北道，欲出其后，诸葛绪便令军队退后三十里。姜维得知后，引军迅速通过桥头。诸葛绪连忙率军阻截，但已追不上姜维军。姜维到阴平和廖化会合，打算召集部队救援关城，结果得知关城已破，只得放弃阴平，退往白水（今四川省青川县），又与张翼、董厥会合，众人退保剑阁（今四川省剑阁县）。

钟会写信给姜维说："公侯以文武之德，怀迈世之略，功济巴、汉，声畅华夏，远近莫不归名。每惟畴昔，尝同大化，吴札、郑乔，能喻斯好。"姜维不作回应，分列营阵，严守险要。钟会进攻，却屡次被姜维击退。于是，钟会与诸将商议，准备撤还。

此时，邓艾由景谷道（今四川省文县）偷渡，进兵至绵竹，斩杀诸葛瞻。邓艾进军成都，刘禅开城出降，并遣蒋显带着敕令让姜维投降。姜维初闻诸葛瞻兵败，听说刘禅打算固守成都，还听说打算东入吴国，又听说打算南入建宁，于是与张翼、廖化、董厥等率众入巴中，由广汉、郪道（今四川省三台县）以审虚实。钟会进军涪县，遣夏侯咸、胡烈（220—270）、田续、庞会等人分路追击姜维。

姜维到郪县，得到刘禅的敕令，于是令兵士投戈卸甲，将自己的符节交给胡烈，从东道向钟会投降。军中的将士都拔起刀剑挥砍石头发泄心头的愤怒。

罗贯中的小说《三国演义》中，蜀汉前线将士得知投降敕令后，"一齐怨恨，咬牙怒目，须发倒竖，拔刀砍石"，而姜维见人心思汉，便对众人说道："众将勿忧。吾有一计，可复汉室。"此即一计害三贤之肇始。历史上，虽然没有一计害三贤之说，但邓艾、钟会在灭蜀后滋生矜骄之心，姜维利用钟会翦除邓艾并欲借助钟会之兵伺机复国的记载确实存在。大抵至蜀汉灭国，小说的叙述已接近尾声，对于此段故事仅有几处小的演绎，其余皆忠实地"移植"了历史的记载。

姜维投降钟会后，钟会问："来何迟也？"姜维说："今日见此为速矣！"钟会非常看重姜维，暂时还给他印号节盖，与他"出则同车，坐则同席"，又对长史杜预说："以伯约比中土名士，公休（诸葛诞）、太初（夏侯玄）不能胜也。"

邓艾、钟会分兵入蜀，本就有"二士争功"的情节，钟会始终认为自己才是伐蜀的主角，对邓艾抢功一事耿耿于怀。而邓艾此时亦被胜利冲昏头脑，接连做了几件犯忌讳的事。史载，邓艾先是未经报告自行给归降的刘禅君臣赐予官职，又上书司马昭要求留下陇右军队两万和蜀地降兵两万用以煮盐炼铁、打造战船，为日后征讨东吴做准备。同时，邓艾还提出不要把刘禅送到洛阳而是留在成都。这些僭越之举让司马昭很是反感，司马昭通过监军卫瓘敲打邓艾，告诫其凡事皆须先行报告，而不宜擅自做主。谁料邓艾并未收敛，反倒上书诡辩，这一做法加剧了司马昭对邓艾的不满。钟会于是趁此机会与卫瓘等人向司马昭密告邓艾意欲谋反，并拦截了邓艾上书司马昭的表章，篡改了其中的言语，让司马昭更加笃定邓艾意图反叛。公元264年2月14日（正月初一），邓艾遭钟会陷害，被司马昭下令以槛车押回洛阳。

如果说邓艾是因为获得灭蜀之功后逐渐变得忘乎所以，那么钟会的野心则更早就暴露了。史载，在钟会奉命出征伐蜀之际，司马昭的夫人王元姬就指出钟会"见利忘义，好为事端，宠过必乱，不可大任"，司马昭的西曹属邵悌也提出钟会不能独掌大权，但司马昭料定钟会就算谋反也会失败。果然，邓艾被捕后，钟会野心膨胀，自认为功名盖世，不可再为人下，于是开始图谋反叛司马昭。

姜维发觉钟会的异心，认为可以趁机复兴蜀汉，就对钟会说："听闻您自淮南平叛以来，算无遗策，晋道克昌，都是您的功劳。如今又平定蜀地，威德振世，百姓拜服您的高功，君主敬畏您的谋略，您难道想如此安然归去吗？韩信在战乱时也不愿背弃汉朝，却在太平时遭受猜疑；文种不从范蠡隐于五湖，最终伏剑妄死。这些岂是昏君愚臣的情况？而是利害导致的。现在您大功既立，大德已著，何不效法陶朱公泛舟绝迹于江湖，全功保身，登峨嵋之岭，而从赤松子云游呢？"钟会说："您说得太过高远，我做不到，况且如今的形势，或许不是只能归隐。"姜维说："其他的则凭您的智力足够算到，不烦老夫了。"两人情好欢甚。此时的钟会打算让姜维为先锋，自己则率领军马随后，接着夺取长安和洛阳，进而平定天下。

谁知司马昭早有防备，他写信给钟会，称为收捕邓艾，已派遣贾充率领万人进入斜谷，驻扎在乐城，自己则亲率大军十万驻扎在长安。司马昭的这一举动，不仅没有使得钟会有所忌讳，反而加速了钟会的反叛进程。

公元264年2月29日（正月十五），钟会带着姜维等人到成都。3月1日（正月十六），钟会请护军、郡守、牙门骑督以上及原蜀汉官员在蜀汉朝堂为皇太后（明元皇后）发丧，又假造太后遗诏，令他们一同起兵废司马昭，并把不从的人关到益州诸曹屋中。姜维请钟会诛杀北方来的诸将，打算等到他们死后再杀钟会，尽坑魏兵，复兴蜀汉，于是暗中写信给刘禅说："愿陛下忍数日之辱，臣欲使社稷危而复安，日月幽而复明。"

值得注意的是，这封密信，一旦被发现就是谋反的大罪，但刘禅没有毁掉。直到姜维失败自尽，消息传到尚在成都的刘禅，刘禅依然保留着密信。直到83年后的公元347年，东晋大将桓温讨伐成汉，三战三胜，攻下成都。将军孙盛才发现了这封密信，并交给桓温。

钟会自称益州牧作乱，决定让姜维统领五万人作为前锋出斜谷，自己则统率大军随其后。等到了长安，令骑兵从陆道，步兵从水道顺流浮渭入河，认为五日可到孟津，到时与骑兵在洛阳会合，天下可一举而定。

然而，人算不如天算，由于钟会一时犹豫，酿成兵变。公元264年3月3日（正月十八），南安太守胡烈等人的士兵在成都发动兵变。当时钟会刚给了姜维铠甲兵器，听外面有兵作乱，钟会惊问："兵士前来，似乎是想作乱，这该如何是好？"姜维说："只有与他们一战。"钟会遣兵去处死被关押的牙门、郡守，里面的人拿着桌子顶门，士兵撞击门，都不能撞开。过了片刻，城外的士兵架梯登上城门，不断冲入城内，火烧城屋，箭如雨下。那些被关押的牙门、郡守趁乱脱身，与其部下会合。姜维率领钟会身边的人出战，杀五六人，魏兵击杀姜维。在姜维死后又剖开姜维的尸体，发现姜维的胆如斗大。魏兵又争着杀钟会。钟会与帐下数百人绕殿而走，最终被魏兵杀害。

钟会死后，魏军无人约束，成都秩序大乱。乱兵到处掠夺，死丧狼藉，钟会帐下将士数百人被杀。姜维妻子儿女皆被杀。原蜀汉太子刘璿、左车骑将军张翼、汉城护军蒋斌、太子仆蒋显、大尚书卫继等也为乱兵所杀。关羽家被庞德子庞会灭门。邓艾部下追上囚车，欲迎回邓艾。卫瓘指使田续杀掉邓艾父子，师纂等也被杀。因邓艾被定有谋反之罪，邓艾在洛阳的诸子也都被杀，其妻和诸孙流放西域。其后卫瓘约束诸将，成都之乱方平。

当初，曹魏以邓艾为太尉、钟会为司徒，皆持节，都督诸军如故。但两人还未受到命令，就已不在人世了。

实际上，姜维的复国之计其成功的概率并不大，司马昭早就指出钟会想要谋反并不具备客观的实力。一则蜀汉刚刚灭国，军民的士气低落，已经无法再度与钟会等共同起事。二则中原的将士家眷都在北方，战争后都期盼着衣锦还乡，故而也不会参与叛乱。有此两条，钟会纵然野心勃勃、才智过人，最终也会以失败告终。

以姜维的经验和才智，不会达不到司马昭这番见识，只是姜维肩负重任，只要有一丝希望，其必定会全力以赴。虽然姜维的最后一击以惨烈的失败告终，后世对姜维也颇有非议，但还是应看到姜维为蜀汉奋力拼斗的全过程。

第十七章

刘禅：三国时期在位时间最长的皇帝

说到蜀汉政权，民间有句俗语，"扶不起的阿斗"。阿斗是刘备的儿子刘禅（207—271年在世，223—263年在位）的小名。这句俗语讲的是刘禅尽管有诸葛亮、姜维这样优秀的忠心耿耿的大臣辅佐，但最后还是把蜀国给弄丢了，意思是他不思进取，昏庸无能，再怎么扶也扶不起来。还有一个成语"乐不思蜀"说的也是扶不起的阿斗。那"此间乐不思蜀"的刘禅凭什么成为三国时期在位时间最长的皇帝？

一、阿斗曾经很悲惨

刘禅是三国时期在位时间最长的一位皇帝。刘禅的一生，大致可以分成四个阶段：青少年时代、诸葛亮辅政时期、独自掌权时期、晚年时期。每个时期，刘禅都有亮点留给我们。

刘禅的出生极具传奇性，相比于古代史籍中一些如履迹而孕、梦日入怀之类的离奇传说，阿斗可是在婴儿时期实实在在地经历了一段神话般的冒险。公元208年，曹操南下攻打荆州。刘备携民渡江，在当阳长坂遭遇大败，全军溃逃，身边只剩下数十骑，妻儿不出意外地再次陷于乱军之中。当时刘禅尚在襁褓，多亏刘备手下大将赵云紧紧抱着他，还一边保护其母亲甘夫人撤退，才杀出重围，幸免于难。长坂桥上，又有"万人敌"之称的张飞率领二十骑断后，据水断桥，瞋目横矛，对曹军怒道："身是张翼德也，可来共决死！"曹军全部不敢靠近他，刘备等人才得以逃脱。

刘禅的生母甘夫人，是刘备在小沛时纳的妾。刘备早年流离困顿，失去了好几任嫡妻，由甘夫人代为主持家事。刘禅并非嫡子，出身并无优势，可刘备却将他作为继承人培养，其中一个原因在于刘禅确实天资聪颖。而给予刘禅如此评价的不是别人，正是诸葛亮。诸葛亮曾经对同僚称赞年少的刘禅聪明过人，那人就将这番话悄悄地告诉刘备。刘备听了自然挺自豪，对儿子说："丞相叹卿智量，甚大增修，过于所望，审能如此，吾复何忧。勉之，勉之！"意思是说，连丞相都夸赞你天分极佳，远远超过期望，我还有什么可以担忧的呢？诸葛亮是出了名的实在人，肯定不会阿谀谄媚，无故拍领导儿子的马屁。后来他辅佐刘禅，还再次称赞刘禅"年方十八，天资仁敏，爱德下士"，说明刘禅绝非庸才。当然，哪里有聪明过人啊，都是父亲教育的结果。

刘备在世时，时刻督促刘禅勤学苦读，还给儿子列了个书单："可读《汉书》《礼记》，闲暇历观诸子及《六韬》《商君书》，益人意智。闻丞相为写《申》《韩》《管子》《六韬》一通已毕，未送，道亡，可自更求闻达。"就刘禅的经历而言，他并不是养尊处优、不学无术的纨绔子弟。他自小随刘备过着颠沛流离的生活，明白社会人情，了解民间疾苦；跟随诸葛亮学习《韩非子》《六韬》等各类典籍及治国之术，又拜伊籍为师学习《左传》，还曾学射练武。这足以说明刘禅功底不差，有学识，也有智慧。只是刘禅个性平和，不热衷于打打杀杀，对帝业不那么感兴趣，喜欢过平静的生活。尽管如此，刘禅也继承了刘备善于识人的特长，且富有仁人之心，善待老百姓，并不昏庸、残暴。

二、武侯辅政见解全

公元223年，刘备举国之力发动的夷陵之战失败后，蜀国元气大伤，自己也"病来如山倒"，临终前"白帝城托孤"。作为统治者的刘备，竟然放心地将奋斗一生建立的蜀汉政权托付给诸葛亮，还说了一番耐人寻味的话："君才十倍曹丕，必能安国，终定大事。若嗣子可辅，辅之；如其不才，君可自取。"意思是说，如果刘禅无能，诸葛亮可自行取度。诸葛亮涕泣而誓："臣敢竭股肱之力，效忠贞之节，继之以死。"之后，刘备诏敕刘禅："汝与丞相从事，事之如父。"

刘备去世后，继任的刘禅遵照遗嘱，与辅政的诸葛亮达成默契，"政事无巨细，咸决于亮"，从而开启了蜀汉发展的黄金时期。

在诸葛亮主持朝政时，蜀汉政权实际上是一种"虚君制"，其本质是"上而无为以任其下"，皇帝在"循名责实"的前提下，对宰相采取不干涉主义，任由其建立一个可靠的政府，充分发挥才能。宰相是政府首脑，带领百官管理国家事务，类似于"责任内阁"接受皇帝问责。就像诸葛亮自己说的，"愿陛下托臣以讨贼兴复之效，不效，则治臣之罪，以告先帝之灵"。第一次北伐失败后，他就曾自贬三等。如此，刘禅乐得安逸，诸葛亮殚精竭虑。刘禅自己也说："政在葛氏，祭在寡人。"国家大事由诸葛亮负责，自己只担任义上的国家元首，负责祭祀之类的礼仪就行了。在刘禅的放权下，诸葛亮开府治事，大权独揽，成功打破了内外交困的局面，让力量弱小的蜀汉在成都立住脚。他平定南中，北拒曹魏，东和孙权，兴修水利，发展贸易，使蜀汉一度出现"田畴辟，仓廪实，器械利，蓄积饶，朝会不华，路无醉人"的盛景。

诸葛亮竭尽心志履行相父之职责，在《出师表》中可看出他对后主的循循善诱，"诚宜开张圣听，以光先帝遗德，恢弘志士之气；不宜妄自菲薄，引喻失义，以塞忠谏之路也"，"陛下亦宜自谋，以咨诹善道，察纳雅言，深追先帝遗诏。臣不胜受恩感激"。我们由此也可看到，诸葛亮在先帝"辅佐之托"下，仍把20岁的刘禅当作孩子，北伐时始终不放心，像婆婆妈似的一直谆谆教诲，还指定了他认为的靠谱大臣监国。这充分说明"诸葛一生唯谨慎"，他不擅于放权也不擅于培养使用人才的缺点，导致了"蜀中无大将，廖化作先锋"的凋零局面，也导致了刘禅长期缺位，孔明事事亲力亲为、"鞠躬尽瘁，死而后已"，结果劳而无功，最终北伐失败，自己也病死在五丈原。

但就在诸葛亮理政的这11年里，在只有按照相父意见行令的情形下，刘禅也能见缝插针地提出"不宜劳师应休养生息"等见解独到的话，"相父南征，远涉艰难，方始回都，坐未安席，今又欲北征，恐劳神思"，但大权在握的相父诸葛亮一心一意北伐以报"先帝之恩"，哪里听得进这些原本符合实际的异见呢？还有一个事例也可以证实后主刘禅其实是一个明白人，他傀儡似的执政不过是韬光养晦之举。

公元234年，诸葛亮临终前，大臣李福受刘禅口谕问他，丞相去世以后，你的儿子诸葛瞻怎么安排呢？这一问才让诸葛亮明白，刘禅并不傻，他明白诸葛亮的忠诚，但诸葛亮一直把刘禅当作孩子管又管得太死板。刘禅其实是有想法的，只因为诸葛亮太优秀，位高权重，又是父亲钦命的辅佐重臣，不得不敬重，兼之他温和的个性，懒得理朝堂上的钩心斗角，只好"示弱"，韬光养晦地等待时机。诸葛亮去世时，他的儿子诸葛瞻不过才8岁，其后被刘禅视若子侄，嫁以爱女，并无过人功绩才干，仍一路擢升，34岁就为卫将军录尚书事，出将入相，执掌蜀汉大权，还不足以说明刘禅对其相父的深挚感情吗？再看刘禅任用为"录尚书事"，执掌国政的几位大臣，蒋琬是诸葛亮临终推荐的继承者，费祎是诸葛亮极为重用的心腹，姜维是诸葛亮传授兵法的学生。诸葛丞相虽逝去三十年，在蜀汉朝堂的余荫和影响力却如初。

刘备托孤刘禅于诸葛亮，但诸葛亮不曾托孤刘禅于其他任何人。相反，刘禅才是诸葛亮认可的自己和刘备事业的第一继承人。诸葛亮逝后，刘禅便废蜀汉丞相一职，同样亦是因为对相父的无上敬意。丞相本非东汉制度，仅是因刘备对诸葛亮的信重而特别设置。诸葛亮去世后，刘禅废之，目的就是让诸葛亮成为蜀汉政权自始至终的唯一丞相。此后其他任何人皆不配与诸葛亮相提并论。后世多少英豪人杰，要么终身忧谗畏讥伺候雄猜之主，要么被不自量力的凉薄之君毁去半生事业身后英名，何曾有幸能遇到一个阿斗？以有明三百年为例，从于谦到王阳明到张居正，这些千古英杰若换了刘禅来做他们的皇帝，又何愁不得生前身后令名得保，全始全终？

三、独自掌权非庸主

公元234年，诸葛亮去世时，刘禅特意换上白色丧服，下令举国哀悼三日。在诸葛亮手下不得志的官员李邈，却上书称：诸葛亮倚仗强军，狼顾虎视，独揽大权，是对国家和社稷的重大威胁。如今幸好他死了，边疆战事可以停止，皇室宗族可以保全，全国上下都为此感到欢庆。刘禅接到此奏后，勃然大怒，当即将李邈下狱处死。

诸葛亮死后，蜀后主刘禅开始显露自己过人的才智，任命蒋琬为大司马，姜维为卫将军，主管军事；费祎为尚书令，主管政务，彼此之间互相制衡。蒋琬死后，刘禅"乃自摄国事"，开始独掌朝政。在蒋琬、费祎、姜维理政时期，刘禅其实是有作为的。

魏延于公元234年被长史杨仪设计斩杀后，刘禅仍念前功，"赐棺椁葬之"，后来还找了一个理由直接把杨仪贬为庶民，可以说很智慧地笼络了武将为蜀汉效力。

公元242年，越巂郡夷人作乱，蒋琬提出水路出兵平叛，朝议形成"不可行"的一致意见后，刘禅马上派费祎、姜维劝说蒋琬暂勿出兵。后来姜维、费祎、蒋琬等大臣共商认为，羌胡人心存汉室，可结交。后主刘禅当即同意，立即任命马忠为镇南大将军，姜维为凉州刺史专司此事。后主刘禅的这一决策体现了他应对突发事件的能力：善于倾听建议，果断作出处理。这哪是昏庸？公元249年，刘禅因魏将夏侯霸真心来降，当即封他为车骑将军，并动情地安抚说：你的父亲是在战场上战死的。巧妙地化解了上辈之间的恩怨。这种用人手段岂是"无能"？由此可以看出，蜀后主刘禅并不是庸主，他是有作为的。他能在诸葛亮死后，还维持了蜀汉27年的统治，实属不易。

四、乐不思蜀的晚年时期

公元263年夏，司马昭派遣钟会、邓艾、诸葛绪等大举伐蜀。刘禅于是派遣张翼、廖化、董厥等前往拒敌，并改元炎兴。姜维率众将钟会十余万大军挡在剑阁，但邓艾却偷渡阴平直奔成都。刘禅派遣诸葛瞻领兵于涪城拒敌，虽然一开始诸葛瞻击破了邓艾军的前锋，但诸葛瞻不听黄崇的劝告占据险要，最后战死绵竹。

刘禅召集群臣商议对策，光禄大夫谯周力排众议，极力主张投降。而北地王刘谌请求背城一战，但刘禅不同意，于是刘谌先杀妻子而后自杀。南中监军霍弋也请求带兵前来守卫成都，刘禅还是不同意。

最终，刘禅听从谯周的建议，命驸马都尉邓良、侍中张绍、光禄大夫谯周带着玺绶、降书拜诣邓艾。张绍、邓良与邓艾在雒县相遇，邓艾得到降书大喜，立即回书一封，并让张绍、邓良先回成都。邓艾抵达成都城北，刘禅自缚、载着棺材前至魏军军营前门。邓艾解下绳缚，烧掉棺材，礼请入营相见。邓艾承制拜刘禅行骠骑将军，蜀汉太子为奉车都尉、诸王为驸马都尉。蜀汉各守城将领接到刘禅的敕命，于是也归降曹魏。邓艾允许刘禅住在原来的宫中。

公元264年春，邓艾被收捕。钟会进入成都，图谋反叛曹魏，以姜维为爪牙，而姜维准备借钟会之手诛杀魏将，之后杀死钟会，尽坑魏兵，复兴蜀汉，并写密信给刘禅说："愿陛下忍数日之辱，臣欲使社稷危而复安，日月幽而复明。"但钟会谋反之事败露，与姜维皆为魏兵所杀。军队烧杀抢掠，死丧狼藉，刘禅的儿子刘璿也被乱兵杀害，经过数日才恢复安定。

公元264年春，刘禅举家移居曹魏都城洛阳，当时的蜀汉大臣只有郤正、张通二人跟在刘禅身边。曹魏封刘禅为安乐县公，食邑万户，赐绢万匹，奴婢百人。刘禅亲属被任命为三都尉，封侯的有五十多人。原蜀汉尚书令樊建、侍中张绍、光禄大夫谯周、秘书令郤正、殿中督张通皆被封为列侯。

司马昭为测试刘禅是否真心归顺，有没有野心？就找来一些歌女天天为他跳舞取乐，问刘禅这样的生活过得可好？刘禅回答："此间乐，不思蜀。"这一回复让刘禅的随从大臣郤正很是摇头，劝道："主公啊，下次司马昭若还是这样问，你以泪洗面大哭着说，过得不好，希望回到蜀地。这样的话就可以被放回了。"果然到了第二天，司马昭还是这样问，刘禅就按郤正所教原汁原味地说了那样的话，引得司马昭哈哈大笑，说这是郤正的话吧？刘禅答，是。从此，司马昭不再怀疑刘禅，刘禅也平平安安生活，直到64岁时病逝。后来"乐不思蜀"就流传下来。刘禅的"乐不思蜀"，其实是无奈之举。既已投降，让老百姓免受生灵涂炭之苦，又何必再生事端。在这样的心境下，刘禅选择了用娱乐的方式麻痹敌人也麻痹自己，避免了被残杀的悲惨结局。

公元266年初，司马炎登基，晋朝建立，刘禅仍为安乐公。朝廷赐山阳公刘康、安乐公刘禅子弟为驸马都尉。公元271年，刘禅去世，谥号思公。

作为君主，刘禅维持了41年的蜀汉基业，纵然谈不上优秀，这份"守成"已经不易；作为普通人，他不是天纵英才，但算是出类拔萃。刘禅在位的41年，可以分为前后两个时期，前期先后由诸葛亮、蒋琬、费祎等辅政，从公元223年到公元251年；后期则是刘禅自己执政的时期。

刘禅统治前期，蜀汉的政治、经济基本上是稳定的。即位之初，刘禅即对诸葛亮委以重任，"政事无巨细，咸决于亮"。诸葛亮死后，刘禅让蒋琬"总理国事"，维系执政的平稳，不再设立丞相，开始逐渐收回权力。蒋琬死后，刘禅"自摄其政"，算是成功收回了大权。

刘禅统治后期，蜀汉政权内部派系斗争十分激烈。黄皓、姜维、诸葛瞻等人水火不容，但刘禅基本上能比较和平地"摆平"争执，无须采取激烈的手段，也没有发生血腥宫廷内斗，这在三国之中是唯一一个。在某种程度上，也体现出了刘禅一定的治国水平。

刘禅并不愚蠢，但他晚年宠信宦官黄皓，纵容黄皓擅摄朝政确实是不争的污点。当邓艾率领魏国大军兵临城下之际，蜀汉就大势已去，刘禅降魏之举虽然是为了自保，但无论是出于主观意志抑或无心插柳，百姓终究是免遭战乱之苦。